FRANKFURTER BEITRÄGE
ZUR GERMANISTIK
Band 35

Herausgegeben von
Volker Bohn
Klaus von See

JÖRG BONG

Texttaumel

Poetologische Inversionen
von »Spätaufklärung«
und »Frühromantik«
bei Ludwig Tieck

Universitätsverlag
C. WINTER
Heidelberg

Die Deutsche Bibliothek – CIP-Einheitsaufnahme

Bong, Jörg:
Texttaumel: poetologische Inversionen von »Spätaufklärung« und
»Frühromantik« bei Ludwig Tieck / Jörg Bong. – Heidelberg: Winter, 2000
  (Frankfurter Beiträge zur Germanistik; Bd. 35)
  Zugl.: Frankfurt (Main), Univ., Diss., 1999
  ISBN 3-8253-1117-1

D
ISBN 3-8253-1117-1

Alle Rechte vorbehalten.
© 2000 Universitätsverlag C. Winter Heidelberg GmbH
Photomechanische Wiedergabe und die Einspeicherung und Verarbeitung
in elektronischen Systemen nur mit ausdrücklicher Genehmigung
durch den Verlag
Imprimé en Allemagne · Printed in Germany
Druck: Strauss Offsetdruck GmbH, 69509 Mörlenbach

Für Norbert Altenhofer

„Aussitôt le vertige est entré, le vertige circule dans
l´air; on respire le vertige; c´est le vertige qui remplit les
poumons et renouvelle le sang dans le ventricule.
Qu´est-ce que ce vertige?"

Charles Baudelaire

Inhalt

1.	Einleitung	1
2.	„Der Blick der Seele in sich selber" und die Poesie	22
2.1	Das Projekt „vermehrter Selbstkenntnis" Ende des 18. Jahrhunderts. Karl Philipp Moritz' „Erfahrungsseelenkunde"	22
2.2	Der Erfahrungsseelenkundler Ludwig Tieck. Delphischer Impetus und sein Umschlag	32
2.3	Aufklärerische Konfiguration von Psychologie, Poesie und Poetik	44
2.4	Moritz' psychologisch-literarische Hermeneutik. Die „Auflösung der Dissonanzen" in Leben und Text	58
2.5	Abbreviatur: Poesie des Schwindels als mutwilliger Kollaps des psychologisch-literarischen Verstehens	69
3.	Phantasie und ihre Selbstauslöschung	75
3.1	Merkwürdigkeiten der „exaltierten Seele". Idiopathie der „seelischen Ereignisse". Exaltation, Melancholie, Manie und Wahnsinn	75
3.2	„Exaltierte Phantasie". „Plötzlichkeit", „wunderbare Schnelligkeit", „plötzliche Umwendungen", „ständige Wechsel", „ewige Bewegungen" und „Vermischungen"	101
3.3	„Schwindel der Seele". „Unbegreifliches" und „fürchterlich Wunderbares"	138
3.4	Exkurs: „Selbst" und „Nicht-Selbst". Rigide Sondierungen und ihre Inversionen	156
4.	Poetik des Schwindels	178
4.1	Schwindel, Poesie und Poetik. Text und Leser	178
4.2	Schwindel als poetische Form und poetische Praxis	187
4.3	Textvorstellungen im Schwindel. Poesie gegen die selbstparodistischen „Sinnbemühungen"	202
4.4	Sondierungen: „Nichts" versus „Unendliches", „Schwindel" versus „romantische Ironie" und „unendlichen Sinn"	228
4.5	Kollaps der Seele. Arbeit gegen die „kleinlichste Ökonomie"	246
4.6	Insistierende Negativität. Selbstvernichtung des schwindligen Sprechens	261

5.	„Nichts, worauf wir unser Auge fixieren könnten" – *Der blonde Eckbert*	286
5.1	Selbstbenennungen des „wunderbaren Gemischs". Figurationen von Eckbert, *Eckbert* und dem Leser	286
5.2	Namensverwirrungen, Figurenverwirrungen – Metamorphosen, Metamorphosien	301
5.3	„Psychologische Wahrheit" der Seele und des Textes. Erzähler im Schwindel	326
5.4	„Unaufhörliche Verwirrung". Gattungsschwindel: „Märchen" und „wirklicher Lebenslauf". *Eckbert* und Eckbert, Leben und Text	368
6.	Literatur	403

1. Einleitung

„Unsre Urteilskraft wird so verwirrt, daß wir die Kennzeichen vergessen, nach denen wir sonst das Wahre beurteilen, wir finden nichts, worauf wir unser Auge fixieren könnten; die Seele wird in eine Art von Schwindel versetzt" (*ShW* 704), „so wie der körperliche Schwindel durch die schnelle Betrachtung von vielen Gegenständen entstehen kann, indem das Auge auf keinem verweilt und ausruht." (*ShW* 712)

Seltsame poetologische Notizen, poetologische Postulate, notiert 1793 in der Auseinandersetzung mit „Shakespeares Behandlung des Wunderbaren", notiert in „wirren" Zeiten, von einem, sich selbst so einstufenden, wirren Kopf[1]. In nuce wird in diesen Gedanken der – gänzlich selbständige – Beginn der Frühromantik dargelegt, einer Frühromantik ganz eigener, „fürchterlicher" Signatur, fünf Jahre vor dem offiziellen Beginn der „Jenenser Frühromantik". Indes wird hier etwas anderes skizziert als eine „romantische Ironie", stilisiert zum Schlüsseltheorem und gewissermaßen Symbol der Bewegung, wie sie die Gebrüder Schlegel, Novalis oder Solger in Rekursen vor allem auf Kant und Fichte als, einen Mangel der Philosophie kompensierende, epistemische Funktion entwickelten. Skizziert wird, entfaltet man diese frühen Wendungen, eine gewaltige ästhetische, literarische Zäsur, eine seltsame, schwierige, fortan sich nicht mehr beruhigende Irritation – selber schwindelerregend, nicht bloß für die Zeitgenossen. Die Vertigo, der eigentümliche Begriff des Schwindels (ahd. „swintilon", „bewußtlos werden", „in Ohnmacht fallen"[2] bzw. „Schwinden des Bewußtseins"[3]), schillernder Inbegriff zuvor tiefgehender Angst, sind plötzlich und vorsätzlich die Parole, die sich zudem nicht einmal auf das Ästhetische und Literarische bescheiden will. Ludwig Tieck gibt sie aus, die Parole, der einzig „dichtende Dichter"[4] der frühen romantischen Bewegung, so August Wilhelm

---

[1] „Innen", die eigene Seele, und „Außen", die Gesellschaft und Kultur, erscheinen dem jungen Tieck gleichermaßen grundlegend in Verwirrung und Auflösung, umfassend formuliert z.B. im Briefwechsel mit Wackenroder, in: Wilhelm Heinrich Wackenroder, *Sämtliche Werke und Briefe* (2 Bde.), Bd. 2, hg. v. Silvio Vietta u. Richard Littlejohns, Heidelberg 1991, z.B. S. 48f. oder S. 114.

[2] *Brockhaus-Enzyklopädie*, 19. völlig neub. Auflage, Mannheim 1992, S. 695. Schwindel spielt zunächst im Sinne des Taumels und der Bewegung in die Ohnmacht ein Rolle, zwei Bedeutungen, die im 18. Jahrhundert noch synonym waren; die Ambiguität des „Betrugs" – ein Sinn, der erst im 19. Jahrhundert aufkommt – ist bei den kommenden Rekonstruktionen zunächst ausgeblendet, wird zuletzt allerdings doch aktuell. Der Begriff des Schwindels, seine Semantik, Ambiguitäten und Geschichte werden in Kapitel III näher betrachtet, vor allem im Kontext der historischen Wörterbücher und Enzyklopädien.

[3] *Deutsches Wörterbuch*, von Jacob u. Wilhelm Grimm, 33 Bde., Nachdr. München 1984, Bd. 15, S. 2653.

[4] Vgl. Manfred Frank, *Einführungen in die frühromantische Ästhetik. Vorlesungen*, Frankfurt a. M. 1989, S. 346.

Schlegel, der „große Dichter"[5] der romantischen Schule und „beste Novellist in Deutschland", so Heine[6], dabei in „Lust", „Grausamkeit" und „Willkür" „delphische[r] Gott", „wirkliche[r] Sohn des Phöbus Apollo"[7] („wo Zufall und Willkür an die Stelle der natürlichen Ordnung der Dinge getreten ist"[8]). Heine erfüllte, was des großen Dichters großer Wunsch war: „Möchte man mich in Zukunft (...) zu diesen Enfant terrible rechnen, so würde ich meine Existenz nicht für verloren halten" (*BüSh* 155)[9].

---

[5] Heinrich Heine, *Die Romantische Schule*, in: ders., *Sämtliche Schriften*, hg. v. Klaus Briegleb, München Wien 1996³, Bd. 3 (hg. v. Karl Pörnbacher), S. 428. Heines Bewunderung gilt mehr noch den „Novellen" als den frühen „Dramen": „am vorzüglichsten sind darunter: >*Der blonde Eckbert*< und >*Der Runenberg*<" (ebd., S. 426); die späteren Novellen Tiecks indes sind ihm dann überwiegend nur noch Werke eines „honetten, nüchternen Spießbürgers" (ebd., S. 428).

[6] Ebd., S. 425.

[7] Ebd., S. 421.

[8] Ebd., S. 422.

[9] Tiecks Schicksal, das Schicksal seiner Texte, war indes, bis zum heutigen Tag, durch die nachhaltige literarisch-ästhetische Identifikation – fast immer pauschal oder vollends diffus – mit der Frühromantik geprägt, früh veranlasst von Friedrich und August Wilhelm Schlegel, auch von Tieck selbst zunächst betrieben; gegenwärtig am differenziertesten in Manfred Franks „negativ-dialektischer" Rekonstruktion der Frühromantik ausgeführt. Der Junghegelianer Karl Rosenkranz beispielsweise schrieb in Anlehnung an August Wilhelm Schlegel die Formel: „Er ist der Mittelpunkt der romantischen Schule; seine Geschichte ist ihre Geschichte und umgekehrt." (Karl Rosenkranz, *Ludwig Tieck und die romantische Schule*, in: *Ludwig Tieck*, hg. v. Wulf Segebrecht, Darmstadt 1976, S. 4). Tiecks Poesie wurde als literarische Konkretion der philosophisch-ästhetischen Positionen der Frühromantik verstanden wie sie die Gebrüder Schlegels und Novalis' formulierten. Seine Werke, vor allem die Werke von 1797–1803, werden mit der literarischen Frühromantik, und umgekehrt die literarische Frühromantik mit diesem Werk, gleichgesetzt. Noch in mancher gegenwärtigen Forschung, wirkungsmächtig bei Ernst Behler, gilt durchweg ohne die geringste Problematisierung: „Tieck war der vielseitigste Dichter und Erzähler der Frühromantik" (Ernst Behler, *Frühromantik*, Berlin, New York 1992, S. 164). Manfred Frank arbeitet das frühromantische Verständnis Tiecks in einem höchst präzisen Sinne heraus (Frank, *Ästhetik,* vor allem S. 341–461), in seinen Thesen fungiert Tieck dann als poetische Exemplifikation der in den Werken Fichtes, Kants, der Gebrüder Schlegel, Novalis und Solgers philosophisch rekonstruierten epistomelogisch-ästhetischen Topoi, vor allem eben dem der „romantischen Ironie", sie wird an Tieck „nachgewiesen" (Frank, *Ästhetik*, S. 346). Arno Schmidt war es vorbehalten, als erster energisch dazwischen zu schlagen, Diskussionen zu erzwingen. In seinem Dialog über Tieck heißt es: „B. (mißtrauisch): Hören Sie – ich will nicht hoffen, daß Sie, um der lieben Originalität willen, hier den Spieß umdrehen, und behaupten wollen: Tieck sei gar kein Romantiker? A. (fest): Schlicht: Ja!" (Arno Schmidt, >*Fünfzehn*<. *Vom Wunderkind der Sinnlosigkeit*, in: ders., *Nachrichten von Büchern und Menschen*, Frankfurt a. M. 1971, Bd. 2, *Zur Literatur des 19. Jahrhunderts*, S. 20). In einigen jüngsten Arbeiten zu Tieck wird diese Provokation Schmidts produktiv gemacht, vgl. Fußnote 15.

[10] Friedrich Nietzsche, *Unzeitgemäße Betrachtungen I, Erstes Stück: David Strauss der Bekenner und Schriftsteller*, in: *Sämtliche Werke. Kritische Studienausgabe in 15 Bänden*, hg. v. Giorgio Colli u. Mazzino Montinari, Bd.1, München, Berlin, New York 1980, S. 168.

Ganz plötzlich, eine ungeheuerliche Wendung in einer Zeit der „im Rausch ersonnenen dichterischen Moden und Tollheiten", in der „ein so mannigfaches und so verwirrendes Suchen, Experimentieren, Zerstören, Verheißen, Ahnen, Hoffen begann und durcheinanderwogte" (Nietzsche)[10], erfindet sich versuchsweise eine – höchst paradoxe – Literatur, die gewisserweise nur noch eines sein will: komplizierte „Vernichtung" (*Schr 6, Vff.*), „Zerstörung" (*BüSh* 158), „furchtbare[s] Chaos" (*Ph-Rg* 113). Ein radikalisierter, allgemeiner „Krieg", so heißt es wörtlich (*BüSh* 158), der nichts mehr gemein hat mit dem, was selbst die großen Querdenker der Aufklärung unter Kritik, Polemik etc. verstanden – vor allen anderen Bestimmungen liegt die Ruptur darin: in dieser plötzlich verrückten Einstellung. Eine merkwürdige, prekäre, „moderne" Gewalt bricht durch, geht ein in den neuen literarischen Anlauf. Es reicht nicht hin, sich für nichts mehr einnehmen zu lassen, geboten ist, sich aktivisch gegen alles zu wenden, noch gegen sich selbst. „Der Krieg muß auch einmal zur Sprache kommen und zwar ganz anders, als er bis jetzt angefangen hat" (*BüSh* 158), so die ausdrückliche Forderung. Selber als Literatur nämlich, nicht als ihr Thema, sondern als ihr Vorgehen, ihr Effekt, ihre, einer der wichtigsten Begriffe Tiecks, „Wirkung" (z.B. *ShW* 686 od. 699, vor allem 712). „Literarischer Terrorismus" (*BüSh* 158) heißt die Losung dann ausdrücklich. Oder: „Wie würde es vollends mit allen den rechtlichen Menschen aussehen, wenn der Poesiegeist vielleicht bald irgendwo hervordringt, um die leeren Wörter Wahnsinn und Raserei zu erfüllen, sie nun merken müßten, daß alles zusammenzubrechen drohte, daß es wie ein wandelndes Gebirge auf sie zuschritte, um ihr Eigenthum, ihre Gartenumzäunungen, Bibliothek und alles zu verschlingen?" (*BüSh* 144) Ein sonderbares Unterfangen.

Eine regelrechte Poetik des Schwindels ist es, die in Tiecks zweifellos „glänzendste[r] Selbstanalyse"[11], dem frühen Aufsatz *Über Shakespeare's Behandlung des Wunderbaren*, skizziert wird; ihr entspricht eine regelrechte Poesie des Schwindels.

> „Der Kopf von allen den seltsamen Vorstellungen schwindelte" (*Eckb* 128), „schwindlichte Abgründe" (*Eckb* 130), „jetzt war es um das Bewußtsein, um die Sinne Eckberts geschehen" (*Eckb* 145), „keines Gedankens, keiner Erinnerung mächtig" (*Eckb* 145), „wahnsinnig in den letzten Zügen". (*Eckb* 1266)

So und ähnlich erzählt Tiecks „Märchenerzählung" *Der blonde Eckbert*[12] von sich selbst, dieser seltsamen Poetik und Poesie (auch das Attribut „seltsam" ist

---

[11] Frank, *Ästhetik*, S. 386.
[12] Im folgenden wird *Der blonde Eckbert* durchgängig in der Erstfassung zitiert (nach der Ausgabe des *Phantasus*, in: Ludwig Tieck, *Schriften in zwölf Bänden*, hg. v. Manfred Frank, Paul Gerhard Klussmann, Ernst Ribbat, Uwe Schweikert u. Wulf Segebrecht, Bd. 6, hg. v. Manfred Frank, Frankfurt a. M. 1985; dort ist die Erstfassung als Abweichung von den für die beiden *Phantasus*-Ausgaben überarbeiteten Fassungen – vgl.

dem, recht kurzen, Text entliehen, es kommt darin an die zwanzig Mal vor). *Der blonde Eckbert*, geschrieben 1796, ist, Tieck hebt es selber wiederholt hervor, Paradigma solcher Poesie des Schwindels, der Beginn und gewissermaßen auch schon das Ende ihrer konsequenten Entfaltung, eines der „seltsamsten Vorkommnisse der Literatur überhaupt"[13], so Emil Staiger beispielhaft für die Verwirrung der Rezeption, das indes früh schon und einhellig als „Beginn der literarischen Frühromantik" nobilitiert wurde. Im *Eckbert* selbst schreibt sich diese Poetik; „selbstreflexiv", „transzendental" heißt es ein paar Jahre später, ist das Verfahren, das dann zum Merkmal und Wesen der „romantischen" und überhaupt aller „echten Literatur" wird. In ihren „Darstellungen", so Fr. Schlegel, stellt sie sich „selbst mit dar", ist „zugleich Poesie und Poesie der Poesie"[14] – vorab des eigenen Textes. Am *Eckbert*, hundertfach interpretativ-philologisch bekannt, bildet sich die rabiate Poetik des Schwindels als immanente, implizite Poetik des Textes (insofern ist das letzte Kapitel dieser Studie das erste)[15]. Aber

---

Frank, *Phantasus*, S. 1254ff. – im Apparat verzeichnet, S. 1260–1266). Zitiert wird der Text ohne Kürzel mit der Seitenangabe der *Phantasus*-Ausgabe und, bei Abweichungen, der im Apparat abgedruckten Erstfassung.

[13] Emil Staiger, *Tieck und der Ursprung der deutschen Romantik*, in: *Neue Rundschau* 71, 1960; wiederabgedruckt in: Wulf Segebrecht (Hg.), *Ludwig Tieck*, Darmstadt 1976 (*Wege der Forschung*), S. 334.

[14] Friedrich Schlegel, *Kritische Friedrich-Schlegel-Ausgabe*, 35 Bde., hg. v. Ernst Behler unter Mitwirkung v. Jean-Jacques Anstett u. Hans Eichner; Paderborn, München, Wien, Zürich 1958ff., Bd. 2, S. 204. Die „Selbstreflexivität" des *Eckberts* reicht indes nicht aus, um Tiecks Texte einfach kongruieren zu lassen mit Novalis' und Fr. Schlegels Schriften samt ihren theoretischen Implikationen, vgl. ausführlich Kapitel IV.

[15] Primär am Eckbert, in seiner minutiösen Betrachtung, eben nicht in der Applikation ästhetischer, semiotischer oder philosophischer Topoi unternimmt meine Arbeit die schlaglichtartige Konstruktion bzw. Rekonstruktion der Poetik des Schwindels, deren Medium und Organ gemäß Tieck die Poesie, der Text selber ist. Sehr bewußt geht die vorliegende Arbeit das von Brecht geforderte „Risiko der Zersetzung literaturwissenschaftlicher und auch frühromantischer Begrifflichkeit in ein Aggregat heterogener Einzelfälle" ein (Christoph Brecht, *Die gefährliche Rede. Sprachreflexion und Erzählstruktur in der Prosa Ludwig Tiecks*, Tübingen 1993, S. 245). „Je eindringlicher die Beschäftigung mit einem bestimmten Text, desto eher taugt sie offenbar zum Korrektiv im Hinblick auf historisch-strukturelle Befunde, auf Erklärungsmodelle und deren Hybris" (ebd., S. 11). Geschrieben wurde derart in 90er Jahren von Markus Heilmann eine Poetik des William Lovells als Poetik des „unabgeteilten Wortes" (*Die Krise der Aufklärung als Krise des Erzählens. Tiecks „William Lovell" und der europäische Briefroman*, Stuttgart 1992), von Winfried Menninghaus eine Poetik der Märchenarabeske *Die sieben Weiber des Blaubart* als Poetik des „Unsinns" bzw. der „A-Signifikanz und Nicht-Repräsentativität" (Winfried Menninghaus, *Lob des Unsinns. Über Kant, Tieck und Blaubart*, Frankfurt a. M. 1995) und eben von Brecht eine Poetik der späten Novellistik als Poetik des „Sogenannten". Die Rekonstruktion einer Poetik des Schwindels situiert sich in Affinität zu Brechts und Menninghaus' Tieck-Lektüren, ebenso aber auch in nicht unwichtigen Differenzen zu diesen.

Konstatierte Arno Schmidt vor 20 Jahren, der Stand der Auseinandersetzung mit Tieck (wie insbesondere auch die editorische Lage seiner Schriften!) sei eine „beschämend klat-

auch in Tiecks zerstreuten poetologischen Sentenzen[16], die gerade im vorsätzlich Unzusammenhängenden, „Zerstückten" und „alles übereinanderwerfen", gegen die „ordentlich erklärenden Abhandlungen" (*BüSh* 139), für Tieck selber die Merkmale des Literarischen aufweisen, wird die Poetik des Texttaumels skizziert.

---

schende Ohrfeige für die besoldeten Verwalter unserer Literatur" (Arno Schmidt, >*Funfzehn*<. *Vom Wunderkind der Sinnlosigkeit*, in: ders., *Nachrichten von Büchern und Menschen*, Frankfurt a. M. 1971, Bd. 2, *Zur Literatur des 19. Jahrhunderts*, S. 8), kann noch Brecht 1993 zu Recht den „vorsichtig gesagt, unglücklichen Verlauf der Tieck-Rezeption" konstatieren (Brecht, *Die gefährliche Rede*, S. 1). Verhängnisvoll war dabei vor allem „der Diskurs defensiver Apologetik, zu dem sich von jeher die Wohlmeinenden gezwungen sahen" (ebd.). Ging die nach Schmidts Befund in den folgenden Jahren einsetzende, bis heute andauernde primär ästhetisch, theoretisch-philosophisch interessierte, extensive, den verschiedensten Interessen dienende Diskussion der „Frühromantik" als „literarisch-philosophisches Doppelphänomen" (Frank) weitgehend über Tieck hinweg und konzentriert sich auf Fr. Schlegel und Novalis (vgl. die Aufsätze der für die Frühromantik-Forschung bedeutsamen Sammelbände: Ernst Behler u. Jochen Hörisch, *Die Aktualität der Frühromantik*, Paderborn 1987; Dieter Bänsch, *Zur Modernität der Romantik*, Stuttgart 1977; Volker Bohn, *Romantik. Literatur und Philosophie*, Frankfurt a. M. 1987). Zudem hat, Brecht ist beizupflichten, „die philosophische Aufwertung, die die Jenaer Frühromantik seither erfahren hat, (...) den Zugang zu Tieck eher verstellt als eröffnet." (Brecht, *Die gefährliche Rede*, S. 3) Zu folgen ist Brecht dann ebenso darin, für Tieck „dieselbe Aktualität zu reklamieren, die die Frühromantik in der Diskussion der letzten Jahrzehnte gewonnen hat" – „nur darum, weil die Provokation durch die literarische Rede des Autors nicht in philosophischer Systematik stillgestellt werden soll" (ebd., S. 2). „Der doppelte Ursprung der Frühromantik 1795/96 in zunächst unpublizierten Spekulationen Schlegels und Novalis' und in Dichtungen Ludwig Tiecks bleibt für die Literaturgeschichtsschreibung eine Provokation" (ebd.). Allein Manfred Frank bezog Tieck in die ästhetische Diskussion der Frühromantik ein (siehe vor allem Kap. IV.4), eine Tieck-Lektüre, die seine Poetik lange Zeit unwidersprochen philosophisch besetzte. Erst Anfang, Mitte der 90er Jahre setzte, insbesondere mit den Arbeiten Heilmanns, Menninghaus' oder Brechts, eine betont theoretisch interessierte Auseinandersetzung mit Tieck ein, die Franks Identifikation Tieckscher Poesie mit den frühromantischen Topoi der „romantischen Ironie" oder „Allegorie" entgegentraten.

[16] Behandelt wird bei dieser Rekonstruktion neben den literarischen Texten ein heterogener Korpus „nicht-literarischer" Texte (hauptsächlich der Zeit von 1789 bis 1803), die in der Mehrzahl selten und dann meist marginal Gegenstand der Beschäftigung sind (zur Bibliographie siehe die Literaturliste): der *Briefwechsel mit Wackenroder* (1792/93); der *Briefwechsel* allgemein (1789–1853); *Reiseberichte* (1793); *Über das Erhabene* (1792); *Über Shakespeare's Behandlung des Wunderbaren* (1792/93); *Über die Kupferstiche nach der Shakespeareschen Galerie in London* (1793); *Vorrede* zum *Abdallah* (1793); Beiträge zu den *Musenalmanache* (1796–98); *Herzensergießungen* (mit Wackenroder, 1796); *Vorrede* zu den *Straußfedern* (1796–98); *Einleitung des Verfasser zu den Volksmärchen*, Bd. II. 1797, *Phantasien* (mit Wackenroder 1797/98); *Briefe über Shakespeare* (1799/1800); *Altdeutsche Minnelieder* (1802/03); *Schriften, Vorbericht zur ersten Lieferung* (1828); *Schriften, Vorbericht zur zweiten Lieferung* (1828); *Schriften, Vorbericht zur dritten Lieferung* (1828).

Der Begriff des Schwindels und seine ästhetische Relevanz sind alles andere als extravaganter Schick, poetische Laune. Der Begriff markiert im Verständnis der damaligen Zeit eine besondere Form des Wahnsinns, genauer: einen sehr bestimmten Defekt der Einbildungskraft bzw. der Phantasie, das genau ist der diskursive Kontext, dem er entstammt (Tiecks Sprachgebrauch der Begriffe Einbildungskraft und Phantasie entspricht allgemein dem Kants in der *Anthropologie*: Die „Einbildungskraft", so heißt es dort, „wenn sie unwillkürlich ist (wie etwa im Traume)" oder Wahnsinn, selbsttätig ist, heißt Phantasie[17], Baumgarten führte den Begriff noch synonym zu dem der Einbildungskraft ein[18]). Umfassend diskutiert wurde die Phantasie Ende des 18. Jahrhunderts in ästhetischer und poetologischer Hinsicht, aber auch, zumeist parallel, in seelenkundlicher, anthropologischer, popularphilosophischer und, vornehmlich in den transzendentalen Philosophien, epistemologischer Hinsicht. Bereits in der Spätaufklärung kam ihr unter den verschiedenen Gesichtspunkten, natürlich immer noch nominell im Modell des perfekten „Gleichgewichts der Seelenkräfte" unter der Suprematie der Vernunft eine – unvorsichtig – zentrale Funktion unter den „Seelenvermögen" zu. Unmittelbar konfrontiert wurde Tieck mit den Erörterungen der Phantasie und vor allem der „aus den Fugen geratenen Einbildungskraft" unter anderem im Berliner Kreis der Popularphilosophen und Spätaufklärer, aus dem er hervortritt, vor allem im Moritzschen *Magazin zur Erfahrungsseelenkunde*, in dem sich die verschiedenen Disziplinen und Erkenntnisinteressen programmatisch durchmischen und das Tieck aufmerksam las (er selber verfaßte die Erzählung *Die beiden merkwürdigsten Tage aus Siegmunds Leben* für das *Magazin*[19]). Sein Interesse konzentrierte sich zunächst auf einen bestimmten Zustand der

---

[17] Immanuel Kant, *Anthropologie in pragmatischer Hinsicht*, in: ders., *Werke in zehn Bänden*, hg. v. Wilhelm Weischedel, Darmstadt 1983, Bd. 10, S. 476 (B 80, A 80).

[18] Alexander Gottlieb Baumgarten, *Metaphysik*, in: ders., *Texte zur Grundlegung der Ästhetik*, Hamburg 1983, S. 29–35.

[19] Wegen Moritz' Tod und dem Ende des *Magazins* erschien sie dann im Entstehungsjahr der Märchenerzählung *Der blonde Eckbert* 1796 in den *Straußfedern*. Tieck bittet im Vorwort „den Leser wegen der Weitläufigkeit um Verzeihung; diese Geschichte war für das Magazin zur Erfahrungsseelenkunde bestimmt; und daher waren alle Erscheinungen der Seele wichtig und bemerkenswert" (*DüD* I 82). Psychologie, Erfahrungsseelenkunde waren – zusammen mit der Poesie – das Steckenpferd des jungen Tieck, die eigene Poesie, wie er festhält, selber poetische Erfahrungsseelenkunde, erfahrungsseelenkundliche Poesie. Die frühen Arbeiten, *Almansur*, *Adalbert und Emma* oder der *Abdallah*, vor allem auch der *Briefwechsel mit Wackenroder* und ästhetischen Abhandlungen demonstrieren das, thematisch schon um ein Interesse kreisend, das ihn sein Leben lang begleiten sollte: bestimmte Formen des Wahnsinns. Sehr bald indes kommt es zu einem rabiaten, äußerst bedeutenden Bruch mit der Psychologie, ebenso mit der psychologischen Literatur und psychologisch-literarischen Hermeneutik wie sie beispielhaft Moritz entwickelt und er selbst leidenschaftlich verfolgte. Ein Bruch, den Tieck mit perfiden Mitteln und zwangsläufiger innerer Konsequenz im Psychologischen selbst herstellt. Solche Literatur und Hermeneutik bleiben im *Eckbert*, der sie mit ihren Signalwörtern zitiert, die Folie, die dem Leser die gewaltige Verwirrung erst bedeutet.

Phantasie, der in verschiedenen Formen des Wahnsinns enden kann, wenn sie nämlich „aufs äußerste beunruhigt", „auf einen hohen Grad erhitzt ist" (*ShW* 718). Der Defekt, um den es geht, steigert und potenziert indes diese Beunruhigungen, die zuvor eingehend – selber manisch, es wimmelt von „ausführlichen Mitteilungen" – diskutierten Störungen der Einbildungskraft, die „exaltierte", „überspannte", „kranke" Phantasie. Bei dem in Frage stehenden Defekt geht es zuletzt um die restlose Dysfunktion der Phantasie, jedweder ihrer Funktionen, der epistemologischen, auch der ästhetischen, um ihren Zusammenbruch in der Kulmination ihrer restlosen Entbindung, anders: um einen besonderen „Wahnsinn, der (...) die selbst erfundenen Gesetze wieder vernichtet" (*Schr* 6, XX). Es ist das Ende einer grundlegenden „unaufhörlichen Verwirrung" (*ShW* 692) der Phantasie. Eben dieser Defekt wird medizinisch, erfahrungsseelenkundlich, wie auch vor allem philosophisch und ästhetisch in Hinblick auf eine Theorie der Einbildungskraft historisch präzise als „Schwindel" oder „Taumel" definiert[20].

Der philosophische Arzt Marcus Herz, der 1786 ein ganzes Buch über den Schwindel veröffentlichte, *Versuch über den Schwindel*, dessen Auszüge im Moritzschen *Magazin zur Erfahrungsseelenkunde* erschienen, hält fest: „Jede einzelne Vorstellung verliert ihre Klarheit und Lebhaftigkeit, und wegen ihrer zu geschwinden Folge fallen sie alle ineinander: die Seele unterscheidet sie nicht mehr deutlich, sondern stellt sie sich als ein verworrenes Ganze vor, in dem weder Ordnung noch faßliche Abstechung der Theile findet; und endlich geräth sie selbst in den Zustand der Verwirrung: einen Zustand, der eigentlich den *Schwindel* ausmacht."[21] Eine gar tödliche Gefahr. Bei Tieck hieß es, wie schon zitiert: „Unsre Urteilskraft wird so verwirrt (...) wir finden nichts, worauf wir unser Auge fixieren könnten; die Seele wird in eine Art von Schwindel versetzt..." Die „Vorstellungen", hält Moritz fest zu diesem besonderen Zustand fest, sind nicht mehr „von einander [zu] unterscheiden", „flossen entweder in eins zusammen, verdrängten sich einander, oder verwirrten sich untereinander"[22]. Plötzlich, schreckhaft und gänzlich willkürlich bewegen sie sich. „Beständig" wird die Phantasie von der einen Vorstellung „zur andern herumgetrieben, gleichsam ein *Marionettenspiel* des Zufalls"[23], „von der einen Associationsart zur andern leicht

---

[20] Ein Defekt der Phantasie, der nichts zu tun hat mit einer anderen, daran gemessen moderaten, Gefahr der „aus der Zucht gelaufenen Einbildungskraft": dem Unsinn. Die von Winfried Menninghaus formulierte „Poetik des Unsinns" (Menninghaus, *Lob des Unsinns*) und die Poetik des Schwindels, die in vielem affin sind, divergieren schon hier in einem entscheidenden Punkt (im weiteren noch umfassender behandelt).

[21] Marcus Herz, *Versuch über den Schwindel*, zweyte umgeänderte und vermehrte Auflage, Berlin 1791 (Erstausgabe Berlin 1786), S. 174.

[22] Karl Philipp Moritz, *Auch eine Hypothese über die Schöpfungsgeschichte Mosis*, in: ders., Werke, hg. v. Horst Günther, 3 Bde., Frankfurt a. M. 1981, Bd. 3, *Erfahrung, Sprache, Denken*, S. 787.

[23] Salomon Maimon im *ΓΝΩΘΙ ΣΑΥΤΟΝ oder MAGAZIN ZUR ERFAHRUNGSSEELENKUNDE als ein Lesebuch für Gelehrte und Ungelehrte. Mit Unterstützung mehrerer*

überspringend"²⁴, heißt es bei dem Kantianer Salomon Maimon im *Magazin*. Sie „fallen ineinander", verlieren gegeneinander das Distinkte, „durchkreuzen sich" und „wechseln ständig". Die „*Unregelmäßigkeit* in der Folge der Vorstellungen auf einander"²⁵ ist, das ist die Krux, der natürliche Modus der Einbildungskraft.

Kant faßt den Schwindel explizite wie Maimon, Herz und Tieck als „einen schnell (...) die Fassungskraft übersteigenden Wechsel vieler ungleichartige[r]" Vorstellungen und Empfindungen bis zur „Ohnmacht", „welche auf einen Schwindel (...) zu folgen pflegt"²⁶. Solcher Schwindel ist die Verschärfung des „Raptus", der „Überfälle der Regellosigkeit"²⁷ der Einbildungskraft, des „unerwartete[n] Absprung[s]", und der – Tiecksche Terminologie und Kantische fallen wieder in eins – „plötzliche[n] Wechsel". Die „regellose" Phantasie, schreibt Kant, „nähert sich dem Wahnsinn, wo (...) der Unglückliche den Lauf seiner Vorstellungen gar nicht in seiner Gewalt hat"²⁸. Sie bringt, führt die *Kritik der Urteilskraft* aus, „in ihrer gesetzlosen Freiheit nichts als Unsinn hervor"²⁹ oder, in einer noch schlimmeren Variante: „Sinnleere"³⁰. „Verrückungen" der Seele, die summarisch als Wahnsinn bezeichnet wurden und die Kant penibel ausdifferenziert, Schwindel ist im Sinne dieser Definition die besondere Form des Wahnsinns, die er „tumultuarische" Verrückung nennt und die im Unvermögen besteht, seine „Vorstellungen auch nur in den zur Möglichkeit der Erfahrung nötigen Zusammenhang zu bringen"³¹. Gesetzlosigkeit und Regellosigkeit, das ist die Crux, sind aber eben die „Natur" der Phantasie³².

Notwendig ist die „Angemessenheit jener Einbildungskraft in ihrer Freiheit zu der Gesetzmäßigkeit des Verstandes"³³, wird diese vereitelt – das ist der Kernpunkt, auch der Kernpunkt einer Differenz eines solchen literarischen Experimentes zur frühromantischen Ästhetik –, kommt es eben bloß zum Wahnsinn im alten Sinne des „Sinnleeren", für Kant präzise ein vollkommenes, irreduzibles „Nichts"³⁴. Die extraordinäre Synthese der Einbildungskraft und des Verstandes in der „ästhetische Idee", mit der der Verstand dann unendlich beschäftigt ist – so die Grundlegung der frühromantischen Ästhetik und Hermeneutik – wird hintertrieben. Ohne diese Zucht der „gesetzlosen Freiheit" der

---

Wahrheitsfreunde herausgegeben von Karl Philipp Moritz, 10 Bde., Berlin 1783–1793, Nachdruck hg. v. Petra u. Uwe Nettelbeck, 10 Bde., Nördlingen 1986, Bd. IX, S. 18.
[24] Ebd., S. 58.
[25] Ebd., S. 57.
[26] Kant, *Anthropologie*, S. 465 (B 67, 68 A 75, 76).
[27] Ebd., S. 527f. (BA 141,142).
[28] Ebd., S. 485 (BA 92).
[29] Immanuel Kant, *Kritik der Urteilskraft*, in: ders., *Werke in zehn Bänden*, hg. v. Wilhelm Weischedel, Darmstadt 1983, Bd. 8, S. 421 (B 203; A 201).
[30] Kant, *Anthropologie*, S. 468. (B 71, A 79).
[31] Ebd., S. 530 (BA 145).
[32] Vgl. Menninghaus' konzise Ausführungen hierzu, *Unsinn*, S. 26–45.
[33] Kant, *Kritik der Urteilskraft*, S. 420f. (B 202).
[34] Ebd., S. 438 (B 227).

Phantasie sind das Schöne, die ästhetischen Ideen und ihr unendlicher Sinn unmöglich[35].

Im Schwindel ist die Urteilskraft, das Vermögen, die schnell und unregelmäßig produzierten Vorstellungen „dem Verstande anzupassen", gründlich zerstört[36]. Es ist unmöglich, die unordentlich fluktuierenden Einbildungen zu einer Einheit zu synthetisieren, sie als eine „Sukzession der Phänomene" in den Kategorien der „Kausalität" und „Dependenz" fassen zu können, allgemeine Funktion der funktionierenden Einbildungskraft. Zum Zusammenbruch gebracht wird am Ende die „spontane" Einbildungskraft selbst, ihre originäre transzendentale Funktion, Einheit in das Mannigfaltige der Anschauung zu bringen, Sinnlichkeit und Verstand zu vermitteln[37], eben darin ist die Einbildungskraft transzendental und ist hierin dem Verstand punktuell homolog, der die Synthesis dann bloß erst „auf Begriffe"[38] bringt.

„Völlig vernichtet und aufgehoben", warnt ganz Fichte in der *Wissenschaftslehre*[39] ähnlich und wieder geht es um den Kernpunkt des Schwindels, würde die Anschauung, würden alle „Begriffe und Vorstellungen", wenn sich die „producirende Einbildungskraft" als bewußtlos schaffende über die Maßen potenziert. Völlig vernichten würde sich die „producirende Einbildungskraft" selbst in ihrer übermäßigen Stimulation, damit eben auch die „synthetisirende" Einbildungskraft, am Ende das „Product der Einbildungskraft in ihrem Schweben"[40] oder die „absolut producirende Einbildungskraft"[41]. Mißlingen würde es, die Anschauungen in das notwendige „Schweben" „zwischen Bestimmung und Nicht-

---

[35] Vgl. dazu Mennnigshaus' Lektüre der *Kritik der Urteilskraft*, Menninghaus, *Unsinn*, z.B. S. 26 – 45 (in Kapitel V.3 noch einmal ein Thema).

[36] Kant, *Kritik der Urteilskraft*, S. 421 (B 203; A 201).

[37] Ebd., S. 148 u. 179 (B 151 u. A 125, die Einbildungskraft wird in dem Abschnitt „Von der Anwendung der Kategorien auf Gegenstände der Sinne überhaupt" grundlegend bestimmt, ebd., S. 147ff.).

[38] Die transzendentale Synthesis der Einbildungskraft ist „eine Wirkung des Verstandes auf die Sinnlichkeit und die erste Anschauung desselben (zugleich der Grund aller übrigen) auf Gegenstände der uns möglichen Anschauung" (Kant, Kritik der reinen Vernunft, S. 149, B 151). Das „Mannigfaltige" zu verbinden ist das „ursprüngliche Vermögen" des Verstandes (ebd.), der aber kein Vermögen der Anschauung ist, wodurch er bloß die intellektuelle, rein formale Einheit herstellen kann. Erst als Synthesis der transzendentalen Einbildungskraft wirkt er auf die Anschauungen, „er also übt, unter der Bezeichnung einer transzendentalen Synthesis der Einbildungskraft", diese Funktion erst aus (ebd., B 154, S. 150). Früher heißt es: „Die Synthesis überhaupt ist (...) die bloße Wirkung der Einbildungskraft, einer blinden, obgleich unentbehrlichen Funktion der Seele, ohne die wir überall gar keine Erkenntnis haben würden (...) Allein, diese Synthesis auf Begriffe zu bringen, das ist eine Funktion, die dem Verstande zukommt, und wodurch er uns allererst die Erkenntnis in eigentlicher Bedeutung verschaffet" (ebd., B 104, 105, S. 117).

[39] Johann Gottlieb Fichte, *Grundlage der gesamten Wissenschaftslehre*, in: ders., *Sämtliche Werke*, hg. v. I.H. Fichte, Bd. I, *Zur theoretischen Philosophie*, Berlin 1845/1846 (Nachdruck Berlin 1971), S. 233.

[40] Ebd., S. 233.

[41] Ebd., S. 235.

Bestimmung, zwischen Endlichem und Unendlichem" in die „Mitte"[42] zu bringen. Das schwindlige „Produciren" ist zu instabil, hektisch und schnell, zu plötzlich, zu mannigfaltig, ununterbrochen oszillierend. Die ganze ideale Konstellation wäre zerstört[43]. Die Anschauungen könnten nicht mehr, das wäre das Entscheidende, noch irgendwie, im Äußersten „fixiert werden", „um als Eins und Ebendasselbe aufgefasst werden zu können."[44] Und genau das ist der Tiecksche Schwindel: „nichts, worauf wir unser Auge fixieren könnten" (*ShW* 704). Alles hängt von dieser „Möglichkeit ab, die Anschauung selbst, und als solche, zu fixiren"[45], wie sehr die „producirende" Einbildungskraft sich auch erhitzt, gerade dann. Das äußerste Gelingen dieser „Vermittlung" definiert die spekulativ-idealistische Einbildungskraft, in deren Entwurf die entscheidenden Ideen der frühromantischen Poetik enthalten sind. Es mißlingt damit notwendig schon die „romantische Ironie", die im Kern eben nichts ist als die an Kant gebildete Spezifikation dieser Fichteschen spekulativen Einbildungskraft, „die schwebende Mitte" zwischen Bestimmung und Bestimmungslosigkeit. Erzeugt würde ein „furchtbares Chaos", eine undialektische, schlechte Unendlichkeit.

Mit dem Schwindel, dem Defekt der Phantasie, das weiß und verfolgt Tieck, steht alles auf dem Spiel. Der Phantasie kommt, wird sie zum Grund- und Radikalvermögen der Seele, epistemologisch wie ästhetisch die entscheidende Rolle zu. In der Frühromantik wird sie neben dem Begriff der Reflexion zum zweiten Schlüsselbegriff. Die Einbildungskraft „producirt" zwar „Realität; aber es ist in ihr keine Realität", Realität entsteht erst in der (oben skizzierten) gelingenden Vermittlung, „erst durch die Auffassung und das Begreifen im Verstande wird ihr Product etwas Reales"[46]. Im Schwindel bricht der Prozeß schon zuvor, im Ansatz zusammen. Mit der „Realität" stehen „Welt", „Wahrheit", „Subjekt", alle Begriffe, zur Disposition, auch natürlich die Kunst. „Man muß nur wissen", pointiert August Wilhelm Schlegel, „daß die Fantasie, wodurch uns erst die Welt entsteht, und die wodurch Kunstwerke gebildet werden, dieselbe Kraft ist"[47]. Ein Text ist nichts als eine Einbildung bzw. eine Folge von Einbildungen, die sich in Ordnungen oder Unordnungen befinden.

Poesie, so Tiecks zentrale, vielfach reformulierte poetologische Sentenz des *Phantasus*, soll, Zitat, „unsre Phantasie bis zum (...) Wahnsinn verwirren, um diesen selbst nur in unserm Innern zu lösen und frei zu machen" (*Ph-Rg* 113).

---

[42] Ebd., S. 216.
[43] Die da hieß: „Der Verstand lässt sich als die durch Vernunft fixirte Einbildungskraft, oder als die durch Einbildungskraft mit Objecten versehene Vernunft beschreiben" (ebd., S. 233).
[44] Ebd., S. 232.
[45] Ebd.
[46] Ebd., S. 234.
[47] August Wilhelm Schlegel, Allgemeine Übersicht des gegenwärtigen Zustandes der Deutschen Literatur, in: *Vorlesungen über schöne Literatur und Kunst, Zweiter Theil*, Heilbronn 1884, S. 84.

Im Vorwort zu den *Schriften* heißt es: den „muthwilligen Wahnsinn" herbeizuführen (*Schr* 6, XX). Der gerade bezeichnete Schwindel, der besondere Wahnsinn, die „tumultuarische" Verrückung als bestimmter Defekt, Zusammenbruch der Phantasie sind nun unumwunden die beabsichtigte „Wirkung", der „Schlag" (*ShW* 696) einer Literatur, wie sie Tieck mit der „Märchenerzählung" *Der blonde Eckbert* versucht. Solche Poesie soll durch ein perfides poetisches Verfahren, eine perfide Sprachbehandlung, in Umkehrung aller zuvorigen Postulate, genau die erörterte Dysfunktion der Phantasie, Konstituens nicht nur des Textes, auslösen. Poetische Sprache, poetische Textur und Praxis sollen sich so bilden, daß der Vorstellung und in Folge dem Begreifen „nichts" ist, „worauf wir unser Auge fixieren könnten". Erzeugt wird bloß „unaufhörliche Verwirrung" (*ShW* 692): „Keine Vorstellung bleibt stehend und fest", schreibt Ludwig Tieck im *Briefwechsel mit Wackenroder*, „eine wälzt sich über die andere" (*BTW* 114). Nie heftet „auf irgend einem Gegenstand ein feste[r] und bleibende[r] Blick", die „Aufmerksamkeit" wird „beständig zerstreut" (*ShW* 702), nichts erlangt in der „ununterbrochenen Beschäftigung unsrer Phantasie" (*ShW* 692) „zu viele körperliche Konsistenz" (*ShW* 702). Und weiter – das Zitat vom Anfang: „unsre Urteilskraft [wird] so verwirrt, (...) die Seele wird in eine Art von Schwindel versetzt".

Das literarische Verfahren und Sprechen, das den Schwindel bewirken soll, bildet sich selbst kunstvoll an den schwindligen, schwindelerregenden Modi und Dynamiken der defekten Phantasie. Entwickelt werden so ausgeklügelte Kunstmittel, „Techniken" der Narration und literarischen Sprachbehandlung, die als kaltes Kalkül das inkommensurable, verheerendes Fluktuieren der Phantasie evozieren. Tieck erörtert sie eingehend, in vielfachen Synonymen und Paraphrasen: die „Plötzlichkeit" (z.B. *ShW* 703, 712, *BTW* 48), die bereits Karl Heinz Bohrer in Rekurs auf Baudelaires Begriffs des Choks so wie auf Benjamin und Freud ins Zentrum einer inkommensurablen ästhetischen Moderne stellt[48] und die bei Tieck zum ersten Mal exponiert wird. Jäh, unvermittelt, gänzlich unbegreiflich geschehen die Bewegungen, und die „plötzlichen Umwendungen" (*ShW* 703): in der „unbegreiflich schnellen Beweglichkeit der Imagination" werden in „zwei auf einander folgenden Momenten ganz verschiedene Ideen an einen und denselben Gegenstand geknüpft" (*ShW* 703) und „Imagination davon, wie von einem gewaltigen Schlage, getroffen" (*ShW* 703). Desweiteren die „wunderbare Schnelligkeit" (*ShW* 712) sowie „ständigen Wechsel" und, so heißt es im *Eckbert*, „ewigen Bewegungen" (*Eckb* 133).

Verursacht wird ein unablässiges, willkürliches Oszillieren und Changieren der hektischen, in sich und gegeneinander instabilen Vorstellungen, das alle Vorstellungszusammenhänge torpediert. Besondere Konfusion bedeuten die

---

[48] Exponiert in mehreren seiner Werke, zunächst hauptsächlich in: Karl Heinz Bohrer, *Die Ästhetik des Schreckens. Die pessimistische Romantik und Ernst Jüngers Frühwerk*, München, Wien 1978 (s. vor allem S. 163–200 u. 325–412), dann in: ders., *Plötzlichkeit. Zum Augenblick des ästhetischen Scheins*, Frankfurt a. M. 1981.

„Mischungen" (*ShW* 688) bzw. „Vermischungen" (*ShW* 704, *Eckb* 145), Kontaminationen von höchst Disparatem: z.B. von „Komischem und Schrecklichem". Unentwirrbare „Vermischungen" vor allem von „Wirklichkeit", „gewöhnlicher Welt", fiktionsimmanent verstanden, und „Traum" bzw. Einbildung. „Vermischungen", die sich, das ist das Ziel, wie alle genannten Prinzipien bei geschickter Inszenierung in den Bewegungen der Leserphantasie selbständig fortsetzen. Achim Hölter spricht, ohne indessen ein solches poetisches Verfahren umfassender einordnen zu können, von „raschen Wechseln", vom „Prinzip der ständigen Irritation"[49] und „Struktur des ständigen Übergangs"[50], Manfred Frank u.a. von der „Technik des unaufhörlichen, schnellen Variierens"[51]. Die literarischen Verfahrensweisen werden in allen Texten Tiecks selber benannt und vielfach bebildert; im Eckbert ist es u.a. das Gesicht der „Alten": „ihr Gesicht war in einer ewigen verzerrten Bewegung, indem sie dazu wie vor Alter mit dem Kopfe schüttelte, so daß ich durchaus nicht wissen konnte, wie ihr eigentliches Aussehn war" (*Eckb* 133/1262).

Der Text, der Texttaumel, modellhaft am *Eckbert* zu zeigen, vollzieht die Plötzlichkeiten, Umwendungen, Vermischungen auf den verschiedenen Ebenen: im Erzählen – plötzlich, in „unbegreiflich schneller Beweglichkeit", ständig wechselnd, sich widersprechend, hin- und her springend, sich vermischend wird erzählt, gegen alle Sach-, Sprach- und Erzähllogik –, in Hinsicht auf das Erzählte, in Hinblick auf die erzeugten Einbildungen der Leser-Phantasie, die, einmal infiziert, den Schwindel selber vollbringt, in Hinsicht auf die narrativen Gattungen, die ebenso höchst wirkungsvoll vermischt werden, und in Hinsicht auf den Erzähler selbst. In verwirrender Weise wechselt und vermischt sich auch der Erzähler plötzlich, kehrt sich um, ist selber „nichts, worauf wir unser Auge fixieren könnten" und läßt den ganzen Text zu einem solchen fürchterlichen Nichts werden. Unentwegt wird die narrative Konsistenz beschädigt, der Erzähler unternimmt unmögliche, sich selber demontierende erzählerische Operationen – bis er, das Erzählen, der Text, die Leserphantasie wie die Figuren – so enden *Eckbert* und Eckbert – „wahnsinnig in den letzten Zügen" (*Eckb* 1266) verscheiden.

Beides, die – sozusagen – Poetik und Poesie des Schwindels verfestigen sich zu keiner definitiven Poesie und Poetik, sind vertrackte, verwunderliche Experimente dieser kurzen, schockhaften Phase des „so mannigfachen und so verwirrenden Suchens". Es entwickelt sich keine kontinuierliche Poetik, mehr noch, Poetik des Schwindels ist notwendig immer auch Anti-Poetik. Das tollkühne Unterfangen einer Selbstvernichtung poetischen Sprechens, einer Selbstvernichtung der Phantasie und damit der „Wirklichkeit", „Welt" und „Subjektivität"

---

[49] Achim Hölter (Hg.), *Ludwig Tieck. Schriften 1789–1794* (Bd. 1 von: Ludwig Tieck, *Schriften in zwölf Bänden*, hg. v. Manfred Frank, Paul Gerhard Klussmann, Ernst Ribbat, Uwe Schweikert u. Wulf Segebrecht), Frankfurt a. M. 1991, S. 1231.
[50] Ebd., S. 1232.
[51] Frank, *Ästhetik*, S. 381.

wie sie sich historisch konstruieren, ist notwendig instabil, ephemer. Es bleibt ein Intervall, wenn es auch wiederkehrt. Momente dieses Experiments finden sich jedoch in allen kommenden Arbeiten Tiecks – und nicht nur diesen –, schon in früheren, in differenter narrativer und literaturhistorischer Konstellation allerdings, in differenter ästhetischer Funktion. Folgende Texte Tiecks, ganz deutlich Tiecks poetologische Bemerkungen in seinen Beiträgen der *Phantasien* (mit Wackenroder 1797/98), auch die späteren Novellen, unternehmen mithin etwas ganz anders als eine Poesie des Schwindels oder versuchen mit dem Schwindel etwas anderes, wodurch auch der Schwindel ein anderer ist, nicht selten eine Poesie bzw. Poetik des „heiteren" Wunderbaren (z.B. *ShW* 691). Poetik des Schwindels dagegen ist nachdrücklich Poetik des „fürchterlich Wunderbaren" (*ShW* 714).

Bis zu einem bestimmten Grad, noch die restriktivste rationalistische Schule konzedierte es, bedarf es der Stimulation, „Erhitzung", „Anspannung", „Exaltation" der Phantasie, auf ästhetischem, poetischem Feld darf sie, muß sie gar weiter gehen – wie weit, wurde von den verschiedenen poetologischen Positionen graduell anders bestimmt. Immer aber gilt es eine spezifische Gefahr abzuwehren. Nicht erst in der Grundlegung der philosophischen Ästhetik durch Baumgarten, in der gesamten Tradition der literaturtheoretischen Überlegungen seit Aristoteles, wurde die Literatur in den historisch jeweils gültigen Vorstellungen des Schönen als eine – je in bestimmter Weise – *funktionierende*, *intakte* Einbildungskraft bestimmten, präzise formuliert vor allem in den transzendentalen Philosophien Kants, Fichtes oder Hegels, noch in den frühromantischen Erörterungen der Phantasie bei Fr. Schlegel oder Novalis. Die entscheidende Ruptur, um die es geht, liegt in der – zuletzt widersprüchlichen, unmöglichen – Ästhetik einer ausdrücklich defekten Phantasie, einem ästhetischen Verfahren und Geschehen, die vorsätzlich den Zusammenbruch, die mutwillige Selbstvernichtung der ästhetischen und zugleich epistemologischen Funktion einer (nicht bloß ästhetischen) Einbildungskraft bzw. Phantasie suchen.

Zwangsläufig werden der rabiate Impuls, das Unterfangen des Texttaumels paradox – der Schwindel, das vollkommen Bodenlose als vorsätzliches, kaltes, inszeniertes Kalkül bestimmter literarischer Techniken –, und bleiben in der „vollkommenen" Verwirklichung unmöglich. Im Extrem aber loten sie, weit nun über das „Tiecksche Werk" hinaus, aus, was in den folgenden zweihundert Jahren bis heute, in verschiedensten Momenten und Varianten, zu dem gehört, was „Moderne", „moderne Literatur" heißen wird (wie immer die Definition vorgenommen wird, auch oder gerade, wenn die Moderne „immer schon" „Postmoderne" sein mag). Auch der Begriff des Schwindels taucht fortan wieder und wieder auf. „Schwindel" als Reflex auf den „Schock des Offenen, die Negativität" ist es, notiert Adorno, der aller „großen Dichtung der Moderne (...) zentral" ist[52]. Als „ein ungehemmter Taumel, ein sich bis zum Wahnsinn steigerndes

---

[52] Theodor W. Adorno, *Negative Dialektik*, 4. Aufl., Frankfurt a. M. 1990, S. 42f.

Schwindelgefühl"[53] bestimmt de Man das äußerst Literarische, auch die romantische Ironie, „frühromantische" Sprache, Sprache überhaupt in ihrer „rhetorischen, figurativen Macht" als die „schwindelerregende Möglichkeit referentieller Verirrung", die „radikale Suspendierung der Logik"[54]. Weitgehend unbemerkt, zumeist, und das zu Recht, nur in scheinbaren Synonymen und Paraphrasen behandelt, ist der Schwindel, der Begriff des Schwindels, Sediment der Moderne, ihr erstes Moment. Tieck lanciert ihn in einem ganz besonderen ästhetischen Sinne. Mit der punkthaften Rekonstruktion der Poetik und Poesie der defekten Phantasie wird so ein Schlaglicht auf die Wurzel einer wahrhaft „radikalen" ästhetischen Moderne geworfen. Diese rekurrierte eben nicht wie Novalis oder die Schlegels auf den philosophisch-teleologischen Diskurs, sondern, wie Karl Heinz Bohrer herausstellt, gegen die idealistisch-philosophische „deutsche Ästhetik" auf die verlorengegangene bzw. bekämpfte „Tradition einer sensualistisch-psychologischen Ästhetik"[55]. Entschieden sucht sie den „Konflikt zwischen einerseits poetischer und andererseits philosophisch-wissenschaftlicher Moderne"[56]. Ein Konflikt, in dem Tieck, der Pionier solcher quer liegenden frühromantischen Ästhetik, eine hervorgehobene Stellung zukommt[57].

Mit Vorsatz macht der Text als „unaufhörliche Verwirrung" jedes Verstehen schwindelig, wirkt der Text als ein „völlig Unbegreiflich[es]" (*ShW* 710), in jedem Moment als „Wirkung ohne eine Ursache" (*ShW* 712). Je mehr der „Gang der Vorstellungen" in „ständiger Veränderung" ist, warnt exemplarisch Schleiermacher – und genau dieses betreibt das schwindlige Sprechen –, desto mehr „hat der Zustand Analogie mit dem Träumen, und das ist das rein Unverständliche, eben weil es keinem Gesetz des Zusammenhanges folgt und so nur zufällig erscheint"[58]. Dieses „rein Unverständliche" ist nun eben kein hermeneutisch-dialektisches „Unverständliches", kein Mißverstehen, das bei Friedrich Schlegel geradewegs zur Grundlage der frühromantischen Hermeneutik wird[59]. Poesie

---

[53] Paul de Man, *Die Rhetorik der Zeitlichkeit*, in: ders., *Die Ideologie des Ästhetischen*, hg. v. Christoph Menke, Frankfurt a. M. 1988, S. 113.

[54] Paul de Man, *Semiologie und Rhetorik*, in: ders., *Allegorien des Lesens*, Frankfurt a. M. 1988, S. 40.

[55] Karl Heinz Bohrer, *Die Kritik der Romantik*, Frankfurt a. M. 1989, S. 161ff. Vgl. ebenso S. 7–19 und 75ff.

[56] Ebd., S. 7.

[57] Umfassend entfaltet in Karl Heinz Bohrers, *Ästhetik des Schreckens*.. Vgl. Kap. IV.2. Zu Tieck siehe ebenso die Ausführungen in der *Kritik der Romantik* (S. 120ff.), wo Tieck, wiederum Heine folgend, mit der „Ästhetik des Phantastischen" verbunden wird: Das Phantastische wird zur „ästhetische Wahrnehmungsform" der „zukünftigen Moderne" (ebd., S. 124).

[58] Friedrich D. E. Schleiermacher, *Hermeneutik und Kritik*, hg. v. Manfred Frank, Frankfurt a. M. 1993⁵, S. 203.

[59] Friedrich Schlegel, *Über die Unverständlichkeit*, in: *Kritische Friedrich-Schlegel-Ausgabe*, Bd. 2, S. 370. Vgl. Menninghaus' Ausführungen zu Schlegels „Unverständlichkeit" (*Unsinn*, S. 60f.).

des Schwindels verfolgt genau das, was vermieden werden muß – sie betreibt, daß „jeder Vorstellungszusammenhang (...) an und für sich nur ein Moment und somit vorübergehend"[60] ist, sofort wieder „schwindet". Verhindert wird, daß überhaupt „etwas Bleibendes" identifiziert werden kann: actus der, in Schleiermachers Terminologie, „Meditation"[61].

Der Wille zu verstehen aber ist selber an der Entbindung des Taumels beteiligt. Ständig wird er vom Text, dem Erzählten und Erzählen, durch gleichermaßen geschickte wie hinterhältige Ansätze provoziert und wieder enttäuscht, ständig, immer angestrengter werden vom Text und mehr noch selbständig vom Leser bzw. der Leserphantasie neue Vorstellungen und Vorstellungszusammenhänge komponiert – vom dem, was der Text erzählt, ist und bedeutet, einzelner Momente wie des phantasmatischen Text-Ganzen, die indes auch nicht „befriedigen" und wieder neue stimulieren. Der *Eckbert*-Text führt dies mit seinen immer gewaltigeren, immer hektischeren Phantasien am Ende vor. Der Leser konstruiert selber unablässig neue Gesichtspunkte, Verständnisse, d.h. eigene Einbildungen, wie der Text „seltsamster Zufälle" und „unbegreiflicher Ereignisse" doch zu begreifen wäre, potenziert bis zu einen sozusagen hermeneutischen Schwindel. „Alles Unbegreifliche, alles, wo wir eine Wirkung ohne eine Ursache wahrnehmen", Tiecks frühe poetologische Reflexion ließe unmittelbar einsetzen, „ist es vorzüglich, was uns mit Schrecken und Grauen erfüllt (...) eine Hand, die aus der Mauer tritt, und unverständliche Charaktere an die Wand schreibt (...); die Phantasie durchläuft in einer wunderbaren Schnelligkeit tausend und tausend Gegenstände, um endlich die Ursache der unbegreiflichen Wirkung herauszufinden (...) sie findet keine befriedigenden". (*ShW* 712)

Ausdrücklich zielt Tiecks Angriff allgemein auf die „sich selbst parodierenden" neuen, gewaltigen „Sinnbemühungen" (*BüS* 155), die großen neuen Verständnis- und Sinnzusammenhänge. Auf die sich in den verschiedensten Bereichen ausbreitende, wie es bei Adorno heißt, „Identifikationswut" oder, bei Foucault, auf die „Exekution im Wissen"[62]. Friedrich A. Kittler beschreibt die überall, nicht nur im Akademischen einsetzende große, neue Sinnpraxis äußerst präzise[63]. Als Leitkategorien der theoretischen Grundlegung dieser hermeneutischen Praxis werden die Begriffe des „Sinns", „Zusammenhangs" und „Verstehens" definiert[64]. Auch die Literatur wird „auf 'Sinn' als ihr Programm und Qualitätskriterium" umgestellt[65]. Gar auf einen bestimmten Sinn. „Mit dem Bruch des rhetorischen Paradigmas", spitzt Winfried Menninghaus zu, „und der Emergenz des hermeneutischen ergeht (...) vor allem *ein* Anspruch an die Litera-

---

[60] Schleiermacher, *Hermeneutik und Kritik*, S. 203.
[61] Ebd., S. 204.
[62] Michael Foucault, *Wahnsinn und Gesellschaft*, Frankfurt a. M. 1993[10], u.a. S. 534ff.
[63] Vor allem in seiner Arbeit *Aufschreibesysteme 1800/1900*, München 1985. Vgl. auch Menninghaus, *Unsinn*, S. 9ff.
[64] Menninghaus, *Unsinn*, S. 59f.
[65] Ebd., S. 14.

tur: *unendlich sinnvoll* zu sein"⁶⁶. Polemisch, reaktiv auf die Konstruktion des „begreiflichen" Textes wirkt der Texttaumel dann als das „Unbegreifliche" – indes ist er kein absolutes, hypostasiertes, verklärtes Unbegreifliches. Das entscheidende Textgeschehen ereignet sich im ständigen Oszillieren der Vorstellungen vom Text als „Begreiflichem" und „Unbegreiflichem", das bis zum Schwindel potenziert wird. Übrig bleibt weder der begreifliche noch der unbegreifliche Text, ebensowenig das begreifliche noch das unbegreifliche Subjekt (ein historisch streng korrelatives, komplementäres Produkt, s.u.).

Konkret gilt der komplizierte „Krieg" zunächst der von der Aufklärung formulierten „Seelenkunde", ganz grundsätzlich der neuen „psychologischen Wahrheit des Menschen" (Foucault⁶⁷), historisch vielleicht das mächtigste Modell des Selbst-Verständnis. Schwindelig wird zuallererst das geschichtliche (sprachliche) Subjekt, ein spezifisches Selbstverständnis und eine spezifische „reale" Selbstpraxis, die sich jeweils in sehr bestimmten historischen Metaphern selbst begründen, nun eben als Subjekt der „psychologischen Wahrheit". In den Taumel gerät das Subjekt, das sich im neuen, gewaltigen Diskurs der „vermehrten Selbstkenntnis" – dessen gewitzte Verwirrung *Der blonde Eckbert* auch ist – plötzlich in den Begriffen des „Inneren", des „Selbst", des „wirklichen Lebenslaufes" und der „inneren Geschichte" versteht und beschreibt⁶⁸; der Grundstock dieser neuen Figuren einer Konstitution des geforderten „Selbst", die neuen Sinnkonstrukte und -praktiken, können schlüssig buchstabiert werden, eine wahre Fundgrube stellt wiederum das *Magazin zur Erfahrungsseelenkunde* dar (dazu gehört zum Beispiel auch die „Zurückerinnerung an die Kindheit"). Figuren des historischen Selbst-Verstehens und, das ist entscheidend, eben streng korrelativ einer idealen psychologisch-literarischen Hermeneutik, Poetik und Poesie wie sie Moritz, Blanckenburg oder Wieland unternehmen. Vornehmlich darum wird es gehen, die Poesie sollte diese Subjekte herstellen. Diese Figuren lesen sich als Konkretion der, wie Kittler resümiert, neuen, sich rasant in allen gesellschaftlichen und intellektuellen Bereichen installierenden Praxis, „das große Würfelspiel der Ereignisse und Reden auf zusammenhängende Lebens- und Seelengeschichten zu reduzieren"⁶⁹. Mit der „menschlichen Wahrheit" als „psychologischer Wahrheit" attackiert Tieck auch die Wahrheit, für die er sich selbst mit allen literarischen Arbeiten kurz zuvor noch emphatisch in zeittypischer, an Moritz geschulter Weise, engagierte⁷⁰. Eine Wahrheit, die wie alle Wahrheit nur

---

⁶⁶ Ebd.
⁶⁷ Foucault, *Wahnsinn*, S. 474.
⁶⁸ Diese grundlegenden Begriffe der Erfahrungsseelenkunde und Karl Philipp Moritz' werden vor allem in Kapitel II und V besprochen.
⁶⁹ Friedrich A. Kittler, *Autorschaft und Liebe*, in: ders. (Hg.), *Austreibung des Geistes aus den Geisteswissenschaften*, Paderborn, München, Wien, Zürich 1980, S. 154.
⁷⁰ Bedeutsam ist weniger Tiecks frühe Teilhabe an dem neuen erfahrungsseelenkundlichen Diskurs – er adaptiert die zentralen Theoreme, Methoden, vor allem die dort pointierten Figuren des neuen Selbstverständnisses sowie die dort explizierte enge Korrelation des

„Hart- und Starrwerden" alter Metaphern ist (Nietzsche), in Barthes Worten eine „Verdickung im Laufe des historischen Diskurses", gegen die eine „zweifellos subversiv[e]" Wissenschaft zu betreiben sei, die „viel mehr als den historischen Ursprung der Wahrheit aufzeig[t]: nämlich ihren rhetorischen, ihren Sprachcharakter"[71], wobei „historischer Ursprung der Wahrheit" und Bloßstellung des „rhetorischen" bzw. „Sprachcharakters" keinesfalls disjunktiv sind. Diese Einsichten sind schon Tiecks Leistung. Die Figuren des „wirklichen Lebenslaufs" oder der „inneren Geschichte", psychologisch, anthropologisch wie ästhetisch und hermeneutisch gleichermaßen grundlegend, Konstrukte eines neuen Selbst-, Welt- und Text-Verstehens, ebenso einer idealen spätaufklärerischen Poetik, begreift wie Tieck als sprachliche, eben „poetische Compositionen" (*Bb* 193), keinesfalls als Mimesis der „Wirklichkeit". Tieck pointiert dies u.a. in der Formel des, von Christoph Brecht in seiner Bedeutung entfalteten, „sogenannten Innren" (*DjT* 81).

Ist der „wirkliche Lebenslauf" verzweifelter Fluchtpunkt aller spätaufklärerischen poetologischen Bemühungen eine narrative Modulation – im Falle Moritz' einer psychologischen Poetik und Hermeneutik, einer Poesie, die selbst schon Hermeneutik sein will – zielen die Polemik und der Texttaumel unmittelbar gegen die Sprachpraxis, die sie herstellt und suchen eben ihre mutwillige, schwindlige Dekomposition. Der sprachlich-literarischen Herstellungen des Subjekts, der Welt, des Sinns werden in der Anwendung und Potenzierung derselben Mittel eine Literatur entgegengestellt, die diese im Kern konterkariert. Tieck antwortet auf die (eigene) Forderung und versuchte Praxis, „wirkliche Lebensläufe" zu schreiben – explizite gegen das „Märchen" gerichtet – mit „Geschichten", die fingieren, dies zu erfüllen, aber bloß, um sie gründlich zu „verwirren", schwindelig werden zu lassen. Im *Eckbert* werden, und zwar in der direkten Zitation dieser psychologischen Poetik die poetischen Compositionen der begreiflichen „wirklichen Lebensläufe" im schwindligen Spiel mit dem „unbegreiflichen Leben" „seltsamster Zufälle", dem „Märchen", gründlich dekomponiert – alles Begriffe aus dem *Eckbert* selbst[72].

---

psychologischen und poetologischen Interesses –, sondern der eigentümliche und folgenreiche Bruch (vollzogen in der radikalen Befolgung des Postulats) mit diesem programmatisch höchst unordentlichen, wilden Bereden der „Merkwürdigkeiten der Seele", die sein Programmatiker Moritz selber schon demontiert. Die versuchte Rekonstruktion der Beschäftigung Tiecks mit der Psychologie bzw. mit den „merkwürdigen Phänomenen" der „exaltierten Seele", auch der eigenen, interessiert weder in biographischer bzw. autobiographischer Perspektive, gar in Hinsicht auf eine häufig versuchte „Psychopathographie" Tiecks, noch in Hinsicht auf eine psychologische Literaturkritik der Werke Tiecks (auch nicht der eklatant „psychologischen Literatur" der „frühesten" Phase, Werke wie *Adalbert und Emma*). Sie interessiert wie skizziert ausschließlich poetologisch (für Tieck selbstverständlich), als Rekonstruktion der Entwicklung und Gestalt der „neuen" Poesie wie sie sich in *Der blonde Eckbert* darstellt.

[71] Roland Barthes, *Die Lust am Text*, Frankfurt a. M. 1974, S. 64.
[72] Siehe Kapitel V.4.

Schon als Prinzipien der *programmatischen* „Willkür", „Regellosigkeit" und des „Unzusammenhängenden" sind die eben erörterten plötzlichen Umwendungen, ständigen Wechsel und ewigen Bewegungen unmittelbar Konterkarierung der für die Spätaufklärung grundlegenden poetologischen Forderungen des „Zusammenhangs", „Motivierens" und „Entwickelns".

Die „psychologische Motivation und möglichst lückenlose Kausalgenese der äußeren wie inneren Handlung"[73] sind oberste Maxime. „Daß alle (...) kleinen Züge aus dem Leben und aus dem ganzen Sein mit dem ganzen der Person in der genauesten Verbindung als Wirkung und Ursache stehen"[74], gibt Blanckenburg in der ersten umfassenden Theorie des Romans vor, dann erst wird sie, das Leben „begreiflich" und „wirklich". Psychologie wird die magische Losung, sofort wird sie bei Moritz zur gewitzten Tiefenpsychologie, die u.a. über den Trick von „Manifestem" und „Latentem" verfügt, der alleine es erlaubt, all das „scheinbar" Unbegreifliche doch zu begreifen.

Das „psychologische Motivieren" (*BüS* 167) war zu Beginn selbst Tiecks kapitalste Forderung, spätestens aber mit dem *Eckbert* kommt es eben zum insistenten Widerstand gegen die – beispielhaft von Moritz und Blanckenburg konzipierte – psychologische Poetik und Literatur, die selber bereits hermeneutisch verfahren, und einer besonderen literarisch-psychologischen Verstehen entsprechen. Telos solchen Schreibens der „wirklichen Lebensläufe" und der „inneren Geschichte" war die Auflösung alles Märchenhaften und Unbegreiflichen. In diesen psychologischen Erzählungen und Romanen aber werden „Zweck und Zusammenhang", „Festes und Begründetes", wie Tieck ausdrücklich kritisiert, in den „Lebenslauf" erst „hineingebracht" (*Bb* 193), „Mangel an Zusammenhang", „Unordnung und Verwirrung" sowie der „Zufall" (all das sind identisch Begriffe Moritz' und Tiecks), die das Leben zu sein scheint, harmonisiert. All das will die narrative aufklärerische Modulation („poetische Composition") der Welt, des Lebens, gründlich bannen, eskamotieren. Im *Blaubart*, einer (der Poetik des Schwindels zuweilen verwandte) Poesie des Unsinns, die Menninghaus brillant aufarbeitet, heißt es als unbeantwortete Frage: „So wäre also (...) das ganze große Menschendaseyn nichts in sich Festes und Begründetes? Es führte vielleicht zu nichts, und hätte nichts zu bedeuten, Thorheit wäre es, hier historischen Zusammenhang und eine große poetische Composition zu suchen?" (*Bb* 193) Und der Verfasser meint im *Vorwort*: „Lieber Leser, Du sprichst so viel von der Einheit, vom Zusammenhang in den Büchern, greife einmal in Deinen Busen, und frage Dich selber; am Ende lebst Du ganz so, oder noch schlimmer, als ich schreibe. Bei tausend Menschen, die zugleich christliche und geschmackvolle Leser sind, nehme ich in ihrem Lebensläufe lauter abgerissene Fragmente wahr" (*Bb* 221). Im Anfertigen des „psychologischen Romans" wird

---

[73] Menninghaus, *Unsinn*, S. 23.
[74] Christian Friedrich von Blanckenburg, *Versuch über den Roman*, Leipzig und Liegnitz 1774; zitiert nach: *Die deutsche Literatur in Text und Darstellung*, hg. v. Otto F. Best u. Hans-Jürgen Schmitt, Bd. 5, *Aufklärung und Rokoko*, Stuttgart 1980, S. 76.

das Material des Lebens dagegen für ein bestimmtes Begreifen poetisch manipuliert, damit dann im Vollzug wirkliche Lebensläufe und nicht Märchen geschrieben werden. (Natürlich sah schon Moritz, gerade er, in seiner wütenden Wendung gegen allen Idealismus der „Aufklärer", wie sehr „Leben" „wirklich" Zufall war und bildete genau dieses literarisch ab – dennoch sollte dieser Zufall und das scheinbar „Unzusammenhängende" dann in der neuartigen psychologisch-hermeneutischen und insbesondere literarischen Vergegenwärtigung umso nachdrücklicher und nun endgültig „aufgelöst" werden; die „Auflösung der Disharmonien" ist sein großes Programm.)

Löst sich das Subjekt am Ende paradox in den selbst begründeten Konsequenzen der psychologischen „Selbst"-Hermeneutiken Ende des 18. Jahrhunderts auf, und genau dieses geschieht, wird dieses Schwinden von Tieck indessen in keiner Weise affirmiert, theoretisch, religiös oder quasi religiös verklärt. Tieckscher Schwindel taugt weder zum Nihilismus, noch zum idealistischen Freiheitsbegriff, noch zu irgendeiner Spielart des „Irrationalismus" oder der „Gegenaufklärung". Die Wahrheit der irritierten Topoi, so des „wirklichen Lebenslaufs", der „inneren Geschichte" oder des „Selbst", wird mitnichten einfach durch die Wahrheit der durch diese zuvor aufgeklärten, aufgelösten Topoi des „Märchens", „Unbegreiflichen" oder des „Zufalls" ersetzt, mitnichten als neue (und wiederum ganz alte) Wahrheit des Menschen positiviert.

Der poetologische Diskurs defekter Phantasie bleibt, das wurde bereits angedeutet, dem spekulativ-idealistischen Diskurs, der „frühromantischen" Ästhetik, meist die Konstruktion einer „Reflexionspoetik", sowie der „frühromantischen" Poesie „romantischer Ironie" sperrig. Vorab: Identifizieren Manfred Frank wie Winfried Menninghaus, im Ansatz und der Konsequenz freilich jeweils unterschiedlich, Novalis' und Fr. Schlegels ästhetische Postulate sowie die frühromantische Poetik bzw. Ästhetik überhaupt letztlich als ästhetische Transkriptionen der besonderen „Figuren der Reflexion" bzw. „Übertragung" eines „ursprünglich erkenntnistheoretischen Problems[75]", kurz: als eine „Reflexionspoetik" (Menninghaus[76]), bildet und versteht sich Tiecks „frühromantische" Poetik und Poesie als solche der Phantasie, genauer der eigentümlichen Fluktuationen der im Schwindel zusammenstürzenden Phantasie.

Der beschriebene „mutwillige Wahnsinn" – Schwindel – geht nicht auf in den gewaltigen Vermittlungsbemühungen, ganz und gar nicht in denen einer positiven Dialektik Hegels, für den Tieck folgerichtig mit seiner unaufhebbaren Negativität (z.B. die „entschieden negativen Richtung gegen Objektivität"[77]) ein

---

[75] Frank, Ästhetik, S. 380.
[76] Siehe Menninghaus' Studie *Unendliche Verdopplung. Die frühromantische Grundlegung der Kunsttheorie im Begriff absoluter Selbstreflexion*, Frankfurt a. M. 1987, vor allem S. 9ff.
[77] Georg W.F. Hegel, *Solgers nachgelassene Schriften*, in: Georg W.F. Hegel, Werke, hg. v. Eva Moldenhauer u. Karl Markus Michel, Bd. 11, Frankfurt a. M. 1986, S. 233.

rotes Tuch ist, aber ebenso wenig in der frühromantischen, die Hegelsche Dialektik „korrigierenden Variante einer negativen Dialektik" (Frank), wie sie Novalis, Friedrich Schlegel oder Solger konzipieren und Frank meisterlich rekonstruiert. Solche romantische Ironie, solche romantische Literatur kompensieren, wenn auch nur negativ, doch die reflexiven Insuffizienzen, gerieren sich als „ein Komplement der Philosophie; sie bringe noch das vors Bewußtsein, wovon die Philosophie zwar als von ihrem Höchsten redet, von dem sie aber zugleich weiß, daß und warum sie es epistemisch nicht packen kann"[78]. (Frank zeichnet die frühromantische Ironie in diesem Sinne nach und appliziert sie auf Tieck, die bisher umfassendste philosophische Besetzung Tiecks; *Der blonde Eckbert* ist Frank dann beispielhaft das Werk solcher „romantischen Ironie"[79]). Die Differenzen zur – sozusagen standardisierten – frühromantischen Ästhetik, bereits in den Arbeiten Markus Heilmanns, Christoph Brechts oder Winfried Menninghaus' in der Auseinandersetzung mit Tieck attackiert, werden vom Texttaumel zugespitzt.

Im Schwindel werden keine „εππιδειξις der Unendlichkeit"[80] oder „*échappées de vue* ins Unendliche"[81] erlangt, die „ironisches Sprechen", das dem schwindligen, schwindlig machenden zu ähneln scheint, in den Reflexionen Schlegels oder auch Novalis' in ihrer frühromantisch negativen Dialektik noch erhascht bzw. von Beginn an „meint". Ein folgenschwerer Unterschied: „Wer nicht aufs Unendliche geht, geht geradewegs auf Nichts", warnt und definiert Fr. Schlegel. Sprechen diese von „unendlicher Fülle", „Unendlichkeit", „Unbedingtem" und „fruchtbarem, schönstem Chaos"[82], spricht Tieck wörtlich von „ungeheurer Leere" (*Ph-Rg* 113), von andauernder "Vernichtung" und dem „furchtbaren Chaos" (ebd.) Poesie des Schwindels verfehlt, wie in den eben ausgeführten Differenzierungen Kants oder Fichtes evident wurde, damit auch absichtlich den „unendlichen Sinn", der zunächst eine Sistierung des Verstehens zu bedeuten scheint, Friedrich Schlegels „Unverständlichkeit", dann aber doch den Kern des hermeneutischen Projekts bildet. Poesie des Schwindels produziert dagegen nicht nur nicht „Sinn", sondern auch keinen „unendlichen Sinn". Im Schwindel gehen beide unter. Dieser Wahnsinn, ein undialektisches „Nichts" bleiben dann auch der avanciert-modernen Frühromantik bloß „Verrückungen des Geistes". Auch wenn die frühromantische Diskussion die Phantasie neben dem Reflexionsbegriff zum zweiten Leitbegriff der Ästhetik bestimmt – in der Folge der Kantischen ästhetischen Idee steht die Einbildungskraft im ästhetischen Diskurs mithin nicht mehr „im Dienste" des Verstandes, sondern, so zumindest das Postulat, umgekehrt, wenn es dabei eben auch wiederum „Opferungen" der Einbildungskraft geben muß –, besteht sie nachdrücklich auf der Beachtung einer

---

[78] Frank, *Ästhetik*, S. 360.
[79] Ebd., z.B. S. 373 oder vor allem S. 383.
[80] Friedrich Schlegel, *Kritische Friedrich-Schlegel-Ausgabe*, Bd. 18, S. 128.
[81] Ebd., Bd. 2, S. 200.
[82] Ebd., Bd. 5, S. 9.

empfindlichen Grenze: Phantasie darf nie so „freigemacht" werden, daß geschieht, wovor Fichte in den eben kursorisch betrachteten Passagen der *Wissenschaftslehre* warnte. Eine Grenze, mit deren absichtlicher Verletzung Tieck erst beginnt. Ausdrücklich spricht A. W. Schlegel von der über Gebühr freigemachten Phantasie weiterhin als „krankhafter (...) Einbildungskraft"[83], Wahnsinn. Die frühromantisch „schaffende Phantasie", hebt er hervor, „ist zugleich unbedingt frey und gesetzmäßig, in ihr hat daher keine Zügellosigkeit statt finden."[84] Novalis straft solche „Zügellosigkeit" als „logische Entzündung oder Verlöschung [der Wahrheit]" – verbunden mit „trüglicher Lebhaftigkeit" und einem „Mangel an Denkkraft", die gar zu „gefährlichen Revolutionssymptomen" führt. „Man vernichtet den Wahn", notiert er, „wie man Krankheiten vernichtet", mit „Inzitamenten, Zwangsmitteln"[85].

---

[83] A.W. Schlegel, *Allgemeine Übersicht des gegenwärtigen Zustandes der Deutschen Literatur,* S. 21.
[84] Ebd., S. 84.
[85] Novalis, *Blüthenstaub*, in: *Athenaeum*, Eine Zeitschrift von August Wilhelm Schlegel und Friedrich Schlegel, 3 Bde., Berlin 1798–1800, Reprograph. Nachdruck Darmstadt 1992, erster Band, erstes Stück, S. 71f.

2. „Der Blick der Seele in sich selber" und die Poesie

2.1 Das Projekt „vermehrter Selbstkenntnis" Ende des 18. Jahrhunderts. Karl Philipp Moritz' „Erfahrungsseelenkunde"

Die „umständliche Selbstzergliederung", der „Blick der Seele in sich selber", das „Innerste", im Dienste der theoretisch sowie praktisch-moralisch bedeutsamen „Selbsterkenntnis" – als dem allgemeinen historischen Bewußtsein adäquate Auslegung des delphischen ΓΝΩΘΙ ΣΑΥΤΟΝ, das unendlich reformuliert wurde zu der Zeit, leitmotivisch schon in Popes „the proper study of Mankind is Man"[86] und einen explizite psychologischen Sinn annimmt – gehört zentral zur Signatur des 18. Jahrhunderts, vor allem seiner zweiten Hälfte, der im deutschsprachigen Raum sogenannten „Hoch-" und „Spätaufklärung"[87]. Ein neuer gewaltiger Diskurs des „menschlichen Selbstverstehens" etabliert sich, die „menschliche Wahrheit", pointiert Foucault, konstituiert sich fortan allgemein als „psychologische Wahrheit des Menschen."[88] Das psychologisierte delphische Diktat konzentriert sich in einer zunehmend empirisch-sensualistischen Praxis darauf, bis zum „letzten Grunde, bis zu den Elementen des Seelischen zurück[zu]dringen, und sie in reiner Sonderung vor Augen [zu] legen"[89]. „Sich selber zum Gegenstande seiner Beobachtungen zu machen"[90], „den Blick der

---

[86] Alexander Pope, *An essay on man, Epistle II*, in: ders., *The poems of Alexander Pope*, ed. by John Butt, vol. III.1, ed. by Maynard Mack, London 1950.

[87] Eine von der Forschung vielfach dokumentierte, rekonstruierte und diskutierte Entwicklung. „Neben ihrer wachsenden Erfahrungsoffenheit", so repräsentativ Rolf Grimminger, der ebenso die unmittelbar poetologischen Konsequenzen dieser Entwicklung notiert, „charakterisiert die Hochaufklärung (...) eine zweite Eigenschaft: Sie beschäftigt sich mit empirischer Psychologie" und vollzieht universal die „Hinwendung zur psychologischen Selbstreflexion". „Die Entstehung der Erfahrungspsychologie führt (...) zu einem vergleichsweise revolutionären Umbruch in der Bewußtseinsgeschichte der Aufklärung" (*Aufklärung, Absolutismus und bürgerliche Individuen*, in: *Hansers Sozialgeschichte der deutschen Literatur*, Bd. 3, *Deutsche Aufklärung bis zur französischen Revolution 1680–1789*, hg. v. Rolf Grimminger, erster Teilband, München 1980, S. 51).

[88] Foucault, *Wahnsinn*, S. 474. Der gesamte zweite Abschnitt, „Die neue Trennung", des dritten Teils beschäftigt sich mit der Frage, wie „die Psychologie in der abendländischen Zivilisation zur Wahrheit des Menschen geworden ist" (ebd., S. 473).

[89] Ernst Cassirer, *Die Philosophie der Aufklärung*, Tübingen 1932, S. 125.

[90] Karl Philipp Moritz, *Beiträge zur Philosophie des Lebens aus dem Tagebuche eines Freimäurers*, in: ders., *Werke*, Bd. 3, *Erfahrung, Sprache, Denken*, hg. v. Horst Günther, Frankfurt a. M. 1981, S. 8. Das Desiderat wie einige grundlegende programmatische wie methodische Postulate der „Erfahrungsseelenkunde" werden in der „Vorrede" dieser vernachlässigten Schrift (1780) bereits deutlich skizziert, ganze Passagen tauchen unverändert z.B. in dem Aufsatz *Aussichten zu einer Experimentalseelenlehre* wieder auf (1782, in: ders., *Werke*, Bd. 3, *Erfahrung, Sprache, Denken*, hg. v. Horst Günther, Frankfurt a. M. 1981). Programm und Theorie der „Erfahrungsseelenkunde" werden von Moritz kumulativ in den verschiedensten Schriften entwickelt – so auch in den Vorspannen des An-

Seele in sich selber schärfen", „die Aufmerksamkeit des Menschen mehr auf den Menschen selbst zu heften"[91], auf das „Innerste der Seele"[92], so exemplarisch für unzählige Stimmen die Forderungen eines der exponiertesten Theoretiker und Praktiker dieser Anstrengung, Karl Philipp Moritz. Er schafft über zehn Jahre, 1783–93, ein riesiges öffentliches Forum einer programmatisch anarchistischen „Selbstzergliederung" und nennt es ΓΝΩΘΙ ΣΑΥΤΟΝ, im Untertitel *Magazin zur Erfahrungsseelenkunde als ein Lesebuch für Gelehrte und Ungelehrte*[93]. Das Postulat der gleichsam manisch verfolgten „vermehrten Seelenkenntnis" konvergiert mit dem der „Seelengesundheit" als Herstellung bzw. Konservierung des „seelischen Gleichgewichts", der „nathürlichen Ökonomie der Seele" – was rigide und komplizierte Seelendiätetiken nötig macht –, der „Moralität" („Tun des Guten") und so mit der „Glückseligkeit"[94] als magischer Losung der Epo-

---

ton Reiser (s. u. und Kap. V.4) –, ein reflektiertes Verfahren der Arbeit in „Bruchstücken" (*Philosophie*, S. 9), das nicht bloß, von Moritz expliziert, für einzelne Schriften gilt, sondern gleichermaßen für den ganzen (bewußt) disparaten Korpus.

[91] Karl Philipp Moritz, *Anton Reiser. Ein psychologischer Roman*, in: Werke, Bd. 1, *Autobiographische und poetische Schriften,* hg. v. Horst Günther, Frankfurt a. M. 1981, S. 36.

[92] Moritz, *Aussichten*, S. 92.

[93] *ΓΝΩΘΙ ΣΑΥΤΟΝ oder MAGAZIN ZUR ERFAHRUNGSSEELENKUNDE als ein Lesebuch für Gelehrte und Ungelehrte.* Mit Unterstützung mehrerer Wahrheitsfreunde herausgegeben von Karl Philipp Moritz (10 Bde., 1783 bis 1793, nur 1790 erschien kein Band) unter Mitarbeit von Salomon Maimon (Mitherausgeber der Jahrgänge 1792 und 1793) und Friedrich Pockels (Mitherausgeber der Jahrgänge 1787–1789), die beide zahlreiche Beiträge verfaßten. Moritz' Beiträge werden bis auf wenige, dort weggelassene Abschnitte nach der Werkausgabe zitiert (als *Magazin*, Werke, hg. v. Horst Günther, Bd. 3, *Erfahrung, Sprache, Denken*, Frankfurt a. M. 1981), sämtliche anderen Beiträge des *Magazins zur Erfahrungsseelenkunde* nach der zehnbändigen Ausgabe *Magazin zur Erfahrungsseelenkunde*, hg. v. Petra und Uwe Nettelbeck, Nördlingen 1986 (zitiert als *Magazin* mit Angabe des Bandes). Freilich ist das Spektrum der intellektuellen Positionen im *Magazin* sehr disparat, das *Magazin* also mehr als nur Moritz. Zu diesem pionierhaften Projekt liegt mittlerweile eine umfangreiche Literatur vor, von besonderem Interesse sind die Arbeiten *Die kranke Seele und das Licht der Erkenntnis* von Lothar Müller (Frankfurt a. M. 1987), *Das Magazin zur Erfahrungsseelenkunde und sein Herausgeber* von Hans Joachim Schrimpf (in: *Zeitschrift für dt. Philologie* 99, 1980, S. 161–180) und *Karl Philipp Moritz. „Erfahrungsseelenkunde" als Literatur* von Helmut Pfotenhauer (in: *Literarische Anthropologie. Selbstbiographien und ihre Geschichte am Leitfaden des Leibes*, Stuttgart 1987). Siehe auch: Raimund Bezold, *Popularphilosophie und Erfahrungsseelenkunde im Werk von K. Ph. Moritz*, Nürnberg 1984; Sybille Frickmann, *Erfahrungsseelenkunde, K. Ph. Moritz' Beitrag zur Entwicklung der empirischen Psychologie im Kontext zeitgenössischer psychologischer und literarischer Texte*, Diss., Abstracts International 1989; Sybille Kershner, *Karl Philipp Moritz und die „Erfahrungsseelenkunde". Literatur und Psychologie im 18. Jahrhundert*, Herne 1991; Astrid Muderlak, *Das Magazin zur Erfahrungsseelenkunde und die Technik der Psychoanalyse*, Diss. Techn. Universität München 1990.

[94] Exemplarisch formuliert in Moritz' programmatischen Vorbemerkungen zu seinen *Beiträgen zu einer Philosophie des Lebens*: „Es ist vielleicht noch eine schwer zu beantwortende Frage: ob und wie wir immer glücklich und zufrieden sein können und sollen? Oft

che. In ihrer inhaltlichen Bestimmung ist diese Glückseligkeit zuweilen gleichbedeutend mit den kalvinistischen Forderungen der Ökonomie, der erfüllten Pflicht und gelungenen Selbstdisziplinierung. Das theoretische Interesse dekuvriert sich als ein unmittelbar praktisches, als Interesse einer bestimmten, noch eingehend zergliederten, Selbst- und Weltpraxis. Die Sorge des Erfahrungsseelenkundlers, des „philosophischen Arztes", besteht darin, daß „die Grenzen zwischen Aufklärung / Gesundheit / Natur einerseits und Unvernunft / Krankheit / widernatürlichen Phänomenen andererseits erkannt und respektiert werden"[95]. Sorgsam abzuwehren ist der möglicherweise schon im Kleinsten und Unbedeutendsten lauernde Wahnsinn. In der zweiten Hälfte des 18. Jahrhunderts entwickelte sich der an Formen und Facetten unübersehbare (im noch unspezifischen Sinne) psychologische Diskurs zu einer für die Spätaufklärung allgemein charakteristischen Heterogenität der intellektuellen Positionen. Die Reden über die „Seele" und das „Selbst" vervielfältigen sich: Theologische, philosophisch-rationalistische, popularphilosophische, sensualistisch-empiristische, mechanistisch-materialistische, animistische und medizinische Theorien werden formuliert (und noch andere mehr). Sämtliche dieser Theorien der Seele verstehen sich als allgemeine Theorien des Menschen und lesen sich als Figuren des historischen Selbstverständnisses. Der Pietismus, seine Praxis der Seelenintrospektion, denen für die Herausbildung der Erfahrungsseelenkunde und der Psychologie wie des modernen Seelen- und Subjektverständnisses eine besondere Bedeutung zukommt[96], wie auch die literarischen Strömungen und „Epochen" des 18. Jahrhunderts, insbesondere die „Empfindsamkeit", entfachen einen umfangreichen Diskurs über das Seelische. Viele alte approbierte Modelle – so das der Hierar-

---

wiederholte Beobachtungen über uns selbst würden uns hier noch am besten zustatten kommen. (...) Wer nimmt sich die Zeit, (...) sich selber zum Gegenstande seiner Beobachtungen zu machen? (...) Auf die Art könnte einer die Geschichte seiner Augenblicke, zum Nutzen der Menschheit, beschreiben, und wenn er nach und nach das Besondere wegließe, was ihn von anderen Menschen auszeichnet, so könnte er zuletzt vielleicht einen allgemeinen Grundriß finden, worauf sich die Glückseligkeit eines jeden, wie ein Gebäude errichten ließe, das übrigens in tausenderlei Betracht von den andern unterschieden sein könnte, nur daß es einerlei Grundlage mit ihnen hätte" (*Philosophie*, S. 8).

[95] Müller, *Die kranke Seele*, S. 71f.
[96] Pietistische und quietistische Selbstbetrachtungs- und Darstellungsformen wurden in bestimmten Momenten säkularisiert zu psychologischen Techniken, paradigmatisch bei Moritz zu betrachten (dazu und allgemein zum Pietismus und der Psychologie bzw. Erfahrungsseelenkunde vgl. vor allem Robert Minders *Glaube, Skepsis, Rationalismus*, Frankfurt a. M. 1973). Solche Techniken der „Selbstzergliederung" und „Selbstmitteilung" werden so sehr internalisiert, daß sie fortan ohne Bewußtsein funktionieren. An Minders Unterfangen, einen fast restlosen Verweis der erfahrungsseelenkundlichen Praxis auf pietistische bzw. quietistische Motive und Methoden zu rekonstruieren, bleibt allerdings in vielerlei Hinsicht Kritik zu üben. Geraten diese transponierten Motive und Methoden doch, von Minder konsequent übersehen, in einen veränderten Kontext und unter dem Einfluß eines radikal anderen Impetus – z.B. dem der Moritzschen Inthronisierung des „einzelnen", „um ihm sein individuelles Dasein wichtiger zu machen" (*Reiser*, S. 36) –, in eine neue Funktion, die die alte Bedeutung zumeist in ihr Gegenteil verkehrt.

chie der „Seelenvermögen", ursprünglich epistemologisch konzipiert – wurden revidiert, variiert und bis zur Unkenntlichkeit popularisiert; viele der neuen Paradigmen waren nur Experten bekannt. Allgemein herrscht ein theoretisches Chaos, die verschiedenen wissenschaftlichen Disziplinen und Strömungen verwenden unterschiedlichste Terminologien, die eklektizistisch in die beliebten öffentlichen Debatten eingehen. Aus Elementen dieses sich vervielfältigenden, äußerst heterogenen anthropologischen Diskurses der Seele bildet sich um die Jahrhundertwende die ihn und seinen Gegenstand, das „Seelische", in signifikanter Weise modifizierende, positivistische Wissenschaft der Psychologie heraus, als separate Wissenschaft der „Störungen" der Seele, deren Entstehungsbedingungen, Formation und Bedeutung Foucault minutiös herausarbeitet[97]. Der streng empiristisch ausgerichtete Diskurs der Erfahrungsseelenkunde, zurecht weitgehend identifiziert mit dem Projekt des *gnothi sauton*, ist eigentümlicher Schmelztiegel der ganzen Seelendiskurse. Im *Magazin*, mitgeteilt von Popularphilosophen, Psychologen, Medizinern und Dutzenden „einfacher Köpfe"[98], findet die Mode der manischen Neugier an den umfassend und akkurat notierten seelischen „Absonderlichkeiten der Seele" und „Geschichten der Wahnwitzigen" ihre Zuspitzung. Das minutiöse Interesse am seelisch „Seltsamen", „Kranken", Unfaßbaren und auch an Exzessen martialischer Gewalt[99], an der vollends aus den Fugen geratenen, „wahnsinnigen Seele", das sich Tieck zu eigen macht, sollte, so zumindest die offizielle wissenschaftliche Begründung, deutlicher den Blick auf die Seele freigeben und in der Folge pragmatische Techniken zur Diätetik und Prophylaxe liefern; eine Konstruktion, die noch

---

[97] Foucault, *Wahnsinn*, siehe vor allem den dritten Teil (S. 349–482, bes. S. 470, S. 474f.) und den Schluß *„Der anthropologische Kreis"* (S. 539–551).

[98] Organe zur „Mitteilung" des unüberschaulichen Spektrums der *„Absonderlichkeiten der Seele"* entstanden in den letzten Jahrzehnten des 18. Jahrhunderts viele. Moritz weist neben einigen anderen besonders auf Johann Friedrich Zöllners *Lesebuch für alle Stände* hin (*Aussichten*, S. 90ff.); Zöllner führte eine Sparte mit dem Titel *„Betrachtungen über Geistesschwächen und Wahnsinn"* (*Lesebuch für alle Stände. Zur Beförderung edler Grundsätze, ächten Geschmacks und nützlicher Kenntnisse*, 4 Tle., Berlin 1781–1783, Tl. 3, S. 136–166). Prominent waren bereits Christians Heinrich Spieß' *Biographien der Wahnsinnigen* (hg. v. Wolfgang Promies, Darmstadt, Neuwied 1976).

[99] Neben den harmloseren „Merkwürdigkeiten", die insbesondere die professionelleren „Seelenbeobachter" beschäftigten (die „Aufmerksamkeit auf das Kleinscheinende", vgl. Kap. V.4), bestanden die Beiträge vor allem in der Mitteilung und Diskussion spektakulärer „Erscheinungen der Seele": Exzesse der wahnsinnigen Kriminalität, „schlimmste Anfälle" des furors, melancholische bzw. manische „Paroxysmen" bis zur „Raserei", in der sich „plötzlich" eine eigenmächtige blinde Gewalt Raum schafft – das befallene Subjekt ist „außer sich" –, die grausam mordet und zerstümmelt. Ein Geschehen, das in einer obskuren, im Subtext der berichteten Geschichten nebulös angelegten Logik des „Innersten der Seele" wurzelt, dem Ort der Störung. Die schrecklichen Wendungen der allermeisten frühen Erzählungen und noch der „Märchen" Tiecks (ausführlich in Kap. V.4 behandelt) entsprechen diesen mitgeteilten gewaltsamen Zuspitzungen der „Seelenstörungen".

Freudsches Paradigma wird und die Moritz in rücksichtsloser Weise selber unterläuft: „als ob die Krankheiten der Seele schon an und für sich selbst, so wie alles Fürchterliche und Grauenvolle, am meisten die Aufmerksamkeit erregen, und sogar bei dem Schauder, den sie oft erwecken, [fließt] ein gewisses geheimes Vergnügen (...) ein (...), das in dem Wunsche, heftig erschüttert zu werden, seinen Grund hat"[100]. An anderer Stelle spricht Moritz im Zusammenhang mit dem „Schauer" davon, daß Menschen alle „kleine *Neronen*" seien[101]. Zu den mannigfaltigen Bemühungen um ein „genaueres Verständnis" des Selbst gehören wesentlich die vielfältigen, höchst modischen biographischen und autobiographischen Anstrengungen, „eigne wahrhafte Lebensbeschreibungen, oder Beobachtungen über sich selber"[102] in den verschiedensten Formen: literarischen Autobiographien, Memoiren, diaristischen Formen wie der Privatchronik, Selbstanalyse, den religiösen Lebensbeichten oder Reiseberichten[103]. Moritz zählt sie direkt der Erfahrungsseelenkunde zu[104]. Die Attitüde, „sich selber zum Gegenstande seiner anhaltendsten Beobachtungen zu machen"[105], wird internalisiert, soll konstitutives Moment des „Ich" sein, ein Effekt, den die reformatorische Pädagogik (Basedow, Campe, Salzmann) ähnlich wie schon die pietistische Glaubenspraxis, die zur unentwegten Selbstanalyse und Selbstüberwachung zwingen, zu einer neuen Qualität des Gewissens forcieren wollte. Ein Gewissen, das die vom „Bürger" geforderte permanente Kontrolle der Affekte, Gedanken, Handlungen und vor allem der Phantasie exekutieren sollte. „Oft wiederholte Beobachtungen über uns selbst"[106] – die Selbstbeobachtung wird zu einem unentwegten Diktat, die inquisitorische Frage, Spur der pietistischen Bußkampftechnik, heißt: „sollte ich vielleicht nicht aufmerksamer auf mich selber sein, als

---

[100] Moritz, *Magazin*, Bd. IV, S. 7.

[101] „Wir sind im Grunde unseres Herzens kleine Neronen, denen der Anblick eines brennenden Roms, das Geschrei der Fliehenden, das Gewimmer der Säuglinge gar nicht übel behagen würde, wenn es so, als ein Schauspiele, vor unseren Blicken sich darstellte." (Karl Philipp Moritz, *Die Unschuldswelt*, in: *Schriften zur Poetik und Ästhetik*, ausgew. u. hg. v. Hans Joachim Schrimpf, Tübingen 1962, S. 56).

[102] Moritz, *Aussichten*, S. 89.

[103] Vgl. Ralph-Rainer Wuthenows diachrone und synchrone Differenzierung der vielfältigen Formen autobiographischer Literatur des 18. Jahrhunderts (Ralph-Rainer Wuthenow, *Autobiographien und Memoiren, Tagebücher, Reiseberichte*, in: *Deutsche Literatur. Eine Sozialgeschichte*, hg. v. Horst Albert Glaser, Bd. 4, hg. v. Ralph-Rainer Wuthenow, *Zwischen Absolutismus und Aufklärung: Rationalismus, Empfindsamkeit, Sturm und Drang 1740–1786*, Hamburg 1980).

[104] Ausdrücklich gelobt werden Lavaters *Physiognomik*, „vortreffliche Aufsätze von Lichtenberg" im *Göttingschen Magazin*, Schlözers *Briefwechsel*, Meißners *Skizzen*, Zöllners *Lesebuch für alle Stände* sowie „verschiedene Aufsätze" im *Deutschen Museum* und *Merkur* (*Aussichten*, S. 91). Ebenso „eigne wahrhafte Lebensbeschreibungen, oder Beobachtungen über sich selber, wie Jung-Stillings *Jugend und Jünglingsjahre*, Lavaters Tagebuch, Semlers Lebensbeschreibung und Rousseaus Memoiren" (ebd., S. 89).

[105] Moritz, *Aussichten*, S. 92.

[106] Moritz, *Philosophie*, S. 8.

ich es diese Zeit über gewesen bin."[107] Beständig muß das Subjekt versuchen, hinter die „Oberfläche" seiner selbst, seiner Geschichte, zu gelangen: zum „innre[n] Triebwerk" vorzudringen, „das ihn bewegt"[108]. Dieses muß das „ganze Leben hindurch, und in allen Verhältnissen seines eignen Lebens seine Hauptbeschäftigung sein"[109]. Nichts darf unbeachtet stehenbleiben, mehr noch: nichts darf ohne „Mitteilung" bleiben, der Terminus technicus der Selbstexposition. Dies ist das religiöse Postulat der Pietisten, das pädagogische der Reformpädagogen und das psychologische der Erfahrungsseelenkundler; in der Person Moritz überlagern sich diese Programme. Das „Innerste" muß geäußert werden, der Seele bald schon ein „Drang", ein „Trieb". Zentrale formale Forderung ist die, eingehend noch erörterte, erschöpfende „Umständlichkeit" der Mitteilung einer „unendlichen Menge von Kleinigkeiten", „eine so wahre und getreue Darstellung eines Menschenlebens, bis auf seine kleinsten Nuancen (...), als es vielleicht nur irgend eine geben kann."[110]

Das psychologische Programm gerät schnell zum offenbaren Zwang des unentwegten Selbstbesprechens in allen seinen zum Teil reichlich bizarren Übungen, von Moritz selbst – ein durchaus charakteristischer Widerspruch – an seinem eigenen Vorgehen moniert[111]. Ein Zwang, der sich ebenso in bestimmten Sprachfiguren reflektiert, so unentwegten Beschwörungen des „Innersten" und seinen Paraphrasen, so der „tiefsten Schichten des Seelischen oder „innere[n] Triebwerk[s], Beschwörungen des Phantasmas eines absoluten Ursprungs, irreduziblen Kerns des Selbst, des Ich, der Identität. Ein „Innerstes", das zwar ganz „zergliedert", „aufgeklärt" werden soll – als potentiell Zergliederbares, „Begreifliches" präsümiert wird, deutlich in der Metapher „Triebwerk" –, noch aber eingestandenermaßen, das markiert den Ausgangspunkt des Unterfangens, „dunkel" ist. „Welche unbetretne Pfade, welche Dunkelheit, welch ein Labyrinth"[112], hält Moritz mit Pathos zu Beginn fest, „noch ein sehr unbearbeitetes Feld"[113]. „Geheimnis", „Verborgenes" und „Chaos" geraten zu Allegorien des „Innersten", indizieren, so das delphische Selbstverständnis, die bisherige Unbekanntheit des Innersten, dem nun die Arbeit der Illumination gilt. Am Ende dieser immer angestrengteren Arbeit steht, schon bei Moritz selbst, indes wieder das „Dunkel" des „Innersten", ein dunkleres Dunkel als zuvor. Die Folgen des manisch betriebenen psychologischen Projekts laufen nicht selten auf ironische Konterkarierungen der ursprünglichen Postulate hinaus, eine Wendung, die noch eingehendes Interesse finden wird. Das Subjekt wird in der gewaltigen Bestimmungswut nicht konsolidiert, sondern in einen Taumel versetzt, das bestimmen-

---

[107] Ebd., S. 15.
[108] Ebd., S. 8.
[109] Moritz, *Aussichten*, S. 94.
[110] Moritz, *Reiser*, S. 120.
[111] Exemplarisch bereits in der *Philosophie des Lebens*, s. z. B. S. 15.
[112] Moritz, *Magazin, Werke*, S. 103.
[113] Moritz, *Philosophie*, S. 9.

de wie das bestimmte Subjekt, das dazu, tückische Besonderheit des Diskurses, eines ist bzw. sein soll. War die unentwegte Sezierung und Reflexion des „Innersten" zunächst als notwendige Phase gedacht, das bürgerliche Selbst am Ende sicher zu (re-)konstituieren, wird sie selber zum Charakteristikum des „modernen" Subjekts: sich unablässig selbst zu analysieren, zu reflektieren und auch noch „umständlich mitzuteilen" – ähnlich Foucaults Besprechungszwang bzw. Diskursivierungsstrategie des „Willens zum Wissen", in diesem Fall der „Diskursivierung der Seele"[114]. Das „unablässig von ihm sprechen" – es geht um die „Technik des Wissens" als allgemeine historische Praxis, nicht um den Gegenstand – hat nur eine Wirkung: es „als das Geheimnis geltend machen", denn es ist eben „nicht das, was sich hartnäckig zeigt, sondern das, was sich überall verbirgt"[115]. Aus dem Diktat der „Selbstzergliederung" und Selbstbesprechung kann aber ein noch schlimmeres Paradox werden, ein Selbstzerreden: Nicht „vermehrte Selbstkenntnis", deren Möglichkeit Axiom aller Psychologie ist, und dadurch größere Souveränität des Selbst, sondern die Annullierung des Selbst, die Aufzeichnung abgründiger Heteronomie ist das Ergebnis der sensualistisch gegründeten, radikalisierten Ansätze. Das „Rätsel des Selbst", die Seele als Fremdes, Unbekanntes – das als solches in dieser Formulierung allererst geschaffen wird – ist der Ausgangspunkt, eine seltsame Hermetik oder Auflösung des Selbst merkwürdiger Endpunkt der Anstrengung. An Stelle des Selbst, im Zentrum des hiermit verwischten Subjekts, steht dann das, genau zu betrachtende, „unpersönliche es" als ein „unbekanntes Etwas", ein Vorgang, der sich keinesfalls beliebig ereignet, sondern konsequent am Ende der rigiden „Selbst"-Sondierungen steht, die das Selbst wie korrelativ das „Nicht-Selbst" begründen (s. Kap. III.4). Die neuen Begriffe und Figuren des Selbst-Verständnisses, so die Vorstellung, das Selbst in der minutiösen Rekonstruktion der „inneren Geschichte" „begreifen" zu können, überhaupt der Begriff des „Innern", den Tieck umgehend wie alle anderen Begriffe des Selbst-Diskurses gegen den anthroplogischen Sinn als metaphorisch-sprachliches wie historisches Konstrukt behandelt – hervorgehoben in der an die Sprachlichkeit und Mittelbarkeit erinnernde Formel einer späten Novelle: das „sogenannte Innre" (*DjT* 81)[116] –, sind vorderhand emanzipative Paradigmen. Diese sind aufklärerisch motiviert durch die Bemühung, die als Mythos enttarnten Begriffe des „Schicksals", des „Zufalls" und der Krankheit, die Willkür, Zufall oder gar Bestimmung war, zu depotenzieren. Nur geschieht es, daß sich das Subjekt in neue mythische (Selbst-)Konstrukte verstrickt, dem zuallererst: rational das „wunderbare Gewebe" des „eigenen Lebens und des Selbst" in der intendierten Weise assimilieren

---

[114] Michel Foucault, *Sexualität und Wahrheit* I, *Der Wille zum Wissen*, Frankfurt a. M. 1983. Allgemein ausgeführt, freilich vorrangig am Sex, im zweiten Abschnitt, „Die Anreizung zu Diskursen", des zweiten Kapitels („Die Repressionshypothese").
[115] Ebd., S. 49.
[116] Vgl. dazu Brecht, *Die gefährliche Rede*, vor allem den Abschnitt: „Das sogenannte Innere – Ludwig Tieck im literarischen Diskurs um 1800" (S. 243–258).

zu können, einen transparenten, allumfassenden „Zusammenhang", eine „Bedeutung" und ein „Verstehen" herstellen zu können, potentiell in der Totalität. Ein Verstehen, das eine volle *gegenwärtige* Identität ermöglichte. (Selbst-)Konstrukte, die dann, charakteristische Ironie emsiger aufklärerischer Bemühungen, in ihrer konsequenten Befolgung nicht zum Selbst, zum „wirklichen Lebenslauf", sondern direkt zum „unpersönlichen es" und „Märchen" führen. Möglich werden diese Verwirrungen und Inversionen, da der psychologische Diskurs in seiner betont empiristischen Ausprägung – indes nimmt er ebenso wiederum ein stark „idealistisches" Supplement an (s. Kap. V.4) –, d.h. vor allem in der Moritzschen Erfahrungsseelenkunde, sich rasch verselbständigt und der Zucht des eigenen Manifests und der moralisch-praktischen „Zwecke" entläuft. Von den minutiösen, sich im Chaotisch-Materialen verwirrenden empirischen Studien findet sich in der Praxis zumeist kein Weg zum Ideellen zurück. Prägnant bestimmte Kant das Unterfangen der Selbsterkenntnis noch als der Moralität unterstellt: „Erkenne (erforsche, ergründe) dich selbst, nicht nach deiner physischen Vollkommenheit (...), sondern nach der moralischen, in Beziehung auf deine Pflicht". Psychologische Selbsterkenntnis ist dabei ein unumgängliches, aber schmutziges Geschäft. Die Selbsterkenntnis „bedarf beim Menschen zu allererst der Wegräumung der inneren Hindernisse (eines bösen in ihm genistelten Willens), und dann, der Entwickelung der nie verlierbaren ursprünglichen Anlage eines guten Willens in ihm (...) nur die Höllenfahrt des Selbsterkenntnisses bahnt den Weg zur Vergötterung", in die „schwerer zu ergründenden Tiefen (Abgrund) des Herzens zu dringen, (...) ist aller menschlichen Weisheit Anfang"[117]. Ein Programm, das in der beharrlichen Inthronisierung des Erfahrungsbegriffes in der Erfahrungsseelenkunde zwangsläufig in den Hintergrund gerät. Sämtliche theoretischen und moralischen Präsumptionen, die die Untersuchung und das Ergebnis der „Höllenfahrt der Selbsterkenntnis" leiten sollen, werden in der Forderung nach vollends vorbehaltlosem, materialem Forschen im kleinsten empirischen Detail ausdrücklich ausgeklammert. Emphatisch hält Moritz fest (Tieck wird das Gebot wieder und wieder aufnehmen, invertieren, verschärfen, ironisieren):

„Wenn man sonst in irgendeiner Sache eine Zeitlang fortgeschritten ist, so ist es nötig, seine Gedanken einmal wieder auf den Hauptgegenstand zurückrufen, und zu untersuchen, wohin der Weg uns eigentlich führen soll – dies kann aber in dem Fall, wo man Wahrheit sucht, nicht wohl stattfinden, weil man sich hier das Ziel nicht selber setzen darf, sondern abwarten muß, wohin der Weg führen wird. Dies heißt nichts anders, als die Wahrheit muß um ihrer selbst willen gesucht werden; (...) alles Erwünschte und Angenehme, was nicht mit ihr bestehen kann, in unsern Gedanken überwiegen. Um nun aber das Ziel der Wahrheitsforschung sich nicht zu voreilig aufzustecken, ist der Weg

---

[117] Immanuel Kant, *Die Metaphysik der Sitten*, in: ders., *Werke in zehn Bänden*, hg. v. Wilhelm Weischedel, Bd. 7, Darmstadt 1983, § 14, A 104, S. 576.

der Erfahrung der sicherste, welcher freilich die Entstehung der Lehrgebäude hindert (...)."[118]

Die prominente Maxime heißt entsprechend „nur wirkliche Fakta", „Fakta, keine Romane", der „wirkliche einzelne" muß Gegenstand sein – freilich entsteht gerade hier, um der Fakta willen, die Fiktion, der „psychologische Roman" *Anton Reiser*. Die wieder und wieder beschworene Wendung „wirkliches Faktum" indiziert schon die Verzweiflung bei der Suche nach dem „wirklich Wirklichen". Der streng empirisch ausgerichtete Blick, der nicht auf das ideale Ziel, „Erwünschtes und Angenehmes", sondern auf die „wirklichen Fakta"[119] gerichtet ist, zeigt der Maxime Konträres, unauflösbare Komplikationen. Notiert nämlich wird in ihrer konsequenten Ausführung statt dem begriffenen, konsolidierten Selbst seine Auflösung, notiert wird statt des „wirklichen Lebenslaufes" das Märchen. Der verlangte unerbittliche „Realismus" mündet in Aufzeichnungen, die gar nicht realistisch anmuten. Das überwiegend durchgeführte empiristische Postulat, erst einmal die Wirklichkeit, wie sie ist, in ungeschminkter Weise einzufangen, den alltäglichen und spektakulären Wahnsinn anzusammeln, ohne den Versuch einer sofortigen theoretischen Reflexion, die von der gesammelten, so unheimlich massiven Wirklichkeit weggerissen würde, wird zur nicht zu bewältigenden Akkumulation des „Unbegreiflichen" und Bedrückenden. Schiller, eine exemplarische Stimme des Unbehagens an dem Projekt, ist es zuviel: „Ich fand, daß man es immer mit einer traurigen, oft widrigen Empfindung weglegt, und dieses darum, weil es nur an Gruppen des menschlichen Elends heftet. Ich habe ihm gerathen, jedes Heft mit einem philosophischen Aufsatze zu begleiten, der lichtere Blicke öfnet und diese Dißonanzen gleichsam wieder in Harmonie auflöst."[120] Obgleich sich Moritz, wie später gezeigt, manisch an der „Auflösung der Disharmonien" abarbeitete, wehrte er sich im *Magazin* doch gegen allen ideologischen Kitt und lehnte ab. Nirgends läßt sich die merkwürdige theoretische Entzügelung und Wucherung der psychologischen Beschäftigung so deutlich beobachten wie hier.

Die psychologische, erfahrungsseelenkundliche Anstrengung brachte gegenüber der philosophischen Selbstreflexion und ihren Bestimmungen der Subjektivität ganz eigenständige, häretische Spekulationen hervor. „Experimentalseelenlehre", so Kant – Moritz bezeichnete sein Unterfangen, an dem Kants Schüler Salomon Maimon wesentlich beteiligt war, zu Beginn genau mit diesem Begriff –,

---

[118] Moritz, *Magazin*, Werke, S. 166. Auch Moritz legt die Bindung der psychologischen Erkenntnisse an die „Förderung der Moralität" zunächst zugrunde; streng formuliert er, die „seelischen" Prozesse, in „Gedanken" sich zuletzt veredelnd, "sind die Quelle unsrer Handlungen; ist die Quelle rein, so wird sich ein klarer spiegelheller Strom aus ihr ergießen" (*Philosophie*, S. 11).

[119] Moritz, *Aussichten*, S. 90.

[120] Friedrich Schiller in einem Brief an Caroline von Beulwitz und Charlotte Lengefeld vom 12. Dezember 1788, in: ders., *Werke*, Nationalausgabe, Bd. 25 (*Briefe 1788–1790*). Weimar 1979, S. 160.

ist der philosophischen Anstrengung bald schon lediglich Auslotung der „Naturgesetzlichkeit der mechanisch-psychologischen Determination", also „niemals etwas mehr als eine historische, und, als solche, so viel möglich systematische Naturlehre des inneren Sinnes, d.i. eine Naturbeschreibung der Seele"[121], kurz: „nichts mehr (...) als Anthropologie, d.i. als Kenntnis des Menschen, nur auf die Bedingung eingeschränkt, so fern er sich als Gegenstand des inneren Sinnes kennet."[122] Spekulationen, die sich indifferent verhalten gegenüber der großen philosophischen Systematik und Teleologie, in der „Natur" und „Vernunft" am Schluß kongruieren. Die Betrachtungen der wild wuchernden, sich auf die Momente eklatanter Desintegrität und Heteronomie des Subjekts kaprizierende Psychologie kollidieren mitunter brisant mit den philosophischen Axiomen. So Moritz' Spekulation über das „unpersönliche es", ein „Unbewußtes", das Ende des 18. Jahrhunderts bereits Konjunktur hatte, durchaus explizit und im „modernen" Sinn. Eine Spekulation, die eine „unmittelbare und unwiderrufliche Infragestellung jeder Selbstpräsenz des Bewußtseins" zur Folge hat (Derrida[123]), eine Infragestellung aller dem Bewußtsein assoziierten Begriffe wie dem der Identität, der Subjektivität und auch – Manfred Frank arbeitet den Zusammenhang deutlich heraus[124] und das vor allem wird die Poetik des Schwindels interessieren – der Hermeneutik, des „Sinn-Verstehens". Unwiderruflich indes nicht für jedes Denken, dient die Präsumption eines „romantischen Unbewußten" doch anderen, modellhaft Lorenzer oder Ricoeur als unverzichtbares theoretisches Moment ihrer (dialektisch-)hermeneutischen Konzeptionen, die sich, wenn auch in einer eigenen, teils rabiaten Vernunft- und Bewußtseinskritik (in Form einer bestimmten Negation ihrer historischen Gestalten), als Abwehr einer solchen Infragestellung begreifen. Sie „träumen", so Frank, der sich in der Kritik beider Positionen aufhält, davon, „durch die Errungenschaften des geschichtlichen und gesellschaftlichen Bewußtseins sowie des romantischen 'Unbewußten' korrigiert" „am Paradigma der Reflexion" festzuhalten und „Schichten verschütteten Sinns oder desymbolisierter Rede durch eine archäologische Anstrengung wieder der Herrschaft des autonomen Selbst zu unterwerfen"[125]. Eine, bereits der

---

[121] Immanuel Kant, *Metaphysische Anfangsgründe der Naturwissenschaft*, Vorrede, in: ders., *Werke in zehn Bänden*, hg. v. Wilhelm Weischedel, Bd. 8, Darmstadt 1983, S. 16 (A XI, XII).

[122] Immanuel Kant, Welches sind die wirklichen Fortschritte, die die Metaphysik seit Leibnizens und Wolfs Zeiten in Deutschland gemacht hat?, 2. Abteilung, Auflösung der Aufgabe III in: ders., *Werke in zehn Bänden,* hg. v. Wilhelm Weischedel, Bd. 5., S. 648 (A 142, 143, 144).

[123] Geoffrey Bennington, *Derridabase*, in: *Jacques Derrida. Ein Portrait von Geoffrey Bennington und Jacques Derrida,* Frankfurt a. M. 1994, S. 143.

[124] Unter anderem in Manfred Frank, *Das „wahre Subjekt" und sein Doppel. Jacques Lacans Hermeneutik*, in: ders., *Das Sagbare und das Unsagbare*, erw. Neuausg., Frankfurt a. M. 1990, S. 355.

[125] „Die Entdeckung einer 'unbewußten' oder 'reellen Tätigkeit des Geistes' (Schelling), die These vom 'Primat des Willens im Selbstbewußtsein' (Schopenhauer), die Erschließung

psychologischen Poetik und Hermeneutik der späten Aufklärung wesentliche und an Moritz zu zeigende, „archäologische Anstrengung", die sich, als Poetik, auch in den schwindligen Werken Tiecks durchgängig wiederfindet, in Form eines ironischen Zitates allerdings, in Form einer systematisch inszenierten „seltsamen" Katastrophe. Zu Recht entwindet Frank die Tiecksche Ironie dem hermeneutischen Traum einer gelingenden, subjekttheoretisch wie hermeneutisch gefaßten „archäologischen Anstrengung", die zum Kern der Hermeneutik wie, aufeinander verweisend, der idealistischen Dialektik gehört. Indes dient ihm diese Distanzierung dann lediglich dazu, sie selber eilig zum Theorem des „endlichen Verstand" „unendlichen Sinns" zu modellieren, einem prozessualen Produkt seines Begriffs romantischer Ironie als Konstrukt eines negativ-dialektischen Modells der Frühromantik. Übt der Entwurf des frühromantisch „unendlichen Sinns" zunächst Kritik am hermeneutischen Paradigma schlichterer Manier, formuliert es sich als Zentrum der subtileren neuen frühromantischen Hermeneutik: „Sie rettet und begründet imaginären 'Sinn' im Modus seiner nicht durchgängigen Verstandenheit. Eine solche Suspension des Verstehens setzt teilweise selbst noch ein Kernstück der Hermeneutik fort. Denn als Unerschöpflichkeit des 'Sinns' durch jedes endliche Verstehen gehört die Unverständlichkeit dem hermeneutischen Projekt selbst an; sie ist dann allerdings gleichbedeutend mit unendlicher Verstehbarkeit."[126] Poetik und Poesie des Schwindels üben – und so führt ein Weg über diesen kleinen Exkurs zur hermeneutischen Konsequenz des „Unbewußten" in medias res der Frühromantik Tieckscher Signatur – aktivisch und rückhaltlos die Hintertreibung beider Modelle, indes ohne in einer „dekonstruktivistischen" Reformulierung aufzugehen.

2.2 Der Erfahrungsseelenkundler Ludwig Tieck. Delphischer Impetus und sein Umschlag

Die „Absonderlichkeiten der Seele", die Psychologie, vor allem dieser buntbizarre Diskurs der Moritzschen Erfahrungsseelenkunde, sind es, die, neben dem

---

der 'Triebnatur' und der 'Nachtseite' des Seelenlebens zwangen nicht grundsätzlich zur Preisgabe des klassischen Reflexionsmodells. (...) Eine Lebensäußerung hat Zugang zu sich, gewiß; aber nicht unmittelbar, sondern indem sie ihren Sinn den Zeichen und Reflexen abgewinnt, durch die ihr Selbstbewußtsein, gleichsam objektiv, vermittelt ist. Ich glaube, dies wäre – wenn sie verlangt würde – in eben noch zulässiger Vereinfachung die Formel, mit der sich die psychoanalytische Hermeneutik von Habermas/Lorenzer wie die von Paul Ricoeur charakterisieren ließe: in beiden Ansätzen handelt sich's um einen Cartesianismus, der sich zwar durch die Errungenschaften des geschichtlichen und gesellschaftswissenschaftlichen Bewußtseins sowie des romantischen 'Unbewußten' korrigiert, doch am Paradigma der Reflexion festhält" (ebd., S. 335).

[126] Menninghaus, Unsinn, S. 60.

Literarischen und Ästhetischen, genauer, in Verbindung mit dem Literarischen und Ästhetischen, im Zentrum des Interesses des jungen Tiecks stehen, der sich nachdrücklich als Erfahrungsseelenkundler und „Selbstbeobachter" versteht. Tieck adaptiert die erfahrungsseelenkundlichen Begriffe, Perspektiven und Methoden, ganz grundsätzlich den erfahrungsseelenkundlichen Impetus, anschaulich in den frühen literarischen Texten, Aufsätzen und briefliche Äußerungen. Er adaptiert alle erörterten Eigenheiten und Entwicklungen des Seelendiskurses. Eine Adaption, die in einer gründlichen Ironisierung enden wird, Initial der neuen Poesie, Ironisierung aller Poesie der „Innerlichkeit". Auf das gesamte gigantische Unterfangen der Seelenkenntnis in seinen eigentümlichen, von Tieck unentwegt zitierten historischen Formen und Figuren entfaltet Poesie des Seelenschwindels in „fürchterlich wunderbaren" Komplikationen deren „Vernichtungen" – zunächst lediglich eine Radikalisierung der angedeuteten immanenten Wirren und Selbstkonterkarierungen des Selbstzergliederungs-Diskurses, der sich zu seinen eigenen Inversionen bringt. „Romantik in Tiecks Oeuvre", die Genese romantischen Erzählens, stellt Brecht heraus, wenn auch bloß ganz allgemein,„ist „zunächst einmal aus dem kritischen Dialog mit der (...) späten Aufklärung zu verstehen"[127], insbesondere mit „der Auseinandersetzung (...) mit Ansprüchen auf den Ausdruck des Innerlichen (...). Und mit der schlichten These, der junge Tieck habe diese Ansprüche radikalisiert und von poetologischen Limitationen emanzipiert, ist sicherlich ein Hauptmoment seiner Dichtung getroffen" – Poetik des Schwindels buchstabierte dieses allgemein Formulierte aus[128]. Plötzlich, eklatant in Moritz' Seelendiskurs, befindet man sich inmitten von selbständigen, merkwürdigen Diffusionen und Inversionen der Aufklärung, im nervösen Schwanken der, freilich begrifflich unzulänglichen, Oppositionen von „Aufklärung" und „Gegenaufklärung". Ein Geschehen, das den Humus bildet für die „Frühromantik" Tieckscher Signatur. Die originär aufklärerische Maxime des „unbedingte[n] freie[n] Denken[s]" (*BüSh* 143) gegen den Aberglauben wird von Tieck nicht fallen gelassen, im Gegenteil: er will sie strenger, unerbittlicher gehandhabt sehen, vor allem auf sich selber angewandt, ohne etwas auszunehmen; so geschärft entzaubert sie noch neuen Aberglauben, so den des „Selbst" oder „wirklichen Lebenslaufes", als „nichtige, trügerische Gespenster", „Heuchelei" und „Scheingestalten" (*Schr* 6, VII) – ohne den alten zu restituieren. Freilich ist der konventionelle Sinn des Begriffs der Aufklärung dann gesprengt. Explizit reklamiert Tieck dieses „unbedingte freie Denken" (*BüSh* 143) für sich, eine Wendung gegen die Aufklärung mit ihren eigenen Argumenten, wie sie andere Frühromantiker, so A.W. Schlegel, ebenso formulieren; indes läuft bei diesem das „unbedingte freie Denken", ganz anders als bei

---

[127] Brecht, *Die gefährliche Rede*, S. 252.
[128] Ebd., S. 254.

Tieck, vorab programmiert auf die „spekulative Philosophie"[129] hinaus. Wiederum, noch viele Male besprochen, verwirrt sich unauflösbar die Vorstellung vom Impetus der Aufklärung und Frühromantik. Im wesentlichen war es Moritz selber, der das psychologische Interesse Tiecks stimulierte. Persönlich lernten sie sich bereits 1789 kennen. Die Affinität, in der sich der junge Tieck zu seinem Lehrer sieht, gerät zur begeisterten Identifikation, so daß er sich bis kurz vor Moritz' Tod, kurz davor kommt es zu einer seltsamen Querele, seinen „Zwillingsbruder" nennt. Mit Wackenroder hört er in Berlin Moritz' Vorlesungen[130]. Der Kontakt der beiden, der ebenso komplizierte, zersplitterte wie nachhaltige Einfluß Moritz' auf Tieck erlangt als unruhiges Ereignis zwischen Spätaufklärung und Frühromantik eine besondere Bedeutsamkeit; eine Auseinandersetzung mit dem Verhältnis der beiden wäre nur im Bewußtsein einer grundlegenden Problematisierung der Subsumption unter diese approbierten Epochenbegriffe zu führen. Die „Werke" beider sind dazu angetan, eine ganze Reihe von Bestimmungen dieser Epochen wie die Epochisierung selber in Frage zu stellen bzw. die „Problematik literarischer Epochenbegriffen [zu verdeutlichen], der sich jede Tieck-Monographie konfrontiert sieht"[131]. Neben den Betrachtungen

---

[129] Das „unbedingte Interesse für Wahrheit", so A.W. Schlegel, „erzeugt unfehlbar Philosophie", die „spekulative Philosophie" (A.W. Schlegel, *Gegenwärtiger Zustand der Deutschen Literatur*, S. 67).

[130] Laut Rudolf Köpke hörten Tieck und Wackenroder Moritz' Vorlesungen über Althertümer und Kunstgeschichte (Rudolf Köpke, *Ludwig Tieck. Erinnerungen aus dem Leben des Dichters nach dessen mündlichen und schriftlichen Mittheilungen*, 2 Teile, Leipzig 1855, Reprint Darmstadt 1970, Teil I, S. 90f.). Vgl. auch Achim Hölter, *Der junge Tieck*, in: Ludwig Tieck, *Schriften in zwölf Bänden*, Bd. 1, *Schriften 1789–1794 (Tiecks Frühwerk)*, hg. v. Achim Hölter, Frankfurt a. M. 1991, S. 799. Vom „Zwillingsbruder" und einer allgemeinen „Parallele" ist im Brief vom 11. Dezember 1792 (Wackenroder an Tieck) die Rede. Der eigenen Identifikation Tiecks mit seinem „Zwillingsbruder" folgt Ende 1792 ganz unvermittelt – Wackenroder ist indigniert – eine komplizierte Attacke gegen Moritz bzw. eine bestimmte Manier, die Psychologie zu betreiben (ausführlich in Fußnote 59 dieses Kapitels behandelt). Zur ersten Begegnung von Tieck und Wackenroder mit Moritz kommt es, so Rudolf Köpkes Bericht, im Hause des Hofkapellmeisters und enthusiastischen Theaterfreundes Johann Friedrich Reichard 1789 (Köpke, *Erinnerungen I*, S. 89f.). Durch diesen Kontakt wurde „Manches in ihnen erweckt, was in späterer Zeit zur Klarheit kommen sollte" (Köpke, *Erinnerungen I*, S. 90). Ausdrückliche Bemerkungen Tiecks über Moritz oder die Erfahrungsseelenkunde sind nur aus den Jahren 1792/93 erhalten (im *Briefwechsel mit Wackenroder*, S. 97, S. 108 und S. 114f.).

[131] Brecht, *Die gefährliche Rede*, S. 5. In beiden Fällen, Moritz und Tieck, ist die „Epochenzugehörigkeit" in jüngster Zeit eingehend Gegenstand der Diskussion; begriffen werden die bei der Rekonstruktion der Poetik des Schwindels verwandten Epochenbegriffe im Sinne Brechts als „heuristische" Begriffe (ebd., S.. 5 u. 243). Ganz selbstverständlich, zumeist in einem vollends diffusen Sinn wurde Tieck als „Frühromantiker" identifiziert. Schon A.W. Schlegel bezeichnet ihn als einzig „dichtender Dichter" der „romantischen Bewegung", eine Einschätzung, der Heine in der *Romantischen Schule* folgt (vgl. Kap. V.1) und die sich allgemein schnell durchsetzt. Der Junghegelianer Karl Rosenkranz prägte die Formel: „Er ist der Mittelpunkt der romantischen Schule; seine Geschichte ist

ihre Geschichte und umgekehrt" (Karl Rosenkranz, *Ludwig Tieck und die romantische Schule*, in: *Ludwig Tieck*, hg. v. Wulf Segebrecht, Darmstadt 1976, S. 4). Tiecks Poesie wurde als literarische Konkretion der philosophisch-ästhetischen Positionen der Frühromantik verstanden wie sie die Gebrüder Schlegels und Novalis' formulierten. Seine Werke, vor allem die Werke von 1797–1803, werden mit der literarischen Frühromantik und umgekehrt die literarische Frühromantik mit diesem Werk gleichgesetzt. Noch in mancher gegenwärtigen Forschung, wirkungsmächtig bei Ernst Behler, gilt ohne die geringste Problematisierung: „Tieck war der vielseitigste Dichter und Erzähler der Frühromantik" (Ernst Behler, *Frühromantik*, Berlin, New York 1992, S. 164). Manfred Frank arbeitete eine solche Gleichsetzung in einem nicht mehr diffusen, sondern höchst präzisen Sinne heraus. In seinem, später ausführlich behandelten, Entwurf fungiert Tieck als Demonstration und Erörterung der an den Theoretikern der Frühromantik konzipierten Begriffs „romantischer Ironie" (Frank, *Ästhetik*, S. 43). Arno Schmidt war es vorbehalten, als erster energisch dazwischen zu schlagen, Diskussionen zu erzwingen. In seinem Dialog über Tieck heißt es: „B. *(mißtrauisch)*: Hören Sie – ich will nicht hoffen, daß Sie, um der lieben Orginalität willen, hier den Spieß umdrehen, und behaupten wollen: Tieck sei gar kein Romantiker? A. *(fest)*: Schlicht: Ja!" (Schmidt, *Vom Wunderkind der Sinnlosigkeit*, S. 20). Visiert ist damit vorderhand das herrschende Bild der Frühromantik. Die Ansicht, daß dieser Satz nur aus Unkenntnis der Forschung und einem Verliebtsein in die ostentative Schrulligkeit der eigenen Thesen geboren sei, selber nur eine literarische Äußerung, ließ sein produktives Potential ihm Nichts verhalten. Erste neue Forschung stellt die Vorab-Identifikation, das „Problem Tieckscher Frühromantik", in Frage: „Weil sowohl die Frage des Verhältnisses von Tiecks Dichtung zu den Entwürfen des Jenaer Kreises als auch die Frage nach der Einheit der Frühromantik strittig sind." (Heilmann, *Krise des Erzählens*, S. 263) „Die Einordnung des Schriftstellers Ludwig Tieck in die geistesgeschichtlich oder philosophisch verstandene Romantik war freilich immer problematisch gewesen: zu wenig Geist und gleich gar keine Philosophie... Tiecks Stunde ist aber auch jetzt nicht gekommen. Denn je mehr auch die Text-Praxis der Frühromantiker unter den Prämissen äußerster Selbstreflexion oder gar der Dekonstruktion aufgeschlüsselt und aufgelöst wird, desto weniger scheint der Begriff eines romantischen Stils, wie ihn die ältere Forschung entwickelt hat, zur Beschreibung frühromantischer Schreibweise noch tauglich. Für solchen Stil konnte Tieck immerhin einstehen. Der idealistische Diskurs der Schlegels oder Novalis ist ihm dagegen von Herzen fremd geblieben." (Brecht, *Die gefährliche Rede*, S. 244) Neuere Forschung enthält sich, reflektiert, der Behandlung des Problems der Konvergenzen und Divergenzen zu den Programmen Fr. Schlegels oder Novalis und arbeitet – zum Vorteil Tieckscher Texte – intensiv an Eigenarten Tieckscher Texte (Heilmann z.B. in einer intensiven Auseinandersetzung mit poetologischen Konzepten der Aufklärung bzw. Empfindsamkeit). Postuliert wurde eine notwendige Phase der Erörterungen der Spezifik einzelner Tieckscher Texte (tendenziell dann aber immer schon des vielleicht Differenten, Disjunktiven), in Abkehr endlich von der Forderung, Paulin formuliert sie repräsentativ, „über die Detailforschung" und Behandlung verschiedener „Teilaspekte" hinaus „Gesamtdarstellungen" des Tieckschen „Werkes" zu unternehmen: „diese Phänomene alle in einen Zusammenhang zu bringen" (Roger Paulin, *Ludwig Tieck*, Stuttgart 1987, S. 6). Ausdrücklich bei Heilmann: „so scheint es sinnvoll, gleichsam die Erwartungen zurückzuschreiben und sich dem Problem 'Tieckscher Frühromantik' mittelbar zu nähern: also zunächst unabhängig von Fichte, Schlegel etc. das Spezifische von Tiecks Dichtung der Jahre 1796ff. ausfindig zu machen (...) um anschließend, in einem zweiten Schritt, nach Berührungspunkten zur 'Welt' der Jenaer Romantik zu sichten" (Heilmanns Nachsatz gilt ebenso für die vorliegende Studie: „Die

Moritz' nimmt Tieck ebenso zahlreiche andere psychologische Schriften wahr, so Sulzers oder Engels psychologische Arbeiten wie auch die anderen Mitteilungen des *Magazins*[132], u.a. – aber von besonderer Bedeutung – die Friedrichs Pockels, die des Kantianers Salomon Maimons, beide auch als Herausgeber des *Magazins* tätig, sowie die des philosophischen Arztes Marcus Herz'.

In seinem psychologischen Bewußtsein spart Tieck nicht an Pathos und Emphase: Erfahrungsseelenkundliche Studien sind es, die allen, denen „das ΓΝΩΘΙ ΣΑΥΤΟΝ und die Psychologie nicht unwichtig sind (und welchem Menschen sollten sie dies sein)" (*ÜdE* 637) das Fundament aller weiteren Bemühungen um die „Wahrheit des Menschen" sein müssen. Es gilt, „das menschliche Herz in seinen innersten Schlupfwinkeln zu belauern" (*BüSh* 180). „Menschenkenntniß (...) wird immer unser *höchstes* Studium bleiben" (*BTW* 115), schreibt er an Wackenroder, die Beschäftigung mit dem „Rätsel von uns selbst" (ebd.). Die Liste solcher Äußerungen des jungen Tieck wäre fortzusetzen. Tieck formuliert selber umfangreiche erfahrungsseelenkundliche bzw. psychologische Beobach-

---

Umsetzung dieses Programms würde nun vollends über den Rahmen meiner Fragestellung hinausführen", Heilmann, *Die Krise des Erzählens*, S. 265). Heilmann versucht dann, wie auch im Falle der Poesie des Schwindels, punktuell Konfrontationen. Heillos kompliziert und müßig bleibt die Diskussion um die Konvergenz und Divergenz zu den „Jenaern" (die Frage, ob Tieck „Frühromantiker" sei) aufgrund der vielfältigen, zumeist konträren Bestimmungen des Begriffs der Frühromantik, der frühromantischen Ästhetik im allgemeinen und einzelner Kategorien (in denen sich die allgemeine Diskussion verdichtet, so in der Diskussion der Ironie oder Allegorie). Konträr definiert (wenn auch zumeist ähnlich beschrieben) in einer „hermeneutischen" und einer „dekonstruktivistischen" Lesart, so daß Tieck zwar unter Umständen konvergierte mit dem Begriff der „Frühromantik" wie ihn de Man, Derrida, Hamacher, Moon-Gyoo Choi oder Winfried Menninghaus an Fr. Schlegel und Novalis demonstrieren, nicht aber mit dem der „Frühromantik", den Frank, Szondi, Behler, Prang oder andere an denselben Schriften nachzeichnen. Mit den Arbeiten Heilmanns, Brechts und Menninghaus' ist Tieck nun ausdrücklich, wenn auch sehr verspätet, in diesen Streit geraten.

Die Rekonstruktion der Poetik des Schwindels ist keine Studie zu einem „Beeinflussungs"-Verhältnis Moritz-Tieck, wenn dieses punktuell auch ein Thema ist. Einzelne Aspekte dieses „Einflusses" behandeln unter anderem – wenn auch fast durchgängig different zu den Überlegungen vorliegender Studie – Wolfgang Grams (*Karl Philipp Moritz. Eine Untersuchung zum Naturbegriff zwischen Aufklärung und Romantik*, Opladen 1992), Ulrich Hubert (*Karl Philipp Moritz und die Anfänge der Romantik. Tieck-Wackenroder-Jean Paul-Friedrich und August Wilhelm Schlegel*, Frankfurt a. M. 1971), Robert Minder (*Glaube, Skepsis, Rationalismus*, vor allem der Schluß „Quietismus und Romantik" und *Un poète romantique allemand. Ludwig Tieck*, Paris 1936) sowie Ellen Oswald (*Figuren der Melancholie. Ludwig Tiecks „William Lovell" im Kontext von Erfahrungsseelenkunde und Pädagogik*, Bern, Frankfurt a. M., New York, Paris 1992, vor allem S. 153ff.). Zum Verhältnis „Aufklärung" – in den Schriften Moritz' – und „Frühromantik", das in der Poetik des Schwindels vielfach thematisiert wird, siehe die brillante Studie Karl Heinz Bohrers, *Der romantische Brief: die Entstehung ästhetischer Subjektivität*, Frankfurt a. M. 1989, insbesondere das Kapitel I.3, „Moritz, Rousseau und das empfindsam-frühromantische Ich", S. 24–41.

[132] Vgl. Hölter, *Tiecks Frühwerk*, S. 911.

tungen und Spekulationen, so im Briefwechsel mit Wackenroder, in den Reiseberichten der Jahre 1792/93[133], in den frühen poetologisch-ästhetischen Schriften (*Über Shakespeare's Behandlung des Wunderbaren* und *Über das Erhabene*[134]) sowie in den frühen literarischen Werken. Für Moritz' *Magazin* schreibt Tieck eine Art literarische Fallgeschichte (s.u., das *Magazin* wurde allerdings vor der Veröffentlichung eingestellt), auf einer Wanderung mit Wackenroder läßt ihn die psychologische Neugier ein „Irrenhaus" besuchen (*RB* 265). In seinen Briefen, vor allem im programmatisch offenherzigen, „empfindsamen"[135] Briefwechsel mit Wackenroder, praktiziert Tieck in charakteristisch erfahrungsseelenkundlicher Weise die Mitteilung der Seltsamkeiten der eigenen Seele – so eines noch zu sezierenden „Anfall[s] des Wahnsinns" –, die als Betrachtungen des Seelischen allgemein, als Dienst an der Menschheit angesehen werden sollte[136], nicht als Beschäftigung mit Subjektiv-Kontingentem oder Narzißmus. „Die Erforschung unsers eigenen innersten Wesens ist nun dasjenige, was freilich näher als alles andere liegt"[137] und „Wer sich zum eigentlichen Beobachter des Menschen bilden wollte, der müßte von sich selber ausgehen"[138], gibt Moritz vor. Das popularisierte medizinische und psychologische Vokabular ist Tieck und Wackenroder geläufig, selbstverständlich sprechen sie von Begriffen wie „übersteigerte Reizbarkeit", „Erhitzung", „Paroxismus", „Delirium", „Anfall des Wahnsinns", „melancholischen Anfällen", „Innerstem" oder „Hypochondrie" (allesamt in Kapitel III besprochen). Die „Beobachtung seiner selbst" bedeutet für Tieck wie schon für Moritz vor allem die Beschäftigung mit „Störungen" und „Merkwürdigkeiten" der „kranken Seele", ein umfassender Topos für den ganzen erfahrungsseelenkundlichen Diskurs. Eine Beschäftigung mit einem „bedrohlichen Durcheinander" „tief im Innersten", vor allem mit den Exzessen eines maniakalischen „Furors" und der willkürlichen Herrschaft der die gewöhn-

---

[133] *Reiseberichte Tiecks zu den gemeinsamen Reisen, Die Reiseberichte*, in: Wilhelm Heinrich Wackenroder, *Sämtliche Werke und Briefe*, hg. v. Silvio Vietta u. Richard Littlejohns, Bd. 2, Heidelberg 1991, S. 155–283.

[134] Ludwig Tieck, *Über Shakespeare's Behandlung des Wunderbaren*, in: ders., *Schriften in zwölf Bänden*, Bd. 1, *Tiecks Frühwerk, Schriften 1789–1793*, hg. v. Achim Hölter, Frankfurt a. M. 1991 (entstanden 1793), S. 685–722. *Über das Erhabene*, in: ders., *Schriften in zwölf Bänden*, Bd. 1, *Schriften 1789–1793*, hg. v. Achim Hölter, Frankfurt a. M. 1991, S. 637–651 (Entstehung wahrscheinlich während Tiecks Aufenthalt in Halle oder Göttingen 1792/93).

[135] Der gesamte Briefwechsel ist deutlich „empfindsam" geprägt, obgleich die „Empfindeley" im Briefwechsel selber heftig kritisiert und das „Empfindsame" bzw. die „Aechtheit" der „Empfindungen" (*BTW* 42) – die Tieck und Wackenroder durchweg kulturell-historisch und nicht anthropologisch erörtern – grundlegend als Problem behandelt wird, vor allem von Tieck. Postuliert wird eine gewünschte „wahrhafte" und eine abzulehnende „affectirte" „Empfindsamkeit", vgl. z.B. den Brief vom 1.5.1792 (*BTW* 42).

[136] Siehe beispielhaft Moritz' *Philosophie*, S. 8 u. S. 9.

[137] Moritz, *Magazin*, *Werke*, S. 166.

[138] Moritz, *Aussichten*, S. 92.

liche Sensation der Wirklichkeit zersetzenden Bilder und Affekte, der „aufs äußersten erhitzen Phantasie". Umständlich und „wahrheitsgetreu" zeichnet Tieck einzelne Erscheinungen dieser „sonderbaren Seelenzustände" auf, Unbegreifliches der „erhitzten Seele". Methodisch folgt er dabei zunächst ganz den Postulaten der Erfahrungsseelenkunde, bis hinein in die Metaphorik seiner Sprache reformuliert er ihren Ansatz: Aufgabe sei es, „alle Seelen gleichsam vor uns auf[zu]schließen und uns das ganze verborgene Triebwerk sehen [zu]lassen, das dem gewöhnlichen Menschen mit einem undurchdringlichen Schleier bedeckt ist" (*ÜdE* 639). In Moritz' *Philosophie des Lebens* wie in den *Aussichten zu einer Experimentalseelenlehre* heißt es: „Vom Leben der Menschen, deren Geschichte beschrieben ist, kennen wir nur die Oberfläche. Wir sehen wohl, wie der Zeiger an der Uhr sich drehet, aber wir kennen nicht das innre Triebwerk"[139]. Dem Menschen ist mit der Psychologie „gleichsam ein Sehrohr in die Hand [zu geben], durch dessen Hülfe er tausend verborgene Kräfte in der Seele entdeckt" (*ÜdE* 639). Köpke, „Tiecks Eckermann" (Frank[140]), faßt Tiecks Bemühungen, der Zeit, in der der *Lovell* entstand (1793–95) zusammen: ein „unaufhörliches Betrachten und Studieren der Seele"[141]. Fixe Idee sei es gewesen, „in die Tiefe des menschlichen Gemütes hinab zu steigen". „Menschenkenntnis, Leidenschaften, seltsame Situationen, (...) dies war das, dem der Verfasser [des *Lovell* eben] fast unbedingt nachstrebe" (*DüD* I 64). 1792/93 artikuliert Tieck deutlich Positionen, die das Interesse an Psychologie (und Poesie) in ein entschieden delphisches, rationalistisches Unternehmen der Möglichkeit des Selbst-Verstehens, der Seelenkenntnis, einordnen. Impetus und zugleich Fundamentalaxiom (rationalistischer) Psychologie; die Möglichkeit, sich selbst verstehen zu können, gleich, ob in einem endlichen oder unendlichen Sinne, impliziert eine ganze umfassende Konstruktion des Subjekts. Die Metapher des „innren Triebwerks" (Moritz) bzw. „verborgenen Triebwerks" (Tieck) suggeriert wie alle anderen erfahrungsseelenkundlichen Wendungen die sichere Möglichkeit einer potentiell vollständigen, diskursiven „Zergliederung" und Erkenntnis der Funktionszusammenhänge des Seelischen, die grundsätzliche Möglichkeit eines Verstehens; sie begreift sich so, daß sie adäquat wiedergibt, wie die Seele „wirklich" aufgebaut ist. Offenzulegen sind die Bewegungen im „Innersten" der Seele[142], in den „tiefsten Schichten", der „tiefsten Wahrheit" des Selbst, die dem gewöhnlichen, d.h. nicht-psychologischen Blick von einem „undurchdringlichen

---

[139] Moritz, *Philosophie*, S. 8, wortwörtlich übernommen in den *Aussichten*, S. 92.
[140] Frank, *Ästhetik*, S. 298.
[141] Köpke, *Erinnerungen* I, S. 205.
[142] Moritz, *Philosophie*, S. 8. Moritz muß aber bereits in dieser frühen Schrift, im Gegensatz zur mechanistischen Metapher des „Triebwerks", die eine vollständige Zerlegung und Erkenntnis der mechanischen Funktionszusammenhänge und -abläufe zuläßt – die Möglichkeit eines Verstehens suggeriert, konzedieren, daß die „Kräfte" im „Innersten der Seele" in ihrem „Wesen" vom zergliedernden Verstand gar nicht zu erfassen, sondern nur als „dunkle Macht", als diffuser und mächtiger „Drang" oder „Trieb" zu benennen sind.

Schleier" verdeckt sind. Brennpunkt des erfahrungsseelenkundlichen Interesses ist von Beginn an ein ganz besonderer Zustand, „der sonderbare Zustand, den Du unmöglich in Verse bringen kannst" (*BTW* 113): die exaltierte Seele und ihre merkwürdigen Phänomene. Dieser labile Zustand der Exaltation soll, so der frühe Ansatz, der von Beginn an konterkariert wird, Einblicke geben das „Wesen des Innersten", in dessen „seltsame" Selbsttätigkeit und Autonomie, Ökonomie und Struktur. Punktuell kristallisieren sich unterdessen in den Betrachtungen der Absonderlichkeiten der „exaltierten Seele", Studien insbesondere der „exaltierten Phantasie" (*ShW* 703), die Momente des neuen Paradigmas der Seele heraus: die Seele als „völlig Unbegreifliches" (*ShW* 710). Spuren einer allemal noch empfindsam-schwärmerisch intonierten, naiv beschaffenen Kritik an der Idee der Seelenerkenntnis werden schon in der Zeit ihrer entschiedenen Befürwortung zum Ausdruck gebracht, deutlich in *Shakespeare's Behandlung des Wunderbaren*, ebenso in der erwähnten Moritz- bzw. Psychologiekritik, die sehr unterschiedlich motiviert ist. Tiecks Gedanken wechseln vorderhand unvermittelt zwischen Aufklärungspathos und seiner harschen Kritik; durchaus ein Beispiel des ideologisch-theoretischen Eklektizismus und Tiecks Widersprüche dieser Jahre (1792/93)[143]. Im Zentrum der kritischen Auseinandersetzung steht die

---

[143] Die in einem Brief an Wackenroder geäußerte Moritz- bzw. Psychologiekritik *(Brief vom 28. Dezember 1792)* ist kompliziert und ebenso kompliziert zu bewerten. Sie scheint einen Bruch mit bestimmten Momenten der Erfahrungsseelenkunde bzw. Moritz' Erfahrungsseelenkunde zu bedeuten. Sie betrifft allerdings keinesfalls Moritz' Beiträge des *Magazins*, anders als z.B. Ellen Oswald meint *(Figuren der Melancholie*, S. 153), sondern die selbst melancholische „Selbstzergliederung" wie Moritz sie in der *Philosophie des Lebens* oder in den *Fragmenten aus dem Tagebuch eines Geistersehers* vorführte (in: ders., *Werke*, Bd. 3, *Erfahrung, Sprache, Denken*, hg. v. Horst Günther, Frankfurt a. M. 1981, S. 271–322). Keinesfalls auch, das formuliert Tieck unmißverständlich, verstehen sie sich schon als, später dann radikal vorgenommenes, Dementi der psychologischen Perspektive überhaupt, die Tieck zu derselben Zeit, gar in demselben Brief noch als „höchste Wahrheit" affirmiert. Die in diesem Brief ausgeführte Kritik an der „zu weit" getriebenen Psychologie wäre zum einen zu spezifizieren als Kritik an einer bestimmten Manier, Erfahrungsseelenkunde zu betreiben, die Moritz selbst zudem wiederholt und in derselben Weise wie Tieck moniert. Gründe für die Revolte gegen den enthusiastisch verehrten intellektuellen Mentor und „Zwillingsbruder" liegen zweifellos ebenso in einer Befremdung durch Moritz' immer weiter zunehmende Schrulligkeit sowie in Tiecks eigener Melancholie. Beginnen die Äußerungen in einem scharfen Ton: „Er ist ein Narr,- das ist zwar sehr kurz, aber auch wenig genug gesagt. Ich sage mich jetzt in aller Aehnlichkeit von ihm loß" (*BTW* 108), folgen diesem eine Reihe von kritischen Bemerkungen über den Charakter, so endet der Brief wiederum etwas versöhnlich: „meine Empfindungsart gränzt nahe an die seinige, aber nicht *meine* Art zu denken, d.h. meine Empfindungen anzuwenden" (ebd., S. 115). Der Brief stammt aus einer Phase, in der Tieck offensichtlich bemüht war, das ihn immer wieder, zyklisch auftretende, traktierende „Melancholische", das dazugehörende endlos „Grüblerische" und die paralysierende „Selbstzergliederung" – ein „unermüdliches, finsteres Grübeln hatte für mich den Baum des Lebens entblättert" (*Schr* 6, Vff.) – abzustreifen und „in der Wirklichkeit Fuß zu fassen". Eben die „Laune" ist Hauptziel der Attacke:

Ein Mensch, der beständig über sich selbst brütet und nachdenckt, der immer tiefer in das verworrene Gewebe seines Herzens schaut, der muß dort auf so wundervolle, so seltsame Erscheinungen treffen, daß er nach und nach ganz an sich verzweifelt, bei jeder Handlung, die die Welt gut nennt, wird er mißtrauisch werden, in seinem Herzen nachschlagen und finden, daß sie vielleicht aus dem jammervollsten Eigennutz, aus der lumpigsten, verächtlichsten Leidenschaft entsteht, so gewöhnt sich ein solcher Mensch Tugend für ein Hirngespinst zu halten, er folgt seinen Launen, seinen augenblicklichen Stimmungen, ohne zu untersuchen, ob sie zu tadeln oder zu loben sind, weil bei ihm beides zusammenfällt.- Dies ist ein grosser Schade, das Studium der Psychologie, wenn es zu weit getrieben wird, der Mensch verliehrt alle Kraft zu handeln, aller Enthusiasmus wird in ihm erstickt, er verliehrt sich in trägen Speculationen. (*BTW* 114f.)

Zu der zyklisch auftretenden Melancholie und ihrem „Grübeln", gehört, Moritz selber demonstriert das (so in der *Philosophie des Lebens*), die zyklisch auftretende heftige Lossage von der Melancholie; die Unvermitteltheit des plötzlichen Umschlagens der Attitüde gegenüber Moritz liest sich als weiterer Indikator der Melancholie. Teilt Tieck Wackenroder dieses Mal mit, er sei von dem „finsteren Grübeln" befreit, heißt es schon kurze Zeit später wieder: „Daß ich so schnell meine Laune, oder wie soll ich es nennen, geändert habe, wie Du in Deinem letzen Briefe zu glauben scheinst, ist nicht im mindestens der Fall, du wirst die Spuren davon vielleicht im Abdallah befunden haben" (*BTW* 132). Insofern gehört die Verurteilung des selbstverlorenen, zwanghaften „Grübelns" in der einen Phase wie das Wieder-Aufnehmen genau dieses „Grübelns" in der nächsten zum melancholischen Spiel. Moritz figurierte dann für dieses zu überwindende, unproduktive und zerstörerische „sinnlose Grübeln" und „sich unnötig verstricken". Wackenroders indignierte Antwort auf die Invektive rechnet Tiecks Äußerungen – „um von den grüblerischen Launen" loszukommen – exakt in diesem Sinne dem Oszillieren der „Launen" zu: „Es kränkt mich, daß Du Dich so gewaltsam von Deinem sonstigen Zwillingsbruder Moritz losreißest. Es ist, nach der Parallele, in der ich Dich und ihn sonst betrachte, und mit Recht, da Du mich selbst darauf geleitet, fast nicht möglich, daß er sich jetzt so weit von Dir entfernen sollte. Es ist sehr übereilt, so rasch, – darf ich hier nicht im allereigentlichsten Sinne sagen: von einem Extrem aufs andre zu fallen? Es kann mir nichts kränkender sein, als eine solche Beobachtung bestätigt zu sehen" (*BTW* 123). Leider fehlt ein antwortender Brief.

Moritz, so der argumentative Kern, gelte das unbedingte Postulat, immer weiter einzudringen in die „tiefsten Schichten des Inneren", hinter die offensichtlichen Signifikationen zu gelangen: die Entdeckung des dunklen Grundes des Moralischen und Illusteren (Tiecks Moritz-Kritik liest sich wie eine philiströse Nietzsche-Kritik). Solche rückhaltlose Art der Selbsterkenntnis aber führe zu einem paradoxen Ergebnis: nicht zu einer „vermehrten Selbstkenntnis" und „größeren Glückseligkeit", sondern zu einer Schwächung des Menschen als sozialem und moralischem Wesen. „Tugend" wird durch die psychologische Decouvrierung ihrer wahren Ursprünge zum zweifelhaften Konstrukt, zum „Hirngespinst", und verliert damit ihre Unbedingtheit und Geltungskraft. Am Ende steht das – nun bewußt hergestellte und affirmierte – Diktat der wilkürlichen „Laune", „augenblicklichen Stimmung", dessen Bekämpfung zugunsten der Souveränität des „Selbst" und „Willens" die ursprüngliche Intention war. Tieck moniert, aus bürgerlich-aufklärerischem Impetus, die Folgen einer solchermaßen forcierten „Selbst"-Aufklärung, einen Umschlag in die „Zerstörung" notwendiger sozialer und moralischer Fundamente des „rechtschaffenen Bürgers". Ganz entgegen der Intention der „Selbst"-Konsolidierung – durch Klärung, Strukturierung und Kontrolle als Bedingung des moralischen Handelns – führt die „Selbstzergliederung" dieser Art zur „Selbst"-Auflösung. Moritz selber wußte um die Problematik, festgehalten in der Spekulation über das „unpersönliche es" (s. Kap.

Annahme der Verstehbarkeit des Innersten. Im Innersten, heißt es dort, sei alles bloß „verworrenes Gewebe", „finstere Nacht", eine Nacht diesmal allerdings, in die niemals Licht fallen wird. „Wir werden nie das Räthsel von uns selbst auflösen" (*BTW* 115). Was der Selbstbeobachter im Innersten findet, wird immer Rätsel bleiben – Rätsel der Rätsel, Grund der rätselhaften, merkwürdigen, ihr entsteigenden Erscheinungen. Die „so wundervollen, so seltsamen Erscheinungen" sind zu „sehn", aber nimmer zu „durchschauen" (ebd.). In *Shakespeare's Wunderbares*, die Kritik besitzt nun eine ganz andere Qualität, wird es heißen: „unbegreifliche Wirkung" und „Wirkung ohne eine Ursache" (*ShW* 712). Das „gesonnte Auge", das in der umgekehrten Richtung nun nach innen blickt, bleibt blind, der beobachtende Verstand gerät an ihm Inkommensurables. Übrig bleibt nur, die aus dem Innersten entsteigenden, noch ambivalent konnotierten, „so wundervolle[n], so seltsame[n] Erscheinungen", die „tausenden Sachen in dunklen/ Gestalten" (*BTW* 115) aufzuzeichnen. Unmöglich, das „innere Triebwerk" sichtbar werden zu lassen. Tiecks Beobachtungen der exaltierten Seele verzichten – durchaus konform dem seelenkundlichen Programm – auf die theoretische Reflexion und Systematisierung, die erst ganz am (unbestimmten) Ende der Betrachtung erfolgen sollten – wo sie bei Tieck dann allerdings ganz fehlen – und erschöpfen sich in einem umständlichen Beobachten und Aufzeichnen; typisch für Tiecks minutiöse Phänomenologie der Merkwürdigkeiten der Seele ist die Wendung: „Es ist eine sonderbare Erscheinung in der menschlichen Seele, daß..." (*ShW* 702). Das Unverständnis gleichsam überspielend und kompensierend wird ein umständlicher, poetisierender Wortschwall in der Beschreibung der „sonderbaren Seelenzustände" bewegt, zumeist ein Konglomerat der hundertfach gebrauchten, abgegriffensten Formeln und Floskeln von Emotionen (später am Bericht vom „Anfall des Wahnsinn" beschrieben). Tieck ist geradezu ein Meister der eklektizistischen Melange verschiedenster literarischer Stile[144], er „referiert auf eine Vielzahl literarischer Sprachen oder

---

III.4). Ist das Motiv der Sorge Tiecks um den Verlust der „Tugend" und der Kraft zur „Tat", der in der Usurpation des Menschen durch die „Geißel" der „Laune" endet, deutlich das des „rechtschaffenen Bürgers" – die Reformpädagogik, eine der mächtigsten ideologischen Fabriken des „Bürgers", hätte die Kritik wohl in derselben Weise formuliert –, liegt das „empfindsame" oder gar „schwärmerische" Motiv einer Beanstandung der Lähmung des „Enthusiasmus" schon ein wenig quer dazu. Bürgerliche Fundamente der „Verfassung" der Gesellschaft und der einzelnen „im Innersten" beginnt Tieck zu derselben Zeit bereits scharf zu attackieren. Was hier noch moniert wird, betreibt Poesie des Schwindels als „literarischer Terrorismus" im „Krieg" gegen die Seelenmodellation und Praxis der „kleinlichsten Ökonomie" bald schon in noch potenzierter Weise.

[144] Vgl. dazu Hölter, *Tiecks Frühwerk*, „Tiecks Register", das des „jungen Tiecks", „umfaßte Historie, bürgerliches Trauerspiel, Komödie, Ritterstück, Melodram, Idyll usw., alles sozusagen in Miniatur" (ebd., S. 807), eine „größere äußere Heterogenität" (ebd, S. 795) und „Vielzahl der (...) Fingerübungen" als „ein Echo der Bandbreite des Gelesenen und Gesehenen (ebd., S. 797), das Tieck umfassend imitiert. „Tieck arbeitet nach Vorbildern (wie auch sonst?), und er ist sich dessen bewußt, so bewußt, daß er, sobald sich ihm

Kodes, und seine schriftstellerische Biographie wäre als die Transformation dieser Kodes zu beschreiben"; diese, nicht die „Wirklichkeit", seien, so Brecht, der dies zu Recht gegen die bisherige Forschung als spezifische Qualität behandelt, von Beginn an Gegenstand Tieckscher Poesie[145]. Schon hierin wird die „Beschreibung" problematisch – Poesie, Poetik des Schwindels hat mit der Idee der Darstellung nichts mehr im Sinn, mitunter bildet sie sich in ihrer restlosen Problematisierung und boykottiert sie vorsätzlich. Die frühe Beschränkung auf die umständliche Beschreibung, die Distanzierung des Begreifens, entspricht zunächst der Mutation der Seele zu „so wundervollen, so seltsamen Erscheinungen" – Poesie des Schwindels der Seele zum „unbekannten etwas". Die kausale Reflexion gerät konsequent unsinnig, wird gerade das Fehlen der Kausalität zum Charakteristikum des seelischen Geschehens: „Wirkung ohne eine Ursache" (*ShW* 712). „Wir stehn unter unendlichen Rätseln, nur die Gewohnheit hat sie uns weniger fremd gemacht; (...) wer sind diese Fremdlinge, die an uns vorübergehn? O könnten wir (...) Antwort fordern; – aber es ist nur der Ton unsers Arms, der durch den Felsen dröhnt, – sie ziehn vorüber und bleiben stumm. – Wir selbst sind uns eben so unbegreiflich (...)", heißt es 1793, vielfach paraphrasiert, im *Abdallah* (*Abd* 307), es spricht Meister Omar, die Inkarnation der „höchsten Weisheit". Bereits Moritz gerät, entgegen seiner Intention, das Innerste zum „unbekannte[n] *etwas* (...) welches vor uns in Dunkelheit gehüllt ist"[146], zum „unpersönlichen es". So das paradoxe Ergebnis des Versuches, das Licht der Erkenntnis in das Dunkel fluten zu lassen und das „Ich" zu konsolidieren, den „Strahl der Wahrheit" zu finden, so der delphische Moritz, der „nur den beglückt, der an der Hand der Vernunft geleitet (...) wandelt"[147]. Ein „unpersönliches es", das indes Phänomen der Sprache ist, die „Sache" erst schafft: „im Grunde ist sie [die Sprache] doch das einzige, woran wir uns halten können, um in das innre Wesen unsrer eignen Begriffe, und eben dadurch in die Kenntnis unserer Seele tiefer eindringen"[148]. Die Tiefe der Seele sei das „unbekannte Wesen, welches immer ein Geheimniß bleiben wird" (*AM* 188), lautet Tiecks Adaption des Moritzschen Satzes – diese hergestellte Hermetik der Seele, hergestellt als strenges Komplement der Begreiflichkeit der Seele, gilt Tieck indessen

---

durch den ironischen Publikumsbezug bei Rambach und Bernhardi eine Möglichkeit eröffnet, das Schreiben aus zweiter Hand zum Thema macht" (ebd., S. 811f.). Modellhaft wären die Imitationen verschiedenster modischer Stile und Formen an Tiecks Texten für die von Musäus gegründeten *Straußfedern* (1795–1798) zu studieren – von der Forschung durchweg übergangen (Paulin, *Tieck*, S. 27ff.). Einige wollte Tieck in eine geplante Fortsetzung des *Phantasus* aufnehmen (siehe *Ludwig Tieck. Dichter über ihre Dichtungen*, 3 Teilbände, hg. v. Uwe Schweikert, München 1971, Teil. I, S. 77). Zu studieren wären dabei ebenso die Ironisierung und Parodierung in der Imitation sowie der Ironisierung der Imitation selbst.

[145] Brecht, *Die gefährliche Rede*, S. 254ff.
[146] Moritz, *Magazin*, *Werke*, S. 108.
[147] Ebd., S. 103.
[148] Ebd., S. 107.

mitnichten als neue, „irrationalistische" Wahrheit des Menschen, sondern bloß als polemisch-ironische Funktion. Ist die Rätselhaftigkeit der Seele der erklärte Ausgangspunkt des Unterfangens der Erfahrungsseelenkunde – im Sinne einer emphatischen Aufforderung zur Auflösung des Rätsels, ist die Rätselhaftigkeit, allerdings zweiter Potenz, das Ergebnis. Die psychologische, erfahrungsseelenkundliche Betrachtungsweise entpsychologisiert sich nach und nach in Tiecks Betrachtungen, in der Radikalisierung ihrer Praxis gemäß den eigenen Forderungen, wie auch die behandelten Seltsamkeiten der exaltierten Seele entpsychologisiert werden. Die psychologischen Axiome brechen. Paradoxe Charakteristik des neuen Topos der Seele als „unbekannte[m] Etwas" wird, daß er radikale a-topia ist. Gestaltungen aus dem Innersten ereignen sich diesem gegenüber immer als „Abgrund", als Sprung, sind, einmal geäußert, immer dezentrisch, in keiner rekonstruierbaren Relation mehr zum „Innersten", nicht einmal mehr bestimmbar als Wirkung. Immer sind es ephemere, substanzlose Momente: „Schatten, von dem wir keinen Körper sehen" (*ShW* 712). „Jenes unbekannte Wesen, welches immer ein Geheimniß bleiben wird, (...) welches sich immer offenbaren will, immer von neuem versiegt" (*AM* 188) oder: „seltsame Welten, die (...) zu unserem Spiele entstehn und vergehn (...) kein rechter Zusammenhang, sie kommen und verschwinden" (*DüD* I 89). Sie „entstehen und vergehen", ohne ein Höheres, Unendliches bzw. unendliche Fülle dann zu erzeugen oder symbolisch zu figurieren, sondern als „Abgrund" einer ausführlich noch zu besprechenden beweglichen, tätigen „ungeheuren Leere" (*Ph-Rg* 113), die das Innerste substituiert.

Verkehrt Tieck theoretische Axiome der Erfahrungsseelenkunde, so ebenso die praktischen Postulate. Formuliert die Erfahrungsseelenkunde als ihr Agens die Herstellung und Bewahrung des, wie Tieck später spöttisch schreibt, „rechtliche Menschen" (*BüSh* 144), der „Seelengesundheit", „Moralität" und „Glückseligkeit" bzw. die Sicherung der „Grenzen zwischen Aufklärung / Gesundheit / Natur einerseits und Unvernunft / Krankheit / widernatürlichen Phänomenen andererseits", will Tieck dann vorsätzlich diese Grenzen verwischen, die intendierte Seelengesundheit und damit den ganzen bürgerlichen Charakter „im Innersten" verwirren. Sucht die Seelendiätetik, der die „vermehrte Seelenkenntnis" dient, umfassend die Prävention des Wahnsinns, an dem sich, so zeichnen es die endlosen Reden über die Sonderbarkeiten der Seele auf, erschreckend leicht zu infizieren war, wird Tiecks wortwörtliche Forderung sein, die Seele in den „muthwilligen Wahnsinn" (*Schr* 6, XX) und Schwindel zu versetzen. Eine Aufgabe, die der Poesie zukommt, die neue Poesie begründet. Schwindel und Wahnsinn, beide können bei Tieck zunächst in einem ganz präzisen historischen Verständnis nachgezeichnet werden, rangieren als die schlimmsten Seelenkrankheiten, als offensichtlichste Zerstörung des „natürlichen Gleichgewichts" und der „nathürlichen Ökonomie" der Seele. Vernichtet werden soll durch ihn – streng korrelativ der Ruptur des Seelenbegriffs – die vom erfahrungsseelenkundlichen, philosophischen Arzt etablierte Selbst- und Weltpraxis. Grundsätzlicher noch: Vernichtet werden soll die die Seele modellierende „kleinlichste Ökonomie" (*BüSh* 153f.) des „vernünftigen", „rechtlichen Menschen" (*BüSh* 144) und „Philisters" (*BüSh* 158), als die Tieck die prätendierte natürliche Ökonomie der Seele bloßstellt, die alles „Herumschweifen", allen Wahnsinn entfernt sehen will, aber entgegen ihrem ideologischen Selbstverständnis eigentlich Ökonomie des Todes ist (vgl. Kap. IV.5).

2.3 Aufklärerische Konfigurationen von Psychologie, Poesie und Poetik

Der Anstrengung der „vermehrten Seelenkenntnis", des psychologischen Selbstverstehens wurde Ende des 18. Jahrhunderts sowohl von Poeten wie von den Theoretikern des Schönen eine unmittelbar poetologische, ästhetische Relevanz zuerkannt, wie, wenig beachtet, umgekehrt der Poesie im Dienste der Psychologie. Hoch- und spätaufklärerische Ästhetik und Poetik, vorweg die des Romans, schon in der allerersten umfassenden Theorie des Romans von Blanckenburg[149] ebenso wie in Moritz' Theorie des expliziten „psychologischen Romans", formuliert sich wesentlich psychologisch fundiert, wenn auch vielfältig gestaltet und nicht hierauf reduzibel. Psychologie, psychologische Erkenntnisse und Verfahrensweisen sind Konstituens dieser Form, ganz offenkundig in Moritz' Falle. Wieland verlangt als Vorleistung des Dichters, die Menschen, „die man vor sich hat nach allen Umständen und Verhältnissen so lange zu studieren, bis man so genau als möglich weiß, wie sie sind."[150] Rigoroser noch verkündet es Moritz: „der Dichter und Romanenschreiber wird sich genötigt sehn, erst vorher Experimentalseelenlehre zu studieren, ehe er sich an eigne Ausarbeitungen wagt"[151]. Poeten und Theoretiker der Kunst studieren die Seele und psychologisieren: Herder, Lenz, Sulzer, Engel, Blanckenburg, der junge Schiller, Lessing, Mendelssohn, in England früher schon Young, Hogarth, Hume oder Burke. Besonders ausgeprägt war die Verbindung von Psychologie und Poetik bzw. Ästhetik in der, Moritz und auch Tieck zunächst prägenden, Berliner Popularphilosophie[152] und in der, allgemein vernachlässigten, für Tieck höchst bedeutenden, sensualistischen Ästhetik. Vordergründiges Anliegen der psychologischen Gründung der Poetik ist es, die Seele, das Subjekt und seine Wahrheit – Charakter, Handlungen, Denken und Fühlen – „getreu", d.h. im Zuge der neuen eman-

---

[149] Christian Friedrich von Blanckenburg, *Versuch über den Roman*, Leipzig und Liegnitz 1774; zitiert nach: *Die deutsche Literatur in Text und Darstellung*, hg. v. Otto F. Best u. Hans-Jürgen Schmitt, Bd. 5, *Aufklärung und Rokoko*, Stuttgart 1980, S.75–81 (Auszüge).

[150] Christoph Martin Wieland, *Geschichte des Agathon*, 2 Tle. Leipzig 1766–1767. Zitiert nach Chr. M. Wieland, *Werke*, hg. v. Fritz Martini u. Hans Werner Seiffert, München 1964. Bd. 1. S. 663, 711.

[151] Moritz, *Aussichten*, S. 91.

[152] Vgl. Grimminger, *Aufklärung, Absolutismus und bürgerliche Individuen*, S. 51ff.

zipativen Wissenschaft psychologisch korrekt abzubilden. Die Seele in ihrem vollends „nathürlichen", „wirklichen" Aussehen zu imitieren, streng dem Imitatio-Konzept folgend. Charakter, Handlungen, Denken und Fühlen sind „psychologisch richtig" zu zeichnen und „motivirn", eine bedeutsame und folgenreiche „Umstellung der *Motivation von hinten*, wie sie ältere Prosaformen prägt, auf die bürgerlich-moderne *Motivation von vorn*". Gefordert und vollzogen wird eine „psychologische Motivation und möglichst lückenlose Kausalgenese der äußeren wie inneren Handlung" (Menninghaus[153]) – „Kernstücke der Romanpoetik der Aufklärung"[154]. Menninghaus allerdings kümmert sich nicht weiter um diesen psychologischen Diskurs, der eben Tiecks eigener früher Diskurs ist – was er ebenfalls übergeht. Das Ziel solcher psychologischen Poetik geht über diese Abbildung hinaus; nachdrücklicher Antrieb ist die Förderung der Selbsterkenntnis, eingespannt in die praktischen Zwecke der Moralität, Selbstbeherrschung und vernünftigen Ökonomie, die, so die konstruierte Wendung, Glückseligkeit ermöglichen oder gar bedeuten sollen. Existentielles Interesse an der psychologischen Poetik und Literatur ist – im Falle Moritz kann es kleinteilig erörtert werden – die Realisierung des neuen, das neue historische Subjekt ideologisch wie praktisch emanzipierenden „Gesichtspunkts" (Moritz, s.u.), Ereignisse, Handlungen, Charaktere, die zuvor unbegreiflich waren und damit vielleicht als „Schicksal", „Zufall", „Krankheit" rangierten, in einen begreiflichen und genetischen „Zusammenhang" zu bringen. Darauf läuft das „psychologisch richtige" Zeichnen dann wie auf Kommando hinaus. „Wirkliche Lebensläufe", nicht Märchen sollen geschrieben werden, wirkliche Lebensläufe, nicht Märchen sollen das Leben sein.

Von Beginn an ist, wie allgemein in der Epoche und besonders ausgeprägt bei Moritz, auch Tiecks Interesse an der Psychologie aufs engste verbunden mit dem Interesse an der Poesie und Poetik. Eine Verbindung, die sich in ihrer Art ebenso grundlegend wandeln wird wie der Begriff der Seele und die Form der Auseinandersetzung mit den Eigentümlichkeiten der Seele. Die Begriffe, die Phänomene der Poesie und Seele werden von Tieck in eine engste Analogie gebracht, ebenso die Poetik und Psychologie, letztere als Paradigmen der Auseinandersetzung mit der Poesie und der Seele als Begreiflichem. Im vollendeten Fall ist Poesie der Seele gleich, „je mehr der Mensch von seinem Gemüthe weiß, je mehr weiß er von der Poesie." Denn weitgehender formuliert sind sie homolog, gar identisch im „Wesen": „Sie ist nichts weiter, als das menschliche Gemüth selbst in allen seinen Tiefen" heißt es in den *Altdeutschen Minneliedern* 1802 (*AM* 188). Eine auch dem jungen Tieck geltende Formel engstmöglicher Konfiguration von Seele und Poesie, durchgängige Grundlage der Überlegungen, die sich in ihrer Bedeutung jedoch substantiell verändert. Im frühen Verständnis dieser Formel ist sie durch die Psychologie und die Poetik supple-

---

[153] Menninghaus, *Unsinn*, S. 23.
[154] Menninghaus, *Unsinn*, S. 23. Vgl. Wilhelm Vosskamp, *Romantheorie in Deutschland. Von Martin Opitz bis Friedrich Blanckenburg*, Stuttgart 1973, S. 186.

mentiert: Eine grundsätzlich begreifliche, wenn auch, deswegen die Anstrengung, noch lange nicht begriffene Seele wird prozedural begriffener Gegenstand der Psychologie wie die Poesie begriffener und formulierter Gegenstand der Ästhetik und Poetik wird. Kenntnisse der Seele sollen Kenntnisse der Poesie sein, Psychologie-Poetik. Später, im Unbegreiflichwerden der Seele – als Ergebnis des *wirklich* „unbedingten freien Denkens" und Hinsehens (*BüSh* 143f.), ganz Moritz Postulat folgend –, kompliziert sich diese Formel uneinholbar und macht sich als Erkenntnishilfe hinfällig, obgleich sie eben dann formuliert wird, also auch nach dem präsumierten „Umschlag" ins Frühromantische. Sind Poesie und Seele in ihren „Tiefen" eins, die Seele aber das „unbekannte Wesen, welches immer ein Geheimniß bleiben wird", gerät Poesie in dieselbe merkwürdige Hermetik. Psychologie und Ästhetik werden hinfällig (Ästhetik bedeutete, so Sulzer, den Tieck aufmerksam rezepiert: „Die Philosophie der schönen Künste, oder die Wissenschaft, welche sowohl die allgemeine Theorie, als die Regeln der schönen Künste aus der Natur des Geschmacks herleitet. Das Wort bedeutet eigentlich die Wissenschaft der Empfindungen"[155]). Bereits 1792/93, eine Zeit, in der Tieck größtenteils in schamlos eklektizistischer Weise verschiedenste Ästhetiken kompiliert[156], selber das Betreiben einer, vor allem sensualistischen wie genietheoretischen, Ästhetik fordert, wendet er sich, später immer verschärfter und allgemeiner, gegen die theoretische Reflexion der Poesie, zeigt eine, argumentativ zu behandelnde, programmatische allgemeine „Abneigung gegen die philosophische Abstraktion"[157]. Die „feinausgesponnene Lehre mancher Theile der Aesthetik", so heißt es 1792, sei nichts weiter als ein „todtes Sistem" (*BTW* 105). 1793 verlangt er, die „Regeln der Ästhetik, mit allen Begriffen unseres aufgeklärten Jahrhunderts [zu] vergessen", 1796 ergeht das Urteil: „Ich liebe die spitzfindigen ästhetischen Untersuchungen nicht, in denen man sich am Ende von der poetischen und prosaischen Welt gleich weit entrückt fühlt und in einem dünnen Aether von feinen und halbwahren Ideen schwebt" (*MuAl* 1796, 83)[158] und in den *Briefen über Shakespeare*

---

[155] Johann Georg Sulzer, *Allgemeine Theorie der schönen Künste*, Reprint der 2., vermehrten Auflage, Leipzig 1792–1794 bzw. 1799, 5 Bde., Bd. 1, Hildesheim 1970, S. 47.

[156] Vgl. dazu die Kommentare Hölters zu seiner Herausgabe der beiden Aufsätzen *Über Shakespeare's Behandlung des Wunderbaren* und *Über das Erhabene*, in denen er die vielfältigen, häufig widersprüchlichen und nicht vermittelten Einflüsse herausarbeitet (Hölter, *Tiecks Frühwerk*, S. 1225–1249 und S. 1137–1170).

[157] Manfred Frank in seinem Kommentar zum *Phantasus*, in: *Ludwig Tieck, Schriften in zwölf Bänden*, Bd. 6, *Phantasus*, hg. v. Manfred Frank, Frankfurt a. M. 1985, S. 1175 (vgl. Fußnote 69).

[158] Bereits 1792/93 finden sich widersprüchliche Bemerkungen zum Wert der Ästhetik und Poetik – zum Wert jedweden „Theoretisierens" und „kalten Philosophierens". Offensichtlich ist zunächst (dennoch) ein frühes intensives Interesse an den ästhetischen Diskussionen der Zeit. Tieck formuliert selber zumindest zwei Versuche, *Über das Erhabene* (zu seiner Lebzeit nicht publiziert) und *Über Shakespeare's Behandlung des Wunderbaren*, er beteiligt sich in der „gelehrten Gesellschaft" in Göttingen – die er später

(1800): „Diese Race von knaupelnden Schönheitszergliederern ist leider immer noch nicht ausgegangen und wird wol ihr Wesen noch ein Zeitlang treiben" (*BüSh* 140). Eine, durchgängig zu findende, Invektive gegen das eigene frühe Programm, das forderte, die „Wirkung der schönen Künste (...) zu zergliedern", grundlegend die „Anatomie der Schönheit" zu betreiben, ein Unterfangen, das der junge Tieck gegen solche „Gegener", welche meinen, daß hierdurch „der Genuß des Schönen selbst dadurch zerstört wird", 1792 vehement in Schutz nimmt (*ÜdE* 637). Ästhetische Reflexion aber hat für Tieck mit seiner zugespitzten Kritik am ästhetischen „Sistem" kein Ende, sondern findet ihre, noch genau zu besprechende, konsequente, der Kritik einzig angemessene Form im Sporadischen, Bruchstückhaften und Unzusammenhängenden und vor allem als texttheoretische Reflexion im literarischen Verfahren selbst. Noch das Fragment Novalis' und Fr. Schlegels wäre Tieck zuviel unsystematische Systematik. Tieck, stellt Brecht zu Recht heraus, verweist „die Ansprüche philosophischer Ästhetik zurück an die Praxis der Literatur"[159]. Brecht ignoriert dabei jedoch prinzipiell die, im Charakter ebenso literarischen, „nicht-literarischen" Reflexionen Tiecks. Sämtliche ästhetischen Auseinandersetzungen – „was will, was soll die Kunst?" – haben, so Tiecks Position, zunächst nur eine Grundlage: die „größten ausübenden Künstler, aus deren Werken uns nur die Theorie werden kann" (*KS* 167). Kommt dem die ästhetische-poetologische Betrachtung nicht nach, sind sie als „ungenügend ab[zu]weisen" – man „dreht sich alsdann in nichtige Forderungen und Systeme hinein, die vom Nebel umzogen und umso enger und dürftiger sind, als sie erst den Schein eines größeren und unendlichen Umfanges gewähren" (ebd.). Die Entfaltung dieses Ansatzes, Brecht vollzieht es, wäre – als theoretisch-reflektierte Absage an die systematische Theorie, jegliche Theorie, die nicht am Text sich formuliert, nicht im Text als textuelle Faktur –

---

parodiert – jeden Donnerstag abend an den umfassenden Erörterungen poetologischer (und anderer) Probleme, „disputirt" dort auch über das „Naive" und über „Karikaturen" (vgl. Hölter, *Tiecks Frühwerk* S. 1138), führt mit Wackenroder im Briefwechsel theoretisch-ästhetische, vor allem affekttheoretische Diskussionen (z.B. über das „Erhabene" in Briefen vom 10.5.1792, 29.5.1792 oder 12.6.1792, vgl. Hölter, *Tiecks Frühwerk*, S. 1137ff.) und studiert die antiken wie die zahlreichen zeitgenössischen kunsttheoretischen Schriften. Hölter hat folglich recht, wenn er erwägt, Tieck bemühe sich, ganz wie z.B. Sulzer, um eine „ästhetische Enzyklopädie (...), die er in Anläufen auszuschreiten (und beileibe nicht immer aufzuschreiben) versucht" (ebd., S. 1141). Dem gegenüber stehen, wie gesehen, von Beginn an skeptische, kritische Äußerungen gegenüber der ästhetischen, poetologischen Disziplin gleich welcher Provenienz (auch gegenüber der zunächst bejahten sensualistischen) – eine Kritik – Kern ist zunächst das durchaus zeittypische „schwärmerische" Verdikt des „Abstrakten", selbst in dieser Form freilich abstrakt –, die sich zunehmend verschärft und totalisiert, bis zu seinem späten „Gedankenaustausch" mit Solger (vgl. Frank, *Ästhetik*, S. 370ff. und Frank, *Phantasus*, S. 1174–1199). Problematisch bleibt jedoch Franks Feststellung, Solger habe „Tiecks Abneigung gegen die philosophische Abstraktion in lebhaftes Interesse an spekulativen Fragen (...) verwandeln können" (ebd., S. 1175).

[159] Brecht, *Die gefährliche Rede*, S. 1.

die einzig adäquate Antwort auf die die Forschung sonst beherrschende Rede von der philosophischen Inkompetenz Tiecks[160].

Seelenverständnis und Literaturverständnis verändern sich reziprok, im Sinne Brechts auch als Veränderung des Sprachverständnisses hin zur „sogenannten" Seele, dem „sogenannten Innren" und der sogenannten Literatur, als Markierung des Bewußtseins ihres begrifflichen, metaphorisch-historischen Charakters[161]. Auch Seelenschwindel und Texttaumel sind korrelativ konfiguriert. Texttaumel ist der in die poetische Form transkribierte Seelenschwindel; transkribiert in poetische Verfahrensweisen werden die sonderbaren Funktions- und Manifestationsmodi der exaltierten Seele, genauer: der „exaltierten Phantasie". Unmittelbar relevant ist dem jungen, noch psychologischen Tieck die Seelenkunde unter mehreren Aspekten: beeinflußt von der sensualistischen Ästhetik (Burke) in Hinblick auf die poetische „Wirkung" bzw. Wirkungsanalyse einzelner poetischer Figuren und Texte (Shakespeares Stücke vornehmlich), in Hinblick auf die Grundlagen und Probleme der Poetik und Ästhetik überhaupt, konzentriert u.a. auf das „Wunderbare", das „Erhabene" und die ästhetische Empfindung, und nicht zuletzt in Hinblick auf die eigene literarische Produktion. Tieck versteht sich nachdrücklich als einer der „neuen" „Dichter und Romanenschreiber", der Moritz' Instruktion, „erst vorher Experimentalseelenlehre zu studieren, ehe er sich an eigne Ausarbeitungen wagt"[162], gewissenhaft folgt. Ein Anspruch, den Tieck restlos verinnerlicht und den die Poesie der „erzählenden Märchen", paradigmatisch *Der blonde Eckbert*, in einer Radikalisierung abgründig erfüllt – es entstehen, anders als Moritz es sich dachte, keine psychologischen Geschichten, sondern ihr tückisches Dementi.

Die genaue Kenntnis der Seele, dank des genialen psychologischen „Instinkts" (*MuAl* 109) und der fundierten psychologischen Studien des Autors (*ShW* 686), sind dem jungen Tieck Voraussetzung aller (großen) Literatur und ihrer ungeheuren Wirkung. Das psychologische Studium des Traums – von Moritz, Maimon und anderen im *Magazin* verlangt, bisher kein selbstverständlicher Gegenstand der Psychologie, sondern unter die Kategorie okkult eingeordnet – fördere sowohl die Seelenkenntnis wie die Dichtung, ein Beispiel für die unmittelbare poetisch-poetologische Relevanz der Seelenkunde. „Der Psycholo-

---

[160] „Tiecks Stärke liegt nicht im Bereich der Theorie" (Frank, *Phantasus*, S. 1251). „Es zeigte sich sehr bald – was auch für seine weitere Entwicklung zutreffen sollte –, daß es ihm an einem tieferen Verständnis und Interesse für die Philosophie mangelte" (Paulin, *Tieck*, S. 18). Die Ablehnung aller versuchten ästhetischen Theorie, jeglicher Theoretisierung der Kunst konvergiert mit der polemisch-ironischen Behauptung einer Hermetik der „Seele" und der Poesie, die die Ästhetik als Theorie oder Wissenschaft, der es um „Erkenntnisse" geht, hinfällig lassen wird.

[161] Vgl. Brecht, *Die gefährliche Rede,* vor allem den Abschnitt „Das sogenannte Innere – Ludwig Tieck im literarischen Diskurs um 1800" (S. 243–258). Freilich arbeitet Brecht, anders als die Rekonstruktion der Poetik des Schwindels, nicht am historischen Charakter des Konstruktes.

[162] Moritz, *Aussichten,* S. 91.

ge und der Dichter können ganz ohne Zweifel ihre Erfahrungen sehr erweitern, wenn sie dem Gange der Träume nachforschen" (*ShW* 691). Im Studium des Traums, später eingehend betrachtet, „läßt sich gewiß oft der Grund entdecken, warum manche Ideenkombinationen so heftig auf die Gemüter wirkten (...)" (ebd.) – eklatant ist die fixe, auch nach der „frühromantischen" Mutation bewahrte Orientierung an dem dichterischen „Effekt" (*ShW* 686). „Der Dichter kann hier am leichtesten bemerken, wie sich eine Menge von Vorstellungen an einander reihen, um eine wunderbare, unerwartete Wirkung hervorzubringen" (*ShW* 691). Thematisiert wird – 1793 – die besondere Kombinatorik von poetisch hergestellten, herzustellenden Vorstellungsserien, die einen „sonderbaren Seelenzustand" erzeugen, entstanden in der Mimesis der besonderen formalen *Kombinatorik* der Reihen von Vorstellungen im Traum. Genau auf diese Weise soll sich eine Poetik konstituieren, eine Idee, die noch die Poetik des Schwindels leitet. Der Traum wird in einem sehr spezifischen Verständnis, als ein Modus der befreiten Phantasie, unversehens zum Paradigma der Poesie. Interessant an ihm sind indes lediglich die formalen, dynamischen und ökonomischen Charakteristika der in ihm entbundenen Phantasie. Dieses Wissen, mit welchen Stoffen, vor allem aber mit welchen aus der Beobachtung der Seele im Traum destillierten poetischen Verfahren welche Effekte im Leser evoziert werden können, begründet die dichterische Technik, beim jungen Tieck noch auf der Kippe zu einer Regelpoetik, selbst wenn er, in der Spannung zueinander gänzlich unreflektiert, zugleich das Vokabular der „Genie"-Ästhetik zitiert[163]; in der Poetik des Schwindels kehren beide Diskurse wie auch der Widerspruch beider, besprochen in Kap. IV.1, in potenzierter Weise wieder. Selbstredend beruht auch Shakespeares Dichtung, für Tieck Paradigma aller Dichtung, auf der genauen Seelenkenntnis. Bewundert wird, „wie vertraut er mit den leisesten Regungen der menschlichen Seele" sei (*ShW* 691). „Durch ein aufmerksames Studium des Menschen hatte er gelernt, was auf die Gemüter wirkt, und nach seinem eigenen Gefühl, und den Regeln, die er aus der Erfahrung abstrahiert hatte [d.i. Erfahrungsseelenkunde], dichtete er seine Kunstwerke" (*ShW* 686). Er

---

[163] Um die Herausarbeitung, Analyse und Darstellung solcher psychologisch fundierten und psychologisch operierenden, wirkungsorientierten „Techniken" zur gezielten Evokation besonderer Affekte bzw. ganzer „Seelenzustände" geht es in den frühen Shakespearestudien. „Noch", führt Hölter aus, „werden die Kunstregeln positiv begriffen, noch ist der Rationalismus explizit nicht in Frage gestellt, und auch Tiecks Psychologie folgt verbal noch ihren Vorbildern" (Hölter, *Tiecks Frühwerk*, S. 803). Unterschlagen wird damit freilich die simultane Widersprüchlichkeit Tiecks schon zu diesem Zeitpunkt. Die in *Shakespeare's Behandlung des Wunderbaren* stark gemachten Begriffe des „Genies", genialen „Instinkts" und der „großen Alchymie" (*ShW* 685f.) stehen denen der „Techniken" und „Regeln" von Beginn an entgegen – in dieser Phase vollends unvermittelt. Überhaupt sind 1792/93 bereits etliche rationalistische Axiome in Zweifel gezogen – beispielhaft eben an Tiecks Argumentation für und wider die Psychologie zu studieren –, wenn sich auch ansonsten noch deutlich rationalistische Äußerungen finden lassen.

„beobachtete sich auch wahrscheinlich in seinen Träumen, und wandte die hier gemachten Erfahrungen auf seine Gedichte an" (*ShW* 691).

Einzelne ästhetische Kategorien, vorab eben das Wunderbare und Erhabene, werden von Tieck zunächst konsequent psychologisiert und an einen Seelenzustand des Rezipienten gebunden, wenn sich auch in denselben Schriften, deutlich für das Wunderbare zumindest, ganz andere Bedeutungen abzeichnen. Seine Reflexion auf das Erhabene fußt wesentlich auf der Assoziationspsychologie und affekttheoretischen Überlegungen, die fragmentarische Schrift *Über das Erhabene* schließt mit einer Skizze über die Affekte oder Leidenschaften[164], im Briefwechsel mit Wackenroder sind sie ein immer wieder kehrendes Thema. Tiecks theoretisch-ästhetische Studien der Jahre 1792/93, die beiden Aufsätze über das Wunderbare und Erhabene, beides in sich spannungsreiche und widersprüchliche Betrachtungen, sowie die Überlegungen zu ästhetischen Problemen im Briefwechsel mit Wackenroder sind zugleich psychologische Studien, psychologisch fundiert und orientiert. Eingefügt sind längere seelenkundliche Passagen, u.a. Spekulationen über „merkwürdige Phänomene der Seele" oder eben den Traum, wie sie sich auch in Moritz' *Magazin* finden könnten. Tieck spekuliert – wie viele andere – über Teile einer neuen psychologischen, sensualistisch-empirischen Ästhetik, insbesondere über eine, in der Aufklärung emsig diskutierte, empirisch angesetzte Affektlehre. Die Rezeption von Burkes *Philosophical Enquiry into the Origin of our Ideas of the Sublime and Beautiful*, insbesondere ihrer zentralen Kategorien des „terror", der „obscurity" und „infinity", ist evident[165] und, weit über die frühe psychologische Phase Tiecks hinaus, folgenreich. Tiecks Programm der „Anatomie der Schönheit", der Analyse des „ästhetischen Eindruck[s] von Kunst bis in einzelne Wirkungen"[166], reformuliert in engster Anlehnung das Unternehmen sensualistischer Ästhetik, im Titel greift er

---

[164] Die Begriffe Affekte und Leidenschaften werden von Tieck noch synonym verwendet, nicht wie bei Kant grundlegend differenziert. Vgl. Kant, *Anthropologie*, S. 599 (B 225; A226). Die Affekte bestimmt Kant als das Akzeptable, der Vernunft kompatibel, die Leidenschaften als das zu Bekämpfende (s. Kap. III.1). „Die dem Subjekt zur Regel (Gewohnheit) dienende sinnliche Begierde heißt Neigung (inclinatio).- Die Neigung, durch welche die Vernunft verhindert wird, sie, in Ansehung einer gewissen Wahl, mit der Summe aller Neigungen zu vergleichen, ist die Leidenschaft (passio animi)." Leidenschaft ist „Krankheit" (ebd., S. 599). In der Kantischen Definition gälte Tiecks Interesse nicht den Affekten, sondern den Leidenschaften.

[165] Tieck besaß die 1792 erschienene erste deutsche Übersetzung dieses deskriptiv-psychologischen Versuches Burkes von 1757. Deutlich erkennbare Einflüsse sind in den Essays *Über das Erhabene* und *Über Shakespeare's Behandlung des Wunderbaren* nachzuweisen, vgl. allgemein die Kommentare Hölters (Hölter, *Tiecks Frühwerk*, S. 1137–1170 und S. 1225–1249).

[166] Hölter, *Tiecks Frühwerk*, S. 1150.

William Hogarths *The analysis of beauty* auf[167]. Ausdrücklich beruft er sich auf Home und Lessing, die im deutschsprachigen Raum „diese Bahn am glücklichsten betreten haben" (*ÜdE* 637), hinzuzufügen wären Engel und Mendelssohn. Die „Wirkung der schönen Künste" ist zu „zergliedern", „zu zeigen [ist], worin ihr Wesen besteht und auf welche Art sie auf die Seele wirkt" (*ÜdE* 637). Tiecks frühe psychologisch-ästhetische Perspektive zeigt sich, dem psychologisch-sensualistischen Ansatz gemäß, von Grunde auf wirkungs- bzw. rezeptionsästhetisch orientiert, exemplarisch in *Shakespeare's Behandlung des Wunderbaren* zu studieren. Zu Shakespeare bemerkt er vorab: „Denn vielleicht hat kein Dichter in seinen Kunstwerken so sehr den (...) Effekt berechnet, als Shakespeare" (*ShW* 686). Die Neugier gilt den Wirkungen auf die Seele sowie den psychologisch fundierten und ausgerichteten poetischen, sinnlichen Techniken oder „Kunstgriffen" (*ShW* 686), die Tieck schon 1793 von den modischen „Zauber-Apparaten", langweiligen „geheimnisvollen Formeln" und „leeren Theatercoups" der schlechten Schauerliteratur absetzt (*ShW* 686), zur Erzeugung dieser Wirkungen, zur Erzeugung bestimmter Seelenzustände, die mehr meinen als die Affekte. Die später eingehend betrachtete „Plötzlichkeit" wäre paradigmatisch eine solche sinnliche Technik, eine Technik, durch die „der große Dichter so unaussprechlich auf die Seelen wirkt" (*ÜdE* 639). In minutiös sensualistischer Weise wird bereits in *Shakespeare's Wunderbarem* vor allem eine Wirkung und ein Effekt zu ihrer Erzeugung ergründet: wie es dem poetischen Sprechen gelingt, „durch kühne Schläge" „innig" „bis zum Erschrecken" und „Schwindel der Seele" zu „erschüttern" (*ShW* 686), der „Terror" bzw., in der deutschen Übersetzung, „Schrecken" und, bei Tieck, „Schauder", den er freilich schon in dieser Schrift nicht mehr im Kontext des Erhabenen diskutiert, dem er bei Burke angehört, sondern eben, seine Qualität neu bestimmend, synonym dem Schwindel der Seele: „ein Schauder, den ich einen Schwindel der Seele nennen möchte" (*ShW* 712). Die Wurzel des Tieckschen Ansatzes einer Poetik ist damit die, so Karl Heinz Bohrer, mit der idealistisch-philosophischen „deutschen Ästhetik" „verlorengegangene" bzw. bekämpfte „Tradition einer sensualistisch-psychologischen Ästhetik"[168], eine „wirkungspsychologisch-anthropologische" Perspektive[169]. Eine Tradition, die der „modernen Ästhetik" konstitutiv ist, vor allem als „Ästhetik des Schreckens" und Ästhetik des *nicht*-dialektischen Unendlichen. Diese rekurriert, Karl Heinz Bohrer zeigt es exemplarisch an Baudelaire[170], wie Tieck eben nicht auf den philosophisch-teleologischen Diskurs,

---

[167] William Hogarth, *The analysis of beauty*, London 1753 (bereits 1754 ins Deutsche übersetzt unter dem Titel Zergliederung der Schönheit, die schwankenden Begriffe vom Geschmack festzusetzen ...).
[168] Karl Heinz Bohrer, *Die Kritik der Romantik*, Frankfurt a. M. 1989, S. 161.
[169] Bohrer zeigt am „Erhabenen", wie die „deutsche Ästhetik", exemplarisch Schiller, die „wirkungspsychologisch-anthropologische Begründung des Schreckens durch ein reflexives Argument außer Kurs" setzt (ebd., S. 75).
[170] Ebd., S. 72ff.

die frühromantische Reflexionsästhetik Fr. Schlegels und Novalis' nehmen diesen Rekurs konsequent vor, sondern sucht vorsätzlich eben den „Konflikt zwischen einerseits poetischer und andererseits philosophisch-wissenschaftlicher Moderne", die Opposition zum „generellen Diskurs einer unter teleologischen Vorzeichen stehenden rationalistischen Moderne"[171]. Ähnlich formuliert, wenn auch in einem anderen theoretischen Kontext, zurückgeführt und auf die Spitze getrieben, „dekonstruiert" wird der Konflikt dann als „'literarischer' Widerstand gegen eine philosophische 'System'-Konstruktion und zugleich gegen eine sozialhistorische 'Geschichts'-Rekonstruktion"[172]. Eine Opposition, in der Tieck, dem Pionier solcher quer liegenden romantischen Ästhetik, wie Bohrer an anderer Stelle ausführt, eine kapitale Rolle zukommt[173]: einer der entscheidenden Opponenten zu sein, vor allem der erste. Skizziert wird eine frühromantische Poetik Tieckscher Signatur als „Ästhetik der Plötzlichkeit" gegen die Lektüre Manfred Franks. In der Auseinandersetzung mit der Frankschen Identifikation der Tieckschen Poetik mit den poetologisch-ästhetischen Figuren Fr. Schlegels, Novalis' oder Solgers wäre der Konflikt, von dem Bohrer spricht, im weiteren modellhaft zu entfalten.

Arbeitet Tieck an den konkreten sinnlichen Techniken, die Phantasie und die Seele des Lesers zu erschüttern, bis in einen Schwindel der Seele, einen bestimmten Affekt – der mehr ist bzw. etwas anderes als ein Affekt, nämlich der Kollaps alles Affektiven, analog und simultan dem Kollaps der Phantasie –, verselbständigt sich dieses Interesse offensichtlich in merkwürdiger Weise. Raffinierte ästhetisch-teleologische und moralische Modelle wie das der Selbsterkenntnis und Katharsis, in denen die Affekterzeugung nur als ein Mittel gilt und in die die Affekte im ästhetischen Kontext überwiegend eingebunden waren – am Ende, so die Idee, sollten sie ihrer Neutralisierung, zumindest Kanalisierung dienen –, sind ohne Bedeutung. Tiecks Beschäftigungen entlaufen unversehens der konstruktiven Zucht, in der die Affekt-Spekulationen und damit die Rolle der Sinne im ästhetischen Geschehen seiner Lehrer und Vorbilder noch standen, formuliert vor allem im brieflichen Diskurs Mendelssohns, Lessings und Tiecks frühem Mentor Nicolai[174] über das Trauerspiel, die Tragödie. Selbst Nicolais Wendung, das Trauerspiel müsse nur eines, die „heftigsten Leidenschaften hervorrufen", wäre der Tieckschen Forderung der schrecklichen Zerrüttung bis zur

---

[171] Ebd., S. 7.
[172] Moon-Gyoo Choi, *Frühromantische Dekonstruktion und dekonstruktive Frühromantik: Paul de Man und Friedrich Schlegel*, in: Ästhetik und Rhetorik. Lektüren zu Paul de Man, hg. v. Karl Heinz Bohrer, Frankfurt a. M. 1993, S. 182.
[173] Umfassend entfaltet in Karl Heinz Bohrer, *Ästhetik des Schreckens. Die pessimistische Romantik und Ernst Jüngers Frühwerk*, München Wien 1978. Vgl. Kap. IV.2.
[174] Gotthold Ephraim Lessing, *Briefwechsel mit Moses Mendelssohn und Friedrich Nicolai über die Tragödie*, aus den Jahren 1756 und 1757, in: *Briefwechsel über das Trauerspiel*, hg. u. kommentiert v. Jochen Schulte-Sasse, München 1972, siehe vor allem S. 52–54, 59–60, 63–64, 66, 71–71, 75–76, 80, 88, 103.

„Der Blick der Seele in sich selber" und die Poesie 53

Ohnmacht nicht angemessen; Lessings Reduktion der Furcht auf das Mitleid wie auch andere Spekulationen sind Tieck gleichgültig. Der Affekt wird, „empfindsame" Perversion der Aufklärung, zum „Zweck" bzw. Selbstzweck, ein Ereignis, das derweil ebenso die empfindsame Konstruktion selber pervertiert, der gemäß die Affekte vernunftkonform oder gar als noch vernünftiger als die Vernunft gedacht werden, als Epistem. Ein Ereignis, das in der literarischen Praxis der massenhaften Trivialliteratur jener Zeit, den von Tieck, nicht nur dem „jungen Tieck", geliebten (wenn auch manchmal gescholtenen) „Schauer"-, „Ritter"- und „Räuberromanen" Cramers, Vulpius', Veits, Grosses oder Rambachs, an deren Produktion Tieck in diesen Jahren beteiligt ist[175], Ausdruck findet. Die Auseinandersetzung mit der exaltierten Seele, dem besonderen, in Frage stehenden Seelenzustand, dessen Bestimmung weit über das Affektive hinausgeht, annulliert grundlegend nicht nur Tiecks eigene Affektspekulationen der Jahre 1792/93, sondern grundsätzlich die Vorstellung einer systematischen, fixierbaren Affektlehre. Getroffen ist damit zugleich – folgenreich für die Poesie des Schwindels, wieder eine Moderation weniger – die universalistisch pietistische Hermeneutik Rambachs oder Franckes, deren Vorstellung von „Verstehen" darin besteht, die Worte unmöglich „einsehen und erklären" zu können, „wenn man nicht weiß, was für Affekte in seinem Gemüt damit verbunden gewesen", da diese Worte geäußert wurden; eine Vorstellung, der die moderne, romantische Hermeneutik, so Gadamer, ihre grundlegende Funktion der „subilitas applicandi" entnimmt[176]. Wesentlich ist der exaltierten Seele, wollte man affektiv

---

[175] Tieck schreibt seit 1791 für Friedrich Eberhard Rambach (vgl. Köpke, *Erinnerungen* I, S. 118; Hölter, *Tiecks Frühwerk*, S. 805, Paulin, *Tieck*, S.15), beteiligt war er u.a. an Rambachs ossianischem Schauerroman *Die eiserne Maske* und an der Räuber- und Gaunerchronik *Thaten und Feinheiten renomirter Kraft- und Kniffgenies*. Menninghaus notiert trotz Tiecks gelegentlicher Kritik an den Schauerromanen: „Andererseits rühmt Tieck ebendiese Romane wiederholt als eine seiner besten Inspirationsquellen. Und tatsächlich kann seine frühe Produktion fast ausnahmslos nach je unterschiedlichen Mischungsverhältnissen von Nähe und Distanz zum Schauerroman klassifiziert werden" (Menninghaus, *Unsinn*, S. 51). Zu Recht wendet sich Brecht scharf gegen die Marginalisierung dieser Texte als „Trivial-" und bloße „Unterhaltungsliteratur": „der vermeintliche Widerspuch zwischen literarischem Selbstbewußtsein und unterhaltender Funktion der Dichtung [stellt] ganz anders dar als meist vorausgesetzt. Es geht nicht länger an, Tiecks frühe Lohnarbeiten (...) oder vollends seine Novellistik den romantischen Schriften undialektisch entgegenzusetzen. Freilich ergeben sich Differenzierungen, aber sie realisieren sich nicht aus in unterschiedlichen Niveaus von Literarizität" (Brecht, *Die gefährliche Rede*, S. 3).

[176] Johann Jacob Rambach, *Erläuterung über seine eigenen Institutiones, Hermeneuticae Sacrae*, hg. v. Ernst Friedrich Neubauer, Gießen 1738. Caput III, De Indagatione Affectum, S. 374–378. Zitiert nach einem Auszug bei Hans-Georg Gadamer/Gerhard Boehm, *Seminar: Philosophische Hermeneutik*, Frankfurt a. M. 1977, S. 63. Vgl. allgemein Hans-Georg Gadamer, *Dekonstruktion und Hermeneutik*, in: *Philosophie und Poesie*, Stuttgart 1988, Bd. 1, S. 8 und: *Hermeneutik* II: *Wahrheit und Methode*, in: *Gesammelte Werke*, Tübingen 1986, S. 97. Zur pietistischen Hermeneutik siehe Wilhelm Dilthey, *Die*

bezeichnen, nicht ein einzelner Affekt, sondern bloß das besondere „Durcheinanderstürmen eben so mannigfaltiger Affekte" (*ÜdKSh* 656), das „Chaos" der Empfindungen: „eine wälzt sich über die andre, keine bleibt stehend und fest" (*BTW* 113). Eben dieses, das stetige, „plötzliche" Oszillieren und Changieren der Affekte, das sich bis zur Selbstvernichtung alles Affektiven potenziert, erregt erst den „sonderbaren Zustand" der Seele, der „ungeheuren Leere", jenseits der Affekte. Die besondere „Angst" und das „Grauen", das den Schwindel der Seele begleitet, sind keine Affekte mehr im alten Sinne.

Dichtung hat ihr Ideal in der „psychologischen Richtigkeit" (*ShW* 702), auch in einem direkten, stofflichen Sinn: Darin gründet sich die frühe Poetik und Poesie Tiecks. Eine Formel, die Tiecks psychologische Ästhetik zusammenfaßt. Wackenroder würdigt an Tiecks gründlich zerrissener Erzählung *Adalbert und Emma* lediglich eine Passage: „Die Idee in d. letzten Versen am Ende, ist sehr artig (...) ganz aus d. menschl. Seele geschöpft" (*BTW* 95). Die deutliche Forderung ist implizite, über das Kriterium der Kritik herrscht Konsens: die „psychologisch richtige" Beschreibung. Poetisches und, ausdrücklich theoretisch gewendet, poetologisches Postulat ist ein literarisch-psychologischer Realismus, sind „psychologische Geschichten", literarische Fallgeschichten gewissermaßen; freilich ist markant und scheinbar absurd, daß schon hier nicht etwa der *Anton Reiser*, sondern Shakespeare das Exempel ist. Die frühe Poetik bedeutet „das Motivieren und die psychologische Auseinanderwicklung" der Charaktere und der ganzen Geschichte (*BüSh* 167), die „absichtliche psychologische Schilderung" (*Schr* 6, XXV), wozu ihn Jacobi und Nicolai, für die er schreibt, ebenso anhalten. So schreibt Nicolai vor, die „Kräfte im Darstellen, Entwickeln und Motiviren" zu üben (ebd.). Eine Maxime der frühen Poetik, die bald ausdrücklich und bissig kritisiert wird. Solche Versuche, notiert Tieck dann, „hatten mir mit diesen absichtlichen psychologischen Schilderungen immer neu einen peinlichen Eindruck erregt" (*Schr* 6, XXV); eine Maxime, auf die die Poetik des Schwindels wie der *Eckbert* eine komplexe, vernichtende Ironie entfaltet. Eine psychologische Poetik noch ganz in Konvergenz mit den zeittypischen Vorstellungen, paradigmatisch eben bei Moritz oder Blanckenburg festgehalten. Blanckenburgs Desiderat zielt auf die realistische wie umfassende Darstellung der „inneren Geschichte" in den Parametern einer rationalistischen, empirisch-psychologischen, auf der Entwicklung eines strengen Kausalnexus beruhenden Narrativik, Romane vollendeten inneren Zusammenhangs, innerer Geschlossenheit und Ganzheit – alles andere ist „flache Oberfläche", auch Moritz ein zentraler Topos. Eben die erzählende Realisierung des akribischen Ursache-Wirkung-Prinzips, das alle Willkür und Unverständlichkeit der Figuren, des gesamten Erzählten wie des Erzählens selber wirksam bannen soll, das potentiell „Phan-

---

hermeneutische Lehre des Pietismus von den Affekten, in: ders., *Leben Schleiermachers*, in: *Gesammelte Schriften, Schleiermachers System als Philosophie und Theologie*, Bd. XIV, Bd. XIV/1 hg. v. Martin Redeker, Göttingen 1966 und Jean Grondin, *Einführung in die philosophische Hermeneutik*, Darmstadt 1991, S.79ff.

tastische", „Wunderbare" und Irrationale, löst die geforderte Motivierung ein – so wird dieses Ursache-Wirkung-Schema der zentrale Gegenstand der grundlegenden Kritik an der psychologischen Poetik sein, wie sie die Poetik des Schwindels als wesentlich anti-psychologische dann entfaltet. In seiner Suspension, die sich äußerst kompliziert ausnimmt und zu keiner irrationalistischen Position sich verhärtet, keimt die Narrativik des frühromantisch Wunderbaren Tieckscher Signatur. Der Dichter muß, Blanckenburg stellt die poetologische Losung mustergültig heraus, die „Verbindungen" minutiös erzählen, akribisch „motivieren", „unter welchen sie [die einer wirklichen Figur nachgeahmte fiktionale Figur] in der wirklichen Welt das geworden ist, was sie ist" [kurzerhand ist die erzählte Welt ihm dann ganz auch „wirkliche Welt"], so „daß alle (...) kleinen Züge aus ihrem Leben und aus ihrem ganzen Sein mit dem ganzen dieser Person in der genauesten Verbindung als Wirkung und Ursache stehen."[177] Die Figuren werden überhaupt erst „Leben" und „Wirklichkeit"[178], wenn sie sich in der narrativ eingehaltenen Ursache-Wirkung-Relation konzentrieren, erster Grundsatz der psychologischen Poetik. Solche Wirklichkeit verlangt dann wie jede Wirklichkeit das Prädikat des Sogenannten als Eingedenken ihre konstruktiven Charakters. Wirklichkeit ist dabei aufklärerisch impliziert als die Dimension, die, potentiell, restlos nach diesem Prinzip funktioniert, Figuren, Geschichten, die dem nicht gehorchten, wären sodann irreal-märchenhaft. „Psychologisch richtig" zu zeichnen und zu motivieren meint für Tieck, im Sinne Moritz', etwas ganz Bestimmtes: die „Entdeckung" des „Zusammenhangs" eines Lebens als „wirklichem Lebenslauf" bzw. die Rekonstruktion der psychologischen Genese des „Innersten", die, wie vermittelt auch immer, Konstruktion eines Kausalnexus ist, sowie die Entdeckung der dafür notwendigen festen hermeneutischen „Gesichtspunkte". Der unter bestimmten Kriterien hergestellte Zusammenhang bedeutet nicht nur ein Verstehen, sondern, grundlegender, die Bedingung der Möglichkeit eines Verstehens, der Möglichkeit, das scheinbar Disparate, Widersprüchliche und Zerrissene in eine Harmonie überführen zu können. Die ideale psychologische Praxis wird unmittelbar in eine Poetik, in ein Modell poetischer Produktion transformiert.

Frühe literarische Arbeiten Tiecks, sicherlich nicht mehr der *Lovell*, bei dem es sich ungleich komplizierter verhält, und auch noch einige der *Straußfedern*-Geschichten sind erklärtermaßen vornehmlich, als Ganzes wie in einzelnen Teilen und Figuren, Versuche solcher psychologischer Geschichten. Gleichwohl sind schon diese anders gestaltet als z.B. der *Anton Reiser*. Achim Hölter, intimer Kenner der frühen Arbeiten, resümiert: „Spätestens seit Beginn des Studiums schrieb Tieck seine fiktionalen Arbeiten gewissermaßen als Experimente auf die Affektlehre und Erfahrungsseelenkunde, als praktische Anwendung eigener Theorien und eigener Versuche, die Lehren Moritz', Homes, Sulzers

---

[177] Blanckenburg, *Versuch über den Roman*, S. 76.
[178] Ebd.

u. v. a. zu ergründen, weiterzudenken oder auch zu schematisieren"[179]. Indes ist in dieser Formulierung die Bedeutung der Psychologie für Tiecks frühe Poetik/Poesie nicht erfaßt. So war die 1796 in die *Straußfedern* eingefügte „psychologische Geschichte" *Die beiden merkwürdigsten Tage aus Siegmunds Leben* ursprünglich als ein Beitrag für Moritz' *Magazin* entworfen worden[180]. Tieck bittet im Vorwort der *Straußfedern* 1796, dem Jahr, in dem auch der *Eckbert* entsteht, „den Leser wegen der Weitläufigkeit um Verzeihung; diese Geschichte war für das *Magazin zur Erfahrungsseelenkunde* bestimmt; und daher waren alle Erscheinungen der Seele wichtig und bemerkenswert" (*DüD* I 82). Auch seine Kritik an den von Rambach vorgenommenen Kürzungen bei der Publikation seiner 1792 entstandenen Erzählung *Adalbert und Emma*, zunächst *Das grüne Band* tituliert, zeigt die psychologische Absicht: „'Das grüne Band' ward einem befreundeten Herausgeber verschiedener Geschichten im Ton der Vorzeit [Tieck meint seine eigene frühe Dichtungsart] auf dessen Begehren eingesendet. Er fand es für gut, diese Geschichte durch Wegschneiden jener psychologischen Motive abzukürzen, welche (...) den Verfasser eigentlich bewogen, sie niederzuschreiben" (*Schr* 6, X). Immer wieder werden dieselben seelischen Phänomene variiert: „So betreibt Tieck im Frühwerk psychologische Kasuistik als Zusammensetzspiel; dieselben Konstellationen werden individuell immer neu kombiniert"[181], wobei die psychologische mens auctoris auch in Hinsicht auf diese frühen Werke nicht garantiert, daß diese programmatisch psychologischen Geschichten in ihren psychologischen Vorsätzen aufgehen.

Literatur, psychologische Literatur, ist dem jungen Tieck eingefügt in das große delphische Unternehmen der Möglichkeit der „vermehrten Seelenkenntnis", selber Organ dieses illuminativen Unternehmens und zwar ein ganz ausgezeichnetes. Poesie ist es, die den erfahrungsseelenkundlichen Anspruch, „die Seele gleichsam vor uns auf[zu]schließen und uns das ganze verborgene Triebwerk sehen [zu]lassen", erfüllen soll. Psychologie und Kunst stehen in einem Verhältnis wechselseitiger Erhellung: Dichtung bedarf fundierter psychologischer Kenntnisse, und psychologisch richtig gezeichnete Dichtung erlaubt Einblicke in das „verworrenen Gewebe" der Seele. Die große Literatur, die sich einem genialen psychologischen Instinkt verdankt, der fähig ist, die „Natur" im Innersten zu belauschen, zuletzt, Tieck macht es bald explizite, die „Natur der Sprache", die die „Sache" erst schafft, ist selber bereits psychologische Studie

---

[179] Hölter, *Tiecks Frühwerk*, S 911.
[180] Zu datieren ist die Entstehung dieser Geschichte – zumindest in einer ersten Fassung – dann auch nicht auf die Jahre 1795/96, sondern bereits auf die Jahre 1792 oder 1793, den letzten Jahren, in denen das *Magazin* erschien.
[181] Hölter, *Tiecks Frühwerk*, S. 921. Auch einzelne Personen der Geschichten figurieren für erfahrungsseelenkundliche Phänomene, „Emmas Melancholie ist nicht nur aus pathologischen Charakterbildern der Tradition und Shakespeares konstruiert, sondern basiert auch auf der vorwissenschaftlichen, empirisch ausgerichteten Materialsammlung von Fällen, die Karl Philipp Moritz' 'Magazin zur Erfahrungsseelenkunde' bot" (ebd., S. 922).

und Hermeneutik und damit mögliches oder gar bevorzugtes Objekt der psychologischen Erkenntnisbemühung. Eine radikale Verbindung von Psychologie und Poesie. Tiecks Shakespeare-Studien, so die frühe Auseinandersetzung mit *Shakespeare's Behandlung des Wunderbaren im Sturm*, arbeiten dieses heraus: Die Geheimnisse der Seele, sonst „Verborgenes", werden in der Poesie studierbar. Poesie avanciert zur konzentrierten, destillierten Wirklichkeit, zuweilen ist sie, handelt es sich um große Literatur, die das Innerste der Seele extrahiert, das bessere Mittel zur Seelenkenntnis als die Empirie. Im Ansatz konvergiert Tiecks Vorgehen noch mit einer Überlegung Moritz'; in einem Katalog hervorragender Studienobjekte des Seelischen heißt es: „Charaktere und Gesinnungen aus vorzüglich guten Romanen und dramatischen Stücken, wie die Shakespeareschen, welche ein Beitrag zur inneren Geschichte des Menschen sind."[182] Freilich galt für Moritz zumindest theoretisch noch eine andere Priorität: Zu studieren sind „vorzüglich aber Beobachtungen aus der wirklichen Welt, deren eine einzige oft mehr praktischen Wert hat, als tausend aus Büchern geschöpfte."[183] In *Shakespeare's Wunderbares* formuliert Tieck schon – das ist signifikant – die Umkehrung: In der Literatur, die zudem nicht mehr als Nachahmung begriffen wird, ist die Seele wahrhaftiger zu erkennen. Gewiß beschäftigen Tieck dennoch auch „Beobachtungen aus der wirklichen Welt", wie gleich in den erfahrungsseelenkundlichen Erörterungen der Phänomene der exaltierten Seele zu sehen ist. Psychologisch richtige Dichtung wirkt psychologisch aufklärerisch; durch ihre Zeichnungen des Seelischen erkennt der Rezipient sein eigenes Seelisches, sich selber, wieder. Das Interesse an aller Dichtung findet sich in dieser Pointierung ganz um das Psychologische der Seelenkenntnis zentriert, Literatur als funktionierende, psychologische „Entschleierung", ihre Rezeption als „Selbstentschleierung" – Wirkung des *Eckbert* soll dann allerdings mitnichten solche Selbsterkenntnis, sondern der Wahnsinn sein. In psychologisch richtig gezeichneter Literatur „findet" der Leser zu den „Bildern, Charakteren und Seelenerscheinungen Analogien in [sich] selbst" (*ÜdE* 638). Wenn diese zunächst „in der alltäglichen Welt aus der Ferne fremd und keine Ähnlichkeit mit uns selbst zu haben scheinen" (*ÜdE* 639), so gelingt es der Dichtung, daß wir uns in diesen „fremden Gestalten", im bisher „Verborgenen", „Fremden" und „Unbegreiflichen" selbst erkennen. Eine Wiederaneignung von verlorenem Eigenen, das noch kein Eigenes war. In nuce eine Paraphrase des psychologischen Projekts, das in seinen Formulierungen mithin dieses Verborgene und Fremde, selber Metaphern, erst schafft. Skizziert wird ein funktionierendes, hermeneutisch zu fassendes Modell, von Moritz expliziert und von ihm übernommen, Freud und die Versuche, ihn hermeneutisch zu reformulieren, so Ricoeur oder Lorenzer, vorwegnehmend. Modelle, die ihr Dementi im *Eckbert* oder auch in der Märchenarabeske *Die sieben Weiber des Blaubarts* finden (zum *Blaubart*, seiner

---

[182] Moritz, *Aussichten*, S. 90.
[183] Ebd.

Funktion in einem solchen Kontext siehe Menninghaus' brillante Studie). Das „fürchterlich Wunderbare" der Poesie des Schwindels ist Eigenes und zugleich Fremdes, bleibt aber „völlig Unbegreifliches" und verwickelt das Subjekt bei dem geforderten Versuch, es sich ganz eigen zu machen, in eine seltsame „Vernichtung".

2.4 Moritz' psychologisch-literarische Hermeneutik. Die „Auflösung der Dissonanzen" in Leben und Text

Eine drängende Verbindung von Psychologie und Literatur in der von Tieck zunächst adaptierten und selber vorangetriebenen Konzeption Moritz' ist neben der von Psychologie und Poetik, die die psychologische Literatur modelliert, die einer besonderen Methodik des psychologischen und literarischen Verstehens von „unbegreiflich Scheinendem" im literarischen „Text" und „Leben" – die Verbindung psychologisch-literarischer Hermeneutik. Von Beginn an zentriert sich Tiecks poetologisches, poetisches Interesse, wie Brecht notiert, um die, noch zu behandelnde, „Frage nach der Beziehung zwischem poetischem Werk und dem individuellen Leben"[184], nach den „seltsam verschlungenen Beziehungen" zwischen Leben und Sprache[185]. Freilich wird diese psychologisch-literarische Hermeneutik von Moritz nur unsystematisch, fragmentarisch und nicht unter dem Titel Hermeneutik formuliert, bisher auch nicht als solche rekonstruiert, obgleich sie seinen Schriften zentral ist. Deutlich, wenn auch entscheidend gebrochen, rekurriert Moritz auf die (alles) umfassende Universalhermeneutik des Rationalismus. Sowohl die psychologische wie die ins Literarische transferierte Hermeneutik sind Ausformungen einer hermeneutischen Idee, die ganz universell, (popular-)philosophisch gedacht wird und sogar, modifiziert, Moritz' Autonomieästhetik begründet. Diese Verbindung von Psychologie und – eben nicht mehr nur psychologischer – Hermeneutik wie die von Psychologie und Poetik korrelieren wesentlich als die beide Pole desselben Unterfangens, so daß Tiecks Poetik des Schwindels mithin militant antihermeneutische Poetik ist, das Postulat der psychologischen Poetik läuft daher im folgenden Abschnitt parallel immer mit. Literatur, wie sie Moritz und der junge Tieck entwerfen, ist selber schon Hermeneutik, psychologische Literatur gemäß einer psychologischen Poetik selber schon psychologische Hermeneutik. Beim Schreiben wird das chaotische, fiktive oder reale Material der irrational, kontingent oder gar pathologisch scheinenden Ereignisse eines Lebens, eines einzelnen, schon geordnet gemäß einem bestimmten Muster, einer bestimmten Poetik, konkret: in eine psychologische Kohärenz gebracht. Erfahrungsseelen-

---

[184] Brecht, *Die gefährliche Rede*, S. 206.
[185] Ebd.

kunde, wie Moritz sie entwirft, gilt Tieck von Beginn an als ein Paradigma der Hermeneutik. Im *Magazin* verdichten sich die neuen Figuren eines neuen Selbstverständnisses des Subjekts, die noch im *Eckbert* wortwörtlich zitiert werden. Sie konkret sind es, die die Rekonstruktion eines Lebens als „Zusammenhängende[s]" und „Begreifliche[s] erlauben, emanzipiert gegenüber den Begriffen des Schicksals, der Krankheit oder des Märchens. Die psychologische Hermeneutik, von Moritz schon als „tiefenpsychologische" supplementiert durch eine „unbewußte" (Moritz) Dimension, erlaubt *zu verstehen*, Leben und den einzelnen als Begriffliches zu erfassen und gehorcht der „kleinlichsten Ökonomie" (*BüSh* 153f.) der die Zusammenhänge herstellenden, reduzierenden Vernunft, die – eine ungeheuerliche Inversion von Moritzschen Gedanken – Tieck in den Verdacht stellt, nicht das Leben zu fördern, sondern Ökonomie zum Tode zu sein. Nicht „Lebenstrieb", sondern „Trieb nach dem Tode", so Moritz' noch zergliederte Terminologie; dieser Vernunft gälte dann zunächst der Schwindel. In der Engführung von Seele und Poesie, Ästhetik und Psychologie wird das psychologische Verstehen modellhaft literarisches Verstehen. Psychologische Hermeneutik, auf die Tiecks noch auszuführender literarischer „Krieg" (*BüSh* 158) zunächst zielen wird, ist dabei allgemein ein Paradigma der Anstrengungen des Verstehens überhaupt, diese wiederum nur Symptom einer universellen Tendenz der Identifikation im Denken wie in der historischen Praxis generell. Sie ist die historisch mächtige, konkrete Gestalt der Hermeneutik, der der Widerstand zuerst gilt. Hier ist folglich die größte Schärfe des Widerstandes zu erfahren, eines Widerstandes gegen das ganze Projekt der neuen „psychologischen Wahrheit des Menschen". Freilich ist sie der Poesie und Poetik des Schwindels dann nur ein Aspekt.

Das Modell der psychologischen Hermeneutik Moritz' ist punktuell zu erörtern. Erörtert wird damit eine entscheidende Folie, das Spezifische des zu ertastenden Konstrukts der Poetik und Poesie des Schwindels erfassen zu können, deren Virulenz indessen über das (Anti-)Psychologische hinausgeht. Zentrum der Moritzschen Hermeneutik, die er mit aller Gewalt verfolgt, die aber nie funktioniert und ihn zu immer bizarreren und auch martialeren Anstrengungen zwingt, ist die „Auflösung der Disharmonien", der historische Ort zeigt sich in der Wendung deutlich, der Impetus entspricht der Theodizee. Eine „Auflösung" durch das Finden bzw. die Bildung des rechten „Gesichtspunkts", der die Disharmonien in einen harmonischen, lückenlosen und begreiflichen Zusammenhang beseitigen könnte. Manisch bewegt ist Moritz' Anstrengung gegen die Disharmonien durch einen Blick, der, wie kein anderer Ende des 18. Jahrhunderts ganz bewußt vorbehaltlos von der Betrachtung der „Widersprüche von außen und innen" – das sei bisher sein „ganzes Leben" gewesen, heißt es vom armen Anton Reiser[186] –, der „Unordnung und Verwirrung", dem „Schiefen und Verkehrten", den „Disharmonien" beherrscht wird. Faktisch „scheint" die „Welt"

---

[186] Moritz, *Anton Reiser*, S. 313.

überall aus ihnen zu bestehen. „Wahre Aufklärung" „muß sich äußerst hüten (...) muß in keine idealische", sondern in die „wirkliche Welt immer tiefer einzudringen suchen"[187]. So werden die Disharmonien akribisch notiert, Disharmonien im Sozialen, von Moritz vehement angeklagt, im einzelnen und seinem Innersten, im Leben überhaupt, aber auch in der Natur wie im Denken und Verstehen der Welt. Rationalistisches Axiom der Bemühung um ihre „Auflösung" ist dabei, daß die Dissonanzen nur in der falschen Interpretation, in der Anwendung des falschen Gesichtspunktes liegen, es dem Menschen, und nicht nur Gott wie zuvor, aber möglich ist, den „richtigen" zu entdecken. Die Dissonanzen liegen nur im Verstehen. Moritz freilich durchbricht sein eigenes Axiom unablässig, allgemein fällt er auf seine raffiniert ersonnenen theoretischen Tricks nie selber herein. Dennoch: Die Überführung von Unzusammenhängendem und „Abgerißnem" in einen Zusammenhang, von Unverständlichem, das die kranke, wahnsinnige Seele drastisch darstellt, in Verständliches, ist das Telos dieser Hermeneutik, des ganzen erfahrungsseelenkundlichen Unterfangens. Die Illumination des Dunklen im Innersten. „Innere Geschichte" oder „wirklicher Lebenslauf" sind einzelne operationelle Kategorien dieser psychologisch-literarischen Hermeneutik, die gesuchten Gesichtspunkte, um Leben, Seele und Selbst zum „verständigen Zusammenhang" zu modellieren, die Mikroskopie, alles noch umfassend erläutert, ihr spezielles Verfahren. Diese Kategorien sind es, die der *Eckbert* wortwörtlich noch zitiert, um sie feinsinnig wie gewalttätig zu montieren und zu demontieren, wahrlich zu dekonstruieren, und im „wanen", d.h. leeren Sinn (= Wahnsinn[188]) des Schwindels enden zu lassen. Die Hermeneutik der „Auflösung der Disharmonien" führt Moritz selber aus den aufklärerischen Koordinaten heraus und transformiert sie in Entsprechung zur Konzeption seiner radikalen Autonomieästhetik des „in sich selbst Vollendeten" als ästhetischen Lösungsversuch, sie bleibt dabei aber emphatisch Auflösung der Disharmonien. Letztlich spitzt sie sich in der Konzeption der ungeheuren „Thatkraft" zu, die zusammenfällt mit dem Innersten im Menschen, dem „unpersönlichen es", spitzt sich zu in der Auflösung der Hermeneutik selbst. Spitzt sich zu in immer gewaltsameren Zusammenhang-Konstrukten, der Konzeption eines hermetisch-vitalistischen, vollends affirmierten und verabsolutierten Natur-Zusammenhangs als sinnvoll-sinnlose endlose Bewegungen des „Bildens" und vor allem des „Zerstörens", indifferent gegenüber allem Sinn[189]. Moritz, der Aufklärer, ist

---

[187] Moritz, *Aussichten*, S. 94.
[188] Vgl. Kluges *Etymologisches Wörterbuch*, S. 773 (das alt- und mittelhochdeutsche Adjektiv „wan" bedeutete: „leer, unvollständig, mangelhaft").
[189] Siehe Jörg Bong, *„Die Auflösung der Disharmonien". Zur Vermittlung von Gesellschaft, Natur und Ästhetik in den Schriften Karl Philipp Moritz'*, Frankfurt a. M. 1993. Wie von der gesamten Forschung herausgearbeitet wurde, spielt der doppeldeutige Begriff des „Gesichtspunktes" im Moritzschen Denken eine zentrale Rolle (am ausführlichsten von Claudia Kestenholz behandelt (*Die Sicht der Dinge. Metaphorische Visualität und*

hier, im Festhalten an der Vorstellung eines alle Disharmonien auflösenden Zusammenhangs, im Festhalten am Begreifen – das ihn zu immer martialeren Konstruktionen führt – „irrationalistischer", „gegenaufklärerischer" als der „Romantiker" Tieck, der zu keiner Affirmation irgendeiner Positivität kommt, sondern mutwillig alle Zusammenhang-Konstrukte bekriegt, alles historische Begreifen und so die aufklärerische Skepsis verschärft, freilich nur solange, wie das „Unbegreifliche" nicht kultisch hypostasiert wird. Wiederum Durchkreuzungen der approbierten Bestimmungen. Die Hermeneutik der „Auflösung der Disharmonien", die das Modell des psychologischen und übertragenen literarischen Verstehens begründet, bildet eine ganze Reihe von für die moderne Hermeneutik grundlegenden Axiomen aus. Moritz gerät so, vollends unbeachtet, zum Mittler und Katalysator. Sein Entwurf ist dabei selber ein transformativer Rekurs auf eine durch die Zäsur Schleiermachers und die transzendentale, dialektische Fundierung der Hermeneutik fast vergessene rationalistische Universalhermeneutik bzw. Universalsemiotik Georg Friedrich Meiers in der Nachfolge Leibniz', eine hermeneutische, wenn auch abgewandelte Reformulierung der Theodizee, Affirmation der natürlich-vernünftigen Welt-Ordnung[190]. Im Terminus des „rechten Sehepunkts" Meiers ist Moritz' „Gesichtspunkt" wiederzuerkennen. Jedes einzelne Moment der Welt, nicht nur der Text, jedes „Zeichen" („signum" oder „character", eben auch „nathürliche Zeichen") wird in der „allgemeinen Auslegekunst" im weiteren Sinne, „hermeneutica significatu latiori"[191], die in einer allgemeinen Zeichenlehre oder Semiotik fundiert ist, in den universalen „Zusammenhang" aller Zeichen, wie ihn der göttlichen Urheber aller Zeichen wollte, (re-)integriert und so in ihrer Bedeutung begriffen. Ausgeführt ist mit dieser Zeichenlehre Leibniz' „characteristica universalis", ihm allerdings war der Zusammenhang (der „bezeichneten Sachen mit ihren Zeichen"[192])

Subjektivitätsideal im Werk K. Ph. Moritz, München 1987, vor allem S. 52–78), die indes nicht den hermeneutischen Rekurs, die hermeneutische Dimension erörtert.

[190] Georg Friedrich Meier, exponiert in dem *Versuch einer allgemeinen Auslegekunst* Halle 1757 (Neudr. mit einer Einleitung von L. Geldsetzer, Düsseldorf 1965). Zum Unternehmen der rationalistischen Universalhermeneutik Meiers siehe M. Beetz, *Nachgeholte Hermeneutik. Zum Verhältnis von Interpretations- und Logiklehren in Barock und Aufklärung*, in: *Deutsche Vierteljahresschrift für Literaturwissenschaft und Geistesgeschichte* 55, 1981, S. 591–628. Siehe ebenso Jean Grondin (*Hermeneutik*), der die durch die Konzentration auf die romantische Begründung der Hermeneutik (von ihm absichtlich) vergessenen Entwürfe Meiers in Erinnerung ruft (ebd., S. 75ff.), der „Übergang von der Aufklärung zur Romantik ist zunächst durch eine große Diskontinuität gekennzeichnet" (ebd., S. 83).

[191] Ebd., S. 74. „Die Auslegekunst im weitern Verstande (hermeneutica significatu latiori) ist die Wissenschaft der Regeln, durch deren Beobachtung die Bedeutungen aus ihren Zeichen können erkannt werden; die Auslegekunst im engern Verstande (hermeneutica significatu strictori) ist die Wissenschaft der Regeln, die man beachten muß, wenn man den Sinn aus der Rede erkennen, und denselben andern vortragen will" (ebd.).

[192] Meier, *Versuch*, § 9.

scheinbar so evident, daß es noch keiner besonderen Hermeneutik bedurfte[193]. Verstehen meint das Einordnen in einen optimalen Zeichenzusammenhang: „In dieser Welt ist, weil sie die beste ist, der allergrößte allgemeine bezeichnende Zusammenhang, der in einer Welt möglich ist."[194] Gesucht wird nach dem richtigen „Sehepunkte", einem universalen Perspektivismus, der die universale Kohärenz freigibt. Moritz aber gelingt nirgends ein solcher universaler Perspektivismus, er bricht fundamental und ganz modern mit dem rationalistischen Optimismus dieser Hermeneutik wie mit ihrer philosophischen, auch epistemologischen Begründung – würde man seine diffusen philosophischen Grundlagen extrapolieren. Geht die Fähigkeit verloren, den Zusammenhang der perspektivierten Zeichen herzustellen, die alle nur Dissonanz anzeigen, die Fähigkeit, sie zurückzuführen bis zu einem zentralen, allen Sinn konstituierenden Zeichen (Gott, das Absolute), ist die Hermeneutik – deren Desiderat jetzt erst wirklich existentiell wird – gefordert, neue Theorien und Methoden des Sinns zu finden. Jeder Sinn fehlt: Das ist die „moderne" Semantik von Sinn. Moritz nun reagiert hierauf mit seinen hermeneutischen Anstrengungen in den Paradigmen der Popularphilosophie, Psychologie und Literatur bzw. Ästhetik: alles Versuche der Ausbildung neuer Sinntheorien und -praktiken, neuer Modelle der (Selbst-)Erkenntnis. Verständnis und Sinn dürfen im Bruch mit der rationalistischen Garantie nicht zergehen, sondern müssen in der intrikaten neuen Situation um so sicherer fundiert werden. Die unentwegte Rede vom Sinn[195] erwächst seinem zugespitzten Zerfall als selbstverständlicher. In philosophischer bzw. epistemologischer Hinsicht scheitert die rationalistische Universalhermeneutik durch die rationalitätskritische Transzendentalreflexion Kants, Ausgangspunkt der philosophisch-frühromantischen Reflexionen Fr. Schlegels, Novalis' oder Fichtes, was in der „transzendentalen Wende in der Hermeneutik" (Frank[196]) bei Schleiermacher dann konsequent nachvollzogen wird. Die transzendentale Beschei-

---

[193] „Nichts ist ja rationaler als eine Welt, in der alles auf ein anderes als Grund seiner selbst hindeutet, welcher Grund wiederum ein Zeichen ist, das auf ein anderes verweist, und so fort bis hin zum weisen Urheber aller Zeichen. Die Universalität der Hermeneutik scheint mit der der universalen Charakteristik oder Semiotik Hand in Hand zu gehen. Leibniz' Universalgenie war der Ausdruck hermeneutica freilich bekannt, aber er scheint ihn selber nicht in einer so umfassenden Bedeutung genommen zu haben. Vermutlich war ihm der universale Zeichenzusammenhang so durchsichtig, daß eine spezielle hermeneutische Kunst überflüssig erscheinen mußte" (Grondin, *Hermeneutik*, S. 78).

[194] Meier, *Versuch,* § 35.

[195] „Sinn" und „Bedeutung" werden noch nicht differenziert im Sinne des „rein formalen, wahrheitstranszendenten Sinns" und der „referenz- bzw. wahrheitsgebundener Bedeutung". „In der Sprache um 1800 dagegen und im System der Hermeneutik (...) ist weder 'Bedeutung' auf Gegenständlichkeit und Wahrheit festgelegt noch Sinn von jeder Objektivität getrennt. Beide werden vielmehr weitgehend synonym verwendet, und zwar sowohl für Phänomene sprachlicher wie nichtsprachlicher Natur." (Menninghaus, *Unsinn,* S. 20f.)

[196] Manfred Frank, *Einleitung zu Schleiermacher,* in: Friedrich Daniel Ernst Schleiermacher, *Hermeneutik und Kritik,* hg. v. Manfred Frank, Frankfurt a. M. 1977, S. 7.

dung der Erkenntnis erzwingt förmlich den mit der Frühromantik einsetzenden Boom der nun in der Kritik der subjektiven Bedingungen des Verstehens gegründeten modernen akademischen Hermeneutik[197], die in nuce bereits von Kant selber im Entwurf seiner vom Verstande niemals ausbuchstabierbaren „ästhetischen Idee" grundgelegt wird. In ihren dialektischen Versionen verliert sie indes schnell wieder alle Bescheidung und entwickelt eine bis dahin unbekannte Hybris.

Zu skizzieren ist die Hermeneutik der „Auflösung der Disharmonien" als psychologisch-literarische an den kurzen, vollends ins Projekt der Erfahrungsseelenkunde eingebundenen, theoretisch-programmatischen Äußerungen des *Antons Reisers*, der als literarisches Werk allerdings selber bloß deren angestrengtes Scheitern vollzieht. Diese theoretischen Einschübe, freilich ein Moment des literarischen Geschehens des Romans und somit keinesfalls diskursive Auskünfte über ihn, exponieren prägnant die Begründung der Poetik des „psychologischen Romans", der dann selber psychologische Hermeneutik sein soll. Damit wird präzise die ironisierte und d.h. zersetzte Folie der „erzählenden Märchen", paradigmatisch des *Eckberts*, zum Gegenstand: die psychologischen Geschichten. Hier wird die letztliche Konvergenz von psychologischer und literarischer Hermeneutik noch einmal material. Das Leben scheint „nichts als Zwecklosigkeit, abgerißne Fäden, Verwirrung, Nacht und Dunkelheit" zu sein, „Untereinandergeworfene[s] und Verwirrte[s]" – man „glaubt" es indes nur[198] –, „Widerspruch von außen und von innen war bis dahin sein ganzes Leben"[199], heißt es im *Reiser*. An anderer Stelle: „Hier wäre Mangel an Zusammenhang, Verwirrung und Unordnung"[200].

Je mehr man den scheinbaren „Mangel an Zusammenhang", die „Verwirrung und Unordnung" unter den erfahrungsseelenkundlichen Gesichtspunkten per-

---

[197] Die Universalhermeneutik zerschellt an der als Konsequenz der Kantischen „transzendentalen Besinnung" formulierten Unterscheidung von „Erscheinungen" und „Ding an sich", das der Vernunft nicht mehr zugänglich ist. Schleiermachers Hermeneutik als „Kunstlehre des Verstehens" (Grondin, *Hermeneutik*, S. 85) vollzieht die transzendentale Wende, die Analyse der subjektiven Bedingungen der Möglichkeit von Erkenntnis der Welt, die diese, die Welt, wie sie sich dann darstellt, prädominieren. „Zur Voraussetzung hat sie aber den Bruch mit dem problemlosen, rein rationalen Weltzugang" (ebd., S. 85), den Dannhauser, Spinoza, Chladenius und Meier voraussetzten. „Die Welt der Dinge an sich entschwindet nunmehr in lauter Unerkennbarkeit. In dieser Unterscheidung von Phänomen und Ding an sich liegt eine der geheimen Wurzeln der Romantik und des Aufschwunges, der der Hermeneutik seitdem widerfahren ist. Wenn jeder Zugang zur Welt, und in unserem Fall zum Text, über eine subjektive Deutung oder Ansicht erfolgt, muß die prinzipiell sein wollende philosophische Besinnung bei diesem Subjekt ansetzen. Auf seiner Ebene wird beispielsweise die Frage zu stellen sein, wie und ob Objektivität in wissenschaftlichen sive hermeneutischen Belangen zu erlangen ist" (ebd., S. 84f.).
[198] Moritz, *Reiser*, S. 120.
[199] Ebd., S. 313.
[200] Karl Philipp Moritz, *Der Trost des Zweiflers*, in: ders., *Schriften zur Ästhetik und Poetik*, hg. v. Hans Joachim Schrimpf, Tübingen 1962, S. 44.

spektiviert, „desto mehr verschwindet die Dunkelheit, die Zwecklosigkeit verliert sich allmählich, die abgerißnen Fäden knüpfen sich wieder an, das Untereinandergeworfene und Verwirrte ordnet sich – und das Mißtönende löset sich unvermerkt in Harmonie und Wohlklang auf"[201], zumindest, ist es verstanden, löst es sich in die reflexive Identität des sich Reflektierenden auf. Unvermerkt „aufgelöst" wird so das Unverständliche, die „Zwecklosigkeit", die „Verwirrung, Nacht und Dunkelheit" im Leben des einzelnen sowie, streng parallel geführt, im literarischen Text. Auch Eckberts Leben, das ihm wie dem Leser „mehr wie ein seltsames Märchen, als wie ein wirklicher Lebenslauf erschien" (*Eckb* 143), und überhaupt der ganze *Eckbert*-Text, der die zentralen Termini ausdrücklich zitiert, beides „Mangel an Zusammenhang", „abgerißne Fäden" und „Mißtönendes", löste sich, wäre es eine solche psychologische Geschichte, beherrschte das Lesen die explizierte Hermeneutik, „unvermerkt in Harmonie und Wohlklang auf". Am Ende muß der sich umfassend die Zwecklosigkeit, abgerißnen Fäden und Verwirrung reflektierende Blick eine feste Kohärenz erkennen lassen: „Es kömmt darauf an, wie diese Widersprüche sich lösen werden."[202] Nicht nur, daß das beschädigte, sich selbst unbegreifliche Subjekt sich gerade in seinen dunkelsten Momenten durchsichtig wird, Selbstverständnis, Identität erlangt, wenn auch in seiner Beschädigung. Es soll eine ideale teleologische Betrachtung gelingen: Sinn, Zweck. Im *Reiser* allerdings wird schon Seite für Seite die Auflösung in „Harmonie und Wohlklang" dementiert, dafür immer mehr Zufall und Unglück, „abgerißne Fäden" hinzugefügt; kein positiver Sinn ergibt sich[203]. Der Plan scheitert so deutlich, daß zu fragen wäre, ob das bisher immer diskursiv ausgelegte Programm selber nicht restlos Moment eines dann freilich ganz heimtückischen literarischen Verfahrens wäre. In den *Aussichten* formuliert Moritz mit Prägnanz, was den Gedanken der Perspektivierung von Anfang an motiviert: „Nun wird aber dasjenige in der Nebeneinanderstellung oft zur Harmonie, was einzeln genommen mißtönen würde"[204]. Das „Gan-

---

[201] Moritz, *Reiser*, S. 120.
[202] Ebd., S. 313.
[203] Der Roman selber, seine Entwicklung und seine Figur und auch das Erzählen gelangen zu keiner „Auflösung" der „Widersprüche von innen und außen" in „Harmonie und Wohlklang", keiner der angespielten „Gesichtspunkte", viefältigte Psychologeme bzw. Figuren erfahrungsseelenkundlichen Verstehens (vgl. Kap. V.4), funktioniert. Nicht nur die Figur scheitert, das Programm selber, der psychologisch-biographische Roman mit diesem Programm scheitert im Augenblick seiner Konstitution. Impliziert ist das Scheitern dabei im eigenen programmatischen Postulat der Verpflichtung auf die „Wirklichkeit" (Moritz, *Aussichten*, S. 94) – eine Paradoxie, die Tieck weiterspinnt (vgl. Kap. V.4) –, das gegenüber dem teleologischen des „kalten Seelenbeobachters" Priorität hat: Nichts darf eskamotiert, tabuisiert, verleugnet, in Euphemismen dargestellt werden. Die programmkonforme extensive und ungeschminkte Aufzeichnung der „Zufälle", „Widersprüche" und des „Mangels an Zusammenhang" verhindert das Erreichen des „wirklichen Lebenslaufes".
[204] Moritz, *Aussichten*, S. 93.

ze" vor Augen erklärt sich der Sinn des Unsinnigen, Wahnsinnigen, des wilden „unentwegten Werden und Zergehen" des Lebens, so die Supposition: „Kindheit, Jugend, Alter, Tod, Verwesung, Wiederhervorgehen aus dem Grabe, das alles, wie Licht und Schatten neben einander gestellt, mit einem Blick zu umfassen, welch ein wunderbartröstender Gedanke!"[205] Zugleich wird die Anwendung des rechten Gesichtspunkts in den popularphilosphischen Schriften schon als Tröstung verhöhnt, er soll kompensieren und rationalisieren. Die zerrissene, Leiden verursachende Realität des „Mangels an Zusammenhang" wird durch einen einfachen Wechsel der Perspektive versöhnt, die Realität bleibt unverändert. Wortwörtlich, nicht erst in Ableitungen oder nur ähnlichen Begriffen finden sich die entscheidenden Termini des skizzierten psychologisch-literarischen Verstehensprojekts bei Tieck wieder, zunächst in den ganz frühen Schriften als positive, dann in einer intransingenten Kritik und in poetisch-ironischer Zersetzung.

„Zweck und Zusammenhang", „Festes und Begründetes", „historischer Zusammenhang", „Bedeutung" „im ganzen Menschenleben", alles nun Tiecksche Begriffe, sind, so kritisiert es eine Stimme in der „Märchen-Arabeske"[206] *Die sieben Weiber des Blaubart*, poetisch, d.h., im psychologischen, motivierenden Erzählen, das selber psychologische Hermeneutik ist, in einen „Lebenslauf hineinzubringen" (*Bb* 193). Die „psychologische Wahrheit des Menschen" (Foucault), von der Sprache disponiert. Anders: Die kunstvoll kohärente literarisch-ästhetische Konstruktion, die „poetische Composition" (*Bb* 193) als besondere sprachliche „Composition", die durchaus herzustellen ist, suggeriert, konstituiert die Realität einer „poetischen Composition" des Lebens. „Zweck und Zusammenhang" werden im motivierenden Erzählen erst in den Lebenslauf hineingebracht, der „wirkliche Lebenslauf", der mit „Sinn und Zweck" als potentiell begreiflicher, im Erzählen und nur hier Wirklichkeit. Er wird einem Subjekt wirklich, daß sich dann „wirklich" in der Praxis so verhält, als gäbe es ihn und gar behauptet, ihn poetisch dem Leben abzubilden, so schiene diesem Subjekt die Tiecksche Wendung eine Inversion, die Tieck eigentlich keine ist, sondern umgekehrt nur eine, sehr interessierte, Inversion zurück invertiert. So ist Zusammenhang des Lebens solcher des Textes, ein Zusammenhang, den die Sprache, das literarische Sprechen vorsätzlich mit höchst bedachter poetologisch-teleologischer Diätetik herstellen muß: Das ist der Sinn des Motivierens, der Psychologisierens, des Erzählens des Lebens, wie es „wirklich" ist. Daß Poetik des Schwindels, anders als die von Brecht rekonstruierte Poetik des „Sogenannten", nicht primär sprachreflexiv ist und dann schnell mit der Dekonstruktion kongruieren kann, liegt genau hieran. Ihre Ebene, indessen nur synthetisch von der sprach- und zeichentheoretischen zu trennen, ist die Poetik, die systematische und praktische Modulation der Narration, die solche Dinge wie den „wirk-

---

[205] Karl Philipp Moritz, *Gegenwart und Vergangenheit,* in: ders., *Schriften zur Ästhetik und Poetik,* hg. v. Hans Joachim Schrimpf, Tübingen 1962, S. 61.
[206] Menninghaus, *Unsinn,* S. 23, 24 und 94ff.

lichen Lebenslauf" fingiert. Eskamotiert sind von solcher Einheit und solchem „Zusammenhang in den Büchern", wie exemplarisch im *Blaubart* von der Figur des „Verfassers" zu hören ist (s.u.) und es im Wortlaut Moritz' Theoremen entspricht, aller Unzusammenhang, der aus dem Leben ein Wunderbares werden läßt. Die solchermaßen „componierte" poetisch-sprachliche Realität behauptet sich prompt als ganze Realität des wirklichen Menschen; präzise käme hier de Mans ins Semiotische gewendeter Marxscher Ideologiebegriff zum Zuge: „Was wir Ideologie nennen, ist genau die Verwechslung von Sprache mit natürlicher Realität, von Bezugnahme auf ein Phänomen mit diesem selbst"[207]. Beseitigt sind „Zwecklosigkeit, abgeriße Fäden", „Verwirrung und Unordnung"[208] (Moritz) oder (nun Tieck) Lebensläufe als „lauter abgerissene Fragmente", „hin und wieder Laufen" (*Bb* 220), „nichts in sich Festes und Begründetes" (*Bb* 193) – kurz: als Märchen. Hergestellt sind „Selbst" und „wirklicher Lebenslauf", überhaupt erst Wirklichkeit und Subjektivität – alles „Sogenanntes". Schon das „Innerste" ist nichts als solche sprachliche Komposition, Tieck stellt es eben in der Wendung des „sogenannten Innren" (*DjT* 81) heraus. „Innerlichkeit ist (...) ein Medium der Darstellung, Gegenstand des Erzählens und nicht dessen diskursiver Rahmen"[209], „konstituiert sich erst im Vorgang der Darstellung, und sie läßt sich von dem Text, in dem sie sich entwirft, nicht abheben. Hierin, und nicht in einem neuen Menschenbild, liegt der Bruch mit aufgeklärter Poetologie"[210].

In dem dichten, bizarren Diskurs der Moritzschen Erfahrungsseelenkunde formieren und reflektieren sich folgenreiche Figuren der Selbst- bzw. Seelenbetrachtungen sowie ihre Darstellungsformen, ein bunter Fundus des modernen Bewußtseins. Konstituiert wird in eben diesen Figuren auch die Programmatik des „psychologischen Romans", seine Poetik und seine korrelative Theorie des Verstehens. Sie, so die Konstrukte des „Innersten", der „inneren Geschichte", der „wahrhaften Lebensbeschreibung", der „Erinnerung an die Kindheit" sowie die zentrale methodische Forderung zu ihrer Rekonstruktion und Darstellung, die „Aufmerksamkeit aufs Kleinscheinende" bzw. „umständliche Mitteilung" sind die konkreten Kategorien bzw. Gesichtspunkte der skizzierten psychologisch-literarischen Hermeneutik der „Auflösung der Disharmonien". Poetologisch formuliert sind es Muster, nach denen psychologische Literatur modelliert wird, Grundkategorien der psychologischen Poetik. Noch Poesie des Schwindels bildet sich negativ durch sie, indem sie zu ihrem ironischen Dementi wird. Formiert wird die Darstellungsform der umständlichen Mitteilung der „Fall-" bzw. „Krankengeschichte", die „Gattungen" des *Magazins*, oder eben die offen litera-

---

[207] Paul de Man, *Der Widerstand gegen die Theorie*, in: *Romantik. Literatur und Philosophie*, hg. v. Volker Bohn, Frankfurt a. M. 1987, S. 92.
[208] Moritz, *Der Trost des Zweiflers, Schriften*, S. 44.
[209] Brecht, *Die gefährliche Rede*, S. 255.
[210] Ebd., S. 254f.

rische Gattung des psychologischen Romans, der psychologischen Geschichte. All diese Postulate, umgeschrieben in ideale Paradigmata der Narrativik, der Erzählpraxis, die positive Vorlage der frühen Texte Tiecks waren, erfüllt auch der *Eckbert* zunächst scheinbar. Die entscheidende hermeneutische Finesse ermöglicht das Gebilde der inneren Geschichte, die als als noch ausgeführte Rekonstruktion der Kindheit imaginiert wird, eine Rekonstruktion gemäß der Methodik der „Aufmerksamkeit aufs Kleinscheinende"[211], aufs „anfänglich unbedeutende und unwichtig scheinende"[212]; eine Finesse im theoretischen Zentrum des psychologischen Romans, seiner, korrelierten, Psychologie, Poetik und Hermeneutik. Gegen die Evidenz der Dissonanzen, die überall „oberflächlich", „äußerlich" im „Leben", ganz wie im Text, zu bestehen scheinen, wird im „Inneren" die auch das zersplitterte „Äußere" wieder integrierende Kohärenz aufgezeigt. Antizipiert ist Freuds „Sinn im Unsinn" bzw. „verborgener Sinn"[213], der ein ganzes umfassendes Modell psychologischer Tiefenhermeneutik impliziert, dessen Grundzüge sich bei Moritz längst formuliert finden. Poetik des Schwindels bildet sich nicht unwesentlich in der Ironisierung solcher psychologischer Tiefenhermeneutik. Es gilt die Supposition: „Wir haben – zugegeben, recht willkürlich – die Voraussetzung gemacht, das Postulat aufgestellt, daß auch der unverständliche" Ausdruck „ein vollgültiger, sinn- und wertvoller" Ausdruck ist[214]. Im Zentrum der tiefenpsychologischen Hermeneutik[215], musterhaft Ricoeurs, der Freuds *Traumdeutung* ausdrücklich hermeneutisch reformuliert[216], steht das, von der Poesie des Schwindels dann zur „unaufhörlichen Verwirrung" unablässig angespielte, Konstrukt einer Differenzierung der manifesten und der „unbewußten" latenten Struktur – dem „eigentlichen Aussehen" (*Eckb* 133/ 1262) –, nötig, weil offensichtlich manches unsinnig, unverständlich und krank ist, es aber so nicht stehen bleiben, sondern aufgelöst werden soll. Anders: steht die Idee des „verborgenen Sinns", „Deuten heißt einen verborgenen Sinn fin-

---

[211] Moritz, *Aussichten*, S. 93.
[212] Moritz, *Reiser*, S. 120.
[213] Sigmund Freud, *Der Witz und seine Beziehung zum Unbewußten*, in: ders., *Studienausgabe*, hg. v. Alexander Mitscherlich u.a., Bd. IV, *Psychologische Schriften*, Frankfurt a. M., 9. korrig. Auflage 1994, S. 15 u. S. 36.
[214] Sigmund Freud, *Revision der Traumlehre, Neue Folge der Vorlesungen zur Einführung in die Psychoanalyse*, in: ders., Studienausgabe, hg. v. Alexander Mitscherlich u.a., Bd. I, *Vorlesungen zur Einführung in die Psychoanalyse*, Frankfurt a. M., 9. korrig. Auflage 1994, S. 453.
[215] Von Freud paradigmatisch eben in der *Traumdeutung* formuliert (Sigmund Freud, *Die Traumdeutung*, in: ders., *Studienausgabe*, hg. v. Alexander Mitscherlich u.a., Bd. I, *Vorlesungen zur Einführung in die Psychoanalyse*, Frankfurt a. M., 9. korrig. Auflage 1994), inbesondere in Kapitel II („Die Methode der Traumdeutung") und Kapitel VI („Die Traumarbeit").
[216] Paul Ricoeur, *Die Interpretation. Ein Versuch über Freud*, Frankfurt a. M. 1969.

den"²¹⁷. Dazu gehört die Vorstellung der „Primärprozesse" bzw. der „Traumarbeit", die, mit der Zensur, den originären, latenten Sinn durch „Verkehrungen" und „Verschiebungen" zum manifesten Unsinn entstellen sowie die Reduktion der sinnlosen, „unzusammenhängenden" Manifeststruktur auf die sinnvolle Latenzstruktur, die „Traumdeutung". Eine durch das Unbewußte als „psychischer Qualität" und eben nicht als „Instanz" hochgerüstete Hermeneutik, ein Unbewußtes, das freilich am Ende doch „übersetzt" werden kann. So Freud zumindest in seinem Selbstverständnis, Derrida dann arbeitet „mit Freud gegen Freud" Freuds eigenes Dementi des eigenen Selbstverständnisses hervor²¹⁸. Erfunden ist eine Tiefenhermeneutik, die die merkwürdigen Symptome, also den „Ausdruck der Oberschicht", auf Tieferes, den „Ursprung" und die eigentliche Bedeutung zurückführt. Die Distinktion Äußeres, wo die Dissonanz evident ist, und Inneres geriert sich als Grundmoment der hermeneutischen Theorie und Operation. Schleiermacher formuliert sie, so in seiner prominenten Akademierede von 1829, in der Vorstellung des „kunstvoll" zu konstruierenden Verstehens als „Rückführung" der, grundsätzlich mißzuverstehenden, „äußeren Sprache" auf das „innere Denken", um derart die „Rede zuerst ebensogut und dann besser zu verstehen als ihr Urheber"²¹⁹ – eine unendliche Aufgabe.

Moritz selber führt seinen hermeneutischen Diskurs der „Auflösung der Disharmonien" aus dem psychologisch-aufklärerischen Kontext: Suspendiert wird metaphysischer, zentraler Sinn, ein Signifikat, in dem alle Signifikationen begründet sind. Bestehen bleibt der immer verzweifeltere Impetus zu begreifen, „Zusammenhang herzustellen", der einen Sinn des einzelnen und des Ganzen konstituiert. Ein Terminus dieser Loslösung ist die, emanzipatorisch gedachte, Autonomieästhetik des autonomisierten Zusammenhangs. In ihr finden sich alle Momente untereinander und gegenüber dem Ganzen in einer idealen, dialektischen Relation. Sinn wird streng immanent, in Demarkation gegen heterogene Identifikationen gebildet, in Korrelation von einzelnem und Ganzen. Antizipiert sind der modernen Hermeneutik grundlegende Ideen: die des hermeneutischen Zirkels, vom Schelling-Schüler Friedrich Ast (*Grundlinien der Grammatik, Hermeneutik und Kritik,* 1808) als Lehre vom „Scopus" vorformuliert, Asts

---

[217] Sigmund Freud, *Vorlesungen zur Einführung in die Psychoanalyse, II.* Teil: „*Der Traum, 6. Vorlesung: Schwierigkeiten und erste Annäherungen*" (S. 101–115), in: ders., *Studienausgabe,* hg. v. Alexander Mitscherlich u.a., Bd. I, *Vorlesungen zur Einführung in die Psychoanalyse,* Frankfurt a. M., 9. korrig. Auflage 1994, S. 104.

[218] Paradigmatisch in Freud und der Schauplatz der Schrift, in: *Jacques Derrida, Die Schrift und die Differenz,* Frankfurt a. M. 1989. Vgl. auch ders., *Grammatologie,* Frankfurt a. M., 1974, S. 98; ders., *Die Stimme und das Phänomen. Ein Essay über das Problem des Zeichens in der Philosophie Husserls,* Frankfurt a. M. 1979, S. 118f. Vgl. auch Benningtons Derridabase, S. 142ff. („Das Unbewußte").

[219] Friedrich Daniel Ernst Schleiermacher, *Hermeneutik und Kritik,* hg. v. Manfred Frank, Frankfurt a. M. 1977, S. 94.

Zirkellehre wird bei Dilthey ausdrücklich als Antizipation erwähnt[220]. „Das Grundgesetz allen Verstehens und Erkennens ist, aus dem Einzelnen den Geist des Ganzen zu finden und durch das Ganze das Einzelne zu begreifen"[221]; notwendig präsümiert ist, bei ihm ausdrücklich, die identitätsphilosophische Vorstellung einer „ursprünglichen Einheit alles Geistigen", ohne die Verstehen unmöglich wäre[222]. Einzelnes und Ganzes befinden sich in „einem harmonischen Leben", was Moritz zugleich schon als ästhetische Lüge dekuvriert. Bei ihm heißt es (20 Jahre früher): „*das Ganze* [ist] *mit Rücksicht auf das Einzelne und das Einzelne mit Rücksicht auf das Ganze* [zu] *betrachten.*"[223] Und: „Denn darinn besteht ja eben das Wesen des Schönen, daß ein Theil immer durch den andern und das Ganze durch sich selber, redend und bedeutend wird – daß es sich selbst erklärt – sich durch sich selbst beschreibt"[224]. Aus sich selbst heraus" bildet es ein sinngebendes Gefüge, weil es, rigoros gegen die Zweckmäßigkeit außen gewendet, „seinen Endzweck in sich trägt", eine „innere Zweckmäßigkeit"[225]. Ein Begriff, der in einem wesentlichen Punkt, Szondi stellte es als erster heraus, den Kantischen Begriff der „Zweckmäßigkeit ohne Zweck" antizipiert[226]. Ein ästhetisches wie hermeneutisches Modell, das die Poesie des Schwindels ebenso bloß zu ihrer besonderen Zerschlagung reizt.

2.5 Abbreviatur: Poesie des Schwindels als mutwilliger Kollaps des psychologisch-literarischen Verstehens

Adaptiert Tieck die skizzierten Verstehensfiguren sowohl als psychologische wie auch als poetologische, eklatant in den erfahrungsseelenkundlichen Betrachtungen, frühen Essays und literarischen Arbeiten, erfahren sie bzw. das Telos der psychologischen, ins Literarische übertragenen Techniken zur Herstellung des Zusammenhangs in der Poesie des Schwindels, paradigmatisch im *Eckbert,* der die Figuren des Seelen- und Textverständnisses ständig zitiert, eine perfide

---

[220] Wilhelm Dilthey, *Friedrich Ast: Die Hermeneutik der Schellingschen Philosophie, Schleiermachers System als Theologie,* in: *Gesammelte Schriften,* Bd. XIV/2, Schleiermachers System als Philosophie und Theologie, hg. v. Martin Redeker, Göttingen 1966. S. 657–659.
[221] Friedrich Ast, *Grundlinien der Grammatik, Hermeneutik und Kritik,* Landshut 1808, § 75.
[222] Ebd., § 70.
[223] Moritz, *Der Trost des Zweiflers,* Schriften, S. 39.
[224] Karl Philipp Moritz, *Die Signatur des Schönen, Schriften zur Poetik und Ästhetik,* ausgew. u. hg. v. Hans Joachim Schrimpf, Tübingen 1962, S. 95.
[225] Karl Philipp Moritz, *Versuch einer Vereinigung der schönen Künste und Wissenschaften unter dem Begriff des in sich selbst Vollendeten, Schriften zur Poetik und Ästhetik,* ausgew. u. hg. v. Hans Joachim Schrimpf, Tübingen 1962, S. 6.
[226] Peter Szondi, *Poetik und Geschichtsphilosophie* I, Frankfurt a. M. 1974, S. 97.

Ironie. In der vielfältig auszuzeichnenden Zäsur mit den Theoremen des erfahrungsseelenkundlichen Diskurses, dem „Psychologischen", geriert sich die Seele als in ihren „Äußerungen" und im „Innersten" prinzipiell „Unbegreifliches": „Wirkung ohne eine Ursache" (*ShW* 712), „Schatten, von dem wir keinen Körper sehen" (*ShW* 712) – neue Metaphern. In dieser Bewegung wird die einst vertretene psychologisch-literarische Hermeneutik Gegenstand grundlegender Kritik; die hergestellte Totalität, sprich Einheit und Harmonie des Objekts, ist diesem, das zugleich Subjekt der Operation ist, inadäquat, hybrid oder bloß Gewalt, um eine bestimmte Selbst- und Weltpraxis zu installieren. Köpke zitiert Tieck so: „Einer der widerstrebendsten Gedanken ist für mich der des Zusammenhanges. Sind wir denn wirklich im Stande ihn überall zu erkennen? Ist es nicht (...) aufrichtiger, einfach zu bekennen, daß wir ihn nicht wahrzunehmen vermögen (...) daß man sich resignire?"[227] Im *Phantasus* propagiert Theodor: „So ist der Mensch nichts als Inkonsequenz und Widerspruch" (*PH-Rg* I.c., Z.21f). Peter Berner in *Die Sieben Weiber des Blaubart* gibt zu bedenken: „Wenn ihr es überlegt, daß im ganzen Menschenleben keine Zweck und Zusammenhang zu finden, so werdet Ihr es auch gern aufgeben, diese Dinge in meinen Lebenslauf hineinzubringen", worauf ihm Bernhard konzediert: „So wäre also (...) das ganze große Menschendaseyn nichts in sich Festes und Begründetes? Es führte vielleicht zu nichts, und hätte nichts zu bedeuten, Thorheit wäre es, hier historischen Zusammenhang und eine große poetische Composition zu suchen; eine Bambocchiade oder ein Wouvermanns drückten es vielleicht am richtigsten aus" (*Bb* 193). Immer noch ist Moritz präsent: alles Signalwörter des eben betrachteten eigensinnigen Diskurses psychologisch-erfahrungsseelenkundlicher Hermeneutik. Der „Verfasser" im *Blaubart* überlegt:

> „Lieber Leser, Du sprichst so viel von der Einheit, vom Zusammenhang in den Büchern, greife einmal in Deinen Busen, und frage Dich selber; am Ende lebst Du ganz so, oder noch schlimmer, als ich schreibe. Bei tausend Menschen, die zugleich christliche und geschmackvolle Leser sind, nehme ich in ihrem Lebensläufe lauter abgerissene Fragmente wahr, keine Ruhepunkte, aber doch eine ewigen Stillstand, kein lebendige Fortschreitung der Handlung, obgleich viele Bewegung und hin und wieder Laufens." (*Bb* 221)

Tiecks frühe poetologische Maxime – der hermeneutische Korrelativ – der von der Poesie zu leistenden „psychologischen Richtigkeit" und des kohärenten, Kohärenz herstellenden psychologischen Motivierens, wird hinfällig, Gegenstand der Kritik und Index ideologischer Literatur der billigen Mode im psychologisierenden Zeitalter. Exemplarisch mokiert er sich in den *Altdeutschen Minneliedern* über Poetik und Poesie, die sich „auf eine so große Wahrscheinlichkeit und Genauigkeit (...) wie auf das Motiviren und die psychologische Auseinanderwikklung ihrer Charaktere eingelassen haben" (*BüSh* 167). Grundlegender formuliert: Zusammenhang und Bedeutung im Leben als wirklicher Lebenslauf und

---

[227] Köpke, *Erinnerungen* II, S. 250.

verbundene innere Geschichte, die Widerspruch, Unordnung, abgerißne Fragmente „auflösen", sowie, vorgeblich identisch damit, Zusammenhang und Bedeutung im Poetischen, werden dissolviert. Dissolviert ist somit eine ganze Poetik und Poesie sowie die damit verbundene psychologisch-literarische Hermeneutik. In Frage gestellt sind weitergehend sämtliche Figuren des Selbstverstehens im Paradigma der „psychologischen Wahrheit des Menschen", das Paradigma eines Selbst-Verstehens überhaupt, das Projekt der „vermehrten Seelenkenntnis" mit seinen praktischen Absichten. Zweifelhaft ist aber, ob die provozierte, gar ausdrücklich gestellte Frage einer Bedeutungslosigkeit und grundsätzlichen Negativität des Lebens, über das restlose Dementi des Zusammenhaltes und Sinns hinaus, selber wiederum positiv festzustellen wäre; auch wenn der perfomative Widerspruch der Bedeutungslosigkeit als Bedeutung notiert wird. Festzustellen wären dem gegenüber lediglich insistente, unentwegte, sich nicht beruhigende Vernichtungen historisch bestimmter Konstrukte. Menninghaus spricht von Tiecks „illusionslosen Einsicht in die Negativität" und „Bedeutungslosigkeit des Lebens" und hypostasiert damit kurzerhand die Negation der zur Wahrheit starr und hart gewordenen Metaphern zur neuen Wahrheit. Mißachtet wird, was gerade die besondere Praxis Tiecks ist: das ständige Verflüssigen und Vernichten der Behauptungen. „Die These, das Leben habe keinen (Sinn)", pointiert Adorno dagegen die Radikalisierung des Nietzscheanischen „Nihilismus", „wäre als positive genauso töricht, wie ihr Gegenteil falsch ist; wahr ist jene nur als Schlag auf die beteuernde Phrase"[228]. Menninghaus wäre nicht das Argument einer doch irgendwie oder irgendwann zu erreichenden möglichen Positivität von Sinn vorzuhalten, sondern die willkürliche Sistierung der Kritik, die potenziert immer Kritik der Kritik sein muß, im Begriff des „Lebens". Die Zerstörung von Einheit, Zusammenhang und Sinn oder anders, die „entdeckte" Nichtigkeit und „Widersprüchlichkeit des menschlichen Charakters"[229] ist ebensowenig, wie von Frank in einem anderen, ebenso noch genau zu untersuchenden, Kurzschluß ausgeführt, in einen „höheren Sinn", den „Ausdruck einer Einsicht in die Freiheit der Menschenseele" aufzulösen. Freiheit formuliert im frühromantischen Sinne, annähernd identisch mit der romantischen Ironie und für Frank paradigmatisch bei Schelling[230] als „Freiheit als ein Sein-in-

---

[228] Adorno, *Negative Dialektik*, S. 370.
[229] Frank, *Ästhetik*, S. 297.
[230] Bei Schelling heißt es: „durch alles durch gehen und nichts sein, nämlich nicht so sein, daß es nicht auch anders sein könnte (...) Es ist nicht das, was frei ist, Gestalt anzunehmen. Denn so würde die Freiheit als Eigenschaft erscheinen, die ein von ihr noch verschiedenes (...) Subjekt voraussetzt – sondern die Freiheit ist das Wesen des Subjekts" (F.W.J. Schelling, *Initia philosophiae universae. Erlanger Vorlesungen WS 1820/21*, hg. v. Horst Fuhrmans, Bonn 1969, S. 16 u. S. 21). Frank dazu: „Hier ist der Ausdruck 'Ironie' gar nicht verwendet und wäre doch ganz an seinem Platze. Die Ironie ist das Wesen der Freiheit sofern es sich als eine Eigenschaft des poetischen Stils manifestiert" (Frank, *Ästhetik*, S. 373).

Möglichkeiten"²³¹ beschrieben. Tiecks Begriff des „Nichts" bzw. der Vernichtung wie der der Widersprüchlichkeit sperren sich der Identifikation mit dem von Frank an Fr. Schlegels exponierten Begriff des Nichts und des Widerspruchs als bloß transitorisches Moment im „Proceß" romantischer Ironie, der doch nur das „Unendliche" meint. Geht Tiecks Kritik der psychologischen Ideologeme nicht im Verständnis der Seele als solcher Freiheit ebensowenig wie in der sicheren Bedeutungslosigkeit des Lebens auf, notiert Frank doch deutlich das Ende der Psychologie bei Tieck – „die Auflösung der Charakterpsychologie"²³², die „schwindelerregende Indeterminiertheit"²³³ und „Flüchtigkeit jeder Charakterbezeichnung und Motivation", die „implizierte Relativierung der Endgültigkeit und Eindeutigkeit (...) jeder Kausalverknüpfung"²³⁴. Notiert wird von ihm ebenso deutlich die strenge Korrelation von Seelenbegriff und Poesie- und Poetikbegriff: „Das muß natürlich Konsequenzen für die Dichtungstheorie haben"²³⁵, „eine dezentrierte Subjektivität [wählt sich] die Mittel zum Ausdruck ihrer Zerbrochenheit. Diese Erfahrung sucht nach einem Kompositionsprinzip"²³⁶.

Das besprochene Paradigma psychologisch-literarischer Poetik und Hermeneutik, seine einzelnen konkreten Kategorien werden von der Poesie des Schwindels, modellhaft im *Eckbert*, zitiert. Der ganze *Eckbert* geriete, folgte man seiner eigenen, immer wieder verwischten Fährte – ganz gemäß der erfahrungsseelenkundlichen Absicht – zu einer „Mitteilung" eines „seltsamen Vorkommnis", eines „sonderbaren Kapitels der Seele", einer psychologischen Geschichte oder Krankengeschichte. Die zitierten Figuren des Seelen- und Textverstehens lösen die Verwirrung des Textes und der Geschichte *Eckberts* indessen nicht, sie stiften sie. Zitiert sind eben nur, um „unaufhörlich zu verwirren" (*ShW* 692), als Taktik und Technik der schwindelig machenden Faktur des Textes, und um selbst verwirrt zu werden bzw. zu „verscheiden". Freilich pervertieren diese Figuren schon bei Moritz selbst: Das Postulat, die wirkliche Lebengeschichte zu schreiben, endet in seinen strengen Ausführungen paradox in seiner Auflösung ins Märchenhafte, das polemisch-ironisch der genauere Lebenslauf wäre (ausführlich in Kap. V.4 dargelegt).

Die gelingende „Auflösung der Disharmonien" im *Eckbert* bedeutete, zu finden, was das Erzählverfahren – alles so zu erzählen, das „nichts [ist], worauf wir unser Auge fixieren könnten" – im *Eckbert* ständig montiert und demontiert und so schwindelig macht. Endlos „verwirrt" ist der Gesichtspunkt, der alles integrierte. Fortlaufend stellt der *Eckbert* diesen als psychologischen in Aussicht, bemüht sich und den Leser um Bildungen immer neuer, wechselnder und wieder

---

[231] Siehe vor allem Franks Ausführungen S. 297ff. (ebd.).
[232] Ebd., S. 377.
[233] Ebd., S. 386.
[234] Ebd., S. 378.
[235] Ebd., S. 368.
[236] Ebd., S. 427f.

konterkarierter Gesichtspunkte, um ebenso unablässig diese Aussicht wieder zu verheeren – bis in den Schwindel als Kollaps aller Vorstellungen. Unentwegt und aufdringlich wird der Leser zu einer Auflösung der Disharmonien provoziert, zur Applikation der erörterten psychologisch-literarischen Bedeutung, unentwegt führt diese Bemühung aber bloß zur Vervielfältigung und Verschärfung der Dissonanzen. Wenn am Ende des Textes *Eckbert* und Eckbert, Text und Figur, „verscheiden", verscheidet ebenso ein bestimmtes historisches Lesen, das Kohärenz, Sinn und Bedeutung, in Leben und Text sucht. Die Zitation des Psychologischen, ein Moment im poetischen Verfahren der „unaufhörlichen Verwirrung" des „Lesers", ist zugleich Verwirrung des Psychologischen selbst, des sich in der psychologischen Wahrheit fundierenden Subjekts. Der psychologischen Hermeneutik gilt Tiecks „Krieg" wiederum als vorbildlicher Diskurs aller Vernunft, der noch das Irrationalste vernünftig aufzulösen vermag. Die „Wirkung" des *Eckberts* liegt wesentlich in dem Reflex des historischen Lesers, den *Eckbert* als „psychologische Geschichte" verstehen und die besonderen Figuren der psychologisch-literarischen Hermeneutik anzuwenden zu wollen. Grundlegender noch liegt sie im Reflex, ihn überhaupt *verstehen* zu wollen. Ein Reflex gegenüber dem Text und auch dem „Leben", der für Tieck an den Leser nicht als anthropologisches, sondern historisches Faktum gebunden ist, an einen bestimmten Leser also, ein bestimmtes historisches Subjekt. Die erfahrungsseelenkundlichen Topoi des Selbstverständnisses und die ganze psychologische Literatur erscheinen als die Wahrheit, vor die gehalten, der *blonde Eckbert* gewaltige Verwirrung bedeutet; eine historische Folie, die allerdings noch virulent ist, sedimentiert in schwerlich auszulotender Tiefe ins moderne, freilich höchst disparate Selbstverständnis. Wo psychologische Poetik, „psychologische Motivation und möglichst lückenlose Kausalgenese der äußeren wie inneren Handlung" sowie psychologische Hermeneutik „gerade etabliert und in den Erwartungshorizont des bürgerlichen Lesens eingebaut waren" – Lesen wie Begreifen als vom Grunde auf historische Attitüden –, „gewinnt die Ent-Setzung durchaus einen distinktiven Wert. Der romantische Rekurs auf die Märchenform hat hierin ein zentrales Motiv: Die märchenhafte Indifferenz gegen 'sinnvolle' Motivationen (...) wird in Tiecks Märchen (...) in ein neues System der Literatur eingeschrieben". Menninghaus konkretisiert dieses in Form der „Märchen-Arabeske als Motivationsunsinn", beschränkt es aber auch fälschlich auf diese Form[237]. Auch die Figur der autonomieästhetischen Umschreibung der skizzierten Hermeneutik, der Sinnkonstitution im dialektischen Spiel von einzelnen und Ganzen, erfährt dieselbe Ironisierung im *Eckbert*, fungiert bloß als vorausgesetzte Verstehenserwartung, als Bedingung der Möglichkeit seiner Wirkung „unaufhörlicher Verwirrung". Als arglistige Simulation der psychologischen Geschichten ist der *Eckbert* Widerruf der psychologischen Literatur, des von Tieck zunächst emphatisch übernommenen Desiderates der „psychologischen Richtigkeit" der Charak-

---

[237] Menninghaus, *Unsinn*, S. 23.

tere und des Geschehens sowie der psychologisch aktiv aufklärerischen Literatur, die die „vermehrte Seelenkenntnis" leisten könne – die „die Seele gleichsam vor uns aufschließt". Verquerer Ausgang der von Tieck zunächst emphatisch verfolgten Ansicht Moritz', daß sich „der Dichter und Romanenschreiber" fortan „genötigt sehn [wird], erst vorher Experimentalseelenlehre zu studieren, ehe er sich an eigne Ausarbeitungen wagt"[238]. Aus dem Studium der Psychologie und psychologischen Literatur generiert sich – und das nicht beliebig, sondern ganz konsequent – eine aggressiv anti-psychologische Literatur – womit das Thema Psychologie und Literatur, das noch viele Male in vielen Modifikationen aufkommen wird, schon Ende des 18. Jahrhunderts eine gründliche Erledigung findet.

Die Demontage der psychologisch-literarischen Poetik und Hermeneutik kann als zu skizzierendes poetisches Verfahren des Schwindels konzise erfaßt werden. Soll die psychologisch-literarische Hermeneutik und Poetik in der Poesie des Schwindels wie ihrer Poetik „verscheiden", damit die ganze „psychologische Wahrheit des Menschen" und paradigmatisch ein Verstehen überhaupt, ist solche Poesie zu komplizierten Veranstaltungen gezwungen. Sie, ihre konkrete poetisch-rhetorische Faktur, entsteht als Demontage des skizzierten psychologisch-literarischen Paradigmas einer Poetik und Hermeneutik des Zusammenhangs und der Auflösung der Disharmonien, im Zerschlagen aller Motivationen und Zusammenhänge, in der poetisch zu inszenierenden Willkür, in Kontingenz und Widersprüchen, im programmatischen Nicht-motivieren. Sie gründet sich, anders formuliert, in der Transkription des Seelenschwindels selbst: als Verfahren der „plötzlichen Umwendungen", der „Schläge", der kontingenten „ständigen Wechsel", „ewigen Bewegungen" und „Vermischungen". Konstituiert sich in der Transkription der Modi der schwindligen Phantasie – Gegenstand der Erörterungen der nächsten Kapitel –, der Modi und Dynamiken des Wahnsinns selbst. Ein Wahnsinn, den der Text selber praktiziert, um ihn im Leser, in der Leser-Phantasie, als „selbsthätigen" sich ereignen zu lassen gegen den Text – gegen jeden Text. Der besondere Texttaumel, den die Poesie des Schwindels veranstaltet und der die Waffe sein soll im erwähnten „Krieg", gründet sich in den formalen Modi der Transkription des „Schwindels der Seele", der „muthwilligen" Krisis einer sonderbaren Exaltation der Seele. Der praktizierte Texttaumel zerschlägt unablässig bis zum Verstehenskollaps und leeren Sinn (Wahnsinn) die Zusammenhänge im Text, die er ebenso unablässig aufbaut – Zusammenhänge des Textes, die solche des Lebens fingieren wie umgekehrt.

---

[238] Moritz, *Aussichten*, S. 91.

3. Phantasie und ihre Selbstauslöschung

3.1 Merkwürdigkeiten der „exaltierten Seele". Idiopathie der „seelischen Ereignisse". Exaltation, Melancholie, Manie und Wahnsinn

Die „exaltierte" Seele, eigenartiges wie komplexes metaphorisch-historisches „Selbst-" Konstrukt, grundlegender erfahrungsseelenkundlicher Topos der restlos unvernünftig gewordenen „kranken Seele" und Tieck facettenreiches Chiffre der ganzen Epoche, ist zunächst die „aufs äußerste beunruhigte Seele": der „Seelenzustand, in welchem das Gemüt beunruhigt, und die Phantasie auf einen hohen Grad erhitzt ist" (*ShW* 718). Diese Beunruhigung der Seele meint vorrangig die Beunruhigung der Affekte, „Extreme der Leidenschaften" (*ShW* 709), und der Einbildungskraft. Erhitzen sich Einbildungskraft und Affekte – und das war zu der Zeit keinesfalls eine Metapher[239] –, dissolviert sich alle Ordnung, alles „nathürliche Gleichgewicht" und alle „nathürliche Ökonomie" der Seele. Entfacht wird ein besonderes, in seinen eigentümlichen Modi zu notierendes „Durcheinanderstürmen eben so mannigfaltiger Affekte und Vorstellungen" (*ÜdKSh* 656): „eine wälzt sich über die andre, keine bleibt stehen und fest, und das erregt den sonderbaren Zustand" (*BTW* 113). Nichts ist zu fixieren, zu demarkieren, zu schematisieren, alles labil, jede Struktur, jeder Impuls ephemer. Eine eigengesetzliche Exaltation, die sich zum Schwindel bzw. Wahnsinn, als „fürchterlicher" dem Schwindel verbunden, potenzieren kann, zu einem sonderbaren Spektakel der Dekomposition der Seele. Eine Bewegung, die sich in der Potenzierung ihrer eigenen gesetzlosen Gesetze und Dynamiken selber zerstört, ein Wahnsinn, so Tieck, „der oft die selbst erfundenen Gesetze wieder vernichtet" (*Schr* 6, XX).

Im *Magazin zur Erfahrungsseelenkunde*, in Dutzenden seiner „Selbstmitteilungen" und Aufsätze, wie an sich selbst sucht Tieck eine mikroskopische Auseinandersetzung mit dieser vollends labilen Seele – in deren Verlauf sich der Seelenbegriff grundlegend verändert, sich die neuen Metaphern der Seele entwickeln. Ihr Studium sollte, neben der Möglichkeit, Diätetiken zu ihrer Prävention oder Heilung zu finden, Einblicke geben in die „tiefsten Schichten der Seele", das „Wesen des Innersten". Insistent, im Briefwechsel mit Wackenroder, in den

---

[239] „Erhitzt" und „überspannt" besaßen, anders als heute, im Bewußtsein der Zeit keinen metaphorischen, sondern, in den einander ablösenden, sich aber in der geschichtlichen Wirkung teils überlagernden medizinischen Paradigmen der „flüssigen und festen Körper", der „Lebensgeister" wie der „Nerven" einen unmittelbar realistischen, wissenschaftlichen Sinn. Metaphorisch wurde ihr Sinn erst, als der zuvor selbstverständliche Glaube an die adäquatio in res dieser Begriffe wissenschaftlich zerstört wurde. Vgl. Foucault, *Wahnsinn*, Tl. 2, Kap. 3 („Gestalten des Wahnsinns", S. 255f.), insbesondere S. 275ff.

frühen kleinen Schriften, Reiseberichten und auch literarischen Arbeiten, kreist das Interesse des jungen Tiecks um eine Reihe einzelner Merkwürdigkeiten bzw. „sonderbarer Zustände" dieser erhitzten Seele: um den „Paroxismus" (*BTW* 35, das „Plötzliche", den „Anfall" oder „Einbruch"), um den Enthusiasmus, die Melancholie und – medizinisch-psychologischer Terminus der Exaltation – den maniakalischen „Furor", um den Traum und Tagtraum, um seltsame Seelenvorkommnisse im Alltag sowie, als Zuspitzung, um den Wahnsinn oder den „Schwindel der Seele". Allesamt miteinander verwandte und sich überschneidende Phänomene, die bestimmte identische modale Merkmale aufweisen und deren Mittelpunkt die unkontrollierte Erhitzung der Phantasie ist, die „rasende" Phantasie, in der sie sonderbar autonom wird und das Subjekt restlos beherrscht. Allesamt Raptus der Subjektivität. Die Exaltation der Phantasie ist es, die Tiecks besondere Aufmerksamkeit findet, jenes Übel, das zu vermeiden und zu bekämpfen in der zweiten Hälfte des 18. Jahrhunderts manische Anstrengungen unternommen wurden, die, charakteristisches Schicksal der meisten aufklärerisch-diätetischen Veranstaltungen, das Chaos noch steigern oder gar erst schaffen. Verflochten in eine enggeführte Konstellation, in der sich die aufklärerische und psychologische Semantik der Begriffe verliert und ihr „frühromantischer" Sinn sich herausbildet, werden der („fürchterliche") Wahnsinn, der Traum – beides Seelenzustände, in denen Phantasie sich exaltiert bzw. freimacht, nur als solche interessieren sie –, sowie der „Schwindel der Seele" als Terminus dieser Freimachung und das („fürchterlich") „Wunderbare". Überwiegend Begriffe auch des ästhetisch-literarischen Diskurses[240], allesamt zudem

---

[240] Ihre entscheidende Wurzel haben diese Begriffe bei Tieck im „erfahrungsseelenkundlichen" bzw. psychologischen Diskurs, auch wenn einige von ihnen der Tradition kunsttheoretischer, rhetorischer Erörterungen und/oder den umfassenden ästhetischen Diskussionen der zweiten Hälfte des 18. Jahrhunderts angehören, aus dem heraus Tieck sie ebenso ausdrücklich thematisiert. In der sensualistischen Ästhetik, in den ästhetischen Reflexionen der Popularphilosophen – emphatische „Erfahrungsseelenkundler" selber – wie in Tiecks Ansatz und allgemein Ende des 18. Jahrhunderts werden diese Kontexte bzw. Disziplinen programmatisch verbunden. Durchweg kommt es zu einem Bruch mit den Definitionen dieser Begriffe beider Provenienzen. Die „Phantasie", die „Leidenschaften" und das „Wunderbare" – das an dem Phantasiebegriff assoziiert war und es bei Tieck, wenn auch in radikal veränderter Weise, bleibt, radikal verändert mit dem Phantasiebegriff selbst –, waren im gesamten Jahrhundert Thema eines echauffierten Streites, das „Wunderbare" vor allem in der ersten Hälfte (vgl. Fußnote 229 dieses Kapitels). Galten „Phantasie" und „Leidenschaften" der ästhetisch-rhetorischen Diskussion seit der Antike durchgehend als zentrale Kategorien, ebenso als besonders heikle, gehören beide der „sinnlichen Seele" an und fallen damit – noch im kunsttheoretischen Kontext, in dem allein sie dem 18. Jahrhundert überhaupt akzeptabel waren – unter notwendige Restriktionen. Restriktionen, die sämtliche aufklärerische Poetiken und Ästhetiken gerade um der beabsichtigten Emanzipation der „sinnlichen Seele" willen vornehmen. Das Interesse Tiecks gilt präzise dem, was ein paar Jahrzehnte vorher noch prinzipiell verteufelt wurde, dann mit der Auflage, daß es nur Vehikel sei, „gemäßigt" werde in der Form und letztlich nur der „Erkenntnis", „Pädagogik", der „Moral", dem Endzweck des aufklärerischen

Ende des 18. Jahrhunderts populäre, wenn auch mit großen Bedenken behandelte Themen, die entsprechend extensiv im *Magazin* ausgebreitet wurden. Tieck sucht zunächst, was dem Erfahrungsseelenkundler in der hauchdünnen, ungleichmäßigen Membran zwischen Seelengesundheit und Seelenkrankheit, Vernunft und Wahnsinn undichte Stellen waren, Phänomene, die dem bewußten Subjekt Willkür sind, zugleich nicht es selbst und doch es selbst. Eine (nicht nur) sprachliche Kalamität – durch mehr oder weniger gewaltsame Definitionen freilich zu lösen –, die Moritz zur Formel des „unpersönlichen es" als grammatisches und gedankliches Substitut für das Ich und das Selbst bewegt. Grenzphänomene des Seelischen markieren bei Tieck den Anfang der frühromantischen Entwicklung, spätere Romantiker werden sich, von der Forschung umfassend erörtert, diesen und anderen zuwenden, so dem Somnambulismus, dem Mesmerismus oder der Hypnose. Exaltiert, maniakalisch scheint Tieck der allgemeine Seelenzustand der Zeit, gleichfalls ein Reflex der von Tieck enthusiastisch begrüßten Französischen Revolution sowie den gewaltvollen Wirren in ihrer Folge, die er noch 1793 keineswegs verurteilt. Der Charakter der Ereignisse, die äußerste Beunruhigung, das Eruptive und die Vehemenz sowie die Akte der Zerstörung korrespondieren ganz den in der Exaltation ausgemachten Merkmalen, das ist es, was die glühende Sympathie entzündet. Das Zusammenfallen einer stupenden Zunahme individueller Zerrüttungen, wie sie die Epoche zu verzeichnen glaubte, und der gewaltigen gesellschaftlichen Erschütterung wird von der Epoche selber reflektiert. Prägnant notiert der Leiter der Pariser Charité Pinel: „ 'Gibt es eine günstigere Epoche als die Stürme einer Revolution, die stets zur hochgradigen Exaltation der menschlichen Leidenschaften oder vielmehr der Manie in allen ihren Formen geeignet' ist, um ihre Wirkungen zu beobachten?"[241] Wird die exaltierte Seele in bestimmten Momenten immanent rekonstruiert, dann als historisches sowie strikt metaphorisch-rhetorisches Selbst-Konstrukt, das in dieser Rekonstruktion in seinem Selbstverständnis transzen-

---

„movere" und „delectare", diene, in eng definierten Konstruktionen legitimiert. Außerhalb dieses Kontextes fallen sie noch in der zweiten Hälfte und auch am Ende des 18. Jahrhunderts unter das Verdikt des tendenziell Pathologischen und unentwegt rigide zu Kontrollierenden. Bei den den frühen Gegnern einer strengen rationalistischen Ästhetik, der jungen aufbegehrenden Generation der Stürmer und Dränger, der neuen, die Sinne emanzipierenden philosophischen Ästhetik Baumgartens und den exzentrischen Einzelgängern der zweiten Hälfte des 18. Jahrhunderts verhält es sich nicht anders. Bodmer und Breitinger beispielsweise führen ihren Kampf für die Emanzipation der „Phantasie" und anderer Begriffe aus den Fesseln Gottscheds explizite nur für die Kunst – ansonsten bleibt das Vernunftsystem Wolffs unangetastet – und auch nur in bestimmter Hinsicht, gegen sein Postulat der „Produktion auch der schönen Literatur nach dem Vorbild der geometrischen Methode" (vgl. Grimminger, *Aufklärung, Absolutismus und bürgerliche Individuen*, S. 48). Zum Begriff und Problem der „Affekte" vgl. Fußnote19 und 29 dieses Kapitels, zum Begriff und Problem der „Phantasie" den gesamten Abschnitt „exaltierte Phantasie".

[241] Philippe Pinel, *Traité médico-philosophique sur l'aliénation mentale ou la manie*, Paris An IX, Einleitung, S. XXII., zitiert nach: Foucault, *Wahnsinn*, S. 387.

diert wird. Das spezifische historische Subjekt, das der „kleinlichsten Ökonomie" (*BüSh* 153f., vgl. Kap. IV.5), befindet sich im Schwindel – das Subjekt und sein Schwindel sind beide gleichermaßen historisch.

Ist die exaltierte Seele eine Gestalt der kranken Seele, vollzieht Tieck programmatisch eine Hinwendung zum dem, was als pathologisch/pathogen, als dunkle Auslöschung der „nathürlichen", das heißt, vernünftigen Seele galt, bündig: als Wahnsinn. Zunächst werden ihre Merkwürdigkeiten vom ihm selber noch als krank bezeichnet[242], eine Prädikation, die sich bald, gemäß der Umbewertung und Entpsychologisierung seines Denkens, verlieren wird; pathologisch und pathogen verstanden als wesentlich historische Begriffe, unter denen subsumiert wird, was dem Selbst-Verständnis, das sich das historische Subjekt in Theorie und Praxis zu geben versucht, eine Bedrohung bedeutet. Eine Hinwendung zum Kranken, die sich künftig zum skizzierten ästhetischen und, gewissermaßen, kulturpolitischen Postulat des Wahnsinns oder Schwindels der Seele radikalisieren wird. Anders als noch beim großen Theoretiker der kranken Seele, Moritz, zumindest seinem Programm nach – was bei Moritz freilich nicht viel heißt –, ist die Kur und Genesung der gänzlich labilen Seele von Beginn an kein Interesse Tiecks. Augenfällig stellt sie die Verletzung der frenetisch verfolgten neuen Ideale des „nathürlichen Gleichgewichts der Seelenkräfte" und der „nathürlichen Ökonomie der Seele" dar – gewaltige, in verschiedenster Hinsicht wirksame fixe Ideen –, die den natürlichen Seelenzustand meinen, der indes erst durch vielfältige und gewaltvolle Kunstmittel herzustellen ist und die Freiheit der einzelnen „Seelenvermögen", d.h. zuletzt der Vernunft garantiert, garantieren soll. Eben das ist die historische Definition der Seelengesundheit: die natürliche bzw. kunstmäßig mit den ausgetüfteltsten Mitteln der Seelendiätetik herzustellende Equilibristik aller Seelenvermögen oder „Seelenfähigkeiten", auf notwendig moderatem Niveau insgesamt. „Weil der gesunde Zustand einer Seele in der verhältnismäßigen Übereinstimmung aller Seelenfähigkeiten besteht, so muß auch das Hauptaugenmerk der Seelendiätetik sein, nicht etwa eine einzelne, sondern alle Seelenfähigkeiten, *verhältnismäßig gegeneinander*, in dem möglichst vollkommenen Zustande zu *erhalten*", formuliert Moritz den Grundsatz. „Sie [die Seelendiätetik] muß folglich vorbeugen, daß nicht eine Seelenfähigkeit auf Kosten der andern, die Einbildungskraft z.B. auf Kosten der Beurteilungskraft, die tätigen auf Kosten der vorstellenden (...) zu sehr angestrengt werden"[243]. Das equilibristische Paradigma findet sich in den medizi-

---

[242] Vgl. das „Vorkommnis" eines „Anfalls des Wahnsinns" („kranck, recht kranck"), das er Wackenroder in einem Brief vom 12. Juni 1792 „umständlich erzählt" (*BTW* 48, später ausführlich behandelt).

[243] Moritz, *Magazin*, *Werke*, S. 116. Seiner dezidierten Konzentration auf den besonderen „einzelnen" folgend, betont Moritz antinormativ den „eignen individuellen Seelengesundheitszustand"; normativ wird die Konstruktion freilich wiederum in anderen Vorstellungen, so der des „nathürlichen Gleichgewichts". „Seelendiätetik" „setzt deswegen eine genaue Kenntnis desselben voraus" (ebd., S. 117).

nisch-nosographischen Systemen der Zeit wieder, so in Weikards wirkungsmächtigem Werk *Der philosophische Arzt* (1790): Sowohl „Schwäche der Vorstellungskraft" wie „Lebhaftigkeit der Vorstellungskraft", „außergewöhnlich lebhafter und beweglicher Geist (ingenium usw.)" seien krankhafte Zustände. Dem heutigen Blick flagrant, auch schon einigen scharfen zeitgenössischen Blicken, vollzieht sich freilich gerade in den umständlichen und skurrilen Anstrengungen zur Installation dieses Gleichgewichts eine bittere Ironie: Sie führen vom „nathürlichen Seelenzustand" immer weiter fort, schon die Anlage der Konstruktion indiziert seinen prinzipiellen Verlust. Moderation und Verhältnismäßigkeit wären weitere zentrale Begriffe eines solchen „homo oeconomicus"[244], Krieg gilt dem Übermaß, der Verschwendung, dem Umherschweifen und Zerstreutsein, allesamt Vernichtungen der Equilibristik und „kleinlichsten Ökonomie" der Bürger- oder Philisterseele und seiner Vernunft. An die Mäßigkeit und Verhältnismäßigkeit wie an die leitenden Ideen des natürlichen Gleichgewichts und der natürlichen Ökonomie ist die Vorstellung der „Glückseligkeit" und die damit weitgehend kongruierend gedachte Moralität gebunden. Die strenge Equilibristik, die der Übermacht eines einzelnen Seelenvermögens vorbeugen soll, stellt die Bedingung der Möglichkeit her, sich selbst, den Willen, „frei", d.h. in der geltenden Semantik, vernünftig bestimmen zu können, die Möglichkeit der Souveränität des Verstandes, eben auch in den Handlungen des Subjekts. Maimon formuliert im *Magazin*: „*Eine Seelenkrankheit ist derjenige Zustand der Seele, worin sie ihre freiwilligen Handlungen nicht ausüben kann; so wie der diesem entgegengesetzte Zustand Seelengesundheit ist; wenn nehmlich die Seele ihre freiwilligen Handlungen ungehindert ausüb[t].*"[245] Tiecks Exaltation ist Seelenkrankheit in beiden Definitionen, Maimons ist der Moritz' abgeleitet. In der von Tieck geforderten Erhitzung der Einbildungskraft und Affekte erhalten diese krisenhaftes Übergewicht gegenüber den anderen Seelenvermögen, „nathürliche" Seelenequilibristik und -ökonomie werden zerstört – die Seelenvermögen der Vernunft, Denk- und Urteilskraft sowie, äußerst folgenreich, der Empfindung, als sensus externa, werden demoliert oder gar zerstört, der Wille wird heteronom bestimmt. Die Seele ist dann vollends das seltsame „Durcheinanderstürmen eben so mannigfaltiger Affekte und Vorstellungen" (*ÜdKSh* 656). Geschehen ist, in drastischer Weise, was es vorzubeugen galt: „daß nicht eine Seelenfähigkeit auf Kosten der anderen, die Einbildungskraft z.B. auf Kosten der Beurteilungskraft (...) zu sehr angestrengt" wird. Ist der Begriff der Seele radikal ein historisch-kultureller Begriff, schon in seiner Existenz, eklatant in seiner Bedeutung, zeigt sich dieses offenkundig in den freilich sehr unterschiedlich konzipierten Momenten der Topologie der Seele, den Skiz-

---

[244] Geprägt von Ulrich Nassen, *Trübsinn und Indigestion – Zum medizinischen und literarischen Diskurs über Hypochondrie im 18. Jahrhundert*, in: FUGEN, 1, 1980, S. 171–186. Aufgenommen von Müller in seiner Erörterung der Konstruktion des natürlichen Gleichgewichts der Seele (*Die kranke Seele*, u.a. S. 69ff. oder 87ff.).

[245] Maimon, *Magazin*, Bd. IX, S. 18.

zen der Seelenvermögen – welche gibt es und in welcher Relation und Wertigkeit stehen sie – inklusive dem supponierten „Körper-Seele-Verhältnis", das Ende des 18. Jahrhunderts bei allen nachdrücklich und gewaltsam begonnenen Differenzierungen, Foucault führt es vor, immer noch in strenger Kongruenz gedacht wurde. Immer stehen „Körper und die Seele *gemeinsam* in Frage"[246]. Ohne strenges System spricht Moritz vom „Empfindungsvermögen", das differenziert wurde als sensus externa, sensus interna, deren Gegenstand u.a. die Affekte sind, und „Gemeingefühl", von der Einbildungskraft, „Denkkraft"[247] sowie dem „Beurteilungsvermögen", das Tieck „Urteilsvermögen" nennt. Subsumierend spricht er von „tätigen" und „vorstellenden" Seelenfähigkeiten[248]. Eine besondere, späterhin noch interessierende Seelenfähigkeit ist Moritz'

---

[246] Foucault, *Wahnsinn*, vor allem S. 207ff. Foucault arbeitet das „Körper-Seele-Verhältnis" in den Spekulationen über den Wahnsinn heraus: „Wer im siebzehnten und achtzehnten Jahrhundert Wahnsinn sagt", resümiert er, „sagt in strengem Sinn nicht ‚Krankheit des Geistes', sondern wohl etwas, wobei der Körper und die Seele *gemeinsam* in Frage stehen" (ebd., S. 212). Soma und Psyche werden streng oszillierend gedacht, nicht bloß in der medizinischen oder psychologischen Wissenschaft. Exemplarisch Schiller: „Das genaue Band zwischen Körper und Seele macht es unendlich schwer, die erste Quelle des Übels ausfindig zu machen, ob es zuerst im Körper oder in der Seele zu suchen sei" (Friedrich Schiller, *Über die Krankheit des Eleven Grammont*, in: *Sämtliche Werke*, hg. v. Gerhard Fricke und Herbert G. Göpfert, Bd. 5, München 1960, S. 269. Vgl. Lenz' und Herders ähnliche Argumentationen (Jakob Michael Reinhold Lenz, *Stimmen des Laien auf dem letzten theologischen Reichstage im Jahr 1773*, in: *Werke und Briefe*, hg. v. Sigrid Damm, Bd. 2, München 1987, S. 580 ; Johann Gottfried Herder, *Ist die Schönheit des Körpers ein Bote von der Schönheit der Seele*, in: *Werke in zehn Bänden*, hg. v. Martin Bollacher, Bd. 1, *Frühe Schriften 1764–1772*, Frankfurt a. M. 1985; ders., *Von der Veränderung des Geschmack*, in: *Werke in zehn Bänden*, hg. v. Martin Bollacher, Bd. 1, *Frühe Schriften 1764–1772*, Frankfurt a. M. 1985).

[247] Die „Denkkraft" bzw. der „Verstand", denen als Ausdifferenzierung die „Beurteilungskraft" (Moritz, *Magazin*, *Werke*, S. 116) oder „das Urtheilsvermögen" („Urtheilskraft") zugehören und – in einigen Klassifikationen – noch der „Wille" („Voluntas") sind die Kräfte der Vernunft, der „vernünftigen Seele". Siehe exemplarisch Jablonskis Wörterbuch : „Die Kräfte der vernünftigen Seele sind 2, der Verstand, Intellektus, und der Wille, Voluntas, die doch mit der Seele eins sind, und nur in Ansehen der unterschiedlichen Weise ihrer Wirkung zerschieden werden. Der Verstand erkennt das Gute und Böse, das Wahre und das Falsche: der Wille erwehlet das eine, und verwirft das andere" (Johann Theodor Jablonski, *Allgemeines Lexicon der Künste und Wissenschaften ... zusammengetragen von einem Mitglied der Kön. Preuß. Societaet der Wissenschaft* Leipzig 1721, Artikel „Seele"). Das Problem des „Willens" und seiner „Freiheit" bzw. Unfreiheit, seinem heteronomen Bestimmen, beschäftigt die Erfahrungsseelenkundler intensiv (s.u.). Jablonski sieht sich in seinem Wörterbuchartikel bereits gezwungen, die Diskussion um die Vernünftigkeit bzw. Vernunftkonformität der „Affekte" in diesem Zusammenhang zu erwähnen: „Von einigen wird noch eine dritte Kraft [zum Verstand und dem Willen] hinzugesetzt, nemlich die Gemüths=Regungen oder Affectus, welche sind ein Trieb dem erwehlten Guten nachzusetzen und dem verworfenen Bösen auszuweichen" (Jablonski, *Lexicon*, S. 709f.).

[248] Moritz, *Magazin*, *Werke*, S. 116.

„Thatkraft", zunächst im Kontext seines zweiten Ansatzes einer Ästhetik in der *Bildenden Nachahmung des Schönen* konzipiert, aber auch außerästhetisch von großer Relevanz. Gewissermaßen ist sie identisch mit seinem „unpersönlichen es", Tiecks Begriff der Phantasie weist entscheidende Momente dieser „Thatkraft" auf[249]. Programmatisch galten der Erfahrungsseelenkunde bisherige, theoretische Parameter und Systeme weniger als die penible empirische Beobachtung. Das alte aufklärerische Modell der strengen Hierarchie der „unteren" und „oberen" Seelenvermögen, prädiziert gemäß der epistemologischen und dann moralischen Dignität der Seelenvermögen[250], ist als herrschende Vorstellung revidiert, besonders, da die Diskussion in keinem epistemologischen Kontext mehr steht. Demokratisiert die Idee der Seelengesundheit als „Gleichgewicht aller Seelenfähigkeiten" die Idee der Seelengesundheit als Hierarchie, die die gelingende „Unterjochung" der unteren Seelenvermögen, der sensitiva, durch die oberen bedeutete[251], restauriert sich bei näherem Hinsehen auch in der neuen

---

[249] Gegenüber der „Thatkraft" sind alle anderen „Seelenvermögen", auch die „Einbildungskraft", sekundär, insuffizient: „Alle die in der tätigen Kraft bloß dunkel geahndeten Verhältnisse jenes großen Ganzen, müssen notwendig auf irgend eine Weise entweder sichtbar, hörbar, oder doch der Einbildungskraft faßbar werden: und um dies zu werden, muß die Tatkraft, worin sie schlummern, sie *nach sich selber, aus sich selber bilden*" (Karl Philipp Moritz, *Über die bildende Nachahmung des Schönen*, in: ders., Werke, Bd. 2, *Reisen. Schriften zur Kunst und Mythologie*, hg. v. Horst Günther, Frankfurt a. M. 1981, S. 563). Moritz' Phantasiebegriff im *Gesichtspunkt der mythologischen Dichtungen* ist diesem Sinn dann selbst ganz nahe (Einleitung von: *Götterlehre oder Mythologische Dichtungen der Alten*, in: ders., Werke, Bd. 2, *Reisen. Schriften zur Kunst und Mythologie*, hg. v. Horst Günther, Frankfurt a. M. 1981, S. 611–616). In der Tatkraft erfährt der Mensch, wie Peter Rau schreibt, das „dunkle Gefühl der Harmonie" alles Seienden, alles Seins (Peter Rau, *Identitätserinnerung und ästhetische Rekonstruktion, Studien zum Werk Karl Philipp Moritz*, Frankfurt a. M. 1983, S. 156). In diesem Zusammenhang bezeichnet die Tatkraft eine intuitive, mystische, rational nicht einzuholende Totalitätserfahrung. Die „Tatkraft", deren epistemologische Funktion gegenüber ihrer schöpferischen Funktion vitalistischer Färbung in der Schrift dann gänzlich zurücktritt, ist ebenso in vielerlei Hinsicht von unmittelbarer ästhetischer Relevanz: „Die Natur konnte aber den Sinn für das höchste Schöne nur in die Tatkraft pflanzen, und durch dieselbe erst mittelbar einen Abdruck dieses höchsten Schönen der Einbildungskraft faßbar, dem Auge sichtbar, dem Ohre hörbar machen; weil der Horizont der Tatkraft mehr umfaßt, als der äußre Sinn, und Einbildungs- und Denkkraft fassen kann" (Moritz, *Bildende Nachahmung*, S. 561). Tiecks Phantasiebegriff – der „frühromantische" allgemein – entspräche dem fundamentalen Status nach eher der „Thatkraft" als Moritz' „Seelenvermögen" der „Phantasie", allerdings erhebt Tieck die „Phantasie" keineswegs zu einem solchen Organ der totalen Erkenntnis.

[250] Vgl. Hans Adler, *Fundus Animae – der Grund der Seele. Zur Gnoseologie des „Dunklen" in der Aufklärung*, in: *Deutsche Vierteljahrsschrift für Literaturwissenschaft und Geistesgeschichte* 62, 1988, S. 197–220.

[251] Eine Pointierung der bis Ende des 18. Jahrhunderts herrschenden Seelenskizze gibt Jablonskis Artikel zur „Seele", die hier formulierten Differenzierungen werden in den letzten Jahren des Jahrhunderts immer weiter ausdifferenziert (vgl. die Ausdifferenzierung der Begriffe der „Empfindung" in Fußnote 19 dieses Kapitels). „Anima, der

Idee wiederum die alte Hierarchie: das Gleichgewicht muß immer die Autonomie der Vernunft bzw. des Bestimmungsvermögens sichern, wenngleich die Exzesse der Vernunftherrschaft bändigt, die nun ebenso als Seelenstörung galten. „Gesund" ist dann doch wieder „vernünftig". Immer noch schwingt das alte Modell im neuen deutlich mit. In ihm waren Einbildungskraft und Affekte eben untere Seelenvermögen, wenn auch in den empfindsamen und sensualistischen Strömungen aufgewertet; obere waren, verschieden differenziert, Vernunft, Denk- und Urteilskraft sowie der Wille (Voluntas). Die Differenz von Willen – bei Kant dann nur noch „Bestimmungsvermögen", indifferent gegenüber der Bestimmung, dem Verstand oder dem Begehrungsvermögen – und Verstand ist für die Erfahrungsseelenkundler ein faszinierendes Phänomen: Der Mensch will und tut, was sein Verstand nicht will (siehe Moritz' Aufzeichnungen zur „Willensfreiheit" oder Sulzers Aufsatz *Erklärung eines psychologisch paradoxen Satzes: Daß der Mensch zuweilen nicht nur ohne Antrieb und ohne sichtbare Gründe, sondern selbst gegen dringende Antriebe und überzeugende Gründe handelt und urtheilet)*[252].
Einbildungskraft und Affekte finden sich, trotz der Ende des Jahrhunderts wildwuchernden Differenzierungen und Umwertungen der einfachen schulphilosophischen Seelenskizze der ersten Hälfte des Jahrhunderts, dem Somatischen immer noch nahe gestellt: „von dem Zeug oder Cörper nicht unterschieden, sondern in und aus demselben entstehen, und mit ihm wieder aufhören"[253]. Ein Körper, dem Moritz dunkle Gesetze unterstellt, nur vage zu extrapolieren, da die „körperlichen Empfindungen" nur eine „dunkle Vorstellung von dem ganzen Zusammenhang unsres Körpers" vermitteln, welche „sich auf mannigfaltige Weise einander aufzuheben, zu zerstören, und wiederherzustellen suchen"[254]. Dunkle Bewegungen ohne Telos und Sinn, Bewegungen, die sich dann als Bewegungen der Tieckschen Einbildungskraft wiederfinden. Der postulierte

---

Ursprung des Lebens in einem begliederten Körper, nach Aristotelis Meinung, der unter einer solchen weitschweifige Beschreibung, alle drey von ihm angegebene Gattungen der Seele begreifen wollen (...). Die erste Gattung der Seelen nennet er die wachsthümliche, *Vegetativa,* welche sich in den Gewächsen befindet, und durch drey Würkungen oder Kräffte, die ernehrende, wachsende oder fortpflanzende, äussert. Die zweyte ist die sinnliche oder empfindliche Sensitiva, welche neben den wachsthümlichen in den Thieren wohnen und gleichfalls durch drey Kräffte, die Empfindlichkeit, die Begierlichkeit und die Beweglichkeit, würcket. Endlich die vernünftige, welche (...) allein dem Menschen zukommt (...). Die Kräfte der vernünftigen Seele sind zwey der Verstand, *Intellektus,* und der Wille, *Voluntas,* die doch mit der Seelen eins sind, und nur in Ansehen der unterschiedlichen Weise ihrer Würckung zerschieden werden" (Jablonski, *Lexicon,* S. 709f.).

[252] Moritz, *Magazin,* Werke, S. 119. (Artikel „Willensfreiheit"). Johann Georg Sulzer, Erklärung eines psychologisch paradoxen Satzes: Daß der Mensch zuweilen nicht nur ohne Antrieb und ohne sichtbare Gründe, sondern selbst gegen dringende Antriebe und überzeugende Gründe handelt und urtheilet, in: *J.G. Sulzers vermischte philosophische Schriften,* Leipzig 1773, S. 99ff.

[253] Jablonski, *Lexicon,* Artikel „Seele".

[254] Moritz, *Magazin,* Werke, S.113.

Wahnsinn oder Schwindel der Seele als sonderbare übermäßige Erhitzung primär der Phantasie, dessen influxus späterhin die den Wahnsinn bzw. Schwindel selber formal praktizierende Poesie sein soll, erweisen sich vor dem Hintergrund dieser allgemeinen Bestimmungen als eine ganz spezifische Vernichtung des seelischen Gleichgewichts und der seelischen Ökononomie – der bürgerlichen Seelengesundheit, die vielfältige Werte und „Wahrheiten" impliziert. Schwindel, als besondere Exaltation der Phantasie, erweist sich schon im Begriff als die Vernichtung des Gleichgewichts par excellence, auch damals schon im immer parallelen Sinne des physischen Gleichgewichtsverlustes; bei Jablonski heißt es: „daß es einem dünket, ob sehe er alles um sich im Kreis herum laufen... und daß man ohne Hülfe sich nicht aufrecht halten kann"[255], bei Adelung: „da sich alles mit uns umzudrehen scheinet"[256]. Zum punktuell skizzierten historischen Seelenmodell, als homogenes, allgemein verwendetes nicht existent, das mitunter zur Folie und zum Gegenstand des Schwindels wird, gehört das Konstrukt der neu differenzierten Sinne, die die Seelenvermögen anders ordnen. Geordnet werden sie hier in Hinsicht auf die „Arten von Vorstellungen" in der Seele, die „in Rücksicht des vorgestellten Objekts unter sich verschieden sind", sowie in Hinsicht auf die ihnen entsprechenden Sinne der Seele bzw. des Körpers. Prägnantes Modell der mit dem einsetzenden Sensualismus immer weiter fortentwickelten Differenzierung des früheren, mehrfach überlagerten Terms der Empfindung[257] ist das Modell Hübners bzw. seines Lehrers Reils, 1794 in Halle

---

[255] Jablonski, *Lexicon*, Artikel „Schwindel".
[256] Johann Christoph Adelung, *Grammatisch-historisches Wörterbuch der hochdeutschen Mundart*, Leipzig 1798 (zweyte vermehrte und verbesserte Ausgabe), Artikel „Schwindel".
[257] Die „Empfindung" („Sensus", „Sensationen") ist „die Kraft der äusserlichen Sinne, welche dem Menschen und einem jeden begliederten Körper von den äusserlichen Dingen einen Eindruck gibt", so der geläufige Sprachgebrauch (Grimminger, *Aufklärung*, S. 52). Bei Reimarus heißt es ähnlich: „sinnlich-intuitive Wahrnehmung der äußeren Wirklichkeit" und mit sensualistischer Betonung – der Seele als „tabula rasa" gegenüber Leibniz Monade und ihren „petites rezeptionnes" – „die Grundlage für jede vernünftige Erkenntnis aus der Erfahrung" (Hermann Samuel Reimarus, *Die Vernunftlehre, als eine Anweisung zum richtigen Gebrauch der Vernunft in der Erkenntniß der Wahrheit*. Hamburg 1756). Ende des 18. Jahrhunderts setzt sich bei den Begriffen der „Empfindung", „Erfahrung" und Wahrnehmung eine begriffliche Unterscheidung von „äußerlicher" oder „sinnlicher" und „innerlicher" „Empfindung" durch (Begriffe, die dann selber wiederum endlos und uneinheitlich differenziert werden, s. u.). „Nun ist die Empfindung äußerlich oder sinnlich wenn wir (...) sehen, hören, riechen und schmecken (...). Demnach giebt es auch eine äußere oder sinnliche Erfahrung." (Reimarus, *Vernunftlehre*, § 213) Der „äußere Sinn" („sensatio externa") wird vornehmlich im epistemologischen Kontext (als „Erfahrung") diskutiert". Vgl. dazu Grimminger: „Die Trennung zwischen sinnlicher Empfindung für die theoretisch-erkennende und inneren Gefühlen für die praktisch-handelnde Vernunft, auf der die gesamte Hochaufklärung beruht" (Grimminger, *Aufklärung*, S. 53). „Wir haben aber auch", so Reimarus' Diffenzierung, „eine innere Empfindung, wenn wir (...) unsere Gemüthsleidenschaften, unser Denken und Wollen, wahrnehmen. Daher giebt es auch eine innere (...) Erfahrung". (Reimarus, *Vernunftlehre*, § 213). Grimminger hält

publiziert, wo Tieck studierte[258]. Descartes folgend werden „drei Vorstellungsarten", Vorstellungen „auf äußere Gegenstände bezogen", „auf die Seele bezogen" und „auf unseren Körper bezogen"[259], sowie drei Sinne, „durch welche der Mensch nach seinem dreifachen Zustande vorgestellt wird", unterschieden. Gedacht werden sie als „Einrichtungen im Körper", als organische Apparate, die Prozesse vollziehen sich materiell, physiologisch, wenn Reil auch das Substrat nicht benennt, nicht immateriell, wie bei Descartes noch. Alle drei Sinne, d.h. alle drei Vorstellungsarten- bzw. klassen, werden von der Exalation der Seele, vom Schwindel infiziert. Poesie des Schwindels betreibt die vorsätzliche „unaufhörliche Verwirrung" aller drei Sinne und drei Vorstellungsarten. Im inneren Sinn (sensus interna) „werden Einbildungen und Urtheile gebildet, der Seele ihre Kräfte, ihre Ideen und Begriffe vorgestellt, und sie wird sich ihrer bewußt gemacht". Die Seele stellt sich „ihren eigenen geistigen Zustand, ihre Kräfte, Handlungen, Vorstellungen und Begriffe vor, unterscheidet diese Dinge von sich selbst, und wird auf diese Art sich ihrer bewußt". Die Empfindung (sensatio externa) „wird durch Hülfe der Sinne erregt, und stellt die Welt vor", d.h. der

---

so fest: „Von ihr (der 'sensation') sind Selbsterfahrung ('reflexion') und moralisches Gefühl ('moral sense') für die Gebote der praktischen Vernunft auch dann strikt zu unterscheiden, wenn sie ebenfalls 'Empfindung' genannt werden". Dies ist die 'reflexion', der 'innere Sinn" (vgl. die gleich behandelten Begriffe Reils), deren Gegenstand eben auch die „Affekte" sind. Diese „inneren Gefühle" werden, wie die Affekte – mit denen sie sprachlich zusammenfallen, wenn sie Gegenstand der „Gefühle" sind –, in Hinblick auf die praktisch-handelnde Vernunft diskutiert, die „äußeren Empfindungen" eben hinsichtlich auf die theoretisch-erkennende Vernunft. Reimarus unterscheidet aber schon eine weitere „Empfindung", ein Niederschlag der „empfindsamen" Diskussion um die Vernünftigkeit und Moralität der „Natur", der „Leidenschaften" im Menschen: eine supponierte „moralische Empfindung" als der „vernünftige Teil von ihr" [der „Empfindung"]. „Die moralische Empfindung ist der vernünftige Teil von ihr, sie hat also weder mit anarchischen Leidenschaften noch mit äußeren Wahrnehmungsreizen etwas zu tun. Sie ist allein in der Innenwelt, im 'Herzen' der Subjekte und dem reflexiven Bewußtsein zu Hause, das sie von sich selbst haben. Dort lenkt sie ihren Willen zum Guten" (Grimminger, *Aufklärung*, S. 52). „Ab Mitte der sechziger Jahre bereitet dann selbst der Begriff 'Empfindung' terminologische Schwierigkeiten. Er soll nur einer moralischen Literatur gelten, die innere Gefühle des Herzens für das Gute beschreibt, hat jedoch auch eine fatale Nähe zur sinnlichen Empfindung und ihren möglichen Begierden" (ebd., S. 54). Nachgebildet ist Reimarus Modell allgemein Lockes, von Hume und Berkeley weitergetragenen Unterscheidung der „äußeren Erfahrung" („sensation"), die „sinnliche Eindrücke der Körperdinge" aufnimmt, und der „innere Erfahrung", der „reflection" eigener Akte, Zustände und Erlebnisse (John Locke, *Versuch über den menschlichen Verstand*, hg. v. C. Winckler, 2 Bde. 1911–13, Neudr. Hamburg [4]1981).

[258] Unter dem prominenten Mediziner und Psychologen Johann Christians Reil dissertiert Chr. Frieder Hübner mit der Schrift *Coenaesthesis, dissertatio (...) quam praeside J. C. Reil, progradu doctoris defendit* (Halle 1794, zitiert nach: Jean Starobinski, *Kleine Geschichte des Körpergefühls*, Frankfurt a. M. 1991 ; Starobinski beschäftigt sich ausführlich mit Reil, S. 12ff).

[259] René Descartes, *Über die Leidenschaften der Seele*, Art. 23, 24 und 25, in: ders. *Philosophische Werke*, Vierte Abteilung, Leipzig [3]1911.

Seele „ihren äußern Zustand oder die Verbindung des ganzen Menschen mit der Welt". Der dritte Sinn ist das „Gemeingefühl" („Coenaesthesis"), „durch welches der Seele der Zustand ihres Körpers vorgestellet wird, und zwar vermittelst der Nerven, die allgemein durch den Körper verbreitet sind."[260] Geschaffen ist mit dem Gemeingefühl ein neuer, folgenreicher Begriff, den Starobinski im Zentrum der „Moderne", an der Literatur Baudelaires, Flauberts oder Valérys ausführt, „das 'romantische' Denken sollte das Konzept des Gemeingefühls sehr positiv aufnehmen"[261]. Seine vielfältigen „Störungen" – mit denen sich Moritz und Tieck eingehend beschäftigen – dienen als Grundlage einer differenzierten pathogenetischen Klassifikation.[262] Werden die Sinne verwirrt, erliegen augenblicklich Wahrheit und Wirklichkeit und der Wahnsinn beginnt. Zusammenhang und Ordnung der Vorstellungen zerfallen und damit ihre Gegenstände: die „Welt", der „Körper", das „Selbst", das „Bewußtsein". Seelengesundheit, wieder eine Verschiebung des Begriffs, ist in diesem Modell das korrekte Funktionieren der Sinne, die reibungslose Informationsübertragung. „Erhitzt" sich in der Exaltation der Seele die Empfindung (als sensus externa, nicht Empfindung der Affekte als sensus interna), um deren Status in epistemologischer, ästhetischer wie moralischer Hinsicht in der zweiten Hälfte des 18. Jahrhunderts eine selber echauffierte Diskussion losbrach, führt dies unmittelbar zur Selbstvernichtung

---

[260] Hübner, *Coenaesthesis*, zitiert nach Starobinski, *Körpergefühl*, S. 15.
[261] Ebd., S. 16.
[262] Ebd., S. 15f. Der Begriff hat als solcher bis ins 20. Jahrhundert großen Einfluß, aufgenommen vor allem von Karl Wernicke, der die Termini der „allopsyche", der „somatopsyche" und der „autopsyche" formuliert (Karl Wernicke, *Grundriß der Psychiatrie*, Leipzig 1906). Störungen des „Gemeingefühls" (in der nervlichen Übermittlung der somatischen Informationen an das Gehirn also) sind Hübner sowohl Folgeerscheinungen, Infektionen bestimmter Krankheiten wie auch idiopathische Störung, die ihrerseits eine Reihe von Symptomen zur Folge haben kann, bis hin zum „offenen Wahnsinn". „Bis zu einem gewissen Punkt kann eine solche falsche Idee durch den Verstand korrigiert werden. Aber wenn es dieser falschen Idee gelingt, sich durchzusetzen, führt sie zu einem wahnhaften Zustand." Reil nimmt „in seine psychiatrische Krankheitslehre eine Kategorie von Geisteskrankheiten (auf), die (...) seit zwei bis drei Jahrhunderten in den Kapiteln der Melancholie oder der Hypochondrie figurieren" (Starobinski, *Körpergefühl*, S. 16). Das Gemeingefühl ist Reil in psychogenetischer Hinsicht das Primäre, die erste Gefühlstätigkeit des Fötus. „Das Evolutionsdenken konnte (...) die Idee eines ursprünglichen Körpersinnes vertreten, aus welchem die übrigen Sinnestätigkeiten durch Differenzierung hervorgegangen seien. Als erste Empfindung des Lebens kann das Gemeingefühl in dem Maße, wie es sich aus den sensorischen Afferenzen, das heißt aus den zentripetalen körperlichen Reizen zusammensetzt, von einigen als Quelle des psychologischen Lebens überhaupt betrachtet werden" (ebd., S. 16). Steht die Idee des primären Gemeingefühls im Kontext eines sensualistischen Denkens, gewinnt es immer mehr an Bedeutung, wie Starobinski ausführt: „Wenn das geistige Leben durch die Tätigkeit der Sinne bestimmt ist und wenn alle Sinnetätigkeiten ihrerseits nur Derivate des Gemeingefühls sind, so kann man so weit gehen zu behaupten – wie es Ribot 1884 in *Les maladies de la personalité* tun wird –, daß unsere Persönlichkeit vollständig auf den, zum Teil unbewußten, Nachrichten beruht, die dem körperlichen Dasein entspringen" (ebd., S. 17).

des äußeren Sinns und korrelativ des „Äußeren" und der Welt. Eine paradoxe Bewegung, die sich darin wiederholt, daß der Text der Poesie des Schwindels ab einem bestimmten Punkt nicht mehr der materielle Text ist, sondern der eigenständige Schwindel des Lesers.

Das Spektakel, das sich Außen ereignet, ist „Innerstes": ist nur das der idiopathischen Bewegungen der Phantasie. Solcher Untergang des sensus externa – als Selbstvernichtung in seiner Potenzierung – konfiguriert mitunter die neue Situation, in der die Phantasie zum frühromantischen „Radikal- und Grundvermögen" der Seele (Frank[263]) werden kann. „Sehen, hören, riechen und schmekken" (im gleich betrachteten Tieckschen „Anfall des Wahnsinns" ausführlich einbezogen), „äußere oder sinnliche Erfahrung" (äußerer Sinn, „Sensation"), wie die innere Erfahrung (innerer Sinn, „Reflektion") als Wahrnehmung „unsere Gemüthsleidenschaften, unseres Denken und Wollens"[264] sowie die Empfindung des eigenen Körpers (Coenaesthesis) – alle diese „dreierlei Arten von Vorstellungen", die sich in der Seele überhaupt finden, sind von der überstimulierten Tätigkeit der Phantasie prädominiert. Innerer Sinn kontaminiert und ersetzt allen äußeren Sinn, totalisiert sich, gleich in einigen Fällen erörtert. Das „Äußere", die „Welt" und „Natur", erweist sich dann als reine Projektionsfläche des Innersten der Seele, der erhitzten Phantasie. „Plötzlich" zeigt sich Natur als „Heiteres" und „Vertrautes", dann als „Fremdes" und „Bedrohliches". „Naturschönes" und Mimesis als imitatio naturae wird radikal zum Problem (vgl. Kap. IV.2). Natur, ein Außen, das als solches nicht dementiert wird, kann zwar als vager Stimulus auf das Subjekt wirken, was sie ihm aber ist, die bestimmte Bedeutung, konstituiert sich im Innersten. Natur kann zwar die exaltierte Seele zu weiteren Exaltationen reizen – für die sie selber schon die Bedingung darstellt –, ist aber in ihrem bestimmten Bild dann bloß Produkt dieser Exaltation[265]. Tieck formuliert diesen

---

[263] Frank, *Phantasus*, S. 1243.
[264] Reimarus, *Vernunftlehre*, § 213.
[265] Entscheidend ist die Disposition der Perzeption, eben der „Seelenzustand". Zwar kann „Natur" der, qualitativ unterschiedliche, Stimulus sein. Die „heftigsten Wirkungen" in der „Seele" aber entspringen dem sich auf die Stimulierung hin verselbständigenden, eigengesetzlichen innerseelischen Prozeß. Die Eindrücke der Natur auf die „überreizte Seele" können, wie gesehen, jähe „Paroxismen" auslösen, in einen „Taumel" versetzen, „Anfälle des Wahnsinns" auslösen: „das Rauschen eines Waldes, ein Bach, der vom Felsen fließt, eine Klippe, die im Thale aufspringt" (*RB* 258). Die „exaltierte Phantasie" reagiert auf alles und produziert das „Erlebnis". In den Jahren 1792/93 – vor allem im Kontext des „Erhabenen", das er gegen das „Schöne" ausspielt – sind Tiecks Aussagen noch widersprüchlicher, zu finden sind Stellen, in denen die Erfahrung der „Natur" die „Seele" „gewaltig" affiziert und den „Seelenzustand" verändert, „veredelt" (z.B. *RB* 255). „Wenn ich auf einer Klippe stehe, die sich weit übers Meer hinaus bückt, die Unendlichkeit vor mir, unten nur unermeßliche Abgründe, da wird die Seele sich erhaben fühlen, aus meinen Gefühlen werden sich große erhabne Gedanken entwickeln, (...) tausend Gedanken von Ewigkeit und Unendlichkeit werden sich tief in mein Innres graben" (*ÜdE* 643). Hier entsteht das „Erhabene" im traditionellen Verständnis. Im Zentrum der Tieckschen Bestimmung des „Erhabenen" steht aber schon in der Schrift 1792, im Gegensatz zu den eigenen

Sachverhalt 1796, dem Jahr, in dem auch der *Eckbert* entstand, in einem seiner Beiträge in den *Musenalmanachen*[266] deutlich: „Können wir denn die Natur wirklich so schildern, wie sie ist? Jedes Auge muß sie in einem gewissen Zusammenhange mit dem Herzen sehen, oder es sieht nichts" (*MuAl* 82). Zugespitzter noch: In der Betrachtung der Natur nimmt der Mensch wahr, was „gewiß für ein anders organisirtes Wesen nicht in der Sache liegt, sondern blos in der Seele des Betrachtenden" (*MuAl* 83). Natürliche Landschaften sind innere Landschaften. Es kommt unterdessen, folgt man der Mutation der Seele zum „unbekannten Etwas", zu einer weiteren Komplikation: Es ist eine vom „Unbegreiflichen" im Subjekt konstituierte Natur, selber folglich unbegreiflich. Demnach kann sich das Subjekt in ihr, in dem, was es als Natur und nicht als es selbst wahrnimmt, nicht wiederentdecken. In seinem Innersten wird sie willkürlich generiert, die Willkür der Dynamik und die strukturellen Eigenschaften des „tiefsten Inneren" andeutend. Natur selber wird wie die Seele zum „unbekannten Etwas, das ewig ein Geheimniß bliebe wird", Innerstes und die Natur fallen wie bei Moritz solchermaßen zusammen. Wie die Psychologie wird die Naturwissenschaft hinfällig, das „Suchen nach der Natur", „hinter der man noch jetzt mit großem und lobenswürdigem Eifer jagt, und es sich nicht verdrießen läßt, Küche, Keller, Boden, Wohnung und Visitenstube zu durchforschen, auch das menschliche Herz in seinen innersten Schlupfwinkeln zu belauern", wird absurd (*BüSh* 180).

Beispielen, seine Verortung im Rezipienten. Tieck „rückt von allen Bestimmungen des Erhabenen aus dem Bezeichneten ab, z.B. dem Naturerhabenen (während er verwirrenderweise Beispiele daraus wählt), beschränkt sich aber auch nicht auf das Erhabene im Bezeichnenden, also der Rhetorik, sondern verfolgt diesen rhetorischen Zweig weiter. Er bleibt nicht stehen bei den Vergleichungsverhältnissen, der Bewertung von Metaphern usw., sondern psychologisiert den Ansatz und will in der Menge der Assoziationen, die von einem sprachlichen Bild ausgehen können, das Erhabene erkennen." Das „Erhabene" ereignet sich in der endlosen Beschäftigung des Rezipienten mit einem endlos beschäftigenden „sprachlichen Ausdruck". „Daß dabei die Rolle des Rezipienten gestärkt wird, dessen große/geringe Agilität also das Erhabene fördern/ dämpfen kann, verweist bereits auf subjektivistisch-romantisches Denken, bes. auf die Konzeption der Romantisierung durch Potenzierung bei Novalis " (Hölter, *Tiecks Frühwerk*, S. 1147f.). Der nur negativ zu umreißende „Schwindel der Seele", der Momente des „Erhabnen" aufnimmt, wird dann ein Phänomen des Rezipienten, des Lesers, sein. Stellt Hölter heraus, daß Tieck „originellerweise" von allen „Bestimmungen des Erhabenen aus dem Bezeichneten (...), z.B. dem Naturerhabenen" (ebd., S. 1147), wie von der ausschließlichen Bestimmung des Erhabenen im Bezeichnenden, also der Rhetorik, abrückt, stellt er den Widerspruch Tiecks heraus, so widerfährt ihm derselbe Widerspruch, wenn er abschließend nebulös notiert, daß sich in diesem frühen Aufsatz die „romantische Sensibilität für das Naturerhabene" äußere (ebd., S. 1148).

[266] Ludwig Tieck, *Die neuesten Musenalmanache und Taschenbücher 1796–1798*, in: ders., *Kritische Schriften*, Bd. 1, Leipzig 1848.

Ausführlich beschäftigen Tieck in der frühen Diskussion der Empfindungen[267] das „übersteigerte Empfinden" und die „überreizten Nerven" – „die übertriebene Reizbarkeit meiner Nerven, für die ich keinen Namen habe" (*BTW* 99). Sie bilden die umspannende sensitive Fläche, die noch die geringfügigsten Reize der Außenwelt irritieren. Bedeutet die Ätiologie der labilen Seele im skizzierten neuen erfahrungsseelenkundlichen Paradigma des Verstehens die psychologische Rekonstruktion des „wirklichen Lebenslaufes" des einzelnen – ein Bruch also mit den Theorien der exponentiell sich vermehrenden, gänzlich willkürlichen „nahen" und „fernen Ursachen" der wahnsinnigen Infektion in den Phantasmen des 18. Jahrhunderts[268] –, bleibt die Seele, ist sie einmal im erhitzten Zustand, unendlich anfällig gegenüber jedwedem Anlaß. Die uferlose Erwägung der möglichen Anstöße, der fernen Ursachen, des Wahnsinns, in denen der

---

[267] Tiecks Diskussion der „Empfindungen" stellt von Beginn an die Komplikation in Rechnung, deutlich in den brieflichen Auseinandersetzungen mit Wackenroder zum Thema „Empfindeley", daß das „Empfinden" und das „Fühlen" ebenso wie die „Leidenschaften" in ihrer jeweiligen, besonderen Ausprägung ein Ergebnis der historisch, gesellschaftlichen „Mode" seien, nicht anthropologisches Fixum; Komplikation, weil der zeitgenössische Rekurs auf das „Nathürliche", der freilich immer das vernünftige Konstrukt meint, fraglich wird (*BTW* 30f., 34f., 42ff.).

[268] Seit dem 17. Jahrhundert differenziert die ätiologische Diskussion, Foucault zeichnet es umfassend nach (*Wahnsinn*, S. 213ff.), „nahe" und „ferne" Ursachen in der Ätiologie der Gestalten des Wahnsinns, ein Versuch der Organisation der ausufernden Kausalitäten. Freilich findet diese Diskussion nicht in der „Erfahrungsseelenkunde" statt, ihre popularisierten Ergebnisse finden sich aber hier wieder. „Nahe Ursachen" (zu den „fernen" s.u.) sind die unmittelbar im Augenblick der Störung wirkenden physiologisch-anatomischen Faktoren und Prozesse und werden in den sichtbaren Defekten des organischen Systems gesehen, vor allem des Nervensystems als dem der Seele nächsten Organ. „Die Ursache wird gefunden sein, wenn man die anatomische oder physiologische Störung (...), die der Verbindung von Seele und Körper am nächsten ist, wird bezeichnen, einordnen und wahrnehmen können" (ebd., S. 217). Sie ist dem Phänomen „so nahe", daß sie eine „qualitative Transkription all dessen zu sein schein[t], was in den Manifestationen der Krankheit am sichtbarsten ist" (ebd., S. 213). Eine der „nahen", auch im *Magazin* immer wieder angeführten Ursachen der Melancholie ist das „dickflüssige, schwarze Blut", im charakteristisch Phlegmatischen des Melancholikers unmittelbar sichtbar. Die „Trägeheit", die das eklatante Profil prägt, wird „durch die Analyse der nahen Ursachen vom Äußeren ins Innere, vom Gebiet der Wahrnehmung in das der Erklärung, von der sichtbaren Wirkung in die unsichtbare Bewegung der Ursachen verlegt" (ebd., S. 214). Der paradoxe Effekt ist: was zunächst als „Eigenschaft" genommen, wird nun, „beim Eindringen in das Feld des Unsichtbaren zum Bild", die Trägheitseigenschaft zum Dickflüssigkeitsbild. Die „nahe Ursache" wird identisch mit der Wirkung: „ein System gleichzeitiger Präsenz, die im Bereich der Wirkung perzipierte Eigenschaft, im Bereich der Ursache unsichtbares Bild ist. (...) Tatsächlich ist das System der nahen Ursachen nur die Kehrseite des empirischen Erkennens der Symptome, eine Art ursächlicher Wertung der Eigenschaften" (ebd., S. 214). Zwischen Seele und dem Körper wird eine lineare Verbindung hergestellt, diese empirisch aufweisbare, unmittelbare, lineare Kausalität in der wirklichen Physiologie soll zum präzisen Erklärungsmodell werden, das den „Symbolismus der Eigenschaften" ablöst (ebd., S. 219).

Phantasie und den Leidenschaften in letzter Instanz die zentrale Rolle zukommt[269], lesen sich somit als Indikatoren und Paraphrasen der labilen Seele, der bodenlosen Anfälligkeit ihres fragilen Gleichgewichts, das immer gestört werden kann. Jeden einzelnen, meistens sind die Verrückten ganz „gewöhnliche Menschen" aus allen Schichten, Berufen, Herkünften, kann es treffen, kann doch jeder an sich schon kleine Absonderlichkeiten feststellen. Jederzeit kann der Wahnsinn geschehen, durch eine Reihe geringfügiger, unergründlicher Kontingenzen ausgelöst. Eben diese bedrohliche Kontingenz sollte indes, so das psychologische Programm, am Ende gebannt sein, wenn man nämlich die Bedingungen der Möglichkeit einer Störung ausgemacht und damit ein Verstehen hergestellt hatte. Annähernd alles kann Ursache der Infektion sein; eben das besessene Postulat, mit letzter Exaktheit und in der Totalität die Ursachen angeben zu können – elementare Operation der Aufklärung, der Depotenzierung von Unbegreiflichem führt zu einem Konglomerat einer unüberschaubaren, nicht systematisierbaren Menge an fernen Ursachen[270]. Das „Unbedeutendste" genügt: „Die

---

[269] Ebd., S. 226ff. („Affekt") und S. 233ff. („Bild").

[270] Sowohl somatische Defekte, akute oder chronische Dysregulationen im Körper, Organisches und Physiologisches – der „influxus physicus"-, wie auch Dysregulationen des Seelischen und Geistigen, deren „Gesundheit" ebenso im Modell des „Gleichgewichts" verstanden wurde, können „ferne Ursachen" der Erkrankung sein. Schon die im *Magazin* aufgezählten „fernen Ursachen" der „kranken Seele" sind endlos, widersprüchlich und scheinen willkürlich: „Unordnung im Unterleib", „unregelmäßige Verdauung", „Verstopfung", bei Frauen Ausbleiben der Menstruation, Angst, „einförmiges Leben", „Leben mit zuviel Hast", „zu vieles und falsches Sitzen", alle „unmäßig" betriebenen Handlungen und Neigungen, „starke Leidenschaften", Onanie, Wollust, Schwärmerei, Faulheit, Kaffeetrinken, Einsamkeit, Schlafwandeln, aber auch „angestrengte Geistesarbeit" – und Lektüre. Salomon Maimon wendet sich gegen einen physiologischen Begriff der Seelenkrankheit, implizit ist dabei die Überzeugung, die Sachverhalte in rein psychologischer Perspektive und Terminologie zu fassen, im Hinblick nur auf die „Seelenlage" – was auf ein gegenüber dem Soma autonomes Psychisches abzielt, das eben einer eigene Formulierung bedarf. Seelenkrankheit formuliert er als Störung der Hierarchie, genauer als Defekt der entsprechenden Autoritäten im Modell der unteren und oberen Seelenvermögen (*Magazin*, Bd. IX, S. 18). Pockels dagegen, Seelenkrankheit unmittelbar an die „erhitzten Leidenschaften" koppelnd, sucht in einem „analytischen Versuch über die Leidenschaften" den Ursprung direkt im Körper. Die Psyche ist hier nichts Autonomes: „Es giebt keine einzige Leidenschaft, die nicht einen genauen Bezug auf unsern Körper und seine Bauart hätte. Alles Wollen wird durch den Einfluß des Bluts, der Lebensgeister, des Nervensafts und der körperlichen Ideenassociation bewürkt, und wir werden daher ohne eine genaue Kenntniß des menschlichen Körpers nie eine analytische Theorie der Leidenschaften erwarten können" (*Magazin*, Bd. V, S. 233). Wir befinden uns, Foucault arbeitet das heraus (*Wahnsinn*, S. 285ff., ausführlich im gesamten „dritten Teil" und „Schluß", S. 349–551), in einer Übergangszeit, in der, wie in Maimons Position, sich die reine Psychologie herausbildet, das Ende der Beschreibung in Begriffen, die Somatisches und Psychologisches zusammen bezeichnen. Die Medizin der Säfte, der Lebensgeister, dann der festen und flüssigen Körper, „erklärenden Mythen" verliert Ende des 18. Jahrhunderts mehr und mehr an Zustimmung, übrig bleibt das „Schema der kohärenten Eigenschaften", die in der psychologischen Betrachtung bestimmt werden (ebd., S. 279). Man be-

oft von einem schwachen äußerlichen Stoß hervorgerufenen unwahrnehmbaren Bewegungen [im Seelischen] häufen sich, weiten sich aus und enden damit, daß sie in heftige Konvulsionen ausbrechen."[271] Empfindungen und affektive Reaktionen stehen in keiner natürlichen bzw. vernünftigen, kausal zu erfassenden, verständlichen Proportion zum auslösenden Ereignis. Was sich „plötzlich" entfaltet, geschieht mit einer für den Betroffenen und seinen Verstand befremdlichen Autarkie und Autonomie. Der Kollaps ist eine permanente Gefahr, „ich fürchtete mich, denn ich weiß, was ein solcher Anblick [hier: ein Besuch in einer Anstalt] auf schwache Nerven wirken kann" (*RB* 265). Bewegungen der Seele, die merkwürdigen Erhitzungen z.B., entwickeln sich aus sich selbst heraus, erscheinen dem seelenkundlichen Beobachter als „Wirkung ohne eine Ursache" (*ShW* 712) – die paradoxe Formel der Seele.

Tieck verzeichnet eine Reihe von solchen seltsamen Exaltationen. Ein einfacher Waldspaziergang, die dort empfangenen Eindrücke, keineswegs spektakulär, reichen: „das Rauschen eines Waldes, ein Bach, der vom Felsen fließt, eine Klippe, die im Thale aufspringt, – es kann mich in einen Taumel versetzen, der fast an Wahnsinn grenzt" (*RB* 258). Ebenso ein wenig Alkohol genügt; von seiner Jena-Reise mit Wackenroder berichtet er von folgendem „Anfall": [ich begann] „in dem Zimmer wie ein toller Mensch herumzuspringen.- Als wir aus dem Hause waren, ließ ich meinen Gelüsten völlige Freiheit, ich prügelte Wackenroder, ich sprang herum und lachte am Thor lauter als je über den gewesenen Kammerzwerg" (*RB* 266). Ein weiteres „seltsames Vorkommnis" teilt Tieck Wackenroder in einem Brief mit (*BTW* 22f., Brief vom 1. Mai 1792). Am Tage trifft Tieck auf der Straße eine Frau, mit der er ein, scheinbar unbedeutsames, Gespräch führt, worüber läßt er Wackenroder nicht wissen. Die „Mitteilung" folgt ganz der Forderung Moritz', die Aufmerksamkeit auf das „scheinbar Unbedeutende" zu richten, auf perfide Details, bei deren eingehender Betrachtung Subversionen drohen. Die Aufmerksamkeit gilt den Folgen: „Ich kann nicht begreifen, wie dieser Vorfall mich in solche Begeisterung versetzen konnte, ich war außerordentlich erhitzt und konnte die ganze Nacht nicht schlafen" (*BTW* 23). Aufgelöst werden könnte das seltsame Vorkommnis, fände Tieck irgendein Moment in dem kurzen Gespräch, z.B. ein Wort oder eine Geste, die selber oder über eine Assoziation ein beunruhigendes Thema implizierten. Die Erhitzung würde verständlich. Plötzlich bricht etwas hervor, eine jähe und heftige, unspezifische Affektion – ein Paroxismus, wie es im Briefwechsel heißt (*BTW* 35). Der Vorfall des Gesprächs und der Vorfall der Erhitzung, die Qualität und Vehemenz der affektiven Reaktion, lassen sich in keiner Relation ordnen,

---

ginnt die symptomatische Einheit zu beschreiben, diese Deskription wird zur ganzen Krankheit, qualitative Momente werden zu kausalen. „Was man als Wärme wahrgenommen, als Bewegung der Lebensgeister vorgestellt, als Spannung der Nervenfibern geträumt hatte, wird man künftig in der neutralisierten Durchsichtigkeit der psychologischen Begriffe wiedererkennen" (ebd., S. 279).

[271] Ebd., S. 231.

die diskursiv in Kategorien der Kausalität oder Proportionalität zu erfassen wäre, sind aber durch die Mitteilung, die sie, auf einer abstrakten Ebene, doch als Ursache und Wirkung erzählt, verbunden. Die Wirkung auf das Gemüt bleibt unbegreiflich, die erklärende Ursache fehlt, die Aufmerksamkeit wird notwendig auf die Wirkung gerichtet.

Die Überspanntheit schafft dem Subjekt in seiner Welt eine unheimliche Willkür. Von überall, bereits durch das Mindeste kann eine Irritation erfolgen, von den abwegigsten und heterogensten Einflüssen, von „außen" und „innen". In der bis zum Paroxysmus getriebenen Spannung der Fibern ist der Maniakalische bzw. seine Seele „eine Art Instrument, dessen Saiten bei den entferntesten und leisesten Erregungen zu vibrieren beginnen", Vibrationen, die, das ist das Entscheidende, sich dann gänzlich endogen, idiopathisch, selbst verstärken. „Der Maniakalische (...) vibriert bei jedem Reiz, sein Delirium ist universell"[272], charakteristisch sind die „Unaufmerksamkeit gegenüber der äußeren Welt", „übertriebene Lebhaftigkeit der inneren Eindrücke" und „Schnelligkeit in der Assoziation von Ideen."[273] Phänomene, Reaktionen, die eine schematisierende Affektlehre konterkarieren, überhaupt den Sinn und die Idee einer solchen. Die Außenwelt wird willkürlicher Auslöser, die Situation ein Paradox: Das Subjekt des hypertrophierten äußeren Sinns wird gegenüber der äußeren Welt nicht offener, sondern im Gegenteil indifferenter. Was es erlebt sind nur die – vielleicht – durch sie ausgelösten, es hinwegreißenden Prozesse im Innersten (im „Anfall des Wahnsinns" gleich offensichtlich), die bei weitem die Wirklichkeit überbieten, hier wird dann die eigentliche „Natur" erfahren. In einen Strudel gerät die objektive, rationale Beurteilung der Bedeutung von Ereignissen; Bedeutungen, wenn sie nicht als solche selber schon fraglich werden – nämlich als kontingenter Auslöser –, konstituieren sich entsprechend der spezifischen Disposition der Seele. Es offenbart sich ein qualitativ neues (Hy-per-)Sensorium des historischen Subjekts für alles Äußere und Innere, ein obskures Gefühl einer neuen sensitiven Verbindungsform von Körper, Seele und der inneren und äußeren Welt[274], in diesem Extrem zugleich, das ist entscheidend, die totale qualitative Indifferenz gegenüber dem „Außen". Die Demarkationen zwischen Welt, Körper und Seele, Innen und Außen, werden verwischt, die Membran immer reißbarer, die möglichen Berührungen immer vielzähliger und komplexer. Eine Verwirrung, in der das Außen – und korrelativ die Empfindung, das Gefühl – übermäßig bedeutsam werden und zugleich gänzlich nichtig; mit der sensatio externa auch das „Naturschöne" und die Natur. Sie sind bloß wunderliches Spektakel der Phantasie. Die überspannte Seele gehorcht ihrer idiopathischen Dynamik, besonders evident in den Fällen des fraglichen Auslösers des einzelnen Anfalls, auch innerhalb einer chronischen Schwäche, z.B. der melancholischen Befallenheit. Denn die Ursachen sind gar nicht Ursachen, nur vage, gänzlich willkürliche

---
[272] Ebd., S. 277.
[273] Ebd., S. 279.
[274] Ebd., S. 225ff.

und in ihrer Qualität irrelevante Auslöser. Wenn überhaupt: möglich auch, daß die Seele sich dunkel selbst ein Auslöser ihrer heftigen Bewegungen ist. Die Kategorie der Kausalität und Dependenz, die Verstehen und Erklären ermöglichte, ist dispensiert. Ursache ist die obskure und kontingente idiopathische innere Überspanntheit. Oder aber, beispielhaft zu entwickeln am seltsamen Vorkommnis auf der Straße mit der Frau, es käme eine psychologisch-hermeneutische Anlage Moritz' zum Tragen. Dann läge eine „Überdeterminierung" vor und damit eine „verborgene" Signifikation, die, in einem modernen, psychoanalytischen Modell, dessen Antizipationen Moritz und durch ihn Tieck partiell schon anwenden, eine hermeneutische Erklärung mit der Annahme eines, hermeneutisch handhabbaren, „Unbewußten" auf den Plan riefe. Schon ist man im Spiel, das Poesie des Schwindels zur unaufhörlichen Verwirrung spielt. Hinter einem dem bewußten Subjekt im Gespräch belanglos scheinenden Signifikanten, oder einem anderen, metonymisch oder metaphorisch an diesen gebunden, läge ein unbewußtes Signifikat. Die wirkliche Signifikation des ursächlichen Moments würde durch die Kenntnis der diese Bedeutung schaffenden Disposition des Subjekts apparent: bei Moritz als „vergessene" „Erinnerung an die Kindheit" und deren Wiederherstellung in der „inneren Geschichte" verstanden – Freuds „prähistorische Lebensepoche"[275], die „archäologische" Rekonstruktion Merleau-Pontys[276]. So gelänge eine Psychologisierung, ein psychologisierendes Selbst-Verstehen, das Tieck in der Adaption Moritzscher Entwürfe in der Tat schon praktiziert. Das anscheinend unbedeutende Gespräch enthielte „etwas", dessen Bedeutung dem nach der Ursache suchenden bewußten Subjekt sich entzöge, das es vergessen hat – schon wieder ist man beim *Eckbert*. In der Betrachtung einer subkutanen unbewußten Dynamik entmystifizierte sich das scheinbar willkürliche, irrationale, für Freud im einfachsten Falle neurotische, Geschehen, würde durchsichtig und erschiene durchaus vernünftig, so die delphische Lesart bzw. Freuds Selbstverständnis (das sich freilich leicht „dekonstruieren" läßt). „Tiefen-"Psychologisierungen, die die Poesie des Schwindels unablässig provoziert und umgehend wieder demontiert. Ursachen, das Ursache-Wirkung-Prinzip, das die narrativen Motivierungen konstituiert und – beispielhaft bei Blanckenburg gesehen – zum entscheidenden poetologischen Postulat wird, inszenieren die „erzählenden Märchen" als unaufhörlich verwirrendes Problem.

Potentiell, in manchen damals geläufigen Auffassungen auch ganz manifest, ist die exaltierte Seele die wahnsinnige Seele. Exaltationen sind in den verschiedenen Gradationen bis hin zum offenen „Anfall des Wahnsinns" (Delirium, furor) möglich, in den Deskriptionen und Ätiologien des Wahnsinns stehen die entbundene Phantasie und die extremen Leidenschaften im Mittelpunkt. Die Medizin und die noch junge Psychologie, der der Wahnsinn wieder zufiel, als er

---

[275] Sigmund Freud, *Die Sexualität in der Ätiologie der Neurosen*, in: ders., *Gesammelte Werke*, hg. v. Anna Freud u.a., Bd. I, *Werke aus den Jahren 1892–1899*, Frankfurt a. M. 1991⁶, S. 497.
[276] Vgl. Frank, *Das wahre Subjekt und sein Doppel*, S. 334.

nicht mehr theologisch Besessenheit bedeutete, hatten bereits begonnen, die unendlich vielfältigen, wirren Erscheinungen der kranken Seele als selbständige Krankheiten bzw. Symptomzusammenhänge in umfassenden nosographischen Systemen zu differenzieren, zu klassifizieren und zu erklären: als Demenz, Melancholie und Manie, mit denen Tieck sich intensiv beschäftigt, als Hypochondrie und Hysterie. Allesamt Ausdifferenzierungen des zuvor unter dem Wahnsinn Subsumierten, die „großen Gestalten des Wahnsinns" um die Jahrhundertwende (Foucault zeichnet diese Ausdifferenzierung akribisch nach[277]). Eine definitorische Arbeit, die kein ernstes Forschungsinteresse der Erfahrungsseelenkunde darstellte, in deren Diskussionen diese Begriffe zumeist eklektizistisch und selbstverständlich eingingen. Die exaltierte Seele und die sonderbare Form der Überempfindlichkeit, die in eigenartiger Weise zugleich den äußeren Sinn bzw. die äußere Welt aufwertet und nichtig werden läßt, wurde als Manie definiert, die sich, typische Entwicklungsfigur, bis zum vehementesten furor steigern kann. Das allgemeine Verständnis der Zeit sowie die meisten nosographischen Konzepte definieren Manie und Melancholie überwiegend, obgleich in wesentlichen Momenten antithetisch betrachtet – symptomatologisch: „Erkaltung" gegen „Erhitzung, „Erstarrung" gegen „äußerste Bewegung" –, als eine Krankheit. Einer Klassifikation des 16. Jahrhunderts folgend, die auf Aristoteles' Temperamentenlehre rekurriert, wurden beide komplementär, als Momente eines Temperamentes angesehen[278]. Melancholie, beobachtete man, kann sich zum furor verschlimmern und dieser auf seinem Höhepunkt wieder zur schwarzgalligen Diathese umschlagen: „Der letzte Grad der Melancholie hat große Ähnlichkeit mit der Manie"[279]. Im wirkungsmächtigen Werk Friedrich Hoffmanns liest man: „Dadurch daß das Blut dick ist bei der Melancholie, stockt es, wenn es dann

---

[277] Foucault, *Wahnsinn*, vor allem S. 255f. („Gestalten des Wahnsinns").

[278] „Für einen strengen Empirismus handelt es sich dabei also um zwei miteinander verbundene Krankheiten oder auch um zwei aufeinanderfolgende Symptome ein und derselben Krankheit" (Foucault, *Wahnsinn*, S. 281). „Jeder oder beinahe jeder der Ärzte des achtzehnten Jahrhunderts weiß etwas von der Nähe der Manie und der Melancholie. Dennoch lehnen es mehrere ab, darin zwei Manifestationen ein und derselben Krankheit zu sehen" (ebd., S. 282). Foucault referiert Beispiele für beide Positionen (ebd., S. 281ff., zur „Melancholie" und „Manie" allgemein vgl. S. 268–285). In manchen nosographischen Systemen Ende des 18. Jahrhunderts wird das offene und partielle Delirium als Möglichkeit einer chronischen oder ephemeren, plötzlichen Eskalation der Melancholie aus der nosographischen Systematisierung und Deskription der Melancholie zum Teil bereits ausgeschlossen und eben der Manie als eigenständiger Krankheit zugeschlagen. „Das Thema des partiellen Deliriums verschwindet immer mehr als Hauptsymptom der Melancholiker und macht qualitativen Gegebenheiten wie der Traurigkeit, der Bitterkeit, dem Geschmack, der Einsamkeit, der Unbeweglichkeit Platz. Am Ende des achtzehnten Jahrhunderts wird man Wahnsinnsarten ohne Delirium, die jedoch durch die Trägheit, durch die Verzweiflung, durch eine Art dumpfen Stupors charakterisiert werden, leicht als Melancholie klassifizieren" (ebd., S. 275).

[279] Joseph Lieutaud, *Précis de médecine pratique*, 2 Bde., Paris 1759, Bd. I, S. 204, zitiert nach Foucault, *Wahnsinn*, S. 282.

wieder durchrinnt, kommt es zu einer großen Erregung." „Seine Bewegung nimmt zu, und bald ist die Erregung vorhanden, die die Manie charakterisiert."[280] „Die oft von einem schwachen äußerlichen Stoß hervorgerufenen unwahrnehmbaren Bewegungen häufen sich, weiten sich aus und enden damit, daß sie in heftige Konvulsionen ausbrechen."[281] Aufgezeichnet wurden häufige Umwendungen einer Stimmung in die andere, „manisch-melancholische" Anfälle, der Übergang zwischen den beiden wird aber nicht nur als eine Tatsache der Beobachtung verstanden, sondern als ein Indiz „einer tiefen Affinität, die zur Ordnung ihrer geheimen Natur gehört"[282]. Auch Tieck zeichnet in seinem „Anfall des Wahnsinns" ein solches Phänomen auf (s.u.). Die maniakalische Bewegung ist eins mit dem Paroxismus der Melancholie, bis hin zur ephemeren Zuspitzung im Moment des furors (des Deliriums oder „offenen Wahnsinns"), Melancholie, die selber schon durch ein Delirieren, wenn auch anderer Art als das maniakalische, bestimmt ist, eine erste „Stufe" des Wahnsinns. Den Augenblick des offenen Deliriums als Möglichkeit eines plötzlichen Paroxismus der Melancholie, das in manchen nosographischen Systematisierungen eben der Manie als eigenständiger Krankheit zugeschlagen wurde, belegt Tieck mit dem gewissermaßen freigewordenen Begriff des Wahnsinns. Das entspricht einem diffusen allgemeinen Sprachgebrauch, ebenso im *Magazin*[283]. „Melancholie, Verrücktheit, Wahnsinn" (*ÜdE* 649), so bestimmt Tieck die Gradation der seelischen Beunruhigung bis zu dem „sonderbaren Seelenzustand", um den es gehen wird. Bei Basedow z.B. heißt es ganz selbstverständlich wie bei Tieck: „bis zum Wahnsinne melancholisch"[284]. Noch Eckbert, so heißt es gleich zu Beginn des Textes, der ostentativ gespickt ist mit psychologischen Begriffen und Konstrukten, sei von einer „stille[n] zurückhaltende[n] Melancholie" (*Eckb* 126, redundant wird dieses paraphrasiert), die sich bis zum expliziten Wahnsinn beunruhigt und nach seiner hektischen Kulmination im Tod endet. „Eckbert lag wahnsinnig

---

[280] Friedrich Hoffmann, *Medicina rationalis systematica*, 4 Bde., Halle 1718–1739, zitiert nach Foucault, *Wahnsinn*, S. 283f.

[281] Foucault, *Wahnsinn*, S. 231.

[282] Ebd., S. 281.

[283] Wahnsinn bleibt in den neuen nosographischen Systemen der Oberbegriff seiner ausdifferenzierten Gestalten, allerdings häufig ohne explizit genannt zu werden. Teilweise, besonders in der nicht strengen medizinischen Sprachverwendung, bezeichnet der Wahnsinn weiterhin den äußersten Zustand einer der differenzierten Krankheiten, so eben auch in Tiecks Auffassung einer Gradation der Seelenzustände „Melancholie, Verrücktheit, Wahnsinn" (*ÜdE* 649). Als Oberbegriff abgelöst wird der Wahnsinn Ende des 18. Jahrhunderts, Anfang des 19. Jahrhunderts in der Medizin und Psychologie teilweise ebenso bereits durch Begriffe wie „Geisteskrankheiten" und „Gemütskrankheiten", eine Veränderung nicht nur im Terminologischen, sondern grundlegend auch in der Semantik. Vor allem darin: Wahnsinn und seine Gestalten bedeuten der Epoche, wie schon gesehen, ganz selbstverständlich (bei Tieck deutlich) noch eine simultane, reziproke Infektion des Somas und der Psyche, auch wenn die Begriffe umfassend und distinkt differenziert sind (vgl. Fußnote 8 und 219 dieses Kapitels).

[284] Basedow, *Magazin*, Bd. I, S. 116.

und verscheidend auf dem Boden", so der Schluß der Märchenerzählung – eine der zitierten Verständnisfiguren, die nur der hinterlistigen, grundlegenden Irritation des Lesers dienen. Mit der Zitation der Melancholie vergegenwärtigte sich dem historischen Leser ein umfassender Komplex an Vorstellungen, Symptomen wie psychologischen Ätiologiemodellen – die, auch dem kommt der *Eckbert* nach, einen Rekurs auf die Vergangenheit des einzelnen verlangen. Eben die minutiöse Rekonstruktion der „inneren Geschichte" (vgl. Kap. V.4). In erfahrungsseelenkundlicher Selbstbeobachtung[285], im Studium der dutzenden

---

[285] Vor allem in den frühen Briefen Tiecks an Wackenroder finden sich, häufig bearbeitet, alle gängigen Topoi der Melancholie. Wird sie zum einen als „gräßliche Krankheit" geschildert, als „trübste Schwermuth", die das ganze Leben absorbiere, wird sie zuweilen, ebenso zeittypisch, in empfindsamer, stilisierender, gar mythologisierender Weise ausgedrückt, als „Stimmung" mit hohem schöpferischen Potential und Muse. Tieck ist nicht gleichbleibend melancholisch (vgl. Kap. II, Fußnote 59), wiederholt wähnt er sich über Wochen genesen, teilt seine „heitere" Verfassung Wackenroder mit, der freudig antwortet: „Himmel ist es wahr, daß du nicht mehr jener unglücklichselige Melancholische bist, den die Welt anekelt?" (*BTW* 124). Melancholie aber zeigt sich als perfide zyklische Erscheinung. Nur wenig später muß Wackenroder Tieck anworten: „Du bist noch immer der Alte (...). Wollte Gott, daß Du's nur hierin („den melancholischen Anfällen", J.B.) nicht mehr wärst.- Aber still davon, still" (*BTW* 136). Der Melancholiker muß konzedieren: „die wahre Melancholie läßt ihren Gefangenen so wenig wieder frei wie der Acheron" (*BTW* 53). Zum Melancholischen gehört, läßt die Intensität jeweils nach, das dieselbe Zwanghaftigkeit aufweisende Bemühen, sich zu degagieren, mit dem „ewigen Grübeln" und den „fixen Gedanken" Schluß zu machen. Auch der Melancholiker ist delirant, nicht nur in der maniakalischen Entwicklung der melancholischen Disposition: ein „langes, hartnäckiges und fieberfreies Delirium, während dem der Kranke stets von ein und demselben Gedanken besessen ist" (Hermannus Boorhaave, *Aphorismes*, frz. Übersetzung, Paris 1745, Nr. 1089, zitiert nach Foucault, *Wahnsinn*, S. 269). Permanent ist der Melancholiker sich selber zugewendet, fixiert auf bestimmte Affekte und Vorstellungen bzw. Phantasien, die ihn restlos beherrschen und auf die alles andere restlos bezogen wird. Selbst die „Verstandeskraft" ist infiziert, eine Bewegung im „Innersten", die sämtliche Seelenvermögen, von den „unteren" bis zu den „oberen", tingiert. Selbst das Ich, personales Zentrum, und die Bestimmung des Willens ist kontaminiert. Er ist von unregelmäßigen, zyklischen „Stimmungen", „Launen" usurpiert – die Tieck, so Wackenroder, noch zum „Götzen" erhebe –, elementaren Bewegungen in den „Tiefen der Seele", die die gesamte Seele erfassen. Sie sind dem befallenen Subjekt ein „Dämon", der sich „ein Vergnügen macht", es „leiden" zu sehen (*BTW* 26). Der Erfahrung der eigenen inneren „Einbildungen" kommt – ganz wie im Falle der Manie, wenn auch aus anderen Gründen – der Primat gegenüber der Erfahrung der äußeren Wirklichkeit zu: Die Einbildungskraft konstituiert das Erlebnis. Dem Melancholiker, der in seinem „Inneren" von den „schwarzen Phantasien" beherrscht wird und permanent also die „Hölle" erlebt, sind die realen Gefahren außen, Realität überhaupt, nur eine Farce. Nach einer „gefährlichen", „unheimlichen Fahrt" in einen Bergwerkstollen auf seiner Wanderung mit Wackenroder 1793, die alle, nur Tieck nicht, zu Tode schreckt, bemerkt er: „Ich aber bin mit meiner Einbildungskraft an weit schrecklicheren Orten einheimisch, so daß ich noch nirgend eine Erreichung meiner Vorstellungen gefunden habe, und das machte es wohl, daß ich an den meisten sogenannten gefährlichen und fürchterlichen Orten so kalt bin" (*RB* 269f.). Die zähe Einbildungskraft beginnt im „Inneren" zu wuchern, wird hypertroph, äußere Wahr-

melancholischen Fälle im *Magazin*[286] sowie als Thema vieler früher literarischer Arbeiten – in denen melancholische Figuren bzw. Figuren der Melancholie im Zentrum stehen, so die Emma in *Das grüne Band* oder die Gestalten des, äußerst kompliziert gestrickten, *Lovells*[287] – führt Tieck eine eingehende Auseinandersetzung mit der Melancholie, ebenso einer der großen, typischen (Selbst-)Diskurse Ende des 18. Jahrhunderts[288]. Sie sei, so Wackenroder, das „Schooßkind"

nehmung hat immer weniger Raum, und wenn, dann zeigt sie sich überlagert von den „schwarzen Phantasien": „die äußeren Gegenstände [machen] auf den Geist des kranken Menschen nicht den gleichen Eindruck (...) wie auf den eines gesunden. (...) 'Seine Eindrücke sind schwach und er achtet selten darauf; sein Geist ist beinahe völlig durch die Lebhaftigkeit der Ideen absorbiert'" (Charles Gaspard de la Rive, *Sur un établissement pour la guérison des aliénés*, in: *Bibliothèque Britannique*, Bd. 8, S. 304, zitiert nach Foucault, *Wahnsinn*, S. 232). „Der Melancholiker ist nicht mehr in der Lage, eine Resonanz zur äußeren Welt zu bilden, weil seine Fibern entspannt oder durch eine zu große Spannung (man sieht, wie die Mechanik der Spannungen ebenso die melancholische Unbeweglichkeit wie die manische Bewegung erklärt) unbeweglich geworden sind: nur noch einige Fibern klingen im Melancholiker wider, nämlich die genau dem Punkt seines Deliriums entsprechenden" (Foucault, *Wahnsinn*, S. 276f.). Den Empfindungen, Gedanken und Phantasien werden zwangsläufig vollends unvernünftige Proportionen aufgezwungen. Diese Ruptur zwischen sich und der Welt, der Wirklichkeit – die auch der Befallene hat: „denn die Welt ist wirklich nicht für uns, so wie wir nicht für die Welt (...) (ich leider wenigstens)" (*BTW* 86)] – ist grundlegend. Melancholie bedeutet einen invertierenden, negierenden Blick auf die gewohnte Ordnung und Werte der „bunten Welt": „wir werden dort immer (...) ihre Wichtigkeiten unwichtig finden" (*BTW* 86). Diesen wiederum ist der Melancholiker ein exzentrischer Schwärmer. Die melancholische Disposition führt nicht bloß zu einem Abzug der Aufmerksamkeit gegenüber der Außenwelt, sie prädisponiert allgemein die Perzeption, zugespitzt: konstituiert dem Subjekt seine Realität, eine delirierte Realität. Melancholie offenbart, darum sind Tiecks Aufzeichnungen der Melancholie von Beginn an zentriert, das „Nichts", präziser und perfider, die „Vernichtung", die bald schon des melancholischen, psychologischen Kontextes entwunden sind.

[286] Tieck kennt den melancholischen Diskurs wie den Diskurs über die Melancholie gut, insbesondere die im *Magazin* ausführlich geschilderten Fälle und Kommentierungen, die dort, vor allem in den ersten vier von Moritz herausgegebenen Bänden, einen großen Raum einnehmen (u.a. *Magazin*, Bd. I, S.16, S. 20f. oder S. 67).

[287] Das heimtückisch komplizierte narrative Gerüst wie die ebenso heimtückische komplizierte Narration des *Lovells* (vgl. Heilmanns vorzügliche Studie *Die Krise der Aufklärung als Krise des Erzählens*) lassen indes einen Bescheid über den *Lovell* als Roman, der die Melancholie zum thematischen Zentrum habe, fehlgehen. „Es ist anzunehmen, daß Tieck diese im MzE [Magazin zur Erfahrungsseelenkunde] sich abzeichnende Auffassung [der Melancholie] vor Augen hatte, als er die Melancholie zum zentralen Thema seines frühen Romans machte" (Oswald, *Figuren der Melancholie*, S. 156).

[288] Die Melancholie, in deren semantisches Feld die Begriffe der „Schwärmerey" und „Empfindeley" gehören, ist in der zweiten Hälfte des 18. Jahrhunderts ein mit großem Eifer diskutierter, inflationär gebrauchter und infolgedessen diffuser, aber allgegenwärtiger Begriff, mit dem symptomatologisch und nosographisch ein unübersehbar großes Spektrum von seelischen und körperlichen Stimmungen und Erscheinungen bezeichnet wird, nicht nur, so das Verständnis der Epoche, als pathologisch eingeschätzte Erscheinungen und Charaktere. Diskutiert wird sie von Ärzten, Erfahrungsseelenkundlern, Pädagogen,

Tiecks, Tieck-Forscher haben sich auf die Melancholie kapriziert. Wahnsinn indes – ein zu spezifizierender Wahnsinn, besonderer Schwindel –, der Zustand, in dem die „Menschheit (...) unkenntlich wird" (*RB* 265), ist es, der die Poetik des Schwindels ausschließlich interessiert, poetologisch allein relevant ist: „wenn der Poesiegeist vielleicht bald irgendwo hervordringt, um die leeren Wörter Wahnsinn und Raserei zu erfüllen" (*BüSh* 144). Verfolgt wird die Idee einer wahnsinnigen Infektion, poetische Qualität mißt sich an der Virulenz. Wahnsinn wird als Virus imaginiert: „daß Wahnsinn ansteck[t], wird mir immer deutlicher" (*BTW* 53). Wichtig an der Melancholie ist bloß ihre maniakalische Kulmination, die besondere Entbindung der Phantasie, die in den Schwindel führt. In den autobiographischen, erfahrungsseelenkundlich-psychologischen Beobachtungen Tiecks nimmt der Wahnsinn, freilich noch in einem unspezifischen, teils eben psychologisierten Sinne, eine herausragende Stellung ein. Nach einem der häufiger sich ereignenden „Anfälle des Wahnsinns" teilt er Wackenroder mit: „Dieser Vorfall hat die Besorgniß, die ich die schon ehedem mitgetheilt habe und die mir so fürchterlich ist, daß ich nehmlich wahnsinnig werden möchte, um vieles vermehrt, um vieles wahrscheinlicher gemacht" (*BTW* 50). Cervantes und Shakespeare, das Genie allgemein, sieht er wahnsinnig: „Daß der Dichter, der einen Wahnsinnigen schildert, wirklich es indeß sein müsse, davon bin ich überzeugt" (*BTW* 54) – eine lichte Perspektive nun gegenüber der Besorgnis. Den Wahnsinn eine Zeit lang zu fingieren, kann schon hin-

---

Theologen, Poeten und interessierten Bürgern. „Melancholie zeigt sich im Zeitalter der Aufklärung als eine historisch-konkretisierte Kategorie von größter Wirklichkeit, sei es polemisch, als Instrument der Abwehr und der Denunziation, sei es apologetisch oder auch einfach deskriptiv, als Mittel des Selbstverständnisses" (Hans-Jürgen Schings, *Melancholie und Aufklärung. Melancholiker und ihrer Kritiker in Erfahrungsseelenkunde und Literatur des 18. Jahrhunderts*, Stuttgart 1977, S. 26). Schings versucht die Melancholie als „polyvalenten, allgegenwärtigen Katalysator" zu sehen, „der „bestimmte Strukturen, Sehweisen, Strategien der Aufklärung sichtbar zu machen geeignet ist" (ebd., S. 26). Zur umfassend behandelten Melancholie vgl. u.a. Wolf Lepenies, *Melancholie und Gesellschaft*, Frankfurt a. M. 1969; Gert Mattenklott, *Melancholie in der Dramatik des Sturm und Drang*, Stuttgart 1968; Raymond Klibansky, Erwin Panofsky u. Fritz Saxl, *Saturn und Melancholie. Studien zur Geschichte der Naturphilosophie und Medizin, der Religion und der Kunst*, Frankfurt a. M. 1990; Victor Lange, *Zur Gestalt des Schwärmers im deutschen Roman des 18. Jahrhunderts*, in: Herbert Singer u. Benno von Wiese (Hg.), *Festschrift für Richard Alewyn*, Köln 1967; Ludwig Völker, *Muse Melancholie – Therapeutikum Poesie. Studien zum Melancholie-Problem in der deutschen Lyrik von Hölty bis Benn*, München 1978; ders. (Hg.), *„Komm, heilige Melancholie". Eine Anthologie deutscher Melancholie-Gedichte. Mit Ausblicken auf die europäische Melancholie-Tradition in Literatur- und Kunstgeschichte*, Stuttgart 1983, S. 17–43. Mit der Melancholie und der Romantik beschäftigt sich, natürlich auch auf Tieck eingehend, Franz Loquai (*Künstler und Melancholie in der Romantik*, Frankfurt 1984). Speziell mit der Melancholie – in Absehung von jeglicher poetologischen, theoretischen Auseinandersetzung – bei Tieck beschäftigen sich umfassend u.a. Ellen Oswald (*Figuren der Melancholie*) und ausführlicher Peter-Christian Wegener, *Melancholie in Ludwig Tiecks „William Lovell"*, in: *Medizinhistorisches Journal* Nr.9, 1974, S. 201–227.

reichen für eine wirkliche Erkrankung: „daß auch der Mensch (...) wirklich wahnsinnig wird, wenn er sich einige Zeit wahnsinnig stellt" (*BTW* 53f.). In erfahrungsseelenkundlicher Manier der Neugier setzt er hinzu: „Ob noch kein Schauspieler nach einer wahnsinnigen Rolle wirklich wahnsinnig geworden ist? Man hat von so etwas nur wenig Nachrichten. [„Nachricht geben" hieß es im *Magazin*, wenn man einen „Vorfall" mitteilte] Von mir würde ich etwas ähnliches befürchten" (*BTW* 54). Poesie als Infekt entwickelt sich auf der Grundlage dieser Anfälligkeit.

Wahnsinn steht bereits im Zentrum der frühen poetologischen Reflexionen, beispielhaft in der Abhandlung über *Shakespeare's Behandlung des Wunderbaren*; dort heißt es zum äußersten Gelingen der poetischen Wirkung: Der Zuschauer wird „in eine Stimmung versetzt, die (...) ist, was Don Quixotte's Wahnsinn ist" (*ShW* 697). Begriffen wird dieser Wahnsinn in einem, umfassend zu erörternden, spezifischen Sinne als „fürchterlicher" Wahnsinn oder „Schwindel der Seele", definiert in der erwähnten Konstellation von Begriffen. Wahnsinnige erscheinen in den meisten der frühen literarischen Arbeiten Tiecks, schon in einer der ersten, im *Almansur* (1789), der den Wahnsinn, später noch herangezogen, in den Begriffen der medizinisch-psychologischen Wissenschaft exakt bezeichnet. Abdallah wird wahnsinnig, ebenso Karl von Berneck und Adalbert im *grünen Band*[289]. Am dringlichsten indessen wird der Wahnsinn in der Poetik und Poesie der „erzählenden Märchen", in denen die Figuren immer noch wahnsinnig werden und auf der thematischen Ebene die Interpretation als Wahnsinn im alten, psychologischen Sinne ständig provozieren und anschliessend wieder dementieren. Der qualitativ veränderte Wahnsinn dort gründet sich in der abgründigen Ironisierung des Psychologischen. Wahnsinn kommt derart bei Tieck, erst kurz nachdem er mit der Literatur in Berührung geriet, in das denkbar radikalste Verhältnis zur Literatur, gegen die psychologisierende Weise. Ist er in den frühen Geschichten expliziter, „stofflicher" Gegenstand der Darstellungen, indem vom Wahnsinn und von Wahnsinnigen erzählt wird – die simpelste Begegnung, in einer kohärenten narrativen Form, die deutlich die Diffe-

---

[289] Im *Almansur* heißt es: „Jene spielten mit ihrer Phantasie, der Verstand löst die Fesseln der gebundenen Einbildung, sie schoß wie ein Blitzstrahl dahin und nun hinkt der Verstand an seinen Krücken hinter sie her und kann sie nicht einholen, jede Saite ihrer Laute ist verstimmt [eine klassische Metapher des Wahnsinns, s.o.] und gibt angeschlagen einen falschen Ton, man nennt sie Wahnsinnige" (*Alm* 46). Abdallahs Klimax des Wahnsinn und der Raserei werden „umständlich" geschildert bis zur letzten Szene („sprach er im Wahnsinn", *Abd* 447). Im *Karl von Berneck* eskaliert der Wahnsinn Bernecks ebenso in den letzten Zeilen: „Mein Wahnsinn wird nun in mir immer älter, er schießt immer giftiger empor" (*KvB* 539). „Adalbert", „bleich und entstellt, mit verworrenen Haaren, dem Auge eines Wahnsinnigen", mordet am Ende „rasend" seine „Emma" (*AuE* 180). Es kristallisiert sich eine obsessiv angewandt, am maniakalischen Exzess adaptierte Erzählstruktur heraus (vgl. Kap. V.4). Noch die Figuren vieler „Märchenerzählungen" werden „wahnsinnig", exemplarisch eben Eckbert („wahnsinnig und verscheidend auf dem Boden", *Eckb* 146/1266).

renz und dadurch eben den Wahnsinn offenbart –, gerät in der Poesie des Schwindels das poetische Sprechen selber formal, narrativ wahnsinnig. Der Wahnsinn wird in eine besondere Narrativik umgesetzt, die ihn auslösen soll. Der Wahnsinn infiziert das Erzählen, Literatur wird als Wahnsinn selbst konzipiert. Seine Modi, strukturelle, funktionelle und dynamische Spezifika, werden in poetisch-sprachliche Verfahren umgeschrieben. Dieses erst erfüllte Hermann A. Korffs harmlos gestalteten Begriff der „Wahnsinnsmärchen"[290]. Solche Literatur wäre – in komplex auszuzeichnender Weise –, was Foucault „Aufblitzen" des Wahnsinns nach seiner „positivistisch-rationalen" Liquidierung nennt[291]. Im Prozeß der Verwissenschaftlichung des Wahnsinns, die in zahllosen Theorien sich niederschlug, wird die „reine Negativität des Wahnsinns" als barsche „Unvernunft" in ihren Ausdifferenzierungen wissenschaftlich positiviert, wodurch sie sich simultan dem Zugang erst öffnet und entwindet, „entfremdet" wird. Die „Entfremdung" wird „entfremdet", das Denken „vollzieht (...) schließlich eine Assimilierung, vor der das ganze abendländische Denken seit der griechischen Medizin gezögert hatte: die Assimilierung des Wahnsinns und des Wahnsinns, das heißt: des ärztlichen Begriffs und des kritischen Begriffs von Wahnsinn." Fluchtpunkt ist Foucault Babinski: dort „findet man jenes außerordentliche Postulat (...), nämlich daß der Wahnsinn letzten Endes nur Wahnsinn sei."[292] Die eigenständige Wissenschaft der Psychologie konstituiert und strukturiert sich dergestalt, daß die „Stimmen der Unvernunft" und ihre „absolute Negativität" eskamotiert sind. „Die Konstituierung des Wahnsinns als Geisteskrankheit am Ende des achtzehnten Jahrhunderts trifft die Feststellung eines abgebrochenen Dialogs, gibt die Trennung als bereits vollzogen aus und läßt all die unvollkommenen Worte ohne feste Syntax, die ein wenig an Gestammel erinnerten und in denen sich der Austausch zwischen Wahnsinn und Vernunft vollzog, im Vergessen versinken."[293] Der Wahnsinn als „absolute Negativität" und seine Sprache, die bloß das seltsame „Stammeln" ist, gehe dann an die Literatur und manifestiere sich nur noch „im Aufblitzen von Werken wie Hölderlins, Nervals, Nietzsches oder Artauds."[294] Foucaults kompliziert angelegte, immer bloß implizite Hoffnung, wenn auch nur als „Archäologie des Schweigens", ist, es gäbe eine eigene, „nicht entfremdete Sprache" und Form des Wahnsinns selbst, „außerhalb der Vernunft", sowie eine Möglichkeit, diese und die „Geschichte des Wahnsinns selbst" in seiner „Trennung" aufzunehmen, vielleicht gar zu formulieren – „indem er ihm das Wort gibt"[295], denn man hat „ihm das Wort abgeschnitten", ihn zum „Schweigen gebracht" –, der Vernunft ein „trojanisches

---

[290] Hermann August Korff, *Geist der Goethezeit*, Bd. 3, *Frühromantik*, Leipzig 1940, S. 488.
[291] Foucault, *Wahnsinn*, S. 536.
[292] Ebd., S. 534.
[293] Ebd., S. 8.
[294] Ebd., S. 536.
[295] Jacques Derrida, *Cogito und Geschichte des Wahnsinns*, in: ders., *Die Schrift und die Differenz*, Frankfurt a. M. 1989, S. 57.

Pferd" zu schaffen. Freilich notiert auch Foucault schon: „Der Sprache des Deliriums kann nur ein Fehlen von Sprache entsprechen, denn das Delirium ist kein Fragment des Dialogs mit der Vernunft, es ist überhaupt keine Sprache."[296] Auch einem solchen Projekt der „Archäologie dieses Schweigens"[297] zeigt Derrida stringent die „Falle" auf, in die es zwangsläufig gehen muß, der Poetik und Poesie des Schwindels indessen sich entwinden, indem sie dem Wahnsinn „selbst" nie das „Wort" zu geben beabsichtigen. Sucht Foucault die Sprache „ohne sprechendes Subjekt", die „Wörter ohne Sprache"[298] doch zur Sprache zu bringen, bringt er sie in eine Sprache – die „von einer Vernunft verstanden werden soll, die nicht die klassische Vernunft ist"[299] –, die die Utopien dessen, was nach der großen „Trennung" schweigt, wiederum sprachlich-vernünftig absorbiert. Nichts und Niemand kann der vernünftigen Sprache entgehen, Sprechen jeglicher historischer Art ist selber schon radikal die Vernunft, eine „Macht so einzig in ihrer Art (...) wegen ihres überdeterminierten Charakters und durch die universelle, strukturelle, die universelle und unendliche Komplizität, in der sie all die kompromittiert, die sie in ihrer Sprachen hören, wenn diese ihnen sogar noch die Form ihrer Denunziation liefert."[300] „Wenn man ihr Schweigen", das der Wahnsinnigen, „*selbst* aussagen will, ist man bereits zum Feind und auf die Seite der Ordnung übergetreten, selbst wenn man in der Ordnung sich gegen die Ordnung auflehnt und sie in ihrem Ursprung in Frage stellt. Es gibt kein trojanisches Pferd, mit dem die Vernunft (im allgemeinen) nicht fertig würde."[301] Ist das „außerhalb" im zwangsläufigen ewigen „innerhalb" eine romantische Illusion, bleibt, und hier situierte sich die Poetik des schwindligen Sprechens (die indes nicht in der Dekonstruktion aufgeht, vgl. Kap. IV.4), bloß das „innerhalb" gegen das „innerhalb", das freilich niemals hofft, positiv, in dialektischem Wunder, dann das „Andere" zu treffen: „eines von der Sprache (...) gegen sich selbst erklärten Krieges, eines Krieges, in dem die Sprache sich wiederaufnehmen, sich zerstören oder unaufhörlich die Geste ihrer eigenen Zerstörung erneut beginnen würde (...)"[302]. Solcher Krieg ist es, den schwindliges Sprechen verfolgt. Das „Schweigen des Wahnsinn" kann nicht ausgesprochen werden, „weil das Lob eines Schweigens stets im Logos, in einer objektivierenden Sprache liegt"[303]. Beginnt die Poetik des Schwindels mit der notierten Unmöglichkeit, den Schwindel zu beschreiben, eine Sprache des Schwindels selbst zu schreiben,

---

[296] Foucault, *Wahnsinn*, S. 520.
[297] Foucault, *Wahnsinn*, S. 8. „Die Sprache der Psychiatrie, die ein Monolog der Vernunft *über* den Wahnsinn ist, hat sich nur auf einem solchen Schweigen errichten können. Ich habe nicht versucht, die Geschichte dieser Sprache zu schreiben, vielmehr die Archäologie dieses Schweigens."
[298] Ebd., S. 12.
[299] Derrida, *Cogito*, S. 60.
[300] Ebd.
[301] Ebd., S. 60f.
[302] Ebd., S. 61f.
[303] Ebd., S. 63.

reflektiert sie sich bewußt als ein Agens, die Sprache als permanenten Sprachdefekt, als Sprachmißlingen zu inszenieren, das auch nie ganz funktionieren kann. Ihre Absicht ist, durch die besondere Art und Weise des Erzählens Funktion und Defekt der Sprache unentwegt oszillieren zu lassen und dieses Oszillieren bis zum Kollaps des Sprechens, zur Selbstvernichtung – einzige Form des „An-den-Tag-bringen des Nicht-Seins"[304] – zu steigern. Eine Vernichtung, die nicht mehr als dialektische, als Negativität, zu verstehen ist, nicht einmal positiv als „Nichts". Oder: Eine „so negative Negativität, daß sie sich nicht einmal mehr so nennen könnte", nicht mehr von der „Dialektik – das heißt von der Metaphysik – als *Arbeit* im Dienst der Konstituierung des Sinnes bestimmt"[305].

3.2 „Exaltierte Phantasie". „Plötzlichkeit", „wunderbare Schnelligkeit", „plötzliche Umwendungen", „ständige Wechsel", „ewige Bewegungen" und „Vermischungen"

Exaltation der Seele, Manie, Wahnsinn und Schwindel sind vor allem eines: sonderbare Exaltation und Krisis der Einbildungskraft bzw. Phantasie[306], die von Beginn an, indifferent und fern der philosophisch-idealistischen Erörterung des Begriffs, im Zentrum der erfahrungsseelenkundlichen und auch poetologischen Betrachtungen Tiecks steht. Dabei geht diese Exaltation wie erörtert über die Begriffe der „zügellosen" und „ausschweifenden" Phantasie hinaus, steigert eine besondere der mit diesen Attributen gekennzeichneten Aberrationen der Phantasie zu einer neuen Qualität. Ästhetisch, poetisch relevant ist bloß die „exaltierte Phantasie" (*ShW* 703)[307], Tieck spricht ebenso von der aufs „höchste beunruhig-

---

[304] Foucault, *Wahnsinn*, S. 253.
[305] Derrida, *Cogito*, S. 57.
[306] Baumgarten gibt eine bis Kant der Philosophie bzw. Popularphilosophie gültige Definition der Einbildungskraft (Baumgarten, *Metaphysik*, S. 29–34). Kant definiert dann: „Einbildungskraft ist nicht bloß Phantasie, sondern, im weiteren Sinne, die Fähigkeit [differenziert als „reproduktive" und „produktive"], Vorstellungen auch ohne Gegenwart des Objekts zu haben" (Rudolf Eisler, *Kant Lexikon*, Artikel „Einbildungskraft", 4. unv. Nachdr. der Ausg., Berlin 1930, Hildesheim 1994, S. 105ff.) Zur genaueren begrifflichen Differenzierung bei Kant, die gewissermaßen genau der Tiecks entspricht.
[307] Ein punktuelle, im folgenden erörterte Phänomenologie dieser „gespannten Phantasie" unternimmt Tieck auch in *Shakespeare's Behandlung des Wunderbaren* (z.B. S. 692, S. 703 oder S. 712ff.). Phantasie sei, so schon Wackenroder 1792, Tiecks „Schooßkinde" (*BTW* 60), bereits in den frühesten literarischen Werken findet sich der Begriff. In den erfahrungsseelenkundlichen, psychologisch-ästhetischen Diskussionen der Jahre 1792/93, so eben in *Shakespeare's Wunderbares,* gerät er ins Zentrum der Beschäftigung. In diskursiver Weise ist die Phantasie fast ausschließlich in diesen frühen Schriften Gegenstand der Auseinandersetzung, späterhin nur noch in sporadischen Äußerungen, die keine systematische Rekonstruktion einer umfassenden Theorie der Phantasie erlauben und sich in ihrem Charakter ebensowenig mit den systematisch unsystematischen, theoretischen Be-

ten", in „einem hohen Grad erhitzten" (*ShW* 714), „gespannten" (*ShW* 702), „gelösten", „freigemachten" (*Ph-Rg* 113) oder „entbundenen" Phantasie. Der Begriff Phantasie meint bereits differenziert das Seelenvermögen wie „die Wirkung desselben, das Bild, welches man sich in der Seele macht, so wohl in gutem als auch in nachtheiligem Verstande" („Fantasien haben, unregelmäßige Vorstellungen", „Fantasien haben, hervorbringen"[308]). Nur als solche Labilisierung der Phantasie sind Wahnsinn, maniakalischer Furor, Enthusiasmus und Traum ein Thema – alles Seelenzustände, in denen sich die Lösung der Phantasie ereignet. In der Krisis der Phantasie werden seltsame Modi, Dynamiken und Strukturen ihrer Tätigkeit bzw. ihrer Manifestationen sichtbar, eine willkürliche Eigengesetzlichkeit und Eigenbewegung, die, ganz dem propädeutischen Axiom der Erfahrungsseelenkunde folgend, Einblick in das „Innerste" der Seele überhaupt geben. Dem ganzen 18. Jahrhundert, ebenso der Erfahrungsseelenkunde, steht die Phantasie, die Ende des Jahrhunderts in den verschiedensten Disziplinen noch einmal höchst intensiv und kontrovers besprochen wurde[309], neben den Leidenschaften als potentiell immer wahnsinnige, kranke und krankmachende im Zentrum des Begriffes der skizzierten Seelenkrankheit, vor allem ihrer schlimmsten Form, dem Wahnsinn. Selbstredend in jeweils ganz spezifischer, sich während des Jahrhunderts verändernder Weise. Wahnsinn ist der Phantasie impliziert, festgehalten noch in Tiecks Forderung, die Phantasie bis zum Wahnsinn „zu verwirren" (*Ph-Rg* 113). „Wie oft stiftet ihr [der Phantasie] regelloses Spiel (...) die größte Unordnung an! (...) Sie macht den Menschen mit sich selbst

---

handlungen des Phantasiebegriffs in den Fragmenten Novalis' oder Schlegels vergleichen lassen. Verbindlich zu rekonstruieren sind aber einige dieser momenthaften Markierungen der Phantasie; zu extrapolieren wäre die Argumentation der theoretisch-philosophischen Enthaltung Tiecks als programmatische: daß nur – ganz wie es die „Märchen" dann einlösen – die Phantasie selber, d.h. das Literarische, Medium sein könne ihrer Reflexion. Vergleiche der Phantasiekonzeption Tiecks mit denen Schlegels, Novalis', deren Phantasiebegriff vorab der idealistischen Diskussion entstammt, sowie die Erörterung einer, summarisch pointierten, frühromantischen Phantasiekonzeption erforderten umfassende Differenzierungen.

[308] Adelung, *Wörterbuch*, Artikel „Fantasie".
[309] Vgl. Hans Peter Herrmann, *Naturnachahmung und Einbildungskraft. Zur Entwicklung der deutschen Poetik von 1670 bis 1740*, Bad Homburg v.d.H., Berlin, Zürich 1970, in: *Zeitschrift für deutsche Philologie*, Bd. 90, 1971, 4, S. 563–578. Dietmar Kamper (Hg.), *Macht und Ohnmacht der Phantasie*, Darmstadt, Neuwied 1986. Ders., *Zur Geschichte der Einbildungskraft*, Reinbek 1990. Robert Müller, *K. Ph. Moritz und die dichterische Phantasie*, in: *Deutsche Dichter der Klassik und Romantik*, Wien 1976. Wolfgang Preisendanz, *Die geschichtliche Ambivalenz narrativer Phantastik der Romantik*, in: Athenäum, 2, 1992, S. 117–129. Silvio Vietta, *Literarische Phantasie: Theorie und Geschichte. Barock und Aufklärung*, Stuttgart 1986. Friedhelm Solms, *Disciplina aesthetica: zur Frühgeschichte der ästhetischen Theorie bei Baumgarten und Herder*, Stuttgart 1990. Judith Braun-Biehl, *Ausschweifendere Geburten der Phantasie: eine Studie zur Idee des „Kindermärchens" bei Tieck, Brentano, Jacob und Willhelm Grimm und E.T.A. Hoffmann*, Diss., Mainz 1990.

uneins", sie drängt, so repräsentativ Reil, „wenn sie in ihrem exaltirten Zustande sich über alle anderen Seelenkräfte erhebt, (...) dem betrogenen Inhaber ihre Phantome für Wirklichkeiten auf."[310] Das historische Wörterbuch (Adelung) verzeichnet die Wortbedeutung vornehmlich als „unregelmäßige Fantasien haben, in Krankheiten aberwitzig reden"[311]. „Regellos" und „unregelmäßig" haben wie gesehen bereits eine neue Semantik gewonnen, meinen u.a. wirklich, buchstäblich regellos, keinesfalls bloß – als Antithese zum rationalen Diktat der Regelunterfangen – neue Regeln, die im „Genie" oder im vernunftkonformen Affekt ihren Ursprung haben. „Wo möglich", resümiert A.W. Schlegel die Mobilmachung gegen die Phantasie, hätten die „Aufklärer" „die Menschen gern ganz von ihr geheilet"[312]. „Den gänzlich Fantasielosen ist freylich alle Fantasie excentrisch"[313], schreibt er im Bewußtsein einer heftigen Philisterkritik, wird aber Tiecks Phantasie später dann doch wieder als „excentrisch" einstufen. „Der Phantasie wird regelrecht der Prozeß gemacht. Manchen gilt sie schlechthin als Hort der Rückständigkeit (...), die zu entmachten die Erfahrungsseelenkunde angetreten sei." Herausgestellt wird ihr „usurpatorische Charakter", Usurpation bedeutet die Umkehrung der gewohnten Ordnung, die den unteren und oberen Seelenvermögen ihren angemessenen Platz zuweist. Die erhitzte Phantasie „stellt den seelischen Mikrokosmos ebenso wie den Makrokosmos der Sozietät" und Seele „auf den Kopf"[314]. Die Diskussion um das Pathologische der Phantasie bzw. eine Distinktion von „geordneter" und „ungeordneter" Phantasie ist freilich alt und berührt unmittelbar die Diskussion um den Enthusiasmus und „poetischen Wahnsinn". Im Artikel „Superstition" der *Enzyklopädie* (von Jaucourt und Diderot), den Mitarbeitern des *Magazins* gut bekannt, wird sie nachdrücklich als „Geißel" denunziert: Sie produziert „Gespenster, Träume und Visionen", um die Seele zu erschrecken, „jene Art der Betörung oder der Zauberkraft, welche die Furcht auf unsre Seele ausübt" und „der Vernunft und den gesunden Ideen widerspricht"[315]. Überspannte Phantasie wird zur „schrecklichsten Plage der Menschheit", bedeutet Despotismus und Tyrannei[316] („Aberglaube" ist bloß der „unglückliche Sohn der Phantasie"[317]). Selbst den sich in umfassender Renitenz übenden Querköpfen, so Moritz (dazu später) oder Lenz, ist sie die „schlimmste Gefahr" und es gilt: „Nie (...) mit der Phantasie weiter gehen als

---

[310] Johann Christians Reil, *Über die Erkenntniß und Cur der Fieber*. 4. Bd. Nervenkrankheiten (2. Auflage 1805).
[311] Adelung, *Wörterbuch*, Artikel „Fantasie".
[312] A.W. Schlegel, *Gegenwärtiger Zustand der Deutschen Literatur*, S. 72.
[313] Ebd., S. 84.
[314] Schings, *Melancholie und Aufklärung*, S. 206.
[315] Jean Le Rond d'Alembert, Denis Diderot u.a., *Enzyklopädie. Eine Auswahl*, hg. v. Günter Berger, Frankfurt a. M. 1989. S. 275.
[316] Ebd., S. 276.
[317] Ebd., S. 275.

mit den Sinnen."[318] Im *Magazin* ist unablässig von der kranken, „giftigen" oder „wilden" Phantasie als letztem Übel aller Seelenstörung und noch schlimmerer Dinge die Rede (vgl. Pockels beispielhaften „Fall" K.H. Jördens[319]).

Tiecks Sprachgebrauch der Begriffe Einbildungskraft und Phantasie entspricht dem Kants in der *Anthropologie*: Die „Einbildungskraft (...) wenn sie unwillkürlich ist (wie etwa im Traume)" heißt Phantasie[320]. Genau dieses, den Punkt, an dem die Einbildungskraft sich „selbstthätig" „löst" (Tieck), d.h. in - bezug auf das bewußte Subjekt „unwillkürlich" zu produzieren beginnt, bezeichnet für Tieck den Begriff Phantasie. Kant fügt gleich warnend hinzu: „Wer bei seinen Einbildungen die Vergleichung mit den Gesetzen der Erfahrung habituell unterläßt {wachend träumet}, ist P h a n t a s t(...) Unerwartete Anwandlungen des Phantasten heißen Ü b e r f ä l l e d e r P h a n t a s t e r e i"[321]. Tiecks Beschäftigung mit den Eigenarten der erhitzten Phantasie kapriziert sich zunächst exakt auf dieses „Unwillkürliche", „Unerwartete", Überfallartige, allgemein auf all das, was der Zeit als – in einem neuen Sinne – „regellos", giftig und wild galt und verschärft dieses zur besonderen Krisis der Phantasie, zum Schwindel – ganz den zeitgleichen Diskussionen der defekten Einbildungskraft entsprechend. Moritz wie unzählige Fälle und Kommentare des *Magazins* liefern ihm in Dutzenden Betrachtungen die Vorlagen dessen, was der Zustand gespannter Phantasie ist. Defekt ist die von Tieck vorsätzlich verfolgte übermäßige Erhitzung der Phantasie bis hin zu ihrem selbstzerstörerischen Exzeß auch in den Koordinaten der avancierten ästhetischen Diskussionen der nach Bodmers und Breitingers Kritik an Gottsched immer weitergeführten Emanzipation der Phantasie, streng beschränkt auf den ästhetischen Kontext[322], korrespondierend der Affekt-Diskussion einer Differenzierung in „gute", „zweckmäßige" und damit zugelassene und „böse", wahnsinnige und damit zu unterbindende Affekte[323]. Wie sehr der Begriff der Phantasie in den Konzepten der Antipoden Gottscheds und Wolffs, bei Klopstock, den „Stürmern und Drängern", den „Empfindsamen" und „Schwärmern" auch emanzipiert wurde, neu bestimmt und bewertet in ästhetischer Hinsicht, die Phantasie, die Tieck als den Wahnsinn sucht, läßt sich an keines dieser emanzipierten Konzepte unmittelbar anknüpfen, wäre all diesen Gegenstand der Kritik, „regellos" noch den „regellosen" Neuerungen. Auch den anti-philiströsen Schiller und Goethe bliebe Tiecks Unterfangen zu verurtei-

---

[318] Jakob Michael Reinhold Lenz, *Meine Lebensregeln*, in: *Werke und Briefe in drei Bänden*, hg. v. Sigrid Damm, Bd. 2, München, Wien 1987, S. 498.
[319] *Magazin*, Bd. I, S. 67 und Bd. V, S. 197.
[320] Kant, *Anthropologie*, S. 476 (B 80, A 80).
[321] Ebd., S. 513 (BA 125).
[322] Vgl. Johann Jakob Bodmer u. Johann Jakob Breitinger, *Von dem Einfluß und Gebrauche der Einbildungs-Krafft*, Frankfurt a. M., Leipzig 1727, in: *Schriften zur Literatur*, hg. v. Volker Meid, Stuttgart 1980, S. 29–35; Johann Jakob Breitinger, *Critische Dichtkunst* (Zürich 1740), Nachdruck, hg. v. Wolfgang Bender, Stuttgart 1966.
[323] Vgl. Kap. II, Fußnote 80.

len³²⁴, was Tieck ganz bewußt aufnimmt. In der gerade grundgelegten, in den achtziger und neunziger Jahren des 18. Jahrhunderts schon höchst populären philosophischen Ästhetik wird die Phantasie streng sondiert: „Die Fertigkeit, leere Wahnvorstellungen zu gestalten" – Baumgartens Bescheid findet sich in allen Ästhetiken der Zeit adaptiert, noch bei Kant – „ist die zügellose (...), die Fertigkeit, wahre Einbildungen zu erzeugen, die gezähmte [oder 'wohlgeordnete'] Phantasie", die ästhetisch gültige³²⁵. Ausdrücklich die, noch einmal in besonderer Weise multiplizierte, Zügellosigkeit der Phantasie, die Phantasie zu „spannen", zu „verwirren" bis zum Wahnsinn – der nichts ist als die Klimax dieser Erhitzung –, wird Tieck ganz offen zum ästhetischen Postulat. Als vorsätzlich „entbundene" macht sie genau die historischen Bemühungen um eine Distinktion zwischen der im Ästhetischen notwendigen, aber moderierten Erhitzung der Phantasie und der übermäßigen Erhitzung, dem gesteigerten, restlos Regellosen, zunichte. Das Verdikt, „leeren Wahnvorstellungen", der „Leere" und „Substanzlosigkeit" zu verfallen, heftet der Poesie der Tieckschen „Märchen" dann ganz zu Recht an, bis zur Zuspitzung dieses Verdiktes bei Hegel (vgl. Kap. IV.4). In Tiecks Betrachtungen entpsychologisiert sich die Phantasie – an den Wahnsinn bleibt sie indes weiterhin gebunden – und erhält gegenüber den verschiedenen Bestimmungen der Einbildungskraft im 18. Jahrhundert eine gänzlich neue Bedeutung. Sie ist das Enzym der Entwicklung des neuen Seelenbegriffs wie sein Mittelpunkt, wobei von einem Seelenbegriff im alten Sinne nicht mehr zu sprechen ist. Vor allem wird sie zum Zentrum der neuen Ästhetik und Poetik (vgl. exemplarisch Behler oder Menninghaus³²⁶).

Phantasie ist auch für Tieck Signum oder gar Synonym³²⁷ der Poesie schlechthin, scheinbar ganz in Kongruenz mit Jenenser Frühromantik „das poe-

---

[324] Man denke an Goethes der Phantasie gewidmetes Gedicht *Meine Göttin* (in: Johann Wolfgang Goethe, *Sämtliche Werke*, 1. Abt., Bd. 2, *Gedichte 1800–1832*, hg. v. Karl Eibl, Frankfurt a. M. 1988, S. 285–287, oder an Eckermanns Gespräche mit Goethe vom 25.12.1825 und 24.1.1830, in: Johann Wolfgang Goethe, *Werke*, hg. von Karl Richter, Bd. 19, *Johann Peter Eckermann, Gepräche mit Goethe in den letzten Jahren seines Lebens*, hg. v. Heinz Schlaffer, München 1986, S. 149–153 und S. 349–353).

[325] Baumgarten, *Metaphysik*, S. 35.

[326] Für Behler ist der Begriff der Phantasie, der die Zäsur mit dem Konzept der Mimesis vollzieht, Initial und Zentrum der „Kopernikanischen Wende" oder „Revolution" der „Frühromantik", vgl. Behler, *Frühromantik*, S 16. Siehe auch Winfried Menninghaus, *Unendliche Verdopplung. Die frühromantische Grundlegung der Kunsttheorie im Begriff absoluter Selbstreflexion*, Frankfurt a. M. 1987, S. 54.

[327] Z.B. ausdrücklich in der Äußerung: „Die Phantasie, die Dichtung also wollt ihr verklagen?" (*Ph-Rg* 242). Tiecks „liebstes" Gedicht aus dem *Sternbald* (1798) heißt „Die Phantasie" („Der Phantasus ist mir im Sternbald das liebste Gedicht: es hat mir sehr wohl gethan, daß es ihr [Caroline Schlegel] besonders aufgefallen ist", zitiert nach: *Franz Sternbalds Wanderungen*, hg. v. Alfred Anger, Stuttgart 1988, text- und- seitenidentisch mit dem Druck in den Schriften von 1848, S. 495), die Sammlung von Wackenroder und einiger seiner Arbeiten (nach Wackenroders Tod) *Phantasien*. Tiecks die gesamte frühe und Jenaer Zeit reflektierende und resümierende Sammlung von Werken mit eingefügten

tische Element"³²⁸ überhaupt. Von den „erzählenden Märchen", die Gattung ist schon „Verwirrung", seiner Sammlung der *Volksmährchen, herausgegeben von Peter Leberecht* (1797), in der *Der blonde Eckbert* enthalten ist, spricht Tieck als „Phantasien" (*Schr* 11, XXXV). Eine Bemerkung, die in den umständlichen gattungstheoretischen Diskussionen übergangen wurde. Dringlich wird damit die Auseinandersetzung mit den literarischen Formen und Gattungen als der Phantasie adäquate Form bzw. der Phantasie selber als, prinzipiell heterogener, literarischer Gattung, die den Gattungsbegriff am Ende selbst annulliert. „Gegenstand" sind dann nicht mehr einzelne Phantasien, sondern ist Phantasie als Phantasie selbst, sind nicht „Inhalte", sondern die seltsamen Modi, Dynamiken und Strukturen ihrer Manifestationen.

Ihren Ursprung hat das neue Phantasieverständnis Tiecks in den erfahrungsseelenkundlichen Studien, selbst wenn es später außerhalb des psychologischen Kontextes situiert wird – ästhetisch, kulturkritisch, mythologisch oder allegorisch gewendet. Tieck entwirft keine kohärente Theorie der Phantasie, diese ist als solche bei Tieck auch nicht nachträglich zu extrapolieren. Er reflektiert sie, anders als A.W. und Fr. Schlegel, Novalis oder Fichte, nicht umfassend in philosophisch-spekulativer Weise, sondern unternimmt zunächst eine punktuelle Phänomenologie eben vor allem ihrer Defekte; alles andere als eine marginale Differenz, die, bei manchen Übereinstimmungen mit diesen Phantasiebegriffen spekulativ-idealistischer Provenienz, Tiecks ästhetisches Verständnis überwiegend eine sperrige Signatur behalten läßt. Seine Poesie des Schwindels, die in eine Querlage zum ästhetischen Projekt der anderen Frühromantiker gerät, liegt genau in dieser Differenz begründet. Den Frühromantikern, Fichte führt es explizite aus (s.u.), bleibt die „übermäßig erhitzte Phantasie", die gar mutwillig entbundene und sich in dieser besonderen idiopathischen Entbindung selbst vernichtende Phantasie schlicht „krankhaft". Tiecks Anliegen ist nicht die Phantasie, sondern die Selbstzerstörung der Phantasie. Und schon dem jungen Tieck ist die Phantasie in Hinblick auf das, was ihn zuletzt interessiert, das „*Nichtsein*" (*Abd* 396), „wo noch das wilde Chaos ungeordnet liegt" (*Abd* 374), vollends unzureichend: „die Einbildung erblaßt vor dieser Vorstellung" (*Abd* 396). Was ihn dann später beschäftigt, ist der Taumel der Phantasie, der leere Sinn, der der Poetik des Schwindels keine negative und als solche hypostasierte Substanz mehr ist wie sein früher Begriff des „*Nichtseins*", sondern eine Anspielung der unausdenkbaren Absenz aller Vorstellung im Kollaps der Phantasie als der Produzentin aller Realität. Die Phantasie, die, neben dem Tieck gänzlich gleichgültigen Begriff der Reflexion, zum Ferment der frühromantischen Revolution der Ästhetik wird, erweist sich als ungleich heikler noch als der, mittlerweile dutzendfach behandelte, Reflexionsbegriff, in dem, wenn auch konträr gedacht,

---

Rahmengesprächen, die er 1812 erstellt, nennt er *Phantasus*, ebenso ihr langes, expositorisches Gedicht (weitere Beispiele wären hinzuzufügen).

[328] A.W. Schlegel, *Gegenwärtiger Zustand der Deutschen Literatur*, S. 49.

Menninghaus und Frank wie zuallerst Benjamin³²⁹ ihre Konstruktion frühromantischer Ästhetik als „Reflexionspoetik" begründen. Schwierig auch im Verhältnis zum Reflexionsbegriff selbst, was, mit langer Nachwirkung für die Diskussion, schon Benjamin in seiner Fassung der romantischen Ästhetik zu ihrer Unterschlagung veranlaßte³³⁰. Das ehemals „untere Seelenvermögen" wird der frühromantischen Spekulation, ganz beabsichtigt, zum „höchsten" und primären Seelenvermögen, eben auch im Sinne der ursprünglichen epistemologischen Bedeutung der Prädikationen. Sämtliche ästhetische Theoreme, vorab das der Ironie, erweisen sich vor allem als Spezifikationen der von Fichte forcierten Kantischen Bestimmungen der „synthetisierenden Einbildungskraft", die zum Homolog der Reflexion wird und so mit der Reflexionspoetik konvergieren kann. Das „Imaginative" wird, so Bohrer, der den Phantasiebegriff Tiecks oder Hoffmanns zu Recht einem anderen Diskurs, nämlich dem der sensualistischen Ästhetik, entwachsen sieht, „emphatisch-kategorisch zum Bestimmungsmerkmal" der dichtenden Romantik erhoben, in Folge der „Moderne" als anti-

---

329 Siehe den „Ersten Teil" von Benjamins Arbeit *Der Begriff der Kunstkritik in der deutschen Romantik* („Die Reflexion"), in: Walter Benjamin, *Gesammelte Schriften*, hg. v. Rolf Tiedemann u. Hermann Schweppenhäuser, Frankfurt a. M. 1974, Bd. I.1., *Abhandlungen*, insbesondere S. 18–40. Menninghaus unternimmt in seiner Studie zur „Grundlegung der Kunsttheorie im Begriff absoluter Selbstreflexion" eine umfassende „re- und dekonstruierende" Auseinandersetzung mit Benjamin (Menninghaus, *Unendliche Verdopplung*), einschließlich einer, auf der Benjaminischen Basis, „über Benjamin hinausgehende[n] Theorie der poetischen Reflexion" (S. 54).

330 Ebd., S. 53f. („Reflexion und Einbildungskraft"). Menninghaus kommt dieser Unterschlagung plausibel auf den Grund: „Sie hätte nämlich kaum lösbare Widersprüche offengelegt. Einerseits ist ihr gegenüber kein analoges Verdikt bzw. eine analoge Depotenzierung durch die Romantiker angezeigt wie gegenüber der Anschauung und dem Setzen. Andererseits kommen in der Einbildungskraft eben die Handlungsformen wieder ins Spiel, die gerade Benjamins polemische Adressaten sind. Denn das Vermögen der produktiven Einbildungskraft ist bei Fichte wesentlich „*keine Reflexion*", sondern eine unbewußte Produktion und ihr Resultat eine *Anschauung*. Diese unerfreuliche Perspektive mag Benjamin gehindert haben, den romantischen Begriff der Reflexion auch in seinem Verhältnis zur Einbildungskraft zu klären. Dadurch hat er sich um wesentliche Gründe für die romantische Hochschätzung der Reflexion gebracht. Denn wie die (Erkenntnis-)Theorie der Reflexion, so bildet zumal Novalis auch die Bestimmungen der Einbildungskraft in eine objektive Metaphysik des Absoluten um – so, daß die Strukturen der zwischen Sein und Nicht-Sein schwebenden Einbildungskraft, der schwebenden Reflexion und des Absoluten selbst in engste Korrespondenzen treten" (ebd., S. 54.). Poetik des Schwindels formuliert die Phantasie noch in einer scharfen Opposition zu einer solchen Umbewertung der Einbildungskraft in eine „objektive Metaphysik des Absoluten" (auch nicht im „dekonstruktiven" Sinn als „unendliche Verdopplung"), die Strukturen der „entbundenen Einbildungskraft", die Strukturen ihrer Selbstvernichtung, sind keinesfalls solche bloß des „Schwebens" „zwischen Sein und Nicht-Sein" und konträr der „schwebenden Reflexion und des Absoluten". Bei Tieck lassen sich „Reflexion" und „Phantasie" – programmatisch – nicht vermitteln.

teleologisches „Kontingenzbewußtsein"[331]. Inszeniert wird er dabei grundlegend, das wird die Poetik des Schwindels ausführen, als „Umwälzung der bis dahin geltenden Kategorie der 'Wirklichkeit' (Gegenwart)", eines „positivistisch-teleologischen Wirklichkeitsbegriff, der seine geschichtsphilosophische, politische und ökonomische Ausdifferenzierung besaß"[332]. Wirklichkeit wird indessen, anders als in Bohrers positivem, „esoterisch-phantastischem Begriff" der Phantasie[333], in der entfalteten Selbstauslöschung der Phantasie als ihrer Produzentin selbst im Kern getroffen.

Exaltationen der Phantasie studiert Tieck zunächst im *Magazin*, deutlich sind die Rekurse auf Maimon, Moritz, Pockels und Herz, wie an eigenen „Anfällen", so dem folgenden „schrecklichen Anfall des Wahnsinns" zu mitternächtlicher Stunde nach erhitzter Lektüre von Karl Grosses Schauerroman *Genius*, Tiecks „Lieblingslektüre"[334]. In ihm ist indessen nur momenthaft präludiert, was die

---

[331] Bohrer, *Kritik der Romantik*, S. 14.
[332] Ebd., S. 24.
[333] Ebd., S. 122.
[334] Detailliert und eklektizistisch poetisierend teilt er den „Anfall des Wahnsinns" Wackenroder mit – „ich will es Dir umständlicher erzählen" –, Kulmination der „unbegreiflichen Vorkommnisse", die ihn beschäftigen. Anfälle dieser Art wiederholen sich. Tieck gibt dem Bericht eine richtige Dramaturgie. Präfiguriert finden sich Ausführungen, die in *Shakespeare's Behandlung des Wunderbaren* (1793) oder den *Farben* (1798) auch explizite poetologisch formuliert werden. Der „Anfall" ereignet sich in Halle am 12. Juni 1792, Ort der nächtlichen Lektüre Tiecks ist eine Kammer bei vertrauten Freunden, die sich im Zimmer nebenan aufhalten. Er befürchtet nun, „ganz dem Wahnsinn anheimzufallen". Das Erlebte prädiziert Tieck, gebunden noch an die psychologische Bewertung, vorab selber als „krank": „daß ich einige Tage kranck, recht kranck gewesen bin und selbst nahe daran war, etwas schlimmer als kranck zu werden" (*BTW* 47). Mehr als die minutiöse Beschreibung des Erlebten bleibt nicht, jede theoretisierende, kausale Spekulation fehlt. Wieder ist der Auslöser, die Ursache, ein Problem, selbst wenn man weiß, daß der Anfall, der tagelange schwere somatische Beschwerden zur Folge hat, sich unmittelbar nach einer nächtlichen Lektüre – mit „ununterbrochenem Eifer" in einer Nacht „tiefer Dunkelheit" und Stille – eines der Lieblingsbücher des jungen Tiecks ereignet, Karl Grosses Schauerroman *Genius*. „Alle Lieblingsideen" seien dort versammelt, schreibt er an Wackenroder, vor allem die des „Einsiedlers" – eine zentrale Figur in seinen Werken um 1792/93, gekoppelt an die Idee des „Nichts". Der Bericht Tiecks spart Bemerkungen über die Lektüre allerdings gänzlich aus – wie in der Mitteilung der „außerordentlichen Erhitzung" der Inhalt des Gespräches wegfällt.
Einige Monate später hält sich Tieck bei anderen Freunden auf, eine zufällig ähnliche äußere Situation wie bei dem betrachteten „Anfall des Wahnsinns" nach der *Genius*-Lektüre führt zu einem, dieses Mal lapidar mitgeteilten Anfall: „Spillner hat eine sehr enge Kammer, worinn gerade ein Bett und ein Stuhl Platz haben, die Thür hat ein Glasfenster, ich war neulich gerade da (...). Spillner und Köhler sezten sich mit dem Lichte in diese enge Kammer und ich schauderte so heftig, daß ich dadurch in eine Art von Wuth versezt ward, denn sie waren mir beide mit einemmahle ganz fremd (eine Empfindung die sich bei mir sehr leicht einstellt) und sahen wie wahnsinnig aus" (*BTW* 53). Die einzige Folie zu einem annähernden Verständnis dieser Reaktionen böte der Genius-Vorfall,

labile Phantasie und der „fürchterliche Wahnsinn" sein werden, ihr Wesentliches, gleich eingehend betrachtet, ist der umständlichen Mitteilung inkommensurabel.

> „Ach! und ich bin lange nicht so glücklich gewesen, (...) alle Menschen waren mir so lieb, die Welt so theuer geworden (...) ich hörte das Geschwätz um mich her, ohne es zu vernehmen, ich lag in den lieblichsten Träumen eingewiegt. Ich empfand, wie ich nur selten, nur in den schönsten Stunden der glücklichsten Begeisterung empfinde, ich stand so viele Stufen höher als gewöhnlich, tausend Ideen, tausend grosse Vorsätze schwebten auf goldenen Wolken um mich her und winkten mir lächelnd entgegen (...) in jener schönen erhabnen Schwärmerei verlohren, nur für Schönheit empfänglich, süsse Töne wie abgebrochene Gesänge schwärmten um mein träumendes Ohr, rosenfarbene Bilder umgaukelten mich mit blauen Schmetterlingsflügeln – als plözlich – noch schaudre ich wenn ich daran denke, noch kann ich die Möglichkeit nicht begreifen – als wie in einem Erdbeben alle diese Empfindungen in mir versanken, alle schöne grünenden Hügel, alle blumenvollen Thäler gingen plözlich unter, und schwarze Nacht und grause Todtenstille, gräßliche Felsen stiegen ernst und furchtbar auf, jeder liebliche Ton wie verweht, Schrecken umflog mich, Schauder die gräßlichsten bliesen mich an, alles ward um mich lebendig, Schatten jagten sich schrecklich um mich herum, mein Zimmer war als flöge es mit mir in eine fürchterliche schwarze Unendlichkeit hin, alle meine Ideen stiessen gegeneinander, die große Schranke fiel donnernd ein, vor mir eine grosse wüste Ebne, die Zügel entfielen meiner Hand, die Rosse rissen den Wagen unaufhaltsam mit sich, ich fühlte es wie mein Haar sich aufrichtete, brüllend stürzte ich in die Kammer – Jene, in der Meinung ich will sie erschrecken, schreien ebenfalls, als plözlich sich die kleine Kammer wie zu einem weiten Saal ausdehnt, in *ihm* zwei riesenmässige Wesen, groß und ungeheuer, mir fremd, (...) mir war als sollt' ich niederstürzen, die Angst und Wuth schüttelte alle meine Glieder, ich hätte beide niedergestochen, hätt' ich einen Degen in meiner Gewalt gehabt. Ich war auf einige Sekunden wirklich **wahnsinnig**. (...) ich stürzte vorüber, den Zügel wiederzufassen, der Wagen stand, um Gotteswillen! ich werde rasend! rief ich und sank halbohnmächtig nieder. Alles gewann nach einem kleinen Kampfe seine natürlichen Umrisse wieder, ich fand mich selbst wieder. Ich war äusserst ermattet. Alle meine Pulse klopften hörbar. (...) Höchst ermattet legte ich mich endlich aufs Bette, aber alles erschreckte mich, die Thür der Kammer stand auf und unser Zimmer war mir wie das Reich des Todes, man muste die Thür zumachen, über eine Stunde brachte ich in einem Zustande zu, der einer Ohnmacht des Körpers nahe war. (...) Das Licht ward endlich ausgelöscht. Sobald ich die Augen zumachte, war mir als schwämme ich auf einem Strom, als löste sich mein Kopf ab und schwämme rückwärts, der Körper vorwärts, eine Empfindung die ich sonst noch nie gehabt habe, wenn ich die Augen aufmachte, war mirs, als läg ich in einem weiten Todtengewölbe, drei Särge nebeneinander, ich sehe deutlich die weissen schimmernden Gebeine, alles dehnte sich in eine fürchterliche Länge, alle meine Glieder waren mir selbst fremd geworden und ich erschrack wenn ich mit der Hand nach meinem Gesichte faßte. (...) So brachte ich noch eine entsezliche Stunde zu, alle Schrecken des Todes und der Verwesung umgaben mich, alle schöne war in mir erstorben, ich konnte keine angehmen Gedanken denken.

---

den Tieck aber, trotz der augenfälligen Ähnlichkeit, an dieser Stelle nicht erwähnt. Der aktuelle Anfall aber muß ohne diese Erinnerung noch rätselhafter werden. Wieder sind die eigentlich Vertrauten plötzlich „fremd" und ungeheuer, dem selber in diesem Augenblick Wahnsinnigen scheinen die anderen wahnsinnig. Ein wiederkehrender Vorfall. Im heftigen Schauder bricht wiederum „eine Art Wuth", eine „Raserei", aus.

Einige mahl schlief ich ein, Du weißt daß das Einschlafen mit einer krampfhaften Zuckung anfängt, diese war aber so gewaltsam, daß ich davon fürchterlich in die Höhe geworfen wurde. Endlich schlief ich ein und erwachte äusserst ermattet. Ich konnte den ganzen Tag nicht ausgehn und mich kaum von einem Stuhl zum andern bewegen." (*BTW* 48ff.)

Die neugierige Attitüde des erfahrungsseelenkundlichen „Selbstbeobachters" ist spürbar, der Bericht, in dem hier wider die Natur des erlebten „Erdbebens" eine noch kohärente (Wieder-)Erzählung entsteht, könnte, wenig modifiziert, aus Moritz' *Magazin* stammen. Eben eine solche „Beschreibung" eines derart „sonderbaren Zustandes", versucht auch in den frühen literarischen Arbeiten, noch im *Abdallah* (s.u.), ist Tieck dann, umfassend noch besprochen, bald schon unmöglich. Der sonderbare Zustand – das „Chaos von dunklen Empfindungen", „eine wälzt sich über die andre, keine bleibt stehend und fest" – „den Du unmöglich in Verse bringen kannst. Selbst kein dramatischer Dichter hat diesen Zustand, diese Empfindungen noch deutlich beschreiben können" (*BTW* 113). Eine Unmöglichkeit mit immensen poetologischen Folgen, Initial auch der besonderen Poetik des Schwindels. Auffällig ist die Schwierigkeit der Beschreibung schon im hier unternommenen Versuch: In der Absicht, authentisch den wahnsinnigen Zustand zu beschreiben, trägt Tieck ein Konglomerat abgegriffener, aller Authentizität baren Formeln, literarischer Floskeln und Versatzstücke der Schauerromane zusammen. Anfälle des Wahnsinns, d.h. jähe wahnsinnige Exaltationen der Phantasie, die in gewalttätiger Raserei und häufig auch im Mord endeten, nach der Lektüre geistlicher und weltlicher Literatur, vornehmlich der „Lieblingslektüre", waren den Erfahrungsseelenkundlern aus vielen Berichten bekannt; lange schon war die Lektüre in dem stetig wachsenden Katalog der möglichen „fernen Ursachen" des Wahnsinns aufgeführt[335]. Die Lektüre

---

[335] Mit „ununterbrochenem Eifer" und „Enthusiasmus", erzählt Tieck, habe er sich bis zwei Uhr nachts in einen „Rausch" gelesen. Im *Magazin* finden sich zahlreiche Beispiele für einen durch Lektüre, zumeist die „Lieblingslektüre", ausgelösten Wahnsinn. Literatur ist es, die die Phantasie erhitzt. Ein Gendarm im Soldatenstand liest in seinen geistlichen „Lieblingsschriften" wiederholt von den „Wundern", „und von der Zeit an entstand bei ihm die Idee von Wundern, die sich nachher seiner Einbildungskraft so sehr bemeistert hat, daß er selbst Wunder zu thun, im Stande zu seyn glaubte" (*Magazin*, Bd. I, S. 23). Am Ende des durch die Lektüre evozierten furors steht in manchen Fällen sogar der Mord. Nach der Lektüre von Johannes' geheimer Offenbarung z.B. geraten zwei Theologiestudenten in eine „Raserei" und bringen ihren Vater um (*Magazin*, Bd. VI, S. 242, zu weiteren Morden nach der Lektüre siehe das *Magazin*, Bd. I, S. 103; Bd. II, S. 54, Bd. III, S. 101ff.). Als besonders virulent galt die Lektüre der „schwärmerischen", „phantastischen", „wunderbaren" Literatur, Moritz bemerkt: „Auch der beste Kopf, der sich in die Lektüre von Wundern zu lange vertiefte, würde vielleicht am Ende unterliegen" (Bd. IV, S. 14). Vor allem der penetrant moralisierende Pockels, mit dem sich Moritz deswegen verwarf, geißelt im *Magazin* die „unmäßige" und beliebige Lektüre, in Konvergenz mit der gesamten Reformpädagogik. Lektüre muß primär einem „Zweck" dienen; liegen alle Pathologien in der Verletzung eines fragilen Gleichgewichts, so gilt für den Geist und die Seele dieselbe Notwendigkeit einer diätetischen Regulation wie für den Körper. Be-

ist allgemein suspekt, stimuliert sie doch in unkontrollierbarer Weise die Einbildungskraft, sofort geht das seelische Gleichgewicht zugrunde: potentieller Wahnsinn. Tieck will also gezielt betreiben, was zerstreut und spontan als durchaus möglich galt. Auch die Nacht, die herrschende Dunkelheit und die Stille – „Das Licht ward entfernt, ich war allein, Nacht um mich her", lautet die Szenerie des Anfalls – galten der Erfahrungsseelenkunde als Katalysator für alle Formen des Wahnsinns und der seelischen Absonderlichkeiten. Entsprechend groß ist das Interesse der spätaufklärerischen Seelenforscher an der Nacht, nicht erst der „Romantiker". Die Abwesenheit von äußeren, „zerstreuenden" Sinneseindrücken, „wenn unser Geist sich aus dem sichtbaren Schauplatze der Welt gleichsam in sich selbst zurückzieht", gibt der Phantasie die verhängnisvolle Freiheit, sich zu exaltieren[336]. Phantasie entpuppt sich als ein jederzeit gefährliches, eigenständiges Wesen mit einer aggressiven, usurpatorischen Lust, sobald sie nicht hinreichend abgelenkt, durch andere Seelenvermögen, die Vernunft und die „äußere Empfindung" begrenzt wird. Tieck wird die Nacht und die Stille explizite als wirksamste Bedingungen der Lektüre bzw. des Vortrags der Poesie empfehlen, durchweg, wie gesehen, das verfolgend, was die Zeit verteufelte. Kommen des Nachts in der Stille im „Kampf der erhitzten Einbildungskraft mit der Vernunft" „keine neuen Eindrücke" hinzu, wird die „herrschende Vorstellung nur noch grausender und schrecklicher"[337]. Die „sonderbarsten und lächerlichsten Mißgeburten von Gefühlen und Begriffen", „dunkel und verworren", herrschen dann wider alle Vernunft, „unser Herz" und „die moralischen Grundsätze unsere Natur"[338]. Ist das Phantasma der „bösen" Einbildungskraft geboren, muß die Restriktion ununterbrochen und rigide sein, schon die kleinste Störung des seelischen Gleichgewichts kann der Beginn der katastrophischen Entbin-

---

stimmtes Lesen wurde selber schon als „krank" bezeichnet, die „Lesewut", das „leidenschaftliche Lesen" – durchaus eine Mode –, zu denen sich Moritz in sehr zweideutiger Weise bekannte, „Thema" auch des *Anton Reisers*. Zur „Lesewut" vgl. Grimminger, *Roman* (Abschnitt *Lesewut, Detailrealismus, Autobiographie und die Konventionen des Romans in der Spätaufklärung*), in: *Hansers Sozialgeschichte der deutschen Literatur*, Bd. 3, *Deutsche Aufklärung bis zur französischen Revolution 1680–1789*, hg. v. Rolf Grimminger, München 1980, S. 701ff.

[336] *Magazin*, Bd. III, S. 240.
[337] Ebd.
[338] „Gewisse Gedanken und Empfindungen der menschlichen Seele werden gemeiniglich erst dann in uns rege, wenn die ganze Natur um uns her finster und still wird. Ein aufmerksamer Beobachter seiner selbst kann leicht die Erfahrung machen, daß man, wenn uns Stille und Finsterniß umgeben, wenn unser Geist sich aus dem sichtbaren Schauplatze der Welt gleichsam in sich selbst zurückzieht, oft *ganz anders denkt und empfindet*, als bei Tage; – daß gerade alsdann und sonst vielleicht nie oft die sonderbarsten und lächerlichsten Mißgeburten von Gefühlen und Begriffen in uns entstehen. So dunkel und verworren diese Begriffe und Gefühle aber auch immer sein mögen; so lebhaft würken sie doch gemeiniglich auf unsere Einbildungskraft, ja selbst auf unser Herz, und empören sich nicht selten gegen die moralischen Grundsätze unserer Natur" (*Magazin*, Bd. V, S. 164).

dung sein, von Tieck in der, gegen den Anschein komplizierten, selbstparodierenden Parodie der „Phantasus"-Figur im *Franz Sternbald* festgehalten. „Phantasus" ist so „festgebunden", „daß er sich nicht rührt und regt". Die figurierte Vernunft[339] „sieht und erkundet jede Miene", eine restlose Kontrolle und Überwachung wie es exemplarisch die Reformpädagogen forderten. Gefahr besteht jederzeit, ist des Phantasus' Wesen doch „närrische Laune", Unberechenbarkeit und Willkür. Eine kurze Unaufmerksamkeit in der Kontrolle, wie im Schlaf, wenn Hypnos die Fesseln löst, letztes Residuum des einstmals allmächtigen Herrschers, und das „verständige Sprechen", Verständigung und Verstehen gehen unter: Der Mensch wird ein kompletter „Tor", ein Wahnsinniger. Restriktion ist vonnöten, daß er „Vernunft im Denken nicht stört, / Den armen Menschen nicht irrt, / Daß er sein Tagsgeschäft / In Ruhe vollbringe, / Mit dem Nachbar verständig spreche / Und nicht wie ein Tor erscheine" (*Stb* 349) – daß der Bürger sich wie entworfen realisiert. Bei Moritz, der das Studium des Traums nachdrücklich empfiehlt, lautete die Warnung, der die Sätze der Vernunft im Phantasus-Gedicht ähneln: „besonders die Ideen, welche wir im Traum erhalten, [müssen] ordentlicher Weise wieder verdunkelt werden", „weil sie den ganzen Tag über einige Unordnung in meinen übrigen Ideen erweckt"[340]. Indiziert ist in der rigiden Kontrolle die – selber phantasierte – Gefährlichkeit des Gegners als allmächtig; im Gedicht wird dies indes selber lächerlich gemacht, dieser Phantasus ist alles andere als eine Vision. „Löst" sich die Einbildungskraft einmal, ereignet sich, ihrer entfesselten Eigendynamik folgend, autonom ein dem Subjekt willkürliches seelisches, vor allem imaginäres Geschehen, welches es restlos berherrscht. Es gerät zum Schauplatz eines seltsamen, spontanen Spektakels. Vorstellungen und Bilder, ganze Bilderfolgen werden generiert von den der Kontrolle des Subjekts nicht unterstehenden „tiefsten Schichten der Seele", das „untere Seelenvermögen" usurpiert die Seele. Von einem Augenblick auf den anderen, ohne Vermittlung und ohne Beherrschung durch das Subjekt, gerät die Phantasie, einer unbegreiflichen endogenen Dynamik folgend, die im obskuren Grund des Innersten begründet liegt, in einen gespannten Zustand. „Wir spielen oft und gern mit der Einbildungskraft", notiert Kant, „aber die Einbildungskraft (als Phantasie) spielt ebenso oft und bisweilen sehr ungelegen auch mit uns"[341] – genau letzteres interessiert Tieck. Moritz zeichnet zahllose solcher „ungelegenen" Spiele der Phantasie mit den Menschen auf. „Möcht ich doch das Geheimnis entdecken, wie man über die Geburten seiner Einbildungskraft Herr sein

---

[339] Die Erinnerung ist die „Gefährtin" der Vernunft („Mnemosyne", vgl. Tiecks Phantasus-Gedicht im *Sternbald*, S. 349), bei Baumgarten und in der zweiten Hälfte des 18. Jahrhunderts fielen „richtige Erinnerung" und Phantasie als „gesunde Phantasie" noch zusammen; „Die Vorstellung des vergangenen Zustandes der Welt, also auch meines vergangenen Zustandes, ist die Einbildung" (Baumgarten, *Metaphysik*, S. 29). Ihr Defekt ist dann die „zügellose Phantasie" (ebd., S. 35).

[340] Moritz, *Magazin*, Bd. I, S. 30.

[341] Kant, *Anthropologie*, S. 476 (B 80, 81).

könnte!"³⁴² Die erhitzen „Geburten der Einbildungskraft", „schimmernde Phantome", „die tobenden Leidenschaften"³⁴³ terrorisieren wie „Sturmwinde"³⁴⁴ die Seele. Sie „üben (...) eine beständige Herrschaft aus; sie drücken mich nach ihrem Gefallen darnieder, oder heben mich empor, und ich muß dem Spiel so zusehen, was sie mit mir treiben."³⁴⁵ Die Einbildungskraft erscheint als nicht zu beherrschender Drang: „so darf ich dir nicht erst sagen, daß du diesem Streben freien Lauf lassen sollst, eben so wenig, wie ich es dem Strome erst verstatten darf, daß er Dämme durchbricht."³⁴⁶ Es geht um mehr als um einen Vergleich des Treibens im Inneren mit dem übermächtigen und willkürlichen Walten der Natur. Ein machtvolles Drängen, das alles bricht, zerstört, sich vielleicht beruhigt, um dann wieder eruptiv auszubrechen: „Stürme brausen, Ströme stürzen sich vom Felsen, durchbrechen Dämme, überschwemmen Städte, und wälzen sich dann ruhig wieder in ihren angewiesenen Ufern hin."³⁴⁷ „Was kann der Schiffer mehr tun, als sein Segel aufspannen, und sein Ruder lenken, kann er dem Sturme gebieten, daß er seine Bahn nicht verrücken, und den Wellen, daß sie nicht sein bretterndes Haus an einen Felsen zerschmettern"³⁴⁸. Phantasie wird als erhitzte zum Subjektfremden: Ist ihre Erhitzung aber nur Entbindung, Lösung ihrer „Natur", gerät sich das Selbst im Innersten zum Fremden. Phantasie wird der Inbegriff selbsttätiger Willkür, des „unpersönlichen es" (Moritz), des „Nicht-Selbst" oder der „fremden Kraft, Kraft der willenlosen und zwecklosen Natur" (Fichte, s.u.). Zu solcher Willkür wird Phantasie hingegen erst konstruiert, in einer spezifischen Selbstkonstruktion und Selbstpraxis, die sich als „Bürger" einführt.

Erhitzt sich die Phantasie, die Tätigkeit im Innersten – von Tieck in *Shakespeare's Behandlung des Wunderbaren* resümierend betrachtet –, zeigen sich im imaginären Spektakel, das das Subjekt restlos usurpiert, spezifische, der Natur der Phantasie inhärente, korrelative „Bewegungen", die dem Verstand allesamt „Unbegreifliches" und „furchtbares Chaos" figurieren; formale, modale Charakteristika der „exaltierten Phantasie", die ebenso solche der exaltierten Seele allgemein sind. Verwendet Tieck nach dem Bruch mit dem psychologischen Impetus die Begriffe „exaltieren" oder „erhitzen" nicht mehr, ersetzt er sie durch „lösen", „freimachen" und „entbinden", die deutlicher indizieren, daß das Entbundene nichts Hinzugekommenes ist – wie in der Erhitzung vielleicht, die dann Defekt wäre –, sondern nur das „Nathürliche" freimacht. Entbunden werden in der Erhitzung der Phantasie die besonderen Modi, in denen die Vorstellungen

---

[342] Moritz, *Philosophie*, S. 11.
[343] Ebd., S. 20.
[344] Ebd., S. 12.
[345] Ebd., S. 15.
[346] Karl Philipp Moritz, *Leben und Wirksamkeit*, in: *Schriften zur Poetik und Ästhetik*, ausgew. u. hg. v. Hans Joachim Schrimpf, Tübingen 1962, S. 52.
[347] Ebd.
[348] Ebd., S. 21.

sich dann manifestieren (und konterkariert werden). Diese Modi, Dynamiken der „Plötzlichkeit", „plötzlichen Umwendungen", „wunderbaren Schnelligkeit", „ständigen Wechsel" und „ewigen Bewegungen" sind es, die in der Zuspitzung den Schwindel, den besonderen Wahnsinn, bewirken und ausmachen. Der „Schwindel der Seele" ist ein Phänomen der „entbundenen" Einbildungskraft. Tiecks Erörterung des Schwindels als Erörterung der erhitzen, fehlerhaften Einbildungskraft konvergiert ganz mit den Definitionen der medizinischen Psychologie, der Erfahrungsseelenkunde wie dem damaligen allgemeinen Verständnis – gleich an Markus Herz zu sehen, der ein Fragment seines *Versuchs über den Schwindel* im *Magazin* veröffentlichte, zu sehen. In der einflußreichen nosographischen Klassifikation des Wahnsinns von Boissier de Sauvages steht er an erster Stelle in der „I. Ordnung": „Halluzinationen, die die Vorstellung verwirren"[349]. In einer der wirkungsmächtigen Formel des Deliriums von Robert James, den Diderot übersetzte, wird er als offensichtlich erster Antipode der Linearität und Finalität zum Synonym des Wahnsinns: „Dieses Wort ist von *lira*, einer Rille abgeleitet; so daß *delirio* eigentlich 'sich von der Rille entfernen' bedeutet, 'vom geraden Weg der Vernunft abkommen'"[350]. Explizite ist er auch bei Linné Erkrankung der Einbildungskraft, er subsumiert die „Schwindelgefühle" unter „imaginative Geisteskrankheiten"[351]. In Jablonskis Lexikon heißt es zu den Symptomen, den imaginativ-halluzinatorischen Anteil betonend : „daß es einem düncket, ob sehe er alles um sich im Kreis herum lauffen, den stärkeren Schwindel aber den Augen allerley Farben vorkommen [man erinnere sich an die Bedeutung der Farben für das delirante, imaginäre Geschehen im „Anfall des Wahnsinns" oder im „Wunderbaren"], oder das Gesicht gar vergehet, daneben sich noch andere Zufälle, als sausen und klingen der Ohren, und daß man ohne Hülffe sich nicht aufrecht halten kan, mit einfinden"[352]. Die Zuspitzung des imaginären Schwindels, den der Körper immer simultan vollzieht, ist die Ohnmacht, Schwindel ist „Vorbothe der Ohnmacht"[353].

Eklatantes Phänomen der entbundenen Phantasie, im zitierten „Anfall des Wahnsinns" festgehalten, ist die „Plötzlichkeit", das gänzlich Unvermittelte und Unerwartete, ein „Chok", eine jähe Gewalt, die eben, unabhängig vom Inhalt irgendwelcher Einbildungen, im Modus des chokhaften Einbrechen selbst liegt und dem Subjekt gänzlich inkommensurabel ist. Sie ist ebenso ein Merkmal des Schwindels, Adelung sieht bereits 1798, ganz wie Tieck, die Attribute des „hef-

---

[349] In der nosographischen Klassifikation Boissier de Sauvages' wird der Schwindel unter der „Klasse" des „Wahnsinns" (aufgeführt sind in zehn Klassen alle möglichen Erkrankungen), „Vesaniae" oder Krankheiten, die den Verstand „verwirren", situiert (*Nosologie méthodique*, 10 Bde., Lyon 1772, zitiert nach Foucault, *Wahnsinn*, S. 190).

[350] Robert James, *Dictionnaire universel de médecine* (frz. Übersetzung von Denis Diderot), 6 Bde., Paris 1746–1748, Bd. 3., S. 977, zitiert nach Foucault, *Wahnsinn*, S. 239.

[351] Karl von Linné, *Genera morborum* (1763), zitiert nach Foucault, *Wahnsinn*, S. 190.

[352] Jablonski, *Lexicon*, Artikel „Schwindel".

[353] Adelung, *Wörterbuch*, Artikel „Schwindel".

tigen" und „plötzlichen" als sein hervorstechendes Charakteristikum[354]. Leicht vorstellbar, daß die postulierte wie praktizierte permanente und rigide Kontrolle der Einbildungskraft die Plötzlichkeit, jähe Dynamik, im Metaphorisch-Sprachlichen wie auch im physiologischen (freilich ebenso metaphorischen) Rhythmus erst selber hervorbringt: Erlischt sie einen kurzen Augenblick, „schnellt" der gestaute „Drang" hervor, so der „Eindruck". Das Subjekt, im „Innersten" getroffen, ist gänzlich unvorbereitet, ohne Möglichkeit einer Abwehr, Abdämpfung oder Flucht, im Sinne Kants ein „Schreck": „plötzlich erregte Furcht, welche das Gemüt außer Fassung bringt", „sich gegen eine plötzlich aufstoßende Gefahr nicht gefaßt genug zu fühlen"[355]. Poesie des Schwindels, in Kap. V entfaltet, wäre in diesem Sinne radikal Poesie des „Schrecks" – ein modifizierter, totalisierter Schauerroman, den Tieck liebte –, gar noch seiner Potenzierung: „Schreck, Schauder, Grausen", so Tiecks frühe Skizze einer Gradation der Affekte (s.u.), eine Potenzierung bis zum Schwindel. Tiecks Plötzlichkeit erinnert an Freuds Theorie der „Durchbrechung des Reitzschutzes" bzw. „Traumas", an Freuds, Kant ganz ähnlichem, Schreck, ebenso an Benjamins, auf der Auseinandersetzung mit Freud beruhenden Theorie des „Choks" als „zentralem Motiv" bei Baudelaire[356] (vgl. dazu auch Bohrers Entwurf einer „Ästhetik des Schreckens" als Konzentrat moderner Ästhetik, Kap. IV.3; indes ist die Plötzlichkeit der Poetik des Schwindels bei allem antizipatorischen Charakter zunächst immanent zu entwickeln). „Schreck aber benennt den Zustand, in den man gerät, wenn man in Gefahr kommt, ohne auf sie vorbereitet zu sein, betont das Moment der Überraschung"[357]. Er besteht in einer „Durchbrechung des Reitzschutzes" des „seelischen Apparates"[358], in „plötzlicher" „Überschwemmung des seelischen Apparates mit großen Reizmengen", die keiner Erledigung mehr zugeführt werden können: „Solche Erregungen (...), die stark genug sind, den Reitzschutz zu durchbrechen, heißen wir *traumatische*."[359] „Nach Innen zu ist der Reizschutz" gar prinzipiell „unmöglich", „die Erregungen der tieferen Schichten setzen sich direkt und in unverringertem Maße (...) fort"[360], die Psy-

---

[354] Ebd.
[355] Kant, *Anthropologie*, S. 587 (B 211; A 212).
[356] Walter Benjamin, *Über einige Motive bei Baudelaire*, in: Walter Benjamin, *Gesammelte Schriften*, hg. v. Rolf Tiedemann u. Hermann Schweppenhäuser, Bd. I.2., *Abhandlungen*, Frankfurt a. M. 1974, S. 605–653.
[357] Sigmund Freud, *Jenseits des Lustprinzips*, in: ders., *Studienausgabe*, hg. v. Alexander Mitscherlich u.a., Bd. III, *Psychologie des Unbewußten*, Frankfurt a. M., 9. korrig. Auflage 1994, S. 223. Freud differenziert dort Angst, Furcht und Schrecken („Angst bezeichnet einen gewissen Zustand wie Erwartung der Gefahr und Vorbereitung auf dieselbe, mag sie auch eine unbekannte sein; Furcht verlangt ein bestimmtes Objekt, vor dem man sich fürchtet", ebd., S. 222f.). Präzise wäre im folgenden in der Freudschen Terminologie immer von „Schrecken" zu sprechen.
[358] Ebd,. S. 240.
[359] Ebd., S. 239.
[360] Ebd., S. 238.

che ist ohne allen Schutz (abgesehen von der „Projektion": die „inneren Erregungen" „so zu behandeln, als ob sie (...) von außen her einwirkten", als absurdes „Abwehrmittel"[361]). Das poetische Verfahren des Schwindels wird präzise diese Durchbrechung suchen. Schon Adelung verzeichnet ganz im Sinne Tiecks die Bindung des Schrecks als Schwindel an das Plötzliche: „Wie im Schwindel herum taumeln. Besonders so fern mit dieser Empfindung eine heftige und plötzliche Furcht (...) verbunden ist"[362]. Verstand und Urteilskraft wie Subjektivität und Reflexivität sind momenthaft suspendiert (ShW 704, s.u.), damit auch die Funktion der Distinktion von Realem und Imaginärem. Reaktionen geschehen unwillkürlich, selber nur phantasmatisch und somatisch-affektiv. Die Plötzlichkeit als Bewegung selber ist ebenso unbegreiflich wie das, was in ihr einbricht, die blitzartige Vorstellung, die sich nicht fest installiert, sondern fragmenthaft und höchst ephemer ist und im nächsten Augenblick durch andere gebrochen wird. „Als plötzlich – noch schaudre ich wenn ich dran denke, noch kann ich die Möglichkeit nicht begreifen" ist das Zentrum des zitierten „Anfalls", „wie ein Blitzstrahl bricht es dann plötzlich hervor" (ShW 710), heißt es in *Shakespeare's Wunderbares,* und „läßt den richtenden Verstand nicht zur Sprache kommen" (ShW 710). Sind „die Fesseln der gebundenen Einbildung" „gelöst", so schon im *Almansur* (1789), schießt sie „wie ein Blitzstrahl dahin und nun hinkt der Verstand an seinen Krücken hinter sie her und kann sie nicht einholen" (Alm 46). „Wie von einem gewaltigen Schlage" (ShW 703), ein „Schlag der Imagination" (ebd.), „schnell wie ein Blitz" (Ry 9) geschehen die Bewegungen der dadurch totalitären Bilder – Metaphern zerstörender Naturgewalten. Wiederaufgenommen in den Metaphern des Paroxismus – in der Doppelbedeutung der schlagartigen Depravierungen eines Krankenzustandes, des schlagartigen Symptomausbruchs und der schlagartigen tektonischen Ereignisse im Vulkanausbruch – und des Erdbebens (BTW 48), in dem alle Vorstellungen „untergehen".

Zur Plötzlichkeit gehört die „unbegreiflich schnelle Beweglichkeit der Imagination" (ShW 703), eine seltsame „Schnelligkeit" oder „Lebhaftigkeit" als allgemeines Merkmal der Bewegungen der labilen Phantasie wie des labilen Innersten, in den psychologisch-medizinischen Termini der Zeit: des Maniakalischen. Bereits diese stupende Schnelligkeit („schnell wie ein Blitz") der Produktion von Bildern und Assoziationen führt umgehend in eine quantitativ-ökonomische Krise der Vorstellung, ganz abgesehen von den gleich betrachteten Wechseln und Umwendungen der Vorstellungen. „Die Fülle der Bilder überströmt uns" (DüD I 89), unablässig „schießen" verschiedenste neue Bilder in rasender Geschwindigkeit und in großen Mengen „durch den Kopf" – „die Phantasie durchläuft in einer wunderbaren Schnelligkeit tausend und tausend Gegenstände" (ShW 712). Wie die Plötzlichkeit ist diese Schnelligkeit schon an

---

[361] Ebd., S. 239.
[362] Adelung, *Wörterbuch*, Artikel „Schwindel".

sich ein Modus der Verwirrung, nicht erst die bestimmten schnellen Vorstellungen führen zum Durcheinander. Ihr wurde auch ein physiologisches Substrat gegeben, wieder eine Erinnerung daran, wie sehr die heute metaphorischen Begriffe im zeitgenössischen Bewußtsein einen realistischen Sinn hatten: Im Artikel „Manie" der *Encyclopédie*, dessen Übersetzung im *Magazin* erschien, sprach man vom „schnellen und ungeordneten Pulsieren der Arterien". Erkennbar auch in der bereits zitierten Definition des Manischen: Es kommt zu „einer großen Erregung. Die Bewegung [des Blutes in den Arterien] nimmt zu, und bald ist die Erregung vorhanden, die die Manie charakterisiert." „Die (...) Bewegungen häufen sich, weiten sich aus und enden damit, daß sie in heftige Konvulsionen ausbrechen"[363]. Simultan, unabhängig von der Frage des Primären, sind das Somatische und das Seelische in identischer Weise infiziert. Moritz spricht in der Beschreibung des Seelenzustands der erhitzten Einbildungskraft wiederholt von den „schnellen Übergängen", vom „Sturm" und „Toben", von den „stürmischen", ständig „abwechselnden"[364] Folgen von Bildern. Pockels berichtet im *Magazin* – im Fall einer Konfrontation mit etwas „Wunderbarem" – von einer ungewöhnlichen Beschleunigung der imaginären Prozesse, einer „heftigen Bewegung": „Unser Blut fängt heftiger zu wallen an, unsere Gedanken folgen in einer ungewöhnlichen Schnelligkeit auf einander. Unsere Aufmerksamkeit scheint sich mit jedem Augenblicke zu verdoppeln."[365] Marcus Herz definiert die Geschwindigkeit der seelischen, imaginären Verläufe in seinem *Versuch über den Schwindel* als entscheidenden Parameter der Seelengesundheit und Seelenkrankheit; der Parameter Zeit bestimmt den Defekt der kranken bzw. schwindligen Seele (vgl. Lothar Müllers Kommentar dazu[366]). Als Theorie der übermäßigen pathogenen Beschleunigung und ebenso übermäßigen pathogenen Verlangsamung – Schwindel und Langweile sind das Ergebnis – „steht Herz' Theorie des Schwindels in untergründiger Verbindung mit dem Rhythmus und der signifikanten Zeiterfahrung der Aufklärung"[367]. Präsümiert ist ein „natürliches" Tempo, ein „natürlicher Fortgang" der „Reihe von Vorstellungen im Menschen", die der „nathürlichen Ökonomie" und dem „nathürlichen Gleichgewicht" assoziiert sind, dann „befindet sich die Seele in einem freyen und behaglichem Zustande: das Spiel dieser Tätigkeit geht still und ruhig vor sich, wie alle Geschäfte in der Ökonomie des Körpers, wenn er sich in seiner nathürlichen Verfassung befindet."[368] Pathologisch und pathogen dagegen, Beginn des Schwindels, ist der Seele die „zu schnelle Folge ihrer Vorstellungen". Die rasende Geschwindigkeit der Phantasie demoliert die natürliche Ökonomie mehrfach: ökonomisch-quantitativ als akute Krisis der Überproduktion, die nicht

---

[363] Foucault, *Wahnsinn*, S. 231.
[364] Moritz, *Philosophie*, S. 22.
[365] *Magazin*, Bd. III, S. 253.
[366] Müller, *Die kranke Seele*, S. 69ff.
[367] Ebd., S. 70.
[368] Herz, *Versuch über den Schwindel*, S. 153.

mehr verarbeitbar ist, am wenigsten vom Verstand und der Urteilskraft, die an ihren „Krücken hinter ihr herhinken" und „sie nicht einholen" können". Demoliert wird sie aber bereits allein durch die Schnelligkeit der Vorstellungsabfolgen, die eine Fixierung und Identifikation unmöglich machen. Generiert werden keine handhabbare Fülle, keine produktive Überfülle, kein wunderbarer Reichtum. Keine einzelne Vorstellung ist zu halten, ebenso kein Zusammenhang mehrerer Vorstellungen: „Wir verlieren in einer unaufhörlichen Verwirrung den Maßstab der Wahrheit und Wirklichkeit", zeichnet Tieck in *Shakespeare's Wunderbarem* auf, „unsre Urteilskraft wird so verwirrt (...) wir finden nichts, worauf wir unser Auge fixieren könnten", betont er (*ShW* 704). Es ereignet sich im Schwindligen ein „unkontrolliertes Spiel" der Phantasie. „Seine Vorstellungsbilder treten aus dem Koordinatensystem vernünftiger Wahrnehmung heraus. Unter der Last der sie überflutenden allzu schnellen Folge von Vorstellungen gerät die Seele in eine hektische und endlose Zerstreuung, die 'natürliche Weile', das heißt der individuell notwendige Verarbeitungszeitraum zwischen zwei Vorstellungen, wird unterschritten. Die Seele kann ihre Ökonomie nicht aufrechterhalten, es entsteht ein Chaos von Eindrücken und daraus der Schwindel, dessen Symptome sich von seinem seelischen Zentrum aus dem Körper mitteilen: Ohrensausen, Erbrechen, Ohnmacht, Ekel, ja, Schlagfluß und manchmal der Tod können seine Folge sein. Der Schwindlige leide unter der unkontrollierten Überproduktion in seiner Seele, unter der krisenhaften Überbelastung ihrer Ökonomie."[369] Die dynamischen Eigenarten der Phantasie, sowohl die Plötzlichkeit wie die Schnelligkeit, führen zu einer markanten Figur der, noch umfassend behandelten, Selbstvernichtung der Phantasie und all ihrer Vorstellungen, der seltsame Wahnsinn – und das ist im strengen Sinne bloß die „bis zum Wahnsinn" „verwirrte" Phantasie –, „der oft die selbst erfundenen Gesetze wieder vernichtet" (*Schr* 6, XX). Zuletzt kollabiert sie in ihrer eigenen Entbindung, d.h. in der sie selbst begründenden Gesetzmäßigkeit und kann ihrer konstitutionellen Funktion der „Darstellung" und „Anschauung", so wird sie philosophisch bestimmt, nicht mehr nachkommen.

Weitere Eigenarten der freigemachten Phantasie, korrelierend mit den schon behandelten, sind die unbegreiflichen wie unbegreiflich machenden „plötzlichen Umwendungen" der Vorstellungen sowie ihre „ständigen Wechsel" und „ewigen Bewegungen". In Bruchteilen von Augenblicken, abrupt, „wie ein Schlag", und grundlos, dem Subjekt wiederum absolute Willkür, schlagen die exaltierten Phantasien um, verkehren sich in ihr Gegenteil und wieder zurück. Hier geht es wesenlich um logische Oppositionen: „Vertrautes" wird augenblicklich „Fremdes", „Heiteres" wird „Fürchterliches" und umgekehrt. Ein instabiles Ozillieren, jähe Inversionen. „Es gehört dies zur unbegreiflich schnellen Beweglichkeit der Imagination, die in zwei auf einander folgenden Momenten ganz verschiedene Ideen an einen und denselben Gegenstand knüpfen" (*ShW* 703). „Durch eine

---

[369] Müller, *Die kranke Seele*, S. 69.

plötzliche Umwendung erblickt sie nun die andre (...) Seite des Gegenstandes (...)", die „Imagination [wird] davon, wie von einem gewaltigen Schlage, getroffen" (*ShW* 703). Phantasie tritt als das Subjekt der Perzeption auf: „Phantasie betrachtet zuerst..." oder: „durch eine plötzliche Umwendung erblickt sie...". Schlagartig verkehren die Umwendungen der entbundenen Phantasie dem Subjekt die Vorstellung von einem Gegenstand, ganzen Welten, der ganzen Wirklichkeit. Unmöglich, den Gegenstand der Imagination zu fixieren, eine Signifikation: „wir finden nichts, worauf wir unser Auge fixieren könnten" (*ShW* 704). Schon in den frühen Werken sind solche Umwendungen und die oszillierenden Welten – im „Anfall" festgehalten[370] – obsessives Motiv und feste thematische Einheit; noch aber sind sie keine Faktur poetischer Sprache, noch aber begründen sie nicht das narrative Prinzip selbst. Indes kehrt die „plötzliche Umwendung" auch im *Eckbert* penetrant als Motiv wieder, besitzt jedoch eine andere Funktion: die Selbstzitation des Textes. Schon im *Almansur* (1789) ist es präfiguriert: „Dieser Palast", in den Nadir gelangt, „ist zugleich auf eine wunderbare Art mit Gemälden ausgeziert, sie sind doppelt; auf der einen Seite stellen sie alles ernsthaft, auf der andern dasselbe lächerlich dar", „dieser Zuschauer weint gerührt, jener auf der andern Seite lacht" (*Alm* 45) und „immer wechselnd". Im *Blaubart* ist es „ein kleiner Zwerg": „mit einem ungeheuren Kopf (...) machte [er] die wunderlichsten Gebehrden, so daß man nicht sagen konnte, ob es fürchterlich, oder ob es lächerlich war". Im *Eckbert* ist das „Gesicht" der „Alten" in „ewiger Bewegung" (*Eckb* 133) – ein Motiv, das im Text ebenso in zahlreichen anderen Bildern durchgespielt wird –, ständig kippt die Vorstellung von Komischen und Fürchterlichen hin und her, und das „eigentliche Aussehen" ist nimmer zu fixieren. Was wundert es, daß die Alte dann vielleicht überall ist: in Walter, in Hugo, in dem Bauern. Tieck gibt 1793 ein Beispiel für die plötzliche Umwendung, das Segment einer Geschichte sein könnte. Eine Beschreibung solcher Umwendungen kann sich indes notwendig bloß auf einzelne, sukzessive Umwendungen begrenzen und bleibt ohnmächtig gegenüber dem Verwirrungsgeschehen der simultanen, zahllosen, permanent sich ereignenden, rasend schnellen, immer instabilen Umwendungen des Schwindels. So verfehlt sie die – entscheidende – Entgrenzung der Vorstellungsökonomie, verfehlt das Wesentliche der plötzlichen Umwendungen: infixibel zu sein. „Beschreiben" können solche Darstellungen nicht das zitierte dynamische Chaos, nicht die unaufhörliche Verwirrung selbst. Ein Dilemma, das zum Initial der Idee einer Poesie des Schwindels wird, einer Poesie, die nicht mehr beschreiben, sondern selber die sich der „Beschreibung" entziehenden jähen Umwendungen erzeugen will. „Es ist nicht unnatürlich, daß ein Wanderer, der am Abend über seinen mißgestalteten Begleiter spottet, sich aber plötzlich erinnert, daß er an einem verdächtigen

---

[370] Ein Phänomen, das Tieck auch in einem späteren „Anfall von Wahnsinn" aufzeichnet (vgl. Fußnote 96 dieses Kapitels): „mit einemmahle" werden Vertrautes, Personen und Dinge, „fremd", „eine Empfindung", heißt es dort, „die sich bei mir sehr leicht einstellt". (*BTW* 53f.).

Ort sei, plötzlich anfängt seinen Gefährten für ein Gespenst zu halten, und daß jeder Zug, der ihm so eben lächerlich war, ihm itzt fürchterlich erscheint" (*ShW* 703). Ursache ist nicht der verdächtige Ort, dieser wird „plötzlich" erst als solcher erinnert, bzw. erst als solcher von der Phantasie geschaffen. In *Franz Sternbalds Wanderungen* geht das Motiv der unvermittelten Umwendung genauso in die Geschichte ein. Sternbald und sein Freund Bolz werden von einem Kohlenbrenner für die Nacht in dessen Hütte eingeladen. Der Köhler erzählt von seiner Arbeit, die ganze Atmosphäre ist Sternbald angenehm, er „fühlte in der Hütte wieder die ruhigen, frommen Empfindungen, die ihn schon so oft beglückt hatten" (*Stb* 346). In der Nacht wendet sich unversehens alles um: „Franz vergaß beinahe, wo er war, denn alles umher erhielt eine sonderbare Bedeutung. Seine Phantasie ward erhitzt, und es währte nicht lange, so glaubte er sich unter Räubern zu befinden, die es auf sein Leben angesehn hätten, jedes Wort des Kohlenbrenners, dessen er sich nur erinnerte, war ihm verdächtig, er erwartete es ängstlich, wie er (...) sie im Schlafe umzubringen" trachtete (*Stb* 347f.). Regelmäßig entpuppen sich die Figuren plötzlich – möglicherweise – als Gegenteil dessen, wie der Erzähler sie einführt bzw. als Gegenteil dessen, wie sie die anderen Figuren wahrnehmen. Der einzige, der innigste Freund wird – möglicherweise – zu einem ganz anderen, einem furchtbaren „Fremden", der Verhängnis und Tod bringt, er wird zum ärgsten Feind. Ein Verfahren, das im *Eckbert* – man erkennt entscheidende Elemente des Textes wieder – zum niemals entscheidbaren, stetigen Fluktuieren, zu den unentwegten plötzlichen Umwendungen des Schwindels verschärft wird. Damit erhalten die plötzlichen Umwendungen in den „erzählenden Märchen", in denen sie wie im *Eckbert* noch vielfach, das Textverfahren reflektierend, erzählt werden, gegenüber den zitierten Erzählsegmenten eine ganz neue Qualität und Funktion. Erst in der Potenzierung dieser Umwendungen sind es solche des „Schwindels der Seele". Dieselben gänzlich unvermittelten Verkehrungen konstatiert Tieck im affektiven Bereich[371], überhaupt verweisen sie wie die Plötzlichkeit und Schnelligkeit auf obskure, idiopathische Bewegungen im Innersten. In einem späten Gedicht, freilich schon abgemildert, heißt es: „- O wie wechselnd ist / Doch mein Gemüth, so wandelbar, veränderlich / (...) denn bald / bin ich so glücklich", doch: „Ein Au-

---

[371] Die Nähe und das jähe Umkippen – die „plötzliche Umwendung" – gegensätzlicher Affekte und Empfindungen, des „Komischen und Schrecklichen" z.B., strukturelle und dynamische Eigenart des Affektiven und phänomenologisch des Seelischen überhaupt, beschäftigen den Erfahrungsseelenkundler intensiv: „Es ist eine sonderbare Erscheinung in der menschlichen Seele, daß sie oft das Fürchterliche und Lächerliche so nahe bei einander findet" (*ShW* 702f.). „Das k o m i s c h e und das s c h r e c k h a f t e grenzen überhaupt viel näher an einander, als man glaubt", notiert Tieck in einem Brief an Wackenroder (*BTW* 105). Das Konträre, Oszillierende ist auch ökonomisch aneinander gebunden: „Aber man wird sehr häufig finden, daß ohne dieses Lächerliche, das Entsetzliche den größten Teil seiner Stärke verlieren würde" (*ShW* 703). Wiederum bestätigt die Betrachtung des Traums die Beobachtung, Tieck ein Rekurs höchster Valenz, „im Traume verfährt die Phantasie oft eben so; das Lächerliche präpariert sehr oft das Gräßliche" (ebd.).

genblick, so wechselt diese Flut, / Sie tritt zurück und macht das Ufer nackt / Und ärmlich dünkt mir dann mein ganzes Innre" (*Schr* 10, 114). Ein instabiles, plötzliches und willkürliches Oszillieren der „Stimmungen", das schon Moritz als Seelenzustand der überspannten Seele explizite kennzeichnet: „Wenn man recht aufmerksam auf seine Empfindungen ist, so wird man finden, daß sie sich keine Minute lang ganz ähnlich sind". Zu studieren sind unentwegt „schnelle Übergänge", „abwechselnd, in jedem Augenblicke, sind Freud' und Schmerz" – beständig „Ebbe und Flut"[372]. Gewiß ist Moritz' Idee noch, diese schnellen Übergänge „zu erforschen, um nach und nach über sie Herr zu werden"[373], wenn er auch ununterbrochen scheitert: „Möcht ich doch das Geheimnis entdecken, wie man über die Geburten seiner Einbildungskraft Herr sein könnte!"[374]

Erfahren in den plötzlichen Umwendungen logischer Oppositionen, ein Oszillieren, so oszilliert und variiert in den „ständigen Wechseln" und „ewigen Bewegungen" plötzlich auch gänzlich Disparates, zueinander Kontingentes. Schnelligkeit und Wechsel sorgen in der Phantasie, allerdings nur wenige Augenblicke vor dem zwangsläufigen Kollaps, für eine verwirrende Abundanz („Mannigfaltigkeit", „große Menge", „schwellender Überfluß" von Vorstellungen, *Ph* 189ff.), Redundanz und Iteration („in lieber Wiederholung"), pausenlose Interferenzen und Metamorphosen – für eine Absenz aller Logik, Kategorien und Ordnungen („furchtbares Chaos", „Willkür", „willkürliches mannigfaltiges Spiel", *AM* 209). Deutlich ist dies die gelöste, regellose Phantasie. Vollends verselbständigt und „willkürlich" schießen die Vorstellungen durch die ohnmächtige Seele, „die Seele [ist] entweder an eine besondere Assoziationskette so gebunden, daß sie sich auf keine Weise davon loszumachen im Stande ist, oder wo sie sich an gar keiner zweckmäßigen Associationsreihe festhalten kann, *sondern beständig von der einen zur andern, herumgetrieben, gleichsam ein Marionettenspiel des Zufalls*", so Maimon (die Begriffe „willkürlich" und „unwillkürlich" lassen sich widersprüchlich definieren, je nach der Auffassung, ob man die Fähigkeit, Assoziationen bzw. Vorstellungen zu leiten, „von Natur aus" dem bewußten Ich unterstellt oder nicht; hierin kommen grundlegende ideologische Prämissen zum Vorschein). Die Seele ist unfähig, „aus *eigner Macht* eine Associationskette an[zu]fangen, fort[zu]setzen, [zu] unterbrechen, und mit einer andern [zu] vertauschen."[375] Dies „beständig von der einen zur andern" Vorstellung „Herumgetrieben"-Sein ist „bei allen Arten der Tollheit, des Wahnwitzes und der Raserei zu bemerken" und bedeutet Seelenkrankheit. Paraphrasiert erscheint in Maimons Ausführungen präzise Tiecks „sonderbarer Seelenzustand": „eine [Vorstellung] wälzt sich über die andere, keine bleibt stehend und fest".

---

[372] Moritz, *Philosophie,* S. 22. „Ebbe und Flut" sind Moritz ein häufiger Topos, vgl. auch die *Aussichten,* S. 92.
[373] Moritz, *Philosophie,* S. 23.
[374] Ebd., S. 11.
[375] Maimon, *Magazin,* Bd. IX, S. 18.

Die erörterten seltsamen Bewegungen der sich entbindenden Phantasie bedeuten allesamt Konterkarierungen der Identität und Dauer einzelner Vorstellungen wie des vernünftigen, verständlichen Zusammenhangs der Vorstellungen. Vorstellungen werden solange in sich und gegenüber anderen irritiert, fluktuieren solange, bis sie in sich oder gegenüber anderen „zusammenfallen", „zerfließen", indistinkt werden. Anders formuliert: sie „vermischen" sich in den gegenseitigen Vervielfältigungen. Die „Vermischung" wird ebenfalls von den Theoretikern der defekten Einbildungskraft ausgeführt: „Jede einzelne Vorstellung", heißt es repräsentativ bei Herz, „verliert ihre Klarheit und Lebhaftigkeit, und wegen ihrer zu geschwinden Folge fallen sie alle ineinander: die Seele unterscheidet sie nicht mehr deutlich, sondern stellt sie sich als ein verworrenes Ganze vor, in dem weder Ordnung noch faßliche Abstechung der Theile findet; und endlich geräth sie selbst in den Zustand der Verwirrung"[376]. Eine Formulierung, die sich bereits wie ein poetologisches Postulat Tiecks ließt. Die Leistungs- und Verarbeitungsfähigkeit der Seele wird akut überspannt. Alle Distinktionen und Demarkationen, alle „Ordnung" und „Regelmäßigkeit" verlieren sich, die Vorstellungen „fließen ineinander": Fiasko des Verstandes, sind „Klarheit und Deutlichkeit" sowie Distinktivität von Vorstellungen doch Bedingungen des Verstehens. Moritz pointiert: „keine Merkmale, woran wir unsere eignen Vorstellungen von einander unterscheiden konnten, diese flossen daher entweder in eins zusammen, verdrängen sich einander, oder verwirrten sich untereinander"[377]. Tieck zitiert in *Shakespeare's Wunderbares* zu den Vermischungen und zum ganzen umrissenen sonderbaren Zustand eine Beschreibung Jacques Cazottes (*Le diable amoureux*, 1772, dt. 1780)[378]: „*aucune idée raisonnable et distincte, mêlant le grotesque au terrible*; le puérile de ses escargots lumineux, à la découverte effrayante de son horrible tête; enfin le mensonge à la vérité; le repos à la veille; *de manière que votre esprit confus ne distingue rien*, et que vous puissiez croire, que la vision qui vous a frappé, étoit moins l'effet de sa malice, qu'un rêve occasioné par les vapeurs de votre cerveau" [Hervorhebungen stammen von Tieck].

---

[376] Herz, *Versuch über den Schwindel*, S. 174.

[377] Moritz, *Schöpfungsgeschichte*, S. 787. In dieser Schrift, die Ontogenie und Phylogenie in eine umfassende Parallele führt, reformuliert Moritz, fast als eigene Zitate – ein ihm typisches Verfahren –, Ideen früherer Schriften, deutlich erkennbar des Artikels im *Magazin* „Zur Seelennaturkunde. Erinnerungen aus den frühesten Jahren der Kindheit" (*Magazin*, *Werke*, S. 104–106).

[378] Jacques Cazottes *Le diable amoureux* wurde 1838 von Tiecks Freund Eduard v. Bülow übersetzt. In der Neuübersetzung von Franz Blei, *Biondetta, der verliebte Teufel*, (Berlin 1924) ist diese Stelle folgendermaßen übersetzt: „Er will Ihnen keinen einzigen vernünftigen und bestimmten Gedanken lassen und vermengt das Groteske mit dem Schrecklichen, das Kindische seiner leuchtenden Schnecken mit der scheußlichen Erscheinung seines mißgeschaffenen Kopfes; kurz, die Lüge mit der Wahrheit, Wachen mit Schlaf. Dergestalt, daß Ihr verwirrter Geist nichts klar unterscheidet und daß sie dafür halten könnten, die Vision, die Sie betroffen, sei weniger die Wirkung einer Tücke als ein von den Dünsten Ihres Hirns erzeugter Traum gewesen" (S. 109).

Betroffen von Vermischung ist entscheidend die Vorstellung von Wirklichkeit und Chimäre – ein Begriffspaar, für das Dutzende homologe Gegensätze zu nennen wären – bzw. die Fähigkeit ihrer Distinktion. Und mehr als Vorstellungen sind Wirklichkeit und Chimäre ebenso nicht, Vorstellungen, die sich für andere Vorstellungen den Wert real oder imaginär vorstellen. In ihrer Vermengung erleiden beide eine Vernichtung, erzeugt wird alles andere als ein homogener, stabiler Wahnsinn – wie es das „heitere Wunderbare" sein könnte (s.u.) –, sondern das unablässige Hin und Her zwischen beiden bis zum Zusammensturz.

In vielen literarischen Arbeiten ist die Vermischung Thema oder Motiv, der Poetik des Schwindels wird sie narratives Prinzip. Im *Phantasus*-Rahmengespräch heißt es: „In diesen Natur-Märchen mischt sich das Liebliche mit dem Schrecklichen, das Seltsame mit dem Kindischen, und verwirrt unsre Phantasie bis zum poetischen Wahnsinn, um diesen selbst nur in unserm Innern zu lösen und frei zu machen" (*Ph-Rg* 113). Im *Runenberg*: „Das Seltsamste und das Gewöhnliche war so in einander vermischt, daß er es unmöglich sondern konnte" (*Rub* 193), im *Eckbert*: „das Wunderbarste vermischte sich mit dem Gewöhnlichsten" (*Eckb* 145). Verstand und Urteilskraft sind es, denen die Funktion der Distinktion von Chimäre, alles „nur selber durch (...) Einbildung" zu „erschaffen" (*Eckb* 144), und Wirklichkeit, damit auch von „Innen" und „Außen", überantwortet ist – Tieck ordnet dieses Vermögen wie Kant der Urteilskraft zu –, und eben sie werden in der Erhitzung der Phantasie suspendiert. Suspendiert, sind „die Fesseln der gebundenen Einbildung" gelöst, schon durch die Plötzlichkeit und Schnelligkeit, „sie [die Phantasie] schoß wie ein Blitzstrahl dahin und nun hinkt der Verstand an seinen Krücken hinter sie her und kann sie nicht einholen" (*Alm* 46). Tieck formuliert ganz in Kongruenz mit den Theorien des Wahnsinns: „Wir verlieren in einer unaufhörlichen Verwirrung den Maßstab, nach dem wir sonst die Wahrheit zu messen pflegen; (...) verlieren (...) in der ununterbrochenen Beschäftigung unsrer Phantasie, die Erinnerung an die Wirklichkeit; der Faden ist hinter uns abgerissen, der uns durch das rätselhafte Labyrinth leitete; und wir geben uns am Ende völlig den Unbegreiflichkeiten Preis" (*ShW* 692). Oder: „unsre Urteilskraft wird so verwirrt, daß wir die Kennzeichen vergessen, nach denen wir sonst das Wahre beurteilen", ein Verlust „aller Kennzeichen der Wahrheit und des Irrtums" (*ShW* 704). Geschwächt, gar erloschen, wie der Verstand, ist so der äußere Sinn, die Wahrnehmung; einzige, brodelnde Quelle der „Eindrücke" ist der innere Sinn, der die „hitzigen Bilder" und „extremen Leidenschaften" aktualisiert. Aufgelöst ist, was Freud „Realitätsprüfung" nennt[379], deren Funktion in zwei Hauptaufgaben besteht, die Tieck beide der –

---

[379] Freud bestimmt diesen Terminus unterschiedlich, diffus, teils widersprüchlich, behandelt vor allem in *Formulierungen über die zwei Prinzipien des psychischen Geschehens*, *Triebe und Triebschicksale* wie *Die Verneinung* (alle in: Sigmund Freud, Studienausgabe, hg. v. Alexander Mitscherlich u.a., Bd. III, *Psychologie des Unbewußten*, Frankfurt a. M.,

absichtlich im poetischen Sprechen zu demolierenden – Urteilskraft zuweist: „das nur Vorgestellte von dem Wahrgenommenen zu unterscheiden und so die Differenzierung der Innenwelt von der Außenwelt herzustellen, die andere, die darin besteht, das objektiv Wahrgenommene mit dem Vorgestellten zu vergleichen und dessen eventuelle Entstellungen zu *berichtigen.*"[380] Die äußeren Sinne, so Tieck, nehmen außen als wirklich wahr, was als Imaginäres aus dem Inneren nur kommt, die Organe sind invertiert: das „träumende Ohr" im „Anfall des Wahnsinns". Die zeitgenössische Medizin und Psychologie markiert genau hier den Defekt, der zum vollen Delirium führt. Indes ist dies – das ist wichtig zu sondieren – (noch) nicht der verfolgte Schwindel, der verfolgte „fürchterliche Wahnsinn". „Das schnelle und ungeordnete Pulsieren der Arterien oder jede andere Störung drücken in der gleichen Bewegung auf die Fibern [wie in der Wahrnehmung]; sie stellen Gegenstände als gegenwärtig dar, die es nicht sind, und wahr als solche, die chimärisch sind." „Bis zu einem gewissen Punkt kann eine solche falsche Idee durch den Verstand korrigiert werden", die Produkte der exaltierten Phantasie aber sind zu gewaltvoll, „wenn es dieser falschen Idee gelingt, sich durchzusetzen, führt sie zu einem wahnhaften Zustand."[381] „Die äußeren Gegenstände üben auf den Geist der Kranken nicht denselben Eindruck aus wie auf den eines gesunden Menschen. Diese Eindrücke sind schwach (...). Sein Geist ist fast völlig durch die Lebhaftigkeit der Ideen absorbiert, die der verwirrte Zustand seines Gehirns bewirkt. Diese Ideen haben einen Grad an Lebhaftigkeit, der den Kranken glauben läßt, daß sie wirkliche Gegenstände darstellen, so daß er dementsprechend urteilt."[382] Die maniakalische Erhitzung führt unmittelbar zu delirierenden Verirrungen: sie „verformt die (...) Begriffe und Vorstellungen. Oder sie verlieren ihre Kongruenz oder ihr repräsentativer Wert wird verfälscht."[383] Das gesamte Denken wird in seiner Beziehung zur Wahrheit und Wirklichkeit getroffen. In der Medizin und Psychologie des Wahnsinns wirkt die Vorstellung von der Wahrheit als „Kongruenz des Denkens mit den Dingen" in der Metapher einer Resonanz. Diese ist dem Maniakalischen von Grund auf gestört: „jede Saite ihrer Laute ist verstimmt", heißt es bei Tieck im *Almansur,* „und gibt angeschlagen einen falschen Ton, man nennt sie Wahnsinnige" (*Alm* 46). Kant spricht von „Phantasma": Unter normalen Umständen werden die „Hirngespinste" der „dichtenden Einbildungskraft" von den Sinneseindrücken unterschieden. Im Wahnsinn aber, der analog zum Traum, zum „Spiel der Phantasie mit dem Menschen im Schlafe"[384], gedacht wird und bloß ein „Träumen im

---

9. korrig. Auflage 1994). Vgl. den Artikel „Realitätsprüfung" von Jean Laplanche u. J.B. Pontalis, *Das Vokabular der Psychoanalyse*, 12. Aufl. Frankfurt a. M. 1994, S. 431–436.

[380] Laplanche, Pontalis, *Vokabular der Psychoanalyse*, S. 434.
[381] Starobinski, *Körpergefühl*, S. 16.
[382] de la Rive, *Sur un établissement ...*, zitiert nach Foucault, *Wahnsinn*, S. 279f.
[383] Foucault, *Wahnsinn*, S. 275.
[384] Kant, *Anthropologie*, S. 476 (B 80, 81, A 80).

Wachen"³⁸⁵ ist, „werden die Phantasmen für Wahrnehmungsobjekte" gehalten, da „die Bewegung der Nerven, die mit einigen Phantasien harmonisch bebern, nach solchen Richtungslinien geschieht, welche fortgezogen sich außerhalb der Gehirne durchkreuzen würden, so ist der focus imaginarius außerhalb dem denkenden Subjekt gesetzt, und das Bild, welches ein Werk der bloßen Einbildung ist, wird als ein Gegenstand vorgestellt, der den äußeren Sinnen gegenwärtig wäre."³⁸⁶ So entstehen die Usurpationen des Subjekts duch das „Blendwerk der Einbildungskraft", die „phantastischen Bilder", so entstehen die Geistererscheinungen und das „Wunderbare" als übernatürliche Erscheinungen³⁸⁷. Dies, die Wahrnehmung von Irrealem als Realem, ist Kant dann die „methodische" und „fragmentarische Verrückung", Wahnsinn und Wahnwitz in den Kantischen Differenzierungen dessen, was die Zeit allgemein unter dem Begriff Wahnsinn subsumierte³⁸⁸. Entscheidend für den Schwindel ist allerdings eine andere, späterhin betrachtete „Verrückung". „Durch falsch dichtende Einbildungskraft [werden] selbstgemachte Vorstellungen für Wahrnehmungen gehalten", „die Einbildungskraft [gaukelt] ein dem Verstande ähnliches Spiel der Verknüpfung disparater Dinge als das Allgemeine vor", da die „Urteilskraft" „gestört" ist³⁸⁹. Ein Wahnsinn also, wie ihn einige Figuren im *Almansur* erleiden: „Jene spielten mit ihrer Phantasie, der Verstand löste die Fesseln der gebundenen Einbildung (...), man nennt sie Wahnsinnige (...). Jener hält die Kette, die ihn an die Mauer festhält für ein goldnes Halsgeschmeide, seine Lumpen für den Purpurmantel des Königs. Jener glaubt in seinem Strohlager alle Schätze Indiens zu besitzen und fühlt sich glücklich" (*Alm* 46). Der „fürchterliche" Wahnsinn, homolog dem „fürchterlich Wunderbaren", wie der Schwindel der Seele unterscheiden sich von diesem vollen, homogenen Wahnsinn, in dem Imaginäres restlos Realität ist, indessen gravierend – entsprechend auch von der „ganzen Welt" des „heiteren Wunderbaren" –, analog, ebenso in *Shakespeare's Wunderbares* ausgeführt, der fürchterliche Traum vom heiteren. Unterschieden sind sie weniger qualitativ-inhaltlich als modal-strukturell. Tieck interessiert nicht das „ganze" Delirium, der homogene Wahnsinn, sondern der Kampf von Wahnsinn und Wirklichkeit, der instabile, ephemere Augenblick der hektischen, mißlingenden Distinktionen, die Interferenz und Indifferenz beider, die in keiner traumhaften Verschmelzung zur Ruhe kommen. Ein Moment der andauernden „Schläge" ihrer Vorstellungen, die zum Zusammensturz führen, des ruhelosen, eigendynamischen Oszillierens zwischen Wahnsinn und Nicht-Wahnsinn bzw. Wirklichkeit – ein Moment, das freilich selber eine Form des Wahnsinns ist, in potenzierter Weise: „fürchterlicher" Wahnsinn. Ein Zustand, der wiederum schon Moritz in-

---

³⁸⁵ Kant, *Anthropologie*, S. 457 (BA 59).
³⁸⁶ Immanuel Kant, *Träume eines Geistersehers*, in: ders., *Werke in zehn Bänden*, hg. v. Wilhelm Weischedel, Darmstadt 1983, Bd. 2 (A. 68, 69), S. 957.
³⁸⁷ Ebd., S. 953. Vgl. allgemein zur erhitzten Phantasie S. 952–960.
³⁸⁸ Kant, *Anthropologie*, S. 530 (BA 145).
³⁸⁹ Ebd.

teressierte: der sonderbare Seelenzustand, in dem „so wie in tausend Seelen, die Wahrheit mit dem Blendwerk, der Traum mit der Wirklichkeit [kämpft]."[390] Nur im heiteren Wunderbaren, betont Tieck nachdrücklich, gibt es „ganze Welten" des Imaginären, das fürchterlich Wunderbare aber – die Termini des Wunderbaren, insbesondere ihre fundamentale, irreduzible Unterscheidung, werden noch ausführlicher erörtert – ist dadurch konstituiert, daß es unentwegt in den bezeichneten Choks und Difraktionen sich ereignet. „Fürchterlich Wunderbares" ist nichts weiter als das Geschehen im Schwindel der Seele, in dem Imaginäres mitnichten Realität wird. Fürchterlicher Wahnsinn, „furchtbares Chaos", Schwindel der Seele – solche Exaltation der Phantasie hintertreibt im Kern den „ganzen" Wahnsinn bzw. das anhaltende Delirium; keine einzige der Vorstellungen und keiner der Vorstellungszusammenhänge entziehen sich der Vernichtung in den plötzlichen Umwendungen, ständigen Wechsel und Vermischungen, allesamt keine Merkmale des heiteren, „ganzen" Wahnsinns. Nicht eine einzige Welt, geschweige denn eine „ganze Welt", kann sich bilden. Eine paradoxe Vernichtung, die eben in den Modi der Hervorbringung der Vorstellungen selbst sich vollzieht. Daß es dazu kommen kann, zu den verheerenden Vermengungen und grundsätzlich zum Schwindel, setzt indes den partiellen, augenblickhaften Suspens der Funktionen voraus, die die Distinktion ermöglichen, anders: eine Bewegung hin zur Indistinktion der chimärischen und realen Wahrnehmungen soweit, daß sie überhaupt indifferent werden können. Kants „methodische" und „fragmentarische Verrückung", die den Wahnsinn z.B. der Almansur-Figuren kennzeichnen, sind aber nur ein transitorisches Moment der restlosen Irritation im Schwindel.

Das skizzierte „furchtbare Chaos" der erhitzten, gelösten Phantasie wird von Tieck in *Shakespeare's Wunderbares* wie zuvor in der Erfahrungsseelenkunde und auch in den philosophischen Theorien der Phantasie bevorzugt am Traum demonstriert: interessant nur als Seelenzustand, in denen die Phantasie bzw. ihre besonderen „unordentlichen" Bewegungen sich „entfesseln". Der Traum ist der natürliche Seelenzustand der entbundenen, „spielenden Phantasie" (*ShW* 685), des „Spieles der Phantasie" (*DüD* I 89), in dem sie sich „mit sich selbst" spielend (*DF* 190) generiert. Dies stimmt ganz mit dem frühromantischen Verständnis überein, A.W. Schlegel formuliert den Traum als den Zustand der Phantasie, „wo sie von allem Zwange entbunden spielt"[391]. In der Erfahrungsseelenkunde wird der Traum, vor der Frühromantik, erstmals wieder eingehend studiertes Objekt. Moritz postuliert, wenn auch in tiefer Ambivalenz und widersprüchlicher Konnotation, seine Erforschung im *Magazin*: „Der Weise macht den *Traum* zum Gegenstande seiner Betrachtungen, um die Natur des Wesens zu erfor-

---

[390] Moritz, *Reiser*, S. 312f.
[391] A.W. Schlegel, *Gegenwärtiger Zustand der Deutschen Literatur*, S. 72.

schen, was in ihm denkt, und träumt."³⁹² Dabei ist der Traum das Wunderbare: „Jeder Traum, den wir haben, er scheine so unbedeutend wie er wolle, ist im Grunde eine merkwürdige Erscheinung, und gehört mit zu den Wundern, wovon wir täglich umgeben sind, ohne daß wir unsre Gedanken darauf richten."³⁹³ Tieck folgt mit der Traumbegeisterung, die unmittelbar poetologische Wichtigkeit des Traumstudiums herausstellend: „Der Psychologe und der Dichter können ganz ohne Zweifel ihre Erfahrungen sehr erweitern, wenn sie dem Gange der Träume nachforschen" (ShW 691), das poetische Genius, „Shakespeare, der oft in seinen Stücken verrät, wie vertraut er mit den leisesten Regungen der menschlichen Seele sei, beobachtete sich wahrscheinlich auch in seinen Träumen, und wandte die hier gemachten Erfahrungen auf seine Gedichte an" (ebd.). Die Poetik nämlich „kann hier am leichtesten bemerken, wie sich eine Reihe von Vorstellungen an einander reihen, um eine wunderbare, unerwartete Wirkung hervorzubringen", kann hier „den Grund entdecken, warum manche Ideenkombinationen so heftig auf die Gemüter wirken" – eklatant wiederum die fixe Orientierung an der Wirkung, dem Effekt. Bereits bei Moritz wird die Wertigkeit des Traums gegenüber der orthodoxen aufklärerischen Bestimmung als reiner Unsinn und Unvernunft invertiert: In ihm liegt jetzt, unter vielfältigen Aspekten, die Wahrheit der „Seele", bis hin zu Freud eine wirkungsmächtige Konstruktion, verschiedenst formuliert schon in einer langen Tradition der Mantik und Mystik. Allein im Traum z.B. – so Moritz, obgleich man zunächst glaubt, Freud zu lesen – kommt es zu den Erinnerungen („Erinnerungen an Erinnerungen") der „allerersten Eindrücke" aus den „frühesten Jahren unserer Kindheit", die „die Grundlage aller folgenden" ausmachen. Der Traum alleine ermöglicht die Erinnerung an die Kindheit, der in der dem neuen erfahrungsseelenkundlichen, psychologischen Paradigma der Selbst-Konstitution die zentrale Funktion zukommt, eine dem wachen Bewußtsein „ganz erloschne Idee", die „im Traum wieder erwacht, und ich erinnere mich nun des Traumes, und mittelbar durch denselben erst jener wirklichen Vorstellungen wieder"; diese Wirklichkeit allerdings wird durch die Konstruktion ihres Zustandekommens radikal fraglich³⁹⁴. Im Traum kommt es gar zu Offenbarungen, „wahrer und vernünftiger" als die Produktionen der höchsten philosophischen Vernunft. Zu einer Stelle im *Anton Reiser* und einer in Kants *Geisterseher* spekuliert Moritz: „Bei Anton Reisers Bemerkung 'Mystik und Metaphysik treffen insofern wirklich zusammen, als jene oft eben das vermittelst der Einbildungskraft zufälligerweise herausgebracht hat, was in dieser ein Werk der nachdenkenden Vernunft ist', fielen mir *Kants* Träume eines Geistersehers ein, in Beziehung auf seine jetzigen Schriften. Kant realisiert jetzt durch ernste, kalte Philosophie seine Phantasien

---

[392] Moritz, *Magazin*, Bd. IV, S. 22f. Zum neuen frühromantischen Verständnis des Traums siehe Albert Béguin, *Traumwelt und Romantik*, Bern und München 1972, vor allem S. 42–68.
[393] Moritz, *Magazin,* Bd. IV, S. 22.
[394] Moritz, *Magazin*, *Werke*, S. 104.

und Träume; welches um so begreiflicher ist, da in jenem Buche doch ein Philosoph phantasiert hat, und diese sollen ja wohl öfters im Traum besser als im Wachen räsonnieren. Vielleicht wahrer, inniger, origineller! (...) so hab' ich doch oft die erhabensten, größten und befriedigendsten Blicke und Übersichten im Schlafe (...)"[395].

Traum und Phantasie fallen, folgenreich, im wesentlichen in eins, Moritz ist der Traum ebenso bloß der „Gange der Phantasie" im Schlafe[396]. Exemplarisch eben schon bei Kant: Das „Spiel der Phantasie mit dem Menschen im Schlafe" ist der Traum – entsprechend ist der Wahnsinn bloß das „Spiel der Phantasie mit dem Menschen" im Wachen (s.o.). „Wenn unser Geist sich", wie schon als erfahrungsseelenkundliche Spekulation zitiert, „aus dem sichtbaren Schauplatze der Welt gleichsam in sich selbst zurückzieht", erhält die Einbildungskraft die verhängnisvolle Freiheit, sich zu spannen[397]. Die seltsamen Modi der labilen Phantasie, bereits in Tiecks Begriffen der Entbindung, Lösung oder Entfesselung impliziert, sind eben keine in der Erhitzung hinzugekommene Eigenarten bzw. Fehler der „natürlichen", „gesunden" Einbildungskraft, sondern ihr natürlicher Gang, der im Wachen bloß reguliert wird. Reguliert von den äußeren Eindrücken, der Empfindung und Wahrnehmung (sensus externa), wie auch von der Urteilskraft und dem Verstand. Maimon, penible Adaption Kants, hebt im *Magazin* hervor, daß das primäre „Merkmal, woran wir den Zustand des Träumens, von dem Zustande des Wachens unterscheiden können", „die *Unregelmäßigkeit* in der Folge der Vorstellungen auf einander" ist[398]: die Auflösung alles „vernünftigen, verständlichen Zusammenhangs" (Hegel, s.u.). „Die Ursache des Traums, ist eine, durch die Würksamkeit der Sinne *ununterbrochne* Würksamkeit der Einbildungskraft"[399], was eben impliziert: „Unregelmäßigkeit in der Folge der Vorstellungen aufeinander" ist der natürliche Modus der Einbildungskraft. Ohne die Wahrnehmung, die in der Exaltation der Seele wie im Traum erlischt, und die, so Kant, Supposition (im Status einer „regulativen Idee") einer „Einheit" auch in der Materie, dem vom Subjekt Unabhängigen, arbeitet die „Einbildungskraft in „nathürlicher Weise" ohne „Regelmäßigkeit" und „Gesetzmäßigkeit". Die Regelmäßigkeit der Einbildungskraft, in den Reihenfolgen der von ihr produzierten Vorstellungen – solche Regelmäßigkeit, die den Unterschied zum Traum und Wahnsinn markiert – entsteht erst in der Wahrnehmung der Materie, die selber, so die Denknotwendigkeit, eine Einheit aufweisen muß. So sehr ist das „logische", „intelligible Subjekt" abhängig vom empirischen, die

---

[395] Ebd., S. 161.
[396] Moritz, *Magazin,* Bd. IV, S. 23.
[397] Moritz, *Magazin*, Bd. III, S. 240.
[398] Maimon, *Magazin*, Bd. IX, S. 57f. Desweiteren führt er als Kriterien zur Unterscheidung an: „2) Das *Ausbleiben von Würkungen* aus ihren im Traum vorgestellten Ursachen. 3) Der *körperliche Zustand* des Schlafens (Ausspannung, Ruhe, und Verschließung der sinnlichen Organe)" (ebd., S. 57).
[399] Ebd., S. 58.

"besonderen Formen und Gesetze" werden nicht vom Subjekt gesetzt, sondern sind "objektiv", von der Materie herkommend[400]. Präzise in der Regellosigkeit bestimmt Kant – Baumgartens Begriff des "zügellosen" spezifizierend – das entscheidende Kriterium des Defekts der Phantasie, der sie bloß noch Wahnsinn, gänzlich inkommensurabel sein läßt: "die regellose [Phantasie] nähert sich dem Wahnsinn, wo die Phantasie gänzlich mit dem Menschen spielt, und der Unglückliche den Lauf seiner Vorstellungen gar nicht in seiner Gewalt hat"[401]. So warnt er, daß die "Einbildungskraft (...) in ihrer gesetzlosen Freiheit nichts als Unsinn hervor[bringt]"[402] und "Unsinn" ist eine der drei "Verrückungen der Seele", die allgemein, also auch bei Tieck, als Wahnsinn bezeichnet wird und die Kant ausdifferenziert (s.u. und Kap. IV.2). „Traum ist derjenige Zustand des Menschen", so Maimon, "worin das Assoziationsvermögen sich nicht selbstthätig [was hier heißt: vom souveränen, d.h. vernünftigten Subjekt bestimmt bzw. diesem gemäß] nach einer bestimmten Art verhält, sondern leidend, und von der einen Assoziationsart [die Art des „Aufeinanderfolgens" von Vorstellungen] zur andern leicht überspringend", eine Inversion der Selbsttätigkeit im Verhältnis von Selbst und Nicht-Selbst, der Begriffe von Willkür und Unwillkürlichem, Selbständigkeit und Unselbständigkeit im Sinne und Interesse des Subjekts[403]. Maimon – immer geht es um die entbundene Phantasie – spricht von "unwillkürlichen Ketten", vom "zwecklosen", "mechanischen" und "unselbständigen Assoziationsvermögen": die Vorstellungen "fallen ineinander", verlieren gegeneinander das Distinkte, "durchkreuzen sich" und „wechseln ständig". „Im wachenden Zustande würkt das Assoziationsvermögen mehrentheils nach irgend einem Zwecke. Im Traume hingegen durchkreuzen sich alle Associationsarten"[404]. Unmöglich, sie zu einer Einheit zu synthetisieren, allgemeine Funktion der darin dem Verstand homologen funktionierenden Einbildungskraft; dem Verstand bleiben sie so grundsätzlich inkommensurabel. "Solche Durchkreuzungen" sind nicht einmal als Widersprüche zu begreifen, sie bringen den Verstand schlicht zu Fall. Als Beispiel eines Ergebnisses solcher unwillkürlich produzierender Einbildungskraft, des Wahnsinns als Träumen im Wachen, zitiert Maimon eine Shakespeare-Stelle, "zum Beispiel eines solchen *wachenden Traumes*, kann folgende Stelle aus Shakespeare dienen"[405]. Eben an einzelnen Stellen Shakespeares zeigt Tieck dann auch die modalen Eigentümlichkeiten der

---

[400] Siehe u.a. Kants Bestimmungen „Von der Synthesis der Apprehension in der Anschauung" und „Von der Synthesis der Reproduktion in der Einbildung" in *Kritik der reinen Vernunft* (in: ders., *Werke in zehn Bänden*, hg. v. Wilhelm Weischedel, Darmstadt 1983, Bd. 3, S. 162ff., A 99), zuvor schon die Ausführungen „Von der Anwendung der Kategorien auf Gegenstände der Sinne überhaupt" (ebd., B. 149, 150, S. 147ff; vgl. auch S. 179f).

[401] Kant, *Anthropologie*, S. 485 (BA 92).

[402] Kant, *Kritik der Urteilskraft*, S. 421 (B 203; A 201).

[403] Maimon, *Magazin*, Bd. IX, S. 58.

[404] Ebd.

[405] Ebd.

pausenlos gleitenden Phantasie. Shakespeare selber, so Tieck, habe am Traum gelernt, welche Vorstellungen aneinandergereiht werden müssen, damit der Leser in eine „Stimmung versetzt [ist], die (...) ist was Don Quichotes Wahnsinn" sei (ShW 697).

Der Traum wird dem „verständigen Denken" und allen implizierten Konzepten zur dunklen Bedrohung. Obschon Moritz sein Studium nachdrücklich empfiehlt, fordert er in seiner alle seine Äußerungen charakterisierenden Widersprüchlichkeit: Besonders „die Ideen, welche wir im Traum erhalten, [müssen] ordentlicher Weise wieder verdunkelt werden (...) weil sie (...) einige Unordnung in meinen übrigen Ideen erweckt."[406] Vernunft wird im Denken „gestört", das „verständige" Sprechen schwindet, heißt es dann im Phantasus-Gedicht des *Sternbalds* (Stb 349). Moritz' Warnungen, scheint es, fungieren als Vorlage der Vernunft-Figur in Tiecks Gedicht. Der Traum muß „verdunkelt" werden, „wenn die Denkkraft in einem gesunden Zustand bleiben soll", wenn „Einigkeit und Klarheit im Denken" erhalten und der Wahnsinn abgewehrt werden sollen. Hier verrät sich modellhaft der, von Tieck dann invertierte, delphische Impetus des Traumstudiums: „durch den Unterschied zwischen Traum und Wahrheit die Wahrheit selbst auf festere Stützen zu stellen, um dem Gange der Phantasie und dem Gange des wohlgeordneten Denkens bis in seine verborgensten Schlupfwinkel nachzuspähen"[407]. Vernunft soll aus der minutiösen Auseinandersetzung mit der Unvernunft gestärkt hervorgehen, das ist der allgemeine Impetus, Legitimation des heiklen Unterfangens, sich an sie auszuliefern. Bemerkungen die keinen Einfluß mehr haben auf Tieck, präziser: nur in negativer Weise, indem er genau das sucht, was Moritz als, zuweilen, emphatischer Aufklärer nun am Traum unterbinden will. Im Traum, im Gleiten der Phantasie, sind Vernunft und ihre Organe, Verstand, Urteilskraft und Erinnerung ausgelöscht, mit dem Verstand seine Kategorien. Was sich äußert, äußert sich frei von aller kategorialen Gefaßtheit des Verstandes. Hegel, streng Kant folgend, formuliert: Im Traum – Hegel zuletzt eine Sache des Körpers, „ein Gemälde von bloßen Vorstellungen und Bildern", „das *Fürsichsein* der wachen Seele (...) und die Welt des verständigen Bewußtseins ist ganz etwas anderes"[408] – „verhalten wir uns nur vorstellend; da werden unsere Vorstellungen nicht von den Kategorien des Verstandes beherrscht."[409] Die Dinge ordnen sich entgegen den Ordnungen und Zusammenhängen des Verstandes, was im Traum produziert, gehorcht einer be-

---

[406] Moritz, *Magazin*, Bd. I, S. 30.
[407] Moritz, *Magazin*, Bd. IV, S. 23. „Indessen betont er [Moritz] mit dem programmatischen delphischen Imperativ seines Magazines, sich selber kennenzulernen, doch wieder entschieden das Interesse einer aufklärerischen Psychologie" (Ludger Lütkehaus, *„Dieses wahre innere Afrika"- Texte zur Entdeckung des Unbewußten vor Freud*, Frankfurt a. M. 1989, S. 24).
[408] Georg Wilhelm Friedrich Hegel, *Enzyklopedie der philosophischen Wissenschaften*, S. 88; behandelt wird die „Seele" als „natürliche", „fühlende" und „wirkliche".
[409] Ebd., S. 93.

fremdlichen Willkür: „Das bloße Vorstellen reißt aber die Dinge aus ihrem konkreten Zusammenhang völlig heraus, vereinzelt dieselben. Daher fließt im Traume alles auseinander, durchkreuzt sich in wilder Unordnung, verlieren die Gegenstände allen notwendigen, objektiven, verständigen, vernünftigen Zusammenhang und kommen nur in eine ganz oberflächliche, zufällige, subjektive Verbindung."[410]

Die Beschreibungen der Defekte der „gesetzlosen Freiheit" der Einbildungskraft stimmen in den, theoretisch gänzlich verschieden fundierten, Beschreibungen Maimons, Kants und Hegels wie zuvor Herz' und Moritz' überein. Zu resümieren sind die Wesentlichen: das „Auseinander"-, „Durcheinander"- und „Ineinanderfließen" oder „-fallen" der Vorstellungen, das „sich Durchkreuzen" der Vorstellungen, die „wilde Unordnung" und das „Zufällige" der Vorstellungen. Ebenso das „leicht Überspringende", das „Unregelmäßige" und das „beständige Herumgetriebensein" „von der einen zur andern", das sich „untereinander" „Verdrängen" und „sich Verwirren". Erlitten wird eine ohnmächtige Bindung an „eine besondere Associationskette" und die Unfähigkeit des „Festhaltens" an einer „zweckmäßigen Associationsreihe". Freud sucht noch Akkumulation reinen Wahnsinn produzierender, irrationaler Bewegungen im Traum, damit der Phantasie, zu ordnen und vernünftig zu übersetzen, als besondere „Primärprozesse" der „Traumarbeit", der Verkehrung, Verdichtung, Verschiebung etc., die sich für ihn im inversen Proz.eß der „Traumdeutung" rational (re-)transkribieren lassen[411]. All diese Bewegungen der „gesetzlosen Freiheit" der Einbildungskraft bedeuten den Verlust an Klarheit, Deutlichkeit sowie „faßlicher Abstechung" der Vorstellungen, kurz, den Verlust des „notwendigen, objektiven, verständigen, vernünftigen Zusammenhangs" der Vorstellungen. Bedeuten das Debakel des Verstandes, des Verstehens – sämtliche „Angemessenheit jener Einbildungskraft in ihrer Freiheit zu der Gesetzmäßigkeit des Verstandes" ist annulliert, das „Vermögen, sie dem Verstande anzupassen": die „Urteilskraft"[412]. Zum Zusammenbruch gebracht wird die „spontane", „produktive Einbildungskraft" selbst, die Funktion, Einheit in das Mannigfaltige der Anschauung zu bringen, „Synthesis des Manningfaltigen", von „Sinnlichkeit und Verstand" heißt es bei Kant[413] (darin ist die Einbildungskraft transzendental – lediglich die produktive, nicht die reproduktive – und fällt mit dem Verstand punktuell zusammen, der

---

[410] Ebd., S. 93f.
[411] Sigmund Freud, *Die Traumdeutung*, vgl. Kapitel VI. „Die Traumarbeit" (S. 280–287, vor allem: „Die Verdichtungsarbeit", „Die Verschiebungsarbeit", „Die Darstellungsmittel des Traums"), in: ders., *Studienausgabe*, hg. v. Alexander Mitscherlich u.a., Bd. II, *Die Traumdeutung*, Frankfurt a. M., 9. korrig. Auflage 1994.
[412] Kant, *Kritik der Urteilskraft*, S. 421 (B 203; A 201).
[413] Kant, *Kritik der reinen Vernunft* (Bd. 3), S. 148 u. 179 (B 151 u. A 125, die Einbildungskraft wird in dem Abschnitt „Von der Anwendung der Kategorien auf Gegenstände der Sinne überhaupt" grundlegend bestimmt, ebd., S. 147ff.).

Verstand bringt die Synthesis dann bloß erst „auf Begriffe"[414]). Unmöglich, die „Sukzession der Phänomene" zu einer „eindeutig-bestimmten, gesetzlichen" „Ordnung" zu synthetisieren, „Kausalität" herzustellen. „Alle Veränderungen geschehen nach dem Gesetze der Verknüpfung der Ursache und Wirkung"[415], „Kausalität und Dependenz (Ursache und Wirkung)" sind „reine Verstandesbegriffe", „Kategorien", die der Verstand schon a priori in sich enthalten muß[416] – im Zentrum des Tieckschen Schwindels steht dann die „Wirkung ohne eine Ursache" als das „völlig Unbegreifliche" (*ShW* 712).

Infiziert sind im Sinne Reils alle Arten von Vorstellungen, „durch welche der Mensch nach seinem dreifachen Zustande vorgestellt wird", also das Subjekt in seiner Totalität. Unauflösbar zerfasert sind auch die Vorstellungen des inneren Sinns, in dem die Seele sich „ihren eigenen geistigen Zustand, ihre Kräfte, Handlungen, Vorstellungen und Begriffe vorstellt, diese Dinge von sich selbst (unterscheidet), und auf diese Art sich ihrer bewußt [wird]". Verwirrt ist damit die Konstitution des Subjekts selbst. Unmittelbar wiederzuerkennen sind in den Eigentümlichkeiten der „gesetzlosen Freiheit" der Einbildungskraft die Tieckschen Bestimmungen der „seltsamen Bewegungen" seiner entbundenen Phantasie, die „plötzlichen Umwendungen", „ständigen Wechsel" etc. – die „unaufhörlichen Verwirrungen" der Vorstellungen und Vorstellungsfolgen. Hinzuzufügen wären, im Rekurs auf Herz und Pockels, die Plötzlichkeit und sprunghafte Schnelligkeit. Tiecks Ausführungen lesen sich wie Paraphrasen des Resümierten: das besondere „Durcheinanderstürmen eben so mannigfaltiger Affekte und Vorstellungen" (*ÜdKSh* 656), „die (...) entstehn und vergehn (...) kein rechter Zusammenhang, sie kommen und verschwinden" (*DüD* I 89), „keine bleibt stehend und fest, eine wälzt sich über die andere" (*BTW* 113) – „nichts, worauf wir unser Auge fixieren könnten" (*ShW* 704). Die Notation der „seltsamen Bewegungen" sind Aufzeichnungen der eigentümlichen Gesetze dieser „gesetzlosen Freiheit" der Einbildungskraft, die sie, gegen ihre Funktion, Wirklichkeit zu konstituieren, in Opposition zu dieser Wirklichkeit sowie zur Wahrheit und

---

[414] Die transzendentale Synthesis der Einbildungskraft ist „eine Wirkung des Verstandes auf die Sinnlichkeit und die erste Anschauung desselben (zugleich der Grund aller übrigen) auf Gegenstände der uns möglichen Anschauung" (Kant, *Kritik der reinen Vernunft*, S. 149, B 151). Das „Mannigfaltige" zu verbinden ist das „ursprüngliche Vermögen" des Verstandes (ebd.), der aber kein Vermögen der Anschauung ist, wodurch er bloß die intellektuelle, rein formale Einheit herstellen kann. Erst als Synthesis der transzendentalen Einbildungskraft wirkt er auf die Anschauungen, „er also übt, unter der Bezeichnung einer transzendentalen Synthesis der Einbildungskraft", diese Funktion erst aus (ebd., B 154, S. 150). Früher heißt es: „Die Synthesis überhaupt ist (...) die bloße Wirkung der Einbildungskraft, einer blinden, obgleich unentbehrlichen Funktion der Seele, ohne die wir überall gar keine Erkenntnis haben würden (...) Allein, diese Synthesis auf Begriffe zu bringen, das ist eine Funktion, die dem Verstande zukommt, und wodurch er uns allererst die Erkenntnis in eigentlicher Bedeutung verschaffet" (ebd., B 104, 105, S. 117).

[415] Kant, *Kritik der reinen Vernunft* (Bd. 3), S. 226 (B 233).

[416] Ebd., S. 119ff. (B 106ff).

Vernunft bringen. Schärfer formuliert: die sie in der Konstitution vernichten und nichts als „leeren Sinn", d.h. Wahnsinn produzieren. Tieck bestimmt die eigentümlichen Autonomien der „aufeinander unregelmäßig folgenden Vorstellungen". Die Liste der monierten Eigenarten der gesetzlosen Freiheit der exaltierten Einbildungskraft, das Auseinander-, Durcheinander- und Ineinanderfließen der Vorstellungen, das sich Durchkreuzen etc., liest sich wie eine positive Liste Tieckscher poetologischer Postulate der Aktualisierung des Wahnsinns. Genau diese gesetzlose Freiheit soll Poesie des Schwindels in der Leserphantasie evozieren, indem sie diese gesetzlose Freiheit poetisch-sprachlich selber praktiziert. Genau diese konkreten Bewegungen der gesetzlosen Freiheit werden transkribiert in die Spezifika eines poetischen Sprechens – das des Schwindels –, welches nicht in seinen Inhalten charakterisiert ist, sondern in seinen modalen Spezifika. Es ist in seiner Eigenart also vollends substanzlos. Invertiert man die betrachteten Warnungen vor der willkürlichen Einbildungskraft, die Bewertung also – die Beschreibungen beibehaltend –, so formuliert sich ein Initial Tieckscher Frühromantik; nur so ist Tiecks Hinwendung zur Phantasie nachzuzeichnen.

Die skizzierte Lösung der Einbildungskraft als „fürchterlicher" Wahnsinn evoziert keine Fülle, sondern die Vernichtung sämtlicher Vorstellungen und Vorstellungszusammenhänge und so, nichtet bzw. entleert sich die Phantasie selbst, den Einbruch der „ungeheuren Leere", des „ungeheuren, leeren Abgrunds" (*Schr* 6, Vff.). Eine Vernichtung, die nicht bloß transitorisches Moment hin zur „Unendlichkeit", zum „negativem Absoluten" ist – hier, in Kapitel V sondiert, scheiden sich die „frühromantischen" Wege Tiecks und Fr. Schlegels wie auch Novalis'. Den Frühromantikern bliebe solches, von der Poesie des Schwindels herzustellendes gänzlich haltloses und bis zum Zusammensturz betriebenes Schwanken der Phantasie zuletzt doch im Sinne Kants eine der „Verrückungen des Geistes" als Differenzierungen dessen, was bei Maimon, Herz, Moritz, in der Erfahrungsseelenkunde und der Zeit allgemein, so auch bei Tieck, als „Wahnsinn" galt. Verrückungen, die allesamt am Ende den Defekt der Einbildungskraft bedeuten. Wobei Tieck, wie gesehen, nicht interessiert, was bei Kant dann im engen Sinne Wahnsinn heißt: eine homogene, wenn auch irreale Vorstellungswelt, die wahnsinnig nur ist, weil sie irreal ist. Allgemein besteht die „Verrückung" in „einer großen Ohnmacht des Gedächtnisses, der Vernunft und gemeiniglich auch sogar der sinnlichen Empfindungen."[417] Akut dem besonderen, von Tieck verfolgten Wahnsinn, dem Schwindel, ist die „Unsinnigkeit (amantia)", eine der „wesentlichen (...) Unordnungen"[418] als „Unvermögen, seine Vorstellungen auch nur in den zur Möglichkeit der Erfahrung nötigen Zusammenhang zu bringen" („tumultuarische Verrückung", charakteristisch sind dieser Verrückung so viele „Einschiebsel... [der] lebhaften Einbildungskraft ...

---

[417] Eisler, *Kant Lexikon*, S. 437.
[418] Kant, *Anthropologie*, S. 529 (BA 144).

daß niemand begreift, was sie [die Betroffenen] eigentlich sagen wollten"[419]). Eine Verrückung der „transzendentalen Funktion der Einbildungskraft", die die „Erfahrung selbst" wie die Wirklichkeit, das Ich und Subjekt erst möglich macht[420]. Nahe ist diese Verrückung der Störung des „Raptus", dem Merkmal der zergliederten exaltierten Seele und des Schwindels Tiecks: den „Überfällen der Regellosigkeit", dem „plötzlichen Wechsel" der Vorstellungen, „ein unerwarteter Absprung" einer Vorstellung zu anderen, „die niemand gegenwärtigt"[421]. Die gerade exponierte Regellosigkeit der Phantasie, die totale Irritation der Vorstellungen und Vorstellungszusammenhänge in den freigemachten „seltsamen Bewegungen" bis zu ihrem globalen Debakel ist nicht anderes als diese „tumultuarische Verrückung" – „die regellose [Phantasie] nähert sich dem Wahnsinn". Kants Definition des Wahnsinns als „methodische Verrückung", daß „durch falsch dichtende Einbildungskraft selbstgemachte Vorstellungen für Wahrnehmungen gehalten werden", interessiert wie erörtert nur transitorisch in Hinsicht auf das Oszillieren und die Vermischungen von Wirklichem und Einbildung; ebenso der „Wahnwitz" (insania, „fragmentarische" Verrückung) als „gestörte Urteilskraft, wodurch das Gemüt durch Analogien hingehalten wird, die mit Begriffen einander ähnliche Dinge verwechselt werden, und so die Einbildungskraft ein dem Verstande ähnliches Spiel der Verknüpfung disparater Dinge als das Allgemeine vorgaukelt, worunter die letzteren Vorstellungen enthalten waren"[422].

Vernichtung der „Wirklichkeit" – und aller assoziierten Vorstellungen, so der Ordnung, des Zusammenhangs oder der Wahrheit – impliziert die Lösung der Phantasie, d.h., die Entbindung der Modi, die zerstören, was sie hervorbringen, im strengsten Sinne dadurch, daß die Produktion der „Realität" eben Funktion der Einbildungskraft ist. Bei Kant, radikalisiert in der Frühromantik bzw. ihren Philosophen, ist sie als „Vermögen der Anschauung" und der „Darstellung", so Menninghaus, „Garantin, ja Produzentin aller Realität", „denn ohne Anschauungen und ohne Zeichen wären alle unsere Begriffe leer und ohne 'Realität'"[423]. Fichte hält, Kant reformulierend, in der *Grundlage der gesamten Wissenschaftslehre* bündig fest: „Alle Realität – es versteht sich *für uns*, wie es denn in einem System der Transcendental-Philosophie nicht anders verstanden werden soll – [wird] bloß durch die Einbildungskraft hervorgebracht"[424], „denn es giebt keine andere Realität, als die vermittelst der Anschauung"[425]. A.W. Schlegel paraphrasiert: „Der ursprüngliche Akt der Fantasie ist derjenige, wodurch unsere

---

[419] Ebd., S. 530 (§ 49, BA 145).
[420] Kant, *Kritik der reinen Vernunft* (Bd. 3), S. 178 (A123, 124).
[421] Kant, *Anthropologie*, S. 527f. (BA 141,142).
[422] Ebd., S. 530f.
[423] Menninghaus, *Unsinn*, S. 8.
[424] Fichte, *Wissenschaftslehre*, S. 227.
[425] Ebd., S. 226.

eigne Existenz und die ganze Außenwelt für uns Realität gewinnt"[426]. Phantasie wird zum „Radikal- und Grundvermögen" – nachvollziehbar in den bei Tieck skizzierten Verschiebungen vom sensus externa zum sensus interna –, zum primären, totalisierten Seelenvermögen, aus dem alle weiteren Vermögen „als abgeleitete Seelenkräfte erst entspringen"[427]. Novalis faßt zusammen: „Aus der produktiven Einbildungskraft müssen alle innren Vermögen und Kräfte – und alle äußren Vermögen und Kräfte deduziert werden"[428] und: „Die Einbildungskraft ist der wunderbare Sinn, der uns alle Sinne e r s e t z e n kann – und der so sehr schon in unsrer Willkür steht [von Tieck freilich programmatisch dementiert]. Wenn die äußern Sinne ganz unter mechanischen Gesetzen zu stehn scheinen – so ist die Einbildungskraft offenbar nicht an die Gegenwart und Berührung äußrer Reize gebunden"[429], deutlich ist die Anlehnung an die herrschenden, an Reil eben rekapitulierten Terminologien. Theorem ist, „daß die Einbildungskraft das primäre Vermögen in unserer Weltbegegnung ist und die Vernunft erst zu wirken beginnt, nachdem sich dieser poetische Bezug zur Welt eingestellt hat."[430] Phantasie gerät damit unmittelbar in eine transzendental geführte Diskussion, von Fr. Schlegel und Novalis wie zuvor von Fichte und Schelling wird sie im spezifisch frühromantischen Sinne vor allen anderen Vermögen und Tätigkeiten transzendental ausgezeichnet, noch darüber hinaus, daß sie in einem „ursprünglichen Akt" Realität konstituiert. Transzendentaler und ästhetischer Diskurs der Einbildungskraft fallen im frühromantischen Programm zusammen, ein Diskurs eben, dem die Tiecksche Poetik vorsätzlich exterritorial ist. In der vermittelnden Bewegung der Einbildungskraft „zwischen Allgemeinem und Einzelnem, Unbewußtem und Bewußtem, Reellem und Ideellem, Unendlichem und Endlichem – und wie immer sonst noch der idealistische Urgegensatz sich artikulieren mag" – ist die Einbildungskraft das „Band"[431] und vollbringt, der frühro-mantischen Theorie negativ-dialektischer Reflexionsfiguren homolog, den der Reflexion verstellten, Zugang zum „Absoluten", wenn auch eben „bloß" negativ (vgl. Kap. IV.4). Genau hier, als „eine Weise oder Spezifikation der Einbildungskraft", situiert Frank mit Schlegel die romantische Allegorie und auch die romantische Ironie[432]. Ist die Einbildungskraft bei Kant noch „das Vermögen der Synthesis des Mannigfaltigen auf Geheiß des Verstan-

---

[426] August Willhelm Schlegel, *Kritische Ausgabe der Vorlesungen, Vorlesungen über Ästhetik*, hg. v. Ernst Behler in Zusammenarbeit mit Frank Jolles, 6 Bde., Bd. 1, *Vorlesungen über schöne Literatur und Kunst*, Erster Teil, *Die Kunstlehre*, Paderborn 1989ff., S. 440.
[427] Frank, *Phantasus*, S. 1243.
[428] Novalis, *Fragmente* I, in: ders., *Werke*, hg. v. Ewald Wasmuth. Heidelberg 1953–1957, S. 86.
[429] Novalis, *Fragmente* II, S. 147f.
[430] Behler, *Frühromantik*, S. 54.
[431] Frank, *Ästhetik*, S. 293.
[432] Ebd., auf S. 292 führt Frank den Bezug zur Schlegelschen „Allegorie" aus, auf S. 302 den zur romantischen Ironie (siehe Kap. IV.3).

des"[433], betont die frühromantische Position die „irreduzible Eigenständigkeit der Phantasie gegenüber der Vernunft. Denn während die Vernunft zu einer Vereinheitlichung ihrer Erkenntnisgegenstände tendiert, zeichnet sich die Einbildungskraft durch eine Hinneigung nicht nur zur größtmöglichen Fülle und Mannigfaltigkeit aus"[434]. Eine „größtmögliche Fülle und Mannigfaltigkeit", die Tieck, ganz bewußt gegen die frühromantische Dialektik der Entgrenzung und Eingrenzung, soweit steigern wird, daß überhaupt keine „Einheit" mehr zustande kommen kann. Fr. Schlegels Losung, „den Gang und die Gesetze der vernünftig denkenden Vernunft aufzuheben und uns wieder in die schöne Verwirrung der Fantasie, in das ursprüngliche Chaos der menschlichen Natur zu versetzen"[435], versteht sich primär transzendental. Fichte erklärt sie zum „ideellen Mittelglied" zwischen „unendlicher Einheit" und „unendlicher Fülle", also weder „auf Geheiß" der einen noch der anderen arbeitend – eine Idee, die Kant in seinem Konzept der „ästhetischen Idee" versucht –, sondern die „absolute Einheit" beider. Fichte formuliert: „die Einbildungskraft ist ein Vermögen, das zwischen Bestimmung und Nicht-Bestimmung, zwischen Endlichem und Unendlichem in der Mitte schwebt"[436], ein „Mittelvermögen zwischen Beiden"[437]. Gemeint ist indes nicht, Frank unterschlägt das[438], die unwillkürlich „producirende Einbildungskraft", die begrenzt ist und irreal, sondern das „Product der Einbildungskraft in ihrem Schweben"[439] oder die „absolut producirende Einbildungskraft"[440] bzw. „reflectirende" Einbildungskraft als „Mittelvermögen" zwischen jeweils entgegengesetzter, unwillkürlich Anschauungen „producirender" und „reproductiver" Einbildungskraft"[441]. Diese ist aber letztlich dem Verstand oder der Reflexion analog, synonym: „es ist klar, dass, wenn das geforderte Festhalten [der willkürlich produzierten Anschauungen] möglich seyn solle, es ein Vermögen dieses Festhaltens geben müsse; und ein solches Vermögen ist weder die bestimmende Vernunft, noch die produzierende Einbildungskraft mithin, es ist ein Mittelvermögen zwischen Beiden. Es ist das Vermögen, worin ein wandelbares bestehend, gleichsam, verständigt wird, und das heißt daher mit Recht der Verstand". (Noch de Man folgt der Identifikation von Einbildungskraft und Reflexion – zusätzlich der Identifikation von Einbildungskraft und Sprache – in dieser Funktion, wenn er auch in beiden eben „keine Synthese bzw. Kontinuität, sondern nur Bruch und Diskontinuität" als Funktion ausmacht, ein „Dazwischen von Vollzug und Entzug, Bestimmtheit und Unbe-

---

[433] Ebd., S. 292.
[434] Behler, *Frühromantik*, S. 54.
[435] Friedrich Schlegel, *Kritische Friedrich-Schlegel-Ausgabe*, Bd. 2, S. 319.
[436] Fichte, *Wissenschaftslehre*, S. 216.
[437] Ebd., S. 233.
[438] Z.B. Frank, *Ästhetik*, S. 292 u. S. 302.
[439] Fichte, Wissenschaftslehre, S. 233.
[440] Ebd., S. 235.
[441] Ebd., S. 235.

stimmtheit", „Aporie" und „Unentscheidbarkeit", wodurch sie „also dieselbe Funktion wie die Einbildungskraft für die Frühromantik" besitzt: „die Sprache zwischen epistemologischer Ebene und performativer Ebene, Wahrheit und Illusion"[442]. Menninghaus notiert demgemäß, „daß die Strukturen der zwischen Sein und Nicht-Sein schwebenden Einbildungskraft, der schwebenden Reflexion und des Absoluten selbst in engste Korrespondenzen treten"[443]). Die Anschauung muß „fixirt werden, um als Eins und Ebendasselbe aufgefasst werden zu können."[444] „Der Verstand lässt sich als die durch Vernunft fixirte Einbildungskraft, oder als die durch Einbildungskraft mit Objecten versehene Vernunft beschreiben", ohne ihr Entgegengesetztes wären sie beide „leer". „Mithin muss wenigstens das Product des Zustandes in der Anschauung, die Spur der entgegengesetzten Richtung, welche keine von beiden, sondern etwas aus beiden ist, bleiben"[445]. Mit Fichtes Darlegungen der Gefahren gerät man ins Zentrum des Schwindels, der Konstruktion, ist das Ferment ihrer eigenen Auflösung zugegeben, nämlich: tut die Einbildungskraft wirklich nichts als „schweben", wäre sie wirklich radikal, unvermittelt „frei", wird die „Anschauung völlig vernichtet und aufgehoben"[446], und zwar in einer vollends undialektischen Weise. „Das aber soll nicht geschehen", genau dieses nämlich wäre dann die vollends „regellose", „übermäßig erhitzte", die schwindlige Einbildungskraft, die das verfolgte Ziel der Poetik des Schwindels ist. Im skizzierten schwindligen Exzeß aber soll die produzierende Einbildungskraft, d.i. das gleich zu zergliedernde „Nicht-Ich", so total entbunden werden, ein solches, radikal sinnliches Anschauen veranstaltet werden, das eben „nichts ist, worauf wir unser Auge fixiren könnten (ShW 704)": kein „Eins und Ebendasselbe", „keine[s] bleibt stehen und fest" (BTW 113). Eine solche Veranstaltung, die, von Tieck ausdrücklich gefordert, den Verstand als „das ruhende, unthätige Vermögen"[447], die Reflexion und die Vermittlung, d.h. auch die Einbildungskraft im Fichteschen, frühromantischen Sinne, suspendiert, verfolgt in der Tat nur eines: nämlich die Anschauung „völlig [zu] vernichten und aufheben". Ein Debakel der sich in der völligen Entbindung ihrer eigenen Modi selbstzerstörenden Phantasie. Aufgelöst ist damit im Kern ebenso die die frühromantische Ästhetik bestimmende Kantische ästhetische Idee, aufgelöst ist damit die Konstitution der Wirklichkeit. Die produktive Einbildungskraft produziert zwar wie gesehen Realität, „aber es *ist* in ihr keine Realität", sie ist wesentlich eben „keine Reflexion", sondern „Unwillkürli-

---

[442] Vgl. Moon-Gyoo Choi, *Frühromantische Dekonstruktion und dekonstruktive Frühromantik*, S. 189.
[443] Menninghaus, *Unendliche Verdopplung*, S. 54.
[444] Fichte, *Wissenschaftslehre*, S. 232.
[445] Ebd., S. 233.
[446] Ebd., S. 232f.
[447] Ebd., S. 233.

ches"[448]. „Erst durch die Auffassung und das Begreifen im Verstande" oder eben die „reflectirende" Einbildungskraft" „wird ihr Produkt etwas Reales"[449].

3.3 „Schwindel der Seele". „Unbegreifliches" und „fürchterlich Wunderbares"

Exaltiert sich die Phantasie wie skizziert, „lösen" sich in ihr die „seltsamen Bewegungen" der „Plötzlichkeit", „wunderbaren Schnelligkeit", „plötzlichen Umwendungen", „ständigen Wechsel" und „Vermischungen", die die Vorstellungen in sich und gegeneinander sowie ihre Zusammenhänge unaufhörlich durcheinanderbringen, summieren und vervielfältigen sich die simultanen Verwirrungen gegenseitig und gipfeln zuletzt in einem zwangsläufigen Zusammenbruch: dem Schwindel der Seele (ein Schwindel, der als ästhetisches Geschehen in Kapitel IV spezifiziert wird). Eine der maniakalischen Peripetie nachgebildete Figur des Paroxismus, der Dekomposition der Seele als konsistenter, verständiger, vernünftiger. Immer fieberhafter ereignet sich die „unaufhörliche Verwirrung" in den „ununterbrochenen Beschäftigungen unsrer Phantasie", das, nun spezifizierte, grundsätzlich unregelmäßige wie rasende „Entstehn und Vergehn" der Vorstellungen ohne „rechten Zusammenhang" (*DüD* I 89). „Wir finden nichts, worauf wir unser Auge fixieren könnten; die Seele wird in eine Art von Schwindel versetzt" (*ShW* 704), „so wie der körperliche Schwindel durch eine schnelle Betrachtung von vielen Gegenständen entstehen kann, indem das Auge auf keinem verweilt und ausruht" (*ShW 712*). Eine Formulierung ganz in Kongruenz mit Kants Definition des Schwindels als „einem schnell (...) die Fassungskraft übersteigenden Wechsel vieler ungleichartiger" Vorstellungen und Empfindungen bis zur „Ohnmacht", die gewöhnlich „auf einen Schwindel (...) zu folgen pflegt"[450]. Solcher Schwindel ist die Verschärfung des besprochenen Raptus, der „Überfälle der Regellosigkeit", der „unerwartete[n] Absprünge", „die niemand gegenwärtigt", und der – Tiecksche Terminologie und Kantische fallen in eins – „plötzlichen Wechsel". Vollends autark und autonom entspinnt sich das innere Spektakel der imaginären, allesamt in der Vernichtung endenden Akkumulationen. Keine der plötzlich, in der „unbegreiflich schnellen Beweglichkeit der Imagination" (*ShW* 703) sich generierenden, andauernd fluktuierenden, variierenden Vorstellungen der entbundenen Phantasie ist zu distinguieren, zu fixieren oder gar zu idenitifizieren: Eine „wälzt sich über die andre, keine bleibt stehend und fest". Nichts als Transition, keine Substanz, alles labil, jede Struktur und jeder Impuls ephemer. Das Subjekt kann „nie auf irgend einen Gegenstand einen festen und bleibenden Blick heften", die Aufmerksamkeit ist „beständig zer-

---

[448] Ebd., S. 230.
[449] Ebd., S. 234.
[450] Kant, *Anthropologie,* S. 465 (B 67, 68 A 75, 76).

streut, und die Phantasie in einer gewissen Verwirrung" gehalten. So gewinnen die „Phantome nicht zu viele körperliche Konsistenz" (*ShW* 702). Es ereignet sich eine Desorientierung des Subjekts im Kern, es verliert die Lokalisierungen und Identifikationen erlaubende Horizontale, Konturen werden fließend, es ist allen anstürmenden Sensationen ausgeliefert. „Wie im Schwindel herum taumeln", so Adelungs historische Zeichnung, ist der Zustand, wenn das „Bewußtseyn auf kurze Zeit verschwindet, oder da alle Dinge vor uns zu schwinden scheinen", ein „Vorbothe der Ohnmacht"; gebunden ist die Semantik und Ethymologie des Schwindels an „schwinden"[451] und „in Ohnmacht fallen" (= ahd. swintilon), „bewußtlos werden"[452] bzw. „Abnahme, Schwinden des Bewußtseins"[453], so daß Tiecks häufige Rede von der Ohnmacht Rede vom Schwindel ist. „Wenn die Reihe von Vorstellungen im Menschen in dem *natürlichen* Fortgange vorüberrückt, so befindet sich die Seele in einem freyen und behaglichen Zustande: das Spiel dieser Thätigkeit gehet still und ruhig vor sich, wie alle Geschäfte in der Ökonomie des Körpers, wenn er sich in seiner natürlichen Verfassung befindet."[454] Schwindel dagegen, so Herz' kulturell-historisch reflektierter Schwindel[455], ist der Zustand „der Verwirrung": „Jede einzelne Vorstellung verliert ihre Klarheit und Lebhaftigkeit, (...) die Seele unterscheidet sie nicht mehr deutlich, sondern stellt sie sich als ein verworrenes Ganze vor, in dem weder Ordnung noch faßliche Abstechung der Theile findet; und endlich geräth sie selbst in den Zustand der Verwirrung: einen Zustand, der eigentlich den *Schwindel* ausmacht."[456] „Die Seele kann ihre Ökonomie nicht aufrechterhalten, es entsteht ein Chaos von Eindrücken und daraus der Schwindel"[457]. Von Interesse sind nicht die einzelnen Seelenzustände, die unentwegt und hektisch changieren, sondern eben dieser eine sonderbare Seelenzustand, der durch das plötzliche, potentiell unablässige Changieren der einzelnen Seelenzustände erzeugt wird.

Immer sind im Schwindel „Seele" und „Körper", das historisch-metaphorische Konstrukt beider wie das Konstrukt ihrer Verbindung, „wirklich" simultan betroffen – in der Auffälligkeit dieser Tatsache ist sie sein Konstituens. Körper und Seele gehören selber zu den Vorstellungen, die in den Schwindel geschickt werden, beides sind Tieck eben keine anthropologischen, biologischen oder anders fest fundierte Entitäten. Es ist nur die Frage nach dem Primären und nach dem Kontext, ob man von Schwindel des Körpers oder der Seele spricht. Den

---

[451] Adelung, *Wörterbuch*, Artikel „Schwindel".
[452] *Brockhaus-Enzyklopädie*, 19. völlig neub. Auflage, Mannheim 1992, S. 695. Vgl. auch Kluges *Etymologisches Wörterbuch*, Artikel „Schwindel".
[453] *Deutsches Wörterbuch*, von Jacob u. Wilhelm Grimm, 33 Bde., Nachdr. München 1984, Bd. 15, S. 2653.
[454] Herz, *Versuch über den Schwindel*, S. 153.
[455] Vgl. Müller, *Die kranke Seele*, S. 69ff.
[456] Herz, *Versuch über den Schwindel*, S. 174.
[457] Müller, *Die kranke Seele*, S. 69.

Kollaps erleidet auch der („sogenannte") Körper, im schlimmsten Falle bis zu seinem Verscheiden mit der Seele. Zunächst aber kollabiert die Seele in den Körper, sie löst sich auf, bis alles, was bleibt, „ganz körperlich" ist, nichts „Seelisches" mehr. Überall zu bemerken ist die Figur der krisenhaften Klimax und fürchterlichen Peripetie, die der im *Magazin* vielfach beschriebenen maniakalischen Verlaufsfigur entspricht, der „Beunruhigung" bis zum einem plötzlichen und kontingenten Punkt des Einbruchs, der gänzlichen Evasion der Seele, dem Chok der „ungeheuren Leere". Die sich gegenseitig anstoßenden Vervielfältigungen der Erregungen und Zerstreuungen ereignen sich unverfüglich als ein idiopathischer, endogener Prozeß tief im Innersten. Eine Bewegung, die sich, gemäß Tiecks Formel der sich selbst auslöschenden Prinzipien, in der Potenzierung ihrer eigenen gesetzlosen Gesetze und Dynamiken selber zerstört. In der frühen psychologischen Terminologie: Selbstauslöschung der maniakalischen Steigerung. Der furor erreicht seine Klimax, die maniakalische Bewegung kann nicht weiter und bricht ein; ein radikal somatisches Geschehen, deutlich im zitierten „Anfall des Wahnsinns". Massive Störungen des, erörterten, Gemeingefühls und eine todesähnliche Paralyse[458] charakterisieren die Situation: „äusserst ermattet, „einer Ohnmacht des Körpers nahe", „krampfhafte Zuckungen", „so gewaltsam, daß ich davon fürchterlich in die Höhe geworfen wurde", „sobald ich die Augen zumachte, war mir als schwämme ich auf einem Strom, als löste sich mein Kopf ab und schwämme rückwärts, der Körper vorwärts (...) alles dehnte sich in eine fürchterliche Länge, alle meine Glieder waren mir selbst fremd geworden und ich erschrak wenn ich mit der Hand nach meinem Gesichte faßte" (*BTW* 49). Die Bewegung, so die Beschreibung der maniakalischen Verlaufsfigur, „setzt sich in einer Multiplikation fort, die erst auf dem Höhepunkt eines Paroxismus zum Stillstand kommt. (...) es geschieht, daß diese Bewegung sich sofort durch ihren eigenen Exzeß auslöscht und mit einem

---

[458] Die Gegenläufigkeit des Körperzustandes allgemein – „höchste Ermattung" – und der partiellen (auf die Phantasie bezogenen) „Lebhaftigkeit" der Seelentätigkeit bedeutet der zeitgenössischen Medizin und Psychologie keinesfalls eine Auflösung der Körper-Seele-Einheit, noch, daß beide im Wahnsinn eine eigene Autonomie erlangen. Obgleich die Einheit in ihrer Strenge und Totalität bedroht ist, läuft die Spaltung nicht entlang einer imaginären Demarkation von Seele und Körper, sondern als Abspaltung einzelner Segmente der Körper-Seele-Einheit. Ist die Phantasie überaktiv, so auch die entsprechenden organischen Substrate samt Segmente des Nervenapparates, die diese vermitteln. „Wenn der Melancholiker sich nämlich auf eine delirierende Idee fixiert, ist die Seele nicht allein am Werk; sondern die Seele mit dem Gehirn, die Seele mit den Nerven, ihrem Ursprung und ihren Fibern: ein ganzes Segment der Einheit von Seele und Körper, das sich so von der Gesamtheit und besonders von den Organen löst, durch die sich die Wahrnehmung der Wirklichkeit realisiert. Das gleiche geschieht bei den Konvulsionen und der heftigen Bewegung; die Seele ist nicht aus dem Körper ausgeschlossen, sondern wird so schnell von ihm mitgerissen, daß sie nicht alle ihre Darstellungen bewahren kann, daß sie sich von ihren Erinnerungen, von ihren Willensregungen, von ihren festesten Ideen trennt und so, von sich selbst und allem, was im Körper fest bleibt, isoliert, sich von den beweglichsten Fibern forttragen läßt" (Foucault, *Wahnsinn*, S. 232).

Schlag eine Bewegungslosigkeit hervorruft, die zum Tode führen kann"[459]. Ein Exzeß der Dynamik bis zur plötzlichen Unmöglichkeit, sich fortzusetzen, es folgt, im *Magazin* häufiger beobachtet, eine Art Tetanie oder Katalepsie, manchmal der rasche Tod. Die „Ohnmacht, welche auf einen Schwindel (...) zu folgen pflegt", so Kant, „ist ein Vorspiel von dem Tod"[460]. Im Moment des Zusammenbruchs der maniakalischen Bewegung ist ebenso ein Fall in die melancholische Paralyse möglich, eine plötzliche Umkehrung.

Tieck theoretisiert diesen Paroxismus des sonderbaren Zustandes in seinen frühen, gegen das „Schöne" polemisierenden affekttheoretischen Spekulationen im Aufsatz *Über das Erhabene*[461], dem er eine Skizze der Leidenschaften hinzufügt. Behandelt werden die seelische Topographie, Ökonomie und Dynamik der Leidenschaften. Freilich ist alle systematische Affektlehre gegenüber der labilen Seele hinfällig, von Interesse ist hier nur der dort geschilderte Umschlagpunkt der „Raserei". Jeder Seelenzustand besitzt in Tiecks Skizze, wahrscheinlich auf Moritz oder Engels zurückgehend[462], drei bzw. vier Gradationen, „Stufen", die sich nach dem Grad der „Erhitzung" bzw. „Beunruhigung" ergeben und zugleich zunehmende Sublimierung bedeuten. In den einzelnen Stufen ist die an sich sukzessiv-dynamische Bewegung, in der die Affekte sich qualitativ verändern, indes nur behelfsmäßig fixiert. Tieck nennt u.a. die Gradationen: „Feigheit, Furcht, Angst", „Kummer, Gram, Verzweiflung", „Melancholie, Verrücktheit, Wahnsinn" (*ÜdE* 649) und „Schreck, Schauder, Grausen" (*ÜdE* 651) – eine Steigerung, die noch den *Eckbert* auf der thematischen Ebene scheinbar zur „psychologisch richtigen" Zeichnung werden läßt, wird die Figur doch in einem der ersten Sätze durch „eine stille zurückhaltende Melancholie" charakterisiert und endet nach einer deutlich geschilderten „Beunruhigung" im offenen tödlichen „Wahnsinn": „Eckbert lag wahnsinnig und verscheidend auf dem Boden" (*Eckb* 146). Freilich entpuppt sich der *Eckbert* auch in diesem Fall nur als „Verwirrung" der „psychologisch richtigen" Zeichnung. Ein Element der Poetik

---

[459] Ebd., S. 230.
[460] Kant, *Anthropologie*, S. 166.
[461] Hölter mutmaßt, daß Tieck diesen letzten fragmentarischen Teil „erst Monate, maximal zwei Jahre nach dem deutlich in einem Zug verfaßten, durch die Korrespondenz erklärbaren Torso des Aufsatzes verfaßte" und daß dieser in die skizzierte „Affektlehre" passe, so Hölter zu den Arbeiten am *Buch über Shakespeare* (Hölter, *Tiecks Frühwerk*, S. 1138). Relevant sei die Skizze der Affekte für den nicht-rationalen Aspekt des in zwei Ansätzen behandelten „Erhabenen" („erhabene Gedanken" und „erhabene Ideen", die näher noch an den „Affekten" sind; indes entstehen, das übergeht Hölter, auch die Gedanken nur aus „Affekten"). „In der anschließenden Skizze geht es wohl darum, daß auch die Menge der „Ideen" das Erhabene begünstigt [nicht nur die Menge der Gedanken, wie zuvor dargelegt]. Der Ansatz nach der Affektenlehre, die Differenzierung von je drei Graden verfolgt sozusagen die nicht-rationale Seite" (ebd., S. 1147).
[462] Die dreistufige Gradation könnte auf Moritz „Leiter der Begriffe" in der *Bildenden Nachahmung des Schönen* zurückgehen, aber auch auf Engels Ausführungen in der *Mimik* (42. Brief, 2. Theil., S. 245–247). Siehe Hölter, *Tiecks Frühwerk*, S. 1146.

und Poesie des Schwindels ist die Transkription der maniakalischen Eskalation – die sich selbst vervielfältigende Beschleunigung mit ihrem merkwürdigen abrupten Erlöschen, dem Paroxismus – in ein narratives Paradigma, studierbar eben noch am *Eckbert*, in der ab einem bestimmten Punkt rastlosen Beschleunigung des Erzählens, das immer mehr ausspart und überfliegt – in Korrespondenz zur dargestellten Beunruhigung Eckberts. *Eckbert* „verscheidet wahnsinnig": Erzählung, Erzählungsfigur und Figur erlöschen im kulminativen Moment der äußersten Beunruhigung. Die drei aufeinanderfolgenden Gradationen bzw. Intensitäten einer Grundleidenschaft ergeben sich aus der „Nähe" oder „Entfernung" zum primären Somatischen und seinem Gegenpol, der Idee und dem Gedanken[463]. Selbst die Genese des illusteren Geistigen verweist nur die Empfindungen: „Es ist unleugbar, daß alle, selbst unsre feinsten, geistigsten Begriffe, alle unsre Erfahrungen und Analogien sich endlich in ein Labyrinth von Empfindungen verlieren" (*ÜdE* 637). „Im untersten Grade ist alles das erste körperliche Gefühl, im zweiten das verfeinerte Gefühl" (*ÜdE* 649), im dritten ist es soweit sublimiert, daß sich der Gedanke „anknüpfen" kann. Steigern sich die Leidenschaften allerdings über die dritte Stufe hinaus, werden sie keine Gedanken und nicht einmal Ideen, fallen sie, entgegen der Richtung der Sublimierung zuvor, wieder gänzlich unter die Herrschaft des Körperlichen. Sie fallen noch „unter das erste körperliche Gefühl", werden wieder „ganz körperlich". „Verzweiflung", „Angst", „Wahnsinn" und „Wut" – Tiecks bevorzugte Leidenschaften – werden undifferenziert zur „Raserei" (*ÜdE* 651), ein Physis und Psyche in der Substanz bedrohender Zustand. Es kommt zur sprunghaften qualitativen Regression, hier herrscht das skizzierte furchtbare Chaos des „besonderen Durcheinanderstürmens", primäres Chaos. Eine vierte, der Dichtung, die „beschreiben", „darstellen" will, problematische Stufe (*ÜdE* 651), identisch mit dem, was die somatische Regung „unter der ersten Stufe" ist. Indes: „könnte der Zuschauer hier illudiert werden" – und diese Idee begründet dann die Poesie des Schwindels –, „so müßte er notwendig bei diesem höchsten Grad selbst so lange rasend werden" (*ÜdE* 651). Angedeutet wird die vierte Stufe der Erhitzung der Seele, der Rückfall ins „ganz körperliche", im betrachteten Anfall des Wahnsinns. Wurzeln die Leidenschaften im Somatischen, sind die Bewegungen in diesem Primären – „unter dem ersten körperlichen Gefühl" – noch keine Leidenschaften bzw. Seelenkräfte (*ÜdE* 649), sondern lediglich „thierische Kräfte", eine Ebene des Seins, die anonym und apersonal ist. Gleichwohl stellen eben diese tierischen Kräfte die energetische Grundlage alles seelischen Geschehens dar, in ihrer graduellen „Veredelung" entstehen am Ende selbst die illustren geistigen Produkte. Tieck rekapituliert nur eine herrschende Vorstellung. Der seelische Bereich, der dann tendenziell ein Autonomes hat gegenüber dem So-

---

[463] „Idee" definiert Tieck, unklar und gegen Burkes Bestimmung, an die er sich sonst weitgehend hält, als „jede Vorstellung" (*ÜdE* 641, vgl. Hölter, *Tiecks Frühwerk*, S. 1155). Davon will er den „Gedanken" scheiden. Gedanken können bloß „*gedacht* und gar nicht *empfunden* werden", Ideen dagegen auch empfunden (*ÜdE* 641).

matischen – die tierischen Kräfte würden durch diese immanent seelischen Gesetze transformiert, in dieser Präsumption wird die Psychologie geboren –, besteht nur in den „ersten drei Graden der Leidenschaften" sowie in den Ideen und Gedanken. Ein Konstrukt der willkürlichen und gewaltsamen Hypostasierung eines Seelischen, das seine Tücken hat. Am Anfang der Leidenschaften wie in ihrer äußersten Erhitzung steht das „ganz Körperliche". Von Stufe zu Stufe entfernt sich die Leidenschaft vom primären Somatischen, gleichzeitig erhitzt und vervielfältigt sich die Leidenschaft dabei, selbstredend eine Erhitzung des Somatischen als ihrem Ursprung. Immer ist es also eine körperlich-seelische Bewegung, immer an der Wurzel dieses Doppelte und die implizit unterstellte Autonomie des Seelischen ein Problem. Von Autarkie wäre gar nicht zu reden. Konfrontiert ist das Subjekt niemals mit dem Somatischen selbst, das zum Jenseits der Seele, zum Jenseits des Wissens und Bewußtseins wird – wie die Seele selbst in derselben Bewegung zum „unbekannten Etwas" gerät –, aber sein energetischer Grund bleibt. Konfrontiert ist es lediglich mit dem, höchst fraglichen, Status des Seelischen. Die Klimax der Seelenbewegung – ist die Seele exaltiert – endet zirkulär und paradox in der Selbstauslöschung der seelischen Qualität, der Auflösung ins „ganz körperliche" Geschehen der Raserei. Genau diese Verlaufsfigur beschreibt Foucault als die dem Maniakalischen typische „Selbstauslöschung der Leidenschaften": „Der durch die Leidenschaft ermöglichte Wahnsinn bedroht durch eine Bewegung, die ihm eigen ist, das, was die Leidenschaft selbst möglich gemacht hat"[464], ihn selbst.

Eine gegenständliche Beschreibung – deren Probleme am „Anfall des Wahnsinns" erörtert wurden – des schwindeligen Zusammensturzes wird noch im *Abdallah* versucht: wenn die Seele „schwindelnd taumelt", „zur tierischen Dumpfheit, zur Unbehülftheit des Steins herabstürzt (...) wenn wir endlich (...) ohnmächtig hinsinken, und nichts als verworrene Gefühle davontragen, dunkler und körperlicher als die unmittelbarsten, die tote Gegenstände um uns unsern Sinnen reichen" (*Abd* 307). Die Figur des Einbruchs, präfiguriert im gewaltigen, jähen Umschlag der maniakalischen Euphorie in die melancholische Katalepsie im zitierten Anfall, findet in den Tieckschen Geschichten selber eine quasi manische Behandlung[465]. Schon Almansur erlebt im seinem „wunderbaren Palast" zunächst Licht, Farbe und Pracht, „übernatürliche Schönheit" und Wunder, dann „plötzlich": „ein Licht erlosch nach dem andern, die Pracht gleitete von den Wänden, die Decke sank, der Saal zog sich zusammen, ward immer kleiner und kleiner, immer düsterer und düsterer" (*Alm* 46). In nuce zeigt sich diese Figur noch im Fragment *Die Farben* von 1798 (*Ph* 189ff.), deutlicher Beleg für ihre anhaltende Virulenz. Dort finden sich auch dieselben konträren Bildergruppen

---

[464] Foucault, *Wahnsinn*, S. 230.
[465] Exemplarisch ist hier Tiecks Verkettung von eigenem, erfahrungsseelenkundlich aufgezeichnetem, „Erlebnis" (dem „Anfall des Wahnsinns"), seiner theoretisch-psychologischen Erörterung (*Über das Erhabene*) und der Behandlung in eigenen literarischen Werken (z.B. im *Abdallah*) zu studieren.

und Farbnennungen wie im „Anfall" wieder. Zunächst erzählt der Text von der Opulenz und Abundanz der „heiteren Welt", von Licht, Farben und Tönen, dem unendlichen, lebendigen Zusammenhang der Natur und aller Lebewesen; augenfällig das poetisierte Konzept des „heiteren Wunderbaren", das scheinbar selber immer gefährdet ist vom „fürchterlich Wunderbaren". „So wiegen sich Schmetterlinge in den lauen Lüften, und stehlen von der Sonne manchen Kuß, bis sie mit Himmelblau, mit Purpurroth und goldenen Streifen erglänzen" (*Ph* 190) – „sinnloser" „schwellender Überfluß" der Inzidens des heiteren Wunderbaren. „Plötzlich", ohne Vermittlung und kommentarlos bricht etwas ein, das als erratischer, rätselhafter Block den Text seltsam werden läßt: „Dann entfliehn alle flammenden Lichter, der Glanz in Bäumen und Blumen erlischt, die Farben stehn matter: Schatten und Schwärze vertilgen und dämpfen das Jauchzen, die triumphierende Freude der brennenden Welt." Jäh spricht der Text von einem „unergründlichen, unzugänglichem Reich", einem „grausamen Orkus", einem „Todtenreich". Noch im *Phantasus*-Rahmengespräch findet sich an zentraler Stelle diese Figur ausdrücklich exponiert – zuvor schon anwesend im Schreck beim plötzlichen Auftauchen Pans im Phantasus-Gedicht. Die „schönste Gegend" wird „plötzlich" zum „unerfreulichen Raum": die „ungeheuere Leere, das furchtbare Chaos" (*Ph-Rg* 113).

Ereignet sich der Schwindel der Seele, reine Transition der gegenseitigen Nichtung aller Vorstellungen und Klimax der Auflösung der „Seele" wie die plötzliche dunkle körperliche Paralyse jenseits der Sprache, so ereignet sich dem Subjekt kein kommensurabler wunderbarer Reichtum, keine üppige Fülle, kein „schwellender Überfluß" – allesamt Attribute des „heiteren Wunderbaren". Der Schwindel der Seele ist damit das Gegenteil numinoser Offenbarung oder Divination irgendeiner Positivität, auch nicht des „fürchterlich Wunderbaren". Wenn im Schwindel keine Vorstellung überhaupt Bestand hat, das phantastische Geschehen alle Vorstellungen und Vorstellungszusammenhänge in der bezeichneten Weise vernichtet, aktualisiert die Vorstellung(-skraft) nichts mehr oder anders, ein Nichts bzw. aktives Nichten, ein Nichten ihrer selbst. Was geschieht, ist der Zusammenbruch allen Vorstellungsvermögens, seine vollkommene Entleerung. Der keinesfalls bloß metaphorisch oder symbolisch konzipierte Schwindel bedeutet indes mehr als diesen Zusammenbruch, es ist das Subjekt in seiner Totalität, das jäh zerfällt. Es bleiben weder Vorstellungen, noch Gedanken, Affekte oder Wahrnehmungen: Alles Seelische wird in den erörterten „Schlägen" in ein „Nichts" ausgelöscht. Alle metaphorischen Anstrengungen, die ineffabile negative Erfahrung zu markieren, Tieck überdenkt schon 1792 das Problem der Bezeichnung, gravitieren um dasselbe: Sie „verkündet sich als Vernichtung, als ungeheurer, leerer Abgrund, wenn sich jene Scheingestalten von ihm weggezogen haben" (*Schr* 6, VII). Jene Scheingestalten, „nichtige, trügerische Gespenster, die sich vor der Wahrheit gleißend und mit nüchterner Heuchelei hinstellen" – vor der „Wahrheit der Vernichtung" –, sind die der gewöhnlichen Wirklichkeit: „Leben, Schönheit, Schicksal und Tugend", „Liebe, (...) Glaube, Ordnung, Heiterkeit" zählt Tieck an dieser Stelle auf. Vor allem aber sind es die fundamentalen Konstrukte des „Zusammenhangs", des „Verstehens" und des „Sinns". „Vernichtung", „ungeheurer, leerer Abgrund", „ungeheure Leere" und „furchtbares Chaos", oder, nur eine weitere paraphrasierende Metapher, der „Tod selbst", sind es dann, die „mit der Kraft der Poesie ab[zu]spiegeln und [zu] verkünden" sind (*Schr* 6, Vff.).

Der skizzierte sonderbare Zustand des Schwindels, „ganz körperlich" zuletzt, ist wesentlich unsprachlich, ohne Sprache; zu rekurrieren wäre auf eine Spekulation Moritz' über den Schwindel als psychogenetisch primäres Stadium wie als fortdauernder Zustand in den „tiefsten Schichten der Seele", dem Innersten. Die Exaltation wäre also Regression. „Aus den frühesten Jahren unserer Kindheit" – hier konstituieren sich für Moritz wie explizite für Tieck die wesentlichen Eindrücke der Seele –, „so lange die Sprache den schwankenden Vorstellungen in unsrer Seele noch nicht Dauer und Festigkeit gab, können wir uns von dem, was wir gesehen und gehört haben, wenig oder nichts mehr erinnern."[466] Sprache ist Prämisse und Funktion der „Dauer und Festigkeit" sowie überhaupt der Unterscheidung von Vorstellungen, wie die Dauer, Festigkeit und Unterscheidung dann wiederum Funktion und Produkt der Sprache sind. Zunächst herrscht in der Seele immer Schwindel, ein Zustand der fehlenden „Merkmale, woran wir unsre eignen Vorstellungen von einander unterscheiden konnten, diese flossen daher entweder in eins zusammen, verdrängten sich einander, oder verwirrten sich untereinander."[467] Zweifellos ist es der Entwurf der Kindheit als ein solcher schwindliger Zustand, die Tiecks „frühromantisches" Interesse an der damals, auch von der Erfahrungsseelenkunde, gerade entdeckten Kindheit begründet. Moritz' Erfahrungsseelenkunde entwirft das Verstehen eines Menschen, eines „wirklichen Lebenslaufes", vorrangig als „Zurückerinnerung an die Kindheit" (in Kap. V.4 beleuchtet), die, eben von Moritz selber festgehalten, hier ihre Grenze findet. Was erinnert werden soll, ist zwangsläufig „schwankend": unverständlich, wunderbar und märchenhaft. Der Schwindel der Seele wird so zur Sprachverwirrung bis hin zur Sprachzerstörung, die mit der Erinnerungszerstörung in eins fällt – dann „können wir uns von dem, was wir gesehen und gehört haben, wenig oder nicht mehr erinnern". Diese Erinnerungszerstörung aber bedeutet im Kern die Zerstörung der neuen Vorstellung der Subjektkonstitution: der Rekonstruktion des Präsens und der Wahrheit des Selbst als „Erinnerung an die Kindheit". In derselben Bewegung, in der die Wahrheit des Selbst in die „ersten Eindrücke" hineingelegt wird, gerät das Subjekt, das diese zur Selbsterschaffung erinnern und reflektieren muß, zwangsläufig sich selber transzendent und hermetisch. Das ist nicht die Entdeckung einer strukturellen Selbst-Transzendenz, eines prinzipiell qualitativ „Unbewußten" in der Seele, sondern seine Konstruktion. Das Subjekt wird sich selbst zum Grund des verheerenden Schwindels, sobald es sich zurückerinnert. So endet ein weiteres Mal, modell-

---

[466] Moritz, *Schöpfungsgeschichte,* S. 787.
[467] Ebd.

haft schon, die Sprachzerstörung als Subjektzerstörung. Die Erinnerung, grundlegender Akt in der Theorie solcher Subjektidentität, führt geradewegs in die Dissolvierung des sich selbst in den neuen aufwendigen Konstruktionen gründenden Subjekts, zwangsläufig ins „Schwankende". Figuriert ist damit die penetrante katastrophische Erzählfigur der „erzählenden Märchen", die noch das Erzählen, der Erzähler an sich selbst realisiert, bis zum „Verscheiden".

Zwangsläufig, rekapituliert man die Seele, wie sie sich als exaltierte darstellt, geraten die Äußerungen der Seele, streng den betrachteten zeitgenössischen Selbstentwürfen folgend, sich selber, dem Verstehen, zu „Wirkung ohne eine Ursache", „Schatten, von dem wir keinen Körper sehen" (*ShW* 712). Die Relation von „Urgrund", „Innerstem" und „Erscheinung", „Äußerung" ist unbestimmbar, weil die Modi, in denen die Erscheinungen hervorkommen, sie unbegreiflich machen. Unmöglich, einen Kausalnexus, ein Wirkung-Ursache-Verhältnis zu entwerfen. Was sich generiert, sind Äußerungen, die irreduzibel sind auf das Innerste – unbegreiflich zwangsläufig wie das Innerste selbst, kann dieses anhand seiner Äußerungen nicht mehr nachgezeichnet, nachgebildet werden. Beide Begriffe, Innerstes wie Äußerung, werden im strengen Sinne hinfällig. In sich selbst, im Innersten oder Grund seines Selbst, sieht sich das Subjekt mit Unbegreiflichem, Befremdlichem konfrontiert. In Frage gestellt ist das ganze frühe delphische Programm der „vermehrten Seelenkenntnis", in dessen Vorstellung ein zunächst unverständliches Äußeres, „fremden Gestalten", durch ein bestimmtes, bereits kurz skizziertes Begreifen auf ein zunächst ebenso unverständliches Inneres zurückgeführt, in dieses re-intergriert wird und beide in dieser Erkenntnisbewegung verständlich werden, wenn sie zunächst auch „aus der Ferne fremd und keine Ähnlichkeit mit uns selbst zu haben scheinen" (*ÜdE* 639). Ein Programm, das die Poesie als besonderes psychologisches Organon erfüllen sollte. Dem bewußten Subjekt unwillkürlich produziert das Innerste Gebilde, die „auf immer" fremd, dunkel und rätselhaft bleiben, „Erfindungen der eigenen Seele", deren Sinn unauflösbar ist. Fremdkörper, die das Subjekt aber als solche in sich nicht bestehen lassen kann, auf die es reflexhaft reagiert. Ein Reflex, der im Schwindel der Seele endet. Sind die „fremdartigen unbegreiflichen Erscheinungen" allesamt „Erzeugnisse der Seele", der unwillkürlichen Einbildungskraft bzw. des Innersten als ausgezeichnetem Ort seiner Wahrheit, ist sich das Subjekt selber im Innersten das „völlig Unbegreifliche" (*ShW* 710), Seltsame und Fremde, „mit jenem undurchdringlichen Schleier umhüllt" (*ShW* 689). Angedeutet schon in der bereits erwähnten ersten psychologiekritischen Äußerung 1793: „Ein Mensch (...) der immer tiefer in das verworrene Gewebe seines Herzens schaut, der muß dort auf so wundervolle, so seltsame Erscheinungen treffen, (...) in eine finstre Nacht mit gespanntem Auge hineinsehen, tausende Sachen in dunklen / Gestalten vorüberschweben sehn" (*BTW* 114). „Wir werden nie das Räthsel von uns selbst auflösen" (*BTW* 114), spitzte Tieck seine Skepsis dort zu. Im *Abdallah* (ebenso 1793) heißt es in einem zentralen Gedankendialog zwischen Omar und Abdallah: „Wir stehen unter unendlichen Rätseln, nur die Gewohnheit hat sie uns weniger fremd gemacht (...).

Wir selbst sind uns eben so unbegreiflich", „Fremdlinge", „Wunder" – „sie ziehen vorüber und bleiben stumm" (*Abd* 307). Zum Unbegreiflichen, einer reaktiven Metapher auf das Begreifliche, wird die Seele nicht abstrakt oder in einem Akt irrationalistischer Willkür, sondern in der Radikalisierung der erfahrungsseelenkundlichen Anstrengungen des Begreifens in den skizzierten Figuren dieser Bemühungen (umfassend ausgeführt in Kap. V.4). Die Seele gerät zum „unbekannten Wesen, welches immer ein Geheimniß bleiben wird" (*AM* 188). Eine Wendung mit poetologischen, poetischen Konsequenzen, denn: „Je mehr der Mensch von seinem Gemüthe weiß, je mehr weiß er von der Poesie", Poesie „ist nichts weiter, als das menschliche Gemüth selbst in allen seinen Tiefen" (*AM* 188). Ein „unbekanntes Wesen", selber jetzt bloß phantasmatisches Innerstes, das seine Unbegreiflichkeit an alle seine Äußerungen weitergibt: „seltsame Welten, die (...) entstehn und vergehn (...) kein rechter Zusammenhang, sie kommen und verschwinden" (*DüD* I 89), „ein Verständniß, welches sich immer offenbaren will, immer von neuem versiegt" (*AM* 188). Es produziert in den „seltsamen Bewegungen" der Exaltation ephemere, fragile Äußerungen einer sonderbaren Autarkie und Dynamik, die zuletzt immer nur auf die stetig nichtende „ungeheure Leere" verweisen, die den ehemaligen Topos des Innersten besetzt. Nie fixiert sich im unablässigen Oszillieren und Variieren, in der sich multiplizierenden, im Kollaps endenden Bewegung von „Bildung und Zerstörung" eine Gestalt, mit der man das Innerste identifizieren könnte.

Präzise das solchermaßen konstituierte, in sich strukturell „völlig Unbegreiflich[e]" – eine Struktur, die freilich keine natürliche, anthropologische ist, sondern ein paradoxes Ergebnis der historischen Selbst-Konstruktionen – ist das „fürchterlich Wunderbare", das die Seele sich selbst ist, gegründet in den erörterten formalen und modalen Bewegungen der Phantasie. Solche Bestimmung des Wunderbaren als ein modales Phänomen rückt ab von der Vorstellung als einer wie auch immer hypostasierten Substanz, der Vorstellung einer Meta-, Sub- oder Surrealität. Das ist das Novum in Tiecks, die eigene poetologische Reflexion artikulierenden und, legt man bestimmte Gedanken frei, wesentliche Elemente der rhapsodischen Poetik der „Märchen" antizipierenden Aufsatz über *Shakespeare's Behandlung des Wunderbaren,* wenn er dort auch zum Teil noch die alte, psychologische und konventionell-aufklärerische, in den Märchen dann zitierte und ironisierte Bedeutung des Terminus hineinspielt; ganz im Sinne des Vorworts zum *Abdallah*, das „so tief in der Seele des Menschen" einen gegen jede „Aufklärung oder Freigeisterei" immunen „Hang zum Wunderbaren" (*DüD* I 44) ausmacht, ist die Literatur des Wunderbaren dann Literatur der „übernatürlichen Wesen", „Hexen und Gespenstern", „Feen und Geistern" (*ShW* 685), eine „abentheuerliche Erzählung" von den „Geburten der Phantasie", vor allem der „Wesen aus jenen furchtbaren Regionen unsrer Phantasie" (*DüD* I 44), die Tieck im frühen *Shakespeare*-Aufsatz selber partiell psychologisiert. So bildet sich die neue, frühromantische Semantik des alten, im 17. und 18. Jahrhundert echauffiert diskutierten Terms des Wunderbaren[468], das Tieck grundlegend als „heiteres" und „fürchterlich" Wunderbares differenziert[469]. Eine häufig

---

[468] Der Begriff des „Wunderbaren" rangiert im 17. und 18. Jahrhundert als terminus technicus für alles „Geisterhafte" und „Übernatürliche" (Hölter, *Tiecks Frühwerk*, S. 1225), wurde als Synonym für Aberglauben heftig bekämpft und in der Mitte des 18. Jahrhunderts emsig in poetologischer, ästhetischer Hinsicht diskutiert und umbewertet; eine Diskussion, deren heiße Phase, in der zwischen Bodmer und Breitinger mit Gottsched vor allem um seine rationale und empirische Legitimität im ästhetischen Kontext gestritten wurde, bereits ein halbes Jahrhundert zurückliegt, wenn sie freilich auch nachwirkte bis in Tiecks Tage (zum Begriff, zur Begriffsgeschichte und Stand der Diskussion des Begriffs zum Zeitpunkt der Tieckschen Auseinandersetzung vgl. Hölter, *Tiecks Frühwerk*, S. 1225–1232 ; Hans Otto Horch u. Georg-Michael Schulz, *Das Wunderbare und die Poetik der Frühaufklärung*, Darmstadt 1988; Karl-Heinz Stahl, *Das Wunderbare als Problem und Gegenstand der deutschen Poetik des 17. und 18. Jahrhunderts*, Frankfurt a. M. 1975, vor allem S. 211–214; Heinrich Bosse, *The Marvellous and Romantic Semiotics*, in: *Studies in Romantism* 14, 1975, insbesondere S. 218–222; zu Menninghaus' und Bohrers Bestimmungen des Wunderbaren s.u.). Verwendet Tieck den Begriff des Wunderbaren in *Shakespeare's Wunderbares* an manchen Stellen des Essays noch in dem „älteren Lehrbüchern der Poetik gebräuchlichen Sinne des Wortes", als „Darstellungen aus der Geisterwelt" (Hölter, *Tiecks Frühwerk*, S. 1223), überwindet die im Essay gegebene eigentliche Bestimmung des Wunderbaren diese Definitionen rasch. In Tiecks Erörterungen kommt punktuell, schlaglichtartig ein neuer Sinn des Begriffs des „Wunderbaren" hervor – jenseits des Aufklärerischen, Psychologisierenden, das sich im Text schon über sich selbst hinaustreibt –, das „frühromantisch" Wunderbare. Zwangsläufig gerät man, wie bei allen Begriffen, die Tieck aus der ästhetisch-rhetorischen Tradition und zeitgenössischen Diskursen aufnimmt – Phantasie, Allegorie, Affekt etc. –, in die entweder vulgäre oder unendlich komplexe Diskussion, ob und wie weit sie denn noch im „alten" Sinn (den die Forschung letztlich zumeist undifferenziert als „aufklärerisch" bestimmt) verstanden werden oder ob schon der epochal veränderte, neue, nämlich „frühromantische" Sinn intoniert wird. Der ganze Aufsatz geriet in diese Diskussion. Die theoretischen Um- und Neubewertungen im frühromantischen Sinn durch die Brüder Schlegel, Novalis, Schleiermacher, Fichte, Solger oder Schelling, auf den Tieck rekurrieren könnte, sind noch nicht vorgenommen bzw. nicht publiziert, Tieck entwickelt die neuen Bedeutungen selber. Ob sich das „frühromantische" Wunderbare hier bereits zeigt, hängt grundlegend von dem herangezogenen Begriff der „Frühromantik" ab, ebenso die allgemeine Bewertung des, in sich nicht konsistenten, widersprüchlichen und teils skizzenhaften Aufsatzes in Hinsicht auf die Geburt der „Frühromantik". Vgl. z.B. Ernst Ribbat, *Ludwig Tieck. Studien zur Konzeption und Praxis romantischer Poesie*, Kronberg/Ts. 1978, S. 78 oder Hölter, *Tiecks Frühwerk*, S. 1232ff. Hölter weist auch auf „zweite Wurzeln" des Begriffs des Wunderbaren hin, so auf Pockels gleich erörterten Beitrag zu seiner Wirkung im *Magazin,* ebd., S. 1228f.

[469] Die Distinktion betont Tieck gleich zu Beginn des Aufsatzes (*ShW* 685–722), vor allem aber bei der „Behandlung des Wunderbaren in der Tragödie" (ebd., S. 708–722), dem „fürchterlich Wunderbaren" (ebd., S. 714). Bereits beim „ersten Anblick" sei eklatant, „daß das Wunderbare im Macbeth und Hamlet, dem Wunderbaren im Sturm und Sommernachtstraum, durchaus unähnlich sei" (*ShW* 687), „völlig unähnlich" heißt es schon früher (ebd., S. 685). „Shakespeare ist ein ganz verschiedener Künstler als Tragiker, und in seinen sogenannten Lustspielen" (ebd., S. 687). Das „heitere Wunderbare" als Modus,

übergangene oder fälschlich versöhnte⁴⁷⁰, aber eminent bedeutsame Distinktion ebenso zweier poetischer Verfahren, zweier *irreduzibler* Poetiken und Poesien; das Wunderbare ist zumeist reduziert als heiteres, das fürchterlich Wunderbare taucht dann höchstens als seine untergründige Gefährdung auf. Nur beim heiteren Wunderbaren – synonym dem Enthusiasmus oder heiteren Wahnsinn, der auch „Verwirrung" ist, aber „eben so wenig schrecklich als schädlich" (*ShW* 689), sondern „erhöhend" – spricht Tieck, seine Modi bestimmend, von der, der Phantasie durchaus kommensurablen Mannigfaltigkeit, von möglicher Immanenz und vollkommenerer Homogenität, von „Mäßigung", vom „Gleichmäßigen" und „Ununterbrochenen" (eine „ununterbrochene Illusion"), ja von der „ganzen wunderbaren Welt", die dem Subjekt gänzlich und andauernd die Realität substituieren (*ShW* 689). Modi, die denen der erörterten unentwegten, plötzlichen und vielfältigen Fragmentierung, die Realität und Phantasie unentwegt bis zum Zusammensturz hektisch hin und her wenden, gänzlich konträr sind. „Wir sind nun in einer bezauberten Welt festgehalten: wohin wir uns wenden, tritt uns ein Wunder entgegen; alles, was wir anrühren, ist von einer fremdartigen Natur; jeder Ton, der uns antwortet, erschallt aus einem übernatürlichen Wesen" (*ShW* 692). Die Prädikate des Irrealen, Alogischen und Phantastischen erlöschen, kein Eindruck von Distanz und Differenz kommt auf, eine in sich geschlossene Welt, in der alles in Harmonie, Korrespondenz und angenehmen Proportionen verläuft, nichts stört die homogene Art. Es gibt keinen Widerspruch, der den skizzierten Schwindel entstehen ließe. Er ist dem heiteren Wunderbaren, in sehr moderater Form, nur ein transitorisches Moment ist. Zu entgehen ist der Falle, den heiteren Modus, wie es der junge Tieck vielleicht selbst zuweilen versuchte, zur Substanz oder zum divinatorischen, numinosen Epistem zu hypostasieren⁴⁷¹. Es ist, das wäre umständlich auszuführen, selbst dem skizzierten frühromantisch-spekulativen Diskurs der Phantasie als „schwebender Vermittlung" inkompatibel. Notwendig fehlen „alle Extreme der Leidenschaften" (*ShW* 700), das fürchterlich Wunderbare aber ist gerade durch die restlose

---

so dem des „Gleichmäßigen", „Ununterbrochenen", exponiert Tieck im Abschnitt: „Über die Behandlung des Wunderbaren im Sturm" (ebd., S. 687–708).

[470] Vgl. exemplarisch Heilmann, *Krise des Erzählens*, S. 40. Hölter dagegen betont die fundamentale Differenz, die „tiefe Kluft, die Tieck zwischen Komödie und Tragödie annimmt" (Hölter, *Tiecks Frühwerk*, 1232).

[471] „Das Wunderbare war aber bereits für den jungen, präromantischen Tieck, die Vorrede zum *Abdallah* geht darauf ein, kein literarischer Unterhaltungskniff, sondern ein Zugang zur Erkenntnis höherer Welten", so Schweikert in seinem Kommentar zum zwölften Band der *Schriften* (Ludwig Tieck, *Schriften in zwölf Bänden*, Bd. 12, *Schriften 1836–1852*, hg. v. Uwe Schweikert, Frankfurt a. M.1986, S. 1082). Schweikert kann sich dabei auf frühe Tiecksche Äußerungen stützen, vor allem auf solche des *Abdallahs*, in denen aber ebenso die Bodenlosigkeit und Gefährdung im „sonderbaren Zustand" im „Enthusiasmus" deutlich wird (vgl. *Abd* 307). Augenfällig ist diese Gefahr schon im „Anfall des Wahnsinn[s]", in dem zunächst von „Erhöhung" die Rede ist, dann vom „plötzlichen" „gräßlichen Sturz".

Entbindung der „Extreme der Leidenschaften" gekennzeichnet, die sich selbst vernichten.

Die Plötzlichkeit, wunderbare Schnelligkeit, plötzlichen Umwendungen, ständigen Wechsel und Vermischungen als Modi und Dynamiken der entbundenen Phantasie – die „Schläge der Imagination" und ununterbrochenen Unterbrechungen, die alle „Welten" unentwegt dekomponieren bzw. erst gar keine „ganzen Welten" entstehen lassen sowie alles in ihnen Generierte zum „völlig Unbegreiflichen" werden lassen, konstituieren das fürchterlich Wunderbare, konträr dem, ebenso modal bestimmten und ebenso der Wirklichkeit entgegengesetzten, heiteren Wunderbaren (*ShW* 710). Fürchterlich Wunderbares ist kein Phänomen der Phantasie, sondern ihrer eigentümlichen, mutwillig betriebenen Selbstvernichtung. Das im frühen Shakespeare-Essay vollends neu markierte Wunderbare „meint nicht länger einen Sachgehalt der Poesie im Sinne einer Erzeugung (un)möglicher Gegen-Welten durch die Phantasie, sondern einen formalen Modus (...). Wunderbar heißen solche 'Elemente' oder 'Gegenstände' der Poesie, die keiner Begründung oder Ableitung gehorchen, sondern", Menninghaus zitiert Novalis, „'einfach da [sind], auf einmal, ohne Veranlassung'. Oder mit Tiecks Worten: wunderbar heißt 'alles wo wir eine Wirkung ohne Ursache wahrnehmen' und was insofern für unser kausalitätsorientiertes Denken 'unbegreiflich' ist."[472] Die Konfiguration des fürchterlich Wunderbaren oder „tragisch" Wunderbaren ist ganz um den Schwindel der Seele zentriert. Das fürchterlich Wunderbare entfacht sich genau in seinen Modi, besteht im „Dunkeln, Rätselhaften und Unbegreiflichen" (*ShW* 713) und nicht im Motivlichen, in wunderbaren Bildern, Vorfällen oder Gestalten. Nicht diese, sondern die Art und Weise, in der sie sich generieren, übt die besondere Wirkung aus, die das Subjekt in den besonderen Seelenzustand versetzt. Seine Furchtbarkeit, es löst „Schrecken" und „Schauer" aus, das „Grausen", „Grauen" und die „Angst" folgen, liegt nicht in grausamen, martialen Motiven, sondern bloß in den besonderen Modi. Es ist von einem „undurchdringlichen Schleier umhüllt, der die Blicke des Sterblichen zurückschreckt" (*ShW* 689). Das „fürchterlich Wunderbare" ist das „völlig Unbegreifliche", „immer für uns fremd", wenn auch Eigenes, im eigenen Innersten Geschaffenes (vgl. die Ausführungen zu Tiecks halbierter und damit pervertierter Psychologisierung weiter unten). Modales, dynamisches Charakteristikum des fürchterlich Wunderbaren ist zentral die schon erörterte Plötzlichkeit, in der es „hervorbricht": „Das Wunderbare tritt hier [im Falle des Wunderbaren in den Tragödien, dem fürchterlich Wunderbaren] in den Hintergrund zurück; wie ein Blitzstrahl bricht es dann plötzlich hervor" (*ShW* 710). „Mit einemmahle", „wie in einem Erdbeben", wie ein „Schlag", als „Anfall" (s.o.) bricht es als notwendig Unbegreifliches ein. Es ist paradigmatisch „Wirkung ohne eine Ursache" (*ShW* 712), „Schatten, von dem wir keinen Körper sehen, eine Hand, die aus der Mauer tritt, und unverständliche Charaktere an die Wand schreibt, ein unbe-

---

[472] Menninghaus, *Unsinn*, S. 55f.

kanntes Wesen, das plötzlich vor mir steht, und eben so plötzlich wieder verschwindet. Die Seele erstarrt bei diesen fremdartigen Erscheinungen, die allen ihren bisherigen Erfahrungen widersprechen" (*ShW* 712). Erfahrungen, die allen „gewöhnlichen Erfahrungen widersprechen", prinzipiell, nicht bloß, weil die Einsicht in die konkrete Kausalität fehlt – eine Relation, die das Gegebene eingehen muß, damit objektive Erfahrung möglich ist. Bohrer faßt das „neue Wunderbare", das Tieck zuallererst formulierte[473], präzise als jähen Suspens der Wirklichkeit (ihres „konventionellen Erwartungshorizontes"), nämlich der kausalen Kategorie des Verstandes, die die natürliche Welt restlos erklärt und, wie erörtert, als zentrales poetologisches Postulat aufklärerischer Prosa rangiert, im engen Sinne als Modus des „Plötzlichen, des „völlig Unerwarteten „Augenblickhaften"[474]. Jäh, notiert Nietzsche im Rekurs auf Schopenhauer, zum Plötzlichen und Grauen, den Konstituenten seines frühen Begriffs des „Dionysischen", was noch im Wortlaut wie eine Reformulierung des Tieckschen fürchterlich Wunderbaren klingt: „das ungeheure Grausen (...) welches den Menschen ergreift, wenn er plötzlich an den Erkenntnissformen der Erscheinung irre wird, indem der Satz vom Grunde, in irgendeiner seiner Gestaltungen eine Ausnahme zu erleiden scheint"[475]. Eine „Wirkung ohne eine Ursache" ist, gleich ob empiristisch-naturwissenschaftlich, metaphysisch-rationalistisch, sensualistisch, transzendental, spekulativ, psychologisch oder hermeneutisch formuliert, buchstäblich ein Unding. Seelische Bewegungen geschähen hier wider den Fundamentalsatz: „alle Veränderungen", so Kant – freilich bloß in der „Welt der Erscheinung" bzw. „nathürlichen Welt", „für mich" –, „geschehen nach dem Gesetze der Verknüpfung der Ursache und Wirkung"[476]. Es ist dann eben unmöglich, die „Sukzession der Phänomene" zu einer „eindeutig-bestimmten, gesetzlichen" zu bestimmen, damit sich „allgemeingültige, objektive Zusammenhänge" ergeben, damit „sich die Erfahrungsverknüpfungen von der wechselnden Folge subjektiver Vorstellungsverbindungen abheben". Alles Gegebene muß die kausale Relation eingehen, damit eine „objektive Erfahrung" möglich ist, „nur dadurch, daß wir die Folge der Erscheinungen, mithin alle Veränderung dem Ge-

---

[473] Bohrer, *Ästhetik des Schreckens,* S. 396.
[474] Ebd. S. 394–403 („Zur Theorie des 'Wunderbaren' als das 'Phantastische' – Der Angriff auf die Realität").
[475] Friedrich Nietzsche, *Die Geburt der Tragödie*, in: *Sämtliche Werke, Kritische Studienausgabe in 15 Bänden*, hg. v. Giorgio Colli u. Mazzino Montinari, Bd.1, München, Berlin, New York 1980, S. 28.
[476] Kant, *Kritik der reinen Vernunft* (Bd. 3), S. 226 (B 233), zur Kausalität allgemein vgl. S. 226ff. Dies entspricht „dem Grundsatz der Zeitfolge nach dem Gesetze der Kausalität", vom Status her bei Kant eine Analogie (ebd.). Erscheinungen lassen sich vermittels der Kausalität erkennen, auf das Ding an sich findet die Kategorie selbstredend keine Anwendung. Kausalität aber ist eine Relation, die das Gegebene eingehen muß, damit eine objektive Erfahrung möglich ist. Der Begriff der Ursache heißt nicht bloß, daß die Wirkung zu der Ursache hinzukomme, sondern daß jene „durch dieselbe gesetzt sei und aus ihr folge" (ebd.).

setze der Kausalität unterwerfen, [ist] selbst Erfahrung (...) möglich"[477]. Mit der Konzession einer „Wirkung ohne eine Ursache" – „es gehe vor einer Begebenheit nichts vorher, worauf dieselbe nach einer Regel folgen müßte" – ist alles Verständnis, alle Möglichkeit eines Verstehens aufgehoben, es wäre nie Wirklichkeit, „nur ein Spiel der Vorstellungen, das sich auf gar kein Objekt bezöge", das unmögliche vollends „Regellose"[478]. Entzieht sich das seelische Geschehen der kausalen Relation, gerät es zwangsläufig zum Gespenstischen, Übernatürlichen und Märchenhaften: „ein Schatten, von dem wir keinen Körper sehen (...)". Gespenstisches und märchenhaftes Schreiben wird dann – eine polemische Inversion, die Tieck aufnehmen und zuspitzen, keinesfalls aber fixieren wird – realistisches Schreiben. Ist keine Ursache-Wirkung, kein Kausalnexus festzustellen, kann Poesie nicht von ihm erzählen, mehr noch, sie agiert als Wahrheit, geht sie gegen diesen prätendierten Nexus. Daß sie Narration des kausalen Nexus' sein, ist dem theoretischen Zentrum der psychologischen Poetik eingeschrieben, die sich, an Blanckenburg erörtert, wie die poetische Umschreibung des zitierten Kantischen Satzes liest: „alle Veränderungen...": alles muß durch die besondere Narrativik einer „genauesten Verbindung als *Wirkung* und *Ursache* stehen"[479]. Nur so bringt sich das Erzählte als Wirkliches hervor, sonst bliebe etwas tendenziell Märchenhaftes, Irreales.

Am „völlig Unbegreiflichen" verfängt sich der Verstand und die ganze Seele, es selber löst das ruhelose seelische Geschehen des Schwindels der Seele (deutlich ein Rekurs auf die teils schon erörterten Bemerkungen Pockels zur Wirkung des Wunderbaren[480]).

> „Alles Unbegreifliche, alles, wo wir eine Wirkung ohne eine Ursache wahrnehmen, ist es vorzüglich, was uns mit Schrecken und Grauen erfüllt: – ein Schatten, von dem wir keinen Körper sehen, eine Hand, die aus der Mauer tritt, und unverständliche Charaktere an die Wand schreibt, ein unbekanntes Wesen, das plötzlich vor mir steht, und eben so plötzlich wieder verschwindet. Die Seele erstarrt bei diesen fremdartigen Erscheinungen, die allen ihren bisherigen Erfahrungen widersprechen; die Phantasie durchläuft in einer wunderbaren Schnelligkeit tausend und tausend Gegenstände, um endlich die Ursache der unbegreiflichen Wirkung herauszubringen, sie findet keine befriedigende (...). Auf diese Art entsteht der Schauder, und jenes heimliche Grausen (...): ein Schauder, den ich einen Schwindel der Seele nennen möchte." (*ShW* 712)

---

[477] Ebd., S. 227.
[478] Ebd., S. 230.
[479] Blanckenburg, *Versuch über den Roman*, S. 76.
[480] Pockels setzt sich im *Magazin* unter der Überschrift *Ueber die Neigung der Menschen zum Wunderbaren* mit den „Wirkungen" des Wunderbaren „auf die Seele" auseinander. „Wir fühlen es sehr deutlich, daß unsere Seele in eine heftige Bewegung geräth. (...) Unser Blut fängt heftiger zu wallen an, unsere Gedanken folgen in einer ungewöhnlichen Schnelligkeit auf einander. Unsere Aufmerksamkeit scheint sich mit jedem Augenblicke zu verdoppeln. Alle unsere Seelenkräfte sind gespannt" (*Magazin*, Bd. II, S. 253).

Gleich wie sehr sich dieses Geschehen steigert, momenthaft „tausend und tausend" Vorstellungen generiert werden, Assoziationen bzw. Assoziationsketten in immer rascherer Transition, die in derselben Bewegung, in der sie erzeugt werden, den nachgezeichneten Vernichtungen erliegen – alle Vorstellungen dieser Fülle implodieren sogleich –, es reüssiert nie. Es reüssiert nie, das Unbegreifliche zu depotenzieren, sondern potenziert es bloß weiter. Kein Moment ist festzuhalten. „Tausend und tausend" Geschichten könnten hier über die fehlende Ursache entstehen. Immer bleibt ein Sprung zwischen dem phantasmatischen Urgrund bzw. Innersten und seinen Äußerungen, die selber nicht zu begreifen sind und selber damit wieder zum Initial des Schwindels werden, Tiecks Idee der Infektion mit dem Wahnsinn.

Verstehen, im historischen Sinn, vor allem im Sinn des Selbstverstehens, mißlingt zwangsläufig. Unter diesem Gesichtspunkt, dem eigentümlichen Mißlingen der Versuche eines Selbstverständnisses, ist der Schwindel ein hermeneutisches Fiasko: eine Selbstsubversion des Subjekts in der konsequenten Folge seines, historisch geformten, Reflexes, sich selbst zu verstehen. Der Schwindel ist, wenn man so will, das Ergebnis insistenter hermeneutischer Anstrengungen zur Selbsterhaltung – der Bewältigung des „völlig Unbegreiflichen", welches das eigene Innerste ist, durch die verstehende Operation –, deren Effekt aber der nicht der Gewinn, sondern der Verlust des Selbst ist.

Das Subjekt ist sich selber das „fürchterlich Wunderbare" bzw. „völlig Unbegreifliche", ebenso die ganze Welt. „Das Wunder war nicht vor unserer Zeit, es ist zu allen Zeiten. Es ist kein außerordentlicher Zustand, es umgibt uns an allen Orten; es ist in uns, außer uns, unser ganzes Dasein ist ein Wunder"[481]. Annulliert ist wiederum Tiecks frühe quasi dialektische oder auch psychoanalytische Vorstellung der Wiederanverwandlung vom „Fremden", das immer schon entfremdetes „Eigenes" ist, in bewußt Eigenes. Freud formuliert die Psychologisierung des alten Wunderbaren prägnant: „Wenn der – richtig verstandene – Trauminhalt [„unverständliche Vorstellungen"] nicht die Eingebung fremder Geister ist, so ist er ein Stück von meinem Wesen"[482]. Tieck wird das Phantastische zwar als „Stück von meinem Wesen" verstehen, zugleich aber die Möglichkeit seiner Auflösung in Eigenes und Begreifliches dementieren. Die Psychologisierung ist Tieck selbstverständliche Voraussetzung, wird aber nur halbiert vollzogen[483]. Freuds Wendung kann sich ungewollt komplizieren und

---

[481] Köpke, *Erinnerungen* II, S. 251.
[482] Sigmund Freud, *Einige Nachträge zum Ganzen der Traumdeutung*, in: ders., *Gesammelte Werke*, hg. v. Anna Freud u.a., Bd. I, *Werke aus den Jahren 1892–1899*, Frankfurt a. M. 1991⁶, S. 567.
[483] Wie die gesamte ästhetische Theorie in aufklärischen Unternehmungen psychologisiert wurde, so auch das Phänomen des „Wunderbaren", die „menschliche Seele kommt als Produzentin und Rezipientin des Wunderbaren in den Blick" (Hölter, *Tiecks Frühwerk*, S. 1225, vgl. ebenso die schon empfohlene Literatur zum „Wunderbaren"). Herder eröffnete u.a. in seinem *Shakespeare-Aufsatz* 1773 die neue Perspektive am klarsten – wobei

verkehren gegenüber ihrer originären aufklärerischen Intention, genau das ist bei Tieck nachzuzeichnen: als nochmalige Inversion der ersten Inversion (die heißt: Außen ist bloß Innen, Übernatürliches bloß Natürliches). Die gelungene psychologische Operation bedeutete, daß das Wunderbare als Produkt der Seele bzw. ihrer erhitzen Einbildungskraft transparent, begreiflich wird (vgl. einige Beispiele der gelingenden Psychologisierung in Kap. V.3). Übernatürlich, gegen die Vernunft wären die „Geistererscheinungen", wären sie wirkliche Gestalten. Als solche wirklichen Wesen der Welt, als Aberglaube, werden die Geister und alles Geisterhafte aber derealisiert und ins Subjekt selber (zurück)geholt. Alle „Seltsamkeiten", alles Märchenhafte des *Eckbert*, daß Eckbert überall Walther (oder die „Alte") erscheint, indizierte nicht Walther (oder die „Alte") als Geist bzw. Märchenfigur, sondern würde als Produkt der Seelenlage Eckberts verständlich, als „Einbildung". Es wäre in der Psychologisierung, damit spielt die Poetik des Schwindels dann bis zum „leeren Sinn", das Übernatürliche ganz natürlich zu explizieren. Dann ist das Wunderbare, wenn auch als Terminus nicht

---

der Term Psychologisierung problematisch bleibt: Der Begriff des „Übernatürlichen" begründete keinen Widerspruch zur Natur, dessen Nachahmung das prinzipale Postulat war (ebd.). Alle Produkte der Seele galten als natürlich, ganz dem späteren, die Psychologisierung pointierenden Grundsatz Freuds zur Psychologisierung der Phantasien und Traumbilder (s.o.).
Die zeittypische, nämlich psychologisierende Auffassung des „Wunderbaren" im alten Sinne des „Übernatürlichen" und „Geisterhaften" – damit die psychologisierende Auffassung der Phantasie –, die es rational einfängt, liegt Tiecks Überlegungen in *Shakespeare's Wunderbares* zunächst anscheinend selbstverständlich zugrunde. So fragt er z.B.: „wie soll die Schwierigkeit überwunden werden, daß uns die Geschöpfe, die bloß in der Phantasie existieren, nicht *immer übernatürlich* erscheinen?" (*ShW* 690) oder stellt fest, daß der Dichter dafür „gesorgt" habe, „daß alle seine Übernatürlichkeiten sich von den Personen im Schauspiele können *natürlich* erklären lassen" (*ShW* 720) – das ist die „psychologische Richtigkeit". „Der Dichter läßt für das Wunderbare fast immer eine natürliche Erklärung übrig" (*ShW* 716). Die Erscheinungen des Wunderbaren – „Geburt der erhitzten Phantasie" (*ShW* 719 – werden an das einzelne Individuum und seine Seelenlage gebunden (*ShW* 717). Wie Lessing in seiner Apologie des Geistes im *Hamlet*; Typus und Charakter der „übernatürlichen Erscheinung" sind Tieck schon bei Shakespeare die Geistererscheinungen der einzelnen Person, die sich mit ihr konfrontiert sieht, insbesondere ihrer Situation und Gemütsverfassung, homolog, Vexierbild der Seele bzw. Seelenlage einer Person. So im *Macbeth*: „Die Hexen, ihre Prophezeiungen und ihre Art zu wirken, passen eben so gut in das Kolorit Macbeths." „Dort (im *Hamlet*) wird ein Sohn vom Geist seines Vaters zur Rache aufgefordert; hier (im *Macbeth*) ein Feldherr von höllischen Unholden zum Morde seines Königs und seiner Freunde. Der Charakter Macbeths ist härter, rauher, und kriegerischer; die Tat selbst zu der er verleitet wird, steht eben so schön den noch grauenhafteren und wilderen Hexenphantomen gegenüber, als der weichere Charakter Hamlets dem Geiste seines Vaters" (*ShW* 717). Tieck knüpft damit, Hölter weist es aus, allgemein an Gedanken wie Lessings rationaler Legitimation der Erscheinung von Hamlets Geist in der *Hamburgischen Dramaturgie* an oder Wielands Aufsatz *Über den Hang der Menschen an Magie und Geistererscheinungen zu glauben* (Hölter, *Tiecks Frühwerk*, S. 1226), verläßt allerdings diese Auffassung zugleich (wie zu sehen sein wird).

abgeschafft, zumindest doch ganz auf Natürliches beschränkt, eine Depotenzierung, die Tieck übergeht; Sulzer erklärte, daß auch „natürliche Dinge" „so außerordentlich und so sehr über unsre Erwartungen seyn [können], daß man sie zum Wunderbaren rechnet"[484]. Wird das Wunderbare in der psychologischen Operation derealisiert und ins Subjekt geholt bzw. zurückgeholt, in die innere, „psychische Realität" als – in moderner Terminologie – Projektion, so vollzieht Tieck dabei eine folgenreiche zweite Inversion: Das Übernatürliche, Unverständliche, Geisterhafte wird als Übernatürliches, Fremdes, Unbekanntes in die seelische Topologie und Tätigkeit reimplantiert und bleibt dort als solches stehen. Eine Verwicklung, die einer Regression in den alten buchstäblichen Aberglauben, daß den Geistern Realität wie der „natürlichen Welt" zukäme, vollends ungleich ist. Der erste Schritt der Psychologisierung wird vollzogen, der zweite Schritt aber, rational dann das ins Subjekt zurückgeholte in Rationales noch aufzulösen, wird ausgesetzt. Das „Stück von meinem Wesen" bleibt ein erratischer Block, ein Hermetisches, das aber nicht gleichgültig ist, sondern, im Gegenteil, dem Selbst den Grund seiner selbst figuriert. Es ist ihm nichts Äußerliches, sondern Innerstes, aber dann doch immer nur ganz äußerlich. Es ist, so die Polemik auf die Pläne des sich transparenten, präsenten Ichs – keinesfalls eine neue Wahrheit des Menschen –, nicht zu durchdringen, nicht reflexiv einzuholen, Nicht-Ich. Inkorporiert wird ein gänzlich Inkommensurables, das sich nicht in eine Selbst-Identität auflösen läßt, ein „für sich" des Subjekts werden kann. Es ist nicht das Subjekt, wie es sich selbst versteht, das sich in den „Geistererscheinungen" äußert, die Auseinandersetzung mit ihnen ein innerer Dialog einer fremden Stimme. Die geisterhaften Erscheinungen werden in die Seele zurückgeholt, um in ihr dann doch wieder als das Gespenstische, Übernatürliche und Unverstandene bestehen zu bleiben, das es vor der psychologisierenden Operation war, deren Ziel die Erklärung, das Verständnis und die Depotenzierung war. Die Auskunft an das Subjekt, daß es seine eigenen Produkte sind, genauer noch, es selbst, die es manchmal „zu Tode ängstigen", hilft zu keinem Verständnis, führt zu keiner Schwächung des Schauders. Im Gegenteil, die neue Auskunft verschlechtert seine Lage. Sind die „seltsamen Gestalten" und die Angst, die sie auslösen, doch nun an das Subjekt im Innersten gebunden und ein Entrinnen unmöglich. Das Grauen wird verschlimmert, ein Fremdkörper reinkorporiert, der das Subjekt von innen brüchig werden läßt. Seine eigenen Phantasien treten dem Subjekt inkommensurabel als „fremde Gestalten" gegenüber. Dem ganz „Fremden" und ganz „Eigenen" gegenüber kann das Subjekt aber nicht indifferent sein – so die Zwänge der betrachteten neuen Konstrukte des Selbstverstehens –, es ist zum Selbstbezug gezwungen, der es dividiert. Sie nämlich sind die einzigen Äußerungen des „Unbegreiflichen", des „Innersten", des „Grundes des Selbst". Es kommt zur verhängnisvollen Verkehrung der Selbstbestimmung: Die Wahrheit der „unbegreiflichen Erscheinungen" wird nicht mehr durch die Erklä-

---

[484] Sulzer, *Allgemeine Theorie der schönen Künste,* Bd. IV, S. 744.

rungen des Subjekts bestimmt, die neue Wahrheit des Subjekts wird in die diese Erscheinungen hineingelegt, nur hier äußert sie sich, indessen aber prinzipiell dunkel. Als völlig Unbegreifliches ist das Subjekt sich selbst Initial des verheerenden Schwindels, damit die Quelle des besonderen Schauders, der besonderen Angst.

3.4 Exkurs: „Selbst" und „Nicht-Selbst". Rigide Sondierungen und ihre Inversionen

Tiecks Erörterungen des „völlig Unbegreiflichen" im Kontext der „exaltierten Phantasie" rekurrieren deutlich auf Moritz' Spekulationen über das „unpersönliche es", zu dem ihm das „Innerste" der Seele am Ende der erfahrungsseelenkundlichen Abenteuer der „vermehrten Seelenkenntnis", des „Blicks der Seele in sich selbst" wider Willen gerät. Aus dem Innersten wird das *„unbekannte Etwas* (...) welches vor uns in Dunkelheit gehüllt ist"[485], formuliert Moritz 1783 in seiner *Magazin*-Sparte „Sprache in psychologischer Rücksicht", eine erste Theorie des Es als – in ihrem Sinn unmittelbar historisch wie sprachlich-metaphorisch zu bestimmender – „unbewußter" Instanz[486], häretisch dem eigenen

---

[485] Moritz, *Magazin, Werke*, S. 108.

[486] Freud vor Freud zu entdecken, Antizipationen zentraler Kategorien der Freudschen Psychoanalyse in immer früheren Schriften der Philosophie, Psychologie und Literatur des 19. und auch des 18. Jahrhunderts aufzufinden, war eine Zeit lang populär (vgl. H.L. Ellenberger, *The Discovery of the Unconscious*, 2 Bde., New York, 1970, deutsche Übersetzung Bern, Stuttgart, Wien 1973; Norbert Rattner (Hg.), *Vorläufer der Tiefenpsychologie*, Wien, München, Zürich 1983; L.L. White, *The Unconscious before Freud*, London, New York 1960). Im Mittelpunkt des Interesses steht dabei die für die Psychoanalyse konstitutive Annahme eines psychischen „Unbewußten", über das in der Tat schon eine Reihe von Denkern vor Freud mutmaßten. Seelisch „Unbewußtes" – momenthaft im modernen, Freudschen Sinne schon –, war Ende des 18. Jahrhunderts bereits ein Thema in unterschiedlichen Zusammenhängen, vorab psychologischen, philosophischen und ästhetischen. Explizite relevant ist der Begriff im 18. Jahrhundert, in der Sammlung von Texten zur „Entdeckungsgeschichte" des Unbewußten größtenteils versammelt (Lütkehaus, *Entdeckung des Unbewußten*), u.a. für Herder, Lenz, Sulzer (s.u.), Kant, Goethe, Schiller, Jean Paul, Fichte, Schelling, Novalis oder Fr. Schlegel. Bei den Bemühungen, eine (Vor-)Geschichte der Entdeckung des Unbewußten zu schreiben, stieß man zwangsläufig auch auf Karl Philipp Moritz. Siehe Lütkehaus, *Entdeckung des Unbewußten*, S. 24 ; Jörg Bong, *Das „unpersönliche es" und die Auflösung des Ich – zu Karl Philipp Moritz*, in: PSYCHE 6, Stuttgart 1994). 1923 nahm Freud den von Groddeck postulierten Begriff des Es in seine metaphorische Terminologie der „Seele" auf, mit dem Hinweis, den auch Groddeck selber gab, daß die Verwendung des Es auf Nietzsche zurückgehe (Freud, *Jenseits des Lustprinzips*, S. 292 ; zur Übernahme des Es vgl. auch den Briefwechsel Sigmund Freud, Georg Groddeck 1912–39, Wiesbaden, München 1985). Nach der großen metapsychologischen Revision steht dieser Begriff fortan für die psychische Instanz, die in den wesentlichen Momenten mit der davor gültigen Vorstellung des Systems „ubw"

delphischen Impetus. Bei Tieck heißt es, offensichtliche Adaption: „jenes unbekannte Wesen, welches immer ein Geheimniß bleiben wird" (*AM* 188). Ausdrücklich führt Moritz aus, das seelische Geschehen ereigne sich ohne „erste Ursache, ersten Anstoß": „wie bei den Erscheinungen, die man Geistern zuschreibt, wo man z.B. sagt: es handelt, es geht um, usw."[487] „Alles Unbegreifliche", folgt Tieck, „alles, wo wir eine Wirkung ohne eine Ursache wahrnehmen ist es vorzüglich, was uns mit Schrecken und Grauen erfüllt: – ein Schatten, von dem wir keinen Körper sehen, eine Hand, die aus der Mauer tritt, und unverständliche Charaktere an die Wand schreibt, ein unbekanntes Wesen, das plötzlich vor mir steht, und eben so plötzlich wieder verschwindet" (*ShW* 712). Phantasie wird zum Paradigma des „etwas gewissermaßen von unsrer Willkür (...) Unabhängigem" (Moritz[488]), des „Nicht-Selbst" (Fichte, s.u.), zum Paradigma eines unverfüglichen, unauflösbaren, „unbewußt" Seelischen, über das Ende des 18. Jahrhunderts wild spekuliert wurde, von Beginn an ebenso unter einem entschieden ästhetischen (zumeist genietheoretischen)[489] und hermeneutischen[490]

---

kongruiert; „Unbewußtes" – konstitutive These der Psychoanalyse – ist dann keine Instanz mehr, sondern eine Qualität des Psychischen. Als Bezeichnung – als theoretischer Begriff – für so etwas wie ein sprachlich schwer oder gar nicht zu erfassendes „Unbewußtes" wird das Es in der Tat zum allererstem Mal von Moritz im Jahre 1783 verwendet.

[487] Moritz, *Magazin*, *Werke*, S. 108.
[488] Ebd., S. 109.
[489] Für die Romantik bzw. Frühromantik erhält das „Unbewußte" eine besondere explizite ästhetische und poetologische Bedeutung – wenngleich es sich äußerst kompliziert damit verhält und sie es nicht „erfand" –, eine Tatsache, die schnell diffuser Gemeinplatz wurde; man spricht vom „romantischen 'Unbewußten'" (so Frank in *Das „wahre Subjekt" und sein Doppel*, S. 335). Exemplarisch ausgeführt von Odo Marquard in seinem – zeittypischen, aber nach wie vor vorzüglichen – Aufsatz *Zur Bedeutung der Theorie des Unbewußten für eine Theorie der nicht mehr schönen Künste*, in: *Die nicht mehr schönen Künste, Grenzphänomene des Ästhetischen*, hg. von H.R. Jauß, München 1986 (*Poetik und Hermeneutik*, vgl. die in demselben Band abgedruckte achte Diskussion: „Das Unbewußte, das Kitschige, das Pathologische"). Siehe ebenso Behler, *Frühromantik*, S. 17 u. S. 272f.
Marquard explizierte zuallererst prägnant die unmittelbare ästhetisch-poetologische Relevanz der Annahme eines „Unbewußten", das von ihm allerdings, wenn auch philosophisch und epistemologisch diskutiert, diffus anthropologisch und keinesfalls historisch begriffen wird: „Denn spätestens in der Romantik erhält die Theorie des Unbewußten Relevanz für die philosophische Theorie der Kunst", insbesondere, in Kap. IV.2 skizziert, die Theorie der „nicht mehr schönen Künste" als Theorie der ästhetischen Moderne (Marquard vergißt allerdings, daß das Unbewußte keine Instanz mehr ist seit Freuds Revision der Metapsychologie in *Das Ich und das Es*. Unbewußtes ist zudem nicht nur das „Verdrängte", im es, dessen Inhalte als psychische Qualität „unbewußt sind, sind vorab die „Triebrepräsentanzen", die im Somatischen wurzeln, zu finden. Nicht das Ich produziert hauptsächlich, was verdrängt wird). Auch Marquards These, wer das Unbewußte als ein Historisches in seiner modernen Bedeutung – vorab in „philosophischer Hinsicht" – verstehen wolle, müsse zur Romantik zurückkehren, bleibt zuzustimmen: „Wer nach irgendeiner philosophischen Bedeutung der Theorie des Unbewußten – also auch nach der für die nicht mehr schöne Kunst und ihre Theorie – sucht, sollte tunlichst nicht bei

Aspekt (was in der, hier nicht zu rekapitulierenden, Diskussion der Frühromantik wieder und wieder behandelt wurde). „Etwas von unserer Willkür Unabhängiges", das Nicht-Selbst wird indes nicht entdeckt, im Sinne eines anthropologischen Fixums, das nun das erste Mal in den Blick gerät, sondern – vor der „Frühromantik", die ihm indes die „modernen" Momente gibt, je nach Moderne-Begriff freilich unterschiedlich aufgefaßt[491] – Ende des 18. Jahrhunderts als komplementäres Konstrukt der neuen psychologischen wie philosophischen Selbst-Verständnisbemühungen erst installiert wird. Moritz nun reflektiert es von Beginn an primär sprachlich-metaphorisch: „im Grunde ist sie [die Sprache] doch das einzige, woran wir uns halten können, um in das innre Wesen unsrer eignen Begriffe, und eben dadurch in die Kenntnis unsrer Seele einzudringen"[492]. Die historische, in der Entstehung noch zu zergliedernde Wendung des „unpersönlichen es" schafft die Sache erst – „im Bewußtsein, daß alles, was wir für wirklich und sinnvoll halten, nur Effekt unserer eigenen Interpretationsentwürfe ist", also auch das Begriffspaar bewußt-unbewußt[493]. Beide Begriffe rangieren wie das Selbst und Nicht-Selbst und das Innere und Äußere im von Brecht herausgearbeiteten Tieckschen Sinne als „Sogenanntes", wenn Moritz auch, dem vorsätzlich paradoxen dekonstruktiven Bewußtsein in diesem Punkt fern, einen epistemologischen Zugriff auf die Sache über den Begriff allgemein noch selbstverständlich voraussetzt, den er dann allerdings im besonderen Falle des „unpersönlichen es" wieder bestreitet. Der Diskurs über das Nicht-Selbst nach den Sondierungen des Selbst erweist sich als ein Hintergrund der heimtückischen Spiele der Poesie des Schwindels, der diese Distinktionen als Vehikel der von ihr betriebenen „unaufhörlichen Verwirrungen" dienen. Auch die Dis-

---

Freud anfangen, sondern früher: etwa in der Romantik und ihrer Philosophie" (Marquard, *Theorie des Unbewußten*, S. 379).
In der ästhetischen Verwendung des Begriffs handelt es sich um Erörterungen des Geniebegriffs, exemplarisch Goethe und Jean Paul: „Daß alles, was das Genie, als Genie, tut, unbewußt geschehe" (in: Johann Wolfgang Goethe, *Sämtliche Werke*, hg. v. Karl Richter, Bd. 8.1, *Der Briefwechsel zwischen Schiller und Goethe in den Jahren 1794 und 1805*, hg. v. Manfred Beetz, München 1990. Siehe vor allem: Schiller an Goethe 27.3.1801, S. 851–855 und Goethe an Schiller 3.4.1801, S. 854). „Das Mächtigste im Dichter, welches seinen Werken die gute und die böse Seele einbläset, ist gerade das Unbewußte" (Jean Paul, *Vorschule der Ästhetik*, in: *Werke*, hg. v. Norbert Miller, Bd. 5, München 1963). Auch Tieck spricht in diesem Zusammenhange explizite von „Unbewußtem": poetische Produktion, Poesie geschähen „halb unbewußt, recht aus dem innern Drange" (*BüSh* 170), „fast ohne Bewußtseyn" (*He 71*). Zum Problem „bewußt" – „unbewußt" im ästhetischen Kontext vgl. Kap. IV.1.

[490] Exemplarisch formuliert von Frank u.a. in *Das „wahre Subjekt" und sein Doppel*, vor allem S. 334f.
[491] So figuriert das „Unbewußte" in Marquards modellhafter geschichtsphilosophischer Konstruktion für die „Moderne" die „nicht-geschichtliche", d.h. nicht historisch pervertierte „Natur" (Marquard, *Theorie des Unbewußten*, S. 386ff.).
[492] Moritz, *Magazin*, Werke, S. 107.
[493] Menninghaus, *Unsinn*, S. 12.

tinktion des Selbst und Nicht-Selbst erleidet sie. Philosophisch, transzendental formuliert sich das, was Moritz psychologisch als Wendung der „begreiflichen Seele" zum „unbekannten etwas" oder „unpersönlichen es" aufzeichnet und zum Fall der von ihm konzipierten psychologischen Hermeneutik führt, in der „frühromantischen Philosophie", beim (frühen und späten) Schelling, Fichte und Solger wie in den Fragmenten der „frühromantischen Version negativer Dialektik" (Frank) Novalis' und Fr. Schlegels, als These der „Seinsentzogenheit des Selbst"[494] oder „Transreflexivität" bzw. „Unzugänglichkeit" des „Seyns"[495], Frank rekapituliert es wie Odo Marquard[496] vor allem an Schelling und Fichte. Mit dieser „These der Unbegreiflichkeit und Selbstentzogenheit unserer Selbsterfahrung", die das Subjekt sich selbst zum „Räthsel aller Räthsel" macht[497], wird die erkenntnistheoretische Voraussetzung ins Wanken gebracht, „von der man glaubte, daß mit ihr die Hermeneutik steht und fällt": die „Vorstellung, daß das Bewußtsein prinzipiell Zugang habe zum Sinn seiner Lebensäußerungen, selbst wenn diese zunächst verstellt sein sollten"[498]. Freilich ist dieser frühromantische unendliche Mangel an Sein bzw. die Nichtigkeit des Subjekts – Entdeckungen, so Frank, der „neuen Situation des Subjekts" – nur eine „relativ relative Negativität", ein „relatives Nicht-Sein", das auf das Absolute notwendig negativ wiederum verweist, aufgehoben in einer „frühromantischen Version negativer Dialektik" (s. Kap. IV.3). Auch die Hermeneutik wird von Frank, in der Lektüre Fr. Schlegels oder Schleiermachers vorgenommen und wie von Gadamer als „romantische Wende" bzw. „transzendentale Wendung der Hermeneutik"[499] begriffen, frühromantisch als unendliches Verstehen oder unendliches Mißverstehen gerettet bzw. als moderne erst ausgebildet, als strenge Konsequenz auf die neue transzendentale Situation des Subjekts in einer entschiedenen Absage an ein Verstehen im Sinne eines endlich zu fixierenden diskreten Sinnes. Eine Absage, konstatiert Frank, an alle, später noch ersonnenen, hermeneutischen Modelle (beispielhaft Ricoeurs oder Lorenzers), die, wie zitiert, davon „träumen", „am Paradigma der Reflexion", der „klassischen Reflexion", festzuhalten und die „Schichten verschütteten Sinns oder desymbolisierter Rede durch eine archäologische Anstrengung wieder der Herrschaft des autonomen Selbst zu unterwerfen"[500], eben auch an solche, die das Unbewußte hermeneutisch in Rechnung stellen, „durch die Errungenschaften des geschichtlichen und gesellschaftlichen Bewußtseins sowie des romantischen 'Unbewußten' korrigiert".

---

[494] Frank, *Ästhetik*, S. 233, prägnant ausgeführt auf S. 237f.
[495] Ebd., S. 237.
[496] Marquard, *Theorie des Unbewußten*, S. 351ff.
[497] Frank, *Ästhetik*, S. 233.
[498] Frank, *Das „wahre Subjekt" und sein Doppel*, S. 334.
[499] Hans-Georg Gadamer, *Wahrheit und Methode, Grundzüge einer philosophischen Hermeneutik,* in: *Gesammelte Werke Bd. 1,* Tübingen 1986, S. 188–200. Frank, Schleiermacher (Einleitung zu Hermeneutik und Kritik), S. 7.
[500] Frank, *Das „wahre Subjekt" und sein Doppel*, S. 335.

„Die Entdeckung einer 'unbewußten' oder 'reellen Tätigkeit des Geistes' (Schelling), die These vom 'Primat des Willens im Selbstbewußtsein' (Schopenhauer), die Erschließung der 'Triebnatur' und der 'Nachtseite' des Seelenlebens zwangen nicht grundsätzlich zur Preisgabe des klassischen Reflexionsmodells. (...) Eine Lebensäußerung hat Zugang zu sich, gewiß; aber nicht unmittelbar, sondern indem sie ihren Sinn den Zeichen und Reflexen abgewinnt, durch die ihr Selbstbewußtsein, gleichsam objektiv, vermittelt ist. Ich glaube, dies wäre – wenn sie verlangt würde – in eben noch zulässiger Vereinfachung die Formel, mit der sich die psychoanalytische Hermeneutik von Habermas/Lorenzer wie die von Paul Ricoeur charakterisieren ließe"[501]. In ihrer Lesart hat Freud eine, systematisch hermeneutisch auszuführende, Theorie und Methodik skizziert, das „Andere", das Es zurückzuholen in die Vernunft, es in sie (zurück) zu übersetzen. Mit der Absage an diese einfachen Träume ist zugleich die Lektüre getroffen, die die Frühromantiker in diesem Sinne liest, die psychologische Tiefenhermeneutik philosophisch bzw. die frühromantische Philosophie in Freudscher Terminologie; beispielhaft Gehlen (wie später Marquard), der die „*Fichte*sche Formel von der 'verlorenen Freiheit'" als Freudsche Formel der Neurose versteht: „in psychologischer Anwendung ist diese *Fichte*sche Formel (...) weltpopulär geworden: in *Freud*". „Denn was sind die Träume, die Ticks, die unüberwindlichen Zwänge und überhaupt das ganze neurotische Arsenal anders, als bewußtlose Produkte der Selbsttätigkeit des Ich, die sich ihm entfremden und als Übermacht gegenübertreten, und die nun die Analyse auflöst, indem sie sie 'bewußtmacht', in ihrer Genesis und Entstehungsgeschichte nachvollzieht, so die Freiheit und Verfügungsgewalt des Ich über seine eigenen Nachgeburten wiederherstellend."[502]

Der Traum, Unverständliches, „Schichten verschütteten Sinns oder desymbolisierter Rede" in den Operationen ausgeklügelter Hermeneutik doch wieder verstehen zu können, die Identität des Subkjekts zu (re-)konstituieren, insbesondere eben durch die „archäologische Anstrengung", motiviert – in der historischen erfahrungsseelenkundlichen Terminologie – wie gesehen bereits Moritz und auch den psychologischen Tieck. Mit diesem Traum wird die Poesie des Schwindels ihr perfides Spiel inszenieren. Franks Nachbildungen des frühromantischen hermeneutischen Diskurses, seine eigene Position, bleibt indes bei Absage an allen positivierten, diskreten Sinn, an alle endliche Positivierbarkeit von Sinn nicht stehen, sondern gelangt geradewegs zum Entwurf des unendlichen Sinns, in welches das Unbewußte kurzerhand integriert wird[503]. Moritz ungleich bescheidenerer Entwurf endet anders, sein „unbekanntes Etwas" bleibt sperrig gegenüber solchem philosophischen Zauber und auch Tiecks Schwindel

---

[501] Ebd.
[502] Arnold Gehlen, *Über die Geburt der Freiheit aus der Entfremdung,* in: *Archiv für Rechts- und Sozialphilosophie* Bd. 40, 1952/53, S. 340.
[503] Exemplarisch eben am Lacanschen Begriff des „Unbewußten" demonstriert (in: Frank, *Das „wahre Subjekt" und sein Doppel*).

der Seele, der Texttaumel des *Eckbert* paradigmatisch, konterkartiert spöttisch nicht bloß das Konstrukt des endlichen, sondern auch des unendlichen Sinns. Freilich liegen auch schon die Anamnese-Programme des späten Schellings quer, zudem lassen sich die idealistischen Theoreme umstandslos auch gegen ihre Intention lesen.

Ist es die Einbildungskraft, die, so beispielhaft Fichtes Ausführungen, alle Realität hervorbringt, erweist sich eben dieses elementare Vermögen als ein höchst problematisches, insbesondere, wenn es sich um die erhitzte und damit in bezeichneter Weise „regellose" Phantasie handelt. Kant, mit den Problemen der Einbildungskraft in ihrer natürlichen „gesetzlosen Freiheit" konfrontiert, prägte die Formel der „unwillkürlich produzierenden Einbildungskraft" und liefert damit bloß noch die zu radikalisierende Vorstellung einer „blind", „unbewußt" Realität produzierenden Einbildungskraft[504]. Mit Nachdruck führt Schelling in einer konsequenten „Wendung des Fichteschens Ichs" aus, daß „auf keinen Fall das schon bewußte Ich die Welt" und Wirklichkeit „produzieren kann", sondern bloß ein „nicht bewußtes" Vermögen, die Phantasie als unwillkürliche, als „vor-individuelles", unpersönliches Subjekt, das dann noch keines ist: „wo es seiner selbst noch nicht bewußt war"[505]. Schelling versteht dieses als eine Wendung gegen die Prätention, gegen das „Großsprecherische"[506] des Fichteschens Ich. „Selbst bewußtlos und ohne es zu wissen", lautet die Schellingsche Formel[507]. Die hitzige Phantasie, Inbegriff der „willkürlichen Phantasie", ist es, die, so beispielhaft Fichte in seiner Schrift *Über Belebung und Erhöhung des reinen Interesses für Wahrheit*[508] von 1795, als das „Etwas" ausgegliedert wird aus dem „Begriff des Selbst". Ausgegliedert wie der „Körper", die „Sinnlichkeit", die „Leidenschaften und Neigungen", der „Drang" und „blinde Trieb". Allesamt subsumiert unter dem Nicht-Selbst, Nicht-Ich und der „Unvernunft"[509].

Nach den rabiaten Sondierungen rationalistischer Frühaufklärung, die unterschied, was am Menschen zu „unterjochende" „Natur" sei und was sein Wesen erst auszeichnende Vernunft, den darauf folgenden Bemühungen, eine Natur und Vernunft synthetisierende Bestimmung der Subjektivität zu erreichen – eine Synthese, die wiederum das einst pauschal unter Natur Gefaßte differenzierte als Gutes und Böses und sich als noch solidere Unterjochung erwies –, zeigen Tendenzen Ende des 18. Jahrhunderts die Anstrengung einer erneuten rigorosen

---

[504] Siehe Marquards Ausführungen, *Theorie des Unbewußten*, S. 377ff. Vgl. Kants Bestimmungen zur Einbildungskraft in der *Kritik der reinen Vernunft* (B 102–106, S. 116ff.).

[505] Ebd., S. 509.

[506] Friedrich Wilhelm Joseph Schelling, *Zur Geschichte der neueren Philosophie*, in: ders., *Ausgewählte Schriften*, 6 Bde., Frankfurt a. M. ²1995, Bd. 4, S. 508.

[507] Ebd., S. 510.

[508] Johann Gottlieb Fichte, *Über Belebung und Erhöhung des reinen Interesses für Wahrheit*, in: ders., Fichtes Werke, hg. v. Immanuel Hermann Fichte, Bd. VIII, *Vermischte Schriften und Aufsätze*, Berlin 1845/1846 (Nachdruck Berlin 1971).

[509] Ebd., vgl. vor allem S. 348ff.

Ausgliederung der Natur aus dem Selbst-Verständnis. Komplizierte Sondierungen und Demarkationen, eine „strenge und scharfe Unterscheidung unseres reinen Selbst von allem, was nicht wir selbst sind"[510], so musterhaft das Postulat Fichtes. Eine Demarkation, die Moritz ähnlich notiert. „Hitzige Phantasien", der Körper, Leidenschaften und Neigungen sowie blinder Trieb – all dieses Nicht-Selbst ist es, das Moritz beschäftigt, den Diskurs, den Tieck zunächst adaptiert. Telos ist Fichte die „unbedingte" Souveränität und Autonomie des Ich, es muß „ein selbständiges, von allem, was nicht unser Selbst ist, unabhängiges Wesen bilden". Zu forcieren ist die Kontrolle und „Unterwerfung"[511] aller Bedrohungen der Souveränität des Ich, der konstitutive „Akt" des Subjekts: „Nur unter dieser Bedingung ist er Mensch."[512] Die Konstitution ereignet sich in der Versagung, in der Negation dessen, was der Mensch in sich verspürt als „Drang": „ich habe nicht gewollt" ist die Formel dieses Subjekts. Beschwörend muß es sich mit Paraphrasen dieser Formel unentwegt sichern gegenüber dem in der „Unterwerfung" immer heftiger werdenden Drang, „ich werde, soweit mein Gesichtskreis sich erstreckt, immer einig mit mir selbst seyn, weil ich es immer wollen werde."[513] Eine Selbstkonstitution, spitzt die *Dialektik der Aufklärung* zu, in der Lossage von dem („sich selbst"), was er um der eigenen Identität willen negiert, „sich wegzuwerfen, um sich zu behalten, ist die List"[514], es „verleugnet das Subjekt (...) die eigene Identität, die es zum Subjekt macht"[515] („Natur im Subjekt" oder „Natur drinnen"[516] heißen die Metaphern Adornos; die Weise, in der Subjektivität sich gründet, nämlich durch die notwendige Selbstbeherrschung, durch die es dem „hoffnungslos geschlossenen Kreislauf der Natur" entrinnt, wird virtuell wie praktisch als ihre Selbstzerstörung exponiert, „die Unterwerfung alles Natürlichen unter das selbstherrliche Subjekt [gipfelt] zuletzt gerade in der Herrschaft des blind Objektiven, Natürlichen."[517] Die „List" des Selbst zu seiner Erhaltung ist die an Fichte paradigmatisch zu studierende „Introversion des Opfers", die Urform der Rationalität). Selbstidentität ist der Schlüsselbegriff, der Mensch muß „einig mit sich selbst seyn". Im Inneren muß Harmonie und „Übereinstimmung mit mir selbst" herrschen, alles muß durchdringbar sein. Die Selbständigkeit und Unabhängigkeit des Ich – die Fichte selber einschränkt, indem er dem Ich keine Autarkie zuspricht – ist die Bedingung der Möglichkeit einer autonomen Bestimmung des Willens: „ich bin, was ich bin, weil ich es ha-

---

[510] Ebd., S. 349.
[511] Ebd., S. 352.
[512] Ebd., S. 348.
[513] Ebd., S. 348f.
[514] Theodor W. Adorno u. Max Horkheimer, *Dialektik der Aufklärung*, in: Max Horkheimer, *Gesammelte Schriften*, hg. v. Alfred Schmidt u. Gunzelin Schmidt-Noerr, Bd. 5, *Dialektik der Aufklärung und Schriften 1940–1950*, hg. v. Gunzelin Schmidt-Noerr, Frankfurt a. M. 1987, S. 72.
[515] Ebd., S. 91.
[516] Ebd., S. 64, S. 55.
[517] Ebd., S. 22.

be seyn wollen. Ich hätte mich forttreiben lassen können durch die Räder der Nothwendigkeit; ich hätte meine Überzeugung können bestimmen lassen durch die Eindrücke, die ich von der Natur überhaupt erhielt, durch den Hang meiner Leidenschaften und Neigungen (...) aber ich habe nicht gewollt"[518]. Heteronome Bestimmungen, „die Räder der Notwendigkeit", sind die „Eindrücke, die ich von der Natur überhaupt erhielt", somatische Momente, Anlagen, Triebe: der „Hang meiner Leidenschaften und Neigungen", die unbeherrschbare „hitzige Chimäre" sowie die „herrschende Sinnlichkeit" als übelste Gegner. Die hitzige Chimäre ist, wie die anderen Momente, eine „fremde Kraft, Kraft der willenlosen und zwecklosen Natur."[519] Sitz dieser „willenlosen und zwecklosen Natur", dieser „Kraft", ist der Körper, ein „Ding des Teufels", so Fichte in seinen *Aphorismen zur Erziehung (1804)*[520]. Notwendig ist, „dass er [der Mensch] diesen besitze, in keinem Sinne aber von ihm besessen werde", Feind sind die „körperlichen Stimmungen und Aufregungen."[521] Zunächst wird über die geforderte Autonomie des Ich hinaus auch seine Autarkie reklamiert: „Meine Kraft ist mein", sofort aber relativiert, eine Konzession, die in der Konsequenz noch die Autonomie des Ich unterminiert, zumindest unter komplizierte Bedingungen stellt. „Meine Kraft ist mein, lediglich inwiefern ich sie durch Freiheit hervorgebracht habe; ich kann aber nichts in ihr hervorbringen, als ihre Richtung; und in dieser besteht denn auch die wahre Geisteskraft." Denn das Ich generiert sie nicht, diese Kraft, durch die es allein besteht – es ist die „zweck- und willenlose Kraft der Natur", eine „thierische Kraft" –, die *seine* nur vermöge der formenden Beherrschung durch die „Geisteskraft" wird. Ohne die „vernünftige Richtung" ist und bleibt sie eine „fremde Kraft", die sie, als nicht vom Ich erzeugte, streng genommen auch während seiner vernünftigen Steuerung bleibt. Ein unsicheres Eigentum, eine unsichere Selbständigkeit. Nicht aber das Ich – spekulativer Trick und eine markante Figur dieses Selbst-Verständnisses – sieht sich „ohnmächtig", es zeichnet im Gegenteil die Kraft als „ohnmächtige", „blinde Kraft". Mehr noch, es begreift es in solcher Weise, daß diese fremde Kraft im Begriff eigentlich gar keine Kraft mehr ist, im Begriff also wird sie ungefährlich gemacht: „Blinde Kraft ist keine Kraft, vielmehr Ohnmacht." Erst die „Geisteskraft", die nicht in irgendeiner „Naturkausalität" begründet liegt, sondern „Faktum" ist[522], macht die „blinde Kraft", die keine ist, sondern nur Ohnmacht, zur Kraft, indem sie ihm die „die Richtung aber gebe in ihr durch Freiheit, deren

---

[518] Fichte, *Reines Interesse für Wahrheit*, S. 348.
[519] Ebd., S. 352.
[520] Johann Gottlieb Fichte, *Aphorismus über Erziehung aus dem Jahre 1804*, in: ders., *Fichtes Werke*, hg. v. Immanuel Hermann Fichte, Bd. VIII, *Vermischte Schriften und Aufsätze*, Berlin 1845/1846 (Nachdruck Berlin 1971).
[521] Ebd., S. 357.
[522] Siehe dazu Fichtes Creuzer-Rezension, in der Kants „Faktum der Vernunft" reformuliert wird, (*Recensionen*, in: ders., *Fichtes Werke*, hg. v. Immanuel Hermann Fichte, Berlin 1845/1846, Nachdruck Berlin 1971, Bd. VIII, *Vermischte Schriften und Aufsätze*), vor allem S. 414.

Regel ist, stets übereinstimmend mit sich selbst zu wirken."[523] Das Ich bleibt ganz auf die fremde Kraft der „willenlosen und zwecklosen" Natur angewiesen, negiert sie aber als solche, positiviert sie in seiner Beherrschung dann als „eigene Kraft". Folgte der Mensch der fremden Kraft, „allem, was ausser ihm liegt", wäre er ganz und gar Maschine: „ich war Maschine, und konnte Maschine bleiben; durch eigene Kraft, aus eigenem Antriebe habe ich mich zum selbständigen Wesen gemacht."[524] Ganz im Sinne der Reformpädagogen gilt Fichte die „hitzige Chimäre" oder „gelöste Phantasie" die übelste dieser fremden, „thierischen Kräfte" – das „hitzig" indiziert, daß dem Ich die Anverwandlung nicht gelingt, nicht gelingen kann –, als Nicht-Selbst schlechthin. In der Lösung der Phantasie nämlich ist das Selbst vollends ohnmächtig, in der Terminologie Maimons ganz von den „Rädern der Notwendigkeit" bestimmt: „wo die Seele entweder an eine besondere Assoziationskette so gebunden ist, daß sie sich auf keine Weise davon loszumachen im Stande ist, oder wo sie sich an gar keiner zweckmäßigen Associationsreihe festhalten kann, sondern beständig von der einen zur andern, herumgetrieben gleichsam ein Marionettenspiel des Zufalls ist". Präzise das ist der Zustand der Seelenkrankheit, „aller Arten der Tollheit, des Wahnwitzes und der Raserei"[525].

Muß das Selbst oder Ich ununterbrochen „ein selbständiges, von allem, was nicht unser Selbst ist, unabhängiges Wesen bilden" (Fichte), bildet das, „was nicht unser Selbst ist", dann korrelativ ein „unabhängiges Wesen", „etwas von unserer Willkür (...) Unabhängiges" (Moritz), ein buchstäblich „unpersönliches es" – diese fremde, unbekannte Macht wird in genau diesen Sondierungen geschaffen und bezeichnet. Indem sich das Selbst solchermaßen konstituiert, erschafft es sich notgedrungen ein Nicht-Selbst – ebenso historisch, ebenso „wahr" und „falsch" wie das erste –, das es dann wiederum subjekttheoretisch wie praktisch bedroht[526]. Solche zu „unterwerfenden" Bedrohungen sind dann eben der Körper, der „Drang" und „blinde Trieb", vor allem jedoch die gelöste, „regellose" Phantasie. Ist das Selbst per definitionem bewußt, „sich selbst bewußt", so schafft es sich mit dem Nicht-Selbst ein Unbewußtes. In der Formulierung des Es vollzieht sich eine merkwürdig ironische Bewegung: die Demarkation und Restriktion einer Macht als die Schaffung einer Übermacht. Es entsteht ein Riß, ein Abgrund, in den dieses Subjekt immer wieder gerät. Im *Magazin*, bei Moritz, bei Tieck interessieren nun eben die „hitzige Chimäre", die Zustände, in denen das Selbst ohnmächtig ist genau im Sinne von Fichtes Ausführungen, also ganz Maschine. Solche Zustände schildert das *Magazin* zuhauf, „uneins mit sich", tyrannisiert von allem Nicht-Selbst, wäre durchweg die Diag-

---

[523] Fichte, *Reines Interesse für Wahrheit*, S. 351.
[524] Ebd., S. 352.
[525] Maimon, *Magazin*, Bd. IX, S. 18.
[526] Uninteressant sind hier Fichtes trickreiche Unternehmungen, Ich und Nicht-Ich im „absoluten Ich" doch noch zu synthetisieren (vgl. z.B. Fichte, *Wissenschaftslehre*, S. 145ff), sie lassen die behandelten Sondierungen selber unberührt.

nose der berichteten Fälle. Geschildert werden, Tieck zeichnet es an sich selbst ebenso auf, Kants „unwillkürliche Spiele" der Phantasie „mit uns": die hitzigen „Geburten seiner Einbildungskraft"[527] „üben (...) eine beständige Herrschaft aus; sie drücken mich nach ihrem Gefallen darnieder, oder heben mich empor, und ich muß dem Spiel so zusehen, was sie mit mir treiben."[528] Ein Treiben, dem man „eben so wenig, wie (...) dem Strome erst verstatten darf, daß er Dämme durchbricht"[529], „Stürme brausen, Ströme stürzen sich vom Felsen, durchbrechen Dämme, überschwemmen Städte"[530]. Minutiös, in einer pietistisch angeleiteten Introspektion dokumentiert Moritz die vollends dysregulierte, chaotische Seelenverfassung. Diese Naturgewalt im Innersten verhindert, wozu Moritz sich und als Pädagoge seine Schüler durch subtile wie brachiale Disziplin formen will: zu „guten Bürgern" im Sinne eines protestantisch-kalvinistischen Ethos, zu einem Idealcharakter des tugendhaften Bürgers, des, wie Tieck formuliert, „rechtlichen Menschen" mit seinem „Eigenthum" und seinen „Gartenumzäunungen" (*BüSh* 144)[531]. Der sonderbare Seelenzustand des geschaffenen Nicht-Selbst, in dem das negierte Subjekt „Marionettenspiel des Zufalls" ist, Wahnsinn in den verschiedenen Gradationen, wird plötzlich zu einem eigenartig intensiven Interesse. Sulzer, Moritz sicherlich bekannt, formuliert beispielhaft, was daran fasziniert, nämlich eben genau jene mit der eigenen Macht geschaffene Ohnmacht: „In dem Innersten der Seele sind Angelegenheiten verborgen, die uns zuweilen auf einmal, ohne alle Veranlassung und auf eine unschickliche Art, handeln und reden, und ohne daß wir daran denken, Dinge sagen lassen, die wir schlechterdings verbergen wollten"[532] (man ist deutlich an Freuds Psychopathologie des Alltags erinnert). Das unselbständige Etwas, „was nicht unser Selbst ist", sondern ein „unabhängiges Wesen" „bildet", wird plötzlich selbständig und agiert als „fremde Macht" – wiederum ein metaphorisches Konstrukt, das in den betrachteten Sondierungen erst geboren wird. Ein weiterer Aufsatz Sulzers trägt den Titel: *Erklärung eines psychologisch paradoxen Satzes: Daß der Mensch zuweilen nicht nur ohne Antrieb und ohne sichtbare Gründe, sondern selbst gegen dringende Antriebe und überzeugende Gründe handelt und urtheilet*. Unmerkliche, „dunkle Vorstellungen" bringen „oft sehr merkliche Wirkungen hervor (...) es gibt dunkle Urtheile, die wir fällen, ohne uns deswegen bewußt zu seyn, dunkle Empfindungen, ein dunkles Verlangen und einen dunklen Abscheu."[533]

---

[527] Moritz, *Philosophie*, S. 11.
[528] Ebd., S. 15.
[529] Moritz, *Leben und Wirksamkeit, Schriften*, S. 52.
[530] Ebd.
[531] Moritz' frühe Schrift *Unterhaltungen mit meinen Schülern* (Berlin 1782) zeigt sich unmittelbar noch von den Vorstellungen der Reformpädagogik geprägt.
[532] Johann Georg Sulzer, *Zergliederung des Begriffs der Vernunft*, in: *J.G. Sulzers vermischte philosophische Schriften*, Leipzig 1773, S. 261.
[533] ders., *Erklärung eines psychologisch paradoxen Satzes*, S. 99f.

Ist das Fichtesche Selbst axiomatisch resistent und sturmfest – „Es wirbelt und stürmt um es herum, aber nicht in ihm. Es selber sieht aus seiner unerreichbaren Burg ruhig dem Sturme zu"[534] –, beschreiben die Beiträge des *Magazins*, Moritz' und Tiecks ohne Rücksichtnahmen in ausgreifender wie kleinteiliger Weise den Sturm im Inneren, in dem das Ich verloren geht. Anstelle des Ich herrscht das Fremde, das Nicht-Selbst, die entbundene Phantasie. Was Fichte in der Demarkation dessen, was das Selbst als „unabhängiges Wesen" sein soll, aussondert und so zu dem „Etwas" wird, „das nicht unser Selbst ist", zum „unabhängigen Wesen", zeichnet Moritz als „unpersönliches es" auf, als dem „etwas gewissermaßen von unsrer Willkür (...) Unabhängige[n]"[535], „etwas von dem Willen des Menschen *Unabhängiges*"[536], im vollen Bewußtsein der Sprachlichkeit, Metaphorizität des Konstrukts. Mit dem unpersönlichen es sei zu bezeichnen: „was sowohl in unsrem Körper, als in den innersten Tiefen unsrer Seele vorgehet, und wovon wir uns nur dunkle Begriffe machen können; und (...) wir durch das unpersönliche es dasjenige anzudeuten suchen, was außer der Sphäre unsrer Begriffe liegt ['Begriffe' verwendet er in diesem Zusammenhang abwechselnd mit 'Bewußtsein'], und wofür die Sprache keinen Namen hat."[537] Das unpersönliche es indiziert „eine Veränderung oder Erscheinung *außer uns* in der Natur" sowie „Veränderungen und Erscheinungen *in uns* selber, entweder im Körper oder in der Seele, die nicht von unserm Willen abhängig sind"[538] oder, in einer anderen Formulierung, „die nicht von unsrer Willkür abzuhängen scheinen"[539]. Es markiert „die feine Grenzlinie (...), welche durch die unpersönlichen Zeitwörter zwischen den willkürlichen und unwillkürlichen Veränderungen in der Seele gezogen wird"[540], benennt nach der „strengen und scharfen Unterscheidung unseres reinen Selbst von allem, was nicht wir selbst sind" (Fichte), dieses „was wir nicht selbst" sind. Impulse, Bewegungen und Empfindungen in den „innersten Tiefen unsrer Seele", in solchen Sphären des Psychischen und Somatischen, die sich dem Bewußtsein und der Sprache entziehen und die das Subjekt nicht in einem Satz mit dem Ich als Satzsubjekt artikulieren kann, weil „wir uns doch bei so vielen tausend Veränderungen und Erscheinungen in uns und um uns her keiner handelnden Person bewußt sind, welche dieselben hervorbringt."[541] In dieser Formulierung wäre die entscheidende, historisch freilich erst hergestellte Erfahrung festgehalten, welche in der Konsequenz die Konzeption des es erzwingt. Diese seelischen und körperlichen, nur als Erscheinungen wahrnehmbaren Ereignisse, sind dem bewußten Subjekt, das mit ihnen bzw. ihren Äuße-

---

[534] Fichte, *Reines Interesse für Wahrheit*, S. 350.
[535] Moritz, *Magazin*, *Werke*, S. 109.
[536] Ebd., S. 107.
[537] Ebd., S. 113.
[538] Ebd., S. 109.
[539] Ebd., S. 107.
[540] Ebd., S. 113.
[541] Ebd., S. 108.

rungen konfrontiert ist, so fremd und fern, daß es sie nicht als die eigenen identifizieren kann, gewissermaßen zunächst aus Verlegenheit mit dem es bezeichnet. So sehr schafft die Schaffung des Selbst die Selbstentfremdung. Die Phänomene, die „etwas von dem Willen des Menschen unabhängiges" sind, befestigen wir „an dem unpersönlichen *es*, weil wir sonst nichts haben, woran wir sie befestigen könnten."[542] Was man „selbst nicht sah und nicht hörte, sondern nur empfand, (...) betrachtete man (...) als eine Eigenschaft, welche man irgend einem andern Wesen zuschreiben müsse, und da man ein solches nicht fand, so setzte man an die Stelle desselben das unpersönliche *es*"[543]. So wird es sprachlich behelfsmäßig objektiviert, „im höchsten Notfalle bedient sich die Sprache der unpersönlichen Zeitwörter"[544]. Das es als sprachlicher, grammatischer Ausdruck ist wesentlich „unbestimmt" und radikal „unpersönlich" – Attribute, die unmittelbar die gemeinten Regungen charakterisieren, alles ausgegliederte Nicht-Selbst, Maschinenhafte. Das unpersönliche es wird für das Phänomen verwendet, daß „jemand irgend etwas nicht für eine *freie* Handlung, die von ihm abhängt, sondern für etwas von dem Willen des Menschen *Unabhängiges* hält."[545] Moritz fügt hinzu, daß dieses instinktive sprachliche Verhalten „zuweilen mehr Philosophie" enthält, als im „feinsten und kältesten Räsonnement des gebildeten Philosophen" zu finden ist[546]. Indiziert ist in der Bezeichnung des es ein Unbegreifliches, „eine bloße Veränderung, ohne eine handelnde Person (...) wodurch diese Veränderung hervorgebracht wird: ja man scheinet nicht einmal dabei auf eine nächste Ursach Rücksicht zu nehmen"[547].

> „Denn wenn ich z.B. sage, *es donnert*, so stelle ich mir unter dem *es* doch eigentlich nichts weiter, als den Donner selber vor, und *es donnert* heißt daher nichts mehr, als *das Donnern geschiehet*, oder *es ereignet sich eine Veränderung in der Natur, die ich donnern nenne*. Da ich mir also das Donnern nicht als eine Handlung denke, so stelle ich mir auch kein handelndes Wesen vor, von dem es ausgeht, sondern es geschieht (...) gleichsam vermöge seiner eignen Natur; und in und durch sich selber, weil ich mir keine erste Ursach, oder keinen ersten Anstoß irgend eines freien und handelnden Wesens bei dieser Naturveränderung denke. (...) bis auf die wirkende Ursach desselben kann ich nicht zurückgehn."[548]

Die innerpsychischen Erscheinungen werden im unpersönlichen es objektiviert, dabei aber vor allem distanziert: Nicht Ich bin es, der hinter den Phänomenen steht, als Ursache, als Subjekt, dessen Aktivität die psychischen Ereignisse wären, sondern eben ein unbestimmter, unpersönlicher anderer. Das es steht aber nicht nur als Satzsubjekt im Falle einzelner psychischer Impulse, die das Subjekt

---

[542] Ebd.
[543] Ebd., S. 109.
[544] Ebd., S. 108.
[545] Ebd., S. 107.
[546] Ebd.
[547] Ebd.
[548] Ebd., S. 107f.

nicht in dem begründet sieht, was es als sein Selbst oder Ich begreift. Es figuriert nun für die implizit angenommene, hinter all den einzelnen Regungen stehende eine Macht: das „*unbekannte etwas* (...) welches vor uns in Dunkelheit gehüllt ist"[549]. In der Distanzierung wird die vom distanzierenden Ich unabhängige, eigendynamische Macht geschaffen, das es verkörpert das ganze in der Sondierung erst geschaffene und zudem „selbstthätig" gemachte Nicht-Selbst: die Sinnlichkeit, den Drang und „blinden Trieb" sowie die „giftige Phantasie", zuletzt alles nur Körper – Begriffe und Bezüge, die wegfallen und, präzise wie diffus, sprachlich vom es substituiert werden als zwangsläufige, logische Opposition des Ich, entsprechend der Opposition von Selbst und Nicht-Selbst. Das es agiert nun selber als eine Kraft. Ihm eignet Spontaneität, mehr und mehr werden ihm Attribute eines Subjekts zugeschrieben. Zuletzt wird Moritz dieses als die Natur bzw. „Thatkraft" bestimmen. Die mit dem es als Subjekt ausgedrückten „unwillkürlichen Veränderungen in der Seele" kommen und wirken, das ist wesentlich, „wider Willen" des bewußten Subjekts, als eine Gewalt, der es sich nicht erwehren kann. Sie überwältigen das Ich als unheimliche Macht – immer noch eine zwangsläufige Konsequenz der nachgezeichneten Ich-Entwürfe. Moritz vergleicht die Attitüde des Ich gegenüber dem „unbegreiflichen", unpersönlichen es mit Ereignissen, die von Geistern bewirkt werden: „Wie bei den Erscheinungen, die man Geistern zuschreibt, wo man z.B. sagt: *es wandelt, es geht um*, usw."[550] Genau hier sind Tiecks bereits behandelte Ausführungen des Unbegreiflichen anzusiedeln: „ein Schatten, von dem wir keinen Körper sehen, eine Hand, die aus der Mauer tritt, und unverständliche Charaktere an die Wand schreibt, ein unbekanntes Wesen, das plötzlich vor mir steht, und eben so plötzlich wieder verschwindet." Es widerspricht „allen (...) Erfahrungen" (*ShW* 712). Flüchtige Gestalten, für die „keine erste Ursach", „kein erster Anstoß" auszumachen ist, die „in keiner Weise auf die Entstehung derselben hinzeigen"[551]. Das es nun wird eben für das Fehlen der Kausalität verwendet: „wenn uns (...) selbst die nächste Ursach einer Veränderung oder Erscheinung in der Natur nicht einmal bekannt ist"[552]: Tiecks erörterte „Wirkung[en] ohne eine Ursache". Das Seelische äußert sich derart wesentlich geisterhaft, das unpersönliche es ist gespenstisch wie das Subjekt sich selbst. Seine Äußerungen erscheinen dem Subjekt als „plötzlicher" Einbruch, Paroxismus: „wie in einem Erdbeben", „wie ein Schlag", „wie ein Blitzstrahl". Feste Relationen existieren nicht, die der Kausalität im Verhältnis der Prozesse des Innersten und seinen Erscheinungen im Bewußtsein wäre nur eine der möglichen. „Keine erste Ursach (...) kein erster Anstoß"[553], die aufzudecken wären, nur – so die neuen Metaphern, die am konsequenten Ende des Unterfangen der „vermehrten Selbstkenntnis" stehen –

---

[549] Ebd., S. 108.
[550] Ebd.
[551] Ebd.
[552] Ebd.
[553] Ebd., S. 108.

„bloße Veränderung", die „in keiner Weise auf die Entstehung derselben hinzeigen", „ohne Rücksicht auf die Entstehung oder Hervorbringung derselben"[554] – weil das „*Verhältnis*, wodurch sie bewürkt werden, [prinzipiell!] außer der Sphäre meines Bewußtseins liegt"[555]. An sich sind alles „eigentlich bloße Veränderungen und Erscheinungen", deswegen, so Moritz, sei es stupend, daß „es der unpersönlichen Zeitwörter in der Sprache verhältnismäßig nur so wenige gibt, da wir uns doch bei so vielen tausend Verändrungen und Erscheinungen in uns und um uns her keiner handelnden Person bewußt sind, welche dieselben hervorbringt?"[556] Das Psychische vollzieht sich „vermöge seiner eigenen Natur", aus einer eigenen Dynamik, aufgrund einer unergründlichen Autarkie, so die neuen Vorstellungen. Selber erzeugt das Ich in dieser reaktiven Bildung auf seine Allmacht gar nichts mehr, am wenigsten sich selbst. Moritz' Bestimmungen des es implizieren, wie bei Freud und in der gesamten Entdeckungsgeschichte des Unbewußten, eine Unterminierung des Ich. Das vorgebliche Subjekt ist keines, alles geschieht vermöge des es, „vermöge seiner eigenen Natur". Das Ich erzeugt nur die Illusion, die Prätention, Subjekt aller Aktivität zu sein: Hybris[557]. Man ist an Freuds spöttische Worte über das Ich erinnert, das mit großen theatralischen Gesten über seine relative Ohnmacht hinwegtäuschen will: „Das Ich spielt (...) die lächerliche Rolle des dummen August im Zirkus, der den Zuschauern durch seine Gesten die Überzeugung beibringen will, daß sich alle Veränderungen in der Manège nur infolge seines Kommandos vollziehen."[558]
Eine „unbedingte freie" Aufklärung – Funktion des Subjekts, das sich von allem Heteronomen emanzipieren will – löst das Ich selber als eine narzißtische Illusion auf, führt damit aber prompt in ein unlösbares Dilemma, nicht nur ein erkenntnistheoretisches, das Moritz ignoriert. Es gibt kein Subjekt mehr, das Sou-

---

[554] Ebd., S. 111.
[555] Ebd., S. 113.
[556] Ebd., S. 108.
[557] Zur Prätention des „Ich" vgl. vor allem S. 108 und S. 111f. Moritz weiß sehr genau darum, wie vollständig seine Feststellungen das sich als autonom wähnende „Ich" kompromittieren; ganz bewußt entlarvt er seinen Narzißmus, der in der selbsterzeugten Illusion besteht, eine selbstbestimmte Instanz zu sein, Inneres und Äußeres beherrschen zu können. Das Ich prätendiert Subjekt der Handlung zu sein, prätendiert Aktivität, Kontrolle und Verstehen. „Allein weil bei uns jede Vorstellung (...) von uns selber oder von unserm Ich gleichsam durchgehn muß; und wir daher als lebende und denkende Wesen der leblosen Natur so gern unser Bild eindrücken; so ist es kein Wunder, wenn wir uns dasjenige, was eigentlich bloße Veränderungen und Erscheinungen sind, als Handlungen, und die nächste in die Augen fallende Ursach dieser Veränderungen, als handelnde Wesen denken" (ebd., S. 108). Moritz erkennt die Absicht dieser Strategie: Es gilt, sich dieser irrationalen Macht zu erwehren, das heißt, scheinbar zu erwehren. Der Mensch erzeugt sich das Phantasma der Beherrschung: „wir setzen (...) unser *Ich* an die Stelle der Gedanken (...) und scheinen (...) [die Veränderungen] nun als *etwas von uns Abhängiges* zu betrachten" (ebd., S. 111).
[558] Sigmund Freud, *Zur Geschichte der psychoanalytischen Bewegung*, in: ders., *Gesammelte Werke*, hg. v. Anna Freud, Bd. 10, Frankfurt a. M. ⁶1991, S. 97.

verän seiner selbst, seiner Geschichte sein könnte, auch keine Individualität mehr, um derentwillen das ganze Unterfangen seinen Anfang nahm. Konsequent hebt Moritz das Individuum in einem vitalistisch gedachten universellen Natursubjekt auf und gelangt zu einer irrationalistischen Naturmythologie. Die Determination des Menschen durch die dunkle Kraft im Innern ist in der Moritzschen Theorie restlos. Das souveräne Ich und all seine Funktionen werden als heteronome Effekte entlarvt, eine vehement „gegenaufklärerische" Tendenz, die aber der Aufklärer, Moritz, und keinesfalls der „Frühromantiker", Tieck, entwirft.

Moritz führt, ganz wie Fichte, das es auf Somatisches zurück, einen Körper, der allerdings selber nie unmittelbar zur Sprache kommt und nicht als ein Bestimmtes, anthropologisch-biologisches Fixum, sondern im Wesen sich eben der Bestimmungen immer entziehendes gedacht wird; er ist der Inbegriff der Willkür, der besonderen Unselbständigkeit, die zugleich die bedrohliche Selbständigkeit gegen das „Selbst" bedeutet, das „Ding des Teufels" (Fichte). Die im Seelischen wahrnehmbaren unwillkürlichen Veränderungen sind nicht „Resultate von Gedanken [also vom „Ich" ausgehend], als vielmehr von gewissen Veränderungen in meinem Körper (...), deren nächste Ursach, oder das *Verhältnis*, wodurch sie bewürkt werden, außer der Sphäre meines Bewußtseins liegt."[559] Zum Körper besteht allerdings nie direkter Kontakt: Bei den körperlichen Empfindungen handelt es sich nur um eine „dunkle Vorstellung von dem ganzen Zusammenhang unseres Körpers". Der Körper liegt immer weiter unten, je tiefer man schaut, er entzieht sich in einer unendlichen Regression: „Freilich würde die nächste Ursach der körperlichen Empfindungen, die wir uns allenfalls unter dem *es* denken könnten, sich auch mit ihnen *in eins verweben*, und wir würden dadurch nur eine genauere Kenntnis von der wahren Beschaffenheit dieser körperlichen Empfindungen erhalten, ohne auf eine wirkende Ursache zu stoßen, welche sie hervorbringt."[560] Die kryptischen Erkenntnisse, die wir in den Erfahrungen des sich entziehenden Somatischen machen, vermitteln „nichts, als die verschiednen Verhältnisse der körperlichen Teile gegeneinander (...), welche sich auf mannigfaltige Weise einander aufzuheben, zu zerstören, und wiederherzustellen suchen."[561] Die seltsamen Modi der regellosen Phantasie kehren wieder. In einem seiner popularphilosophischen Fragmente, *Über Zusammenhang, Zeugung und Organisation*[562], thematisiert Moritz diese grundlegenden „Tendenzen" – gegen die Idee, sie biologisch, mythologisch oder anders unhistorisch zu begründen –, die „einander aufheben, zerstören, wiederherstellen", ausführlicher. Geschaffen werden grundlegende physiologische wie psychologische

---

[559] Moritz, *Magazin, Werke*, S. 113.
[560] Ebd.
[561] Ebd.
[562] Karl Philipp Moritz, *Über Zusammenhang, Zeugung und Organisation*, aus: *Fragmente aus dem Tagebuche eines Geistersehers*, in: ders., Werke, Bd. 3, *Erfahrung, Sprache, Denken*, hg. v. Horst Günther, Frankfurt a. M. 1981, S. 287–291.

Phantasmen bzw. ihre Verwirrung, eine Verwirrung die Tieck systematisch noch nutzen wird. Moritz formuliert, die Vorstellungen von Leben und Tod befremdend invertierend – eine Inversion, die Tieck wiederum unmittelbar aufnimmt (vgl. Kap. IV.5) –, zwei antagonistische „Kräfte", die aber nicht nur im Körper, im es, sondern ganz allgemein auf allen natürlichen und ebenso auf allen kulturell-sozialen Ebenen wirken: den „Drang zur Vereinigung", den er auch „Zusammenhangstrieb" nennt[563] (das „voneinander Abgesonderte hat einen Hang, eine Tendenz, ein Streben, *zusammenzusein*"[564]), und den „Drang zur Vereinzelung". Er sieht eine Tendenz der Vereinigung einzelner, elementarer Teile zu lebendigen, immer größeren Gebilden und eine Tendenz zur „Vereinzelung" und „Auflösung" ins Anorganische. Das besondere Interesse Moritz gilt diesem Drang zur „Auflösung"[565]. Die Ähnlichkeiten zu Freuds Theorie des Triebantagonismen von Eros, verstanden im strengen Freudschen Sinne als Kohäsionstrieb, und dem „Todestrieb" ist frappierend: „Das Ziel des ersteren ist, immer größere Einheiten herzustellen und so zu erhalten, also Bindung, das Ziel des anderen, im Gegenteil, Zusammenhänge aufzulösen und so die Dinge zu zerstören"[566]. Allem Belebten, komplexe Synthesen von zahllosen elementaren Einheiten, ist der „Drang" inhärent, sich aufzulösen. Die Synthetisierung, „diese Tendenz oder dies Streben aber bleibt (...) immer etwas Zwangvolles"[567] und ist mit Unlust verbunden. „Es ist nur Zwang, der die Teile der Körper zusammenhält; ihre eigentliche immerwährende Natur ist, aufgelöst, außereinander, nicht mehr zu einem Ganzen untergeordnet, sondern sich gleich zu sein, wie die Teile des Staubes sich einander gleich sind."[568] Die Einheit der einzelnen Teile, überhaupt alles Leben, wird nur durch Gewalt, durch den Zwang geschaffen und aufrechterhalten. Der „nathürliche Drang", die „eigentliche immerwährende Natur" der einzelnen Momente eines organischen komplexen Ganzen ist es, sich zu vereinzeln, die gewaltsame Einheit aufzuheben. Der Zustand der Vereinzelung, des Atomaren und „Auseinanderstrebenden" ist der natürliche[569] – zugleich wird er als erst geschaffener, solcher zweiter Natur entlarvt, historisch ist er aber ganz Wirklichkeit, „wirkliche" Physiologie bzw. Natur –, der, einmal verlassen, die drängende „Sehnsucht" nach Restitution zu Folge hat. „Es ist leichter / voneinander als aneinander / lose als fest -- / zu sein. – Man könnte sagen, daß es *leichter* sei, Staub, als eine Blume oder Pflanze zu sein."[570] Das Zusammenhalten der zahllosen auseinanderstrebenden, im Prinzip anarchischen Elemente erfordert

---

[563] Ebd., S. 289.
[564] Ebd., S. 290.
[565] Ausgeführt vor allem auf S. 287 u. S. 290.
[566] Sigmund Freud, *Abriß der Psychoanalyse*, in: ders., *Gesammelte Werke,* hg. v. Anna Freud, Bd. 17, Frankfurt a. M. ⁶1991, S. 71. Paradigmatisch formuliert wird diese Triebtheorie in *Jenseits des Lustprinzips*.
[567] Moritz, *Fragmente*, S. 290.
[568] Ebd., S. 287.
[569] Ebd., S. 290.
[570] Ebd.

eine immense Arbeit, „das Zusammenhalten ist immer mit *Anstrengung*, das Loslassen mit *Erleichterung* verbunden."[571] Diese Anstrengungen sind dieselben, von denen Moritz im Zusammenhang mit der Formung des realitätsgerechten und tugendhaften Charakters, des „rechtlichen Bürgers" (Tieck), sprach, der sich unentwegt zusammenzureißen hat. Was Moritz hier beschreibt, wären die Folgen der Anstrengungen zur Kultur: die Mühe und Pein der Restriktionsleistungen, die Freud in ganz ähnlicher Weise wiederholt beklagen wird[572]. Moritz versteht den Drang zur gänzlichen Auflösung, dessen Übereinstimmung zu Freuds Theorie des Konservatismus der Triebe bzw. des Todestriebs und Todeswunsches noch im Wortlaut festzustellen ist[573], kulturell, soziologisch und sozialpsychologisch. Er sieht ihn Hinsicht auf die Herausbildung einer spezifisch bürgerlichen Seelenverfassung. Moritz berichtet explizite von der übermenschlichen Arbeit, sich endlich und ganz von seiner Tiernatur loszulösen: „daß du dich durch mühsame und ungewöhnliche Anstrengung deiner Kräfte über das tierische Leben erhebst"[574], d.h., die bloß „thierische Kraft" im Sinne Fichtes als Selbst sich anzuverwandeln. Freud definiert den nach seinen Aussagen schwer zu bestimmenden Todestrieb als die Sehnsucht, das elementare Streben der permanent in wechselnden Spannungen sich befindenden organischen Verbindungen nach der vollkommenen Nivellierung im Anorganischen, dem Primären. „Das Ziel alles Lebens ist der Tod"[575], die Rückkehr zur absoluten Ruhe des Anorganischen. Es ist „das allgemeinste Streben alles Lebendigen, zur Ruhe der anorganischen Welt zurückzukehren", die „entstandene Spannung [entstanden, ganz wie bei Moritz, in der „Zusammenballung" „elementarer Lebewesen"[576]] in dem vorhin unbelebten Stoff trachtete danach, sich abzugleichen; es war der erste Trieb gegeben, der, zum Leblosen zurückzukehren"[577]. Bei Moritz hieß es: es sei die „eigentliche immerwährende Natur" der lebendigen, d.h. „zusammengesetzte[n] Teile", ihrem Streben, „aufgelöst, außereinander, nicht mehr zu einem Ganzen untergeordnet, sondern sich gleich zu sein, wie die Theile des Staubes". Zum „Wunsche des Lebens" vielzelliger Lebewesen wird die „Zerstörung", „welche diese Zellenwesen zersetzt und jeden einzelnen

---

[571] Ebd.
[572] In Freuds Schrift *Das Unbehagen in der Kultur* (in: Sigmund Freud, *Studienausgabe*, hg. v. Alexander Mitscherlich u.a., Frankfurt a. M., 9. korrig. Auflage 1994, Bd. IX, *Fragen der Gesellschaft. Ursprünge der Religion*) werden die dem einzelnen auferlegten „Verzichtsleistungen" und zivilisatorischen „Mühen" ausführlich erörtert und in einem „Zwiste im Haushalt der Libido" begründet.
[573] Ebd., S. 246ff.
[574] Karl Philipp Moritz, *Leben und Wirksamkeit,* aus: *Fragmente aus dem Tagebuche eines Geistersehers,* in: ders., Werke, Bd. 3, Erfahrung, Sprache, Denken, hg. v. Horst Günther, Frankfurt a. M. 1981, S. 292.
[575] Freud, *Jenseits des Lustprinzips*, S. 248.
[576] Ebd., S. 247.
[577] Ebd., S. 248.

Elementarorganismus in den Zustand der anorganischer Stabilität überführt"[578]. Die „nathürliche, ruhige Lage" im Leblosen, Staube, das Loslassen wird zu der ersehnten Erlösung von den enormen inneren Pressionen, welche die Unterjochung mit sich bringt. Das Leben – ein „ordentliches" Leben wie es Moritz in den *Unterhaltungen mit meinen Schülern* lehrt –, so stellt er mit resigniertem Gestus fest, scheint „mit zu vielem Zwange, zu vieler Anstrengung verbunden zu seyn, als daß man es immer ertragen könnte."[579] Hier entsteht und das nicht peripher, sondern bis hinein in die Physiologie, also genau bis dahin, wo in der bürgerlichen Pädagogik die Unterwerfung der Triebe ansetzen sollte, der metaphorische „Wunsch nach Ruhe, nach gänzlicher Auflösung". In diesem Wunsch, einem physiologischen Drang folglich, der ebenso noch in der Konsequenz der rekapitulierten Selbst-Konstruktion erst geschaffen wird und zwar physiologisch, aber alles andere als „nathürlich" ist – obgleich er nun als ganz natürlicher vorkommt –, „scheinen sich doch am Ende einmal alle Wünsche zu verlieren"[580]. Er wäre für den einzelnen, der die Zwänge zum Fortschritt der allgemein-kulturellen Entwicklung trägt, die Vorstellung der Erlösung und Lust – wiederum, wie im ganzen skizzierten Seelendiskurs, gerät man in die Inversionen –, als den ihn Freud dann wirklich bestimmt. Genau zu diesem paradoxen Befund kam Moritz schon früher, in der in Anbetracht des sie bestimmenden melancholischen Tons absurd betitelten Schrift *Philosophie des Lebens*: „Endlich strebt doch mein Geist nach Ruhe – nach Ruhe, selbst auch von den reinsten himmlischen Entzücken – und diese Ruhe – genießen alle, die nie geboren sind."[581] „Die *Ruhe* ist in der Auflösung"[582]. Der Zusammenhangstrieb, Eros, wäre, wie Freud es einmal bemerkt, bloß Störenfried[583].

Das in strenger Korrelation zum neuen Selbst erschaffene Nicht-Selbst, das mit dem neuen Bewußtseinsbegriff korrelativ entstandene „Unbewußte", kann nach seiner Schaffung als solches antagonistisch nicht stehen bleiben, sondern wird wiederum „aufgehoben" in ein ganzes, absolutes Selbst oder absolutes Bewußtsein, Anliegen der dialektischen Drehungen und Wendungen der frühromantisch-idealistischen Philosophen. „Anamnese" heißt das Programm Schellings: „Sache der Wissenschaft und zwar der Urwissenschaft, der Philosophie ist es", das „nicht bewußte", „bewußtlose" Ich „mit Bewußtseyn zu sich selbst, d.h., ins Bewußtseyn, kommen zu lassen"[584]. Ein Programm, das unmittelbar als hermeneutisches zu fassen ist. Das in der Schaffung des Selbst hergestellte Nicht-Selbst, analog das Fremde, Unbegreifliche und Unbewußte, soll dem Selbst

---

[578] Sigmund Freud, *Das ökonomische Problem des Masochismus*, in: ders., *Gesammelte Werke*, hg. v. Anna Freud u.a., Bd. 8, Frankfurt a. M. [6]1991, S. 376.
[579] Moritz, *Der tragische Dichter, Schriften*, S. 36.
[580] Ebd.
[581] Moritz, *Philosophie*, S. 66.
[582] Moritz, *Zusammenhang*, S. 288.
[583] Freud, *Unbehagen in der Kultur*, S. 248.
[584] Schelling, *Zur Geschichte der neueren Philosophie*, S. 511.

doch wieder eigen werden, im allgemeinsten Sinne hermeneutisch formuliert: sich sinnvoll verstehen lassen. Das Unbegreifliche soll gelesen und begriffen werden. Schelling formuliert in nuce Freuds Vorstellung der „Bewußtmachung von Unbewußten" (vgl. Marquard[585]). Anfänglich ist das Ich „nicht bewußt", „bewußtlos" und „vorindividuell", inbesondere das Vermögen der Phantasie. Der „erste Zustand des Ichs ist (...) ein außer-sich-Seyn"[586]. „Nichts verhinderte (...) eine Region jenseits des jetzt vorhandenen Bewußtseyns anzunehmen und eine Thätigkeit, die nicht mehr selbst, sondern nur durch ihr Resultat in das Bewußtseyn kommt."[587] „Die Natur der transcendentalen Betrachtungsart", so Schelling im *System des transzendentalen Idealismus*, „muß also überhaupt darin bestehen, daß in ihr (...) das, was (...) das Bewußtseyn flieht, und absolut nicht objektiv ist, zum Bewußtseyn gebracht wird"[588], Aufgabe ist, das „Unbewußte (...) zu reflektieren", das „absolut Unbewußte"[589], das ist das „Produzierende", die „unwillkürliche Phantasie". Möglich ist Schelling die alles entscheidende transzendentale Funktion nur als „ästhetischer Akt der Einbildungskraft", Tiecks poetische Inszenierung der schwindligen Einbildungskraft leistete zwar die damit geforderte „beständige Duplicität des Producirens und Anschauens" und nobilitierte sich darin als frühromantisch selbstreflexiv, allerdings eben bloß als polemisches Mißlingen der Reflexion *des* „Objekts (...), was sonst durch nichts angeschaut werden kann"[590]. Im Zentrum steht nur eines, das Sich-bewußt-Werden, „die Arbeit des zu-sich-selbst-Kommens"[591] des Selbst, das noch keines ist, und zwar als bewußte Erinnerung. „Denn nur das kann zu sich kommen, was zuvor außer sich war"[592] bzw. bewußtlos war. Postuliert wird gleichsam ein zweites, verdoppeltes Sich-bewußt-Werden, denn den ersten „Weg zum Bewußtsein" hat das Ich „selbst bewußtlos und ohne es zu wissen" zurückgelegt[593]. Erst in der bewußten Arbeit konstituiert sich das Subjekt, das Individuum, der Mensch. Glaubt Schelling zuweilen, diese Anamnese sei in seiner wie Hegels systematischen Identitätsphilosophie zu leisten, notiert er in seiner „Spätphilosophie", Schopenhauer ganz nahe, gänzlich anderes.

> „Immer liegt noch im Grunde das Regellose, als könnte es einmal wieder durchbrechen, und nirgends scheint es, als wären Ordnung und Form das Ursprüngliche, sondern als wäre ein anfänglich Regelloses zur Ordnung gebracht worden. Dieses ist an den Dingen

---

[585] Marquard, *Theorie des Unbewußten*, S. 378ff.
[586] Schelling, *Zur Geschichte der neueren Philosophie*, S. 510.
[587] Ebd., S. 509.
[588] Friedrich Wilhelm Joseph Schelling, *System des transzendentalen Idealismus*, in: ders., *Ausgewählte Schriften*, 6 Bde., Frankfurt a. M. ²1995, Bd. 1, S. 413.
[589] Ebd., S. 419.
[590] Ebd.
[591] Schelling, *Zur Geschichte der neueren Philosophie*, S. 509.
[592] Ebd., S. 510.
[593] Ebd.

die unergreifliche Basis der Realität [produziert eben von der „unwillkürlichen Einbildungskraft"], was sich mit der größten Anstrengung nicht in Verstand auflösen läßt, sondern ewig im Grund bleibt (...) Ohne dies vorausgehende Dunkel gibt es keine Realität (...); Finsternis ist ihr notwendiges Erbteil."[594]

Festgehalten scheint mit der nicht zu kompensierenden Unmöglichkeit der Auflösung des Regellosen in den Verstand das Dementi des eigenen Anamnese-Programms, das unmittelbar hermeneutisch auszuführen wäre. Etwas im Subjekt, eben nicht das Ich, Selbst, gebiert einen Sinn, eine Bedeutung, die ihm prinzipiell verschlossen bleiben, dem Ich, das es als Nicht-Ich ausgliedern muß, aber dennoch als sich selber angehörig anerkennen muß. Gefährdet ist mit Schellings Skepsis die, schon zitierte, „Grundvoraussetzung (...), von der man glaubte, daß mit ihr die Hermeneutik steht und fällt [und bei ihm dann aber nicht fällt] (...) daß das Bewußtsein prinzipiell Zugang habe zum Sinn seiner Lebensäußerungen, selbst wenn diese zunächst verstellt sein sollten und (...) über eine 'archäologische' Rekonstruktionsarbeit wiedergewonnen werden müssen."[595] Schellings Passus scheint schwer aufhebbar in eine Version frühromantisch negativer Dialektik wie sie Frank an Novalis, Fr. Schlegel, Fichte und Solger bündig nachzeichnet, in der dann zwar solche Anamnese niemals positiv gelingt, aber dennoch im Negativen, im Fragment und der strukturell identischen, „bedeutenden" romantischen Ironie, d.h. im unendlichen, nie fixierbaren, sich gegenseitig vernichtendem Sinn, die „Lösung" und „wahre Methode" gefunden wird, doch das Absolute zu treffen, als „Seinsollendes". Schellings Dementi des Anamneseprogramms, das sich zur Sentenz einer ganzen, gewaltigen Tradition verschiedener „irrationalistischer" Theorien modellieren ließe, noch der Derridaschen, mittlerweile popularisierten These von der „unmittelbaren und unwiderruflichen Infragestellung jener Selbstpräsenz des Bewußtseins" durch das Unbewußte, scheint es, lasse sich – in einer Distanzierung sowohl des einfachen hermeneutischen Traums wie des komplizierten – präzise im Kern der Poetik des Schwindels situieren. Der skizzierte Schwindel der Seele, zu dem wesentlich die Konstrukte des Unbegreiflichen und der ungeheuren Leere gehören, die ihn ausführende, im folgenden Kapitel umrissene Poetik und ihn verfolgende Poesie des Schwindels, gerät zunächst allgemein zu einer ironischen Inszenierung des Programms der, direkt hermeneutisch gewendeten, Anamnese als dem Wiederbewußtwerden von Unbewußtem bzw. der Konversion des Nicht-Selbst ins Selbst und des Unbegreiflichen in Begreifliches. Der Schwindel der Seele, historisch streng zu situieren und nicht ins Allgemeine zu wenden, ist nicht auflösbar in irgendeinen endlichen und auch nicht in unendlichen Sinn, sondern ist Sinnzerstörung in der Entfaltung, in der Potenzierung der historischen Sinnmecha-

---

[594] Friedrich Wilhelm Joseph Schelling, *Philosophische Untersuchungen über das Wesen der menschlichen Freiheit und die damit zusammenhängenden Gegenstände*, in: ders., *Sämtliche Werke*, Stuttgart, Augsburg 1856–61, Bd. 7, S. 359/360.

[595] Frank, *Das „wahre Subjekt" und sein Doppel*, S. 334.

nismus. Der Schwindel aber ist selber der Punkt, an dem die komplementären Konstrukte des Selbst und Nicht-Selbst wie ihre betrachteten Konstruktionsvorgänge aufeinandertreffen – im *Eckbert* exemplarisch zu betrachten – und als Vorstellungen das bezeichnete plötzliche wie ununterbrochene Oszillieren erleiden. Der Widerstand gilt der Hypostasierung des Selbst wie auch des Nicht-Selbst. Tiecks „Unbegreifliches" oder „Innerstes", Metaphern der neuen Metapher des Selbst bzw. Nicht-Selbst, zeigen sich unauflösbar in Begrifliches. Gegen diese Auflösung, das Verstehen bzw. das gelingende Selbstverstehen agiert dann die schwindlige Poesie, der intendierte Widerstand „gegen die Sprache". Tieck spielt gegen die Auflösung des Regellosen im Sinne des Schellingschen Zitates, konterkariert diese aktivisch und sucht, als erste Maßnahme des Widerstands, eben genau die invertierte Auflösung, die Auflösung von „Ordnung und Form" ins „Regellose". Er nutzt dabei das vitium der Auflösungsbemühungen. Die Anstrengung, es aufzulösen, Selbst und Nicht-Selbst (neu bzw. wieder) zu synthetisieren, ist es selber, die geradewegs paradox in den Schwindel der Seele führt, in den Wahnsinn und die Auflösung von Selbst und Nicht-Selbst. Das demonstriert der Texttaumel. Die „archäologische Anstrengung", die penible „Arbeit des zu-sich-selbst-Kommens" des Selbst, das die Figuren des *Eckberts* – Figurationen bloß der narrativen Komposition – offensichtlich noch keinesfalls besitzen: „Der erste Zustand des Ichs ist also ein außer-sich-Seyn", findet sich in ihr in Form einer seltsamen Katastrophe wieder, auch auf „thematischer" Ebene, vorrangig aber als Moment der unaufhörlichen Verwirrung des Textes. Im unablässigen Oszillieren der Verfehlung und Einlösung, nicht im erfolgreichen Vollzug der Arbeit an der Identität, vorab als, ganz Schellings Programm folgend, akribische Erinnerungsarbeit, Anamnese funktioniert der *Eckbert*. Wirken kann die Verfehlung indes überhaupt bloß, weil die Geschichte deutlich als Geschichte des „denn nur das kann zu sich kommen, was zuvor außer sich war", der „Arbeit des zu-sich-selbst-Kommens" angestimmt wird. „Wahnsinnig in den letzten Zügen", „wahnsinnig und verscheidend" (*Eckb* 146/ 1266) sind die *Eckbertschen* Figuren, weil das bewußte Erinnern des ersten bewußtlosen „zu-sich-Kommens", das noch keines ist, noch kein Ich, noch kein Individuum erschafft, im zweiten, nun bewußten Versuch des „Weges zum Bewußtsein" bzw. des Erinnerns des „Weges (...) selbst", der „Monumente" und „Denkmäler jenes Weges"[596], die erst das Verständnis des „Resultates" bedeuten, zum absonderlichen Desaster wird. *Eckberts* Figuren scheinen bis ins Detail nichts als ein tückisches Spiel mit diesen transzendentalen Anstrengungen zu sein, Figurationen dieses Desasters. Die Methode *Eckberts* ist, sie sich gegenseitig, aus zwingenden immanenten Gründen, dissolvieren zu lassen, Wahrheit und Unwahrheit der dialektisch gestrickten Anamnese-Wahrheit zu demonstrieren. Das Unbegreifliche, fürchterlich Wunderbare, das Unbewußte als Transzendenz und hermetischen „Grund" des dann undialektisch unidentischen Sub-

---

[596] Schelling, *Zur Geschichte der neueren Philosophie*, S. 510.

jekts – das potentiell nie eines war, nie auch dialektisch „außer sich" – wie die ironische, historisch virulente Wendung gegen das Begreifen werden keine neue Wahrheiten oder allgemeine Postulate. Aus der Wahrheit des Selbst wird keine Wahrheit und Verklärung des „Nicht-Selbst". Formuliert Tieck neben seinen literarischen Arbeiten sehr bewußt nie mehr als eine Poetik, dies auch nur sehr rhapsodisch, dienen seinem poetischen Verfahren des Texttaumels beide Wahrheiten bloß als Mittel der Initialisierung des Schwindels, in dem sie ebenso aufgelöst werden. Poetik des Schwindels formuliert sich so keinesfalls als Hypostasierung des Schellingschen „Regellosen" bzw. der (hermeneutischen) Unmöglichkeit, dieses „zur Ordnung" zu bringen und „in Verstand auf[zu]lösen", keinesfalls also als Feier des Dunkels, ewig lichtlosen „Grundes".

4. Poetik des Schwindels

4.1 Schwindel, Poesie und Poetik. Text und Leser

Poesie, so Tiecks zentrale, vielfach reformulierte poetologische Sentenz, soll „unsre Phantasie bis zum poetischen Wahnsinn" – der als „Schwindel der Seele" spezifiziert wurde – „verwirr[en], um diesen selbst nur in unserm Innern zu lösen und frei zu machen" (*Ph-Rg* 113); Basissatz der Rekonstruktion einer, in ihrer Formalität eigentümlichen, gänzlich unsystematischen Poetik des Schwindels, die als implizite, immanente und ideale Poetik einer Poesie des Schwindels sich formuliert und deren Paradigma die „Märchenerzählung" *Der blonde Eckbert* ist. In nuce skizziert wird eine solche Poetik, die Tieck bloß rhapsodisch erörtert, bereits 1793 in der Auseinandersetzung mit Shakespeares „Wunderbarem", dem „fürchterlich Wunderbaren": der Rezipient sei „in eine Stimmung [zu] versetz[en], die (...) ist, was Don Quixotte's Wahnsinn" ist (*ShW* 697). In anderen Wendungen heißt es: den „muthwilligen Wahnsinn" herstellen (*Schr* 6, XX) und, als Forderung verstanden: „wenn der Poesiegeist vielleicht bald irgendwo hervordringt, um die leeren Wörter Wahnsinn [„leerer Sinn"] und Raserei zu erfüllen" (*BüSh* 144). Poetische Sprache, poetische Faktur und poetische Praxis sollen sich so konstituieren, daß der Vorstellung und in Folge dem Begreifen „nichts" ist, „worauf wir unser Auge fixieren könnten" (*ShW* 704): „Die Seele wird in eine Art von Schwindel versetzt" (*ShW* 704), „so wie der körperliche Schwindel durch eine schnelle Betrachtung von vielen Gegenständen entstehen kann, indem das Auge auf keinem verweilt und ausruht" (*ShW* 712). Der kleinteilig zergliederte Schwindel ist ganz offen das Kalkül, die verfolgte „Wirkung" solcher Poesie, die ihn zudem als poetische Praxis, als die konkreten Prinzipien der Narration, selber vollbringt.

Der schwindlige Text reflektiert sich, in sich, poetologisch unentwegt selbst, „schwindlichte Abgründe" (*Eckb* 130) heißt es im *Eckbert*. Reflektiert werden die eigenen Verfahrensweisen, die eigene, immanente Poetik wie das ganze ästhetische Geschehen einschließlich der Leser-Phantasie bis zum „Verscheiden" des Textes, zur eigentümlichen Selbstvernichtung des Textes „in den letzten Zügen, mustergültig figuriert in der Eckbert-Figur. Zu seiner konstitutiven poetischen Faktur entwirft der Text Bilder und Figuren, die indes auch bloß zu den erörterten, „ständig wechselnden" und niemals reüssierenden Gestaltungsversuchen gehören. Umständlich thematisiert er sich selbst. Solch Thematisches allerdings fungiert ihm dann lediglich als Redundanz des poetischen Verfahrens. Die Selbstbespiegelungen weisen in vielzähligen Spielen alle Tücken des Spiegels auf und lassen sich diskursiv zu keiner umfassenden Poetik bündeln. Plaudert der Text seine „Geheimnisse" aus, zuweilen ganz prosaisch, fixiert er sich dabei nicht endlich, sondern exponiert sich paradox als nicht zu Fixierendes, als unentwegtes Negieren aller Bestimmungen und fortgesetzte Bewegung gegen jedes Fixieren – und noch diese Bezeichnungen werden in den stetigen Überbezeichnungen wieder beunruhigt. Die Selbstbespiegelungen formulieren nicht etwa eine systematische, bündige Poetik, sondern flüchtige Bezeichnungen dessen, was alles Poetisierte eben zu dem „nichts, worauf wir unser Auge fixieren könnten" werden läßt. Paradox fixiert er sich als Infixibles (ein performativer Selbstwiderspruch). Dieses Paradox, das ihn begründet, „löst" der Texttaumel zuletzt eben in der auszuführenden vorsätzlichen Selbstvernichtung der Textvorstellungen, der Sprache als schon erörterte Selbstvernichtung der Phantasie in der letzten Potenzierung ihrer dynamischen, modalen, formalen Konstituenten, die zugleich ihr vitium sind; auch ein Text ist nichts als die Vorstellung von ihm. Eine Selbstvernichtung, die das absolut Infixible, sprachlich gänzlich transzendent, vollenden will, Poesie des Schwindels gibt keinesfalls vor, sie schreibe, esoterisch, von solchem A-Topos, sie schreibt vielmehr gegen sein Schreiben. Die Texte selber, im Medium des narrativen Verfahrens, der Erzählstrukturen, die sie begründen, verfassen also die Texttheorie: Aus den Werken selbst, gibt Tieck vor, kann „uns nur die Theorie werden", nicht aus den allgemeinen wie „nichtigen Forderungen und Systemen", „die vom Nebel umzogen und umso enger und dürftiger sind, als sie erst den Schein eines größeren und unendlichen Umfanges gewähren" (*KS* 167). „Über Dichter ist es (...) nur erlaubt zu dichten" (*BüSh* 139), lautet das Postulat in anderer Fassung. Eine, höchst motivierte, antisystematische und antibegriffliche Attitüde, die im Kontext einer Poetik des Schwindels (wie der Brechtschen Poetik des Sogenannten oder Menninghaus' Poetik des Unsinns) nichts gemein mehr hat mit Tiecks früher, empfindsam artikulierter Ablehnung des „todten Sistems" (*BTW* 105, vgl. Kap. II.3) und ebensowenig gar als persönliche, philosophisch-theoretische Inkompetenz Tiecks relevant ist. Der Verzicht auf die allgemeine theoretisch-ästhetisch Abstinenz ist Programm, selber theoretisches Postulat, das die frühromantischen Postulate Schlegels und Novalis, literarische Kritik und Philosophie der Kunst müssen selber literarisch sein, radikalisiert. Die „Ansprüche philosophischer Ästhetik [werden] zurück an die Praxis der Lektüre"[597] verwiesen, „die poetologische Reflexion [wird] selbst schon fiktionale Praxis"[598]. Nachdrücklich und bewußt ist Tieck im frühromantischen Sinne ein „unvollkommener Dichter" („das Poem des Verstandes ist Philosophie", bestimmt Novalis und meint selbstverständlich nur die spekulative Philosophie, „es ist der höchste Schwung, den der Verstand über sich selbst gibt – Einheit des Verstandes und der Einbildungskraft. Ohne Philosophie bleibt der Mensch in seinen wesentlichen Kräften uneins – es sind zwei Menschen – ein Verständiger und ein Dichter. Ohne Philosophie unvollkommener Dichter – ohne Poesie unvollkommener Denker-Urteiler"[599]).

---

[597] Brecht, *Die gefährliche Rede,* S. 1.
[598] Ebd., S. 245.
[599] Novalis, *Schriften. Die Werke Friedrich von Hardenbergs,* hg. v. Richard Samuel in Zusammenarbeit mit Hans-Joachim Mähl und Gerhard Schulz, 5 Bde., Stuttgart 1960–1988, Bd. 3, S. 531.

Exponiert sich die Theorie des Texttaumels im Text selbst und zwar im einzelnen Text, stehen die allgemeinen, übergreifenden poetologischen Aussagen hintenan, Brecht fordert dieses ausdrücklich[600]. Auch die Rekonstruktion der Poetik des Schwindels schreibt sich in der minutiösen Betrachtung des *Eckberts*, nicht als Applikation oder Diskussion allgemeiner ästhetischer, semiotischer, philosophischer oder gar epistemologischer Topoi und Strukturen. Daß die poetologische Reflexion im Medium der fiktionalen Praxis ihren originären Ort hat – damit ist der Charakter der poetologischen Reflexion definiert –, rührt an einem intrikaten Problem, der, Brecht führt es aus, „Abbildbarkeit des Theoretischen auf die Praxis"[601]. Sind in frühromantischer Spekulation jedoch die „Grenzen zwischen Philosophie und Poesie, begrifflicher und poetischer Darstellungsweise programmatisch aufgehoben" und wird die Poesie selber wesentlich zum Medium ihrer eigenen Reflexion, gilt ebenso umkehrt, was Brecht vollends übergeht, daß Tiecks sporadische, „unzusammenhängende" poetologische Äußerungen, absichtlich gänzlich unentschieden „begriffliche und poetische Darstellungsweise", ihm ebenso als geeignetes Medium der poetologischen Selbstreflexion gelten. Brecht ignoriert dies und spricht pauschal von Tiecks „begriffloser" „literarischer Praxis" und gar von „unangemessenen Begriffen"[602]. Vorsätzlich geraten Tiecks Markierungen einer Poetik des Schwindels – solche „außerhalb" der schwindligen literarischen Texte – selbst zu literarischen

---

[600] Brecht, *Die gefährliche Rede*, S. 245 (vgl. Kap. I, Fußnote 24). Brecht findet hierfür den, auch im Rahmen seiner Studie heiklen Begriff der „Hermeneutik": „Hermeneutik statt Systematik, diese Formel umschreibt Tiecks Verfahren" (ebd., S. 2). Das „Register allgemeiner Begriffe" [der Begriffe, die der umfassende ästhetische Diskurs über die Frühromantik diskutierte wie Allegorie, Ironie, Parekbase etc.] kann „nicht jene Theorie ersetzen, die 'uns nur aus den Werken selbst werden' kann" (ebd., S. 6).

[601] „Am Problemfall Tieck wird dabei eine generelle Schwierigkeit der Romantik-Forschung deutlich. Die spekulative Frühromantik hebt die Grenzen zwischen Philosophie und Poesie, begrifflicher und ästhetischer Darstellungsweise programmatisch auf. Das damit vorgegebene Niveau literarischer Selbstverständigung muß die Romantik-Forschung erst einmal erreichen, und so ist sie über die letzten Jahrzehnte vor allem mit der Applikation poetologischer Theoreme auf literarische Praxis beschäftigt gewesen. Begriffe wie Ironie, Fragment, Arabeske oder selbst Roman werden mit romantischen Texten gewissermaßen kurzgeschlossen. Das ist heuristisch so sinnvoll wie – aus metatheoretischer Perspektive – zweifelhaft. Denn eben die Abbildbarkeit des Theoretischen auf die Praxis steht in Frage, wenn die poetologische Reflexion selbst schon fiktionale Praxis ist. Die Literaturwissenschaft kann die Einheit von ästhetischer und begrifflicher Darstellung zwar beschreiben, sie macht sie jedoch im gleichen Moment qua ihrer eigenen Begrifflichkeit auch rückgängig und erklärt das romantische Projekt noch einmal für gescheitert. Auch solches Scheitern mag die Romantik antizipiert haben. Doch der historische und systematische Status der Konvergenzen und Differenzen von Theorie und Praxis ist damit nicht begriffen. Es könnte der spekulativen Frühromantik nicht anders ergangen sein als Ludwig Tieck: damit nämlich in der Sprache ihrer Texte ganz andere Dinge geschehen als das poetologische Selbstbewußtsein, in literaturwissenschaftlicher Terminologie übersetzt, zu behaupten scheint" (Brecht, *Die gefährliche Rede*, S. 245).

[602] Ebd., S. 245.

Formulierungen, was ihre systematische Besprechung verhindert. Literarisch werden sie als unzusammenhängende, als Bewegungen gegen den „Zusammenhang", über seine Absenz hinaus, und erfüllen damit in Tiecks Augen das erste Charakteristikum des Poetischen. Tiecks poetologische Sentenzen formulieren sich in ihrem Verfahren und ihrer Form im „Zerstückten" und „alles übereinanderwerfen" gegen die „ordentlich erklärenden Abhandlungen" (*BüSh* 139), sie sind nur rhapsodisch notiert, nicht einmal fragmentarisch im Sinne Schlegels oder Novalis' Verfahren, das Tieck zu systematisch unsystematisch wäre, negativ nämlich, so das explizite Selbstverständnis des Fragments, das System doch noch evozierend. Poetologische Reflexion hat für Tieck mit der rabiaten Kritik am System und Begriff kein Ende. Brechts Reduktion – die die prinzipielle Differenz von Poesie und Begriff gegen seine eigene Aussage aufrechterhält – auf die poetologische Reflexion im Medium des poetischen Textes, die zudem den von ihm nicht reflektierten Traum träumt, das Werk spräche dann ganz allein seine Theorie aus sich heraus, erscheint dann als inadäquat. Die in sich wie untereinander unzusammenhängenden poetologischen Äußerungen sind der immanenten poetischen, poetologischen Reflexion integral. Poetik des Schwindels ist Poesie des Schwindels und umgekehrt, und zwar in beiden Medien: dem *Eckbert* wie den rhapsodischen Äußerungen über ihn.

Allgemein festzustellen, daß die Tiecksche Poesie, so die Poesie des Schwindels (wie die des „Unsinns" und des „Sogenannten"), die frühromantische Forderung der transzendentalen Poesie, der Selbstreflexivität der Poesie erfülle, indem sie sich in ihren „Darstellungen (...) selbst mit dar [stellt]" und, so Fr. Schlegels Formel, „überall zugleich Poesie und Poesie der Poesie"[603] ist, reicht nicht hin, sie schlicht kongruieren zu lassen mit Novalis' und Fr. Schlegels Forderungen samt ihren theoretischen Implikationen. Entscheidend ist, Brecht kehrt es hervor, den „spezifischen Modus der Selbstreflexivität (...) [zu] berücksichtigen. Er ist mit jener Selbstreflexivität nicht notwendig identisch, die als generelles Merkmal romantischer Schreibweise angenommen wird und auf den programmatischen Begriff von Literatur und ihrer Autonomie hinauskommt"[604]. Die Selbstexposition des poetischen Verfahrens im poetischen Verfahren exponiert sich im Falle der Poetik des Schwindels nicht bloß als different zu den poetologisch-ästhetischen Spekulationen Novalis' und Fr. Schlegels im Sinne der romantischen Ironie (noch umfassend erörtert), die, in einer negativen idealistischen Dialektik aufgehoben, die antinomische epistemologische Struktur zuletzt erfolgreich löst und so die rationelle Insuffizienz kompensiert. Transzendental markiert sich Poesie des Schwindels zugespitzt als gewissermaßen antitranszendentale, eine polemische Inversion („Verkehrung"), keine neue ästhetische Wahrheit. Sie unternimmt, die transzendentale Funktion der Einbildungskraft in der Potenzierung ihrer Konstituenten zu einem Kollaps zu bringen: der

---

[603] Friedrich Schlegel, *Kritische Friedrich-Schlegel-Ausgabe*, Bd. II, S. 204.
[604] Brecht, *Die gefährliche Rede*, S. 247.

„muthwillige Wahnsinn", präzise das nämlich ist die überpotenzierte Phantasie, „der oft die selbst erfundenen Gesetze wieder vernichtet" (*Schr* 6, XX). Diese textuelle Selbstvernichtung – über das Nicht-Bedeuten hinaus, das das Märchen des Unsinns bei Menninghaus ausführt[605], auch über die Darstellung der Undarstellbarkeit im Sinne der von Brecht konstruierten Poetik des Sogenannten hinaus – ist es, die der Texttaumel beleuchtet und realisiert. Poesie des Schwindels ist zugleich Anti-Poesie, Anti-Poiesis, ihre Poetik der Selbstauslöschung der Poesie ebensogut Anti-Poetik.

In den grundlegenden poetologischen oder ästhetischen Topoi Tiecks – den „frühromantischen" – kehren die in den punktuellen Rekonstruktionen der vollends „entbundenen", fluktuierenden Seele bzw. Phantasie behandelten Begriffe als unmittelbar ästhetische wieder: Wahnsinn, „aufs äußerste erhitzte Phantasie", Traum, „fürchterlich Wunderbares" und „Schwindel der Seele"; eingegangen, wenn auch in einer Ruptur mit den erfahrungsseelenkundlichen Wertungen und Bedeutungen, in die eigensinnig hybriden, allesamt an der Rezeption, der Wirkung oder am Leser orientierten Forderungen der Poesie, die „die leeren Wörter Wahnsinn und Raserei" erfüllen soll. Sie stehen im Zentrum einer frühromantischen Poetik spezifisch Tieckscher Signatur. Werden die zunächst erfahrungsseelenkundlichen Diskussionen unmittelbar ästhetische Termini, so nicht in einer einfachen Übernahme, sondern in der höchst künstlichen poetologischen Umsetzung. Poesie ist es, die die momenthaft nachgezeichnete, pathologische wie pathogene „Entbindung" oder „Lösung" – Vokabeln, die das Verlassen der in ihren Forderungen invertierten Erfahrungsseelenkunde anzeigen – der Phantasie leisten soll. Eine Lösung, die eben im strengen Sinne nichts anderes ist als die Lösung des besonderen, kleinteilig erörterten Wahnsinns im Inneren, die Wendung, „Phantasie bis zum poetischen Wahnsinn" zu verwirren, entspricht präzise den historischen Vorstellungen. Poesie soll der gezielte künstliche Stimulus solcher Lösung der Phantasie „bis zum Wahnsinn" sein – nicht nur als ihr Medium, sondern als ihr Organ –, die in natürlicher, spontaner Form im skizzierten Traum, Wahnsinn und Schwindel ihren Ort hat. In solcher frühromantischen, enggeführten Konstellation dieser Begriffe, in die die Poesie eingefügt wird, ist Poesie, Charakteristik wie es Marquard formuliert, „konvertibel" mit diesen „außerästhetischen Phänomenen". Überhaupt ist Poesie des Schwindels gänzlich „nicht mehr schöne Kunst"[606]. Poesie, die sich in ein Selbstbild sonderbaren Anspruchs versteigt, das Subjekt wirklich in den Wahnsinn zu verwikkeln – rekonstruiert wird im folgenden strenggenommen die eigene Fiktion ihrer Wirkung –, betreibt die Exaltation systematisch und strategisch. Die Phantasie, wiederum schon in *Shakespeare's Wunderbares* formuliert – „die glänzendste

---

[605] Menninghaus, *Unendliche Verdopplung*, S. 142.
[606] Vgl. Marquards Überlegungen zu einer, um das „Unbewußte" zentrierten romantischen Ästhetik, in denen er die prinzipielle „Konvertibilität von Kunst und Nichtkunst" in der Romantik und Moderne ausführt (*Theorie des Unbewußten*, S. 387).

Selbstanalyse, die wir von Tieck besitzen", so Frank zu Recht, der hier in nuce die „romantische Ironie" konzipiert sieht[607] –, ist mit Vorsatz und „selbst wider unsern Willen" (*ShW* 685) zu spannen, „übermäßig zu erhitzen" und „aufs Äußerste zu beunruhigen". Zu beunruhigen bis zur Krisis, in der sich das betrachtete, quasi-maniakalische Geschehen des Schwindels entfacht, das sich wiederum genau in den Modi und Bewegungen ereignet, die es auslösen. Eine Krisis bis in den betrachteten Paroxismus (*BTW* 35) der Phantasie, in dem das Subjekt an dem, was sich in ihm selber, in seinem „Innersten", abspielt und nicht mehr am Text schwindelig wird. Poesie des Schwindels verfährt usurpatorisch und konspirativ. Unentwegt muß sie das „Begreifen" irre gehen lassen – ein Stadium der Entwicklung des Schwindels –, nicht als eine souveräne Funktion eines souveränen Autorensubjekts, sondern als selbsttätige Wirkung eines besonderen poetischen Sprechens. Begründet, erfüllt sich Poesie des Schwindels progammatisch in solcher rhetorischen Wirkung, muß sie, muß der einzelne Text, so modelliert sein, daß er solchen Schwindel zwangsläufig bewirkt. Das textuelle, narrative Verfahren, die allgemeine poetische „Composition", die besondere Sprachbehandlung, die Grammatik und der Stil" und gar noch die Gattung – der Text auf jeder Ebene, in jeder Hinsicht – begründen sich als Praxis der „unaufhörlichen Verwirrung" (*ShW* 692) und so als „Unbegreiflichkeiten" (*ShW* 692), die, wie gesehen, prompt in den Schwindel verwickeln. Der Text muß, als allgemeinste Bestimmung, dem Leser als „Ganzes" wie in seinen einzelnen Stellen das erörterte eigentümliche Unbegreifliche sein, ein Irreduzibles, Inkommensurables – Charakteristikum eben des fürchterlich Wunderbaren, das sich in den Eigentümlichkeiten seiner Modi gründet. Der Text muß sich als „Willkür" konfigurieren, muß als Willkür wirken. Die besondere Art des literarischen Sprechens muß schwindelig machen. Poetische Form konstituiert sich als Desiderat der Wirkung und nicht der Bedeutung, ein originär rhetorischer Text, dem historischen Begriff der Rhetorik allerdings fremd. Soll Poesie die wahnsinnige Infektion verfolgen, mißt sich ihre Qualität an solcher Virulenz des Textes. Das dementsprechende, grundlegende Prinzip der Narration und Sprachbehandlung, bündig in *Shakespeare's Behandlung des Wunderbaren* formuliert, lautet: nichts so zu erzählen, das etwas erzählt wäre, „worauf wir unser Auge fixieren könnten". „Nie" darf „auf irgend einen Gegenstand ein fester und blei-

---

[607] Frank, *Ästhetik*, S. 386f. Die, wenn auch nur sehr punktuellen, poetologischen Reflexionen auf das Wunderbare und seine poetische Behandlung, d.h. Erzeugung, bei Shakespeare sind als programmatische poetologische Gedanken Tiecks in Hinblick auf seine eigene Poesie und Poetik zu lesen. Weniger der Texte derselben Zeit (*Adalbert und Emma*, *Abdallah*) als der kommenden. Frank formuliert es am deutlichsten: „in zahlreichen seiner Dichtungen lassen sich ihre Grundzüge wieder aufweisen" (ebd., S. 387). Sie seien „ebenso instruktiv für seine eigene poetische Verfahrensweise wie lichtvoll in der Analyse der Struktur poetischer Rede im allgemeinen" (ebd., S. 381). „Poetisch Wunderbares" und „romantische Ironie" sieht Frank „strukturell gekoppelt" (ebd.), in der Tieckschen „Gebrauchsanleitung zur Herstellung des Effekts des Wunderbaren" sind „leicht die Grundzüge des Ironiekonzepts wieder[zuerkennen]" (ebd., S. 382).

bender Blick heften" bleiben, die Aufmerksamkeit wird durch das heimtückische Erzählen „beständig zerstreut, und die Phantasie in einer gewissen Verwirrung" gehalten, in der alle Vorstellungen zuletzt „untergehen". Kein Moment erlangt in der planmäßig herzustellenden, „ununterbrochenen Beschäftigung unsrer Phantasie" (*ShW* 692) „zu viele körperliche Konsistenz" (*ShW* 702), wäre festzuhalten und zu identifizieren. Ein Erzählen, das geradewegs in den Schwindel führt: „wir verlieren in einer unaufhörlichen Verwirrung den Maßstab, nach dem wir sonst die Wahrheit zu messen pflegen" (*ShW* 692), „unsre Urteilskraft wird so verwirrt, daß wir die Kennzeichen vergessen, nach denen wir sonst das Wahre beurteilen (...); die Seele wird in eine Art von Schwindel versetzt." (*ShW* 704). In genau diesem Schwindel beginnt der Text sich zu realisieren, bloß negativ, nicht nur als nicht-bedeutender, sondern gegen jedes Bedeuten. Er realisiert sich im zugespitzten hermeneutischen Fiasko des Lesers, der „unaufhörlich verwirrt" wird durch den unaufhörlich verwirrenden Text: das Auge findet kein Festes. Es entstehen so Texte und eine Sprache, die den Sinnverwöhnten klagen lassen: „Wir fangen an zu lesen, wir lesen zu Ende und sind noch völlig ratlos" – „Irrsal", so Emil Staigers exemplarischer Ärger über den *Eckbert*. „Keine Erläuterung paßt zum Ganzen. Wir haben beim letzten Satz den Eindruck, daß alles sich gegenseitig aufhebt, und fühlen den Boden unter uns schwinden"[608]: wirksame Poesie des Schwindels. Solcher Text „enthält (...) nichts an konkretem Tatbestand für eine Inhaltsangabe ohne Fragezeichen" (Marianne Thalmann[609]). „Völlig Unbegreifliches" und „unaufhörliche Verwirrung", im ausführlich bezeichneten Schwindel oder „fürchterlichen" Wahnsinn kulminierend, ist und bewirkt Poesie des Schwindels, die ihn „mit der Kraft der Poesie ab[zu]spiegeln und [zu] verkünden" (*Schr* 6, Vff.) sucht, nicht als Erzählung, Darstellung oder Abbildung von Unbegreiflichem, nicht thematisch oder motivlich – eine Notiz von eminent wichtiger poetologischer Bedeutung, u.a. in Hinsicht auf das Mimesiskonzept. Der Schwindel kann auch im Schwindel selbst nicht niedergeschrieben werden (vulgärer Begriff der Inspiration). Solches Erzählen vom skizzierten Schwindel ist Tieck früh schon schlechterdings unmöglich – die Reflexion des Darstellungsproblems ist eine entscheidende Zäsur. Er kann weder „Gegenstand" diskursiver Form und Sprache noch „Thema", „Inhalt" der poetischen Sprache sein, Schwindel ist die Peripetie des „sonderbaren Zustand[s], den Du unmöglich in Verse bringen kannst. Selbst kein dramatischer Dichter hat diesen Zustand (...) noch deutlich beschreiben können" (*BTW* 113). Bereits 1792 bricht Tieck grundsätzlich mit der poetischen Illusion einer möglichen Idiographie und Mimesis (später ausgeführt), mit der poetologischen Idee, das „einzelne, Individuelle", das „Wirkliche" darstellen zu können. Sprache bedeutet, die „einzelnen, individuellen" Empfindungen und Vorstellungen „aufs allgemeine" zu bringen (zu möglichen semiotischen Reformulierungen, auch in

---

[608] Staiger, *Tieck und der Ursprung der deutschen Romantik*, S. 336.
[609] Marianne Thalmann, *Zeichensprache der Romantik*, Heidelberg 1967, S. 92.

dekonstruktivistischen Parametern später, der Befund ist noch sehr verschieden formulierbar). „Die Sprache nöthigt mich, sie allgemeiner, (genereller) zu machen, wollte ich ganz m e i n e Empfindung niederschreiben, so müßt' ich erst eine eigne Sprache erfinden, und dann würde mich niemand verstehen, und / erlernte er auch diese Sprache, so bleibt die Frage übrig, ob er auch dieselben Empfindungen hat (...), weil jeder sich bei den Ausdrücken ganz etwas anders denckt, als der Dichter, weil Zufall, Erziehung, Organisation in jeder Seele ein andres Bild hervorbringt" (ebd.) – eine Kette endlos regredierender oder progredierender Komplikationen, die immer bloß Differenzen steigern. Sie selbst, die singulären Empfindungen und Vorstellungen, kann „keine Sprache überdies nie ausdrücken" und „darstellen", so wird nicht bloß die Idee einer Poetik (und Sprachreflexion) hinfällig, die dieses postuliert, sondern, das markiert das Besondere der Tieckschen Wendung, die „Idee individueller Empfindungen" und Vorstellungen selber, sobald von Empfindungen und Vorstellungen die Rede ist (gleichgültig ob in der Kommunikation oder ohne Kommunikation). Vollzieht sich die Selbst-Reflexion notwendig wesentlich sprachlich, konstituieren sich die jeweiligen historisch-metaphorischen Begriffe und installierten Begriffszusammenhänge, das, was sich das Selbst in dieser Reflexion ist, in den Modi und Nomoi der Sprache. Nicht zuletzt in der Konsequenz dieser Überlegung initiieren sich die Poetik und Poesie des Schwindels, das Desiderat eines kunstvollen, höchst künstlichen und technischen poetischen Sprechens, das den Schwindel nicht zum Gegenstand hat, sondern sich selber zum zwangsläufigen Stimulus des Schwindels bildet. Zum Stimulus eines Schwindels der Sprache, letzteres ist das Entscheidende, eines mutwilligen Texttaumels, der die aufklärungspoetologisch modulierten Modi und Nomoi der Sprache, vorweg auf der Ebene der Narrativik, gegen solche Konstruktion der Sprache und ihre erfundene Funktion, Wirklichkeit, „wirkliche Lebensläufe" etc. zu gründen, wendet. Bemüht sich der junge Tieck zunächst um die Darstellung der „Abgründe" des Schwindels (so, wie gesehen, noch im *Abdallah*), geht es nun darum, die Texte selber in perfider Weise zum abgründigen Schwindel zu machen, zum Sprachschwindel. Anders: den Leser bzw. die Leser-Phantasie in den Abgrund zu stürzen. Schwindel ist – wie bei allem Erörterten kreist man um historische Selbstbilder – sensu stricto wesentlich der Zustand ohne oder jenseits der Sprache (wiederum eine Metapher). Mehr noch, Schwindel ist Sprachzerstörung und damit, wie erörtert, mehr als Sprachzerstörung. Kann vom Schwindel oder Wahnsinn nicht erzählt werden, dann erzählt das Erzählen selber schwindelig und schwindelig machend. Solches Erzählen muß eine ausgeklügelte Technik sein, der Text muß sich so konfigurieren, daß er diese sich zwangsläufig zum schwindligen Wahnsinn steigernde Unruhe in der einzigen Verwirklichung der Poesie im Leser stimuliert: „hier muß der Leser an die Stelle des Dichters treten (...), ein Dichter setzt einen Dichter zum Leser voraus" (*BTW* 113). Ein Leser nicht von Fertigem, von überhaupt schon Bestehendem, sondern ein Leser als Organ der Entstehung erst des schwindligen Textes. Ein Leser, der, wiederum eine ästhetische Zäsur, ganz zum Zentrum der Poesie wird, er soll der Ort des Wahnsinns werden, der im Text nicht anwesend sein kann – der Text wird in dieser Bewegung im ästhetischen Geschehen vollends dezentriert und marginalisiert. Solch ein Leser ist indes nicht als ein souveränes (Lese-)Subjekt imaginiert, sondern bloß als die bis zum Wahnsinn bzw. Schwindel zu infizierende, vollends a- und anti-personale Phantasie – mehr interessiert am Leser nicht –, die dem lesenden Subjekt in seiner Subjektivität dann selber den Garaus macht. Ihre poetische „Entbindung" läßt seine Vorstellungen von sich, der Welt und Wirklichkeit, dem Text und Lesen, deren der Schwindel als Wirkungsprämisse bedarf, „untergehen". Der Leser wird gänzlich dezentriert in der Bewegung, die ihn zum ästhetischen Zentrum macht.

Der Wahnsinn wandert in die poetische Faktur und Sprache selber ein und begründet diese: sie selbst sind dann Wahnsinn. Im Thematischen der Geschichten ist dieser nur verdoppelt anzutreffen: die Figuren, so *Eckberts* Eckbert, werden wahnsinnig, eine erzählte Kulmination des Wahnsinns. Angezeigt wird das Ende des Thematismus, indem Tieck in *Shakespeare's Behandlung des Wunderbaren* wie erörtert nicht nach den Motiven des Wunderbaren sucht[610], sondern nach den besonderen poetischen Techniken, die es bewirken. Es wird „nicht dadurch eingeführt, daß von Hexen, Kobolden und mythischen Figuren gehandelt wird"[611], das Wunderbare ist weder Motiv noch Substanz, sondern ein besonderer Modus. Schwindel und „fürchterlich Wunderbares", wie die romantische Ironie, deren Konzeption Frank anhand des genannten Essays rekonstruiert, sind in keiner Semantik herzustellen, ein „nicht-semantische[s] Kunstmittel"[612] bzw. nicht „signifikanter Natur" (vgl. die Betrachtung des „fürchterlich Wunderbaren" als ein modales, dynamisches Phänomen in Kap. III). Sind sie keine „Eigentümlichkeit des Ausgesagten"[613], des propositionalen Gehalts von Sätzen, sind sie nicht alleine in der Syntax oder Lexik festzumachen, lassen sie sich nicht in der „Instantaneität einer einfachen und isolierten Äußerung" antreffen[614]; als narrativ-sprachliches Verfahren, „spezifische Art und Weise Tieckscher Sprachbehandlung"[615] oder eigentümliche „poetische Faktur" ist das Wunderbare wie die romantische Ironie, konzediert Frank, „dem direkten Zugriff der Philosophie entzogen"[616].

---

[610] Das thematische Hantieren mit besonders spektakulären Fiktionen, die krud stoffliche Darstellung „allerlei wildem Übernathürlichem", ist Tieck Indiz des mißlungenen Umgangs mit dem Wunderbaren: „Trotz ihrer geheimnisvollen Formel, trotz allen ihren Zirkeln und ihrem Zauber-Apparatus" – „leere Theatercoups", „armselige Überraschungen" – „gehorcht ihnen kein Geist" (*ShW* 686).
[611] Frank, *Ästhetik*, S. 381.
[612] Ebd., S. 414. *Zur Schwierigkeit, das besondere Verfahren der Poesie auf einer Ebene – der propositionalen, syntaktischen, lexikalischen, stilistischen – zu objektivieren*, vgl. Frank, *Ästhetik*, S. 360ff, S. 370ff. und S. 380ff.
[613] Ebd., S. 361.
[614] Ebd., S. 380.
[615] Ebd., S. 371.
[616] Ebd., S. 361.

4.2 Schwindel als poetische Form und poetische Praxis

Die besonderen poetischen Techniken, den Schwindel zu lösen, die schwindlige poetische Faktur und Praxis, das besondere narrativ-sprachliche Verfahren gründen sich in der mimetischen Transkription der erörterten, vollends „willkürlichen" formalen, modalen und dynamischen Eigenarten der „seltsamen Bewegungen" der freigemachten, regellosen Phantasie, dem Verstehen inkommensurable Bewegungen, die Tieck in Konvergenz mit den erfahrungsseelenkundlichen und zeitgenössischen (popular-)philosophischen Theorien der Einbildungskraft bzw. ihrer „Störungen" aufzeichnet. Transkribiert werden die eingehend erörterten unbegreiflichen, kontingenten „Plötzlichkeiten", „wunderbaren Schnelligkeiten", „plötzlichen Umwendungen", „ständigen Wechsel", „ewigen Bewegungen" und „Vermischungen", die sich zuletzt zum Schwindel multiplizieren. In diesen Modi wird erzählt, als narrative Prinzipien konkretisieren sie das poetische Telos: „unaufhörlich zu verwirren", infixibel, gegen jedwede Fixierung einer Vorstellung zu erzählen. Die kunstvolle Transkription – sowohl poetisch, in einer Poesie des Schwindels, wie, wenn auch nur rhapsodisch, poetologisch vorgenommen – läßt sich in dreierlei Hinsicht differenzieren: in bezug auf die konkrete textuelle Faktur und Praxis, das sprachlich-narrative Verfahren, in bezug auf das Schicksal der dadurch erzeugten Vorstellungen vom Text bzw. der interpretativen Konstrukte sowie in bezug auf den Leser und seine Phantasie, in der sich die „seltsamen Bewegungen" bald selbsttätig fortsetzen sollen. Eine Differenzierung, die in ihrer Folge die Rücksetzung des Textes, des Ästhetischen allgemein, rekapituliert. Als programmatische Prinzipien der „Willkür", „Regellosigkeit" und des „Unzusammenhängenden" sind die poetologisch umgesetzten „seltsamen" Prinzipien unmittelbar Konterkarierung von Tiecks frühen – der psychologischen Poetik allgemeinen grundlegend – Postulaten des Motivierens und „Entwickelns". Eine Poetik, die selber schon hermeneutische Praxis ist, das Material für ein bestimmtes „Begreifen" poetisch modelliert. Transkribiert werden mit der exaltierten, krisenhaft fluktuierenden Phantasie der („fürchterliche") Wahnsinn und der Schwindel der Seele selbst. Der Text praktiziert in seinem narrativen Verfahren Momente des Schwindels: das unablässige, unregelmäßige und willkürliche Oszillieren und Changieren, das die Vorstellungen vom Text erleiden wie zuletzt alle Vorstellungen im „Leser". Der Schwindel der Seele, in den der Text ihn versetzen will, läßt freilich den Taumel der Vorstellungen vom Text bald hinter sich – ein Irremachen, das selber nur Transition, nur Vehikel ist – und entfaltet sich als der skizzierte totale Schwindel des Subjekts. Poesie konstituiert sich in dem, was sie hervorrufen will. Die spezifische Faktur des Textes gründet sich in den Charakteristika des Wahnsinns, der selber wiederum letztendlich bloß affiziert ist durch die Charakteristik des Innersten der Seele. Ein Innerstes, das, bereits behandelt, nichts als die nichtende „ungeheuere Leere" ist, reflektiert in der äußersten Exaltation. Poesie als Initial der Entbindung der Phantasie bis zum Wahnsinn, gewinnt ihre Techniken in der artifiziellen Abspiegelung der Modi der „dunklen" Bewegungen eben der erörterten natürlichen Formen der Manifestationen dieser Entbindung der Phantasie im „fürchterlichen" Wahnsinn oder im „fürchterlichen" Traum. Dann kongruieren diese Verfahrensweisen zur Evokation des Wahnsinns präzise mit dessen eigenen Charakteristika; rekurrieren und referieren nur auf sich selbst. Der Schwindel wird zum Konstituens der poetischen Form – nicht Gegenstand des poetischen Inhalts –, poetisches Sprechen funktioniert wie der Schwindel. Oder anders: der Texttaumel, die schwindelige poetische Praxis und Faktur des Textes, ist nichts als die Transkription des Seelenschwindels, den er „lösen" soll.

Der Text selber praktiziert, als narratives, sprachliches Verfahren, gar noch in seiner „Gattung", die Plötzlichkeiten, Schnelligkeiten, Wechsel und Vermischungen, das fürchterliche Fluktuieren – die Modi der freigemachten, sich selbst zum Defekt führenden Phantasie, die den Text als gefordertes „völlig Unbegreifliches" schaffen. Unentwegt oszilliert, variiert das Erzählen und damit das Erzählte (umfassend in Kap. V demonstriert). Hölter spricht, ohne indessen ein solches poetisches Verfahren umfassender einordnen zu können, vom „Prinzip der ständigen Irritation"[617] und „Struktur des ständigen Übergangs"[618], Frank u.a. von der „Technik des unaufhörlichen, schnellen Variierens"[619] und der „blitzschnellen Folge von Kontrasten"[620]. Im Kontext ihrer Identifikation dieses Verfahrens als romantische Ironie im Sinne Franks wird freilich die Differenz zum hier Entfalteten deutlich; zunächst ist jedoch die Übereinstimmung in der Deskription und der zentralen Gewichtung dieser Techniken als einer ganzen Poetik festzuhalten. „In diesen Natur-Märchen", wird im *Phantasus* von den dort vorgetragenen Märchen erzählt, „mischt sich das Liebliche mit dem Schrecklichen, das Seltsame mit dem Kindischen, und verwirrt unsre Phantasie bis zum poetischen Wahnsinn" (*Ph-Rg* 113) – im *Eckbert*, mit dem begonnen wird, heißt es: „Das Wunderbarste vermischte sich mit dem Gewöhnlichsten" (*Eckb* 145). Dem *Eckbert* ist die Fiktion der eigenen Wirkung eingeschrieben: „Jetzt war es um das Bewußtsein, um die Sinne Eckberts geschehen", Eckbert figuriert nicht bloß den *Eckbert*-Text, sondern ebenso den „Leser" bzw. das Lesen, „er konnte sich nicht mehr aus dem Rätsel herausfinden, ob er jetzt träume (...) keines Gedankens, keiner Erinnerung mehr mächtig. (...) Eckbert lag wahnsinnig in den letzten Zügen". Die nun bekannte poetologische Sentenz lautete: „Unsre Urteilskraft wird so verwirrt, daß wir die Kennzeichen vergessen...". Die Vermischung, sonderbares Phänomen zunächst des verheerenden „Ineinanderfließens" der Vorstellungen im Schwindel, Peripetie der vorausgegangenen Zerstreuungen durch die jähen Umwendungen, permanenten Wechsel etc., wird zum kapitalen poetologischen Prinzip des erzählerischen Verfahrens sowie zum Telos seiner Wirkung in Hinsicht auf die Textvorstellungen und die Vorstellungen des „Lesers" überhaupt.

---

[617] Hölter, *Tiecks Frühwerk*, S. 1231.
[618] Ebd., S. 1232.
[619] Frank, *Ästhetik*, S. 381.
[620] Ebd., S. 373.

Zu unterscheiden wäre zwischen den Plötzlichkeiten, Umwendungen, Vermischungen beim oder im Erzählen – plötzlich, in „unbegreiflich schneller Beweglichkeit" (*ShW* 703) wird erzählt, ständig wechselnd, sich widersprechend, hin- und her springend, vermischend, gegen alle Sach-, Sprach- und Erzähllogik – und in der narrativen Struktur und Funktion, im „Erzähler" selbst, unter anderem in der „Erzählweise" oder der „Erzählperspektive". Letztere betreiben gründlicher und ungleich wirkungsvoller noch die alle Ordnungen auflösende Verstrickung des Erzählten. Unentwegt, vollkommen unvermittelt und kontingent – motiviert ausschließlich als irremachen – mutiert der Erzähler. Er unternimmt verbotene, unmögliche, sich selber demontierende Operationen. „Plötzliche", willkürliche, sich gegenseitig ausschließende und aufhebende Wechsel des Erzählers, die immer nur mit dem Vorbehalt des „möglicherweise" notiert werden können. Mutationen und Instabilitäten bis zu seinem eigenen Kollaps, der Erzähler und das Erzählen, der Text wie die Figuren „verscheiden" „wahnsinnig" zuletzt: „wahnsinnig in den letzten Zügen", so die letzten Züge des *Eckbert*-Textes. Blieb in den frühen „Erzählungen" vom Wahnsinn oder Wahnsinnigwerden der Figuren, in *Adalbert und Emma*, im *Berneck* oder im *Abdallah*, der Erzähler als letzte Instanz souverän und distinkt gegenüber dem erzählten beunruhigenden Chaos – das er eben dadurch, im zusammenhängenden, also nichtwahnsinnigen oder gar psychologisch-hermeneutischen Erzählen eingrenzte –, wird der Erzähler nun selbst strukturell wahnsinnig im wahnsinnigen Erzählen vom Wahnsinn. Erzähler und Erzählen verfahren derart, daß sie sich unablässig der sicheren Identifikation, der Feststellung des „eigentlichen Aussehens" (*Eckb* 133) des Erzählens, entziehen, sich fortwährend selber vernichten: „nichts, worauf wir unser Auge fixieren könnten". Hierdurch erst gerät das Erzählte grundlegend zu solchem „nichts", die unaufhörliche Irritation des Erzählten ist Epiphänomen gegenüber der des Erzählens. Unentwegt wird die narrative Konsistenz beschädigt; nahegelegt wird zuweilen der volle Defekt der kompliziert gestrickten narrativen Funktion und Konstruktion. Zerstört werden, am *Eckbert* zu zeigen, momenthaft die Distinktionen der Figuren, der Figuren und des Erzählers und ebenso die des Erzählers und der phantasmatischen Instanz des Autors als fiktive, figurierte Willkür der „Erfindung" bzw. „Einbildung". Der Erzähler entpuppt sich aufdringlich immer wieder plötzlich als Erfinder der Figuren und des Erzählten. Es kommt zur Selbstvernichtung des Textes, Erzählen, Sprechen, Bewußtsein gehen mit diesen fürchterlichen Vermengungen in den bezeichneten Taumel; in strenger Konsequenz verscheidet der Text im Paroxismus dessen, was ihn hervorbringt und ausmacht – der plötzlichen Umwendungen und der anderen Prinzipien – und ist nur noch seine ungeheure Wirkung, als solche gar nicht mehr selbst. Der ganze *Eckbert*-Text, nicht bloß die Eckbert-Figur, die ihn figuriert, „verscheidet" „wahnsinnig in den letzten Zügen". Die merkwürdige selbstzerstörerische Bewegung entspricht ganz der Selbstzerstörung der Phantasie im schwindligen Wahnsinn, in der Kulmination seiner eigenen gesetzlosen Gesetze und Dynamiken: ein „Wahnsinn", „der oft die selbst erfundenen Gesetze wieder vernichtet" (*Schr* 6, XX).

Noch die „Gattung" – von Tieck unterschiedlich prädiziert: „erzählende Märchen", „Märchen", „Naturmärchen" – erfüllt die „unaufhörliche Verwirrung" in Korrespondenz zu der Verwirrung des Erzählers. Um die Bestimmung der Gattung wurde eine extensive (und müßige) Diskussion geführt wurde, vor allem natürlich in den 70er Jahren; diskutiert wurden unter anderem die Bezeichnungen „Kunst-Märchen", „Wahnsinnsmärchen", „novellistische Märchen" und „Erzählungen" (vgl. Kap. V.2). Gegründet wird die besondere Gattung alleine in der Wirkungsabsicht des Schwindels. Dabei bildet sie sich als Adäquatio der frei fluktuierenden „Phantasie"[621] bzw. der besonderen Modi ihrer seltsamen Bewegungen, zuletzt ihrer „autonomen" Selbstzersetzung. Präzise, die Gattungsdiskussion verschiebend und aufhebend, spricht Tieck von diesen „erzählenden Märchen" auch als „Phantasien" zur Bezeichnung einer Gattung, die keine ist (*Schr* 11, XXXV). Die Gattung, die Form des Textes realisieren selber in sich die kontingenten, schnellen Umwendungen, Wechsel und Mischungen. Poesie des Schwindels, exemplarisch am *Eckbert* zu studieren (von Menninghaus ähnlich am *Blaubart* gezeigt), zitiert, wechselt und vermischt gänzlich inkompatible, konträre, vom Text selber immanent konträr gesetzte Gattungen. Der *Eckbert*, enthalten in Tiecks Sammlung *Volksmährchen herausgegeben von Peter Leberecht*[622], vermischt vornehmlich die des Märchens – im Sinne der Aufklärung Medium des Wunderbaren, Tieck zitiert zunächst genau diesen Sinn – und die der „realistischen" Prosaerzählung bzw. in wortwörtlichen Zitaten, Elemente des „psychologischen Romans", der erfahrungsseelenkundlichen „umständlichen Mitteilung" einer realen Lebensgeschichte oder einer „Kranken-" bzw. „merkwürdigen Fallgeschichte". Immerzu bestimmt der Text die Semantik des Märchens in der Opposition zum „wirklichen Lebenslauf": Das „unbegreifliche Geschehen", das Eckberts Leben ist, heißt es, „erschien" „mehr wie

---

[621] „Die Rehabilitierung des Märchens ist ein der Romantik gemeinsames und vorrangiges Interesse." (Frank, *Phantasus*, S.5 1243). „Gemeinsam ist allen die Überzeugung, daß im Märchen authentischer als in irgend einer anderen poetischen Gattung das Wesen der Einbildungskraft (deren bewußten Gebrauch die Romantiker als Phantasie unterschieden [Tieck definiert die Begriffe freilich umgekehrt]), sich zu Geltung bringe; die Einbildungskraft aber sei das Radikal- oder Grundvermögen des menschlichen Geistes, aus welchem die Verstandestätigkeit und das Sinnenvermögen als abgeleitete Seelenkräfte erst entspringen. So komme im Märchen 'das Höchste des menschlichen Geistes' zum adäquatesten Ausdruck: die Idee des Absoluten selbst [eben hier ergäbe sich die grundsätzliche, im weiteren entfaltete Differenz der Bestimmung des Märchens im Sinne der Poetik des Schwindels]. Das Märchen wird so zum Inbegriff der Dichtung überhaupt. Anders als die folgende Generation der Brentano, Grimm, Arnim haben Novalis, Fr. Schlegel und Tieck das Märchen als freie Phantasieschöpfung, und weniger in Anlehnung ans sogenannte Volksmärchen, aus Strukturgesetzen der Erzählgattung Märchen bestimmt, obwohl zumal Tieck auch daran sich orientiert. Seine Option für das Goethesche und das Novalissche Märchen (dem die seinigen freilich sehr unähnlich sind) zeigen diese Abwendung von der traditionellen Märchen-Konzeption deutlich" (ebd.).
[622] *Volksmährchen herausgegeben von Peter Leberecht*, Berlin 1797, 3 Bde. (erschienen bei Carl August Nicolai wie zuvor Musäus' *Volksmärchen*).

ein seltsames Märchen, als wie ein wirklicher Lebenslauf" (*Eckb* 143). Bertha appelliert an die Zuhörer ihrer „Geschichte": „Nur haltet meine Erzählung für kein Märchen, so sonderbar sie auch klingen mag" (*Eckb* 127). Die Verworrenheit vollendet sich, wenn das Märchen, wie schon in Moritz' Bemühungen um die „wahrhafte Lebensbeschreibung", zu ihrer konsequenten Verwirklichung gerät. Vermischt werden im *Eckbert* weiterhin Elemente des Schauerromans und des Ritteromans, der Idylle, des Bildungsromans sowie der Satire. Allesamt vorsätzliche Gattungszitationen, -kontradiktionen und -indistinktionen. Das „frühromantische" Tiecksche Märchen wäre bloß diese „unaufhörliche Verwirrung" der Gattungen selber, der das Märchen selbst bloß ein ironisiertes Moment ist. Die Gattung selber ist wiederum „nichts, worauf wir unser Auge fixieren könnten", ihr grundlegendes Programm, ihre grundlegende Praxis besteht darin, sämtliches in ihr Erzählte und sämtliches Erzählen in ihr selber zu dem Infixiblen werden zu lassen. Nicht einmal die Vorstellung, um was für einen Text es sich handelt, ist zu fixieren, die Gattung bleibt in immerwährender Bewegung. Daß die Gattung zu solchem Medium werden kann, impliziert ihre vollkommene experimentelle Verfügbarkeit und, wie Brecht formuliert, die Einsicht, daß „die Medien literarischen Ausdrucks (...) so wenig unmittelbar (oder gar als Naturformen) gegeben [sind] wie das in ihnen Besprochene und Erzählte"[623]. Eine Gattung, die keine Gattung ist, sondern unaufhörliche Gattungsverwirrung und -vernichtung, exemplarisch *Der blonde Eckbert*, wiederum bloß im Interesse der allgemeinen Verwirrungen. Werden die kontaminierten Gattungen deutlich angespielt, werden sie umgehend, genau in ihrem Charakteristikum, wieder konterkariert. Zitiert mit dem Schauerroman ist z.B. die diesem typische Entwicklungsfigur der „rätselhaften" Komplexion, die sich am Ende nach krisenhafter Steigerung klärt, er „erledigt den gothischen Plot in wenigen Sätzen" und vollführt das „happy-end"[624] – worauf der *Eckbert* eine hinterlistige Parodie wäre. Jede Gattung impliziert, prädisponiert ein bestimmtes Erzählen, Erzählverfahren, bestimmte Lese- und Erwartungshaltungen, bestimmte Verständnisse – eine „psychologische Geschichte" begreift man anders als ein „Märchen" –, mit denen der Text spielt und die er unentwegt bis zur gegenseitigen Zersetzung irritiert.

Tieck läßt „im Sinne der romantischen Romantheorie ein Spiel der Reflexion inszenieren, in dem sich die vermischten Formen (...) *als* Formen sowohl bewie entgrenzen, in dem auch und sogar hauptsächlich eine Theorie der Gattungen selbst gegeben wird"[625]. Was Menninghaus an den *Sieben Weibern des Blaubart* festhält, gilt, im einzelnen zu spezifizieren, gleichermaßen für den *Eckbert*. Vorweggenommen sei „Friedrich Schlegels romantische Idee (...), eine Philosophie der Gattungen müsse selbst im Medium dieser Gattungen gegeben

---

[623] Brecht, *Die gefährliche Rede*, S. 5.
[624] Menninghaus, *Unsinn*, S. 132. Vgl. dazu allgemein S. 131ff.
[625] Ebd., S. 148.

werden."⁶²⁶ Bezeichnet Tieck die Märchen, ein kardinales, von ihm zuallererst ausgeführtes Interesse eben der gesamten Romantik, einmal als „Phantasien", ist ihm die Phantasie allgemein Synonym der Poesie⁶²⁷, so gerät diese einfach anmutende Bemerkung vor dem Hintergrund der geleisteten Rekonstruktion der Poesie des Schwindels als poetischer Transkription der „seltsamen" Modi des Schwindels selbst, zum präzisen Titel. Was entsteht, ist eine literarische Form – Gegenform, „Unform" –, die vollends mit den modalen, dynamischen Eigenarten der überexaltierten, zusammenstürzenden Phantasie korrespondiert. In der poetischen Transkription dieser Eigenschaften, nicht vornehmlich im Rekurs auf das „Volksmärchen", dessen Gattung freilich, wie viele andere, zitiert wird, bildet sich die besondere Form. Zur Poetisierung kommen in den „Phantasien" nicht Phantasien, sondern die Phantasie, das Phantasieren selber, seine Funktions- bzw. Manifestationsmodi – indes bloß in ihrer Dynamisierung bis zum Zusammensturz der Phantasie. Poetisiert wird die poetisch betriebene Selbstvernichtung der Phantasie und Poesie.

Sämtliche Vorstellungen vom Text erliegen – erste Wirkung der Poesie des Schwindels, zweite Ebene der Differenzierung der poetischen Transkription der seltsamen Prinzipien – in der schwindligen Erzählpraxis den willkürlichen Plötzlichkeiten, wunderbaren Schnelligkeiten, plötzlichen Umwendungen, ständigen Wechsel, ewigen Bewegungen und Vermischungen, die diese Erzählpraxis selber anwendet bzw. selber erst begründet. Es kommt zu unentwegten „Schlägen der Imagination" bis hinein in den taumelnden Zusammenbruch. Immer ist der Text flüchtig. Unentwegt zerstreuen und verheeren sich so die Vorstellungen und Vorstellungszusammenhänge vom Text. Sie werden, gleich ausführlich behandelt, unablässig „hin und her geworfen", bis zum Zusammenbruch irritiert, „so wie der körperliche Schwindel durch die schnelle Betrachtung von vielen Gegenständen entstehen kann, indem das Auge auf keinem verweilt und ausruht" (*ShW* 712). Indem die schwindligen Bewegungen dem Vorstellungsvermögen jede bestimmte Vorstellung und zuletzt das Vorstellungsvermögen selbst zerrütten, konstituieren sie, wie in Kap. III entwickelt, das „völlig Unbegreifliche" oder „fürchterlich Wunderbare". Poetik des Schwindels ist solchermaßen unmittelbar Poetik des fürchterlich Wunderbaren. Es generiert sich ein poetisches Sprechen, das sich als Geäußertes sofort wieder durchstreicht und weder in der Äußerung noch in der Durchstreichung sich wiederum festlegen ließe, ein nicht zu beruhigendes, sich unablässig fortsetzendes und ausweitendes Fluktuieren bis in den Sturz. Ein schwindliger Abgrund des Verstehens und des Textes, überhaupt des Lesers sowie aller Positivitäten. Hat der Text seinen Ort im sprachlich-vorstellenden Bewußtsein, radikal in der Einbildungskraft, bedeutet die zugespitzte Konfusion der Einbildungskraft die des Textes wie auch umgekehrt. Solche „unaufhörliche Verwirrung" der Vorstellungen vom Text,

---

[626] Ebd.
[627] Explizite z.B. in der Äußerung: „Die Phantasie, die Dichtung also wollt ihr verklagen?" (*Ph-Rg* 242).

zugrundeliegende Taktik der eigentümlichen poetischen Praxis, ist wohlgemerkt lediglich ein Vehikel des auszulösenden „Schwindels der Seele", des gesamten Subjekts. Sie weitet sich aus bis zur Verheerung alles historischen Begreifens und vor allem Selbst-Begreifens, aller Begriffe überhaupt – zweite, entscheidende Wirkung der Poesie des Schwindels. Im Leser nämlich, in seiner Phantasie, ereignen sich in der Folge gänzlich selbständig und unabhängig vom Text dieselben dysregulierenden Bewegungen der Umwendungen, Wechsel etc. Statt den Text vorzustellen, ein Texttotalität am Ende gar, betreibt die Phantasie selber seine fortschreitende Destruktion. Der letzte, totale Schwindel ist gänzlich unabhängig vom Text, mehr noch: Er geht gegen den Text.

In der Rekonstruktion des Texttaumels als transkribiertem Seelenschwindel ist Poesie „nichts weiter, als das menschliche Gemüth selbst in allen seinen Tiefen" (*AM* 188), nur so ist Tiecks opake Wendung zu erhellen. Seele und Poesie bilden sich als „Unbegreifliches" in demselben Grund, den bezeichneten inkommensurablen Bewegungen, so die neue Vorstellung, die indes nicht „irrationalistisch" gesetzt wird, sondern eine konsequente, invertive Reaktionsbildung auf die aufklärerisch-erfahrungsseelenkundlichen Konzepte der Seele und Poesie darstellt. Ist das anti-identifikatorische, unentwegte Changieren Eigenart und „Grund" der Seele, reine Transition, so eben auch der Poesie, die nichts verwirklicht als diese ständigen Wechsel und ewigen Bewegungen. Wird die Seele im aufgezeigten Sinne „ungeheure Leere", als ironische Reaktion auf ihre verschieden bestimmten Substanzen, so die Poesie. Wird sie Unbegreifliches, „unbekanntes etwas", „unpersönliches es", dann die Poesie: reaktive, metaphorische Konstrukte wie das der Seele als „begrifflicher" oder „Triebwerk im Innersten", die im Schwindel wie jene dissolviert werden. Poesie behauptet zunächst die eigene Unbegreiflichkeit, aber zugleich die der Seele, agiert für sich und stellvertretend für ihr Homolog. Agiert als fortwährende Tilgung aller Vorstellungen, Bestimmungen und Bedeutungen, als Negation der Substanz und des Ortes, Seele und Poesie werden reine a-topia. Die zwangsläufige Selbstvernichtung ist der Terminus der parallelen Veränderung des Seelen- und Poesiebegriffs. Der Text muß dieselbe, alles Begreifen vereitelnde Willkür, Zufälligkeit und Zusammenhangslosigkeit exekutieren wie die Seele, die in der äußersten Exaltation und in ihrem „Innersten" eins ist. Solche frühromantische Poesie bildet sich in der Tat also als pervertierte Erfüllung eines allgemeinen Forderung Ende des 18. Jahrhunderts, von Theoretikern des Schönen, von Literaten, Erfahrungsseelenkundlern und Popularphilosophen gleichermaßen formuliert, von Moritz pointiert und von Tieck streng adaptiert: „der Dichter und Romanenschreiber wird sich genötigt sehn, erst vorher Experimentalseelenlehre zu studieren, ehe er sich an eigne Ausarbeitungen wagt"[628], er muß „den Blick der Seele in sich selber schärfen."[629] Die neue Poesie bildet sich in der Sezierung der

---

[628] Moritz, *Aussichten*, S. 91.
[629] Moritz, *Reiser*, S. 36.

„exaltierten Seele", in deren Verlauf die Metaphern der Seele mutieren, sich der psychologische Diskurs und Impetus verlieren, genauer: in der Sezierung der freigemachten Phantasie, den gänzlich „unordentlichen" und „unregelmäßigen" Funktions- und Manifestationsmodi. „Psychologische Richtigkeit", Tiecks frühe unbedingte poetologische Maxime, behält gewissermaßen immer noch ihre Gültigkeit, nur: psychologisch richtig ist nun etwas anderes als die ideale Maxime es vorgibt (ausführlich in Kap. V.4 erörtert). Poesie des Schwindels vollstreckt die psychologische Richtigkeit konsequent als anti-psychologische. Poesie, wie sie sich hier bildet, boykottiert im Kern, was den psychologischen Postulaten, auch dem Moritz', als Ergebnis vorschwebten.

Gründet sich die Poesie des Schwindels, ihr eigentümliches poetisches Sprechen, in ihrer Wirkungsabsicht, den Schwindel bzw. Wahnsinn zu „lösen", sind dieses Sprechen und sein Text gänzlich desinteressiert und inkompetent, etwas, einen Gegenstand, darzustellen oder abzubilden, keine „Natur", keine außerliterarische, aber auch keine innerliterarische Welt. Sie kann und will für nichts herhalten, keinerlei Repräsentation sein, im Gegenteil: programmatisch ist sie „unaufhörliche Verwirrung" aller Repräsentation, aller Vorstellungen (vom Text, der Welt, dem Selbst). Als signifikante Texte werden Texte dieser Art hinfällig, extremer noch: bringen sich Texte dieser Art als hinfällige hervor, gar als selbstauslöschende. Mit dem Programm und der poetischen Praxis einer, im Sinne Fichtes, der die Realität produzierende und transzendentale Funktion der Einbildungskraft herausstellt, völligen Vernichtung und Aufhebung aller Anschauungen, des Anschauungsvermögens, zielt sie unumwunden auf die Vernichtung der Wirklichkeit und damit von all dem, was je Gegenstand der Mimesis hatte sein können, potentiell je sein könnte, radikale Anti-Mimesis. Solche poetische Sprache organisiert sich nicht nach Bedeutungen oder Sinn, sondern nach wirkungsästhetischen Zwecken. Ganz bewußt ist sie der Semantik, Proposition oder Referenz als reine Performanz und potenzierte Rhetorik – ohne freilich traditionelle rhetorische Figuren zu verwenden – eine Aggression. Die „konstative" Funktion der Sprache dient ihr nur als Mittel, als Technik, die Tücke der permanenten Beirrungen inszenieren zu können. Geboren wird dieses widerspenstige wie ätherische Sprechen freilich nicht in einer semiotischen, gar semantologischen Reflexion, die die Sprache, enthistorisiert, auf die ewige Textimmanenz und dissémination resigniert (s.u.), sondern in der kalkulierten Absicht der „Bekriegung" ganz bestimmter historischer Semantiken, Propositionen und Referenzen. Eklatant, gegen den vagen, allgemeinen Sinn dieses Gemeinplatzes, beinhaltet solche Poetik des Schwindels, in Kongruenz mit der frühromantischen Poesie und Poetik, zunächst eine scharfe Abkehr von der Tradition der Mimesis-Theorien und den Prinzipien der Repräsentation, der imitatio naturae als der „Nachahmung" einer „sinnlichen Präsenz" (und sei es nur eine Präsenz im „inneren Sinn"), in der Folge eine Abkehr aller daraus deduzierten ästhetischen Ideen der Abbildung, Beschreibung oder Darstellung[630]. Dabei vollzieht sie, ebenso offensichtlich, keinen Anschluß an Platons, Tieck wahrscheinlich eindrücklich durch Plutarch bekannt gewordenes[631], Konkurrenzkonzept des Enthusiasmus, auch wenn, als Bruch eben mit der Mimesis, konvergente Momente in Tiecks und Platons Wahnsinn zu finden sind; der „fürchterliche Wahnsinn" oder Schwindel indessen haben mit dem platonischen Wahnsinn, ausgeführt im *Ion* und *Phaidon*, nichts gemein[632]. Deutlich wurde die Ruptur mit den Ideen der Beschreibung schon in Tiecks Notiz über die Unzulänglichkeit der beschreibenden Sprache gegenüber dem intendierten Gegenstand, dem Schwindel. Er ist „unmöglich in Verse [zu] bringen (...) kein (...) Dichter hat diesen Zustand (...) noch deutlich beschreiben können". Die Poetik des Schwindels ließe sich umfassend in eine kritische Beziehung zu den vielfältigen, disparaten ästhetischen Diskursen und ihren Paradigmen Ende des 18. Jahrhunderts setzen, durchweg wäre ihr Verhältnis zu ihnen nicht bloß das eines, wie es auf den ersten Blick scheint, rabiaten Dementis, sondern das einer komplizierten, zumeist ironisch-ambivalenten Zäsur. Die imitatio naturae ist bloß ein besonders prominentes dieser Paradigmen (der „Aufklärung" und modifiziert auch der „Klassik"). Automatisch ist mit diesem Paradigma ein weiteres prominentes zeitgenössisches ästhetisches Konstrukt berührt, das Genie, das dem der Mimesis zunächst antithetisch gegenübertritt. Die romantische „Revolution", so exemplarisch Behler, der, lange schon approbiert, die Ruptur mit dem mimetischen Programm als ästhetisches Spezifikum der Frühromantik ausführt, „führte zu einer völlig neuen Konzeption des literarischen Werkes. Dieses wurde nicht mehr in Beziehung auf eine vorgegebene Wirklichkeit verstanden", die eben in der Radikalisierung der Einbildungskraft unsicher wird – ohne daß bei Tieck diese explizite epistemologische Diskussion geführt würde –, „sondern als eine Gegebenheit gesehen, die in einem schöpferischen Prinzip des menschlichen Geistes ihren Ursprung hat, der Einbildungskraft, der Kraft des Genies, die eigene Werke hervorzubringen vermag"[633]. Dieser Sinn des Begriffs der Einbildungskraft war bereits Ende des Jahrhunderts durchaus verbreitet, Adelung definiert 1798 die Kunst der Phantasie als Kunst, die „nicht nach den strengen Regeln der Compostion gesetzt ist, sondern (...) aus dem Stehgreife", allgemein: „nach seiner Einbildungskraft arbeiten, ohne sich an die Regeln der Natur und Kunst zu

---

[630] Vgl. Marquards Bemerkungen zum „Ende des Schönen" „als sinnliche Präsenz (Nachahmung) einer im Grunde heil scheinenden Welt" (Marquard, *Theorie des Unbewußten*, S. 375). Vgl. allgemein ebenso Wolfgang Preisendanz, *Zur Poetik der deutschen Romantik. Die Abkehr vom Grundsatz der Naturnachahmung*, in: *Die deutsche Romantik*, hg. v. Hans Steffen, Göttingen 1967, S. 54–74.
[631] Vgl. Hölter, *Tiecks Frühwerk*, S. 799.
[632] Vgl. die Ausführungen Ernst Robert Curtius' (*Europäische Literatur und lateinisches Mittelalter*, Bern und München 1978, 9. Aufl., S. 467ff.) und die umfassende Dokumentation der Geschichte des „Enthusiasmus" in: *Rhetorik. Ein internationales Handbuch*, hg. v. Joachim Dyck, Walter Jens, Gert Ueding, Tübingen 1986.
[633] Behler, *Frühromantik*, S. 16.

binden"[634]. „Sucht man im Bereiche der Literaturtheorie" die Frühromantik bündig zu definieren, „dann läßt [sie] sich wohl auf kürzeste Weise als Abkehr vom Prinzip der Nachahmung, der Repräsentation, der Mimesis bezeichnen"[635]. Frühromantik, so Menninghaus, sei „emanzipiert von jeder imitatio naturae und normativen Vorschriften-Poetik", gegründet zunächst in der Ablösung vom Mimesis-Prinzip[636].

Das Genie, formuliert folgenreich Kant die Wende, sei „dem Nachahmungsgeiste gänzlich entgegen zu setzen"[637], die philosophische Formulierung des die Mimesis ablösenden Diskurses der Genieästhetik, bereits eine erhebliche Modifikation des „Kraftgenies" der Stürmer und Dränger. Dieses Genie aber ist mit der Phantasie identisch, damit zugleich konsequenterweise mit dem Nicht-Subjekt und der „Nicht-Geschichte" (Marquard), der Natur, wenn auch in einer äußerst problematischen, verwickelten Weise. Die „Einbildungskraft in ihrer gesetzlosen Freiheit" ist, von Menninghaus mustergültig dekonstruiert[638], zugleich sein Konstituens wie sein vitium, sie muß zugleich „befreit" wie – von der Urteilskraft und dem zum Teil synonymen Geschmack – „beschnitten", „geschliffen" oder „aufgeopfert" werden[639]. Beschnitten, damit nicht geschieht, was sodann ausdrücklich Tiecks Forderung wird, die „übermäßige", totale Entbindung der Phantasie, die nur noch Wahnsinn, d.i. leerer Sinn, produziert. Eine Forderung, die noch die Auflösung eines solchen Genie-Konzeptes impliziert – mit dem man die Poetik des Schwindels zunächst identifizieren könnte in der Gleichung Genie und Phantasie. Augenfällig gerät sie zwischen alle Fronten. Poesie des Schwindels bescheidet sich nicht damit, eine schlichte Abkehr vom Mimesis-Konzept, der Idee einer Nachahmung einer wie auch immer konzipierten und zum Subjekt relationierten vorgegebenen Wirklichkeit zu vollziehen, sondern versteht sich, dieser Wirklichkeit gegenüber, die als bloße interessierte Vorstellung des Wirklichen enttarnt wird, als „Zersthörung" „mit Bewußt-

---

[634] Adelung, *Wörterbuch*, Artikel „Fantasie".
[635] Ebd., S. 14. Kunst hatte die „Aufgabe (...) eine vorgegebene Realität abzubilden – die uns umgebende Natur, die großen Ereignisse der Geschichte, die Gestalten und Sagen der Mythologie, die Offenbarungen oder Legenden des Christentums, oder die großen Werke der Vergangenheit. Die Kunst hatte diesen festen Referenzpunkt und wurde in diesem Sinne als Nachahmung, Repräsentation, Mimesis verstanden" (ebd.). „Das Kriterium dafür liegt in der Annahme einer vorgegebenen Realität für die Poesie, eines in der wirklichen Welt präexistierenden Beziehungspunktes. Die Frühromantik führt einen absoluten Wandel in diesen Relationsverhältnissen der Kunst herbei, der von anderen und bereits früher stattgefundenen Auseinandersetzungen mit der Nachahmungstheorie so tiefgreifend verschieden ist, daß wir wirklich von einem Wendepunkt, einem Epochenbruch, einem Paradigmenwechsel, einer Revolution sprechen können" (ebd., S. 15). [636] Menninghaus, *Unendliche Verdopplung*, S. 225.
[637] Kant, *Kritik der Urteilskraft*, S. 407 (§ 47, B 183).
[638] Menninghaus, *Unsinn*, S. 26–45 („Kant über 'Unsinn', 'Lachen' und 'Laune'").
[639] Kant, *Kritik der Urteilskraft*, S. 421 (B 203).

sein" – als an der Wurzel arbeitende Anti-Mimetik geradezu. Verhält sie sich so zum einen extremer als die Formulierungen Behlers, definiert sie sich andererseits, wiederum entgegen der summarischen Bestimmung Behlers, keinesfalls bloß als solche, intendierte, Gegen-Bewegung. Gestaltet sich die Poesie des Schwindels in der Umsetzung der formalen, modalen und dynamischen Spezifika der freigemachten Phantasie, gestaltet sie sich, im Kern Anti-Mimetik, eben in der Mimesis dieser „natürlichen" seltsamen Bewegungen, die eben nicht von einem bewußten, souveränen Subjekt ausgehen bzw. ausgeführt werden, sondern diesem ebenso „willkürlich" wie schrecklich und „schädlich" sind (*ShW* 689). Sie bleibt Mimesis als Mimesis der Modi der entbundenen Phantasie und letztlich des Seelenzustandes des Schwindels: von erst zu Entbindendem freilich, Substanzlosem, Negativem. Zuletzt ginge diese Mimesis dann vom Text an den schwindligen Leser über. Als Mimesis der Entbindung der Phantasie ist sie zugleich paradoxe Mimesis der Seele, des Innersten. Paradox, weil es doch keine Substanz ist, sondern bloß die „ungeheure Leere" bzw. die unentwegte Vernichtung, auch die eigene, die sie nachahmt. Die poetisch „abgespiegelten" Modi des unentwegten Oszillierens sind keine eines bewußten, souveränen Autoren-Subjekts, sondern, im Sinne der Genieästhetik, doch wiederum radikal Nicht-Subjekt, radikal Natur. Indes ist der Begriff der Natur nur eine der möglichen Bezeichnungen dessen, was dem Subjekt unverfügliche, subsistente Willkür ist, Moritz beispielsweise spricht von der „Tatkraft"[640] oder eben vom unpersönlichen es. Im Zentrum der ästhetischen Konstruktion des Schwindels, die sich vorderhand in der rigorosen Abwendung von der imitatio naturae formuliert, bildet sich, das entgeht Behler exemplarisch, eine neue imitatio naturae. Die Naturimitation, Marquard hält es hellsichtig fest, „wird romantisch zugleich abgebaut und bewahrt"[641]. Eine imitatio naturae indes nicht der sinnlich erfahrbaren Natur, nicht von „vorgegebener Wirklichkeit", auch nicht der besonderen Erscheinungen der wunderbarer Natur im Wahnsinn (Platons inspiratives Konzept), sondern der „natürlichen", schaffenden, aber vor allem zerstörenden Prinzipien der gelösten, d.h. selbsttätig arbeitenden Phantasie. Natürlich sind sie, da sie eben kein Zugesetztes sind, sondern in der Entbindung der Phantasie diese nur in ihrer natürlichen „gesetzlosen Freiheit" zeigen, sie und nicht die „Ordnung", „Regelmäßigkeit" und „Gesetzmäßigkeit", damit eben die „Verständlichkeit", sind das Natürliche. Marquard faßt zusammen: „Eine 'imitatio', die nicht mehr Kopie sondern Nachfolge ist: das Genie präsentiert nicht die Natur, sondern als Natur" ('daß es als Natur die Regel gebe' bei Kant) und wie Natur"[642]. Als solche „natürliche", dem Subjekt willkürliche, Modi der poetologisch transkribierten fluktuierenden Phantasie, sind sie, obzwar vorsätzlich als kalkulierte Techniken zur unablässigen Irritation bis in den Schwindel eingesetzt, zugleich ganz „unbewußte". Ein Begriff, der an dieser Stelle nicht im spe-

---

[640] Moritz, *Bildende Nachahmung des Schönen*, S. 561ff.
[641] Marquard, *Theorie des Unbewußten*, S. 384.
[642] Ebd.

zifisch Freudschen Sinne relevant ist, sondern in Hinsicht auf die Frage, ob sie bewußtes Produkt einer bewußten Produktion eines allmächtigen Autoren-Subjekts sind oder diesem, der Subjektivität, fremd, willkürlich, heteronom: „natürlich". Die Frage nach der Bewußtheit oder Unbewußtheit beschäftigt die romantische Ästhetik eingehend, allerdings in einem zumeist statischen, psychologisch-anthropologischen Verständnis dieser Begriffe[643]. Folgerichtig erörtert auch Marquard im Kontext solcher neuen romantischen imitatio eingehend die Bedeutung der Theorie des Unbewußten[644], allerdings in einer, der Poesie des

---

[643] Vgl. Behler, *Natur und Kunst in der frühromantischen Theorie des Schönen*, in: *Athenäum* 2, 1992, S. 7–32; ders., *Frühromantik*, S. 16f. (Erörterung des „Antagonismus zwischen bewußtem und unbewußtem Schaffen", S. 17).

[644] Die „romantische Theorie des Unbewußten" erörtert Marquard in einem unmittelbaren Zusammenhang mit dem „Ende des Schönen" „als sinnliche Präsenz (Nachahmung) einer im Grunde heil scheinenden Welt". Die Theorie des Unbewußten und die „Theorie der nicht mehr schönen Kunst" formulieren sich gegenseitig (Marquard, *Theorie des Unbewußten*, S. 375). Die Theorie der Phantasie bedarf der Annahme einer Bestimmtheit der Phantasie in einem dem bewußten Subjekt willkürlichen, archaischen Grund, in der Natur als Nicht-Geschichte, die wiederum die Theorie des Unbewußten braucht, wodurch diese nach Marquard zum Fundament der romantischen Ästhetik wird. Nur durch eine solche Konzeption kann Phantasie Organ der „Überbietung" sein – in Tiecks Konzept indes *nur* des „heiteren Wunderbaren", das er in der Tat als „Erhöhung" bezeichnet. Wunderbare Natur ist vergangen und soll doch ästhetisch erfahren werden. „Wenn diese Überbietungskraft" – ein „Heilend-Kräftigendes" – „nicht aus der Geschichte kommen kann, muß sie aus Nicht-Geschichte kommen. (...) Die radikale Nicht-Geschichte ist für den geschichtlichen Menschen jene Geschichte, die er am meisten hinter sich hat: das ist – für die teils artifiziell, teils privat, also insgesamt extrem zu Nicht-Natur gewordenen Welt – die Natur. Das künstlerische Genie lernt und schafft aus dieser vorgeschichtlichen Natur". Die Lösung ist: „die Natur ist unbewußt präsent". „Die Aporie, daß Natur in der geschichtlichen Welt zugleich vergangen (d.h. verschwunden) und gegenwärtig (d.h. anwesend) ist, daß sie also zugleich nicht ist und doch ist die Aporie dieses 'zugleich' löst die Theorie des Unbewußten; denn sie macht sie begreiflich" (ebd., S. 384). „Die Natur 'ist nicht', nämlich nicht 'bewußt'; aber die Natur 'ist doch', nämlich 'unbewußt'. (...) Diese erste, romantische Theorie des Unbewußten rettet die Natur für die Kunst vor der Geschichte: sie wird im Zusammenhang der Kunstdiskussion zuerst dort nötig, wo der absolute Anspruch schöner Kunst – Hegel zum Trotz und das faktische Schicksal der Kunst retardierend – noch einmal aufrechterhalten und gestärkt werden soll, und wo dies geschieht durch Abkehr von der Geschichte und durch Rekurs auf die vorgeschichtliche und angeblich heilende Macht der Natur" (ebd., S. 385). Exakt an diesem Punkt des Prozesses wird die romantische Theorie des Unbewußten für Marquard, in der geschichtsphilosophischen, Hegelschen Lesart abweichend von der Poetik des Schwindels, ästhetisch relevant. „Dies geschieht nun im Zeitraum der von Hegel so genannten Auflösungsformen der romantischen Kunst: einem Zeitalter, das – nach Hegels Analyse – extrem zu äußerlich und zu innerlich ist, um jene 'innerliche Äußerlichkeit' und 'äußerliche Innerlichkeit' zu besitzen, die als die 'Schöne' künstlerisch nachgeahmt zu werden vermag. Wie kann sie sich – das ist die romantische Frage – gleichwohl in schöner Kunst ausdrücken? Wie kann darüber hinaus – dem von Hegel analysierten und akzeptierten Bedeutungsschwung zum Trotz – die absolute Bedeutung der Kunst aufrechterhalten und gestärkt werden? Die romantische Ästhetik sucht Antwort auf diese Frage in drei Theo-

Schwindels fernen oder gar konträren, Hegelschen geschichtsphilosophisch-ästhetischen Anlage. Sollen die schwindligen Texte wie erörtert den Schwindel oder Wahnsinn im Leser evozieren, sind sie insofern höchst bewußte Gebilde subtiler, ausgeklügelter poetologischer Verfahren. Sind sie in ihrem sie auszeichnenden poetischen Verfahren, das den Schwindel erregen sollen, kunstvolle „Abspiegelungen" der strukturellen und dynamischen Merkmale der Manifestationsmodi der schwindligen Seele, also selbst zugleich Produktionen des Schwindels, sind sie gänzlich willkürliche, unbewußte oder natürliche Produktionen, „Natur-Märchen" heißt es im *Phantasus* (*Ph-Rg* 113). Was sie generiert und zu einem besprochenen „Unbegreiflichen" macht, ist keine souveräne Funktion eines schöpferischen Subjekts, sondern liegt in dem ihm gänzlich Heteronomen, ihm gar „Schädlichen" begründet. Poesie des Schwindels ist beides: eine höchst artifizielle bewußte Technik – wiederum eine Ruptur und zugleich eine modifizierte Fortführung eines alten ästhetischen Topos, der Regelpoetik –, die beabsichtigten Wirkungen zu erzielen, in Hinsicht auf Shakespeare formuliert Tieck: „denn vielleicht hat kein Dichter in seinen Kunstwerken so sehr den theatralischen Effekt berechnet", zum anderen ist sie „halb unbewußt, recht aus dem innern Drange" (*BüSh* 170), „fast ohne Bewußtseyn" (*He* 71). Sowohl als unbewußte Produktion wie als Produkt restlos bewußter Reflexion besitzen diese poetischen Gebilde „keinen rechten Zusammenhang, sie kommen und verschwinden" (*DüD* I 89). Den Künstler, das Genie als Potenz der (vorgeschichtlichen, ungeschichtlichen) Natur beschreibt schon Kant: Er sei „Günstling der Natur" und verfüge derart über eine „angeborene Gemütslage (ingenium), durch welche die Natur der Kunst die Regeln gibt"[645], „daß es [das Genie] als Natur die Regeln gebe"[646]; bei Schiller heißt es in der Rezeption Kants dann, die Natur sei „die einzige Flamme, an der sich der Dichtergeist nähret; aus ihr schöpft er seine ganze Macht[647]", Moritz ist die Natur im Begriff der „Tatkraft" die Kraft des Genies, die „sich aus sich selber" bildet[648]. Solche Natur gerät notgedrungen in eine negative Bestimmung zum Bewußtsein, explizite verbindet Schelling Natur und Bewußtloses: Genie, bemerkt er, produziere ob der „Gunst der Natur"[649] und „schon längst ist eingesehen worden, daß in der Kunst nicht alles mit dem Bewußtsein ausgerichtet wird, daß mit der bewußten Tätigkeit eine bewußtlose

---

rien: der Theorie des Genies; der Theorie der Naturbestimmtheit des Genies; der Theorie des Unbewußten" (ebd., S. 383). Letztere erweist sich für Marquard als Fundament der ersten beiden.

[645] Kant, *Kritik der Urteilskraft*, S. 405f. (B 180, 181).
[646] Ebd., S. 406 (B 182).
[647] Friedrich Schiller, *Über naive und sentimentalische Dichtung*, in: ders., *Werke, Nationalausgabe*, hg. v. Julius Petersen, Gerhard Fricke, Hermann Schneider, Norbert Oellers, Weimar 1943–1986, Bd. 20, *Philosophische Schriften* 1. Tl.
[648] Moritz, *Bildende Nachahmung des Schönen*, S. 563.
[649] Schelling, *System des transzendentalen Idealismus*, S. 685.

Kraft sich verbinden muß"[650]. Diese „bewußtlose Kraft" ist nichts als die Natur, die Einbildungskraft. „'Die Philosophie der Kunst nach Grundsätzen des transzendentalen Idealismus' muß beim Genie die bewußte Tätigkeit als bestimmt durch die bewußtlose reflektieren"[651]. In Marquards geschichtsphilosophischem Entwurf des Zerfalls eröffnet sich hier die Lösung. In der Geschichte Untergegangenes, Zerfallenes, vornehmlich die „Schönheit" ist in solcher Natur noch präsent, hingegen nicht in der depravierten sinnlichen, präsenten Natur, sondern in der ungeschichtlichen Natur: „die Natur ist unbewußt präsent". „Die Aporie, daß Natur in der geschichtlichen Welt zugleich vergangen (d.h. verschwunden) und gegenwärtig (d.h. anwesend) ist, daß sie also zugleich nicht ist und doch ist: die Aporie dieses 'zugleich' löst die Theorie des Unbewußten; denn sie macht sie begreiflich"[652]. Jean Paul formuliert die Ende des 18. Jahrhunderts eingehend diskutierte Rolle des Unbewußten für die Kunst: „das Mächtigste im Dichter (...) ist gerade das Unbewußte"[653]. Die Formalität und Dynamik der entbundenen Phantasie – ihr Signum, da keine Substanz festzustellen ist – ist sensu stricto solche unbewußte Natur. Ist der Leser der Poetik des Schwindels der *eigentliche* Dichter, ist es seine Phantasie, in der sich, vom Texttaumel angestoßen, so das ästhetische Telos, der Schwindel „selbsttätig" ereignen soll, um diese wie die ganze Leser-Phantasie zu vernichten, ist ihm das Geschehen der seltsamen Bewegungen vollends nicht bewußt. Poetik und Poesie des Schwindels sind im strengen Sinne Poetik und Poesie des „unbekannten Etwas" oder unpersönlichen es, nicht ein „Autor" schreibt, spricht, sondern ein unpersönliches es: „Wie bei den Erscheinungen, die man Geistern zuschreibt, wo man z.B. sagt: *es wandelt, es geht um*, usw."[654] – es schreibt. Analog dem „*es donnert*", das „nichts mehr [heißt], als *das Donnern geschiehet* (...). Da ich mir also das Donnern nicht als eine Handlung denke, so stelle ich mir auch kein handelndes Wesen vor, von dem es ausgeht, sondern es geschiehet gleichsam vermöge seiner eignen Natur; und in und durch sich selber, weil ich mir keine erste Ursach, oder keinen ersten Anstoß irgend eines freien und handelnden Wesens (...) denke. (...) bis auf die erste wirkende Ursach desselben kann ich nicht zurückgehn"[655]. Ein Geschehen unwillkürlicher Bewegungen, „deren nächste Ursach, oder das Verhältnis, wodurch sie bewürkt werden, außer der Sphäre meines Bewußtseins liegt."[656] Die die Poesie begründenden Modi entbundener Phantasie sind im Fichteschen Sinne präzise die einer „ohnmächtigen", „blinden Kraft", der „zweck- und willenlo-

---

[650] Friedrich Wilhelm Joseph Schelling, *Über das Verhältnis der bildenden Künste zu der Natur*, Sämtliche Werke, Stuttgart, Augsburg 1856–1861, Bd. 7, S. 300.
[651] Marquard, *Theorie des Unbewußten*, S. 485.
[652] Ebd., S. 486.
[653] Jean Paul, *Vorschule der Ästhetik*, in: ders., *Sämtliche Werke*, hg. v. Norbert Müller, Bd. I/5, München Wien [5]1987, § 13, S. 60.
[654] Moritz, *Magazin*, Werke, S. 108.
[655] Ebd., S. 107f.
[656] Ebd., S. 113.

se Kraft der Natur", zuletzt der des Körpers, der indes nur eine weitere Allegorie der Willkür ist. Zum genieästhetischen Diskurs, der wie die frühromantische Ästhetik Novalis' oder Schlegels mit aller Regelpoetik bricht, ohne daß diese eine „Apotheose 'genialischer' Regellosigkeit" wäre – sie bildet im Gegenteil „eine Art höhere Regelpoetik, die auf einen neuen Begriff innerer Selbstgesetzlichkeit und durchaus auch technischer 'Correctheit' zielt"[657] –, verhält sich die skizzierte Tiecksche frühromantische Poetik des Schwindels wiederum ambivalent, ähnlich wie Menninghaus es für die Poetik Novalis' und Schlegels als Reflexionspoetik skizziert: „Die Semantik von „Genie" wird „nur im Modus der Subversion vorromantischer Genieästhetik" fortgesetzt[658]. Gegenüber dem Prinzip der Mimesis wie dem der Regel wird die „autochthone Produktivität des künstlerischen poiein" akzentuiert, zugespitzt als Autopoiesis-Theorem, anders aber als im Genie-Begriff, in dem die individuelle Subjektivität des Autors „zur allererst setzenden Instanz, zum Schöpfer einer Welt" sich setzt – die „Apotheose der individuell-auktorialen Schöpferkraft" –, wird diese quasi göttliche Schöpfer-Subjektivität depotenziert und ist insofern „Ideologiekritik am Schöpfungspathos früherer Genieästhetik"[659]. Präzise das selbsttätige Nicht-Selbst, heteronome, blinde, zwecklose Natur, bringt die Poetik und Poesie des Schwindels hervor, den Schwindel selbst, der dann gar jedwede Subjektivität bedroht. Poesie des Schwindels ist sich selbst erzeugende Poesie entbundener, selbsttätiger Phantasie, Autopoiesis in der Kritik hybrider Schöpfersubjektivität. Freilich war schon in der Genieästhetik im Sinne Kants die genialische Schöpfungskraft des Subjekts letztlich die Schöpfungskraft der das Subjekt transzendierenden Natur, es selber nur Vehikel und Organ der Artikulation, wodurch, der „romantischen Subversion aktorzentrierter Selbstschöpfung" vorgearbeitet wurde[660]. Allerdings eben im Rekurs auf einen metaphysischen Naturbegriff, eine „wahre" Natur, und die Idee des Enthusiasmus (des „heiteren Wahnsinns" Tiecks) der ebenso geniebewegten Schwärmer und Empfindsamen, in dem das Subjekt dann in numinoser Inspiration das Ewige schaut, letztlich Platons wirkungsmächtiges Konzept des „schönen Wahnsinns". Bedeutet die Poetik des Schwindels, Autopoeisis, zwar eine „Dezentrierung auktorialer Subjektivität" der Genieästhetik[661], entsteht sie, anders als die Reflexionspoetik, indes in keiner sprachtheoretischen oder reflexionstheoretischen Reflexion der Systemeigenschaften von Sprache, sondern in den Konsequenzen der, wenn man so will, Systemeigenschaft der freigemachten Phantasie; diese Differenz wäre nicht vorschnell aufzulösen. Der Dekonstruktion, der Konstruktion der dissémination allerdings, der

---

[657] Menninghaus, *Unendliche Verdopplung*, S. 224.
[658] Ebd., S. 225ff.
[659] Ebd., S. 226.
[660] Ebd.
[661] An die Stelle des Aktors tritt das Theorem „des sich selbst bildenden Kunstwerks" bzw. der „Dynamik reflexiver Autopoiesis, die ein Kunstwerk bereits qua autonomer Darstellungslogik, kraft der Gegebenheiten des sprachlichen Mediums entfaltet" (ebd., S. 226.).

gegenüber Poetik des Schwindels sperrig bleibt, muß das Programm einer Poetik wie die Praxis eines poetischen Sprechens, bewußt das Begreifen unaufhörlich bis zum hermeneutischen Kollaps irre werden zu lassen, eine streng bestimmte historische Sinnpraxis zudem, eine Absurdität und Tautologie sein.

4.3 Textvorstellungen im Schwindel. Poesie gegen die selbstparodistischen „Sinnbemühungen"

Indem der Texttaumel die, allgemein skizzierten, am *Eckbert* konkretisierten, sprachlich-narrativen Verfahren der „Plötzlichkeiten", „plötzlichen Umwendungen" etc. praktiziert – die poetologisch-poetisch transkribierten modalen Eigenarten der entbundenen Phantasie, die er selber „lösen" will –, dekomponiert er „muthwillig" die Vorstellungen und Vorstellungskomplexe vom Text im Leser, die Vorstellungen vom dem, was der Text erzählt, ist und bedeutet, einzelner Momente des Textes wie des (phantasmatischen) Text-Ganzen. Zuletzt, in den kollabierenden Diffraktionen jedweder Vorstellungen, kann der Text nicht einmal mehr vorgestellt, geschweige denn verstanden werden. Die Leser-Phantasie erlebt eine Selbstvernichtung in der Rezeption des Texttaumels, in Fichtes Beschreibung der „übermäßig" stimulierten Phantasie: bis zur völligen Vernichtung und Aufhebung aller Anschauungen, Vorstellungen und Begriffe. Absichtsvoll dekomponiert der Texttaumel die neue Vorstellung vom Lesen, die „hermeneutische Praxis des Lesens", die neuen (Selbst-)Verständnis- bzw. Sinnzusammenhänge. Diese konzentrierte Irritation der Vorstellungen vom Text, als Lösung bzw. Selbstsubversion der Phantasie, des Vorstellungsvermögens, gedacht, ist freilich nur die erste Wirkung der schwindeligen Textpraxis, nur ein Mittel, im Leser einen allgemeinen, „selbstthätigen" Wahnsinn freizumachen, der mit dem einzelnen, besonderen Text, mit einem Text überhaupt nichts mehr zu tun hat. „Plötzlich" und in einer „wunderbaren Schnelligkeit", gänzlich unvermittelt und unerwartet, als chokhafte Schläge der Imagination, brechen durch das plötzliche Erzählen – in bezug auf das was, wie und wer des Erzählens – neue Vorstellungen in die bereits erzeugten Vorstellungen vom Text ein, wenden sich die Vorstellungen und ihre Zusammenhänge um, verkehren sich ins Gegenteil und zurück, wechseln ständig, relativieren sich, demontieren sich. Veranstaltet wird ein gezielt schwindliges Erzählen zur „Durchbrechung (...) der differentiellen Sukzession der sprachlichen Ordnung"[662], die die „wirkliche" erst konstituiert, so wird dieser Vorgang gravierend. Veranstaltet wird ein Erzählen zur „Zersetzung der Erzählzusammenhänge"[663]. Poesie des Schwindels vollzieht diese, anders als es die späten Novellen tun, an denen Brecht diese Erzählstrate-

---

[662] Brecht, *Die gefährliche Rede*, S. 205f.
[663] Ebd., S. 249.

gien festhält, als einziges, grundlegendes narratives, antinarratives Prinzip, verschärft dieses Erzählen bis zum Schwindel. Poetik des Schwindels ist eine ganze Poetik solcher Zersetzungen. Jäh und vollends grundlos bauen sich Momente eines bestimmten Sinns auf, einzelner Stellen, Wörter und Sätze sowie des Text-Ganzen, blitzen auf, werden dann schlagartig beschädigt, unsicher, widersprüchlich und hinfällig, um später oder schon kurz darauf wieder reaktualisiert und bestätigt zu werden, werden unentwegt in unfaßlicher Beschleunigung durch immer neue ersetzt, verändert, verworfen oder vielleicht verstärkt – ohne sich in einer solchen diskursiven Reihenfolge zu befinden. Die Vorstellungskraft wird in einem Sperrfeuer regelrecht beschossen. Geschieht diese unablässige Montage und Demontage im Text und Lesen zunächst sukzessive, geht genau diese Sukzession im Schwindel, als Ordnung, die beruhigen könnte, noch zugrunde; im schwindligen Leser erscheinen die hektischen, ephemeren „tausend und tausend Gegenstände" bis zum maniakalischen Zusammenbruch seiner Phantasie simultan. Die Sinnzusammenhänge erliegen dem unentwegten, im Schwindel endenden, vollends kontingenten, unmotivierten Schwanken, Changieren und Umwenden: dem aktiven Nicht-Motivieren, das System hat. Motiv dieser Bewegungen gegen das Motivieren ist der Widerstand gegen usurpatorische Motivationszuschreibungen, so der psychologischen, ein Dementi der eigenen frühen energischen Postulate Tiecks. Signifikationen sind nie „stehend und fest": „eine wälzt sich über die andere". Jedes Erzählte wird im Fortschreiten der Erzählung, zunächst in einer rückwärtigen Bewegung, immer fragwürdiger, dann aber auch nach vorne hin, alles noch kommende Erzählte wird dem Lesen vorweg brüchig, auch ohne explizite erzählerische Markierungen. Ist der Leser erst einmal infiziert von diesem Verfahren, spielt er, spielt es seine Phantasie selbständig weiter; vom *Eckbert*-Text selber ausdrücklich als unwillkürliches Lektüreprinzip, das der Text entbinden will, formuliert: „Wenn die Seele einmal bis zum Argwohn gespannt ist [das ist die „Seele" der „seltsamen Bewegungen"], trifft sie in allen Kleinigkeiten Bestätigungen an" (140f., Eckberts Walter, sein „innigster Freund", ist plötzlich „seltsam", dann gar Todfeind). Augenblicklich ergeben sich gänzlich neue Texte, im *Eckbert* im Moment der plötzlichen Inzestperspektive, inkongruent mit den anderen, blitzartig werden in „wunderbarer Schnelligkeit tausend und tausend Gegenstände" durchlaufen, um das Neue in einer neuen Textkohärenz zu lesen, die es vielleicht begreiflich machen könnte. Ein Erzählen, das erkennbar an keinem Gegenstand, eine wie auch immer begriffene Wirklichkeit oder Fiktion, interessiert ist, von dem es dann erzählte, sondern – ostentativ bis zum offenen Spott auf die Lektüre, die solche Gegenstände und das Begreifen verfolgte – sich selbst immerzu als Strategie und Verfahren der „unaufhörlichen Verwirrung" bis zum Wahnsinn demonstriert. Monoman spricht der Text so bloß andauernd von sich selbst, ist sich dabei jedoch vollends gleichgültig, kein ästhetizistisch-narzißtischer Text, sondern bloß an seiner Wirkung interessiert, die ihn, als Text, nichtet.

Die Plötzlichkeit, die die extreme Sinnenhaftigkeit des Ästhetischen in Erinnerung bringt und dabei zugleich ein Prinzip darstellt, das die Sinne, die sinnliche Wahrnehmung paradox zerstört, ist selbst „völlig unbegreiflich" wie das, was in ihr einbricht: die plötzliche Vorstellung, die sich nicht installiert, sondern fragmenthaft und höchst ephemer ist, im nächsten Augenblick durch anderes gebrochen wird. Die Plötzlichkeit steht, modal-phänomenologisch wie poetologisch-ästhetisch im Mittelpunkt des Schwindels, seiner Theorie und Poetik. „Wie ein Blitzstrahl bricht es dann plötzlich hervor", das „fürchterlich Wunderbare", und „läßt den richtenden Verstand nicht zur Sprache kommen" (*ShW* 710). Sind „die Fesseln der gebundenen Einbildung" gelöst (*Alm* 46), „schießt" sie „wie ein Blitzstrahl dahin und nun hinkt der Verstand an seinen Krücken hinter ihr her und kann sie nicht einholen" (*Alm* 46). Wie ein „Schlag der Imagination" (*ShW* 703), „schnell wie ein Blitz" (*Ry* 9) generieren und bewegen sich die Vorstellungen vom Text, die das narrative Verfahren, das selber diese Dynamik vollzieht, in Schlägen und Plötzlichkeiten „wie in einem Erdbeben" (*BTW* 48) erzählt, bewirken soll. Jedwede temporale, narrativ-textuelle (selber temporal) wie allgemein vorstellende Kontinuität und Identität sind jäh suspendiert. Suspendiert ist ebenso der Verstand und das Verstehen, akut das Begreifen des Geschehens als Wirkung einer Ursache, wodurch das Plötzliche unfaßlich wie bedrohlich wird, der „Satz vom Grunde", so der schon erörterte Befund Nietzsches, erleide eine Ausnahme, dem dem Subjekt den Verstand kostet (vgl. Kap. III.3), das fürchterlich Wunderbare, begriffen als ein modales Phänomen der Plötzlichkeit (wenn auch nicht nur der Plötzlichkeit), stellt sich ein. Das schwindlige poetische Sprechen, die Inszenierung des Texttaumels, bewirkt systematisch das Nietzscheanische „ungeheure Grausen (...) welches den Menschen ergreift, wenn er plötzlich an den Erkenntnisformen der Erscheinung irre wird", indem es in der unentwegten Durchbrechung der selber immerfort angespielten sukzessiven Kausalität des Erzählten und Erzählens den „Satz vom Grunde", die sichere Kausalität und damit das Verstehen, unentwegt Ausnahmen erleiden läßt[664]. Indes fixieren sich das Erzählte und Erzählen damit ebensowenig als sichere „Wirkung ohne eine Ursache". Konstituens des Schwindels ist das erst im Debakel des Vorstellungsvermögens, der Phantasie, endende panische Oszillieren beider, die Ausnahme ist nur ein Moment des schwindligen Spiels. Die poetologisch-ästhetische Kategorie des Plötzlichen in ihrer erörterten Konstellation mit den Begriffen des fürchterlich Wunderbaren, Unbegreiflichen und, zuletzt, des Schwindels befindet sich im Zentrum des literarischen Diskurses der „Moderne" und ihrer Programme, exemplarisch bei Baudelaire (s.u.), wie der ästhetischen Diskurse über diese: „die aus der 'schwarzen Romantik' (Poe, Baudelaire) kommende Moderne benutzt die Augenblickskategorie für die

---

[664] Nietzsche, *Die Geburt der Tragödie*, S. 28.

Inszenierung von Schreckenserlebnissen."⁶⁶⁵ Bohrer konstruiert aus der Plötzlichkeit, in Korrelation mit dem Schreck und dem Wunderbaren, ein umfassendes ästhetisches Prinzip der Moderne, eine regelrechte Ästhetik der Plötzlichkeit⁶⁶⁶. Er rekurriert dabei wesentlich auf Benjamins Auseinandersetzung mit Baudelaires Begriff des „Choks" (aber auch auf Kierkegaard, Scheler, Heidegger und Carl Schmidt⁶⁶⁷), den Benjamin wie ihm nachfolgend Bohrer im Zentrum seiner Ästhetik sehen und in Freuds Theorie des Choks als, bereits erörtert, „Durchbrechung des Reitzschutzes" bzw. „Traumas" versteht⁶⁶⁸. Benjamin transformiert Freuds „neurotischen Schrecken" in einen „poetischen Schrecken" und schreibt ihm „eine zentrale Rolle in der modernen Literatur" zu⁶⁶⁹. Exemplarisch liest er das Werk Jüngers, seine Formeln des „plötzlichen Einsturzes des Bewußtseins", der „Überraschung", des „Moments der Erschütterung" und eben explizite das „sehr rätselhafte Gefühl des Schwindels"⁶⁷⁰ als poetische Figurationen dieses Prinzips⁶⁷¹. Obgleich Poetik des Schwindels von einer Moderne Jüngers, solcher Ästhetik des Schreckens, entscheidend divergiert, diese gar im Kern torpediert – sich als solche nämlich zu positivieren –, ist Tieck, seine radikalisiert sensualistische Poetik des Schwindels, die dann paradox eine Selbstvernichtung der Sinne verfolgt, Pionier der ästhetischen Kategorien des Plötzlichen und des Schreckens, die das Wunderbare als Unbegreifliches, als Vernunft prinzipiell „Unzugängliches"⁶⁷² implizieren, und wird von Bohrer, wenn auch nur rhapsodisch, entsprechend als erste Formulierung der Ästhetik der Plötzlichkeit und des „neuen Wunderbaren" geführt⁶⁷³. Das „neue Wunderbare", von Tieck gefaßt, begründet sich für Bohrer poetologisch wie wirkungsästhetisch in der Plötzlichkeitsstruktur – in der Poetik des Schwindels formuliert als Plötzlichkeit der Narrativik auf ihren verschiedenen Ebenen –, im rational strukturell inkommensurablen „unerwarteten Augenblick" (im Rekurs auf Callois und Lars Gustafsson⁶⁷⁴). Nur: In der Poetik des Schwindels ist das, was jäh „einbricht in den konventionellen Erwartungshorizont", nicht zum Geheimnis und Mysterium

---

⁶⁶⁵ *Lexikon der Ästhetik*, hg. v. Wolfhart Henckmann u. Konrad Lotter, München 1992, S. 27.
⁶⁶⁶ Vgl. Bohrer, *Ästhetik des Schreckens* (s. vor allem S. 163–200 u. 325–412) und ders., *Plötzlichkeit. Zum Augenblick des ästhetischen Scheins*, Frankfurt a. M. 1981.
⁶⁶⁷ Bohrer, *Ästhetik des Schreckens*, S. 336–343.
⁶⁶⁸ Walter Benjamin, *Über einige Motive bei Baudelaire*, S. 605–654. Siehe Bohrer, *Ästhetik des Schreckens*, S. 190–200 („Walter Benjamins Chok-Begriff: Ahnung der Epoche").
⁶⁶⁹ Bohrer, *Ästhetik des Schreckens*, S. 191.
⁶⁷⁰ Ernst Jünger, *Das Abenteuerliche Herz. Aufzeichnungen bei Tag und bei Nacht*, Berlin 1929, erste Fassung, S. 192. Vgl. Bohrer, *Ästhetik des Schreckens*, S. 192.
⁶⁷¹ Bohrer, *Ästhetik des Schreckens*, S. 187.
⁶⁷² Ebd., S. 395.
⁶⁷³ Bohrer konzentriert sich in seinem romantischen Rekurs allerdings auf E.T.A. Hoffmann, der bei Tieck lernte. Zu Tiecks antizipatorischer Funktion s. S. 396ff., zu Hoffmann vor allem S. 209ff. und 256ff.
⁶⁷⁴ Ebd., S. 396.

stilisiert, und als superiore, quasi-religiöse Autorität verklärt, sie ist gänzlich desinteressiert an diesem. Das „unbegreiflich" ist ihr bloß eine reaktive Polemik, Produkt selber noch des vernünftigen, „konventionellen Erwartungshorizontes", keinesfalls das, prinzipiell bestrittene, Primäre, Originäre (analog zur korrelativen Konstruktion von Selbst und Nicht-Selbst). Poetik des Schwindels entfaltet sich, im gesamten Kapitel exponiert, in diesem Sinn grundsätzlich als Poetik des, modal begriffenen, fürchterlich Wunderbaren.

Gemäß Kants schon gegebener, an die Plötzlichkeit gebundene Definition des „Schrecks" wäre Poetik des Schwindels in der Tat Poetik des Schrecks, Poetik der „plötzlich erregten Furcht, welche das Gemüt außer Fassung bringt". Ihr poetisches Sprechen ihrer Art bewirkte das „sich gegen eine plötzlich aufstoßende Gefahr nicht gefaßt genug zu fühlen"[675]. Die Idee des (immer harmlos endenden) Schauerromans wird bis ins letzte Extrem getrieben und verdreht, der „Schreck" zum „Grausen" und darüber hinaus potenziert. Im Sinne Adelungs, der wie Tieck den „Schreck", das „Plötzliche" und den „Schwindel" ausdrücklich in eine enge gemeinsame Konstellation bringt, will Poesie in „eine heftige und plötzliche Furcht (...) stürzen", die Adelung eben assoziiert ist mit: „im Schwindel herum taumeln"[676]. Auch im erörterten Freudschen Sinne des Schrecks ist Poetik des Schwindels solcher Schreck: Sie sucht systematisch und vorsätzlich den Schreck, den „Zustand, in den man gerät, wenn man in Gefahr kommt, ohne auf sie vorbereitet zu sein", das „Moment der Überraschung"[677]. Technik der Veranstaltung des schwindligen poetischen Sprechens wird, in derselben Freudschen Terminologie, die systematische gewaltsame „Durchbrechung des Reizschutzes", über den er physiologisch spekuliert, des seelischen Apparates sein[678], präzise die blitzartige „Überschwemmung des seelischen Apparates mit großen Reizmengen", die keiner Erledigung mehr zugeführt werden können. „Solche Erregungen (...), die stark genug sind, den Reizschutz zu durchbrechen, heißen wir *traumatische*."[679] „Nach Innen zu ist der Reizschutz" gar prinzipiell unmöglich, „die Erregungen der tieferen Schichten setzen sich direkt und in unverringertem Maße (...) fort"[680], die Psyche ist ohne allen Schutz[681], notiert Freud, und eben im Innersten des, keinesfalls als reale Person gedachten, Lesers soll selbsttätig die vollständige Exaltation der Phantasie, der

---

[675] Kant, *Anthropologie*, S. 587 (B 211; A 212).
[676] Adelung, *Wörterbuch*, Artikel „Schwindel".
[677] Freud, *Jenseits des Lustprinzips*, S. 223. Freud differenziert dort Angst, Furcht und Schrecken („Angst bezeichnet einen gewissen Zustand wie Erwartung der Gefahr und Vorbereitung auf dieselbe, mag sie auch eine unbekannte sein; Furcht verlangt ein bestimmtes Objekt, vor dem man sich fürchtet", ebd., S. 222f.). Präzise wäre im folgenden in der Freudschen Terminologie immer von „Schrecken" zu sprechen.
[678] Ebd,. S. 240.
[679] Ebd., S. 239.
[680] Ebd., S. 238.
[681] Es bliebe lediglich die „Projektion": die „inneren Erregungen" „so zu behandeln, als ob sie (...) von außen her einwirkten", ein absurdes „Abwehrmittel" (ebd., S. 239).

Taumel, erregt werden. Und zwar präzise an dem Punkt, an dem das „von außen" Einbrechende nicht mehr erledigt werden kann. In seiner Abhandlung über die Angstneurose spricht Freud von diesem Moment als „Schwindel", „Abgrundschwindel"[682]. In der Betonung des Schrecks wäre wiederum eine entscheidende Differenz der, in vielem affinen, Poetik des Unsinns Menninghaus' und einer Poetik des Schwindels festzuhalten, solcher Schreck hat mit Unsinn nicht zu tun.

In der sich selbständig steigernden „wunderbaren Schnelligkeit" der Vorstellungsfolgen, die sich „mit jedem Augenblicke (...) verdoppelt", Merkmal der schwindligen Einbildungskraft, den „zu schnellen Folgen ihrer Vorstellungen" (Herz) und ihren „schnellen und ungeordneten Übergängen" (Moritz) kommt es, wie in den diversifizierenden Wechseln, zur Überproduktion von Vorstellungen, Bildern und Assoziationen. Die Phantasie verursacht sich selbst eine verheerende quantitativ-ökonomische wie dynamische Krisis, ein „fürchterliches Chaos" an Vorstellungen, die sie nicht verarbeiten, nicht vernünftig ordnen kann zu einem vernünftigen, verständlichen Zusammenhang, nicht einmal einzeln sind sie zu fixieren. „Die Fülle der Bilder überströmt uns" (*DüD* I 89), sie „schießen" durch den Kopf – „die Phantasie durchläuft", bis zum selbstbegründeten Exzeß, „in einer wunderbaren Schnelligkeit tausend und tausend Gegenstände" (*ShW* 712). Die freigemachte „unbegreiflich schnelle Beweglichkeit der Imagination" (*ShW* 703) generiert selbst schon die ständigen Bewegungen und Wechsel. Unentwegt irren neue hektische und instabile Vorstellungen durch die Seele, ein, allerdings fürchterliches, „willkürliches mannichfaltiges Spiel" (*AM* 209). Die inkommensurable Beschleunigung und die andauernden Variationen sorgen in den Vorstellungen – Augenblicke lang, bevor es zum zwangsläufigen Kollaps kommt – für eine „schädliche" Abundanz, Redundanz und Iteration. Augenblicklich werden zudem die Vorstellungen einzelner Textstellen wie des Text-Ganzen fortlaufend umgekehrt, keine Vorstellung, keine Signifikation, hat Bestand. In der „unbegreiflich schnellen Beweglichkeit der Imagination" werden in „zwei auf einander folgenden Momenten ganz verschiedene Ideen an einen und denselben Gegenstand [ge-]knüpf[t]" (*ShW* 703). „Durch eine plötzliche Umwendung" wird eine „andre" „Seite des Gegenstandes erblickt" und die „Imagination davon, wie von einem gewaltigen Schlage, getroffen" (*ShW* 703). Reformuliert noch in Tiecks zentralem Theorem der Novelle: wenn sich alles „unerwartet völlig umkehrt", dort allerdings ist es nur ein „Wendepunkt", Ziel sind nicht mehr die anhaltenden plötzlichen Umwendungen. Zum Thema werden diese bereits im *Almansur* (1789), indes sind sie dort eben nicht, wie in der Poesie des Schwindels, selber Konstituens des poetischen Verfahrens, selber Erzählpraxis, sondern ein bloß Erzähltes, ein stetig wiederkehrendes Motiv. Wenn sie noch im *Eckbert* vielfach als Motiv wiederkehren, haben sie als Motiv

---

[682] Sigmund Freud, Über die Berechtigung von der Neurasthenie einen bestimmten Symptomenkomplex als 'Angstneurose' abzutrennen, in: ders., *Gesammelte Werke*, Erster Band, *Studien über Hysterie*, 4. Aufl. Frankfurt a. M. 1972, S. 321.

ihre Funktion verändert und sind zur Selbstzitation des Textes geworden. „Dieser Palast", in den Nadir gelangt, „ist zugleich auf eine wunderbare Art mit Gemälden ausgeziert, sie sind doppelt; auf der einen Seite stellen sie alles ernsthaft, auf der andern dasselbe lächerlich dar", „dieser Zuschauer weint gerührt, jener auf der andern Seite lacht" (*Alm* 45) und „immer wechselnd". Der „kleine Zwerg" mit dem „ungeheuren Kopf" im *Blaubart* macht „die wunderlichsten Gebehrden, so daß man nicht sagen konnte, ob es fürchterlich, oder ob es lächerlich war". Das Gesicht der „Alten" im *Eckbert* ist in „ewiger Bewegung", andauernd changiert das Bild von Komischem und Fürchterlichem, Gewöhnlichem und Wunderbarem, und das „eigentliche Aussehen" ist nimmer zu identifizieren. Erleiden in den Umkehrungen Text-Vorstellungen in logisch-sprachlichen Oppositionen das bezeichnete Oszillieren, so changiert in den allgemeinen stetigen Wechseln und unaufhörlichen Bewegungen auch gänzlich Disparates, zueinander Kontingentes.

In der Zuspitzung des vom Text betriebenen Durcheinanders der Vorstellungen kommt es zur Vermischung, zum „Ineinanderfallen" – zur Indistinktion einzelner, konträrer oder auch nichtkonträrer Vorstellungen, der, eingehend erörterte, schlimmste Defekt der Einbildungskraft. Die Vorstellungen „fallen (...) alle ineinander", dahin soll die Vorstellungsverwirrung vom Text gebracht werden, „die Seele unterscheidet sie nicht mehr deutlich, sondern stellt sie sich als ein verworrenes Ganze vor (...), endlich geräth sie selbst in den Zustand der Verwirrung"[683]. Alle Vorstellungen „flossen daher entweder in eins zusammen, verdrängten sich einander, oder verwirrten sich untereinander"[684]. „*Aucune idée [...] distincte*", mit Jacques Cazottes *Le diable amoureux* exponiert Tieck seine Bestimmung des Begriffs, den er wieder und wieder reformuliert, zu beziehen wiederum direkt auf die beabsichtigte Wirkung des Textverfahrens, „*mêlant le grotesque au terrible; [...] enfin le mensonge à la vérité; le repos à la veille; de manière que votre esprit confus ne distingue rien*" (*ShW* 704). Im *Phantasus*-Rahmengespräch heißt es: „In diesen Natur-Märchen mischt sich das Liebliche mit dem Schrecklichen, das Seltsame mit dem Kindischen, und verwirrt unsre Phantasie bis zum poetischen Wahnsinn" (*Ph-Rg* 113), im *Runenberg*: „Das Seltsamste und das Gewöhnlichste" – die Vermischung schlechthin, homolog den Vermischungen von Traum und Wachen, Wirklichkeit und Einbildung – „war so in einander vermischt, daß er [Christian] es unmöglich sondern konnte" (*Rub* 193) und im *Eckbert*: „das Wunderbare vermischt sich mit dem Gewöhnlichsten" (*Eckb* 145). Die Vermischung wird, als zentrales Moment des ästhetischen Schwindels, zu einem der grundlegenden Termini Tiecks. Allgemein avanciert er zu einem der kanonischen Begriffe der gesamten Frühromantik, freilich ist er bei den verschiedenen Autoren jeweils in ihren besonderen Kontexten zu konturieren. „Hier begegnet bereits der für Tiecks Denken vielleicht

---

[683] Herz, *Versuch über den Schwindel*, S. 174.
[684] Moritz, *Schöpfungsgeschichte*, S. 787.

typischste Topos"[685], in den Beschreibungen allerdings wird Tiecks alles entscheidende Unterscheidung dieses Topos im „heiteren" und „fürchterlichen Wunderbaren" unterschlagen, in letzterem gibt es eben keine „totale Diffusion von Banalität und Wunder"[686]. Will Poesie des Schwindels zuletzt, über den Taumel der Textvorstellungen hinaus, dem Leser „wirklich" die Interferenzen und Indistinktionen von Wirklichkeit und Chimärischem erzeugen, d.h., die Unfähigkeit, eine Vorstellung einmal als Realität, einmal bloß als Einbildung zu prädizieren, die direkt in den Schwindel und das Zunichte machen beider Vorstellungen führt, geht es zunächst um die im Text immanent gesetzten Distinktionen der Vorstellungen von Wirklichkeit und Chimäre. In heimtückischer Weise benutzt Poesie des Schwindels das Wirkliche, das ihr bloß ein Produkt bestimmter Narrativik ist, in ununterbrochenem Wechsel mit dem Märchen (am *Eckbert* mustergültig zu demonstrieren).

Sollen die Vorstellungen vom Text den „unaufhörlichen Verwirrungen" erliegen, erliegen sie präzise dem, was als Störung und Regellosigkeit der Phantasie notiert wurde und doch nur ihre natürliche „gesetzlose Freiheit" darstellt (wie in Kap. III gesehen übereinstimmend beschrieben und bewertet bei Maimon, Herz, Moritz, Kant, Fichte und Hegel). Die Vorstellungen vom Text erleiden das konstatierte „Auseinander-", „Durcheinander-" oder „Ineinanderfließen"(„-fallen"), das Sich-„Durchkreuzen", „untereinander" „Verdrängen", „sich Verwirren" und „beständige Herumgetriebensein" „von der einen zur andern", die „wilde Unordnung", das „Zufällige", das „leicht Überspringende" und „Unregelmäßige". Keine der Vorstellungen, beschreibt Tieck die sich summierenden, gegenseitig multiplizierenden beständigen Irritationen des Textes, „bleibt stehend und fest, eine wälzt sich über die andere" (*BTW* 113), abrupt wenden sie sich um, wechseln, vermischen sich. Ein „furchtbares Chaos" (*Ph-Rg* 113), „Durcheinanderstürmen eben so mannigfaltiger Affekte und Vorstellungen" (*ÜdKSh* 656), „die (...) entstehen und vergehen (...) kein rechter Zusammenhang, sie kommen und verschwinden" (*DüD* I 89). „Wir finden nichts, worauf wir unser Auge fixieren könnten; die Seele wird in eine Art von Schwindel versetzt" (*ShW* 704), „so wie der körperliche Schwindel durch die schnelle Betrachtung von vielen Gegenständen entstehen kann, indem das Auge auf keinem verweilt und ausruht" (*ShW* 712). Ganz im Sinne des Kantischen Schwindels wie des Maimonschen, Moritzschen und Herzschen soll das schwindlige Sprechen „schnell" den „die Fassungskraft übersteigenden Wechsel vieler ungleichartige[r]"[687] Anschauungen bewirken. Texttaumel soll, in Kants Begriffen, den „Raptus" bewirken und noch weitertreiben, die vollends entfesselten „Überfälle der Regellosigkeit", „unerwarteter Absprung", die „sich niemand gegen-

---

[685] Hölter, *Tiecks Frühwerk*, S. 1240.
[686] Rosemarie Hellge, *Motive und Motivstrukturen bei Ludwig Tieck*, Göppingen 1974, S. 183.
[687] Kant, *Anthropologie*, S. 465 (B 67, 68 A 75, 76).

wärtigt", und „plötzliche Wechsel"[688]. Bei keiner Vorstellung des Textes, vom Text, bei keinem Zusammenhang der Vorstellungen vom Text, der allein das Text-Ganze begründen könnte, ist zu verweilen, auszuruhen. Keine Vorstellung, ephemere „Phantome" bloß, erhält „zu viele körperliche Konsistenz" (*ShW* 702). Den Vorstellungsverbindungen widerfahren unentwegte Diffraktionen. „Nie" kann man „auf irgend einen Gegenstand einen festen und bleibenden Blick heften", die Aufmerksamkeit ist „beständig zerstreut, und die Phantasie", die Vorstellungen vom Text, „in einer gewissen Verwirrung" gehalten. Nimmer ist, der *Eckbert* spielt vielfach mit den Bebilderungen seiner immanenten Poetik, in der „ewigen Bewegung" das „eigentliche Aussehn" zu fixieren (*Eckb* 133). Nichts ist in dieser substanzlosen Transition zu fixieren, zu unterscheiden oder gar zu identifizieren. Alles Verhinderungen der Identität und Dauer einzelner Vorstellungen, Verhinderungen der Entstehung eines diskreten Sinns, Verhinderungen der vernünftigen, verständlichen Verbindungen der Vorstellungen. Alle Vorstellungen werden im unablässigen Hin und Her und Verkehren bis zur Zerstörung zerrüttet, keine ist weder sicher behauptet noch sicher verneint. Der Text wird radikal „Unbegreifliches", weil – streng homolog wiederum zum Innersten der Seele und ihren Äußerungen – die erzeugten Vorstellungen von Text in der Art und Weise, wie sie erzeugt werden und sich bewegen, sich zugleich zerstören und eine Konstruktion seines Innersten, seines „eigentlichen Aussehens" oder seiner Bedeutung beharrlich verhindern. „Wir verlieren in einer unaufhörlichen Verwirrung den Maßstab", formuliert Tieck in *Shakespeare's Wunderbares*, Verstand, Verstehen ist suspendiert, präzise Rekapitulation der Theorien des Wahnsinns, „nach dem wir sonst die Wahrheit zu messen pflegen; (...) und wir geben uns am Ende völlig den Unbegreiflichkeiten Preis" (*ShW* 692). Gründlich irritiert wird „unsre Urteilskraft", bis zum Verlust „alle[r] Kennzeichen der Wahrheit und des Irrtums" bzw. der Einbildung (*ShW* 704). An der Urteilskraft, in schwindligem Sprechen zum sofortigen Verscheiden gebracht, hängt bei Tieck (wie bei Kant) die Fähigkeit der Unterscheidung allgemein, insbesondere der von Innerem und Äußerem, Wahrheit und Chimäre, Freuds bereits zitierte „Realitätsprüfung". Der Texttaumel, paradigmatisch der des *Eckberts*, erzählt nicht nur unentwirrbar von der figuralen Unfähigkeit, „das nur Vorgestellte von dem Wahrgenommenen zu unterscheiden und so die Differenzierung der Innenwelt von der Außenwelt herzustellen, (...) das objektiv Wahrgenommene mit dem Vorgestellten zu vergleichen und dessen eventuelle Entstellungen zu *berichtigen*"[689]. Er selber, das Erzählen, erzählt aus dem Defekt dieser Fähigkeit zu solcher Realitätsprüfung heraus bzw. macht diesen Defekt selbst zum Modus und Motor des Erzählens und – das ist das Entscheidende – verursacht denselben Effekt in der Leserphantasie, dem einzigen Ort, Substrat des Textes.

---

[688] Kant, *Anthropologie*, S. 527f. (BA 141,142).
[689] Laplanche, Pontalis, *Vokabular der Psychoanalyse*, S. 434.

Tiecks ästhetische, poetologische Postulate, gebildet in der Umsetzung der betrachteten Modi der entbundenen Phantasie, lesen sich unmittelbar als Aufzeichnungen der seltsamen Gesetze der „gesetzlosen Freiheit" der „erhitzen Einbildungskraft, die sie in den Bewertungen Moritz, Maimons, Kants oder Fichtes gegen ihre eigentliche Funktion, Wirklichkeit zu konstituieren, das „Mannigfaltige" zur „Einheit" zu synthetisieren, nun in Opposition zu dieser Wirklichkeit bringt, in Opposition zur „Wahrheit" und „Vernunft". Das Mannigfaltige, genauer, das Mannigfaltig-Machen wird vom Texttaumel gezielt zur restlosen Sprengung der Einheit und der Kohärenz eingesetzt, ein Vorhaben, das noch den Frühromantikern, Fichte, den Schlegels und Novalis krank ist. Gelten die Bemühungen der genannten Theoretiker solcher defekten Einbildungskraft, auch die der Frühromantiker noch der Prävention und theoretischen wie praktischen Bekämpfung ihrer pathologischen, pathogenen Überpotenzierung, gilt Tiecks Bemühung zunächst eben ihrer Aktualisierung. Poetik des Schwindels ist Poetik der defekten, sich selbst bis zum Zusammenbruch exaltierenden Phantasie. Solches „Gift" ist sie ganz willentlich, wenn auch in einem ganz anderen Sinne als die Erfahrungsseelenkundler es sich dachten, als sie von diesem Gift sprachen. Gift ist sie den („Gesundheits"- und „Wahrheits"-)Konstrukten, die die Prädikationen „krank" und „giftig" überhaupt erst aussprechen, den neuen Selbstkonstrukten und Selbstpraktiken. Gift ist sie ebenso den frühromantischen Konzepten der Schlegels oder Novalis', so der romantischen Ironie oder dem unendlichen Sinn. Invertiert man die Warnungen vor der „willkürlichen Einbildungskraft", so formuliert sich ein Initial der „Frühromantik" Tieckscher Signatur, die „muthwillige" Hinwendung zum, poetisch zu lösenden, Wahnsinn. Poesie des Schwindels will in der Tat erzeugen, was Kant lediglich „krankhafte" wie „fatale" „Verrückungen des Geistes" sind (begriffliche Differenzierungen dessen, was bei Maimon, Herz, Moritz und Tieck wie in der Zeit allgemein allesamt Momente des Wahnsinns, d.h., der kulminierenden Störung der Einbildungskraft sind). Vornehmlich soll der Texttaumel das Vermögen demontieren, „seine Vorstellungen auch nur in den zur Möglichkeit der Erfahrung nötigen Zusammenhang zu bringen", das eben ist der Schwindel als der „die Fassungskraft übersteigende Wechsel vieler ungleichartige[r] Empfindungen" und Vorstellungen. Er soll vorsätzlich die erörterte „Unsinnigkeit (Amantia)" bzw. die „tumultuarische Verrückung" herstellen. Unablässig sollen, der *Eckbert* spielt damit, so viele „Einschiebsel... [der] lebhaften Einbildungskraft" gemacht werden, „daß niemand begreift", was man hatte „eigentlich sagen wollen". Das ist ein zentrales Moment des Schwindels, der indes über die Produktion des „Unsinns" hinausgeht. („Unsinnigkeit" ist, auch bei Kant, als ein besonderer Seelenzustand vom „Unsinn" zu differenzieren[690]; die gänzliche Regellosigkeit der

---

[690] Menninghaus' Distinktion von „Unsinn" und „Wahnsinn" bei Kant – als Verschiebung des Genie-und-Wahnsinn-Topos zur Liaison von Genie und Unsinn" (Menninghaus, *Unsinn*, S. 34) –, der den Begriff des Wahnsinns differenziert in Begriffe, die bei Tieck alle noch unter den Begriff des Wahnsinns fallen, schlicht auf Tieck zu übertragen und

Phantasie, ihre umfassend zergliederte gesetzlose Freiheit bringt Unsinn eben auch im Sinne des Wahnsinns hervor – „die regellose [Phantasie] nähert sich dem Wahnsinn", heißt es deutlich an exponierter Stelle in der *Anthropologie*[691]. Der äußerste Punkt der „Regellosigkeit" der Phantasie ist nicht der „Unsinn", sondern das „Sinnleere"[692]; Unsinnigkeit als „tumultuarische Verrükkung" ist, wie gesehen, eine Differenzierung des geläufigen Begriffs des Wahnsinns.) Schwindel betreibt an der Wurzel die Zerlegung jedes Sinns, der Entstehung, Schaffung jedes Sinns: Die Zerlegung der Bildungsfunktion von identischen, identifizierbaren Vorstellungen – solche Vorstellungen bedürfen eben der unentwegt verhinderten „Dauer und Festigkeit" – sowie der Möglichkeit bzw. Fähigkeit ihrer vernünftigen Verbindung zu ganzen Vorstellungskomplexen. Die Leser-Phantasie erlebt in der Affektion durch den Texttaumel eine vollkommene Dekomposition.

Werden die Vorstellungen und Vorstellungszusammenhänge vom Text solchermaßen in der schwindligen textuellen Praxis unablässig bis zur lichtlosen Implosion irritiert, ist der Text nicht bloß Unbegreifliches, fürchterlich Wunderbares und so hergestelltes Homolog der „Seele", sondern unumwunden eine direkte Praxis gegen das Begreifen. Wurde formuliert, daß sich Poesie des Schwindels im Desiderat ihrer Wirkung, den Schwindel zu lösen und nicht als Desiderat einer Bedeutung, eines Sinns bildet, wäre dieser Bescheid dementsprechend zu verschärfen. Sie gründet sich gegen das Bedeuten, als ein ausgeklügeltes, absichtliches Unbegreiflich-Machen: „muthwilliger Wahnsinn", d.i. leerer Sinn. Zu verursachen sind vom Texttaumel mit Vorsatz der „Verlust aller Ordnung", „Regelmäßigkeit" und „faßlichen Abstechung", der „Klarheit und Deutlichkeit" sowie der „faßlichen Zusammenhänge" im Vorstellungsvermögen, der Seele überhaupt, Prädikate, an denen die historische Vorstellung von Verständlichkeit und, grundlegender noch, die Vorstellung der Möglichkeit von Verständlichkeit hängen. Sämtliche „Merkmale, woran wir unsere eigenen Vorstellungen von einander unterscheiden konnten", werden zerstört, diese „flossen daher entweder in eins zusammen, verdrängten sich einander, oder verwirrten sich untereinander"[693]. Herz formuliert denselben Sachverhalt: „Jede einzelne Vorstellung", unmittelbar, wie Moritz' Notiz, als Instruktion einer Poesie des Schwindels zu lesen, von Tieck eben in *Shakespeare's Wunderbares* punktuell in teils wort-

---

dann festzuhalten, Tieck transformiere poetisch-poetologisch gar gegen den Begriff des Wahnsinns nichts als den Kantischen Unsinn (ebd, S. 32ff.), gilt indes, wenn überhaupt, nur als Konstruktion der Poetik der *Sieben Weiber des Blaubart*. Menninghaus' mal dekonstruktive, dann plötzlich affirmative Nachzeichnung der Kantischen Distinktion ist zudem, wie diese selbst, nicht homogen. Für die Poetik des *Eckberts* bleibt der Begriff des Wahnsinns, wie ihn der Text und auch Tiecks poetologische Äußerungen benennen die Quelle (von Menninghaus übergangen, vgl. Fußnote 131 dieses Kapitels).

[691] Kant, *Anthropologie*, S. 485 (BA 92).
[692] Ebd., S. 468 (B 71).
[693] Moritz, *Schöpfungsgeschichte*, S. 787.

wörtlichen Übereinstimmungen vorgenommen, „verliert ihre Klarheit und Lebhaftigkeit (...) die Seele unterscheidet sie nicht mehr deutlich, sondern stellt sie sich als ein verworrenes Ganzes vor, in dem sich weder Ordnung noch faßliche Abstechung der Theile findet; und endlich geräht sie selbst in den Zustand der Verwirrung: einen Zustand, der eigentlich den Schwindel ausmacht"[694]. Wie gesehen, verhindern allein schon die „zu große Schnelligkeit" in den Vorstellungsfolgen, die inkommensurablen Plötzlichkeiten und plötzlichen Umwendungen der Vorstellungen grundlegend die Begreiflichkeit der Vorstellungen, also bereits die Modi, in denen die gelöste Phantasie produziert. Genau diesen Untergang von „Einigkeit und Klarheit im Denken" sieht Moritz von den inkommensurablen Bewegungen der Einbildungskraft im Traum, in dem sie sich ungehindert „freimachen", gefährdet, deswegen müssen sie verdunkelt werden, „wenn die Denkkraft in einem gesunden Zustande bleiben soll"[695]. Wollte die Erfahrungsseelenkunde delphischen Impetus' im Traumstudium durch das Studium des „Unterschieds zwischen Traum und Wahrheit die Wahrheit selbst auf festere Stützen (...) stellen, um dem Gange der Phantasie und dem Gange des wohlgeordneten Denkens bis in seine verborgendsten Schlupfwinkel nachzuspähen"[696], will Tieck im schwindligen Sprechen sodann den Gang der Phantasie gegen den Gang der Vernunft ausspielen. Vernunft wird absichtlich im Denken „gestört", Ordnung, Verständigkeit und verständiges Sprechen schwinden, heißt es im *Phantasus*-Gedicht Tiecks (PhG 349). Der „Krieg" der Poesie des Schwindels gilt der „Einigkeit und Klarheit im Denken", um die Moritz – und nicht nur er – besorgt ist. Die Aggression visiert genau den „notwendigen, objektiven, verständigen, vernünftigen Zusammenhang" der Vorstellungen vom Text und allgemein des Leserverstandes. Vernunft und ihre Organe, Verstand, Urteilskraft und Erinnerung sind ausgelöscht, mit dem Verstand seine Kategorien; „da werden unsere Vorstellungen nicht von den Kategorien des Verstandes beherrscht", alles fließt (...) auseinander, durchkreuzt sich in wilder Unordnung"[697]. Die überhitzte Einbildungskraft erleidet die Verkehrung ihrer originären Funktion: Statt Einheit in das Mannigfaltige der Anschauung zu bringen, sprengt die von ihr hektisch generierte, vollends chaotische Mannigfaltigkeit alle Einheit. Unmöglich ist es dann, so Kant, daß die „Sukzession der Phänomene" sich zu einer „eindeutig-bestimmten, gesetzlichen" Ordnung synthetisieren läßt, daß sich „allgemeingültige, objektive Zusammenhänge" ergeben. Im Vokabular der, betrachteten, Fichteschen Spekulation über die Einbildungskraft soll schwindliges poetisches Sprechen präzise das verfolgen – wiederum formuliert sich die Poetik des Schwindels als Inversion –, was es nach Fichte zu vermeiden gilt: daß die „Anschauung völlig vernichtet und aufgehoben" ist[698], einfach

---

[694] Herz, *Versuch über den Schwindel,* S. 174.
[695] Moritz, *Magazin*, Bd. I., S. 30.
[696] Moritz, *Magazin*, Bd. IV., S. 23.
[697] Hegel, *Enzyklopedie der philosophischen Wissenschaften,* § 399, S. 93f.
[698] Fichte, *Wissenschaftslehre*, S. 232f.

„leer", in einer vollends undialektischen Weise vernichtet. Die Distinktion zur ästhetischen Spekulation Fr. Schlegels und Novalis, die Fichtes Einbildungskraft weiterführen, ließe sich hier deutlich demonstrieren. Was die Poetik des Schwindels verfolgt, bliebe diesen Spekulationen schlicht Wahnsinn, zerstörte Einbildungskraft, und verpaßte in ihrem Sinne das Entscheidende. Dazu, zur völligen Vernichtung der Anschauungen nämlich, kommt es, wenn die Einbildungskraft wirklich nur „schwebt" – nicht mehr zwischen der Bestimmung und dem Unbestimmtsein, sondern in der Bestimmung und Nicht-Bestimmung durch beide Momente – und in keiner Weise von keiner Instanz mehr fixiert werden kann. Die ganze ideale Konstellation ist zerstört („Der Verstand läßt sich als die durch Vernunft fixierte Einbildungskraft, oder als die durch Einbildungskraft mit Objekten versehene Vernunft beschreiben"). Der Texttaumel zielt eben genau auf die Verhinderung der Forderung, daß die Anschauungen „fixiert werden [müssen], um als Eins und Ebendasselbe aufgefasst werden zu können"[699] und veranstaltet mit Vorsatz genau ein solches sinnliches Anschauen, daß zuletzt „nichts ist, worauf wir unser Auge fixieren könnten" (ShW 704). Die produkive Einbildungskraft wird übermäßig stimuliert, bewußt über den kritischen Punkt hinaus, ihre ruhelos produzierten Anschauungen und Realitäten wenden sich jäh in unfaßbar schneller Beweglichkeit um, wechseln unentwegt, vermischen sich: das bezeichnete Oszillieren, Changieren und Fragmentieren der niemals sich fixierenden Anschauungen bis in den seltsamen schwindligen Exzeß. Konterkariert wird von den Modi der entbundenen Produktion unentwegt das „Eins und Ebendasselbe", die Fixierung, eine undialektische Unendlichkeit und Unordnung entsteht. Die reproduktive Einbildungskraft kann die Anschauungen der übermäßig stimulierten produktiven Einbildungskraft nicht mehr reflektieren, die Synthese in der „absoluten" oder „reflectirenden Einbildungskraft" als „Mittelvermögen" wird unmöglich, Verstand, Vernunft, Reflexion sind suspendiert und vermögen keine vermittelnde Funktion mehr auszuüben. Vernichtet ist damit, gleich besprochen, wesentlich die die frühromantische Ästhetik grundlegende Kantische „ästhetische Idee", die in ihrer forcierten Formulierung bei Novalis oder Schlegel mit ihrem Begriff der romantischen Ironie konvergiert; zuletzt ist diese Ironie nichts als eine Spezifikation der Fichteschen spekulativen Einbildungskraft, „die schwebende Mitte" zwischen Bestimmung und Bestimmungslosigkeit. „Das aber soll nicht geschehen", genau dieses nämlich wäre dann die schwindlige Einbildungskraft, der Kollaps bzw. die Selbstvernichtung der Phantasie. Inszeniert wird poetisch die restlose Entbindung der produktiven Einbildungskraft (bei Tieck wäre immer bloß von ihr zu sprechen) gegen die reproduktive Einbildungskraft, so daß das Mittelvermögen der absoluten Einbildungskraft, das eins ist mit dem Verstande, gar nicht erst möglich wird. Konserviert, vor allem aber hintertrieben wird, indem Tieck die transzendentale Funktion der Einbildungskraft antitranszendental enden läßt, jedwede skizzierte früh-

---

[699] Ebd., S. 232.

romantische transzendentale Nobilitierung der Phantasie. Produktive Einbildungskraft ist „keine Reflexion"[700], also Nicht-Ich und radikal Unwillkürliches[701]. Sie wird gegen die absolute Identifikation von Ich und Nicht-Ich als erhitzte Phantasie, d.i. Nicht-Ich, so weit potenziert, daß es sich der Re-Identifikation, der Reflexion sperrt.

Der „notwendige, objektive, verständige, vernünftige Zusammenhang" der Vorstellungen ist dem historischen Begriff Prämisse des Verstehens und korrelativ des Unverständlichen. Exemplarisch bei Schleiermacher: Je mehr der „Gang der Vorstellungen" in „ständiger Veränderung" ist, und genau dieses betreibt das schwindlige poetische Sprechen, „desto mehr hat der Zustand Analogie mit dem Träumen, und das ist das rein Unverständliche". Dieses rein Unverständliche ist kein hermeneutisch-dialektisches Unverständnis und Mißverstehen mehr, das bei Fr. Schlegel zum Fundament der frühromantischen Hermeneutik wird[702], „eben weil es keinem Gesetz des Zusammenhanges folgt und so nur zufällig erscheint"[703]. Sämtliche Vorstellungen sind schlicht „völlig vernichtet und aufgehoben", ganz wie in Hegels und Kants Definitionen, und wieder wird der Defekt der Vorstellungen am Traum illustriert. Poetik des Schwindels visiert, daß „jeder Vorstellungszusammenhang (...) an und für sich ein Moment und somit vorübergehend" ist und steigert dieses Ephemere gegen die „Wiederholbarkeit", die erst ein Akt des Willens ist. Verhindert wird, daß überhaupt „etwas Bleibendes" identifiziert werden kann, die, in Schleiermachers Terminologie, „Meditation"[704]. Schwindet alles Bleibende, wird das Wechselnde übermäßig – und genau das ist das Programm und die Praxis der schwindligen Poesie, so „verschwände jede Vorstellung im Moment selbst und unser Gesamtsein ginge in dem jedemaligen Moment auf"[705], warnt Schleiermacher. Nichts mehr kann das „momentane Verschwinden" überwinden – wieder formulierte sich das Postulat der schwindligen Poesie zunächst in der Positivierung dieser Warnung. Präzise diesem Den-Zusammenhang-Einsehen arbeitet die Poesie des Schwindels entgegen. Ideal ist es, diese Zusammenhänge andauernd zu zerschlagen, die „Einheit im Bewußtsein" als „Ganzem" permanent zu torpedieren. „Einer der widerstrebendsten Gedanken", so Tieck, „ist für mich der des Zusammenhanges. (...) Ist es nicht (...) aufrichtiger, einfach zu bekennen, daß wir ihn nicht wahrzunehmen vermögen (...) daß man sich resigniere?"[706] Poesie des Schwindels arbeitet gegen die Hybris des Zusammenhang-Konstruktes, das

---

[700] Ebd., S. 234.
[701] Ebd., S. 230.
[702] Friedrich Schlegel, *Über die Unverständlichkeit*, in: *Kritische Friedrich-Schlegel-Ausgabe*, Bd. 2, S. 370. Vgl. Menninghaus' Ausführungen zu Schlegels „Unverständlichkeit" (*Unsinn*, S. 60f.).
[703] Schleiermacher, *Hermeneutik und Kritik*, S. 203.
[704] Ebd.
[705] Ebd., S. 204.
[706] Köpke, *Erinnerungen* II, S. 250.

eine ganze, unterschiedlich ausgestaltete Poetik hervorbrachte. Vornehmlich gegen alle Modelle des Begreifens der Seele und homolog, der Poesie, gegen die Herstellung der psychologischen Ordnung, die das zunächst von Tieck selbst verlangte Motivieren leisten sollte – den „Krieg" gegen das Begreifen in den besagten erfahrungsseelenkundlichen, psychologisch-hermeneutischen Figuren, die schon Moritz in eine psychologische Poetik und literarische Hermeneutik transformiert hatte. Der Widerstand der Poesie des Schwindels gilt, angesprochen ist das Zentrum dieser Poetik, zunächst der vom frühen Tieck selber geforderten Poetik der Motivation und des Entwickelns. Die Plötzlichkeiten, Umwendungen oder Vermischungen als narrativ-sprachliche Verfahren wie als Schicksal der Vorstellungen vom Text und dann aller Vorstellungen der Leser-Phantasie generieren das präzise Gegenteil einer motivierten, entwickelten und begreiflichen Relation der einzelnen Vorstellungen untereinander: bloß Zufall, Willkür und Wahnsinn, eine aktive Zersetzung der Arbeit am Zusammenhang. Die als *Der blonde Eckbert* exponierte Poetik des Schwindels agiert gegen die, von Blanckenburg wie Moritz exemplarisch konzipierte, Poetik der Psychologisierung, anders, gegen die Poetik des Motivierens und des Wirkung-Ursache-Zusammenhangs: penibel und minutös alles in „Verbindungen" zu erzählen, daß alles „in der genausten Verbindung als Wirkung und Ursache steh[t]"[707] und somit verständlich ist. Nur so wird das Leben des einzelnen als „wirklicher Lebenslauf" geboren, ist es kein Märchen mehr. Eine aufklärerische Modulation der Welt, des Lebens, ein aufklärerisches Erzählen, das alle Willkür, alles Märchenhafte gründlich bannen will, das durch die „kleine Welt", so Blanckenburgs Vokabel für die Poesie, allgemein erst „Wirklichkeit", die „wirkliche Welt" erschafft. Erzähltes und Erzählendes werden auf diese Weise bloß Wirkliches, Wirklichkeit ist dabei aufklärerisch impliziert als die Dimension, die, potentiell, restlos nach einem rekonstruierbaren, verstehbaren Ursache-Wirkung-Prinzip funktioniert. „Alle Veränderungen", so Kants zusammenfassende Formel, „geschehen nach dem Gesetze der Verknüpfung der Ursache und Wirkung", eine Formel, die ebenso zum vorrangigen narrativen Prinzip erhoben wird und den aufklärerischen poetischen Realismus ausmacht. Ganz gegen seine eigene Intention gerät Blanckenburg dann allerdings durcheinander mit den Welten und demonstriert unabsichtlich, daß das wirkliche Leben indes eben nicht rational funktioniert, sondern erst in seiner angeblichen poetischen Mimesis geschaffen wird. *Geschaffen* und *nicht abgebildet*: eine Inversion, die Tieck aufgreifen wird. Suspendiert die Poetik des Schwindels das Erzählen des Ursache-Wirkung-Prinzips und damit die Motivierung und Psychologisierung, gründet sie sich zunächst als Erzählen, als Poetik der „Wirkung ohne eine Ursache" (*ShW* 712). Wiederum aber verfestigt sich die polemische Inversion des geltenden Gebots nicht. Sie entgeht dieser reaktiven Dummheit, distanziert das Leben ebenso als „Märchen" wie als „wirklicher Lebenslauf", indem sie beide Begriffe

---

[707] Blanckenburg, *Versuch über den Roman*, S. 76.

sich gegenseitig an der Wurzel auflösen läßt. Im erzählten realisierten Texttaumel werden die Vorstellungen „Ursache-Wirkung" und „Wirkung ohne eine Ursache" unentwegt angespielt, montiert und demontiert bis zum Schwinden aller Vorstellungen[708]. Unentwegt wird die Leser-Phantasie vom Text provoziert, das *Eckbert*-Geschehen in der „genauesten Verbindung als Wirkung und Ursache" zu lesen, jedes Moment in der Stringenz des regressiven wie progressiven kausalen Nexus, der das Verfahren der narrativen Sukzession bestimmt („jede ... Begebenheit hat ein doppeltes Verhältnis; einmal ist sie *Wirkung* vorhergegangener – und dann ist sie *Ursache* folgender Begebenheiten"[709]), und zugleich, durch „tausend und tausend" quertreibende Vorstellungen und ihr bezeichnetes Fluktuieren daran gehindert, die „unbegreifliche Geschichte" dann wirklich so verstehen zu können. Aufgedrängt ist dann die alles hintertreibende Textvorstellung der Wirkung ohne eine Ursache. Beide Vorstellungen werden konsequent in die gegenseitige Auflösung getrieben, bis zum Schwindligwerden der Text- bzw. Leser-Phantasie. In der Poesie des *Eckberts* werden psychologische, motivierende Poetiken der Aufklärung, die sich korrelativ als Hermeneutiken schreiben, paradigmatisch Moritz und Blanckenburgs Entwürfe zitiert, instrumentiert, ironisiert in der stetigen Montage und Demontage, zuletzt lediglich zum Zweck, den Schwindel zu lösen.

Poetik und Poesie des Schwindels bilden sich, historische, ästhetische Zäsur und Re-Aktion, ganz offen und militant als anti-hermeneutische Praxis des Schwindeligmachens. Ein anti-hermeneutischer Impuls, der sich allerdings nicht versteift, nicht versteifen kann, zu einer allgemeinen, anti-hermeneutischen Position; auch dieser Impuls erleidet die, poetisch lancierte, Bewegung der gegenseitigen Auflösung beider Momente durch sich selbst. Dadurch wird die Poetik des Schwindels der Dekonstruktion, obgleich in anderem sympathisch, distinkt, die dekonstruktiven Operationen müssen dem programmatisch schwindeligen poetischen Sprechen, der programmatischen Unbegreiflichkeit bzw. Demontage des Begreifens, eine überflüssige Veranstaltung sein. Korrelativ wäre der Dekonstruktion der vorsätzlich inszenierte Texttaumel, die unablässige Nichtung des Sinns im Schwindel tautologisch, unfein und eigentlich unsinnig[710]. Zeigen de Man und Derrida die „geheimen" aber zwangsläufigen, vollends unbeabsichtigten „schwindelerregende[n] Möglichkeiten referentieller Verirrung" und die „radikale Suspendierung der Logik"[711] im poetischen Sprechen, welches nur das

---

[708] Hier wäre eine nicht unwichtige Differenz zu Brechts Poetik des „Sogenannten" und Menninghaus' *Poetik des Unsinns* zu markieren, denen die poetisch-ironische, nur operationelle Formel der „Wirkung ohne eine Ursache", des „sinnlosen Lebens" dann zur neuen Wahrheit wird (s.u.).
[709] Blanckenburg, *Versuch über den Roman*, S. 79.
[710] Poesie des Schwindels verhält sich zur Dekonstruktion allgemein ähnlich wie die von Menninghaus am *Blaubart* konstruierte „Poesie des Unsinns", vgl. Menninghaus, *Unsinn*, S. 17f.
[711] de Man, *Semiologie und Rhetorik,* S. 40.

Sprechen allgemein demonstriert als „rhetorische, figurative Macht der Sprache", bestehend aus einem Kollektivum von „Tropen und Figuren", ist diese, gar noch verschärfte, referentielle Verirrung und Suspendierung der Logik von Beginn an die beabsichtige Wirkung der, semiotisch freilich unreflektierteren, Poesie des Schwindels. Vehikel der Sinnstörung, die sich zudem nicht als a-historische kokettiert, ist keine semiologisch-rhetorische Reflexion, sondern eine besondere Narrativik, bezeichnete poetische Verfahrensweise, Sprachbegabung. Wahnsinn ist solches Sprechen mit Vorsatz, eine nicht kurzerhand einzuebnende Differenz, nicht erst, wie bei de Man in der filigranen semiotischen Dekonstruktion der romantischen Ironie, die er in der Tat dann als Wahnsinn bzw. „rhetorische Figur des Wahnsinns" bestimmt, eine Figur poetologischer Rhetorik, eben nicht eines Autors, der ihm bloß poetologische Metapher ist[712]. Ist es Eigenart der dissémination (allen Sinns), daß sie sich immer und grundsätzlich in jeder Sinnkonstitution simultan ereignet, so daß sie geradezu zum „Wesen" der Sprache wird, muß ihr die bewußte dissémination des Sinns, auf die die Wirkung des „Schwindels" zudem nicht zu reduzieren ist, absurd sein. Poetik des Schwindels geht in der Dekonstruktion ebensowenig auf wie im hermeneutischen Theorem, das de Man und Derrida in ihren originären Texten dekonstruieren; mit dem hermeneutischen Theorem spielt Poesie des Schwindels ein vernichtendes Spiel, was sie in eine Affinität zur Dekonstruktion bringt, das schwindlige Spiel, das hingegen ohne die hermeneutische Anstrengung nicht entstände. Das in besonderen narrativen Techniken begründete Wirken der schwindligen Poesie gegen die narrativen Techniken, Zusammenhang und damit die Gebilde des „wirklichen Lebenslaufes", der „inneren Geschichte" etc. erzählend herzustellen, ist zudem keine prinzipielles Wirken gegen den Sinn. Die Frage, ob Sinn prinzipiell möglich ist, ist ihr kein Horizont, auch die Tatsache, daß sie auf sein punktuelles Schwinden hinauswill, sagt über dieses Prinzipium nichts aus. Die Konzentration auf die narrative Komposition bzw. Dekomposition ist sein Spezifikum, das interruptive, polemisch-ironische Erzählen in Wirkungen ohne Ursache gegen die Parameter der Motivierung, Kausalität und Stringenz, um so die Vorstellungen unentwegt hin und her zu werfen, bis sie zusammenstürzen. Den Texttaumel braucht man im dekonstruktivistischen Sinne auch nicht erst „an sich selbst zu erinnern"[713], um das Verstehen brüchig werden zu lassen, der anti-hermeneutische Gestus, der hier gleichgültig ist gegenüber

---

[712] Paul de Man, *Die Rhetorik der Zeitlichkeit*, in: ders., *Die Ideologie des Ästhetischen*, hg. v. Christoph Menke, Frankfurt a. M. 1988, S. 114ff.„Die absolute Ironie ist ein Bewußtsein der Verrücktheit und damit das Ende allen Bewußtseins; sie ist ein Bewußtsein von einem Nichtbewußtsein, eine sich innerhalb des Wahnsinns vollziehende Reflexion auf den Wahnsinn." (Ebd.) Vgl. Moon-Gyoo Choi, *Frühromantische Dekonstruktion und dekonstruktive Frühromantik*, S. 191f.

[713] Derrida, in: *Mémoires* I, Für P. de Man, Wien 1988, S.167. „Dekonstruktion wird nicht nachträglich oder von außen, als ein technisches Instrument der Moderne, appliziert. Die Texte dekonstruieren sich (selbst) aus sich selbst heraus; es reicht aus, den Text oder die Texte an sich (selbst) zu erinnern."

der Auflösung eines Logos überhaupt, ist offen erklärter Agens. Er attackiert um so nachdrücklicher bestimmten historischen Sinn, bestimmte historische (Selbst-)Verstehens-Konstrukte und, grundlegender noch, historische Theorien und Praktiken der Sinnerschaffung. Bestimmtes historisches Begreifen, bestimmte historische Begriffe, die das Subjekt als in der bezeichneten Weise Begriffenes definieren, sollen sabotiert werden. Ein historisch spezifischer Selbst-Begriff ist in den, reaktiven, Schwindel zu bringen, spezifisch sind die Stimuli und Formen des Schwindels. Dennoch, abgesehen von der deutlich unterschiedlichen, dann aber unversehens doch ähnlichen Fundierung, gälte, wollte man den Begriff der Ironie im Sinne der Poetik des Schwindels formulieren, paradigmatisch de Mans Definition: „Die Ironie ist ein ungehemmter Taumel, ein sich bis zum Wahnsinn steigerndes Schwindelgefühl."[714] Noch der „ironische Prozeß", demonstriert an Baudelaire, der unablässig vom Schwindel spricht, reformuliert den Schwindel Tiecks, so das maniakalisch sich Potenzierende, das indes dem grundsätzlichen semiotisch-rhetorischen Diskurs schwer zugänglich ist. „Ein Prozeß [wird] in Gang gesetzt, der ganz und gar nicht harmlos ist. Er mag als beiläufiges Spiel mit einem losen Faden des Stoffes beginnen". Ähnliches ließe sich am *Eckbert* demonstrieren, aber schon nach kurzer Zeit wird das ganze Gewebe des Ichs [des Lesers] aufgetrennt sein und auseinanderfallen", präzise Barthes' „Sichverlieren, der Riß, der Bruch, die Deflation, das *fading*, das das Subjekt (...) ergreift"[715]. „Der ganze Prozeß läuft mit einer beunruhigenden Geschwindigkeit ab. Die Ironie besitzt eine ihr innewohnende Tendenz, ihre Bewegung zu beschleunigen und nicht anzuhalten"[716], eben bis in den „ungehemmten Taumel".

Der Schwindel, den die Poesie des Schwindels nur lösen soll, ist im Sinne Foucaults als „Aussaat von Widerstandspunkten", äußerst komplizierter, „transitorischer", „mobiler" Widerstandspunkte, zu lesen[717], ganz wie Menninghaus' Poetik des Unsinns, obgleich sie sich in den Mitteln, vorab in den narrativen Mitteln, von ihr erheblich unterscheidet (vgl. Fußnote 131). Er ist „Krieg" in den Worten Tiecks: „es ist lange genug mit der Ruhe versucht, der Krieg muß auch einmal zur Sprache kommen und zwar ganz anders, als er bis jetzt angefangen hat" (*BüSh* 158). „Es gibt Zeiten", in denen man „zu den Waffen greifen muß" (*BüSh* 156f.). Ein von Tieck ausdrücklich erklärter Widerstand gegen die in ei-

---

[714] de Man, *Rhetorik der Zeitlichkeit,* S. 113.
[715] Barthes, *Lust am Text*, S. 14.
[716] de Man, *Rhetorik der Zeitlichkeit,* S. 112.
[717] Foucault, *Wille zum Wissen* I, S. 118. Widerstandspunkte „gegen die Macht", aber „innerhalb der Macht" (Foucault arbeitet Derridas Kritik an seinem Projekt der „Archäologie des Schweigens" ein, vgl. Kap. III.1). Die „Machtverhältnisse" funktionieren „nur kraft der Vielzahl von Widerstandspunkten, die in den Machtbeziehungen die Rolle von Gegner, Zielscheibe, Stützpunkten, Einfallstoren spielen", wie diese „Widerstände" „nur im strategischen Feld der Machtbeziehungen existieren können – aber das heißt nicht, daß sie gegenüber der eigentlichen Herrschaft eine Folgewirkung, eine Negativform darstellen, die letzten Endes immer nur die passive und unterlegene Seite sein wird." (ebd., S. 116f.)

ner mächtigen Gewalt sich universell installierenden und „sich selbst parodierenden" neuen „Welt mit all ihren Sinnbemühungen" (*BüSh* 155), ein Widerstand gegen die neuen Theorien und Praktiken des Begreifens, zunächst und zuletzt des Selbstbegreifens. Ganz allgemein gegen eine neue, sich in den verschiedensten Bereichen ausbreitende Identifikationswut (vielfach, in verschiedenen theoretischen Koordinaten formuliert, prominent von Adorno, s.u.; Foucault beschreibt es als „Exekution der Unvernunft" oder „Exekution im Wissen"[718]). Menninghaus spricht vom Widerstand gegen das hermeneutische Paradigma, das er im Sinne Kittlers ganz allgemein als „Sinnpraxis" versteht; in den „Sinnschreibesystemen 1800/1900" seziert Kittler diese Sinnpraxis sowohl als allgemeine gesellschaftliche Praxis, mustergültig an den „Reformpädagogen" zu zeigen, wie auch, korrelativ, als Tendenz der verschiedensten intellektuellen, wissenschaftlichen Disziplinen[719]. Philosophisch-ästhetisch, als literarische Hermeneutik, formuliert sich diese neue Sinnpraxis vorab bei Fr. Schlegel, dem Schelling-Schüler Friedrich Ast, meist übergangen, aber äußerst wirkungsmächtig, und Schleiermacher. „Die Instituierung der Hermeneutik als einer neuen Leitwissenschaft ist der akademische Reflex dieser umfassenden Umwälzung des kulturellen Systems"[720]. Als Leitkategorien der „theoretische[n] Grundlegung dieser hermeneutischen Praxis" werden die Begriffe des Sinns, Zusammenhangs und Verstehens definiert[721]. Eine hermeneutische Praxis, die sich, wie einmal materialreich herauszuarbeiten wäre, als allgemeine „Sinnerwartung" und Attitüde des Lesen als Erwartung an die Literatur niederschlägt: das „neue hermeneutische Lesen", ein „eminentes literaturgeschichtliches Datum"[722]. „Das System der Literatur" wird „auf 'Sinn' als ihr Programm und ihr Qualitätskriterium umgestellt"[723]. Fortan herrscht „jene kulturelle Praxis des Verstehenwollens und -sollens, die (...) alle anderen Formen des Lesens und Schreibens verdrängt"[724], „mit dem Bruch des rhetorischen Paradigmas und der Emergenz des hermeneutischen ergeht dagegen vor allem *ein* Anspruch an die Literatur: unendlich sinnvoll zu sein"[725].

Poetik des Schwindels und Menninghaus' Poetik des Unsinns – Poetik der „A-Signifikanz und Nicht-Repräsentativität" im „Bruch mit dem rationalistischen Paradigma ästhetischer Vorstellung"[726] – interferieren solchermaßen teilweise, indem sie, teilweise, denselben „Krieg" führen. An die Seite des *Eckberts*

---

[718] Foucault, *Wahnsinn*, S. 534ff.
[719] Friedrich A. Kittler, *Aufschreibesysteme 1800/1900*, München 1985. Vgl. Menninghaus, *Unsinn*, S. 9ff.
[720] Menninghaus, *Unsinn*, S. 9.
[721] Ebd., S. 59.
[722] Ebd., S. 14.
[723] Ebd., S. 14.
[724] Ebd., S. 59.
[725] Ebd., S. 14.
[726] Ebd., S. 102.

wäre dann kurzzeitig der *Blaubart* zu stellen[727], reinster Exponent der zur selben Zeit geschriebenen „arabesken Märchenkomödien" als der „Poesie des Unsinns". Indessen gestalten diese sich anders, funktionieren und wirken auf eigene Weise; bringt der Unsinn die „Produktionslogik der Einbildungskraft in Gegensatz zu ihrer Realitätsfunktion", verfolgt der Schwindel den Zusammenbruch ihrer Realitätsfunktion in der entgrenzten Multiplikation dieser Produktionslogik. Schwindel verfolgt das gezielte „Ausleeren" des Sinns, die „Sinnleere", nicht den Unsinn[728], so Kants entscheidende Sondierung verschiedener Effekte der Einbildungskraft in ihrer äußersten „gesetzlosen Freiheit"[729]. Der Widerstand der Poesie des Schwindels als vorsätzlich Unbegreifliches gegen diesen neuen Anspruch an die Literatur und die philosophisch-literarische Hermeneutik im engeren Sinne ist indessen nur ein Moment, man könnte fast sagen ein geringes, des „Krieges" gegen die skizzierte allgemeine Praxis, die eben nicht nur theoretische Praxis ist, sondern das „Leben" und die „Seele" „wirklich" nach der „kleinlichsten Ökonomie" des „rechtlichen Bürgers" formen will. Poesie als der bezeichnete „Krieg" exekutiert die anti-hermeneutische Praxis

---

[727] Menninghaus dagegen stilisiert den *Eckbert* – das sogenannte romantische Kunstmärchen „vom Typ des *blonden Eckbert*" – pauschal als eine dem hermeneutischen Projekt kompatible „allegorische (...) Chiffre" (*Unsinn*, S. 23ff.), vgl. Kap. V, Fußnote 20.

[728] Kant, *Anthropologie*, S. 468 (B 71).

[729] Menninghaus, *Unsinn*, S. 8. „Schwindel", die Praxis und „Wirkung" seines Textes, unterbieten die Subtilität des „Unsinns" wie sie ihn an experimenteller Radikalität überbieten. Poesie des Schwindels ist bescheidener, jedoch auch frontraler und unversöhnlicher. Den Text mit der Phantasie, der Produzentin des Textes, buchstäblich kollabieren zu lassen, ist kein Verfahren der Poesie des Unsinns Die Differenzen wären poetologisch zu bestimmen und sind vielfältig. Auszuführen wären sie vorab in der Bestimmung des schwindligen Sprechens in der Praxis der „Plötzlichkeiten", „plötzlichen Umwendungen", „Vermischungen". Schwindel ist zu keiner einfachen, den Begriff des „Lebens" hypostasierenden Wendung des „ohne Sinns" brauchbar, zu keiner positiven „Erlösung" des „Lebens" von den Diktaten des Sinns (s.u.). Schwindel bescheidet sich aufs Geschäft der unentwegten Negationen bzw. Vernichtungen – von historisch sehr Bestimmtem, nicht wie in der Poetik des Unsinns eines „logos" generell –, ist dabei allerdings nicht bloß Stolperstein der „Signifikanz und Repräsentativität", nicht bloß dagegen gesetzte „A-Signifikanz und Nicht-Repräsentativität", sondern aktive Zersetzung der „Signifikanz und Repräsentativität". Der Texttaumel ist nicht bloß „Widerstand" als „positive Abwesenheit von Zusammenhang" oder „Distanzierung von Sinn, Zusammenhang und Verständlichkeit", sondern ein Verfahren der Dekomposition des „Zusammenhangs". Die Differenz liegt mithin nicht bloß in den Mittel des Widerstands. Schwindel ist selber keine „Größe" im Geschehen von Sinn und Unsinn, Unsinn ist dagegen ein „Zwitter" in diesem Geschehen (Menninghaus, *Unsinn*, S. 17). „Unsinn" ist dem schwindligen Sprechen ebenso kein Absolut, sondern streng historisches Produkt wie der „Sinn". Er ist auch nicht das ästhetische Telos: Visiert wäre die Inszenierung des Unsinns gegen den Sinn – wie bei Menninghaus konstruiert sich die Dekomposition des Sinns nur in der übermäßigen Potenzierung seiner Konstituenten – und umgekehrt, um dieses Oszillieren bis zum Kollaps beider Vorstellungen zu führen, die gleich mythisch, gleich metaphorisch sind. Die Reaktion gegen den Sinn ist ebenso bloß ein transitorisches Mittel.

substitutiv, modellhaft. Zunächst, ausdrücklich formuliert, gilt der Widerstand der, von ihm selbst in frühen Schriften adaptierten, neuen psychologischen Wahrheit des Menschen, der psychologischen Hermeneutik der Erfahrungsseelenkunde, die Moritz unmittelbar in eine literarische Hermeneutik transformiert. Eine Spezifikation der allgemeinen Hermeneutik Moritz', in deren Zentrum eben der Begriff des Zusammenhangs steht. Diese bereits skizzierte psychologisch-literarische Hermeneutik, die homolog sowohl den unverständlichen Text wie das unverständliche Leben aufklären will, stellt die konkrete historische Formulierung der hermeneutischen Praxis dar, welche die Poesie des Schwindels vorrangig visiert. Umfassend zitieren und simulieren ihre Texte, musterhaft der *Eckbert*, ihre Verstehens-Figuren. Der „Krieg" gilt so den besonderen Methoden und Begriffen des neuen Selbstbegreifens, der neuen psychologischen Wahrheit des Menschen. Poesie des Schwindels ist, in der Auseinandersetzung mit dem *Eckbert* noch einmal kleinteilig dargelegt, rabiat antipsychologische Poesie, Poesie gegen die Psychologie als Anstrengung, „das große Würfelspiel der Ereignisse und Reden auf zusammenhängende Lebens- und Seelengeschichten zu reduzieren" (Kittler)[730]. Die Moritzschen Konstruktionen der „wahrhaften Lebensbeschreibung" und der „inneren Geschichte" unternehmen nämlich genau dieses. Eine einzige Frage, die sich in verschiedenen Texten Tiecks wiederholt formuliert, unterhöhlen diese Praxis bereits vollends: „Das ganze große Menschendasein nichts in sich Festes und Begründetes? Es führte vielleicht zu nichts und hätte nichts zu bedeuten, Torheit wäre es, hier historischen Zusammenhang und eine große poetische Composition zu suchen" (*Bb* 193) – Zusammenhang und Komposition, zu denen die Moritzschen, von Tieck zuerst übernommenen Kategorien das Leben modellieren. Die Wendung gegen die psychologisch-literarische Anstrengung ist indes wiederum nur ein paradigmatischer Krieg gegen jedwede hermeneutische Anstrengung, gegen jedes Begreifen, allerdings die zunächst bekämpfte, die historisch mächtige, aus dem heraus sich die Poesie des Schwindels hervorarbeitet. Das ist die konkrete Gestalt, die negiert wird; hier ist folglich die größte Konkretion und Schärfe in der Auseinandersetzung des unternommenen „Krieges" zu holen.

Tiecks Kritik der gewaltigen neuen menschlichen Wahrheit als „psychologischer Wahrheit des Menschen" (Foucault) in ihren konkreten Verständnisannahmen ist deutlich bewußt, daß diese zunächst, raffinierte, Kompositionen im Sprachlichen sind. Sie führt aus, daß es unzulässig sei, eine „poetische [d.h. sprachliche] Composition" in den „Lebenslauf hineinzubringen", durch eine bestimmte sprachliche Komposition also eine bestimmte Komposition des Realen zu fingieren, da ihm doch ganz offensichtlich diese Komposition bzw. die Kohärenz fehlt. Der „Krieg" ist demnach ebensogut ein Krieg gegen die Sprache, genauer: der Sprache gegen die Sprache, indem schwindeliges Sprechen zum Kollaps aller Sprache führt, vorab gegen die psychologische Sprache, ihre konkreten

---

[730] Kittler, *Autorschaft und Liebe,* S. 154.

Begriffe und theoretischen Gebilde, die, in Nietzsches zitierter Metapher, wie alle Wahrheit ein „Hart- und Starrwerden" von Metaphern sind. „Wirklicher Lebenslauf", das „Innerste", die „innere Geschichte" etc. sind zentrale dieser geronnenen Metaphern, Brecht erinnert mit seiner Entfaltung des Tieckschen Sprechens als Sprechen im Modus des Sogenannten genau hieran[731]. Diese metaphorischen, grundlegend historischen Gebilde dekuvrieren sich in demselben Akt aber eben als die „Ordnungsbegriffe" – „mit denen Individuen sich selbst und ihre Welterfahrung auslegen"[732] –, die, ist die Differenz wie korrelativ die Identität der Begriffe und Wirklichkeit einmal konsequent dekonstruiert[733], „Wirklichkeit" „wirklich" begründen, ordnen, modellieren. Der Impuls gegen sie erschöpft sich notwendig nicht im Impuls gegen diese *sprachlichen* Konstrukte, die Distinktion fällt. Die im Kern bekriegte psychologisch-literarische Hermeneutik Moritz', die der junge Tieck selber übernommen hatte, präsentiert einen umfassenden Korpus theoretischer und methodischer Figuren eines Begreifens von Leben und Text. Eine Hermeneutik, die in unmittelbarer Korrespondenz zur bezeichneten, nun ebenso bekriegten psychologisch-literarischen Poetik konzipiert wurde, und die selber schon die geforderte Hermeneutik praktiziert, prägnant formuliert in den Vorspannen der verschiedenen Teile des *Anton Reisers*; formuliert sind eine ganze Reihe von Axiomen, die sich in der „modernen" literarischen Hermeneutik wiederfinden. Sämtliche dieser Figuren zielen auf die „Auflösung" von scheinbarem „Mangel an Zusammenhang, Verwirrung und Unordnung"[734] im Text und Leben, diesen Mangel aufzulösen ist ihr manisch verfolgtes Telos. Eine Auflösung durch das Finden bzw. die Schaffung des rechten „Gesichtspunkts", der den richtigen Zusammenhang, das „Ganze", herstellt und so, wie schon behandelt, das Unverständliche verständlich macht, in einen „harmonischen Zusammenhang" bringt: „Je mehr sich aber [der] Blick darauf heftet", und es ist der komplexe, trainierte Blick durch die bestimmte hermeneutische Brille, „desto mehr verschwindet die Dunkelheit, die Zwecklosigkeit verliert sich allmählich, die abgerißnen Fäden knüpfen sich wieder an, das Untereinandergeworfene und Verwirrte ordnet sich – und das Mißtönende löset sich unvermerkt in Harmonie und Wohlklang auf"[735].

Sollen „Mangel an Zusammenhang, Verwirrung und Unordnung", „Zwecklosigkeit, abgerißne Fäden" und „Widerspruch" von Leben und Text in der besonderen, Zusammenhang und Verständlichkeit herstellenden Methodik des Verstehens aufgelöst werden, will Poesie des Schwindels genau diese harmonische

---

[731] Barthes, *Lust am Text*, S. 64.
[732] Brecht, *Die gefährliche Rede,* S. 209.
[733] Das Signifikat ist nicht die Materialität des Betrachteten, die Sache, und es ist der Sprache, dem Text, nicht mehr als dieses Signifikat, der Text.
[734] Moritz, *Der Trost des Zweiflers,* Schriften, S. 44.
[735] Moritz, *Reiser,* S. 120. Im *Reiser* selbst wird diese Anstrengung indes bereits dementiert, immer werden bloß mehr „Zufall und Unglück", immer mehr „abgerißne Fäden" akkumuliert.

Hermeneutik selber auflösen. Aufgelöst wird dabei das Verfahren, Leben und Text zu begreifen, wie sein Produkt: das Leben, die Seele und der Text als Begreifliches und in bestimmter Weise Begriffenes. Der beklagte Mangel, der Widerspruch etc. lesen sich, wiederum in wortwörtlicher Übereinstimmung, wiederum eine der bezeichneten Inversionen, als ästhetische Forderungen des Texttaumels, als Anleitungen seiner narrativen Praxis. Kohärenz, Ordnung, Zwecke sowie Klarheit und Deutlichkeit werden von ihm restlos zersetzt. Poesie des Schwindels hintertreibt nicht bloß das allgemeine Telos solcher hermeneutischen Praxis, sondern ganz konkret einzelne ihrer Praktiken, die Figuren, die es erlauben, ein Leben als wirklichen Lebenslauf zu schreiben. Dabei werden, ein wesentlicher Zug der Poesie des Schwindels, die hintertriebene hermeneutische Praxis bzw. ihre einzelnen Figuren direkt aufgegriffen, in ihrer Funktion und ihrem Funktionieren simuliert und von den Texten ausdrücklich selber auf sich angewendet: Poesie des Schwindels präsentiert nicht von vornherein den „leeren" Sinn, dessen Präsentation sie allgemein für unmöglich hält, sondern spielt zu seiner Lösung mit den Sinnpraktiken. Sie präsentiert nicht den Unzusammenhang, sondern realisiert das Unzusammenhängend-Werden in der unablässigen Provokation, einen Zusammenhang zu konstruieren, den sie dann ebenso unablässig wieder scheitern läßt, bis in den Schwindel.

Hinterlistig operiert Poesie des Schwindels, die unaufhörliche Irritation erzeugend, mit der von Moritz' Hermeneutik exponierten Figur der Unterscheidung eines Äußeren, das mangelnde Kohärenz sein kann, und eines Inneren, in dem doch Kohärenz festgestellt wird, das „eigentliche Aussehen" als begriffene Bedeutung, hinter der, wie es im *Eckbert* heißt, „ewigen Bewegung" (*Eckb* 132/ 1262). Eine wesentliche hermeneutische Operation, Spielart der Modellation des Zusammenhangs: „oberflächlich", „äußerlich" kann alles unverständlich sein, im „Inneren" aber wird er hergestellt, vorab als „innere Geschichte". Poesie des Schwindels gründet sich geradezu im permanenten Spiel mit dem Konstrukt der (besprochenen) „verborgenen Bedeutung" (durchaus schon im Sinne der Freudschen Hermeneutik), im permanenten Spiel mit sämtlichen Variationen der, wie es Schleiermacher nennt, kunstgemäßen „Rückführung" von Unverständlichem auf Verständliches, Äußerem auf Inneres, mag diese Rückführung nun endlich oder unendlich gedacht sein. Sie baut überdeutlich „tausend und tausend", immer wechselnde, sich plötzlich umwendende oder vermischende „verborgene Bedeutungen" auf, erzeugt andauernd das Phantasma des verborgenen Sinns – eben in der kunstvollen dissonanten Narration des Dissonanten, so daß es einmal doch auflösbar scheint, dann wieder nicht –, um umgehend oder retardiert sämtliche tausend und tausend Operationen zu seiner Feststellung, der „Rückführung", wieder verscheiden zu lassen. Sie gründet sich in dieser Weise weder im Unverständlichen noch im Verständlichen, dem gehaltenen oder gefallenen Phantasma des verborgenen Sinns, sondern in dem von ihr veranlaßten ständigen Oszillieren der vermeintlichen Sinnerfüllung und vermeintlichen Sinnenttäuschung, im Zusammenbruch beider Vorstellungen in der paroxistischen Steigerung dieses Oszillierens. Auf dieselbe Weise verfährt sie mit den anderen poetologischen hermeneutischen Finessen des Moritzschen Diskurses (vgl. Kap. V.4), so dem zur inneren Geschichte gehörenden und mit diesem ironisierten methodischen Postulat der „Aufmerksamkeit aufs scheinbar Unbedeutende". Dem Postulat folgend, werden tausend und tausend „scheinbare geringfügige" Details minutiös in ihrer möglichen Bedeutung abgewogen, führen sodann aber nicht, wie im idealen Modell, zur Aufdeckung einer integrierenden großen Relation, sondern werfen die Vorstellungen aufs neue nur wieder umsonst hin und her.

Auch die, bereits betrachtete, Figur der idealen, autonomen Dialektik von „einzelnem" und „Ganzem", dem umfassendsten Zusammenhang als Text- bzw. Sinn-Ganzem, die sich gegenseitig im Sinn erschließen, destilliert in dem schon vor Ast von Moritz umrissenen hermeneutischen Zirkel, wird zum Mittel der Veranstaltung des poetischen Sprechens. Poesie des Schwindels greift sie wiederholt auf, als die neu eingestellte, schon internalisierte Verstehenserwartung gegenüber dem Text, als das neue hermeneutische Lesen. Aufgegriffen wird sie indessen nicht als gelingende „Auflösung der Disharmonien", sondern, am *Eckbert*, mustergültig an der Inzest-Wendung, zu zeigen, lediglich zur stetigen Verwirrung. Sie erst macht den hermeneutischen Schwindel erst möglich. *Eckberts* Taumel entfaltet sich in der unentwegt erfolgreichen wie dann erfolglosen Aktivität der Leser-Phantasie – vom Text immerfort dazu gedrängt –, seine Unbegreiflichkeiten und „seltsamsten Zufälle" (*Eckb* 139) durch das Verfahren, das „*Ganze mit Rücksicht auf das Einzelne und das Einzelne mit Rücksicht auf das Ganze [zu] betrachten*" (Moritz[736]), aufzulösen. Anders, in der andauernden Ironisierung des „Grundgesetz[es] alles Verstehens und Erkennens": „aus dem Einzelnen den Geist des Ganzen zu finden und durch das Ganze das Einzelne zu begreifen" (Asts Konzept vom „Scopus"). Einzelnes inszeniert der Texttaumel zu anderem einzelnen wie zum Ganzen immer wechselnd, plötzlich passend, plötzlich disparat, sich vermischend, bis jede Vorstellung von einzelnem und Ganzem verscheidet.

Poesie des Schwindels bedeutet der Autonomieästhetik in Gestalt des Moritzschen Theorems des „in sich selbst Vollendeten", ähnlich wie im Verhältnis zu den kursorisch diskutierten zeitgenössischen ästhetischen Konzepten, sowohl Ruptur wie Potenzierung. Nachdrücklich ist die Poesie des Schwindels nur ein Mittel zum Zweck, zum Zweck, den Schwindel zu lösen. Ein Mittel aber zugleich gegen alle Zwecke bis auf den einen, eben wirksames Mittel gegen diese Zwecke zu sein (sowohl Moritz' als auch Kants „Zweckfreiheit" verfolgen gerade in der Zweckfreiheit ihren Zweck). Freilich verbleibt diese vollends außerästhetische Zweckmäßigkeit gänzlich im Negativen: unentwegt zu „vernichten". So heißt der Zweck folglich bloß: zu verstören bis zum „Wahnsinn, um diesen selbst nur in unserem Innern zu lösen und frei zu machen" (*Ph-Rg* 113). Autonom ist die schwindlige Poesie als ästhetisches Gebilde „in

---

[736] Moritz, *Der Trost des Zweiflers,* Schriften, S. 39.

sich" nachdrücklich, indem sie sich in nichts gründet als den idiopathischen, endogenen Prinzipien der gelösten Phantasie, dem ästhetischen Vermögen überhaupt. Vollends anti-autonomisch ist sie, indem sie in ihrer entschiedenen Bewegung gegen den heteronomen, oktroyierten Sinn und Zusammenhang davon absieht, diese neu, als innere, zu etablieren, immanent in der Dialektik des emanzipierten einzelnen und Ganzen, sondern auch diesen noch „Krieg" ist. Schwindlige Poesie will nicht als sich selbst genügendes ästhetisches Spiel gelten, ob nun, so die Bewertung, in ästhetizistischen Ipsationen, Eskapismen oder als emanzipatorisches, utopisches Paradigma und Antizipation, zumeist in einer dialektischen Vision. Obgleich auch für die Poesie des Schwindels uneingeschränkt gilt, daß sie ohne die geschehene Erledigung sämtlicher heteronomer Inanspruchnahmen des Ästhetischen „nicht denkbar" wäre, wenn „Tiecks Oeuvre" auch „durch die konsequente Unterschreitung und Mißachtung des Autonomie-Postulates gekennzeichnet" ist[737]. Programm und Praxis der Poesie des Schwindels, interessiert an der „vollkommenen Illusionierung des Rezipienten bzw. als konsequente Zerstörung der Illusion"[738], ist im Gegenteil die Selbstzerstörung als paradoxes ästhetisches Telos.

Die skizzierten hermeneutischen Kunstgriffe werden von den schwindligen Texten unablässig und aufdringlich auf sich selbst angewendet, unentwegt wird die sinngebende Relation von einzelnem und möglichem Ganzen angespielt, jedoch bloß um beide Vorstellungen wie die der Dialektik in den „leeren Sinn" zu schicken. Im *Eckbert* scheint sich im prominenten Ende des Textes, im Inzestgedanken, ganz plötzlich die Aussicht zu eröffnen, alle bisher disparaten, widersprüchlichen und inkohärenten *einzelnen* Vorstellungen, die nun in der Texterinnerung des Lesers in einer ungeheuren Schnelligkeit neu gewendet werden, nun endlich zu einem Ganzen zusammenfügen zu können, das sodann alle einzelnen Vorstellungen sinnvoll integrierte. Die ganze „unbegreifliche Geschichte" erwiese sich als Geschichte der Inzestschuld, über die Eck Bertha (s. Kap. V), vielleicht, wahnsinnig geworden sind. Ist der Leser zu dieser Operation provoziert, produziert er, indem er sie ausführt, selber bloß weitere Konfusion: „tausend und tausend" einzelnes geht sodann nicht auf oder geht verloren, wird nun widersprüchlich oder einfach überflüssig, torpediert den vermeintlich verbindenden Aspekt, der sich mit Gewalt installieren will. Einzelne Vorstellungen und ihre Verbindung mit anderen geraten in den plötzlichen Umwendungen und Vermischungen immer bloß zur zwangsläufigen Dekomposition des Ganzen, zur Parodie und zum Dementi ihrer idealen Dialektik. Unentwegt fordert der Text die Verstehensbemühungen heraus, die Anstrengung, in immer neuen Interpretationen eine die Totalität der so offenbar disparaten Momente einschließende Kohärenz eines Sinns festzustellen. Diese Bemühungen sind

---

[737] Brecht, *Die gefährliche Rede*, S. 247f. Zum Verhältnis der Tieckschen Prosa zur Autonomiepoetik allgemein siehe S. 246ff.
[738] Ebd., S. 246.

Voraussetzung alles Schwindels, der dadurch historisch streng an den hermeneutischen Impetus gebunden bleibt, den er bekriegen will, der Reaktion ist. Penetrant stellt er die unauflösliche Frage, die den Leser sich weder im Sinn noch im Unsinn, Widersinn oder in der Sinnlosigkeit einrichten läßt: Gibt es einen subkutanen Sinn, einen Zusammenhang, in dem alles aufgeht? Damit bringt er die so eingestellte Lektüre zur automatischen Selbstverwirrung. Der Text selbst, Erzähler, Erzählweise und Figuren, formuliert eigene Interpretationen, die er dem Leser aufgibt. Keine der interpretativen Bemühungen aber kann sich und den Text beruhigen, in den immer rascheren Transitionen haben sie nur flüchtigen Bestand, müssen immerzu modifiziert werden, schlagen jäh ins genaue Gegenteil um, werden durch unerwartete „Schläge" vollends unmöglich, werden überlagert oder vergessen, bis man sich, vielleicht, im Widerspruch wieder an sie erinnert. Gleich wie sehr sich die hermeneutischen Anstrengungen vervielfältigen, „tausend und tausende" Geschichten könnten über die eine, im Grunde fehlende Geschichte (Phantasma des letzten Sinns) entstehen: Das Verstehen reüssiert nie, vervielfacht wird nur sein Taumel. Der Text funktioniert als stetiges Behaupten und Verneinen eines vorhandenen bzw. vom Leser herstellbaren „verborgenen" Subtextes, eines ganzen Sinns oder Sinns des Ganzen am Ende aller Interpretation, der alle Seltsamkeiten der unfaßlichen Geschichte auflöste. Nie werden der (phantasmatische) umfassende Sinn und Zusammenhang fixiert, deren Idee und Notwendigkeit er gleichzeitig fordert. Was die Poesie des Schwindels bewirkt, was sich ereignet im Schwindel der Seele, ist gewissermaßen eine Selbstsubversion des Interpretierens. Die hermeneutische Anstrengung initiiert das hermeneutische Fiasko. Der Wille zur Interpretation, die dann reflexhaft geschieht, ist die Prämisse aller schwindligen Wirkung. Die mangelnde Kohärenz im Erzählen des *Eckberts* ist so inszeniert, daß er das Begreifen-Wollen unentwegt entzündet, die *Blaubart*-Frage: Leben und Text „führte[n] vielleicht zu nichts und hätte[n] nichts zu bedeuten?" (*Bb* 193), fungiert so zunächst als Provokation, das Gegenteil zu demonstrieren. Nur in dieser Anstrengung wird der Text immer unfaßbarer, nur dadurch kommt es zur endgültigen hermeutischen Zerrüttung. Damit stellt sich, ganz beabsichtig, wieder eine Inversion ein: die Hermeneutik wird aufgelöst, die die „Auflösung der Disharmonien" unternimmt und zwar in Form einer geschickt bewirkten Selbstauflösung. Der Wille zur Interpretation, der sich der betrachteten Verstehenstechniken bedient, wird von Tieck als historische Tatsache des historischen Subjekts verstanden. Tieck begreift korrelativ auch die Anti-Hermeneutik, die als Selbstsubversion der Hermeneutik funktioniert, zunächst historisch, als mutwillige Reaktion.

4.4 Sondierungen: „Nichts" versus „Unendliches", „Schwindel" versus „romantische Ironie" und „unendlichen Sinn"

Deutlich erinnert die poetische Faktur und Praxis der Poesie des Schwindels sowie das allgemeine ästhetische Postulat der erörterten „unaufhörlichen Verwirrung" der Phantasie und des Chaos an die frühromantischen Postulate Fr. Schlegels oder Novalis. Exemplarisch an Fr. Schlegels hoffnungsvolles Gebot, ihm die kapitale Losung der Romantik, „den Gang und die Gesetze der vernünftig denkenden Vernunft aufzugeben und uns wieder in die schöne Verwirrung der Phantasie, in das ursprüngliche Chaos der menschlichen Natur zu versetzen"[739]. In Frage steht das komplizierte, nur punktuell auszuführende Verhältnis der Poesie des Schwindels zur „frühromantischen Ästhetik", die selber in ihren zahllosen Erörterungen divers oder gar gänzlich entgegengesetzt bestimmt wurde. Einer einfachen Identifikation sperren sich jedoch bereits vorab einige der zusätzlichen Tieckschen Prädikationen, so die des „*furchtbaren* Chaos". Andere Begriffe tauchen, durchaus signifikant, zentral gar nicht erst auf, so der des Wahnsinns – den die Frühromantiker wie die „übermäßige Erhitzung der Phantasie", die nichts ist als Wahnsinn, scharf distanzieren – oder der der „Leere", höchstens, gleich erörtert, als transitorisches Moment hin zu einer, wenn auch niemals positivierbaren, Unendlichkeit. Nur in den Koordinaten, Konstellationen dieser Begriffe (Wahnsinn und „ungeheure Leere") aber sind die verwandt klingenden Wendungen formuliert: Die Phantasie, heißt es, sei bis zum „Wahnsinn zu „verwirr[en], um diesen", eigenartiger Selbstzweck, „selbst nur in unserem Innern zu lösen und frei zu machen" (*Ph-Rg* 113). Ein Wahnsinn, der der Poesie des Schwindels radikal „fürchterlicher" Wahnsinn ist, der Schwindel der Seele, welcher nichts als die Inzitation des furchtbaren Chaos und der ungeheueren Leere bedeutet. Vollends dem Schlegelschen Gebot fremd, scheint, auch ohne Kommentar, schon die Idee, den „Poesiegeist" „hervordringen" zu lassen, „um die leeren Wörter Wahnsinn und Raserei zu erfüllen" (*BüSh* 144). Wie mit den Ähnlichkeiten der allgemeinen ästhetischen Sentenzen verhält es sich mit den im engeren Sinne poetologischen Konzepten. In der romantischen „progressiven Universalpoesie" sollen sich die verschiedenen, disparaten Elemente „bald mischen, bald verschmelzen"[740], Dutzende ähnliche Sentenzen wären zu zitieren, in der „Romantisierung der Welt" das „Gewöhnliche" und das „Wunderbare"[741]. „Nichts ist poetischer, als alle Übergänge und heterogene Mischungen"[742]. Solche Formulierungen scheinen ganz mit den minutiös erörterten narrativ-sprachlichen Verfahrensprinzipien der ständigen Wechsel etc., den Eigenar-

---

[739] Friedrich Schlegel, *Kritische Friedrich-Schlegel-Ausgabe*, Bd. 2, S. 319.
[740] Friedrich Schlegel, *Fragmente*, in: *Athenaeum. Eine Zeitschrift*, hg. v. A.W. Schlegel und Friedrich Schlegel, Erster Band, Zweites Stück, Berlin 1798 (Reprograph. Nachdr. Darmstadt 1992, S. 204.)
[741] Vgl. Novalis' Fragment 105 zum „Romantisieren" (Novalis, *Schriften II*, S. 545).
[742] Novalis, Fragment 49, *Schriften III*, S. 280.

ten der vollends freigemachten Phantasie, übereinstimmen zu können. Hölter, Frank und andere weisen auf solche Ähnlichkeiten der Wendungen Novalis' und Schlegels mit den Grundzügen einer Poetik der Tieckschen Märchenerzählungen hin, „reduziert man das Changieren von Wunderbarem und Gewöhnlichem auf die Struktur des ständigen Übergangs", so lassen sich Ideen Fr. Schlegels und Novalis' [später notiert] als „eine Art Wirkung von Tiecks auf eigenem Weg fortgeschrittenen Ideen erkennen"[743]. Unterlassen werden dabei allerdings die Bestimmungen der entscheidenden Differenzen, die das Ähnliche als zugleich grundsätzlich Verschiedenes, gar Konträres exponieren. Übergangen wird vorab das, nicht zufällige, Fehlen der Plötzlichkeit und merkwürdigen Schnelligkeit, elementare wirkungsästhetische Techniken des Texttaumels, die im Extrem mit den Sinnen arbeiten. Auch Schlegels und Novalis Ansprüche an die Gattung des Märchens – auf die Tieck nicht rekurrieren konnte, er entwickelt seine Märchen selbst – verwenden, in Korrespondenz zum schon Ausgeführten, ein Tiecks ähnliches Vokabular. Die Form des Märchens, die ihnen als „Canon der Poesie" gilt, ist das „absolute Chaos", die „allgemeine Anarchie", so Fr. Schlegel[744]. Ein Chaos, das bei ihnen, wie Menninghaus notiert, positiv verstanden wird. „Alles" muß, sofort scheint man wieder bei Tieck zu sein, „unzusammenhängend seyn", „nichts ist mehr gegen den Geist des Mährchens – als (...) ein gesezlicher Zusammenhang"[745]. „Ohne allen Sinn und Zusammenhang" wird Novalis zur Formel des Märchens; Menninghaus entwickelt in diesem Sinne an Tieck die Theorie des romantischen Märchens als originäre Gattung der „Suspension von 'Sinn' und 'Zusammenhang'"[746], der „A-Signifikanz und Nicht-Repräsentativität"[747]. „Die in der Aufklärung verbreitete Kritik an der 'Unsinnigkeit' des Märchens wird einen positiven Imperativ der Indifferenz gegen bzw. der aktiven Distanzierung vom 'Sinn' umgekehrt"[748]. Arbeitet er dabei zunächst mit den teils wortwörtlichen Übereinstimmungen zu Novalis und Schlegel, wendet sich dann sein Blick auf Tieck gegen Novalis' und Schlegels Intention. Chaos, Unzusammenhang, Konfusion der Phantasie, das poetologische Verfahren, das dies erreichen soll, „bald mischend, bald verschmelzend" in „Übergängen und heterogenen Mischungen" – all das sind allerdings bloß notwendige negative Funktionen und transitorische Verfahrensstadien der „wahren Methode", „échappés de vue ins Unendliche" zu erhaschen. Transitorische Verfahrensstadien der Entfaltung des dem hermeneutischen Paradigma durchaus kompatiblen unendlichen Sinns. In Novalis' Märchen-Poetik, pointiert Menninghaus, „scheint durch die Suspension von Sinn und Zusammenhang überall ein neuer, 'geheimnißvoll'

---

[743] Hölter, *Tiecks Frühwerk*, S. 1232f.
[744] Friedrich Schlegel, *Kritische Friedrich-Schlegel-Ausgabe*, Bd. 16, S. 475.
[745] Novalis, *Schriften III*, S. 280 u. S. 438.
[746] Menninghaus, *Unsinn*, S. 23.
[747] Ebd., S. 102.
[748] Ebd., S, 46.

verrätselter und 'höherer' hindurch"[749]. „Die Romantik-Forschung hat daher die Imperative von Zufall, Unzusammenhang und Un-Sinn fast nie ernst und wörtlich genommen. Sie gelten allgemein nur als Funktion und Kehrseite jener 'Tendenz nach einem tiefen unendlichen Sinn', als welche Friedrich Schlegel die romantische Ironie und das romantische Projekt überhaupt charakterisiert hat"[750], so kommt es, daß die „romantischen Kunstmärchen im engeren Sinne (...) kraft ihrer unverkennbar allegorischen Chiffren" eine „umgehende Domestizierung"[751] der selbst verlangten „aktiven Distanzierung vom 'Sinn'" vollstrecken. In Tieckscher Poetik jedoch gehe die „provokative Formel von Erzählungen 'ohne allen Sinn und Zusammenhang'" gerade „nicht in der Funktion eines sich selbst negierenden Mittels auf"[752], im Gegenteil, sie wird noch zu ihrem Dementi.

„Wer nicht aufs Unendliche geht, geht geradewegs auf Nichts", warnt und definiert Fr. Schlegel, eine Definition, die die prägnanteste Formulierung der Differenz seines und Novalis' ästhetischen Projekts zu dem einer Frühromantik Tieckscher Signatur darstellt. Zu konzentrieren ist diese Differenz, sämtliche bereits angedeuteten Differenzen implizierend, im frühromantischen Begriff der Ironie, synonym dem „Romantisieren", überwiegend kongruent in den Bestimmungen Fr. Schlegels, Novalis' (von Frank stringent wie gewaltvoll zusammenführend rekonstruiert[753]). Ein dutzendfach divergent bestimmter Begriff, der nicht bloß in Franks Modellen im Zentrum der gesamten frühromantischen Ästhetik wie überhaupt des Ästhetischen und der „Moderne" angesiedelt wird[754]. Programmatisch geht die romantische Ironie auf dieses Unendliche, ihre Abbreviatur, das „Nichts", auf das der Schwindel im Sinne Schlegels geradewegs und ebenso programmatisch geht, ist der romantischen Ironie eben bloß das notwendig transitorische, negativ dialektische Moment der Arbeit an der „Sehnsucht nach dem Unendlichen"[755], an der „επιδειξις der Unendlichkeit"[756] oder der „Liebhaberei fürs Absolute"[757]. Auch der, ebenfalls von Tieck geforderte „Widerspruch" gehört ihnen zu dieser Arbeit. Frank identifiziert Tiecks Poe-

---

[749] Ebd., S. 53.
[750] Ebd., vgl. Friedrich Schlegel, *Kritische Friedrich-Schlegel-Ausgabe*, Bd. 2, S. 323.
[751] Menninghaus, *Unsinn*, S. 53.
[752] Ebd., S. 53f.
[753] Vgl. Franks *Einführung in die frühromantische Ästhetik* und den Artikel *Philosophische Grundlagen der Frühromantik*, in: Athenäum, 4, 1994. S. 37–130.
[754] Ein bei Frank im Material durchaus historischer, dann erst enthistorisierter Begriff. Das poetische Verfahren romantischer Ironie sei allgemein „ebenso instruktiv" für die „Struktur poetischer Rede im allgemeinen" (Frank, *Ästhetik*, S. 381). Zur Frühromantik und Moderne vgl. u.a. S. 462. Zu dieser Diskussion vgl. Heilmann, *Krise des Erzählens*, S. 231ff.
[755] Friedrich Schlegel, *Kritische Friedrich-Schlegel-Ausgabe*, Bd. 18, S. 418.
[756] Ebd., Bd. 18, S. 128.
[757] Ebd., Bd. 2, S. 164.

tik der „Technik des unaufhörlichen, schnellen Variierens"[758] und der „blitzschnellen Folge von Kontrasten"[759] allgemein restlos mit den Ideen romantischer Ironie in den Definitionen Novalis', A.W. und Fr. Schlegels wie Kants, Fichtes, Schellings und auch Solgers[760]. „Tieck hatte das Rezept zur ironischen Faktur der Dichtung", die Frank zuvor eben an den genannten Theoretikern entwirft, „in seinem Essay über *Shakespeare's Behandlung des Wunderbaren* verraten"[761]. *Der blonde Eckbert*, den Frank ebenso wie die Poetik des Schwindels als Paradigma der Kunstmärchen begreift, ist ihm eine genau nach diesem „Verfahren gefertigte Märchen-Erzählung": „zur Perfektion getriebene romantische Ironie"[762]. Tieck ist ihm offen Demonstrationsobjekt der konkreten „ironischen Praxis des Schriftstellers", um zu zeigen, „an welche Phänomene Schlegel und Solger dachten, wenn sie von Ironie sprachen"[763].

Konvergieren Franks Deskription der skizzierten besonderen poetischen Verfahrensweise und die der unternommenen Poetik des Schwindels in Hinsicht auf eine Poetik der „schnellen Wechsel" und „Vermischungen" auf der deskriptiven Ebene noch, so endet die Konvergenz hier, vor dem theoretischen Überbau dieser Verfahren. „Etwas ironisch sagen heißt", Frank reformuliert sehr eng Fr. Schlegel und Novalis, „es durch die Weise, *wie* es gesagt ist, auch wieder zurückzunehmen"[764], „ein Sagen, so, daß der Gestus desselben das Gesagte auch wieder vernichtet"[765] bzw. ein „Wechselspiel von Selbstschöpfung und Selbstvernichtung"[766]. Ironisches Sprechen als „Abfolge des Sagens und des Aufhebens des Gesagten"[767] veranstaltet eine „Struktur zweier negativ aufeinander bezogener, miteinander unverträglicher und darum sich wechselseitig vernichtender Positionen."[768] Konkreter, technischer, nun ganz in den Termini Tiecks: Die „Fixierung der Aufmerksamkeit des Lesers auf einen bestimmten Gegenstand" ist zu vereiteln[769]. Dieser Effekt, referiert Frank die Ausführungen aus *Shakespeare's Wunderbares*, „könnte erreicht werden durch eine blitzschnelle Folge von Kontrasten, etwa des 'Fürchterlichen und Lächerlichen'"[770], durch

---

[758] Frank, *Ästhetik*, S. 381.
[759] Ebd., S. 373.
[760] Ebd., S. 382.
[761] Ebd., S. 386.
[762] Ebd., S. 382f. Zum Frankschen Begriff Tieckscher Ironie vgl. Franks Kommentar zum *Phantasus*, S. 1174ff.
[763] Ebd., S. 341. Franks Tieck-Lektüre stellt bis dato die umfassendste philosophische Auseinandersetzung mit Tieck dar, jede poetologische Beschäftigung mit Tieck streift diese Lektüre – Menninghaus' poetologische *Blaubart*-Lektüre übergeht Frank vollständig.
[764] Ebd., S. 373.
[765] Ebd., S. 361.
[766] Ebd., S. 365.
[767] Ebd., S. 365.
[768] Ebd., S. 350.
[769] Ebd., S. 373.
[770] Ebd., S. 373.

eine „Technik des unaufhörlichen, schnellen Variierens"[771], des „beständigen Ineinander-Übergehens"[772] und „eine so rapide Abfolge der konstrastierenden (immer sich widersprechenden) Phasen, daß der fixierende Verstand dabei gleichsam übereilt wird und, endlich ermattet, in die Illusion sich ergibt"[773]. Dieses aber, Tieck hebt es ausdrücklich hervor, geschieht nur im Falle des „heiteren Wunderbaren", kann aber im Falle des „fürchterlich Wunderbaren", Frank überliest die irreduzible Distinktion gewissenhaft, nie geschehen; damit baut Franks Lektüre auschließlich auf das heitere Wunderbare. „Durch eine extrem rasche Abfolge und Mannigfaltigkeit der Darstellungen wird er [der Verstand] mattgesetzt", dadurch, bereits notiert, „daß dem distinguieren wollenden Verstande beständig zuviel zugemutet wird"[774]. „Die Virtualisierung des Aussagegehaltes der Botschaft geschieht durch dessen Relativierung durch eine zu rasch an ihre Stelle tretende neue, so daß der letztlich sich durchsetzende Eindruck genau der eines 'so könnte es sein, aber ebenso gut auch anders' ist"[775]. Eine Technik, auch die „nachvollziehende Urteilskraft gleichsam matt zu setzen. Es wird ihr unmöglich, sich auf einen Punkt zu konzentrieren, und so schwindet ihr allmählich das Unterscheidungskriterium des Gewöhnlichen und des Wunderbaren, des Zufälligen und des Wesentlichen."[776] Zielstrebig reduzieren die Beschreibungen im weiteren das poetische Verfahren auf das ständige Sich-Widersprechen zweier sukzessiver Vorstellungen, um es dann einfügen zu können im Begriff „bedeutender Ironie"[777]. Ein Sich-Widersprechen im strengen logischen Sinn, wie es bei der gegenseitigen Negation „der einzelnen Glieder gelungener Synthese-Bildung" im Medium der Reflexion vorkommt[778]: der prozeduralen Figur, die Pate steht für die Konstruktion der romantischen Ironie, sie wird nur übertragen. Die narrativen Techniken eines ironischen Sprechens leitet Frank ausdrücklich von den besonderen Figuren und Strukturen der frühromantischen Reflexion ab. Rekonstruiert Frank wie Menninghaus, wenn auch in der Konsequenz anders, Novalis' und Fr. Schlegels frühromantische Ästhetik und Poetik als ästhetische Transkriptionen epistemologischer Strukturen und Probleme, der Reflexion bzw. der besonderen Figuren der Reflexion, hin zu einer expliziten Reflexionspoetik – wobei Menninghaus Tieck hier zu Recht konsequent herausläßt, Frank ihn aber zentral einbaut[779] –, begründet und versteht sich

---

[771] Ebd., S. 381.
[772] Ebd., S. 374.
[773] Ebd., S. 373.
[774] Ebd., S. 381.
[775] Ebd., S. 382.
[776] Ebd., S. 422.
[777] Vgl. S. 300.
[778] Ebd., S. 290.
[779] Menninghaus, *Unendliche Verdopplung*, S. 224. Romantische Poesie ist für Frank nichts als „ein Spiel, welches den ursprünglich erkenntnistheoretischen Konflikt zwischen unendlicher und begrenzender Tätigkeit im Ich" in einen „poetologischen Kontext" überführt (Frank, *Ästhetik*, S. 365). Poetik des Schwindels aber entwickelt sich in einem bzw.

Tiecks frühromantische Poetik und Poesie als poetologische und poetische Transkription der minutiös notierten schwindligen Phantasie sowie ihrer seltsamen Bewegungen. Ein Einwand, den Frank mit dem Hinweis nicht gelten lassen würde, daß die Einbildungskraft doch homolog dem Reflexionsbegriff sei, wie es in der Tat im, betrachteten, spekulativen Sinne Fichtes oder Schellings von vornherein der Fall ist – Poetik des Schwindels ist alles andere als die Poetik eines solchen Phantasiebegriffs. In der Gefolgschaft Kants nämlich leistet die Einbildungskraft eben gerade die vom Schwindel vorsätzlich vereitelte Vermittlung von Einheit und Mannigfaltigkeit, Endlichkeit und Unendlichkeit, Sein und Nicht-Sein, was sie für Frank zum Homolog der spezifisch frühromantischen Reflexion werden läßt[780]. Zu entgegnen wäre mit der Rekonstruktion der alles andere als spekulativ-philosophischen Auseinandersetzung Tiecks mit der vollends unregelmäßigen, defekten Phantasie. Die Phantasie ist Tieck eben kein spekulativer Begriff, sondern die Aktualisierung der sich selbst vernichtenden Phantasie. Die bezeichneten Modi der freigemachten Phantasie sind zwar auch hier transzendental, indem sie aller Erfahrung vorausgehen und alle Erfahrung in ihnen sich vollzieht, sie wenden sich aber schon gegen die Möglichkeit, die Vorstellungen auch nur „in den zur Erfahrung nötigen Zusammenhang zu bringen" – Kants „tumultuarische Verrückung", – und verhindern so die Bedingung einer Möglichkeit des Verstehens. Entbundene Phantasie leistet keine Synthese, auch keine „bloß negative", sondern, im Gegenteil, restlose Dekomposition aller Vorstellungen und Vorstellungszusammenhänge bis hinein in den eigenen, selbstverursachten Kollaps. Die „unaufhörliche Verwirrung" der Poetik des Schwindels ist gegenüber den Bestimmungen Franks diffuser und ungeordneter, die ständigen Wechsel und ewigen Bewegungen, vor allem die Plötzlichkeit und wunderbare Schnelligkeit sorgen für die besagten Irritationen des Vorstellungsvermögens, denen das Sich-Widersprechen bloß ein Moment ist. In der Vermischung, ist die unterscheidende Fähigkeit des Verstandes und der Urteilskraft annihiliert, kann Widerspruch überhaupt nicht bestehen. „Widerspruch kann nur auftreten, sowie logisch unverträgliche Urteile auf ein und dieselbe Position gehen; und das ist der für negative Dialektik der Frühromantik ausschlaggebende Gesichtspunkt". Widersprechen sich die „durcheinanderstürmenden" Vorstel-

---

aus einem anderen Diskurs als dem der von Fr. Schlegel und Novalis adaptierten und selbständig fortgesetzten philosophischen Reflexion der Reflexion – dem Problem des „Absoluten", „Bewußtseins", „Unbedingten" –, die konsequent zu einer „Poetik der Reflexion" führt (von Frank und Menninghaus in manchen Momenten ähnlich beschrieben, im Impetus und in der Konsequenz jedoch konträr). Menninghaus ignoriert Tieck folgerichtig in seinem frühen Entwurf „frühromantischer Ästhetik" gänzlich, Frank nimmt an Tieck die Applikation seiner „romantischen Ironie" vor. Menninghaus widmet Tieck mit dem *Lob des Unsinns* dann ein ganzes Buch – ganz außerhalb des Projekts der „Reflexionspoetik" –, das Tieck, zumindest den *Blaubart*, aus der „hermeneutischen Frühromantik", unter die ihm noch Franks Definition fällt, als „Poetik des Unsinns" und „Unzusammenhangs" herauslösen will.

[780] Frank, *Ästhetik*, S. 292 und S. 302.

lungen nicht im strengen Sinne, ergibt sich, was Frank abwehren muß, da es seine Konzeption der romantischen Ironie vereitelt: „Aus dem Unbestand der einzelnen Positionen" entsteht schlicht „eine unbegrenzte Vielheit von Formen". Eine „unbegrenzte Vielheit von Formen", denen die Voraussetzung zu einer dialektischen, wenn auch bloß negativ-dialektischen Bewegung hin zum Unendlichen fehlte. Die „synthetische Mitgift aus dem Absoluten", die das Spiel der endlosen dialektischen Negationen aller Positionen enthält, wäre in der Tat „ganz aufgehoben". Nur Widersprüche erzeugen, was sich „außerhalb und über allem Gegensatz sich befindet": die Idee des Absoluten[781]. Hervor träte ein nicht dialektisches Chaos, ein aus der Dialektik gefallenes Chaos, nämlich „furchtbares Chaos", eine wirklich „unendliche Fülle einer hegelisch 'schlechten Unendlichkeit'"[782], in der sich, genau das beschreibt die schwindlige Klimax, alles „verläuft und alle Bestimmtheit ausgelöscht" wird. Frank warnt vor nichts anderem als Fichte mit seiner Formel vom „völligen Vernichten und Aufheben" aller Anschauungen, wenn die übererregte produktive Einbildungskraft den Verstand, die reproduktive Einbildungskraft und damit die reflektierende Einbildungskraft, das spekulative „Schweben" der Einbildungskraft zwischen Bestimmtheit und Unbestimmtheit, demoliert. „Schlechthin leer und unnütz", notiert Schlegel[783], „geradewegs auf Nichts" gehe diese vollends entgrenzte Potenzierung.

Bei dem unentwegten Sich-Widersprechen, den unentwegten Negationen, als die das ironisch-poetische Sprechen zunächst bestimmt wird, bleibt, das ist das Entscheidende, die Konzeption romantischer Ironie Fr. Schlegels und Novalis' wie Fichtes und Solgers[784] aber nicht stehen, die unentwegte Negation keinesfalls „schlecht unendlich", geht sie doch theoretisch aufs Unendliche und eben keinesfalls „geradewegs auf Nichts". Im romantischen Prozeß einer „frühromantischen Version negativer Dialektik"[785], einer massiven Kritik Hegelscher Dialektik, die sich „in transzendenter Spekulation zu der Erschleichung sich verführen" ließ, „das Absolute sei als solches positiv Ereignis geworden"[786], ist sie

---

[781] Ebd., S. 301.
[782] Ebd., S. 245f.
[783] Friedrich Schlegel, *Kritische Friedrich-Schlegel-Ausgabe*, Bd. 2, S. 256.
[784] Entwürfe, die gegen ihre Intention dekonstruiert werden können. Vgl. exemplarisch de Mans *Die Rhetorik der Zeitlichkeit*, S. 113ff.oder Menninghaus' intensive Novalis- und Fr.-Schlegel-Studien, seine Dekonstruktion ihrer „Reflexionspoetik" (in Menninghaus, *Unendliche Verdopplung*). Siehe auch Werner Hamachers Arbeiten (*Der Satz der Gattung: Friedrich Schlegels poetologische Umsetzung von Fichtes unbedingtem Grundsatz*, in: *Modern Language Notes* 95, 1980, S. 1155–1180 oder *Unlesbarkeit*, in: *Paul de Man, Allergorie des Lesens*, mit einer Einleitung von Werner Hamacher, Frankfurt a. M. 1988, S. 7–26.) und Moon-Gyoo Chois Auseinandersetzung mit dem Ironie-Begriff (*Frühromantische Dekonstruktion und dekonstruktive Frühromantik*), der die de Mansche und Derridasche Betrachtungen zur Ironie rekapituliert (ebd., S. 100ff.).
[785] Frank entfaltet diese „negative Dialektik" systematisch als Kritik des Hegelschen „Positivitätsglaubens", s. vor allem die 18. und 19. Vorlesung (*Ästhetik*, S. 307–340).
[786] Ebd., S. 311.

dennoch, wie schon festgehalten, bloß die Funktion eines sich selbst negierenden Mittels bzw. ein übergängliches Moment des Prozesses, der ästhetisch-prozedural das „reflexiv Unmögliche" doch möglich macht: die *„echappées de vue ins Unendliche"*[787]. Der romantische Prozeß, die romantische Ironie formulieren sich als die „wahre Methode", wieder herauszukommen aus dem Spiel der endlosen „wechselseitigen Affirmation und Negation". Aus ihnen „heraus [befreit] sich schließlich ein geradliniges Streben in eine 'progressive', ironische '*Dialektik*' als 'wahre Methode'"[788]. Die Nichtigkeit des Subjekts ist so bloß ein „relatives Nicht-Sein", das auf das Absolute notwendig verweist, wenn auch nur als „Denknotwendigkeit". Die Lösung der reflexiven Impotenz gegenüber dem Absoluten liefert das Ästhetische: Sie „öffnet (...) der Poesie die Pforten und lädt sie ein zu leisten, was der Philosophie mißlingt"[789], „die epistemische Undarstellbarkeit des Absoluten findet ein Komplement in der ästhetischen Schau, die uns das Absolute gibt, indem sie es uns *nicht* gibt, nämlich *nicht reflexiv* vermittelt, sondern *als das reflexiv Undarstellbare* selbst wieder darstellt."[790] Präzise hier gründet sich die Idee romantischer Ironie als „Übertragung eines ursprünglich erkenntnistheoretischen Problems, nämlich der widersprüchlichen Struktur des Selbst, auf eine Struktur künstlerischer Darstellung"[791]. Das poetisch realisierte Wechselspiel von Selbstschöpfung und Selbstvernichtung ist „ein Spiel, welches den ursprünglich erkenntnistheoretischen Konflikt zwischen unendlicher und begrenzter Tätigkeit im Ich", eben an Novalis' Fichte-Studien exemplarisch gezeigt[792], „nunmehr in einen rein poetologischen Kontext ein[ge]bettet"[793]. Romantische Poesie, Poesie romantischer Ironie, wird dann wirklich im Sinne Schellings „systemabschließend", „systemkrönend". Poesie kompensiert die reflexiven Insuffizienzen, „die Poesie muß in die Bresche springen, wo der Philosophie die Luft zum Atmen dünn wird."[794] Die Dichtung, referiert Frank Fr. Schlegel, sei solchermaßen „ein Komplement der Philosophie; sie bringe noch das vors Bewußtsein, wovon die Philosophie zwar als von ihrem Höchsten redet, von dem sie aber zugleich weiß, daß und warum sie es epistemisch nicht packen kann."[795] Fr. Schlegel und Novalis sei es vorbehalten, die ästhetischen Konsequenzen der „Grenzfahrung der an ihrer Selbstvermittlung scheiternden Reflexion"[796], des Scheiterns der Reflexion beim Versuch suffizienter Selbstbegründung formuliert zu haben. Das Absolute ist ihnen zwar

---

[787] Friedrich Schlegel, *Kritische Friedrich-Schlegel-Ausgabe,* Bd. 2, S. 200.
[788] Frank, *Ästhetik,* S. 290. Vgl. Friedrich Schlegel, *Kritische Friedrich-Schlegel-Ausgabe*, Bd. 18, S. 83.
[789] Frank, *Ästhetik,* S. 248.
[790] Ebd., S. 244.
[791] Ebd., S. 380.
[792] Vgl. vor allem die 16. Vorlesung (ebd., S. 262–286).
[793] Ebd., S. 365.
[794] Ebd., S. 248.
[795] Ebd., S. 360.
[796] Ebd., S. 233.

immer transzendent, aber romantische Ironie, der „ästhetische Imperativ"[797], ist die „Tendenz" auf das Absolute, ist doch noch seine „unmögliche Darstellung" in der Darstellung seiner Abwesenheit und Unmöglichkeit seiner Anwesenheit. Entscheidend „ist gerade nicht die Auslöschung der unaufhebbaren Kluft des Endlichen und des Unendlichen", sondern: „Endliches soll durch Romantisieren vielmehr so dargestellt werden, als sei es unendlich – dabei wird aber nie die kantische Restriktion durchs 'als ob' mißachtet."[798] Die Reflexion ist in die ganz bestimmte Bewegung der wechselseitigen Negationen des „(relativ) Endlichen" und des „(relativ) Unendlichen" zu versetzen, die das „Seinsollende" eines bloß negativen, synthetisierenden Absoluten erzeugt; ein Absolutes im Status der, wie Novalis festhält, „regulativen Idee", des „*repraesentativen Glaubens*"[799], im Status des „Fiktiven", der „Denknotwendigkeit" wie des „u-topischen Charakters der Repräsentate", nämlich des „antizipierenden, nicht realisierenden Charakters."[800] Ästhetisch geleistet wird im ironischen Kunstwerk eine „Lösung"[801], wenn auch nur eine negative in Hinsicht auf die Realität. Das Absolute, nicht mehr das relative Endliche und relative Unendliche, wird im Kunstwerk „im Endlichen" anwesend – „nicht real, aber eben doch symbolisch anwesend."[802] Geleistet wird, wenn auch bloß negativ, eine Vermittlung und gar eine „Offenbarung"; ein Term, der entgegen der Betonung der bloß negativ verharrenden Dialektik dann doch verwendet wird, so bei Fr. Schlegel[803]. Freigegeben werden eben doch „Hindeutungen aufs Unendliche"[804], eröffnet gar eine „επιδειξις der Unendlichkeit". Poetisches Sagen ironischen Gestus', „so, daß der Gestus desselben das Gesagte auch wieder vernichtet", verweist auf das, „was jenseits aller Semantik eigentlich gemeint war: das 'Unendliche'"[805] – paradigmatisch folglich Tiecks Werke, insbesondere *Der blonde Eckbert*, der für Frank die perfektionierte romantische Ironie darstellt. Der romantische Geist „ist ein unendliches Wesen und mitnichten haftet und klebt sein Interesse nur an den Personen, den Begebenheiten und Situationen und den individuellen Neigungen: für den wahren Dichter ist alles dieses, so innig es auch die Seele umschließen mag, nur Hindeutung auf das Höhere, Unendliche, Hieroglyphe der Einen ewigen Liebe und der heiligen Lebensfülle der bildenden Natur"[806]. Ist Frank, ganz zu recht, daran gelegen, deutlich aufzuzeigen, daß der Begriff romantische Ironie bei Novalis und Fr. Schlegel kein beliebiger „Poesie-Gedanke" ist, sondern das phi-

---

[797] Ebd., S. 368.
[798] Ebd., S. 312.
[799] Novalis, *Schriften III*, Fragment 782, S. 421.
[800] Frank, *Ästhetik*, S. 312ff. und Frank, Die Philosophie des sogenannten 'magischen Idealismus', in: Euphorion 63, 1969, S. 88–116.
[801] Frank, *Ästhetik*, S. 311.
[802] Vgl. ebd., S. 309ff.
[803] Friedrich Schlegel, *Kritische Friedrich-Schlegel-Ausgabe*, Bd. 8, S. 174.
[804] Ebd., Bd. 18, S. 128.
[805] Frank, *Ästhetik*, S. 361.
[806] Friedrich Schlegel, *Kritische Friedrich-Schlegel-Ausgabe*, Bd. 2, S. 334.

losophisch strenge, „gediegene und harte philosophische Spekulation" – eine künstlerische Praxis also im unmittelbaren philosophischen Bewußtsein –, bleibt ihm, „bis an die Zähne bewaffnet"[807], im Falle Tiecks, der sich, ganz überlegt aller philosophisch-theoretischer Spekulation enthält, nur die geschickte, Tiecks wenige theoretische Äußerungen integrierende Applikation[808]. Mit A.W. Schlegel und Heine ist Tieck ihm der einzig „dichtende Dichter" der Frühromantik, Frank kann auf Tieck, ist romantische Ironie nur im poetischen Werk selber anwesend, folglich nicht verzichten, Novalis' wie Fr. Schlegels poetische Werke scheinen ihm keine Exempel romantischer Ironie zu sein. Tiecks Poetik aber ist nachdrücklich kein „Werk gediegener und harter philosophischer Spekulation", die für Frank ohnehin nur eine Reformulierung Fichtes, Schellings oder Solgers sein könnte. Sie ist keine ästhetische Konsequenz der epistemologischen Problematik des Absoluten und keine raffinierte Quintessenz „zeitgenössischer Selbstbewußtseins-Reflexion"[809], sondern Konsequenz der Auseinandersetzung mit dem sich selbst invertierenden psychologischen Diskurs der „vermehrten Seelenkenntnis" wie, und das im engeren Sinne, der Auseinandersetzung mit der regellosen Phantasie. Daß die „gediegene und harte philosophische Spekulation" aber Prämisse der Ironie als ästhetische Transkription und Lösung des bezeichneten originär erkenntnistheoretischen Dilemmas sei, darauf insistiert Frank.

Für den endlichen Verstand bedeuten die Werke des Prozesses romantischer Ironie, die in ihrem Verfahren zugleich eine Vorstellung bestimmt und die Bestimmung negiert, „indem sie es aus der Bestimmtheit und Eindeutigkeit der kontingenten Aussage erlöst"[810], notwendig eine „unendliche Fülle an Sinn", unendlichen Sinn. Eine Ruptur mit allen Mustern rationalistischen Verstehens, der Fixierung eines endlichen, überhaupt fixiblen Sinns. Mit dem unendlichen Sinn ist der zentrale Topos der romantischen Hermeneutik, überwiegend aller (modernen) Hermeneutik in der Folge, benannt, der nichts weiter darstellt als die hermeneutische Konklusion der Ironie. Skizziert ist er in der Konzeption Fr.

---

[807] Frank, *Ästhetik*, S. 341.
[808] Die Krux liegt schon im voraussetzenden Verfahren Franks, der die Tieck-Lektüre so programmiert, daß sie immer bloß den Titel „romantische Ironie" in seinem Sinne bestätigt: „Die romantische Ironie, deren Wesen (in gewiß komplizierten Theorien) einigermaßen bestimmt ausgesprochen werden kann, scheint sich an ihrem Fundort, dem 'redenden Kunstwerk', nur an der Art und Weise der Sprachbehandlung ausweisen zu lassen – und die ist dem direkten Zugriff der Philosophie entzogen. (...) Daß ich es aber im Kunstwerk sehe, dazu bedarf es einer anderen Fähigkeit als der rein begrifflichen. Ich brauche, was Novalis ein 'feines Gefühl ihrer [der Sprache] Applicatur, ihres Takts, ihres musikalischen Geistes', genannt hat, und das erwerbe ich nicht durch Lektüre der Ironie-Theorie von Schlegel oder Solger. Ist umgekehrt freilich das Philosophem nicht verstanden, so wird ein noch so feines Eidechsenohr sich auf die Applikatur [also doch bloß appliziertes] der ironischen Sprache richten und doch darin nicht finden, was nur der Wünschelrute des Begriffs seinen Ort verrät. Enger können Philosophie und Literaturkritik (...) ihre Tätigkeiten kaum vereinigen" (Frank, *Ästhetik*, S. 361). [809] Ebd., S. 262.
[810] Ebd., S. 381.

Schlegels und Novalis'; formuliert zuallererst von Schlegel (*Über die Unverständlichkeit*) und Schleiermacher, grundgelegt in nuce in Kants „ästhetischer Idee", wie Frank und auch Menninghaus herausstellen[811]. „Eine andere und historisch neue Form ungreifbaren Sinns" ist geboren: der „unendliche hermeneutische Sinn ästhetischer Ideen"[812]. „επιδειξις der Unendlichkeit" sind die Werke romantischer Ironie als semantisch „unerschöpfliche", „alldeutige" (Novalis[813]), in ihrer unendlichen „Unbestimmtheit"[814]. „Durch Romantisieren öffnen sich im Text jene '*échappées de vue* ins Unendliche', die den beschränkten zum Paradigma des 'unendlichen Textes' werden lassen."[815] „Die Form des Kunstwerks bietet sich aber einer Unendlichkeit möglicher Auslegungen, die in keiner ihren definitiven Abschluß finden wird; und das liegt nicht daran, daß

---

[811] „Kants Lehre vom Genie überführt den genieästhetischen Diskurs in einer Grundlegung des hermeneutischen. Zum Hervorbringungsgrund schöner Kunst gehört die Fähigkeit, in seinen Produkten einen unabschließbaren, virtuell unendlichen Verstehensprozeß zu eröffnen. Die hermeneutischen Basistheoreme von der Unendlichkeit und Unabschließbarkeit des Sinns sind hier erstmals und mit unübertroffener argumentativer Kraft artikuliert. (...) Die *Kritik der Urtheilskraft* bestimmt dieses 'principium der Belebung' [„Geist" ist das entscheidende Vermögen des Genies für die „'unbegrenzte' Erweiterung unseres Denkens durch schöne Kunst, für diese 'Aussicht in ein unabsehliches Feld' von Vorstellungen"] als das 'Vermögen der Darstellung *ästhetischer Ideen*' und damit jener 'Vorstellungen der Einbildungskraft, die viel zu denken veranlassen, ohne daß ihnen doch irgend ein bestimmter Gedanke, d.i. *Begriff*, adäquat sein kann, die folglich keine Sprache völlig ereicht und verständlich machen kann.'Wie im Mathematisch-Erhabenen die ästhetische 'Auffassung (apprehensio)' so weit ins Unendliche fortschreitet, bis da Vermögen der 'Zusammenfassung (comprehensio aesthetica)' scheitert so asymmetrisiert das Genie als Geist die Beziehungen von Einbildungskraft und Verstand und instituiert in der irreduziblen Lücke zwischen beiden die Widerständigkeit der unendlich reichen ästhetischen Vorstellung gegen die Grenzen jedes bestimmten Begriffs" (Menninghaus, *Unsinn*, S. 26f.). Frank führt die „romantische Ironie" wie den „unendlichen Sinne" – damit auch die frühromantische Fundierung der modernen Hermeneutik – als forcierte Reformulierung der Kantischen „ästhetischen Idee" aus: „daß Kants Bestimmung der 'ästhetischen Idee' als einer solchen, die unendlich viel zu denken veranlaßt, ohne daß doch ein Begriff ihren Inhalt erschöpfte, in der Ironie ihr allein angemessenes Instrument findet" (Frank, *Ästhetik*, S. 311).
[812] Menninghaus, *Unsinn*, S. 30.
[813] Novalis, *Schriften III*, S. 64 (Nr. 603) und *Schriften II*, S. 610 (Nr. 402).
[814] Friedrich Schlegel, *Kritische Friedrich-Schlegel-Ausgabe*, Bd. 7, S. 210f.
[815] Frank, *Ästhetik*, S. 366 „Damit ist nicht behauptet, er entkomme der Ausdrucksintention eines bestimmten Sprechens. Behauptet ist lediglich, daß durch die ironische Behandlung die Bedeutungen des Gesprochenen auf zwei Registern zugleich spielen: in einem beschränkten Kontext, wo die Zeichen durch die es umgebenden und durch die Grammatik einigermaßen fixiert sind in ihrer Bedeutungssubstanz; und in einem entgrenzten, wo durch die ironische Überdeterminierung die Zeichen ihre eigentliche Bedeutung ablegen und sich zum Ausdrucksträger der 'Alldeutigkeit', also des Unendlichen machen." „Das Ergebnis dieser Überdeterminierung des semantischen Gehalts wäre eine gewisse 'Unbestimmtheit' der Text-Botschaft (wie Friedrich Schlegel sagt), und zwar in einem Maße, daß dieselbe sich als Anzeige des 'Unendlichen' verstehen läßt" (ebd.).

Kunstwerke etwa an vorbegriffliche Intuitionen appellieren, die das Licht des Begriffs zu scheuen hätten, sondern daran, daß Deutungen zwar sehr wohl in Begriffsform erfolgen, aber keinem Begriff ihre Sinnfülle erschöpfend erschliessen"[816].

Sprechen Fr. Schlegel und Novalis von unendlicher Fülle, Unendlichkeit, Unbedingtem und fruchtbarem, „schönstem Chaos"[817], spricht Tieck von „ungeheuerer Leere", „Nichts" und *furchtbare[m] Chaos* als „Meinen" der Poesie, Nucleus der Poetik des Schwindels, des *„fürchterlich Wunderbaren"*. Die Poesie des Schwindels, ihr Text, sind sehr wohl ein „Unbegreifliches" (im eben erörterten Sinne), aber kein „unendliches (Un-)Begreifliches". Der besagte Krieg der Poetik und Poesie des Schwindels gilt nicht bloß dem (schlichteren) Paradigma des endlichen Begreifens und positiven Sinns, sondern gleichermaßen dem des unendlichen Sinns[818]. Der Identifikation mit dem skizzierten Begriff romantische Ironie als „Tendenz aufs Unendliche"[819] und „Liebhaberei fürs Absolute" bleibt der zergliederte Schwindel nicht bloß sperrig, er konterkariert diese Ideen und Begriffe ganz bewußt, auch wenn die Konstruktion Tiecks explizite an der systematischen, grundsätzlichen epistemologischen und hermeneutischen Reflexion desinteressiert ist. So konstituieren sich seine frühromantische Poetik und Poesie als anti-frühromantische und, indem ihnen noch die romantische Ironie eine „Scheingestalt" ist, als eine weitere Windung, Radikalisierung der „Ultra-Radikalität" (Frank[820]) Schlegelscher und Novalisscher Poetologie. Sie gehören nicht nur nicht zur Bewegung, die „überall das Unbedingte" verfolgt – „wir suchen überall das Unbedingte, aber finden immer nur Dinge"[821], so Novalis' Prinzipium der *Blüthenstaub*-Fragmente –, sondern wirken als ihr Antidoton, wobei sie ebensowenig nur die „Dinge" als die einzige, positive Wirklichkeit, in der Unbedingtes und Bedingtes immer schon sich synthetisieren, oder gar bloß das „Bedingte" suchen. Der Schwindel konzipiert sich gegen alle drei Momente inklusive aller dialektischen Spielarten ihrer Konstellationen, seine Vernichtung geht in ihren Begriffen der Negation nicht auf und sucht lediglich das dezidiert veranstaltete „Schwinden". „Wahnsinn", der in der Identifikation als romantische Ironie im Vokabular Franks dann fehlen muß, „meint" nicht unendlichen Sinn, sondern leeren Sinn, Entleerung des Sinns, das vom Texttaumel inszenierte „Chaos" ist nicht „fruchtbar", sondern „furchtbar". Der Schwindel ist es, der programmatisch, im Sinne Fr. Schlegels, nicht aufs Unendliche, sondern aufs Nichts geht, der, wenn auch boß negativ, antizipatorisch gelingenden Ver-

---

[816] Ebd., S. 360.
[817] Friedrich Schlegel, *Kritische Friedrich-Schlegel-Ausgabe*, Bd. 5, S. 9.
[818] Auch in diesem „Krieg" steht Poetik des Schwindels – bei allen Divergenzen, s.o. – Seite an Seite mit der „Poetik des Unsinns" als Poetik der „A-Signifikanz und Nicht-Repräsentativität".
[819] Frank, *Ästhetik*, S. 291.
[820] Ebd., S. 368.
[821] Novalis, *Blüthenstaub*, in: *Athenaeum*, Erster Band, Erstes Stück, S. 70.

mittlung von „Allgemeinem und Einzelnem, Unbewußtem und Bewußtem, Reellem und Ideellem, Unendlichem und Endlichem – und wie immer sonst noch der idealistische Urgegensatz sich artikulieren mag"[822] – spielt er absichtlich entgegen. Die „willkürlichen" Plötzlichkeiten, Vermischungen etc. lassen sich in ihrer „Regellosigkeit" nicht dialektisch fügen, machen sämtliche einzelnen Vorstellungen und ihre möglichen Zusammenhänge stetig irre, bis die Phantasie, alles Vorstellungsvermögen wie alle weiteren Seelenvermögen in sich zusammenstürzen.

Schwindel und „fürchterlicher" Wahnsinn, Begriffe, die die Klimax dieses Geschehens belegen, „verkündigen sich [bloß] als Vernichtung", Poesie des Schwindel stimuliert den tätigen „ungeheuren, leeren Abgrund", den, nur eine weitere paraphrasierende Metapher, „den Tod selbst". Im *Phantasus* ist im Kontext mit der poetologischen Sentenz des zu lösenden Wahnsinns nur eines Terminus: die „ungeheure Leere, das furchtbare Chaos" (*Ph-Rg* 113). Diese, allgemein die Vernichtung, gilt es, „mit der Kraft der Poesie abzuspiegeln und zu verkünden" (*Schr* 6, Vff.), und das gelänge radikaler Poesie des Schwindels in der Tat, indem sie sich selber zur Vernichtung gestaltet, diese zum Verfahren, zum Grund der besonderen poetischen Praxis macht. Unentwegte Negationen sind dem Schwindel, gleich als Problem Tieckscher „Negativität" ausführlich behandelt, nicht bloß negativ-dialektisches und sukzessives Moment „auf dem Weg zum Unendlichen" Ebensowenig aber werden sie hypostasiert, selber zum Absoluten. „Nichts" meint die ständige Vernichtung, nicht irgendeine negative Substanz. Schwindel bedeutet und produziert nicht nur nicht Sinn, sondern auch keinen unendlichen Sinn, der zunächst eine Sistierung des Verstehens im Sinne von Fr. Schlegels Unverständlichkeit zu bedeuten scheint, gleichwohl aber den „Kern des hermeneutischen Projekts" darstellt[823]. Schwindel bedeutet keine wunderbaren Explosionen des Sinns, sondern, im vollkommenen Bewußtseinssturz, dumpfe, sinnlos verpuffende, vorsätzlich herbeigeführte Einbrüche, bloß leeren Sinn (=Wahnsinn). Von einer wunderbaren Lösung, wenn auch nur im Sinne der negativen Dialektik der Frühromantik, ist keine Rede: Es „entstehn nun wohl auch in unserm Innern Gedichte und Märchen, indem wir die unge-

---

[822] Frank, *Ästhetik*, S. 293.

[823] Menninghaus konzise: „Eine solche Suspension des Verstehens setzt teilweise selbst noch ein Kernstück der Hermeneutik fort. Denn als Unerschöpflichkeit des 'Sinns' durch jedes endliche Verstehen gehört die Unverständlichkeit dem hermeneutischen Projekt selbst an; sie ist darin allerdings gleichbedeutend mit unendlicher Verstehbarkeit." Und: „Ähnliches gilt für den generalisierten Unverständlichkeits-Verdacht als eine technische Maxime, kraft deren die Hermeneutik sich dazu anhält, tendenziell jede Stelle eines Textes so zu behandeln, wie zuvor nur die 'dunklen' oder 'verderbten' Stellen behandelt wurden. Auch dieses (...) Zuweisen von Unverständlichkeit hat vor allem die Funktion, den Apparat des Verstehens um so gründlicher zu beschäftigen. Es begrenzt ihn nicht, sondern dehnt seine Zuständigkeit gerade unerhört aus, in dem es 'für dies ganze Gebiet des Unverständlichen eine Vermittlung zu finden' unternimmt [Schleiermacher, *Hermeneutik und Kritik*, S. 203]" (Menninghaus, *Unsinn*, S. 60f.).

heuere Leere, das furchtbare Chaos, mit Gestalten bevölkern, und kunstmäßig den unerfreulichen Raum schmücken; diese Gebilde aber können dann freilich nicht den Charakter ihres Erzeugers verleugnen" (*Ph-Rg 112f.*) Wird die frühromantische Hermeneutik des unendlichen Sinns, überhaupt die frühromantische Ästhetik, in Kants Theorem der ästhetischen Idee grundgelegt – „ die hermeneutischen Basistheoreme von der Unendlichkeit und Unabschließbarkeit des Sinns sind hier erstmals und mit unübertroffener argumentativer Kraft artikuliert"[824] –, dem Theorem, das die Frühromantiker modifizieren und dialektisch zur romantischen Ironie formen, so wird in der Bildung dieses spezifisch regulierten „Spiels" von Einbildungskraft/Genie und Urteilskraft/Geschmack die Differenz zum Schwindel deutlich[825]. Die restlos „erhitzte Einbildungskraft", Phantasie in ihrer vollen gesetzlosen Freiheit und Regellosigkeit, weit über das Maß hinaus, das zuträglich wäre für das Genie, produziert nichts als die Kantischen „Verrückungen". Tiecks Schwindel ist allen Sinnversuchen bloß ein Nichts[826]. Er ist nicht bloß Unsinn, sondern, über den Unsinn hinaus, „Sinnleeres"[827] (und Wahnsinn ist „leerer" Sinn): „die regellose [Phantasie] nähert sich dem Wahnsinn"[828]. Genau diese restlose Entfesselung der Einbildungskraft ist nach Kant auch im ästhetischen Gebiet zu verteufeln, Genie und Einbildungskraft sind von der Urteilskraft und, in gewissem Sinne synonym, dem Geschmack erheblich zu „beschneiden", großzügig „aufzuopfern"[829]. Es ist „nötig

---

[824] Menninghaus, *Unsinn*, S. 26f. (zur Grundlegung der romantischen Ästhetik in Kants „ästhetischer Idee" vgl. Fußnote 213 dieses Kapitels. „Die *Kritik der Urtheilskraft* bestimmt dieses 'principium der Belebung' [=„Geist", das entscheidende Vermögen des Genies für die 'unbegrenzte' Erweiterung unseres Denkens durch schöne Kunst, für diese 'Aussicht in ein unabsehliches Feld' von Vorstellungen] als 'das Vermögen der Darstellung *ästhetischer Ideen*' und damit jener 'Vorstellungen der Einbildungskraft, die viel zu denken veranlassen, ohne daß ihnen doch irgend ein bestimmter Gedanke, d.i. *Begriff*, adäquat sein kann, die folglich keine Sprache völlig erreicht und verständlich machen kann.' Wie im Mathematisch-Erhabenen die ästhetische 'Auffassung (apprehensio)' so weit ins Unendliche fortschreitet, bis das Vermögen der 'Zusammenfassung (comprehensio aesthetica)' scheitert (B 87), so asymmetrisiert das Genie als Geist die Beziehungen von Einbildungskraft und Verstand und instituiert in der irreduziblen Lücke zwischen beiden die Widerständigkeit der unendlich reichen ästhetischen Vorstellung gegen die Grenzen jedes bestimmten Begriffs. Diese Asymmetrierung hat allerdings einen Extremwert, in dem die Grundlegung des hermeneutischen Prozesses in dessen Zerstörung, genauer: in dem der Möglichkeitsgrund schöner Kunst in einen Grund ihrer Unmöglichkeit umschlägt" (Menninghaus, *Unsinn*, S. 26f.).
[825] Eine Differenz, die in den Ausführungen über die Einbildungskraft in ihrer „gesetzlosen Freiheit" schon entwickelt wurde (s. Kap. III.2).
[826] Kant, *Urteilskraft*, S. 438 (B 227). Siehe Menninghaus' kursorische Dekonstruktion der *Kritik der Urteilskraft* (*Unsinn*, S. 26–45).
[827] Kant, *Anthropologie*, S. 468 (B 71).
[828] Ebd., S. 485 (BA 92).
[829] Kant, *Kritik der Urteilskraft*, S. 421 (B 203; A 201, vgl. allgemein die Paragraphen 48 „Vom Verhältnisse des Genies zum Geschmack" und 49 „Von der Verbindung des Geschmacks mit Genie in Produkten der schönen Kunst", S. 410ff.). „Weil dessen [des Ge-

(...), den Schwung einer unbegränzten Einbildungskraft zu mäßigen", nicht bloß, um den Enthusiasmus zu vermeiden, sondern, ungleich schlimmer, die gänzlich „regellose" Phantasie[830]. In der „schönen Kunst" muß es „mehr Geschmack und Urteilskraft" geben als „Genie und Phantasie", ihr höchster Ausdruck sind eben die ästhetische Ideen als gelingende, wenn auch extraordinäre Synthese der Einbildungskraft und des Verstandes, der unendlich mit ihnen beschäftigt ist – so die Grundlegung der romantischen Ästhetik und Hermeneutik. „Der Geschmack ist, so wie die Urteilskraft überhaupt, die Disziplin (oder Zucht) des Genies"[831]. „Reich und original an Ideen zu sein, bedarf es nicht so nothwendig zum Behuf der Schönheit, aber wohl der Angemessenheit jener Einbildungskraft in ihrer Freiheit zu der Gesetzmäßigkeit des Verstandes"[832]. Ansonsten kommt es zum, dem Schwindel wesentlichen, „Unvermögen, seine Vorstellungen auch nur in den zur Möglichkeit der Erfahrung [geschweige denn des „Verstehens"] nötigen Zusammenhang zu bringen"[833]. Ohne die „Disziplin (oder Zucht) des Genies" sind das Schöne, die ästhetischen Ideen und ihr unendlicher Sinn unmöglich. Der „produktive Möglichkeitsgrund", so Menninghaus' modellhafte dekonstruktive „Re-Lektüre" des Genies in der Kritik der Urtheilskraft, „schöner und das Verstehen ohne Ende beschäftigender Kunst" ist die Befreiung der Einbildungskraft von den Fesseln des Verstandes „bei gleichzeitiger Beschneidung dieser Tendenz. Nicht immer weiter getriebene Steigerung, „sondern Disziplin, Zucht und Beschneidung bringen die hermeneutische Unendlichkeit ästhetischer Ideen hervor."[834] Die von der Poesie des Schwindels betriebene vollkommene Entfesselung der Phantasie, die bloß eine Entfesselung ihrer ganz „natürlichen" Funk-

---

nies] Originalität, Reichtum und Freiheit von sich aus 'nichts als Unsinn hervorbringen', müssen sie gestutzt und teilweise geopfert werden, um uns auf die unendliche und unerschöpfliche Bahn des Sinns schicken zu können" (Menninghaus, Unsinn, S. 29). Obgleich Kant im Ästhetischen eine inverse Hierarchie von „Einbildungskraft" und „Urteilskraft" fordert, formuliert er eine rigide Einschränkung. „Denn die Urteilskraft soll ja mit gewalttätiger Zucht die Einbildungskraft des Genies 'dem Verstande anpassen', statt daß dieser – wie gefordert – jener 'zu Diensten' ist. Doch nicht erst der Widerstreit von Geschmack und Genie bedroht die zentrale Fiktion der dritten Kritik: das freie und zugleich harmonisch 'stimmende' Spiel der Gemütskräfte. Schon der Geschmack selbst, der Zuchtmeister des Genies, ist in seiner 'Beziehung auf den Verstand' nicht so zuverlässig, wie es eine gewaltfreie Harmonie der beiden Vermögen erfordern würde. Sich selbst überlassen, treibt der Geschmack nämlich 'die Freiheit der Einbildungskraft wohl eher bis zur Annäherung zum Grotesken'" (Menninghaus, Unsinn, S. 34f.).

[830] Kant, Anthropologie, S. 366 (B 126).
[831] Ebd., S. 421 (BA 203).
[832] Ebd., S. 420 (B 202).
[833] Eben das ist die „Unsinnigkeit" als einer der von Kant vorgenommenen, wechselnden Differenzierungen des Wahnsinns (Kant, Anthropologie, S. 530ff, BA 145ff.), die Tieck und die Theoretiker der gestörten Einbildungskraft unter diesem Begriff zusammenfassen. Dazu, daß der Schwindel mehr meint als den „Unsinn", der bloß Produkt ist der „Unsinnigkeit", sondern, Kant unterscheidet es deutlich, das „Sinnleere", siehe Fußnote 131 dieses Kapitels.
[834] Menninghaus, Unsinn, S. 29f.

Poetik des Schwindels

tion und Modalität ist, vereitelt selbst dem Genie alle Möglichkeiten einer Synthetisierung. Statt daß das Mannigfaltige und die Einheit zumindest zu einem solchen Grad der, wenn auch niemals abzuschließenden Synthetisierungsmöglichkeit gebracht würden, daß ästhetische Ideen und das Schöne entständen, wird es in der betrachteten poetischen Praxis der willkürlichen Plötzlichkeit, Wechsel und Vermischungen indes immer „mannigfaltiger" und „unordentlicher" gemacht, so daß noch jeder Ansatz der Vereinheitlichung unterlaufen wird. Es wird der Einheit, dem Verstand, der Urteilskraft und dem Geschmack schlicht vollends inkommensurabel: wahnsinnig im Sinne des leeren Sinns, des Sinnleeren, für Kant präzise ein vollkommenes, irreduzibles „Nichts"[835]. Sämtliche Vorstellungen werden, so die bekannte Warnung Fichtes vor einer zu willkürlichen Produktivität der produktiven Einbildungskraft, die Tieck zu einer poetischen Instruktion erhebt, schlicht „völlig vernichtet und aufgehoben". Wie für den „Unsinn" gilt: Die ästhetische „Auffassung (apprehensio)" wird so eher überfordert, „bis das Vermögen der 'Zusammenfassung (comprehensio aesthetica)' scheitert, so asymmetrisiert das Genie als Geist die Beziehungen von Einbildungskraft und Verstand und instituiert in der irreduziblen Lücke zwischen beiden die Widerständigkeit der unendlich reichen ästhetischen Vorstellung gegen die Grenzen jedes bestimmten Begriffs. Diese Asymmetrisierung hat allerdings einen Extremwert, in dem die Grundlegung des hermeneutischen Prozesses in dessen Zerstörung, genauer: in dem der Möglichkeitsgrund schöner Kunst in einen Grund ihrer Unmöglichkeit umschlägt."[836] Damit gründet sich die Poesie des Schwindels im Kern in einem Bruch mit den Paradigmen der ästhetischen Ideen, schönen Kunst und des unendlichen Sinns, folglich auch im Bruch mit weiteren Basistheoremen frühromantischer Ästhetik. Die Poesie des Schwindels ignoriert nicht bloß die „Angemessenheit jener Einbildungskraft" in ihrer „Freiheit" zu den „Gesetzmäßigkeiten des Verstandes", sondern verfolgt die Steigerung dieser „gesetzlosen Freiheit" zur Zersetzung der „Gesetzmäßigkeiten des Verstandes". Ein Prozeß, der nicht um der Schönheit willen an einem bestimmten Punkt sistiert, sondern bis zum Kollaps multipliziert wird, den Fichte eben als völlige Vernichtung sämtlicher Vorstellungen und Begriffe markierte, der spekulativen Einbildungskraft überhaupt, die in ihrer ästhetischen Spezifikation zum Konzept der romantischen Ironie wird. Die über Gebühr „freigemachte" Phantasie bleibt dann auch den Frühromantikern „krankhafte (...) Einbildungskraft"[837], Wahnsinn.

Evident ist die Differenz von Schwindel und romantischer Ironie gleichermaßen in einem anderen Punkt. Die besprochene somatische Implikation, die ungeheure Angst und das „Grausen" neuer Qualität, das dem Schwindel der Seele simultan bzw. identisch ist – „auf diese Art entsteht der Schauder, und jenes heimliche Grausen (...), ein Schauder, den ich einen Schwindel der Seele

---
[835] Kant, *Anthropologie*, S. 438 (B 227).
[836] Menninghaus, *Unsinn*, S. 26f.
[837] A.W. Schlegel, *Gegenwärtiger Zustand der Deutschen Literatur*, S. 21.

nennen möchte" (*ShW* 712) –, ist romantischer Ironie ein „Geistiges", ausdrücklich wie jedes somatische Moment im Wesen disjunktiv, dem Schwindel und besonderen Wahnsinn aber wesentlich. Ein Affekt ist dieser Schauder im alten Sinne nicht mehr, sondern der Punkt des Zusammenstürzens aller (über-)mannigfaltigen Affekte in der Zuspitzung ihres schnellen Changierens, analog dem Vorstellungskollaps. Formuliert schon im *Shakespeare's Wunderbares* wie noch im *Phantasus*:

> „Diese Geschichten gehn zu schneidend durch Mark und Bein, und ich weiß mich vor Schauder in keinen meiner Gedanken mehr zu retten. (...) Ich zittre und ängste mich, und vermute, daß aus jedem Busche, aus jeder Laube ein Ungeheuer auf mich zutreten möchte, daß die teuersten bekanntesten Gestalten sich plötzlich in fremde gespenstische Wesen verwandeln dürften [die „plötzlichen Umwendungen" werden entbunden] (...), bis das ungeheuerste Grauen uns plötzlich erfaßt, und alle vorigen Empfindungen wie in einen Strudel gewalttätig verschlingt." (*Ph-Rg* 240f.)[838] [Letzteres erst, der „Strudel", ist das entscheidende.]

Poetik des Schwindels ist immer Ästhetik des Schauders, bodenloser Angst und ungeheuersten Grauens – „es ist nicht auszuhalten!", „denn sie sind zu gräßlich". Ihre grundlegende Sentenz ist das „durch die Mittel der Dichtkunst fast aus unsern Sinnen geängstigt" werden (*Ph-Rg* 241), buchstäblich „literarischer Terrorismus" (*BüSh* 158). Tiecks anerkennende Bemerkungen zum „trivialen" Schaudertheater *Die Höllenbraut* – ein „recht vollkommenes" Schauspiel (*MuAl* 166), formuliert lange nach der „frühromantischen Wende" – begründen sich im nämlichen Effekt; wieder interessiert er sich für die Wirkung und die Mittel ihrer Herstellung, wiederholt streicht er das „Plötzliche" im Stück hervor (*MuAl* 164f.). Es bewirkt die völlige „Verwirrung des Gemüths", dem „Zuschauer (...) wird dabei ganz unheimlich" (*MuAl* 164), und er ist ob des „Grauens" „nahe daran, in Ohnmacht zu fallen" (*MuAl* 165). Ethymologisch-semantisch und auch in den Vorstellungen der Zeit ist der Schwindel wie gesehen an die Ohnmacht gebunden (von ahd. „swintilon": „in Ohnmacht fallen")[839]. All dieses ist schwerlich in Einklang zu bringen mit der „Erhebung über die Welt der Bedingungen" in der romantischen Ironie, der „heiteren Stimmung des Über-dem-Kunstwerk-Schwebens und Es-aus-der-Höhe-Überblickens, die Geistigkeit und Gelöstheit, die sich ergibt, wenn man vom Vollendeten wegtritt und es in die Distanz bringt."[840] Programmatisch bewirkt der Schwindel ganz im Gegenteil eben die Auflösung der „Unbeteiligung, die man 'impassibilité' ge-

---

[838] Im Rahmengespräch des *Phantasus* reagieren die Personen auf die „Geschichten" im „Ton" des Eckberts (erzählt sind bereits *Der getreue Eckart, Der Runenberg* und der *Liebeszauber*, und Manfred wehrt den Unmut gegen seine Erzählung, den *Liebeszauber*, ab: „warum nicht deinen Zorn gegen unsern Anton wenden, der mit seinem Märchen [*Der blonde Eckbert*] zuerst diesen Ton angegeben hat?" (*Ph-Rg* 241)
[839] Brockhaus-Enzyklopedie, S. 695.
[840] Frank, *Ästhetik*, S. 344.

nannt hat, außerhalb der Widersprüche sich stellen und deren Selbstzerstörung mit einer höheren Heiterkeit anschauen."[841]

Der Schwindel verhält sich, anders wäre es kaum zu erwarten, allgemein idiosynkratisch gegenüber den verschiedensten theoretisch-philosophischen Identifikationen. Im Schwindel sind nachdrücklich keine Divination, keine numinose Infektion und keine Offenbarung zu erfahren, Schweikert spricht wiederholt vom „Zutritt zum höheren Zusammenhang"[842], vom „Zugang zur Erkenntnis höherer Welten"[843]. Ebensowenig eine Erhöhung des Selbst, „ein Erweitern und Erkennen des Selbst", so Paulin[844]. Attackiert sind alle idealistischen Phantasien des Selbstverlustes, aus dem das Subjekt, dann eigentlich erst „wirklich" positiviert, um so sicherer hervorgeht. Schwindel ist, meint er selber keinen Nihilismus, auch keine Lösung oder Abwehr des Nihilismus wie es das „Gefühl" bei Jacobi ist, der einen, bei den Frühromantikern aufmerksam wahrgenommenen, „vollkommenen Dualismus zwischen der unmittelbaren Gewißheit des Seins und der endlosen Relativität des rationalen Begründens"[845] ausmacht, ihn dann aber durch die Einführung des Gefühls als Erkenntnisorgan, Divination löst; ganz ähnlich wie Moritz' Konzept der „Tatkraft" als Organ der totalen Erkenntnis. Sowohl das Konzept der Tatkraft wie das des Gefühls, beide offenbar aus dem, vom Schwindel ebenso konterkarierten, zentralen Theorem der pietistischen Hermeneutik Frankes, der „ars applicandi", abgeleitet, gehen im Schwindel unter; wie alle Vorstellungen bis zur Vernichtung hin- und hergeworfen werden, so ebenfalls die Affekte, alle Seelenregungen überhaupt. Der Schwindel ist in allem bloß Dekomposition. Boykottiert, so offensichtlich, daß die direkte Auseinandersetzung überflüssig gerät, werden vom Schwindel gleichfalls alle positiv-dialektischen Versionen der romantischen Ironie, die auch für Frank schon Gegenstand der Kritik Tieckscher Ironie würden, alle Überlegungen einer poetisch gelingenden, theoretisch unterschiedlich differenzierten „Vermittlung", „Synthese" oder „Versöhnung" – ganz gegen das Verdikt Hegels über die Ironie – der, jeweils homologen, Kontradiktionen von Wirklichem und Wunderbarem, Endlichem und Unendlichem, Vernunft und Phantasie (prominenteste Definitionen dieser Art stammen von Peter Szondi, Jean Starobinski oder Helmut Prang: „Romantische Ironie vermag demnach solche Heterogenitäten nicht etwa im Kompromiß auszugleichen, sondern eher im Hegelschen Sinne 'aufzuheben' oder die Cusanische coincidentia oppositorum herbeizuführen."[846]). Eine Synthese, die eine souveräne Subjektivität leisten soll, eine Subjektivität, die der Schwindel zerlegt, eingebettet zumeist in ein geschichtsphilosophisches Denken, wenn auch zuweilen in seiner intransingenten Kritik. Unterstellt wird der „Glau-

---

[841] Ebd., S. 375.
[842] Schweikert, *Tiecks Schriften 1836–1852,* S. 1081.
[843] Ebd., S. 1082.
[844] Paulin, *Tieck,* S. 61.
[845] Frank, *Ästhetik,* S. 287.
[846] Helmut Prang, *Die romantische Ironie,* Darmstadt 1972, S. 13.

be an eine mögliche Versöhnung von Idealem und Realem (...) und zwar (...) eine Versöhnung, die das Ergebnis einer Handlung oder Tätigkeit eines Geistes ist. Doch genau diese Voraussetzung wird von dem Ironiker nicht geteilt" – und dieses ist de Man nachdrücklich der rückhaltlose Schwindlige[847]. Bereits Hegels scharfe, im weiteren ausführlich behandelte, Verurteilung Tieckscher Negativität aber hält, ganz zu recht, fest, wie fern das poetische Sprechen Tiecks solchen Phantasien ist.

4.5 Kollaps der Seele. Arbeit gegen die „kleinlichste Ökonomie"

Realisiert der schwindlige Text in seiner poetischen Faktur und Praxis, seinem narrativ-sprachlichen Verfahren den Schwindel, erliegen dadurch die Vorstellungen vom Text dem (hermeneutischen) Schwindel, ist dieser Texttaumel doch nur ein Moment und Initial, um allgemein den „Schwindel der Seele" oder „fürchterlichen Wahnsinn" zu lösen, der, vollends idiopathisch, dann indifferent gegenüber dem Text und der unaufhörlichen Textverwirrung ist. Poesie des Schwindels sucht mehr als den skizzierten Taumel des approbierten Verstehens. Visiert ist als Schwindel der Seele ein punktuelles Fiasko des „wirklichen" Subjekts, das als Ganzes wirklich schwindelig werden soll – affiziert, bis zur vollkommenen Deregulation, ist wie gesehen nicht bloß der Geist –, und, letztes Telos, der Zusammenbruch aller (historischen) Wirklichkeiten bzw. ihrer Vorstellungen. Die Idee, im Lesen ein Subjekt wirklich wahnsinnig werden zu lassen, zu erwägen heute als poetische Hybris, war der Zeit alles andere als abstrus, sondern durchaus geläufig: „Auch der beste Kopf, der sich in die Lektüre von Wundern lange vertiefte, würde vielleicht am Ende unterliegen", konzediert Moritz[848]. Hier gewinnt Tiecks Postulat, wiederum als Inversion gegen die Sorge um die „Deutlichkeit und Klarheit im Denken", noch einmal eine historische Kontur. Im Schwindel erleidet das Subjekt eine Desorientierung im Kern, es verliert die, feste Lokalisierungen und Identifikationen erlaubende, Horizontale, Konturen werden fließend, es ist allen „anstürmenden" Sensationen ausgeliefert, begleitet von der besonderen Angst; ein Begriff, der, in einer neuen Qualität als Schwindel, jäh im Zentrum der Tieckschen Ästhetik steht, zuvor mühevoll über ein Jahrhundert getilgt aus der aufklärerischen Sprache[849]. Ein Barthesscher „Ort", wesentlich a-topia, des „Sichverlierens": „der Riß, der Bruch, die Deflation, das *fading*, das das Subjekt (...) ergreift"[850]. Das „ganze Gewebe des Ichs"

---

[847] de Man, *Rhetorik der Zeitlichkeit,* S. 118.
[848] Moritz, *Magazin*, Bd. IV, S. 14. Zum Wahnsinn der Lektüre vgl. Kap. III, Fußnote 96.
[849] Vgl. Jean Delumeau, *Angst im Abendland*, Hamburg 1985, vor allem die Einleitung: „Der Historiker auf der Suche nach der Angst" (S. 9–46).
[850] Barthes, *Lust am Text*, S. 14.

[des Lesers] wird „aufgetrennt sein und auseinanderfallen"[851]. Das „nathürliche Gleichgewicht", die „nathürliche Ökonomie" der Seele sind suspendiert, Verstand, Urteilskraft und alle Vernunft gleichermaßen, sowie, mit dem Verlust der Urteilskraft, das Vermögen der Distinktion von Wirklichkeit und Imaginärem, was in das hektische, zerstörende Oszillieren beider führt. Entfacht wird die Autodynamik des maniakalischen Selbstzerstörungsprozesses der Seele, der ausführlich behandelte, ganz reale Zusammenbruch, freilich streng in seinen historischen Vorstellungen zu denken. Angestrebt ist kein symbolischer Schwindel, kein symbolischer Wahnsinn, keine homöopathische oder kathartische Dosis. Erlitten wird die Auslöschung des Seelischen in ein dunkel Somatisches – „ganz körperlich" ist der Zustand, wobei der Körper ebenso ganz und gar infixibel ist (s. Kap. III.4) –, ein vollends a-personales Flottieren der Energien noch vor aller seelischen Qualität, ganz gemäß der besprochenen eigentümlichen zeitgenössischen Idee der sukzessiven „Veredelung" der „thierischen Kräfte", die erst ab einem bestimmten Grad seelische Qualität haben und „menschlich" werden: „Tierische Dumpfheit (...) wenn wir endlich (...) ohnmächtig hinsinken, und nichts als verworrene Gefühle davontragen, dunkler und körperlicher als die unmittelbarsten, die tote Gegenstände um uns unsern Sinnen reichen" (*Abd* 307). Erlitten wird eine Störung der Coenaesthesis sowie eine, ebenso bereits besprochene, todesähnliche Paralyse: „höchst ermattet, (...) einer Ohnmacht des Körpers nahe" (*BTW* 49), nahe dem Tod. Vom Schwindel infiziert sind im Sinne Reils (s. Kap. III.1) alle Arten von Vorstellungen überhaupt, „durch welche der Mensch nach seinem dreifachen Zustande vorgestellt wird", alle Wahrnehmungen bzw. Sinne, folglich das Subjekt in seiner Totalität. Unauflösbar irritiert sind nämlich auch die Vorstellungen des „inneren Sinns", in dem die Seele sich „ihren eigenen geistigen Zustand, ihre Kräfte, Handlungen, Vorstellungen und Begriffe vorstellt, diese Dinge von sich selbst [unterscheidet], und auf diese Art sich ihrer bewußt [wird]". Im Schwindel wird Bewußtsein planmäßig zerlegt, die Seele wird sich ihrer erst gar nicht gewiß. Im „Innersten" durcheinander ist so noch die Konstitution des Subjekts bzw. die historische Vorstellung hiervon.

Erlitten wird eine Zerstörung der Wirklichkeit des Subjekts, genauer, der Vorstellung der Wirklichkeit des Subjekts, seiner selbst und der ganzen „Welt", sämtlicher Begriffe von sich und der Welt, die in ihrer Art und ihrem Inhalt mit der wirklichen Selbst- und Weltpraxis korrelieren; dahingestellt der ideologische Streit des Primären, die neue Idee des Zusammenhängenden, Begreiflichen und wirklichen Lebenslaufes ist freilich, ob Reflex und/oder selber Agens (sicherlich ist er beides zugleich), als solches zunächst eine sprachliche „Composition". Radikal wird das Verfahren Tiecks, indem es der sprachlichen Herstellung von Zusammenhängen genau im Kern entgegenspielt als Verfahren eben, diese bzw. ihre Bildung in der strengen Inversion dieser Bewegung zu zerlegen. Sprache als schon praktizierte Hermeneutik wird durch eine besondere, poetische Sprache

---

[851] de Man, *Rhetorik der Zeitlichkeit*, S. 112.

als Hermeneutik selber zersetzt. Zerstört wird Wirklichkeit im Schwindel, der nichts als die Entbindung und Selbstzerstörung der Phantasie darstellt, im strengen philosophischen Sinne in der Tat dann, wenn Phantasie in Tiecks Entwürfen wie in der gesamten Frühromantik zum „Radikalvermögen der Seele" wird, zur Produzentin der Wirklichkeit (Fichte). „Der ursprünglichste Akt der Fantasie ist derjenige, wodurch unsre eigne Existenz und die ganze Außenwelt für uns Realität gewinnt"[852]. Ein Akt notwendiger Synthetisierung der Mannigfaltigkeit zur Einheit, dem die Poesie des Schwindels entgegenspielt, gegen die Synthetisierung der produktiven Einbildungskraft, so daß die, nun spekulativ-frühromantisch formuliert, in der „schwebenden Mitte" zwischen Bestimmtheit und Unbestimmtheit befindlichen endlich-unendlichen Anschauungen erst gar nicht mehr zustande kommen.

Auch ein anderes vitium der produktiven Einbildungskraft schlachtet Poesie des Schwindels aus, bereits vor dem Kollaps: daß sie Realität produziert, aber „in ihr keine Realität" ist, denn „erst durch die Auffassung und das Begreifen im Verstande wird ihr Produkt etwas Reales"[853]. Diesen aber erledigt der Texttaumel zuerst. Mit der vernichteten Anschauung, der vorab vernichteten Synthetisierung und dem vernichteten Verstand aber ist, im fundamentalen Sinne, alle Wirklichkeit vernichtet, ebenso alle Subjektivität, die Möglichkeit einer absoluten Identität von Ich und Nicht-Ich: „nur im Verstand ist Realität; er ist das Vermögen des Wirklichen; in ihm erst wird das Ideale zum Realen"[854], das unbestimmte Nicht-Ich in der Vermittlung mit dem bestimmten, bestimmenden Ich zum Subjekt, dem absoluten Ich. Ist „Fantasie, wodurch uns erst die Welt entsteht", die Wirklichkeit, dieselbe Kraft, „wodurch Kunstwerke gebildet werden"[855], wenn auch, nach Kant, in einer anderen Hierarchie von Einbildungskraft und Verstand, ist das Geschehen der völligen Vernichtung und Aufhebung der Wirklichkeit das aller Fiktion, Fiktionalität. Poesie ist, das liegt der gesamten Frühromantik wie auch der Poetik und Poesie des Schwindels zugrunde, nichts weiter als auch ein Produkt der Phantasie, Komposition der Phantasie und damit präzise in derselben Weise und in demselben Akt der Dekomposition zu vernichten wie die Phantasie. Mit der Phantasie steht und fällt buchstäblich alles. Im besonderen Wahnsinn, das heißt, in der restlosen Verwirrung der Phantasie, die die besondere Poesie stiften soll, kommt es genau zu dieser Selbstzerstörung der Phantasie, ein Prozeß, der „die selbst erfundenen Gesetze wieder vernichtet" (*Schr* 6, XX). Veranschlagt wird damit ein kalkuliertes, ästhetisch herbeigeführtes „Schwinden" oder „Verscheiden" der Wirklichkeit des historischen Subjekts, des Subjekts selber; genau in der Epoche, die der Poesie und Ästhetik plötzlich die Funktion zuweist, prominent zuerst „klassisch" in der ästhetischen

---

[852] A.W. Schlegel, *Vorlesungen über schöne Literatur und Kunst, Erster Teil, Die Kunstlehre*, S. 441.
[853] Fichte, *Wissenschaftslehre*, S. 234.
[854] Ebd., S. 234.
[855] A.W. Schlegel, *Gegenwärtiger Zustand der Deutschen Literatur*, S. 84.

Erziehung, nachdrücklicher dann noch in den frühromantischen Spekulationen, Subjektivität eigentlich erst zu begründen. Vernichtet ist indes eben nicht *die* Subjektivität, sondern nachdrücklich und präzise die, in der sich das historische Subjekt verstand und praktizierte: wesentlich das Selbst-Verstehen und die Selbstpraxis in den neuen psychologischen Topoi der inneren Geschichte etc., die die minutiöse Rekonstruktion der Kindheit verlangen. Eine Wahrheit, für die der junge Tieck selber emphatisch stritt und für die er Poesie zunächst systematisch engagierte.

Als solche gerade erörterte vorsätzliche Vernichtung der „Wirklichkeit" und des „Selbst", als totale Affektion bzw. Katastrophe des ganzen Subjekts ist die Poesie des Schwindels wie gefordert ein „willkürlicher Niederschlag" der „Zerthörung" „mit Bewußtsein", die verlangte „Krisis" (hierhin gehören der Wahnsinn und der Schwindel; zum intrikaten Charakter dieser Vokabeln der Gewalt siehe unten). Als solche ist sie der geforderte „Krieg", „wir müssen den Krieg führen". „Sie fangen an von einem 'literarischen Terrorismus' zu sprechen" (*BüSh* 158), faßt Tieck das Urteil der „rechtlichen Menschen" und „Philister" über seine Literatur zusammen, nicht um abzuwiegeln, sondern um ihn zu bestätigen und seine Notwendigkeit darzulegen. Als „literarischer Terrorismus" stellt sie die aktive, aktivische Markierung oder Wendung des Schwindels dar, der doppelt zu markieren ist in seinem Status; ebenso, sehr spekulativ, ist er auch passiv(isch) ausgezeichnet als, wie Tieck ausdrücklich festhält, *„sogenannte"* Wahrheit der „ungeheuren Leere", die sich indes nimmer festhalten, positivieren läßt. Sie verweist selber stets auf die aktivische Wendung als Aggression, Negation bloß der historischen, zunächst bürgerlich-aufklärerischen Positivitäten, der „Wahrheiten" und Werte wie „Leben", „Schönheit", „Tugend", „Liebe", „Glaube", „Ordnung", „Heiterkeit", „Zusammenhang", „Sinn", die bloß noch „nichtigen, trügerischen Gespenster" und „Scheingestalten" sind. Als solche Zerstörung, solcher, Krieg ist die frühromantische Literatur das Gegenteil von dem, was Tieck romantische Poesie ist und doch negativ ganz romantische Poesie. In den *Briefen über Shakespeare* ist in einer komplizierten Anlage Interessantes über den Tieckschen Term der Romantik zu erfahren. Das „wirklich Romantische" und die „romantische Kunst", bestimmt durch die „Einheit von Kunst und Leben", die bloß als Fiktion fungiert, liegen lange zurück: im Konstrukt des Mittelalters, dem Tieck sich schon 1793 zuwendet[856]: „Die

---

[856] Tieck in den Reiseberichten 1793: „Sie kennen meine Vorliebe für das romantische Mittelalter, solche Ruinen sind mir immer äußerst ehrwürdig, für die Phantasie hat das Mittelalter sehr viel anziehendes und der Verstand findet es immer kräftiger und vorzüglicher als unser schaales Jahrhundert" (*Rb* 255f.). Das operationelle Mittelalterkonstrukt wird polemisch zum Inbegriff des Gegenteils aller Misere der Gegenwart, nur in dieser Funktion ist es wichtig. „In einer Zeit, wo noch keine moralische Aengstlichkeit für Tugend galt, wo sich ein reines Gemüth an den glänzenden Bildern der Poesie ergötzte, ohne das schiefziehende Glas der Prüderie und schlechtverstandener Sittlichkeit über jedes lustige Gemälde zu halten, wo große Thaten und Helden noch redeten, und alles Große und Schöne noch als ein natürliches und nothwendiges Produkt der Menschheit ansah"

Poesie war ein allgemeines Bedürfnis des Lebens und von diesem ungetrennt", Sinn und Wahnsinn keine Realität. Schon die „Vollendung romantischer Kunst" aber, in Shakespeare und Cervantes (*AM* 207ff.), ist keine romantische Kunst mehr, ist bloß eine „neue Herbstblüte". Leben und Kunst sind „auseinandergetreten", das Bewußtsein nachromantisch romantischer Kunst – und alle romantische Kunst ist nachromantisch – instituiert sich in einem Paradox: „schmerzlich" zu wissen, „wie weit sich die Poesie vom Leben (...) entfernt hatte", und dennoch „Poesie und Leben, selbst im Bewußtsein ihrer Disharmonie, wieder zu verknüpfen" (*AM* 207). Möglich ist diese Verknüpfung unterdessen nur noch im Wahnsinn (*AM* 208). Die neue, unmögliche, romantische Poesie muß indes noch über die erste nachromantische Romantik, Shakespeare und Cervantes, hinaus, anti-romantische Kunst sein. Sie bildet sich als höchst „künstliches" Gebilde, im wesentlichen das genaue Gegenteil der originären romantischen Kunst; war diese „kein Kampf gegen etwas", so muß die neue nicht nur Kampf sein, sondern „Krieg", der zudem nicht gegen etwas, ein einzelnes, sondern universalisiert gilt.

Lautet die Forderung des Aufklärers, der Erfahrungsseelenkunde und ganz allgemein des Jahrhunderts, ebenso des jungen Tiecks, daß „die Grenzen zwischen Aufklärung / Gesundheit / Natur einerseits und Unvernunft / Krankheit / widernatürlichen Phänomenen andererseits erkannt und respektiert werden"[857], konkret auch: eine strenge Seelendiätetik für die einzelne und allgemein „Seelengesundheit" zur Prävention und Kurierung des Wahnsinns zu konzipieren, so verfolgt der Schwindel die genaue Verdrehung. Im Taumel der äußersten Exaltation wird präzise das aufgesprengt, was sich, begrifflich-metaphorisch, als historisches bürgerliches Subjekt mit Gewalt gründet, ein spezifisches Selbst-Verstehen, eine spezifische Selbstpraxis. Im Schwindel gehen die natürliche Ökonomie und das natürliche Gleichgewicht der Seele (s. Kap. III.1) vorsätzlich unter, hilflose metaphorische Konstrukte, damit die Seelengesundheit, die Vernunft und das Selbst regiere. Untergehen soll die „bürgerliche", „aufgeklärte

---

(*BüSh* 153). Tieck betreibt auch hier seine Inversionen, vorab die von „Kultur" und „Barbarei": „Wir sind es freilich durch die ewigen Wiederholungen von ehemaliger Barbarei und jetziger Kultur so gewohnt worden, daß man dergleichen mitspricht, ohne sich sonderlich zu besinnen. Die jetzige Zeit sieht sich als die Spitze und Blüte aller vorigen Zeitalter an, als die Quintessenz aller Vortrefflichkeit" (ebd., S. 149). „Wir leben im rechten wahren Mittelalter, weil wir keine Zwecke mehr kennen, sondern alles zu Mitteln herabgewürdigt haben. Freilich ist unsre Zeit ein nothwendiges Produkt der vorhergegangenen, aber eine gutmüthige Täuschung ist es, wenn wir deswegen glauben, höher zu stehen, weil wir alles, was vor uns liegt, nicht mehr erkennen konnten und wollten" (ebd., S. 149f.). „Am schlimmsten aber versündigen wir uns dadurch, wenn wir die Kränklichen unsres Zeitalters (das jetzt, wie es scheint, in einer Brownischen Cur begriffen ist) dort wieder suchen, und die größte Gesundheit [die Geschichte gibt dem Begriff schon hier eine widerwärtige Note] Barbarei und Rohheit nennen. Shakespeare's Zeitalter war gerade dasjenige, in welchem noch die letzten Spuren des kräftigen Ritteralters, des Geistes der Liebe, des Wunderglaubens und der Heldenthaten wie in einer neuen Herbstblüte, zwar schwach aber doch erquicklich, da standen" (ebd., S. 151f.)

[857] Müller, *Die kranke Seele*, S. 71f.

Welt", die, vielfach schon notiert am Ende der Aufklärung, selber zerstörerisch ist, Gewalt ist und die ironische Re-Aktion, eine mißliche Dialektik, selber hervorruft. Ein Prozeß, der aufklärungsimmanent sich ereignet und dessen ironischinverser Endpunkt bloß den Ausgangspunkt der frühromantischen Aktivität Tiecks bildet. In einer rigorosen, in dieser Rigorosität aber durchaus zeittypischen Kritik – von Stimmen verschiedenster Provenienzen, auch von emphatischen Aufklärern gegen die Aufklärung angeschrieben –, polemisiert Tieck, noch erkennbar schwärmerisch gefärbt, gegen die „schale" aufklärerischbürgerliche Welt und die ebenso schalen Subjekte. Die Inhalte und theoretischen Figuren der Kritik sind bekannt, Natur, Menschen, das Leben überhaupt werden, präzise hält Tieck es fest, zum amorphen Substrat der bürgerlichen, letztlich calvinistischen Vernunft, die alles zur Verwertung taxiert, klassifiziert und kalkuliert. Tieck interessiert dabei der erste Schritt, das Begreifen und Wissen, das dann Synonym der Technik wird. Die „Bürger" „können keine Blume sehen ohne ihr einen Namen zu geben und ihre Blätter zu zählen, keinen schönen Baum, ohne sein Laub und seine Rinde zu betrachten und zu bemerken zu welchem Geschlechte er gehöre; sie kennen jeden Stern der am Himmel flammt und wissen die Stunde wenn der Mond auf und untergeht, sie haschen jede Abendfliege und stellen sie in ihren Rang in der Schöpfung, sie sagen uns, daß jeder Sonnenstaub bewohnt sei." Damit ist „die Welt mit allen ihren Schönheiten gestorben" (*Alm* 45). Alles, Mensch, Welt, Natur pervertieren zu Mitteln, es herrscht universal das Diktat des „Nutzens", der „rechnende", „kleinliche Geist", die „Fadheit ihres sogenannten Glücks", der überall herrschende „Egoismus" : „weil wir keine Zwecke mehr kennen, sondern alles zu Mitteln herabgewürdigt haben" (*BüSh* 150)[858]. Eine Adaption wiederum einer damals mithin populären Polemik, prominent geworden als Dialektik und Kritik der „instrumentellen Vernunft". Der Zwillingsbruder, Moritz, notierte prägnant: „Diese falsche Vorstellungsart hat fast in alle menschlichen Dinge eine schiefe Richtung gebracht. Die herrschende Idee des *Nützlichen* hat nach und nach das Edle und Schöne verdrängt, man betrachtet die erhabne Natur nur noch mit kameralistischen Augen, und findet ihren Anblick nur interessant, in so fern man den Ertrag ihrer Produkte überechnet"[859]. Ganz ähnlich bei Schiller, „der Nutzen ist das große Idol der Zeit", das „tyrannische Joch"[860]. Adaptiert wird diese Kritik von den Jenenser Frühromantikern: „daß es das ökonomische Prinzip ist, welches die Aufklärer leitet"[861], stellt A.W. Schlegel heraus, „daß sich alles Überschwengliche im

---

[858] Vgl. auch Franks Ausführungen zu Tiecks Polemik gegen das „ökonomische Treiben" (*Phantasus*, S. 1217).
[859] Moritz, *Das Edelste in der Natur, Schriften*, S. 17.
[860] Friedrich Schiller, *Über die ästhetische Erziehung des Menschen in einer Reihe von Briefen*, zweiter Brief. In: ders., *Werke, Nationalausgabe*, hg. v. Julius Petersen, Gerhard Fricke, Hermann Schneider, Norbert Oellers, Weimar 1943–86, Bd. 20, *Philosophische Schriften* 1 Tl., S. 311.
[861] A.W. Schlegel, *Gegenwärtiger Zustand der Deutschen Literatur*, S. 68.

Menschen der Nutzbarkeit fügen sollte"[862]. Visiert ist die, eben schon seit der letzten Generation, auch von nachdrücklich bürgerlichen Ideologen monierte, alles nivellierende, reglementierende und damit „erstikkende" Tendenz bürgerlicher Lebenspraxis, die die „trockne, dürre, erbärmliche Welt" (*BTW* 103) entstehen läßt. In Hegels Terminologie z.B. als die „gegenwärtigen prosaischen Zustände der bürgerlichen Gesellschaft" beklagt[863], als dialektisch konzipierte „Entgötterung der Welt"; „Geschichte wird", so Marquard, „verfallstheoretisch reduziert aufs Ensemble der Motive fürs Verlassen der Geschichte"[864]. Die Geschichte ist pervertiert, wahre Schönheit, Phantasie und Natur sind für Tieck gestorben, artikuliert schon in der englischen und französischen Aufklärung[865]. Tiecks unsystematische wie intransingente Zeitkritik bleibt nur punktuell zu zitieren, ohne daß eine kohärente, umfassende Zeit-, Kultur- oder Vernunftkritik Tiecks zu extrapolieren wäre; eine solche wäre ex negativo, aus dem merkwürdigen Antidoton des Schwindels und Wahnsinns zu erwägen. Rigide herrscht die „bürgerliche Verfassung" und ihre Personifikation, der Charakter, die Selbst- und Weltpraxis des „kleinlichen Bürgers". „Unsre bürgerliche Verfassung hat (...) alle g r o s s e n Tugenden erstickt" (*BTW* 55), die Menschen klein gemacht,

---

[862] Ebd., S. 84.

[863] Hegel, *Vorlesungen über Ästhetik* I, S. 192. Eine Bewegung, die sich dialektisch als „Verinnerlichung der Religion darstellt" und sich selber potenziert: „Je mehr die Welt entzaubert wird, desto mehr wird die Religion verinnerlicht", und „je mehr die Religion verinnerlicht wird, desto mehr wird die Welt entzaubert"; „Die Religion baut im Herzen des Individuums ihre Tempel und Altäre, und Seufzer und Gebete suchen den Gott, dessen Anschauung es sich versagt, weil die Gefahr des Verstandes vorhanden ist, welcher das Angeschaute als Ding, den Hain als Hölzer erkennen würde" (*Glauben und Wissen oder Reflexionsphilosophie der Subjektivität in der Vollständigkeit ihrer Formen als Kantische, Jacobische und Fichtesche Philosophie 1802/03*, in: G.W.F. Hegel, Werke, hg. v. Eva Moldenhauer und Karl Markus Michel, Frankfurt a. M. 1986, Bd. 2, S. 289)

[864] Marquard, *Theorie des Unbewußten*, S. 383.

[865] In der Kritik des Niedergangs der Phantasie und des Schönen ist Tieck zunächst erkennbar an einer aufklärungsimmanenten Kritik orientiert: „Der Grund für den Niedergang der Literatur wurde also in einem Übergreifen der Philosophie und Reflexion auf deren Gebiet erblickt. Der 'Preis des Forschrittes' und der Teilhabe der Literatur an der Entwicklung der Ideen erschien als Auflösung der klassischen Schönheit durch die Philosphie" (Behler, *Frühromantik*, S. 39, siehe René Wellek, *The Price of Progress in Eighteenth-century. Reflections on Literature, Studies in Voltaire and the Eighteenth Century*, S. 151–155, S. 2265–2284. Das „'Wachsen der Vernunft auf Kosten der Lebenskraft'" wurde als Niedergang der Künste interpretiert (Behler, *Frühromantik*, S. 39). In Frankreich und England entwickelt sich ein stereotypes Schema, „in dem die Einbildungskraft im Konflikt mit der Vernunft steht, deutlich von Vernunft und Urteilskraft verschieden ist und von der Vernunft nicht nur behindert, sondern sogar bedrückt wird" (Wellek, *Price of Progress*, S. 2277) „Von einem selbstgewissen Modernitätsbewußtsein wird man in dem Augenblick sprechen können, in dem die Beziehung zwischen Einbildungskraft und Vernunft, Poesie und Philosophie positiv gesehen und sogar ihre Vereinigung gefordert wird. Dies geschah zum ersten Mal in der Frühromantik" (Behler, *Frühromantik*, S. 39).

ebenso kritisiert er die Religion, insbesondere die Kirchenpraxis des Katholizismus: „Itzt schlägt sie (wie unsre ganze Religion) alle Seelenkräfte, alle Erhabenheit nieder, gewöhnt zur Knechtschaft und ist die hassenswürdige Dienerinn des Despotismus unsrer Verfassungen, durch sie ist die Menschheit mit gesuncken" (*Rb* 251). Getötet ist aller Enthusiasmus und damit alles Wunderbare. „Wie trübe Schatten stehen die Menschen da", „selbst Habsucht, Eigennutz und Stolz erhalten einen kleinlichen und kränklichen Charakter, auch die Tyrannei hat den Glanz ihrer Erscheinung verloren" (*BüSh* 153). Der Haß bündelt sich: „Macht endlich der Lebensart ein Ende und schafft etwas zu leben an, denn dies ist sonst eine vermaledeite Art zu leben" (*BüSh* 143). Antipode hinter allem Übel ist Tieck die, in den Jahren 1792/93 noch ambivalent konnotierte[866], Vernunft – als instrumentelle eins mit dem Nutzen –, ihre geschichtlich konkrete, konkretisierte Gestalt der restriktiven Ökonomie, der „Pflicht", „Geschäftigkeit" und der Disziplin des unermüdlichen „Fortschritts der Zeit". Expliziert unter anderem im Phantasie-Gedicht des *Sternbalds,* in dem eine große geschichtliche, geschichtsphilosophische Konstruktion um den Antagonismus Vernunft/ Wirklichkeit und Phantasie/Wunderbares angespielt wird; die Möglichkeit einer, von Tieck zum Teil selber betriebenen, geschichtsphilosophischen Konstruktion, wie sie exemplarisch Marquard am romantischen Wunderbaren zeigt, wird wie die dialektischen Entwürfe romantischer Ironie vom Schwindel und seiner Vernichtung allerdings direkt konterkariert, einfügen ließe sich dagegen Tiecks Konzept des heiteren Wunderbaren. Die Phantasie erscheint im *Sternbald* (*Stb* 348ff.) allerdings, anders als dann wiederum im späteren *Phantasus*-Gedicht des *Phantasus*[867], vollends domestiziert und halbiert, es fehlt vollends

---

[866] „Man mag sagen, was man will, die Vernunft kann a l l e s über den Menschen, und unsre Vernunft weiß keine andere Bestimmung zu geben,- als das Glück andrer und dann das unsre zu befördern" (*Rb* 265). Zu derselben Zeit notiert Tieck aber ebenso Äußerungen wie die Folgenden: „Suche im Shakespeare nach, in seinen ausgelassensten Charakteren, allenthalben vergißt er nie, daß Eltern und jeder Alte uns ehrwürdig sein müssen,- diese Ausgelassenheit war unserm a u f g e k l ä r t e n Zeitalter aufbehalten, denn uns regiert die Vernunft, wir bedürfen keiner andern Lenkung. – O Fluch d e r Vernunft, die uns lehrt daß Dankbarkeit und Liebe gegen Eltern nur Vorurtheile sind. – Mag man mich lieber dumm nennen und einfältig, wenn ich nur ein Mensch bleibe" (*BTW* 56).

[867] Im schillernden *Phantasus*-Gedicht des *Phantasus* (*Ph-Pg* 114–125) steht dieses jäh am Ende. Phantasus – ein buntes „Knäblein" dort – bringt dem „Kranken", der „betrübt" auf die „Not" und den „Jammer" sinniert, in „Sorgen eingebauert / Von Schwermuts-Wolken rings umhängt", die wunderbare heitere „Pracht" der Welt und des Lebens. Gerade will der Kranke sprechen „seliglich" gefalle ihm die Welt, da bricht es ein: „Doch nahm der allergrößte Schreck / Mir plötzlich Stimm' und Othem weg: (...) Da fiel ich auf die Knie nieder, / Mir zitterten in Angst die Glieder". Pan, „das ist der Vater, unser Alter (...) von allem der Erhalter" [im philosophisch-mystischem Verständnis war er u.a. der „Allgott"], erscheint, „Dich faßt sein Graun, / Weil du ihn darfst so plötzlich schaun". Pan – als mythologische Figur infixibel – ruft durch sein „plötzliches Erscheinen", Charakteristikum der Figur, den „panischen Schrecken" hervor und ist konträr konnotiert: in spätmittelalterlicher und barocker theologischer Spekulation als Teufel, aber auch als Jesus

das fürchterlich Wunderbare, ein Entwurf, der scheinbar leicht als vulgäres Verständnis von Utopie ausgeführt werden kann. Solche Phantasie aber, die Gestalt des dort präsentierten, wahrlich erbärmlichen Phantasus, ist keine Vision der Poesie des Schwindels. Er ist kontaminiert und ruiniert von der antagonistischen Geschichte sowie vollends machtlos, solche Phantasie ist reine Kompensation, reines Substitut; antizipiert ist indessen bis ins Detail Freuds Phantasiebegriff[868]. Interessiert ist der Texttaumel bloß an der Phantasie in ihrer, zuletzt selbstzerstörerischen Entbindung zum Schwindel, in der die Vernunft gezielt zerstört wird. Erst hier, in der Steigerung zum Wahnsinn, in der Selbstvernichtung wird Phantasie der postulierte Krieg. Nur als solche Poesie des Wahnsinns ist Poesie des Schwindels wesentlich Poesie der Phantasie. Der „Gang der Phantasie" (Moritz) wird zur Auflösung des „Gangs der Vernunft" angelegt, Synthesen, Vermittlungen, Ausgleichungen der beiden sind nicht Tiecks Sache. Phantasie und Ver-

---

Christus gedeutet. Einmal Allgott, einmal arkadischer Hirtengott und Naturdämon. Pan figuriert wie kein anderer die Willkür, einmal Eros, ein anderes Mal Thanatos (siehe Herbert Hunger, *Lexikon der griechischen und römischen Mythologie*, Wien 1959, S. 261ff.). Die Begegnung und Pan selbst sind inkommensurabel, der berichtende Text kann nur eines an dieser Stelle: abbrechen. „Ein mächtiger Schauder faßte mich,/ Mit Zittern schnell erwachte ich" (Ph-Rg 125).

[868] Der armselige Phantasus dort ist alles andere als eine Utopie, nichts als das Produkt des geschichtlichen Antagonismus, des Prozesses, der ihn marginalisierte, nichts als ein Substitut, eine Kompensation. Die Ähnlichkeit zu Freuds folgenreichem Phantasiebegriff ist frappant und zeigt dessen Wurzeln: „In der Phantasietätigkeit genießt (...) der Mensch die Freiheit vom äußeren Zwang weiter, auf die er in Wirklichkeit längst verzichtet hat (...) Die Schöpfung des seelischen Reichs der Phantasie findet ein volles Gegenstück in der Einrichtung von >Schonungen<, >Naturschutzparks< dort, wo die Anforderungen des Ackerbaus, des Verkehrs und der Industrie das ursprüngliche Gesicht der Erde rasch bis zur Unkenntlichkeit zu verändern drohen. Der Naturschutzpark erhält diesen alten Zustand, welchen man sonst überall mit Bedauern der Notwendigkeit geopfert hat. Alles darf darin wuchern und wachsen, wie es will, auch das Nutzlose, selbst das Schädliche. Eine solche dem Realitätsprinzip entzogene Schonung ist auch das seelische Reich der Phantasie" (Sigmund Freud, *Vorlesungen zur Einführung in die Psychoanalyse*, in: ders., *Gesammelte Werke*, hg. v. Anna Freud u.a., Bd. 9, Frankfurt a. M. 1991[6], S. 387.) Oder: „Mit der Einsetzung des Realitätsprinzips wurde eine Art Denktätigkeit abgespalten, die von der Realitätsprüfung freigehalten und allein dem Lustprinzip unterworfen blieb" (Sigmund Freud, *Formulierungen über zwei Prinzipien des psychischen Geschehens*, in: ders., *Gesammelte Werke*, hg. v. Anna Freud u.a., Bd. 8, Frankfurt a. M. 1991[6], S. 236; musterhaft ist die dichterische Phantasie u.a. in *Der Dichter und das Phantasieren* dargelegt). Es ist dann für Freud die Kunst, die „auf einem eigentümlichen Weg eine Versöhnung der beiden Prinzipien zustande" bringt (ebd.), ihr freier Ort ist der Traum. Das präzise ist Tiecks „Phantasus"-Figur im *Sternbald*. Ein Phantasiebegriff, der von kritisch, geschichtsphilosophisch gegen seinen kompensatorischen Charakter gewendet – bei Freud ist die Attitüde uneindeutig – von Marcuse reformuliert wurde; vorab in seinem Postulat, das Lustprinzip allgemein zu restituieren, indem es dialektisch als vernünftiger als die Vernunft gilt, als „volle Vernunft". Eine der Poetik des Schwindels zu simple Utopie.

nunft werden beide in den Schwindel geschickt. Historisch hat die Vernunft alles absorbiert, in den *Briefen über Shakespeare* heißt es:

„So ist alles in die kleinlichste Ökonomie hineingegangen, alles hat nützen und dienen müssen, nichts sollte herumschweifen und verloren gehen, alle Wissenschaften waren die angewandten, sie haben die Philosophen nicht blos vom Himmel auf die Erde gerufen, sondern sie in die Ställe und Keller locken wollen, ja sie hätten mit ihr und der Religion und dem Wissen von Gott gar zu gern die Stallfütterung eingeführt, und nichts wurde so gründlich und andächtig getrieben, als die Wissenschaft vom Miste." (*BüSh* 153f.)

Vor allem die Natur des „Innersten", die „Seele" selbst, genauer, ihre historischen Begriffe wie die konkrete Seelenpraxis, sind nach den Parametern eben dieser Ökonomie gestrickt. Sie ist es, die behauptet, der natürliche Gang und das natürliche Gleichgewicht zu sein, alle Abweichungen bedeuten ihr Seelenkrankheit und Wahnsinn, eine Praxis, die, exemplarisch an der Reformpädagogik zu studieren, die Seele bis in die physiologischen Grundlagen hinein formen will, bis in die „Körperorganisationen" (*Rb* 251). Solchermaßen modellierte Subjekte sind es dann, die in den behandelten psychologischen Konstruktionen der begreiflichen, „historischen Zusammenhänge" des wirklichen Lebenslaufs und der inneren Geschichte produziert werden. Der kleinlichsten Ökonomie muß alles restlos in ein Begreifen aufgehen. Die Losung der exaltierten, dann schwindligen Seele bzw. Phantasie wird so, in Hinsicht auf den einzelnen wie allgemein, zum Gegenbegriff. Der „muthwillige Wahnsinn" (*Schr* 6, XX) visiert die „gesunde Seele", daneben auch andere Konzepte wie das der (klassisch-)„schönen Seele", das bereits eine Kritik der (aufklärerisch-)gesunden Seele darstellt[869], der der Wahnsinn aber auch bloß „kranke Seele" bleibt. Parallel zur Seele wäre immer Poesie zu lesen, die Entsprechungen hießen dann psychologische Literatur, schöne Literatur und die Literatur des besonderen Wahnsinns, die Tiecksche Frühromantik. Die gesunde Seele, wie sie historisch gedacht und praktiziert wird, ist – die jähen Umkehrungen hatten spätestens mit Rousseau wirksam begonnen – „eigentlich" das Kranke, die historisch wirksame Vernunft eigentlich das Unvernünftige. Die gesunde Seele wäre präzise der Seelenzustand, der im Gedicht über die Phantasie im *Sternbald* gezeichnet wird, nämlich die rigorose Herrschaft der Vernunft über die Phantasie. Phantasus aber hält der Vernunft vor: „Ihr werdet ihn [den Menschen] noch matt und tot machen" in dieser „Herrschaft" (*Stb* 352). „Unbedingtes freies Denken" wäre, so Tieck ausdrücklich, eigentlich seine Verhinderung. Inversionen, oder anders, plötzliche Umwendun-

---

[869] Das Konzept der „schönen Seele" reklamiert dabei, mit dem „schön" etwas aufzuheben, das eigentlich das Prädikat „gesund" erst sichert: das „Spiel" Schillers gegenüber der wie auch immer abgestuften Restriktion der Natur (Schiller, *Ästhetische Erziehung des Menschen* S. 352ff., vor allem der „vierzehnte Brief" sowie die folgenden). Freilich wird an „Natur" im „Spiel"-Begriff vieles eskamotiert, in der das aufklärerische „gesund" mit dialektischer Raffinesse nicht nur enthalten, sondern noch gesteigert wird.

gen, die im Tieckschen Verfahren dann bloß aufgenommen werden, ein Verfahren, das die invertierten Vorstellungen zu keinem neuen Absoluten erhebt.

Der „Krieg" gegen die Vernunft ist mitnichten beliebig, sein Motiv findet sich wiederum in einer bewußten Verkehrung. Die intendierte Vernunft, ihre Konstrukte des Selbst, der Seelengesundheit oder der „wirklichen" kohärenten Lebensgeschichte, sind es nun, die „krank" sind und krank machen, ohne daß damit, was sie als krank prädiziert und von Tieck bewußt noch depraviert werden soll gegen das sich als gesund Behauptende, für Tieck nun tatsächlich das Gesunde wäre. Vernunft ist nicht nur die Reflexion auf ihren Zweck verloren gegangen, „und wißt nicht", hält Phantasus der Vernunft entgegen, „was ihr mit ihm [dem Menschen] wollt", im Grunde vollstreckt sie den Tod. „Ihr werdet ihn matt und tot noch machen" (*Stb* 352), argumentiert 'Phantasus' eben mit vernünftigerer Vernunft als die Vernunft, woraufhin Vernunft kein Wort zu erwidern hat. Eine historisch stupende Vernunftkritik (nahe der Formel von der „Mimikry ans Amorphe"[870]), die die im Ansatz, wenn auch nicht in der Schärfe noch durchaus zeittypisch schwärmerische Kritik Tiecks an der „Philister"-Vernunft verschärft, ebenso die der gleichermaßen schwärmerisch tingierten frühen Inkompetenzthese des *Abdallahs*, die vielleicht als positives Epistem das Gefühl (in der Bestimmung Jacobis) oder die Tatkraft Moritz' der Vernunft entgegensetzt: „Unsre Vernunft prallt ohnmächtig von allen Dingen zurück, die jenseits der Menschheit liegen, wir verstehen nicht den Gang der Welt und die Schrift der Sterne, die schaffende Kraft [Moritz' Thatkraft, die ihm eben auch Epistem ist] und die Entstehung der Wesen wird uns ewig ein unbegreifliches Geheimnis bleiben" (*Abd* 400). Ein „Irrationalismus" – „nun, dann will ich alles Unbegreifliche glauben und auf die wunderbarste Erzählung, wie auf Wahrheit schwören", *Abd* 380 –, der dort noch „letzte Wahrheit" ist, in der Poesie des Schwindels nur ein Moment im schwindligen Spiel wie die Wahrheit der Vernunft. Vernunft, so die reaktive Wendung, ist selber nichts als Zerstörung, die der Unvernunft die Zerstörung zu ihrer Legitimation vorhält, und die nun selber zerstört werden soll, eine Forderung, die wiederum nur in ihrer Bloßlegung als Zerstörung sich legitimiert. Die zu destruierende „kleinlichste Ökonomie" der Vernunft, die die natürliche zu sein vorgibt, stellt Tieck in den Verdacht, entgegen ihrem illustren Selbstverständnis eigentlich bloß Ökonomie des Todes zu sein. Unvermutet ereignen sich überraschende Inversionen der Vorstellungen, an die „Leben" und „Tod" gebunden sind, mustergültig von Moritz in seinen Verkehrungen der Begriffe „Lebenswillen" und „Todeswunsch" vorgeführt. Inversionen, die die Grundlage der romantischen Todessehnsucht begründen, die dann radikal zugleich Lebenswille ist und wortwörtlich sich noch bei Freud wiederfindet. „Was wir Leben nennen, ist nur Wunsch nach dem Tode, nach dem wir innerlich streben und geheimnißvoll danach sehnen", erklärt die „gute Fee" im *Blaubart* (*Bb* 154), der Wunsch nach dem Tode dann *eigentlich* Lebenswille. Schon

---

[870] Adorno, Horkheimer, *Dialektik der Aufklärung*, S. 91.

früher notiert Tieck Ähnliches vom lustvollsten aller „Wünsche": die „zauberhaften, erquickenden Freuden eines lebenlosen Lebens oder – des Nichtdaseyns selbst kosten zu können" (*BTW* 60). Menninghaus nimmt diese „erstaunliche metapsychologische Ökonomie von Lebens- und Todestrieben", die „die märchenhaften Antriebe des Lebens in einer Ökonomie eingebunden" sieht, „in der sie nur noch Umwege des Todes zu sich selbst sind"[871], kennt allerdings nicht die Moritzsche Folie[872]. Bedeutet Moritz der „Zusammenhangstrieb" oder „Drang zur Vereinigung" und Einheit – der eine der beiden antagonistischen Triebe, die Moritz eben nicht als mythische oder originär natürliche, sondern als in der „bürgerlichen Verfassung" des Innersten Gewordene begreift – allem in immer komplexen lebendigen Synthesen Zusammenhängenden nur Zwang, Zerstörung und Unlust, bedeutet der „Drang zur Vereinzelung" und „Auflösung" die „Erlösung", Wunscherfüllung und höchste Lust; exakt die Konstellation der schillernden Freudschen Triebtheorie von Lebens- und Todestrieb. „Endlich strebt doch mein Gesicht nach Ruhe", nach der Ruhe des Staubes, des Anorganischen, „nach Ruhe, selbst auch von den reinsten himmlischen Entzücken – und diese Ruhe genießen alle, die nie geboren sind"[873]. „Das Zusammenhalten ist immer mit Anstrengung, das Loslassen mit Erleichterung verbunden."[874] Ist dieser „Wunsch nach Ruhe, nach gänzlicher Auflösung" ein Trieb, ein Bedürfnis, so wird erklärbar, warum Auflösung und Tod fortan „romantisch" mit Lust und Sehnsucht verbunden sind. Der radikale Lebenswunsch ist also, ganz ohne irrationalistischen Sprung, radikal der Todeswunsch. In diesem Wunsch, einem physiologischen Drang, der in der Konsequenz der rekapitulierten Selbstkonstruktion erst geschaffen wird, indem das Selbst im rigiden Zusammenhang sich herstellt, der alles Nicht-Selbst ausschließt und „unterjochen" muß, „scheinen sich doch am Ende einmal alle Wünsche zu verlieren"[875]. Freud formuliert, ohne ausdrücklich die Natürlichkeit des Triebes zu problematisieren[876], es „sei das allgemeinste Streben alles Lebendigen, zur Ruhe der anorganischen Welt zurückzukehren", die „entstandene Spannung in dem vorhin unbelebten Stoff trachtete danach, sich abzugleichen; es war der erste Trieb gegeben, der, zum

---

[871] Menninghaus, *Unsinn*, S. 147.
[872] So muß Menninghaus fälschlich festhalten, daß sich diese Theorie „sonst nur in Freuds Theorie des Todestriebs" formuliert fände.
[873] Moritz, *Philosophie*, S. 66.
[874] Moritz, *Fragmente eines Geistersehers*, S. 290.
[875] Moritz, *Zeit und Ewigkeit, Schriften*, S. 36.
[876] Genau dieses wurde umfassend von Adorno vorgenommen, der die „Triebtheorie" „historisch-materialistisch", sozialpsychologisch ließ, eine Leseweise, die Freud allerdings gegen sich selbst schon betreibt. Vgl. Adornos Freud-Lektüre in: *Die revidierte Psychoanalyse* (1952) und *Zum Verhältnis von Soziologie und Psychologie* (1955, beide in: Th. W. Adorno, *Soziologische Schriften*, Frankfurt a. M. 1979, S. 20–41 und S. 42–92) und Aphorismen 36, 37, 38, 40 und 42 der *Minima Moralia* (in: *Gesammelte Schriften*, Bd. 4, Frankfurt a. M. 1980).

Leblosen zurückzukehren"[877]. „Das Ziel alles Lebens ist der Tod"[878]. Gerät der Drang zur Einheit, präzise die Tendenz der Vernunft und ihrer reduktiven Ökonomie, die auch bloß Organe des Zusammenhangstriebs sind, also selber Trieb, zur Tendenz gegen das Leben, wird die Auflösung aller Kohäsion und Einheit im Tod zum Inbegriff des „Lebenswunsches". Die Poesie des Schwindels arbeitete dann, stellt sie sich vorsätzlich gegen die Bewegung des Zusammenhangs und der Einheit, auf der Seite des Todes gegen das Leben oder, genau so korrekt, auf der Seite des Lebens, dessen „Wunsch" bloß die Auflösung, der Tod ist. Grundlegender noch aber arbeitet sie an der Vermischung und Verwirrung der Termini, die sich der Inversionen zur dauernden Verwirrung nur bedient.

Schlimmster Feind der enttarnten natürlichen Ökonomie der Seele, die sich das Prädikat „natürlich" nur usurpatorisch zu ihrer Machtausübung erschleicht, und der dann der Wahnsinn wiederum Antipode wird, sind, so Fichte, die „Zerstreuung" und, so Kant, das „Leben nach Launen", die „Tändelei" und der „Müßiggang", der „reine Genuß eines sorgenfreien in Faulheit verträumten oder mit kindlichen Spiel vertändelten Lebens"[879]. Tieck faßt es so zusammen: „Alles hat nützen und dienen müssen, nichts sollte herumschweifen und verloren gehen" (*BüSh* 154). Moritz' *Unterhaltungen mit meinen Schülern*[880] geißeln vor allem die Verschwendung, das Abirren und das Übermaß, noch ganz in Übereinstimmung mit den wirkungsmächtigen reformpädagogischen Anliegen Salzmans bzw. Campes oder Basedows, in der betrachteten Manier „kleine Bürger" zu produzieren. „Ich getreue mir zu behaupten", spitzt Fichte zu, „dass man das Menschengeschlecht mit einem Streiche von allen seinen übrigen Gebrechen geheilt haben würde, wenn man vor dem Zerstreutseyn geheilt ist"[881]. Unbedingte Aufgabe ist deswegen die „ununterbrochene Aufmerksamkeit und absolutes Nichtdulden des Zerstreutseyns", ansonsten nämlich gerät das Subjekt umgehend unter die dunkle Determination „einer fremden Kraft, Kraft der willenlosen und zwecklosen Natur"[882], eben des Nicht-Selbst (vgl. Kap. III.4). Und präzise dieses Nicht-Selbst, Moritz' „unbekanntes etwas", Tiecks „unbekanntes Wesen", ein Simultanprodukt der Selbst-Konstruktion, spielt Poesie des Schwindels gegen das Selbst, die mögliche Selbstkonstitution aus. Sie steigert genau in diesem Sinne vorsätzlich die Laune, das Herumschweifen und die totale Zerstreuung gegen die Aufmerksamkeit bis zum Äußersten. „Nie" darf „auf irgend einen Gegenstand ein fester und bleibender Blick heften" bleiben, die „Aufmerksamkeit ist beständig zerstreut", lautet die Poetik des Taumels. Das extrem gesteigerte Herumschweifen und Zerstreuen werden dann allerdings als

---

[877] Freud, *Jenseits des Lustprinzips*, S. 248.
[878] Ebd., S. 248.
[879] Immanuel Kant, *Mutmasslicher Anfang der Menschengeschichte*, in: ders., *Werke in zehn Bänden*, hg. v. Wilhelm Weischedel, Darmstadt 1983, Bd. 9, S. 100f.
[880] Karl Philipp Moritz, *Unterhaltungen mit meinen Schülern*, Berlin 1782.
[881] Fichte, *Reines Interesse für Wahrheit*, S. 358.
[882] Ebd., S. 351.

Reaktion auf die „ununterbrochene Aufmerksamkeit" der rigiden Seelenmodellation nicht selbst schon ein Utopisches, sondern bleiben in ihrer Funktion bloß Kompensation und gehen im Schwindel ebenso unter; die spezifische Semantik selber macht bloß unter dem Dikat des unentwegten „sinnvollen" Denkens, Redens und Handelns Sinn. Der Gedanke der Ökonomie verfolgt, von Müller und Nassen formuliert[883], die Idee der Lebenszeit als Lebenskapital, mit dem kleinlichst zu wirtschaften ist: „Lebenszeit ist das Kapital, das in der diätetischen Ökonomie erwirtschaftet wird. Extensive Verausgabung von körperlichen oder seelischen Kräften wird (...) unter Krankheitsverdacht gestellt."[884] „Dauer, nicht Intensität des Lebens ist das höchste Ideal"[885] des „homo oeconomicus", musterhaft festgehalten im Titel einer Schrift Gottlieb Hufelands, *Kunst, das menschliche Leben zu verlängern* (1791).

Die gesamte gerade skizzierte Seele der „natürlichen" Ökonomie – „natürlich" meint, wozu die Natur gebracht werden soll –, das Subjekt des „schalen" Bürgers, „Philisters" und „rechtlichen Menschen", ist es, das der eigentümliche „muthwillige Wahnsinn" bzw. Schwindel sprengen will[886]. Der Schwindel wirkt als gezielte anti-diätetische Praxis, auch als anti-moralische Praxis im Sinne der Diätetik-Doktrin. Der herbeizuführende Paroxismus des historischen Subjektes aber stellt selbst eine Art gewaltsamer Diätetik dar, mithin ohne leitende präskriptive Idee eines „gesunden" Zustandes, in den „Kranke" überführt werden sollen. Nur in dieser äußersten Ironie bleibt Tieck philosophischer Arzt.

> „Wie würde es vollends mit allen den rechtlichen Menschen aussehen, (...) wenn der Poesiegeist vielleicht bald irgendwo hervordringt, um die leeren Wörter Wahnsinn und Raserei zu erfüllen, sie nun merken müßten, daß alles zusammenzubrechen drohte, daß es wie ein wandelndes Gebirge auf sie zuschritte, um ihr Eigenthum, ihre Gartenumzäunungen, Bibliothek [Inbegriff des „Bürgers"] und alles zu verschlingen?" (*BüSh* 144)

Eine militante Wendung der Poetik des Schwindel, gespickt mit Revolutionsvokabeln und -pathos sowie Rousseauscher Kulturkritik, im Innersten und Außen herrscht dieselbe Verfassung rigider Ökonomie. Eine Wendung, die sich nachdrücklich zum „literarischen Terrorismus" stilisiert: „nicht mehr eine ungefähre Zerstörung, sondern ein willkürlicher Niederschlag" (*BüSh* 158). Das bürgerliche Wesen in seiner seelischen Verfaßtheit soll die fundamentale Erschütterung treffen: „daß das Gemeine untergeht, wie sie selber", die rechtlichen Menschen. Von „Humanität in der Literatur" will Tieck nichts wissen, „wider meinen Willen komme ich ins Parodieren und Unartigkeiten hinein, so oft von der Huma-

---

[883] Nassen, *Trübsinn und Indigestion*, S. 171–186. Müller, *Die kranke Seele*, S. 72ff.
[884] Müller, *Die kranke Seele*, S. 72.
[885] Ebd.
[886] Die in der Schärfe stupende Idiosynkrasie gegen den „Philister", ähnlich von Novalis gefaßt (*Blüthenstaub*, in: *Athenaeum*, Erster Band, Erster Stück, S. 94ff.), erinnert an Nietzsches Feldzug. Siehe z.B. die Philisterkritik in der *Geburt der Tragödie*, S. 165ff. Vgl. dazu Bohrer, *Die Kritik der Romantik*, S. 85 und Frank, *Phantasus*, S. 1229.

nität in der Literatur die Rede ist" (*BüSh* 144). Wieder klingt, zum Teil im Wortlaut übereinstimmend, Nietzsches Gestus der Kunst an: „Daher wehe vor einer Kunst, die selbst Ernst zu machen anfängt", gewendet gegen den Philister und seinen theoretischen Meister, Hegel, der des Philisters Vernunft philosophisch zum Wirklichkeitsbegriff verkläre[887]. „Der Krieg muß auch einmal zur Sprache kommen" (*BüSh* 158), freilich eben „ganz anders als er bis jetzt angefangen hat": die Notwendigkeit der Poesie des Wahnsinns.

Entbunden werden muß die „große Krisis", die „wilde Periode", das „wilde Getümmel" (*BüSh* 155). Unabweisbar wird in solchen Formulierungen eine verklärte Gewalt beschworen; entsprechend glorifiziert Tieck den Dreißigjährigen Krieg wie die „blutigen Ereignisse" der französischen Revolution[888]. Noch

---

[887] Nietzsche, *Unzeitgemäße Betrachtungen*, S. 170. Hegel „erfand (...) eine Formel für die Vergötterung der Alltäglichkeit: sie sprach von der Vernünftigkeit alles Wirklichen und schmeichelte sich damit bei dem Bildungsphilister ein" (ebd.).

[888] Zu widersprechen ist Paulins Urteil – exemplarisch für die Tieck-Forschung –, in Tiecks Frühwerk finde sich, „abgesehen von einigen, vereinzelten Aufrufen zur Freiheit, die gesinnungsmäßig dem ausgehenden 18. Jh. verpflichtet sind", eine „Hervorhebung literarischer oder allenfalls nationaler, nicht jedoch politischer oder sozialer Werte" (Paulin, *Tieck*, S. 18). Wäre es falsch, Tieck zu einem politischen, vom Sozialen bewegten Kopf modellieren zu wollen, können doch die im Verhältnis zu den wenigen erhaltenen Dokumenten häufigen expliziten und scharfen Thematisierungen des Politischen, vor allem der besondere, für deutsche Verhältnisse lange anhaltende Revolutionsenthusiasmus nicht derart abgetan werden. Mit adoleszentem Pathos, in dramatischer Stilisierung wird die Französische Revolution zur Frage von Leben oder Tod der Menschheit: „Frankreich ist jezt mein Gedanke Tag und Nacht.", „O, wenn ich izt ein Franzose wäre! Dann wollt ich nicht hier sitzen, dann--- Doch leider, bin ich in einer Monarchie geboren, die gegen die Freiheit kämpft, unter Menschen, die noch Barbaren genug sind" (*BTW* 114). Die Äußerungen oszillieren zwischen Zuversicht und Resignation. „Ich sah in der ganzen Welt einer schönen Zukunft entgegen, wenn ich sie nicht gleich erleben werde. Die unbezwingliche / Nothwendigkeit drängt endlich das grosse Glück vor sich her, auch in diesen Gegenden werden endlich die Ideen von Freiheit und Gleichheit herrschen, die Ketten der Despoten müssen endlich reissen, eben darum, weil sie die Menschheit damit zu eng zusammenschnüren" (*Rb* 247). Die Geschichte aber könnte bereits vollends depraviert sein, und der „Traum" wäre „zu schön" für sie: „dann sind wir entartete, fremde Wesen, mit keiner Ader denen verwandt, die einst in Thermopylä fielen, dann ist Europa bestimmt, ein Kerker zu sein." (*BTW* 114). Die Liste der revolutionsbegeisterten Aussprüche ist lang; „wenn ich nur hinfliegen könnte, mit geniessen und mit für die Freiheit zu sterben" (*Rb* 255), „unter Dumourier zu fechten und Sklaven in die Flucht zu jagen, und auch zu f a l l e n –" (*BTW* 114, vgl. auch die *Reiseberichte*, S. 249, S. 255 oder S. 263). Tieck ist an der allgemeinen Politisierung beteiligt, „wir führen gleich politische Gespräche, wie natürlich jetzt allenthalben geschieht und ich thu es auch gern" (*Rb* 249). Frankreich wird zum Christus, Frankreichs Feinde zu den Heiden, die ihn ermorden, leugnend oder nicht erkennend, wen sie eigentlich vor sich haben, sie sind groteske, „tragische Wesen", weil „sie gegen ihre eigne Sache sprechen, ihr eigne Menschheit verächtlich mit Füssen treten, von denen man eigentlich wie Christus sagen kann, sie wissen nicht was sie thun" (*Rb* 247). Für Deutschland, die Preußen, ihr Militär, existiert nur ein Gefühl: heftigste

1792/93 zeigt er „außerordentliche Begeisterung" für die große Krisis der Revolution, zu einem Zeitpunkt also, in dem der jakobinische Terror bereits apparent war. Die öffentliche Hinrichtung Louis XIV schockierte weder Tieck noch Wackenroder, im Gegenteil, sie findet ihre begeisterte Zustimmung (*BTW* 136). Der Jakobiner wird Tieck zum Synonym und glorifizierten Ideal des „Freiheitsmenschen" (*RB* 267). Tieck gerät über die Revolution selber in manische Erregung. Der Charakter der Ereignisse, das Überhitzte, Vehemente und Eruptive, die Zerstörung und Selbstzerstörung korrespondieren ganz den in der Zerrüttung und im Wahnsinn ausgemachten Momenten. Jähe, alterierende Krisen, die in ephemeren Revolutionen sich auswuchern: „daß das Gemeine untergeht". Tieck ist es, der den modernen, in Folge höchst intrikaten Gestus einer, der Moderne Nietzsches, Jüngers oder Schmitts zentralen, wortstarken „Semantik der apokalyptischen Strukturierung des Zeitlaufs" (Bohrer[889]), der „Terror-Metaphorik"[890], des gewalttätigen Vokabulars um, so Nietzsche, „Abbruch, Zerstörung, Untergang, Umsturz"[891] lanciert (paradigmatisch auch dem Surrealismus eigen[892]). Er tut dies indes bloß ephemer, experimentell, in Widerspruch zu anderen Unternehmungen, im Unterschied auch zur poetologischen Konzeption des Schwindels, der sich, wiederholt zergliedert, zu keiner Positivierung der Vernichtung versteift. Ist der Ansatz der Verklärung in manchen zitierten Äußerungen Tiecks evident, unterscheidet sie sich deutlich noch von der Stilisierung blinder Affirmation der Vernichtung zu „einem kosmischen Walten, das wunderbar und daher unerklärlich ist" (vgl. Bohrers Analysen hierzu[893]).

4.6 Insistierende Negativität. Selbstvernichtung des schwindligen Sprechens

„Um diesen selbst nur in unserm Innern zu lösen und frei zu machen", soll der Wahnsinn erzeugt werden (*Ph-Rg* 113), eine Vernichtung historisch spezifischer Verstehens- und Selbstentwürfe wie Selbstpraktiken, ohne jedoch, das stellt die-

---

Abscheu – „mein unwürdiges Vaterland" (*RB* 147). Tieck äußert einen bitteren Militär- und Offiziershaß – einen Preußenhaß: eine „fatale Gesellschaft" (*Rb* 257). Vom Wesen her seien sie „das Gegenteil eines Demokraten", mit großem Affekt wettert er wiederholt gegen die preußische Zensur, die feige alle „gedruckten rebellischen Sachen" fürchte: „eine schöne Wirthschaft" (*BTW* 85).

[889] Bohrer, *Ästhetik des Schreckens*, S. 335.
[890] Ebd., S. 255. Zu dieser Metaphorik in einer kritischen, ästhetisch-kritischen Lesart vgl. allgemein S. 252–324.
[891] Nietzsche, *Die fröhliche Wissenschaft*, in: ders., *Werke in drei Bänden*, hg v. Karl Schlechta, Bd. 2, München 1973, S. 206.
[892] Siehe Bohrer, *Ästhetik des Schreckens*, S. 401ff.
[893] Jünger, *Abenteuerliches Herz* (erste Fassung), S. 144. Bei Bohrer siehe vor allem die *Ästhetik des Schreckens*, S. 401ff.

ses *nur* heraus, einen weiteren Zweck zu verfolgen als die vernichtende Lösung des Wahnsinns selbst. In Hinblick auf die schwindelige Anti-Diätetik – der „krank" ist, was die Diätetik als „Seelengesundheit" gegen die Krankheit halten will – ist der Schwindel zwar selber Diätetik, aber, schon festgehalten, bar aller Vorstellungen eines neuen Gesunden. Verfolgt wird eine Art Katharsis der Zerstörung, die sich ganz bedacht auf Krisis und Zerstörung bescheidet, utopisch formuliert ein Offenhalten der „ungeheuren Leere".

Der Schwindel und seine Poesie üben bloß Techniken der Negationen, ephemere, unsystematische, bewegliche Negationen, frei von allem positiven, positivierbaren Zweck, aller Finalität und Teleologie. Insofern ist er, seine Poesie, in dieser Konzeption zum einen eine „in sich selbst vollendete", „interesselose" Vernichtung ohne Zweck, Perversion der vielsinnigen „Bildung", zum anderen begründen sie sich ganz offen in dem einen Interesse der unablässigen Vernichtung (historischer Positivitäten), begründen sich paradox in einem konsequent negativen Zweck. Der Schwindel verhält sich bloß als punktuelle Negationen, existentielle Krisen, „Auflösungen" in keinem Moment als irgendeine neue Positivität, irgendein Bedeutendes. Ist es hinfällig, den bloß rhapsodisch notierten Schwindel oder seine Poetik und Poesie zu einer kohärenten, philosophisch reflektierten Theorie zu kompilieren, ist er nachdrücklich kein (philosophisches) Theorem[894], sondern wesentlich ein poetologisches Konzept sowie eine besondere poetisch-sprachliche Praxis, wird er punktuell dennoch philosophisch virulent. Und zwar als die besonderen unentwegten Negationen oder besser, undialektisch formuliert, Vernichtungen, mit denen er es programmatisch bewenden lassen will. Vernichtungen bestimmter Sinn-Konstrukte der historischen Vernunft, des Selbst, der Welt und Wirklichkeit – ob Sinn oder ein Logos überhaupt möglich sind, ist nicht seine Frage, Faktum ist allerdings die tatsächliche Sinnpraxis –, die alles „Blendwerk, das aus Mißdeutung entsprang" auslöschen will, so Kants *Kritik der Vernunft*, „sollte auch noch so viel gepriesener und beliebter Wahn dabei zu nichte gehen."[895] Diese Konstrukte, fingierte historische Positivitäten wie die des wirklichen Lebens als begreiflichem Zusammenhang der inneren Geschichte, sind bloß eine Prätention der Begriffe gegenüber dem sich in diesem historischen Zugang Entwindenden. Sie sind bloß „nichtige, trügerische Gespenster", „Heuchelei" und „Scheingestalten". „Das ganze große Menschendasein nichts Festes und Begründetes?" ist die Frage, die die ausgetüftelten Zusammenhangsgebilde in den Verdacht stellt, vorsätzliche Unwahrheit zu sein. „Es führte vielleicht zu nichts und hätte nichts zu bedeuten, Thorheit wäre es, hier historischen Zusammenhang und eine große poetische Composition zu

---

[894] Wie die von Brecht konstruierte „Poetik des Sogenannten" verzichtet die Poetik des Schwindels darauf, „dieselbe *Aktualität* zu reklamieren, die die Frühromantik in der Diskussion der letzten Jahrzehnte gewonnen hat (...) weil die Provokation durch die literarische Rede des Autors nicht in philosophischer Systematik stillgelegt werden soll" (Brecht, *Die gefährliche Rede*, S. 2).

[895] Kant, *Kritik der reinen Vernunft*, (Bd. III), S. 14.

suchen" (*Bb* 193). „Wenn ihr es überlegt, daß im ganzen Menschenleben kein Zweck und Zusammenhang zu finden ist, so werdet Ihr es auch gern aufgeben, diese Dinge in [einen] Lebenslauf hineinzubringen" (*ebd*). Destruirt wird das Begreifen der Seele und ihrer Natur der „Periode (...), in der sich die Welt mit all ihren Bemühungen und Ereignissen selber parodirt" (*BüSh* 155) : das „Suchen nach der Natur (...), hinter der man noch jetzt mit großem und lobenswürdigen Eifer jagt", mit Hilfe der behandelten Figuren, „und es sich nicht verdrießen läßt, Küche, Keller, Boden, Wohn- und Visitenstube zu durchforschen, auch das menschliche Herz in seinen innersten Schlupfwinkeln zu belauern, wie sie alle selber von sich rühmen" (*BüSh* 180). „Die kolossale Natur" aber – nirgends mehr als die Negation ihrer Prädikate und ihrer Wesensbestimmung, das kolossal weist die Transzendenz gegenüber dem Begriff aus – „steht hinter ihnen und schaut ihnen mit einer Mine zu, von der man nicht sagen kann, ob sie Bedauern oder Spott ausdrückt. Aber sie glauben eben nicht daran, daß die Natur groß sein könne, und denken sie endlich noch gar, wenn sie nur brav in ihrer Bildung und im Zeitalter fortschreiten, aus den Mauselöchern heraus zu fangen" (*BüSh* 180). Lassen sich die Konstrukte des Selbst, des wirklichen Lebenslaufs und des Zusammenhangs als Emanzipation ansehen, sind sie zugleich aber selber bloß neue und auf eine neue Weise gewaltsame Mythen und Scheingestalten (gegenüber dem „Kolossalen"), wird der „Krieg" gegen diese zur Fortsetzung des aufklärerisch-emanzipativen Impetus selbst. Und wirklich formuliert Tieck seinen „frühromantischen" Impetus ganz konsequent als Potenzierung der alte Mythen zertrümmernden aufklärerischen Vision des „unbedingten freien Denkens" (notiert 1800):

> „Wie ist seit funfzig und mehreren Jahren von unbedingten freien Denken (...) die Rede gewesen! Aber sieh, kaum haben einige angefangen, Ernst zu machen, so gibt es keinen so großen Widerstreit, keine so pöbelhafte Verfolgung, die ihnen gegen diese Geister zu gemein dünken sollte. Es soll eben nur beim Schwatzen darüber bleiben, und dies triviale Geschwätz, das ihnen [den „wohlschaffenden Bürgern"] weder Denken noch Fühlen kostet, soll für Freigeisterei gelten, es war diesen Armseligkeiten ganz recht, so lange sie ein Bischen verfolgt wurden, da schrien sie, daß Toleranz den Menschen mache; nun sie aber merken, daß wirklich von ächter Toleranz Gebrauch gemacht werden soll, und daß das Gemeine untergeht, wie sie selber, nun wimmern, lärmen, schimpfen (...) sie." (*BüSh* 143f.)

In dieser Häresie, nun endlich Ernst zu machen, bestimmt sich Tiecksches Schreiben in seiner typischen Lust an der Inversion, als konsequente Aufklärung, als Exekutor eines *wirklich* unbeirrlichen Denkens, das eben vorbehaltlos noch die Fundamente, die alten und neuen idealistischen Systeme und Teleologien des Denkens des Aberglaubens verdächtigte, das ist das „enfant terrible" und sein „literarischer Terrorismus". Ein Postulat, das Aufklärung weitertreibt, nicht annulliert. Die Frühromantik äußert dieses Selbstverständnis wiederholt ganz ähnlich, beispielhaft A.W. Schlegel: Aufklärung fordere „freylich das Forschen und Zweifeln, aber nur bis auf einen gewissen Grad, über welchen hinaus sie es wieder als eine Thorheit und Verirrung des Geistes ansieht"[896], frühromantisches Spekulieren dagegen komme dem „unbedingten Interesse für Wahrheit" eigentlich erst nach, wodurch Aufklärung dann erst zur „entschiedensten Gegnerin" wird[897]. Indes identifiziert Schlegel diese nun einsetzende wahrhafte Aufklärung vorab ganz mit der „spekulativen Philosphie"[898]. Tieck bleibt, die Sondierungen von spekulativ Unendlichem und Nichts des schwindligen Sprechens demonstrieren es, diese programmatische Identifikation der Wahrheit genau so „Vorurteil" wie die alte, A.W. Schlegel vollzieht, mit anderem Einsatz, was er der Aufklärung, ganz wie Tieck es tut, vorhält: „sie bestellt gern die Resultate der Untersuchung im voraus, damit ja nichts zerstörendes und gefährliches, nichts allzukühnes oder dem Misbrauch unterworfenes zum Vorschein komme"[899]. Der Ansatz Tieckscher Unbedingtheit dagegen, den er gegen seinen Ursprung, gegen jedwede „trügerischen Gespenster" wendet, ist der von Moritz, sich „vor jedem Hang, sich in eine idealische Welt hinüber zu träumen (...) [zu] hüten"[900]. Die Wahrheit nämlich „muß um ihrer selbst willen gesucht werden; sie muß (...) alles Erwünschte und Angenehme, was nicht mit ihr bestehen kann, in unsren Gedanken überwiegen", auch wenn dieses „die Entstehung der Lehrgebäude hindert"[901]. Solches unbeirrtes Denken ließe sich bloß, wie alle intransingente Kritik der Aufklärung, die ob ihrer Intransingenz nur der Aufklärung willen formuliert wird, an rückhaltlose Kritik binden, den Zustand, so Adornos Formulierung, „in dem man an nichts mehr sich halten könnte (...) einer, der dem Gedanken erlaubte, endlich so autonom sich zu verhalten, wie (...) es immer bloß ihm abgefordert hatte, um ihn im selben Atemzug daran zu verhindern"[902]. „Unbedingtes freies Denken" Tiecks kriegt noch gegen die eigenen Mythen, mit denen es die alten bekriegte und hypostasierte, diese neuen nicht als Natur und Wahrheit. Mythen, „poetische [sprachliche] Compositionen", sind dann gleichermaßen die Seele als „Begreifliches" wie als „Wunderbares" (im vorromantischen Sinn) und „Unbegreifliches", das bloß zur Dissolvierung der Wahrheit der begreiflichen Seele eingesetzt wird. In der Vernichtung der sinnkomponierenden Verfahren, paradigmatisch dem psychologischen Selbst-Verstehen des Menschen, das aus apparentem Chaos und Kontingenz das kohärente Leben modelliert, wird das Leben so nicht zum absolut Negativen, Sinnlosen und Bedeutungslosen hypostasiert, zur neuen Wahrheit des „Nihilismus" positiviert. Damit würde abermals beliebig der kompromißlose Geist der eigenen Kri-

---

[896] A.W. Schlegel, *Gegenwärtiger Zustand der Deutschen Literatur*, S. 67.
[897] Ebd., S. 70.
[898] „Denn die unbedingte Liebe zur Wahrheit erzeugt unfehlbar Philosophie" und zwar notgedrungen die „spekulative" Fichtes und Schellings in der Folge der „analytischen" Kants (ebd., S. 67).
[899] Ebd.
[900] Moritz, *Aussichten*, S. 94.
[901] Moritz, *Magazin, Werke*, S. 166.
[902] Adorno, *Negative Dialektik*, S. 373.

tik sistiert, die konsequent gegenüber der „ungeheuren Leere" alles als Scheingestalt ist. Ist alles Bestehende, Historische ausnahmslos „Gift", so Tieck in einer Reflexion der *Altdeutschen Minneliedern*, Wahnsinn, die aus seiner Poesie dann ein kompliziertes Gegengift werden läßt, gibt es keine Bestrebung im universalen Zusammenhang der Perversionen und Inversionen, die die Poetik des Schwindels nur bewußt aufnehmen und zuspitzen, das sich der Kontamination entziehen könnte. „Ganz gesund kann sich jetzt keiner fühlen" (*BüSh* 155). Auch nicht der rigorose Krieger und Kritiker, dem es aufgeben ist, sich, die Kritik selber im Kritisieren zu kritisieren, ohne damit die Kritik am Kritisierten aufzulösen: eine Durchkreuzung der einfachen Opposition von Aufklärung und Gegenaufklärung. Die selbstkritische Kritik darf sich und das, was implizite sich aus der Kritik an Vorstellungen eines „Anderen", „Neuen" sich deduzieren ließe, nicht fixieren. Präzise hier formuliert sich Tiecksche „Ironie", ein Term, den er in den *Altdeutschen Minneliedern* intensiver berührt als in anderen Schriften. Geschichtliches „Leben ist ein ewiger Widerstreit" (*BüSh* 155), „noch nie, als bis jetzt, ist eine Periode gewesen, in der sich die Welt mit all ihren Bemühungen und Ereignissen selber parodirt" (*BüSh* 154f.). Auch die grundlegende Kritik der Zeit ist ganz im Bann der Zeit gefangen, aus Revolutionären, Tieck nennt exemplarisch Lessing oder Diderot, werden Konservative, aus „Ketzern" „Ketzerverfolger" (*BüSh* 145) und umgekehrt. „Noth thut es" deswegen, „daß jedermann sich hüte, denn der Geist der Welt scheint sich so in die Ironie und ins Spaßmachen vernarrt zu haben, daß er am liebsten diejenigen verwandelt, die anfangs am heftigsten gegen das kämpften, was sie selber geworden sind" (*BüSh* 145). „Schlimm steht es um unsere Hoffnungen, wenn das Schicksal die Ironie eben so sehr liebt, als ein großer Dichter" (*BüSh* 156). Alles ist affiziert: „Jetzt ist es also so weit mit uns gekommen, daß wir über nichts, oder über alles lachen müssen". Alle Kritik muß Selbstkritik, alle „Parodie muß auch Selbstparodie sein" – eine gedankliche Figur, die durchgehend in Tiecks ästhetischen Postulaten zu finden ist, auch dem der Poetik des Schwindels. Schwindlige Poesie vollzieht dementsprechend eine Selbstvernichtung, analog der der Phantasie in ihrer ungehemmten Lösung zum Wahnsinn. Vor allem muß Kritik sich in dieser komplizierten (Selbst-)Kritik bescheiden, sich der Visionen enthalten und insistent lediglich die beweglichen (Selbst-)Vernichtungen betreiben. Damit aber ist sie in der Tat vollends substanzlos, ein absichtsvolles Entsubstanzialisieren, ohne selber ideale Substanzen zu formulieren oder sich selbst als solche zu setzen.

Eine philosophische Spitze der Konstruktion der Poetik des Schwindels ist die Rehabilitierung der Willkür und Kontingenz als das, was alle Vernunft annullieren will. (Eine, wenn man so will, Rehabilitierung eines vorrationalistischen Gottesbegriffes im Sinne Eliades: „Die göttliche Absicht, aus der die Dinge hervorgegangen sind, und der Zweck, auf den die Schöpfung hingeordnet ist, ist dieser Auffassung nach Sache der göttlichen Freiheit, die sich menschlicher Nachforschung entzieht und nur durch freie Selbstkundgabe Gottes bekanntgemacht werden kann"[903]; eine Wendung gegen die Hybris des Wissens und die menschlichen Zwecke.) Wahr, wiederum freilich nicht im absoluten Sinne, werden Willkür und Kontingenz, die der Texttaumel unmittelbar praktiziert, gegenüber den Erfindungen des wirklichen Lebenslaufs oder der inneren Geschichte, wenn diese unwahr werden, weil sie sich bloß als Bestrebungen entpuppen, jene in Leben und Text zu eskamotieren. So findet die Willkür als Kritik ihre ganz und gar nicht willkürliche Motivation und wird zum, negativ verharrenden, Agens. Nicht, daß nun die absolute Willkür, Hermetik und Negativität der Seele als „ungeheurer Leere" behauptet würde – diese eröffnet sich jäh, wenn die Seele dem Begreifen und Wissen entschlagen wird. Ebensowenig die sichere „Sinnlosigkeit des Lebens". Es werden aber alle approbierten und neuen Bestimmungsversuche zerstört, alle Versuche der (Wieder-)Aneignung und Subsumtion, alle Versuche einer Identifikation. Die Seele als Unbegreifliches ist die ironische Polemik auf die begriffliche Seele und steht selbst schon konsequent am Ende der Bemühungen des erfahrungskundlichen Projekts der „vermehrten Seelenkenntnis".

Schwindel gerät in die Konstellation der, von Adorno ausgeführten, totalitären historischen Tendenz des Zwangs der „Identifikation"[904] oder „erzwungenen Identität"[905], die „Ausbreitung des Prinzips [Identifikationsprinzips] verhält die ganze Welt zum Identischen, zur Totalität"[906]. Schwindel zerschlägt kalkuliert die geschichtsphilosophischen, dialektisch-hermeneutischen, psychologischen Identifikationen, der Identifikation ist die bekriegte „kleinlichste Ökonomie" methodenbildend. Vehement wird im schwindligen Untergang aller Identifikationen jeder Begriff genichtet. Dabei widerfährt dem Schwindel nicht, wovor Adorno noch mehr warnt als vor der Identifikation: seiner „abstrakte Negation", die zur vollends willkürlichen, irrationalistischen Positivierung irgendeines „irreduzibel Qualitativen" zu einer Gewalt, größer als die des „Identifikationsprinzips"[907]. Wie dem Gegenwärtigen ist der Schwindel auch dem Utopischen Antipode, versetzt er noch jede Vorstellung in den Taumel, ist er doch bloß Vernichtung[908]. Assoziiert sind somit Momente einer negativen Geschichtsphilosophie im Stile Adornos, die sich selber ausschließlich als intransingente Kritik der Geschichtsphilosophie formulieren und in der insistent „negativen

---

[903] Mircea Eliade, *Geschichte der religiösen Ideen*, Bd. 3/2, Freiburg i.Br. 1991, S. 417.
[904] Adorno, *Negative Dialektik*, S. 149 (vgl. den Abschnitt „Zur Dialektik von Identität", S. 149–152).
[905] Ebd., S. 398.
[906] Ebd., S. 149.
[907] Ebd., S. 149f.
[908] Als solche wäre der Schwindel dann, vielleicht, nur negativ utopisch zu fassen: als eine gewaltige Anstrengung im Sinne Adornos, die Möglichkeit einer Utopie zumindest negativ offenzuhalten. Alle Fixierung des Utopischen, so Tiecks Einsicht in der Kritik der Kritik, erleidet sofort die Kontamination durch das Historische, muß sich selber dementieren.

Dialektik", gegen ihr Programm, häufig nicht einmal mehr negativ dialektisch zu verorten sind. Nur so ließe sich das poetologische Konzept des Schwindels geschichtsphilosophisch wenden, wodurch es dann zur entschiedenen Kritik des „optimistischen geschichtsphilosophischen Überbau[s] der Frühromantiker"[909] wird. Das Utopische, „das Absolute (...) wäre das Nichtidentische, das erst hervorträte, nachdem der Identitätszwang zerging" – das wäre die im Äußersten zulässige Formulierung der Hoffnung. Diesen Identitätszwang zu zertrümmern, agiert Poesie des Wahnsinns, dabei wäre der anti-identifikatorische Schwindel nicht einmal die, gegen die Geschichte, künstlich herbeizuführende Inzidenz der Erfahrung eines Un- bzw. Nichtidentischen oder eine Fixierung des Nicht-Identischen in negativer Form, sondern wirkte bloß als Zerschlagung der bestimmten Identifikationen, als Zerstörung des „Identitätsanspruchs"[910] gegen „die erzwungenen Identitäten". Mehr aber als die ungeheure Leere „jenseits der Identifikationsmechanismen"[911], der „Transzendenz (...) als Nicht-Identischem", ist nicht zu haben[912]. Die ungeheure Leere wäre „negativer Dialektik" solcher Art der ätherische, bodenlose Topos, genauer, A-Topos, der sich auftäte und den besagten Schwindel bewirkte, wenn die vom Allgemeinen, vom Subjekt kommenden Identifikationen des Besonderen „weggezogen" werden. Zergeht die Identifikation, die „präsumierte Identität mit dem Allgemeinen", wäre das Besondere, das Utopische, selbst bloß ungeheure Leere. Der „Schock des Offenen, die Negativität"[913], den die Erfahrung erleidet, das Denken und die „Dialektik, die nicht länger an die Identität 'geheftet'" sind, provozieren, so Adorno, „den Einwand (...) des Schwindelerregenden. Der großen Dichtung der Moderne (...) ist das Gefühl davon zentral"[914] (unmittelbar geriete man ins Zentrum von Adornos „negativer Ästhetik"). Sich dem approbierten Begriff, der Logik, jedwedem System entwindende, „nicht gegängelte", „nicht lokalisierbare" und „ungedeckte" Erfahrung – ästhetische Erfahrung – wirft „à fond perdu sich weg an die Gegenstände", virulente Potenz des Ästhetischen[915].

Indes liegt eine Poesie des Schwindels quer zu einem solchen „sich wegwerfen an die Gegenstände", von dem sie dann, in der Suspension der Subjektivität, amorphe und ätherische Impulse der zum Subjekt mutierenden Objekte empfängt. Sie wäre kein Paradigma negativer Ästhetik Adornos, eine mögliche Verortung in ihr wäre anders zu stricken. Statt mimetisch das „Nicht-Identische" und seine Gestaltung ihm selber „abzuhorchen" und dem Nicht-Identischen nicht-identifizierend „beizustehen", ist die skizzierte Poesie zunächst nur an einem interessiert, an der Konterkarierung der bestimmten Identifikationen, der

---

[909] Menninghaus, *Unendliche Verdopplung*, S. 228.
[910] Adorno, *Negative Dialektik*, S. 398.
[911] Ebd., S. 398.
[912] Ebd.
[913] Ebd., S. 43.
[914] Ebd., S. 42.
[915] Ebd., S. 43.

Lösung der ungeheuren Leere. „Der Schwindel, den das erregt", als Reflex auf den „Schock des Offenen, die Negativität, als welches es im Gedecktem und immer gleichem notwendig erscheint", ist „Unwahrheit nur fürs Unwahre" oder „index veri"[916]. In diesem Sinne, einer Inversion des index veri positiver Dialektik, wäre Hegels ausdrückliche Disqualifikation Tiecks, der negativen Ästhetik eine Qualifikation Tiecks gegen Hegel selbst, der Vorwurf lautet unaufgelöste Negativität, „die entschieden *negative* Richtung gegen Objektivität"[917] und Wirklichkeit. Affirmiert würde in dieser Qualifikation noch einmal der Sinn des Negativitätsverdikts Hegels, daß es zu gar keiner Aufhebung der Negativität komme. Werden die bestimmten Identifikationen, Begriffe wie der des wirklichen Lebenslaufs, des Selbst etc., als die „nichtigen, trügerischen Gespenster" weggezogen, „verkündigt" sich diese Vernichtung als „ungeheurer, leerer Abgrund" und eröffnete die Perspektive, die diese Begriffe verkleistern: „ob nicht der Zustand, in dem man an nichts sich mehr sich halten könnte, erst der menschenwürdige wäre; einer, der dem Gedanken erlaubte, endlich so autonom sich zu verhalten, wie (...) es immer bloß ihm abgefordert hatte, um ihn im selben Atemzug daran zu verhindern"[918]. Genau hierhin, zur vollkommenen Haltlosigkeit, will der Schwindel ja führen[919].

Der Schwindel als unruhige, unentwegte „Zersthörung" bestimmter Identifikationen, die kein höheres Interesse verfolgen und bloß die ineffable ungeheure Leere provozieren, büßt in der Etikettierung „Nihilismus", in der Forschung immer wieder vage beschworen, aber auch begründet zurückgewiesen[920], ihre

---

[916] Ebd., S. 43.
[917] Hegel, *Solgers nachgelassene Schriften*, in: Georg W.F. Hegel, *Werke*, hg. v. Eva Moldenhauer und Karl Markus Michel, Bd. 11, Frankfurt a. M. 1986, S. 233.
[918] Adorno, *Negative Dialektik*, S. 373.
[919] Adornos Gedanke entspräche ganz Tiecks eben behandelter Polemik gegen die rationalistische Ideologie vom „unbedingten freien Denken" das sich aber, immer gemäß dem eigenen Interesse, sistiert und diese Begriffe als „notwendige" Axiome setzt.
[920] Die Nihilismusfrage ist länger schon zu einem beliebten – wenn auch kontroversen – Thema der Forschung geworden. Die zuletzt unangemessene nihilistische Erwägung, vor allem am *William Lovell* vorgenommen, findet ihre Berechtigung in der Demontage des von der älteren Forschung – wie auch einer nicht unbeträchtlichen Zahl der neueren – gewaltsam stilisierten Bildes des „heiteren" Romantikers und der „heiteren Romantik". In der thematischen Perspektive dieser Prädikationen endet der „Nihilismus" dann freilich mit dem *Lovell*; ungleich interessanter wäre es dagegen, schon im Falle des *Lovells,* ihn in seiner poetologischen Radikalisierung zu verfolgen, wie es Heilmann tut (*Die Krise der Aufklärung als Krise des Erzählens*. Die thematischen Auseinandersetzungen des Nihilismus der Texte Tiecks nehmen sich zudem ungleich harmloser aus, als die Betrachtung, wie dieser in ein perfides Erzählverfahren, Sprachverhalten und einen besonderen Sprachstatus einginge. Der *Abdallah*, so z.B. Paulin, erzähle von der Sinnlosigkeit des Lebens, vom „verzweifelten Ringen um Schicksal, Vergänglichkeit, Genuß und Selbsterfüllung (...) [das] unvermittelt neben idyllischer Stimmungskunst und Abenteuerlust [steht], bis am Ende der Erzählung der menschlichen Existenz auf radikale Weise jeglicher Sinn abgesprochen wird" (Paulin, *Tieck*, S. 21) Hölter spricht diffus und gänzlich harmlos, für die Forschung repräsentativ, von „trostloser Welt", „verzweifelter Stim-

Virulenz ein, auch wenn dieses Etikett eine berechtigte, wenn auch hilflos veranstaltete, Wendung gegen die „heitere" Romantik beabsichtigt. Ein Terminus, assoziiert den Begriffen der Leere und grundlegenden „Verzweiflung am Leben", präzise Tiecks Melancholiebeschreibungen[921], sowie der Auflösung der

---

mung", „schicksalhafter Verstrickung", „verhängnisvollen" Konstruktionen und einer „Atmosphäre des Düsteren, Aussichtslosen, dem das Individuum ausgeliefert" ist, Gegenstand „der meisten poetischen Werke dieser ersten Phase", die „je nach Deutungsperspektive melancholisch, pessimistisch oder nihilistisch erscheint" (Hölter, *Tiecks Frühwerk*, S. 796) „Gleichsam oder wirklich obsessiv wirft sich Tieck auf die immer gleichen Aussagemuster" (ebd., S. 812) Der *Lovell*, bei dessen Schreiben der Autor nach eigenem Bekunden immer noch aus „Verachtung des Lebens" (*Schr* 6, XVI) geschrieben habe, sei geradezu „ein Schlüsseltext für das Phänomen des Nihilismus; hierin mag sich auch das Interesse Kierkegaards und C.G. Jungs an diesem Text begründen (...). Lovell ist ein Held, den weder Genuß noch Enthusiasmus noch Libertinage befriedigen könnte, der vielmehr in einem Schwebezustand von Schwermut, Angst und Langeweile die eigene Identität verliert, für den das Leben schließlich nicht mehr ist als ein Traum und Illusion, Chaos und Nichts. Daß am Beginn der romantischen Bewegung, im ersten genuin romantischen Roman, ein derart düsterer Pessimismus, wo nicht 'Nihilismus' vorherrscht (...)" (Paulin, *Tieck*, S. 29) Beizupflichten ist Heilmann in seiner Bewertung des Nihilismus: „daß ich (...) die Skepsis gegenüber der Deutungsperspektive 'Nihilismus' teile (...) Ich füge aus meiner Sicht hinzu, daß gleichwohl die Rede vom Nihilismus des 'Lovell' nicht einfach abwegig erscheinen muß. So ist gar nicht zu verkennen (und wurde hier schon angedeutet (...), daß die zeitgenössische Nihilismus-Diskussion (Jacobi u.a.) im 'Lovell' ihren Niederschlag findet; nur darf von Seiten der Interpretation nicht so verfahren werden, daß man mit vorweg definierten (auf Jacobi, Jean Paul, Kierkegaard oder Nietzsche sich berufenden) Auffassungen des Nihilismus dem Verständnis von Tiecks Text – fremde – Schranken setzt. Der methodische Einwand gilt auch Arendt. Es tut in dieser Hinsicht eben nichts dazu, daß unter den genannten Arbeiten die seine den Nihilismus als geistesgeschichtliches Phänomen am fundiertesten erörtert; denn Arendts Deutung tritt auf der Stelle: zuguterletzt hat der Lovell-Roman doch nur umständlich zum Ausdruck gebracht, was Nietzsche 'bekanntlich schärfer faßt'" (Heilmann, *Krise des Erzählens*, S. 244, vgl. auch Dieter Arendt, *Der 'poetische Nihilismus' in der Romantik. Studien zum Verhältnis von Dichtung und Wirklichkeit in der Frühromantik*, 2 Bde., Tübingen 1972. S. 384). „Statt dessen müßte man vom Text her und also unter dem – für diesen Text als ein ästhetisches Gebilde – spezifischen Aspekt historischer Poetik erläutern, inwiefern Tiecks Roman Züge trägt, die 'nihilistisch' anmuten. Das Unternehmen „William Lovell" steuert (...) in einen erzählerischen Engpaß, es erprobt eine Tradition, 'überfordert' sie und gerät so allerdings an einen Punkt, an dem es scheint, 'als ob es gar keinen Sinn im Dasein gebe, als ob alles *umsonst* sei' [Nietzsche, *Nachgelassene Fragmente, Sommer 1886–Herbst 1887*, in: ders., *Sämtliche Werke, Kritische Studienausgabe in 15 Bänden*, hg. v. Giorgio Colli u. Mazzino Montinari, Bd.12, S. 212]. Würde man freilich, unter diesem Aspekt, von einem Nihilismus des 'Lovell' sprechen, so wären doch immer Einschränkungen vonnöten (Nietzsches Romantik-Kritik, etwa, hätte man sich wegzudenken) bzw. umfangreiche Zusatzerläuterungen erforderlich ('Lovell' als erzählerisches Experiment, das an eine bestimmte Tradition anknüpft etc.), kurz, das Eigentümliche des Textes käme dabei gerade nicht zum Ausdruck" (Heilmann, *Krise des Erzählens*, S. 244).

[921] Eine Erfahrung entlang des „Abgrund[es] des Nichts". In der melancholischen Seele „verlischt" die Welt. „Die Farben in der Natur fehlen" (*Rb* 273), „das entzückende Wun-

„Werte", der von Young, Jacobi, Moritz und Jean Paul ungefähr in derselben Zeit zuallererst ausdrücklich konturiert wird. Als Überzeugung und Weltsicht, als positivierte, dann positive Wahrheit der Negativität, daß „es gar keinen Sinn im Dasein gebe, als ob alles umsonst sei"[922], ganz entgegen also der ambivalenten, wechselnden Bedeutung der Semantik dieses Begriffes bei Nietzsche, gerät der Begriff allgemein widersinnig. Sein Element hat er in der Kritik der Wahrheit der „Sinnhaftigkeit des Lebens", des angeblich „Feste[n] und Begründete[n]"[923]. In der zersetzenden Frage, die mitnichten als diskursive, philosophi-

---

derbare fehlt" (ebd.). „Unter nichtsbedeutendem Lächeln und mit abgewandtem Gesicht in den furchtbaren Ocean des Nichts" (*BTW* 61), „die reizende Natur verliehrt (...) alles Schöne, statt des Belebenden des Frühlings sieht man in jedem Wesen nur, wie ein jeder Athemzug ihn näher zum Grabe rückt, alles verdorrt und verlischt in meiner Seele" (*BTW* 39). Im Zentrum steht der Wunsch, „die abentheuerlichen, zauberhaften, erquickenden Freuden eines lebenlosen Lebens oder – des Nichtdaseyns selbst kosten zu können" (*BTW* 60) Ein „Seelenzustand", der der melancholischen Paralyse nach dem maniakalischen Exzeß im betrachteten „Anfall des Wahnsinns" entspricht. Zunehmend verliert sich die psychologische Formulierung als melancholische, die melancholische Erfahrung gilt Tieck nicht mehr als Ausdruck einer Krankheit, sondern als die Erfahrung einer „Wahrheit". Ganz entpsychologisiert (ohne Nennung der Melancholie) reformuliert sie bereits das schon betrachtete Fragment „Die Farben" in den *Phantasien,* in dem die beiden Seelenzustände mit ihren Bildern, wieder ganz ähnlich denen des „Anfalls des Wahnsinns", ausdrücklich schon als die „wunderbaren Welten" reformuliert werden (der Text beginnt: „Schaue ich in die wunderbare Welt..."): „Dann entfliehn alle flammenden Lichter, der Glanz in Bäumen und Blumen erlischt, die Farben stehn matter: Schatten und Schwärze vertilgen und dämpfen das Jauchzen, die triumphierende Freude der brennenden Welt", ein „grauser Orkus", ein „unergründliches, unzugängliches Reich", „abgelegene Brunnen rieseln unterirdisch eine Todtenmelodie" – vielfache Allegorien auf den Sprachhorizont des „fürchterlich Wunderbaren". Im Vorbericht zur zweiten Lieferung der Schriften, 1828, pointiert Tieck die ehemalige Melancholieerfahrung, immer noch werden die typischen melancholischen Metaphern verwendet, wenn auch das Vokabular grundsätzlich eben kein erfahrungsseelenkundliches mehr ist: „So melden sich doch Zeiten und Stimmungen," – als „plötzlicher" Einbruch oder „plötzliche Umwendung" – „die das Grauen des Todes, die Angst vor der Vernichtung erfassen, (...) wilde Erhitzung, im Verzweifeln am Leben, Schönheit, Schicksal und Tugend (...)", „ein unermüdliches, finsteres Grübeln hatten für mich den Baum des Lebens entblättert", „ernsteste und finsterste Betrachtungen", alle „Energie und Leidenschaft" hatten sich „dem Dunkel zugewendet", „in den Abgrund versenkt" (*Schr* 6, Vff.). All dieses markiert, so der späte Tieck, die „frühe Zeit" (*Schr* 6, VI). „Verkünden" Werke wie *Karl von Berneck, Almansur, Abdallah* oder *Lovell* die „Abgründe" als erzählte, dargestellte, verändert sich die Art und Weise ihrer Behandlung grundlegend, – konfrontiert man beispielhaft den *Almansur* oder *Abdallah* mit dem *blonden Eckbert* und der „Reihe von Erfindungen und Nachahmungen", „die alle mehr oder minder die Farbe und den Ton des Eckbert hatten". Sie radikalisiert sich, entgegen dem Augenschein bis zum Konstituens der poetischen Form, der besonderen Faktur des Textes. „Inhaltlich", ausdrücklich ist sie dem *Eckbert* weniger präsent als diesen frühen Werken.

[922] Nietzsche, *Nachgelassene Fragmente*, Bd. 12, S. 212.
[923] Vgl. Adorno, *Negative Dialektik*, S. 369–374, insbesondere S. 372ff. Bei Nietzsche hatte der Begriff eine doppelte, sich freilich berührende Bedeutung: als Denunziation des

sche Aussage zu fassen ist: „So wäre also das ganze große Menschendasein nichts in sich Festes und Begründetes? Es führte vielleicht zu nichts und hätte nichts zu bedeuten" (*Bb* 193) und, zugespitzt, in der aktivischen Destruktion bestimmter (Sinn-)Konstrukte, des Lebens als „festem und begründetem" „wirklichen Lebenslauf". „Die These, das Leben habe keinen [Sinn], wäre als positive genauso töricht, wie ihr Gegenteil falsch ist; wahr ist jene nur als Schlag auf die beteuernde Phrase"[924], „Nichtsgläubigkeit wäre so abgeschmackt wie Seinsgläubigkeit"[925]. Die, „sogenannte", „Wahrheit und Wirklichkeit" der ungeheuren Leere des Schwindels wird keineswegs zur Nihilismus-These hypostasiert oder, wie Menninghaus meint, zur „Resignationshypothese" als konzedierte oder gar (scheinbar) Nietzscheanisch gewendete Affirmation der „Sinnlosigkeit des Lebens", die dann verkehrtes, bloß negativ konstruiertes Absolut ist. Räumt Tieck in der Tat „mit jeder ästhetischen Ideologie auf"[926], die die „poetische Composition" als Faktum, ästhetisch nur Nachgebildetem fingiert – paradigmatisch der, die den begreiflichen Lebenslauf behauptet –, „nimmt [er] die Zwecklosigkeit wörtlich", ohne sie in der Manier frühromantisch negativer Dialektik in höhere Zusammenhänge aufzuheben. Menninghaus betont, ganz wie die Rekonstruktion der Poetik des Schwindels, die poetologische Relevanz: „Aus der schon im *Lovell* gestellten Diagnose des Unsinns als faktischer Lebenserfahrung wird (...) eine poetologische Konsequenz gezogen: da 'im ganzen Menschenleben kein Zweck und Zusammenhang zu finden ist', müsse man endlich die 'Thorheit' aufgeben, 'diese Dinge' in einen poetischen 'Lebenslauf hineinzubringen'"[927]. In dieser „zweiten Reflexion und nur unter der 'realistischen' Voraussetzung, daß 'poetische Composition' dem Leben nichts oktroyieren sollte, was ihm üblicherweise gerade fehlt, greift diese Resignationshypothese auch auf die Poetik über. Eine Poetik der Bedeutungslosigkeit wird aus dieser Perspektive

---

„Christentums als der institutionalisierten Verneinung des Willens zum Leben" (ebd., S. 372) und als Programm der eigenen Philosophie, das eine aktive „Nichtung" vollstreckt, die Verkehrung aller Werte und Wahrheiten. „Konformistisch hat sie [die Philosophie] es, in der Gegenrichtung zu Nietzsche, umfunktioniert zum Inbegriff eines als nichtig verklagten oder sich selbst verklagenden Zustands." „Der Satz, alles sei nichts, ist so leer wie das Wort Sein, mit dem die Hegelsche Bewegung des Begriffs ihn identifizierte, nicht um die Identität von beidem festzuhalten, sondern um, fortschreitend und wiederum hinter die abstrakte Nihilität zurückgreifend, ein Bestimmtes an beider Stelle zu setzen, daß allein schon Kraft seiner Bestimmung mehr wäre als nichts. (...) An Nichts glauben – darunter läßt schwerlich sich mehr denken als unter dem Nichts selber; das Etwas, das, legitim oder nicht, vom Wort Glaube gemeint wird, ist der eigenen Bedeutung nach kein Nichts" (ebd., S. 372).

[924] Ebd., S. 370.
[925] Ebd., S. 372. „Das mittelalterliche nihil privativum, das den Begriff des Nichts als Negation von Etwas anstatt eines autosemantischen erkannte, hat vor den beflissenen Überwindungen ebensoviel voraus wie die imago des Nirwana, des Nichts als eines Etwas" (ebd., S. 373).
[926] Menninghaus, *Unsinn*, S. 166.
[927] Ebd., S. 50.

vor allem einem Mangel ihres darzustellenden 'Gegenstandes' gerecht und tritt ohne jeden Anspruch auf, ein ästhetisches Telos oder gar eine wünschenswerte Eigenschaft des Lebens zu inaugurieren"[928]. Die „Verabschiedung von 'Zusammenhang', 'Zweck' und Bedeutung' zielt [ebenso] nicht auf einen positiven Entwurf poetischer Autonomie", auch darin wäre Menninghaus noch zu folgen, aber ebensowenig auf die, wie er meint, Affirmation oder auch nur sichere Feststellung der prinzipiellen „Negativität des menschlichen Lebens, das nur aus 'lauter abgerissenen Fragmenten' besteht und an dem jede Hoffnung sinngebender Totalisierung zerbricht"[929]. Im Schwindel, beschränkt auf die Abwehr bestimmter Sinngebungen, der darin die, ebenso instabile, ungeheure Leere öffnet, generiert sich kein neues „Lebensprinzip", keine neue, wenn auch negative Wahrheit als „illusionslose Einsicht[930] in das Leben als das „tendenziell (...) Absurde". Er bescheidet sich auf die skizzierte Nichtung konkreten historischen Sinns, seine Fixierung als Sinnlosigkeit des Lebens oder „negative Bescheidung der Erwartungen an das Leben" (von Menninghaus im *Blaubart* Bernhard zugeordnet) ist dem Schwindel, der unordentlichen Bewegung gegen jede Identifikation, wie jede Fixierung inadäquat. Noch ferner ist der Schwindel der Nietzscheanischen Wendung, die die zur Wahrheit positivierte Bedeutungslosigkeit des Lebens als „Hoffnung" oder gar „Erlösung" feiert, die andere „Variante der Zurückweisung von 'Zusammenhang' und 'Sinn'"[931]. „Statt einer resignativen Einsicht in das Fehlen dieser Kategorien" propagiere die Fee dieses Fehlen „eher [als] weisen Verzicht auf ihre das Leben nur 'verderbende Anwesenheit'"[932]. Statt eine Sinngebung des sonst 'Unsinnigen' zu ermöglichen, würden 'Einheit', 'Zusammenhang' und Bedeutung dem 'Lebenslauf' nur Gewalt antun und seine besseren Chancen ruinieren"[933]. Die Kategorien, die den wirklichen Lebenslauf ausmachen, sind dann nicht bloß „vergeblich und unrealistisch", das wäre wiederum noch ganz im Sinne der Poetik des Schwindels, sondern „aktiv schädlich". „Laß doch lieber das Leben ablaufen, wie es will" (*Bb* 106), verlangt die „gute Fee" des *Blaubarts*, die die „Kategorien von Bernhards 'klassizistischer' Poetik (...) als eine Macht der Unterdückung vindiziert"[934]. „Die Entlastung von diesen repressiven Instanzen und das damit verbundene Lob des Trivialen als der 'glücklichen' Bedeutungslosigkeit eröffnet", so Winfried Menninghaus, „im Gegenzug das Versprechen einer Befreiung des

---

[928] Ebd., S. 166.
[929] Ebd.
[930] Ebd.
[931] Die Menninghaus der „guten Fee" im *Blaubart* assoziiert, einzelne Sätze als diskursive Aussagen lesend in Ignoranz der von Tieck auf alle „Aussagen" gemünzten Losung: „heute kann sich niemand ganz gesunde fühlen", auch nicht die „Thesen" der „guten Fee".
[932] Ebd., S. 166.
[933] Ebd.
[934] Ebd.

Lebens zu sich selbst"⁹³⁵, „das positive Versprechen, das ihrem Mangel [an „Sinn" und „Bedeutung"] innewohnt"⁹³⁶. In dieser euphorischen Rechtfertigung der Sinnlosigkeit, die „das Zulassen von Unsinn als Befreiung des Lebens und der Dichtung zu sich selbst propagiert, als gelungener Widerstand gegen die vergewaltigende Macht der Bedeutung"⁹³⁷, kommt es allerdings genau zu der Beschwörung eines höheren Zusammenhangs, den Menninghaus eigentlich als Antipode visiert: „Daß im Lassen und Zulassen der 'unzusammenhängendsten Lebensläufe' sich am Ende ein 'besserer Zusammenhang' finden werde als im normativen Diktat von 'Einheit' und 'Bedeutung'"⁹³⁸. Seltsam verabsolutiert, mit einer seltsamen Autosemantik aufgeladen, wenn auch metaphysischer, idealistischer Fundierung entrissen, ist plötzlich der Begriff des Lebens – und welcher Begriff ist ideologisch so aufgeladen wie dieser? –, das im Grunde bloß „zu sich selbst" „befreit" werden muß und dann als Glück sich einstellt. Gegenüber diesem Begriff wird die Kritik willkürlich sistiert, Menninghaus spekuliert gar über ein „absolut Reales", das sich in der Distanzierung von Sinn und Bedeutung des „Lebens" dann offenbare (geheime Mission der Tieck-Studie). Das gebotene anti-ideologische Bewußtsein, „daß alles, was wir für wirklich und sinnvoll halten, nur Effekt unserer eigenen Interpretationsentwürfe ist", kompromittiert sich, fabuliert unvermittelt vom zu befreienden „'eigentlich' und absolut Realen in seiner transzendenten Gegebenheit und Unverfügbarkeit", genau das sei es, was den eigenen Interpretationsentwürfen entgehe, „sogar – in religiöser Perspektive – als Gottesbeweis (creo quia absurdum).“⁹³⁹ Fabuliert also von etwas, das „etwas" wäre, das „zu sich selbst" kommen kann, potentiell also auch aus sich selbst heraus sich positivieren kann, unabhängig von dem, was „wir" an Wirklichkeit und Sinn hineinlegen. Tieck dagegen zeichnet das jenseits der demolierten Interpretationsentwürfe konsequent wie paradox bloß als sich niemals positivierende ungeheure Leere aus. Die unentwegten, obstinaten Konterkarierungen bestimmten Sinns sowie der Theorien und Praktiken zu seiner Herstellung verfestigen sich im Schwindel zu keiner philosophischen Wahrheit der Sinnlosigkeit des Lebens – Menninghaus reformuliert schlicht Arno Schmidts großartige Wendung der romantischen Ironie und Willkür zum „Ausdruck des verwegensten Realismus in Lebensführung und Kunst", der Wahrheit des Lebens als „sinnlosem, rein zufälligem Spiel", dem nun endlich auch die Literatur zu entsprechen habe⁹⁴⁰ –, die sich dann positiv als euphorisch affirmierter Sinn

---

⁹³⁵ Ebd.
⁹³⁶ Ebd., S. 170.
⁹³⁷ Ebd., S. 50.
⁹³⁸ Ebd., S. 168, auch wenn Menninghaus hinzufügt: „dieses Versprechen kann allerdings per definitiom nicht Rechenschaft von seinem ıereigenen 'metaphysischen' Grund geben und versuchtes auch nicht. Denn sonst würde e dis selbst jenem Motivations- und Bedeutungszwang iegen, gegen den es gerichtet ist" (erlebd.).
⁹³⁹ Ebd., S. 12.
⁹⁴⁰ Arno Schmi(*Vom Wunderkind der Sinnlosigkei* lt, 't, S. 24. Tiecks Erkenntnis sei, daß „alles Dasein e lebenslängliches Hakenschlagen iin st" (ebd., S. 23): die „Wahrheit (...) ist

geriert. Die Sinnlosigkeit des Lebens wird weder als sichere Wahrheit behauptet, noch gar bejaht, auch nicht bestritten, sondern zur Erzeugung des Schwindels unentwegt montiert und demontiert; auch Schmidts Ironie ist der Poesie des Schwindels nur ein reaktiv-polemischer Einsatz in diesem Spiel. Inszeniert wird sie als konkrete Sinnzerstörung und Schlag gegen die „beteuernde Phrase" der Sinnhaftigkeit, als zergliederte operationelle Polemik. Das Verfahren des ständigen Oszillierens und Changierens des *Eckberts* bildet nicht einmal mehr das Leben als solches Oszillieren und Changieren ab. Täte es dieses, wäre eine neue „wahre" Form geschaffen und genau das behauptet Schmidt. Es hintertreibt dagegen die Sinngebungsmechanismen, die Sinn suggieren, das Chaos zur bestimmten, interessierten Ordnung modellieren.

Im Zentrum des ästhetischen Streits um die Tiecksche Poetik – als gäbe es eine kohärente, homogene Poetik – steht das Hegelsche, für die Tieck-Diskussion äußerst folgenreiche Verdikt der Negativität und Substanzlosigkeit seiner Poesie, der „entschieden negativen Richtung gegen Objektivität"[941]. Spielt Tieck bei der Hegelschen direkten Invektive gegen das frühromantische Spekulieren im Sinne seines absoluten Wirklichkeitsbegriffes nur eine geringe Rolle, indirekt in der falschen Hegelschen Identifikation von Solgers Ironie mit Tiecks poetischer Praxis[942], gerät er bei der Diskussion des „Phantastischen" massiv in die Kritik[943]. Das Phantastische, das als „Böses" identifiziert wird[944], gehört aber mittelbar ebenso zu Hegels zentraler Beanstandung der „leeren Subjektivität", beide Dimensionen der Hegelschen Kritik der Romantik, „Theorie (Kritik, Ironie) und das imaginäre Potential (das Phantastische, Böse) werden unter der

---

vielmehr diese: / nach Tiecks Erfahrung sind die bunten grausamen, teils sinnlosen teils witzigen Durchkreuzungen, nicht nur des menschlichen Lebens, sondern alles Existierenden überhaupt, mit der vernünftigen Lenkung" nicht vereinbar (ebd., S. 33).Tieck, ganz wie E.T.A. Hoffmann, seien zu „klare Köpfe, um in den wüsten Weichselzopf der 'Geschichte' oder den Rattenkönig eines 'Einzellebens' etwas wie 'Sinn' oder gar 'Leitung' hineinzugeheimnissen: sie sehen ein sinnloses, rein zufälliges Spiel. Und rächen sich an ihm auf die menschlich=rühmlichste Weise: sie beschreiben das Chaos mit einer solchen Kunst und boshaften Ausführlichkeit, daß – falls das Chaos sich selbst einmal satt kriegen und aufhören sollte – man es immer noch aus ihren Werken rekonstruieren könnte" (ebd., S. 23).

[941] Hegel, *Solgers nachgelassene Schriften*, S. 233. Allgemein zu Hegels unter dem „'Wirklichkeits'-Kriterium" an die Romantiker gerichteten Vorwurf der Negativität und insbesondere zu seiner Kritik an Tieck siehe Bohrers vorzügliche Ausführungen (Bohrer, *Die Kritik der Romantik*, S. 138–181). „Hegel unterzieht die „romantische Ästhetik als auch ihre ästhetisch-literarischen Werke dem Kriterium des 'Wirklichkeits'- Begriffs, das für die Romantikkritik des ganzen 19. Jahrhunderts und ihre Nachfolger im 20. Jahrhundert verpflichtend blieb" (ebd., S.138).

[942] Von Bohrer (*Die Kritik der Romantik*) schlüssig erläutert, S. 138ff.

[943] Vgl. Bohrer, *Die Kritik der Romantik*, S. 158ff., insbesondere S. 170ff.

[944] Bohrer, *Die Kritik der Romantik*, S. 159.

gleichen negativen Kategorie leerer Subjektivität zusammengefaßt"⁹⁴⁵, des Fliehens vor der Wirklichkeit, dem Subjekt die Wirklichkeit geben. Dabei bleibt sogar noch eine solche skizzierte, negativ dialektische Theorie der Subjektivität mit der Tieckschen Poetik inkompatibel, auch der Tiecksche Angriff gegen die Wirklichkeit, die den gegen die Subjektivität einschließt, ist rabiater. Hegel bedeutet Tiecks Literatur wie Solgers Philosophie, die er im Begriff der Ironie identifiziert – ganz zu Unrecht, Frank wiederholt diesen Fehler –, zu verwerfende und vom ihm wiederholt rabiat verworfene „unendliche absolute Negativität", „bloße Negativität" und „Substanzlosigkeit"⁹⁴⁶. Nie gelänge diese absolute Negativität, die auch seiner eigenen Konzeption zugehört, aber bloß als ein notwendig vorübergehendes Moment der „spekulativen Idee", zu irgendeiner Positivität. Damit bricht der frühromantische Begriff der Negativität. Diese „Unfähigkeit (...), sich an das Wirkliche hinzugeben"⁹⁴⁷, wird Hegel zum index falsi. Tiecksche Poesie wäre unfähig, „das Nichtige auf[zu]heb[en] und dadurch die Befreiung des Geistes von seiner Endlichkeit und Entzweiung sowie die geistige Versöhnung des Subjekts mit dem Absoluten [zu] vermittel[n]"⁹⁴⁸. Eine Unfähigkeit, die die Poetik und Poesie des Schwindels zum Programm erklären und zur Forderung verschärfen, noch die Konstitutionsfunktion der vernünftigen Wirklichkeit selbst zur Zerrüttung zu bringen. In der Tat arbeiten sie an der „Nichtigkeit alles Objektiven und an und für sich Geltenden", ebenso der der Subjektivität. Objektivität wie korrelativ Subjektivität werden im ästhetischen Schwindel dissolviert, nachdem, im *Eckbert* zu sehen, dieser durch ein bodenloses Spiel mit beiden Begriffen erst entfacht wird.

Hegels folgenreiches Verdikt strukturierte und strukturiert die theoretisch-ästhetisch interessierte Tieck-Rezeption entscheidend. Die Arbeit an Tieck, der in den zahlreichen ästhetischen und philosophischen Debatten um die Frühromantik der letzten 20 Jahre bis vor kurzem, abgesehen von wenigen Ausnahmen, die prominenteste ist eben Frank, keine Erörterung fand, hatte mehrere Möglichkeiten, auf Hegels Verdikt zu reagieren. Sie konnte es zunächst schlicht zurückzuweisen und Tieck doch „Substanz" geben oder es bestätigen, um Tieck

---

⁹⁴⁵ Ebd., S. 138. Das romantische Subjekt, so der Kern dieser Kritik, „flieht" der „Berührung der Wirklichkeit und beharrt in der eigensinnigen Kraftlosigkeit, seinem zur letzten Abstraktion zugespitzten Selbst zu entsagen und sich Substanzialität zu geben oder sein Denken in Sein zu verwandeln und sich dem absoluten Unterschiede anzuvertrauen. Der hohe Gegenstand, den es sich erzeugt, erfüllt es daher nun mit Bewußtsein der Leerheit" (*Phänomenologie des Geistes*, S. 483). „Bleibt das Ich auf diesem Standpunkte stehen", der „Nichtigkeit alles Objektiven und an und für sich Geltenden", „so erscheint ihm alles nichtig und eitel, die eigene Subjektivität ausgenommen, die dadurch hohl und leer und die selber *eitel* wird" (*Ästhetik* I, Bd. 13, S. 96).
⁹⁴⁶ Bohrer, *Die Kritik der Romantik*, S. 142ff.
⁹⁴⁷ Immanuel Hirsch, *Beisetzung der Romantiker in Hegels Phänomenologie*, in: *Materialien zu Hegels „Phänomenologie des Geistes"*, hg. v. H.F. Fulda u. Dieter Henrich, Frankfurt a. M. 1973, S. 259.
⁹⁴⁸ Hegel, *Ästhetik* II, Bd. 14, S. 135.

damit abzutun, wirkungsmächtig, wenn auch ambivalent früh von Staiger vollzogen, der Hegels Diktum direkt bestätigt. Am *Eckbert,* kritisiert er, sei alles „substanzlos": „Wir haben beim letzten Satz den Eindruck, daß alles sich gegenseitig aufhebt", ohne daß sich wunderbar irgendein höherer Sinn in der dialektischen Kulmination der auch von ihm festgehaltenen „Selbstzerstörungen" des Textes ergebe[949]. Möglich war es auch, das Urteil Hegels zu bestätigen und daraus, explizite gegen Hegel bzw. die Hegelsche Dialektik und ihren Wirklichkeitsfetischismus, nachdrücklich eine Qualität zu konstruieren. Dieses, die Tiecksche Substanzlosigkeit, hat in jüngerer Zeit ihre engagierte Apologie gefunden, wenn auch unterschiedlichster Provenienz. Diese Wendung nämlich kann wiederum gänzlich konträr vollzogen werden, geschehen, vornehmlich in der Kontroverse um das hermeneutische und dekonstruktivistische Paradigma, in den letzten Jahren (als exponierteste Versuche auf der einen Seite Frank und Heilmann, auf der anderen Menninghaus und, verhaltener, Brecht). Vollzogen wird die Wendung einmal, wie gesehen, als frühromantische Version einer negativen Dialektik wie sie Frank vor allem an Novalis, Fr. Schlegel und Solger rekonstruiert und in der Tieck, als einziger Fabrikant wirklich romantisch-ironischer Poesie, dann gewissermaßen zur ihrer „Krönung" wird. Die von Frank gegenüber Hegel zunächst affirmierte Negativität Tieckscher ironischer Poesie wird dann allerdings wie erörtert eilig wieder in eine solche negativ-dialektische Bewegung geschickt, an deren Ende, bei Fr. Schlegel und Novalis explizite, unendliche Fülle des Sinns und „Hindeutungen aufs Unendliche" stehen als „Meinen" der Poesie.

„Bedeutende Ironie" vollbringt eine, wenn auch negative, Lösung der „Widersprüche von sich gegenseitig negierender Unendlichkeit und Endlichkeit im Menschen", vollbringt negativ in der vollzogenen Darstellung seiner Undarstellbarkeit die „Erscheinung des Unendlichen *im* Endlichen", wenn auch ausdrücklich als Kritik der Hegelschen Idee, daß sich positive Vermittlungen und eine gelungene positive Reflexion des Absoluten erreichen ließen. Hegels Urteil der Negativität wird, gegen Hegel selbst, nachdrücklich bestätigt. Die Negativität der Tieckschen ungeheuren Leere, des Nichts und die Vernichtung aber bleiben Frank nicht das letzte Wort. Eine mögliche andere, konträre Ausführung der Wendung, Hegels Verdikt über die sich nicht wieder aufhebende Negativität und Substanzlosigkeit Tieckscher Poesie als deren spezifische Qualität auszuzeichnen, Heilmann spricht bereits von einer „Apologetik Tieckscher 'Substanzlosigkeit'"[950], besteht darin, diese Negativität ebenso zu bestätigen, sie aber nicht gleich wieder in Frankscher Weise aufzuheben. Diese andere Ausführung als Zurückweisung der die Negativität sofort wieder kassierenden frühromantisch-negativen Dialektik kann selbst wiederum zwei Richtungen nehmen. Immer noch strukturierte das Hegelsche Verdikt die Differenzierungen, hier wäre man

---

[949] Staiger, *Tieck und der Ursprung der deutschen Romantik,* S. 322–351.
[950] Heilmann, *Krise des Erzählens,* S. 271.

am äußersten Punkt der Differenzierung angelangt. Einmal eine Zurückweisung im Sinne einer „materialistisch" „negativen Dialektik" Adornos, die sich widersetzte, den „Schock des Offenen, die Negativität" solcherart zu überführen. Bekräftigt würde noch einmal der strenge Sinn des Verdikts: daß es in der Tat in keiner Weise zu irgendeiner Aufhebung der Negativität komme. Was eine solche Poesie der Negativität leistete, wären, wie formuliert, unentwegt nur Negationen, ein unentwegtes Negieren, wodurch, so Adorno, jäh eben alles in den Schwindel gerät. Zum anderen als eine Zurückweisung aller Dialektik überhaupt, sozusagen im Zurückkommen zu Hegels Verdikt im für ihn schlechtesten Sinne, der über die Kritik an der negativen Dialektik frühromantischer Version hinausgeht: daß diese Negativität eigentlich sensu stricto gar keine sei im dialektischen Sinne, sich außerhalb bewege. Eine, Derridas Mühen visieren genau diesen Punkt, „so negative Negativität, daß sie sich nicht einmal mehr so nennen könnte", ein Ende der „Dialektik – das heißt (...) der Metaphysik – als *Arbeit* im Dienst der Konstituierung des Sinnes"[951]. Von Negation und Negativität wäre, sind sie unauslöschbar als Begriffe dialektisch kodifiziert, gar nicht mehr zu sprechen. Eine Lesart, die Menninghaus' und – wenn auch im dekonstruktivistischen Bekenntnis unentschiedener – zuvor Brechts Tieck-Lektüren explizite verfolgen und als intransingente Kritik des hermeneutischen Paradigmas formulieren. „A-Signifikanz und Nicht-Repräsentativität"[952] des von Winfried Menninghaus nachgezeichneten Unsinn *Blaubarts* werden zwar in strenger historischer Korrelation zum Sinn betrachtet, Kategorien, die gemeinsam jungen Datums sind, aber als irreduzible Zäsur mit allen Ideen einer dialektischen Vermittlung entworfen, ob nun in der Version Hegels oder der Frühromantik sowie der folgenden Hermeneutik. Gegenüber dem unendlichen Sinn des frühromantisch hermeneutischen Paradigmas ist der Unsinn eben lediglich „ohne Sinn" im Sinne des vordialektischen Kantischen Nichts[953]. Deutlich verortet sich die (re-)konstruierte Poetik des Schwindels in der nachgezeichneten Wendung, Hegels Verdikt der unendlichen absoluten Negativität und Substanzlosigkeit nicht abzuweisen, sondern es zu bestätigen, ohne es aber, wenn auch nur negativ, wieder aufzuheben. Deutlich, in ihrer (Re-)Konstruktion punktuell behandelt, gerät sie dabei in ein – in konkreten Punkten begründetes – wechselndes, konvergierendes und divergierendes Verhältnis zu den beiden möglichen Ausführungen dieser Wendung.

Löscht sich der besondere Schwindel in eigentümlicher Weise selber aus, wodurch der Schwindel das Postulat, nichts zu sein, „worauf wir unser Auge fixieren könnten" selbst erfüllt, erfährt seine Poesie programmatisch dasselbe Schicksal. Auch der Text des Schwindels überdauert den von ihm freigemachten Schwindel nicht. Das schwindlige poetische Sprechen vollzieht das opake Dik-

---
[951] Derrida, *Cogito*, S. 57.
[952] Menninghaus, *Unsinn*, S. 102.
[953] Ebd., S. 37.

tum des besonderen Wahnsinns, der in „unserm Innern zu lösen und frei zu machen" ist (*Ph-Rg* 113) und „der oft die selbst erfundenen Gesetze wieder vernichtet" (*Schr* 6, XX). Seine Selbstvernichtung ereignet sich gleich mehrfach. Sie ereignet sich, indem in der Lösung dieses schwindligen Sprechens, schon in seiner Bildung, seine Modi zugleich die in ihnen bzw. durch sie generierten Vorstellungen vom taumelnden Text mit Absicht auflösen (die „plötzlichen Umwendungen" etc.). Die Textvorstellungen, einzelne, von einzelnem und vom Ganzen, erleiden den maniakalischen Paroxismus, eine Textvorstellung, ein Text kommen erst gar nicht zustande, wenn sämtliche Vorstellungen ausgelöscht sind. Die Selbstvernichtung des Textes ist identisch mit der behandelten dynamischen Eigenart der schwindligen Phantasie, in deren Potenzierung sie sich und ihre Funktion, Wirklichkeit, Welt und Subjektivität zu konstituieren, zum Zusammenbruch bringt. Indem sich das schwindlige Sprechen ganz auf seine, ausführlich dargestellte, „unaufhörliche Verwirrung" konzentriert und beschränkt, verfolgt es zielstrebig seine eigene „Zersthörung". Die Selbstzerstörung vollzieht sich aber auch in den konkreten narrativen Techniken der Texte selbst. Wankelmütiges Erzählen und wankelmütiger Erzähler – als Instanz und Autorität, als Identität und Topos der Erzählfunktion und des Sprechens überhaupt – verwirren sich im Erzählen so lange, bis sie, der Text, die grundlegende Erzähl- und Textkonstruktion, die etwas anderes sein muß als Wahnsinn, zuletzt „wahnsinnig in den letzten Zügen" (146/1266) liegen. Eine Selbstdemontage des Erzählers, die der *Eckbert* exemplarisch inszeniert und der gegenüber die Verwirrung des Erzählten Epiphänomen, Sekundäres ist. Selbstzerstörung vollzieht der absichtliche Texttaumel, indem der Text in der Poetik des Schwindels bloß ein akzidentielles und ephemeres Moment im Schwindel des ganzen Subjekts darstellt. Ist der Schwindel im Leser und das heißt ebenso bloß, der Selbstvernichtung der Phantasie im Leser, einmal entbunden, wird der Text gänzlich indifferent. Er ist bloß Initial. Den gänzlich „selbstthätigen" Schwindel – der Leser ist nun ganz der „Dichter", seine überstimulierte Phantasie produziert die Umkehrungen, Wechsel und Vermischungen der Vorstellungen selbst – interessiert der Text, der ihn freimachte, nicht länger. Interessant bleibt er lediglich als ein besonders wirksamer der möglichen Stimuli.

Selbstvernichtung bedeutet die Poesie des Schwindels, indem ihre eigentümliche Sprachveranstaltung der „unaufhörlichen Verwirrung" direkt auf eine Sprachzerstörung zielt und damit auf die der Grundlage der eigenen Tätigkeit; Facette des vielfach schon ausgezeichneten „Krieges" der Sprache gegen sich selbst, einer Sprache, die darum weiß, daß sie Konstituens der bekriegten Sinnentitäten und Praktiken ist, bereits praktizierte Hermeneutik. Schwindel ist nicht bloß wesentlich ein Zustand „ohne", „außerhalb" oder „jenseits" der Sprache, über den Poesie des Schwindels auch gar nicht reden will. Mehr noch, er ist eine, absichtlich regressive, Bewegung gegen die Sprache, eine sprachzerstörende Bewegung in einen phantasierten Zustand, den Moritz in der schon betrachteten psychogenetischen Seelenskizze als ihr primäres Stadium bestimmt, das als Innerstes immer das Primäre bleibt, wie sehr es sich auch nach Außen differenziert. Ein Zustand, so der Entwurf, in dem „die Sprache den schwankenden Vorstellungen in unsrer Seele noch nicht Dauer und Festigkeit gab"[954]. Eben hier herrscht der Schwindel, „der Zustand der fehlenden „Merkmale, woran wir unsere eigenen Vorstellungen von einander unterscheiden konnten, diese flossen daher entweder in eins zusammen, verdrängten sich einander, oder verwirrten sich untereinander." Sprache ist es dann, die installiert, was der Schwindel zerstört: „Dauer und Festigkeit", „Deutlichkeit und Klarheit", allgemein, Distinktivität, Struktur und Zusammenhang der Vorstellungen, die das Primäre, nämlich das „Schwankende", bannen. „Dauer und Festigkeit" erst ermöglichen die Erinnerung, sonst „können wir uns von dem, was wir gesehen und gehört haben, wenig oder nichts mehr erinnern." Die intendierten sprachlichen (Selbst-)Verwirrungen zerstören damit in einem präzisen Sinne die Sprache, zerstören Prämisse und Funktion der „Dauer und Festigkeit", der möglichen Unterscheidung und der möglichen Kohärenz von Vorstellungen und führen damit geradewegs in den Schwindel. Die Progression des Dauerhaft- und Festwerdens der Vorstellungen wird schlicht pervertiert: Vorsätzlich „verlieren diese ihre „Klarheit und Lebhaftigkeit (...) die Seele unterscheidet sie nicht mehr deutlich, sondern stellt sie sich als ein verworrenes Ganze vor, in dem weder Ordnung noch faßliche Abstechung der Theile findet; und endlich geräth sie selbst in den Zustand der Verwirrung: einen Zustand, der eigentlich den Schwindel ausmacht"[955]. Dauer und Festigkeit der Vorstellungen, so lautet genau die Maxime des Texttaumels, sind unaufhörlich zu beunruhigen, bis sie wieder schwankend werden, das heißt, disjunktiv der Sprache werden, ihre Sprachfähigkeit verlieren. Die von der Sprache begründeten „Merkmale, woran wir unsere eigenen Vorstellungen von einander unterscheiden", werden irritiert, bis sie wieder „in eins zusammenfließen", sich einander „verdrängten" und sich untereinander vernichten: „eins wältzt sich über die andere, keine bleibt stehend und fest". Betrieben wird mit der Sprachzerstörung – und wieder gelangt man zum erörterten Krieg – zugleich unmittelbar die Zerstörung der historischen Selbstbegründungsfiguren der „psychologischen Wahrheit des Menschen", die vornehmlich als „Erinnerung an die Kindheit", als Rekonstruktion der „inneren Geschichte" imaginiert werden. Die Sprachzerstörung nämlich wirkt wie ausgeführt als Erinnerungszerstörung, die mit der Sprache installierte „Dauer und Festigkeit" der Vorstellungen erlaubt erst die Erinnerung.

Solche Selbstvernichtung, völlige Vernichtung und Aufhebung des Textes, der Sprache, die sich als Poetik, Poesie des Schwindels schreibt, wäre die notwendige, wenn auch (ebenso notwendige) experimentelle Verschärfung der von Heilmann ausgeführten (von Brecht noch schärfer benannten) Reaktion Tieckschen Sprechens auf das „radikale Ungenügen (...) der Sprache"[956], auf, in Heil-

---

[954] Moritz, *Schöpfungsgeschichte*, S. 787.
[955] Herz, *Versuch über den Schwindel*, S. 174.
[956] Ein „radikales Ungenügen (...) [der] Sprache", das sich – verbunden mit dem Begriff des Menschen überhaupt –, so Heilmann, nicht nur auf die Insuffizienz des historischen, näm-

manns Worten, den „existentiellen Mangel" der Sprache, der, in Dutzenden Paraphrasen formulierbar, im unaufhebbaren „Abstand zwischen Sprache und Bewußtsein, Sprache und Wirklichkeit" liegt[957]. Ein radikales Ungenügen, welches das poetische Sprechen Tiecks unterschiedlich vergegenwärtigt und auf das es verschieden reagiert[958]. Im *Eckbert*, in der Poetik des Schwindels zeigt sich dieses vornehmlich als narrative Aggression der Sprache gegen die Sprache, die sich selbst in einem bestimmten Gebrauch als prätentiösen wie, im strengen de Manschen Sinne, ideologischen Konstrukteur der Wirklichkeit enttarnt, Verzweiflung über einen „Mangel der Sprache" spielt keine Rolle, im Gegenteil. Die „poetische Composition", die narrative Konstruktion und Sukzession begründen das „wirkliche Leben" in interessierter Weise, wobei sie genau dieses verneinen und gar behaupten, die Wirklichkeit bloß abzubilden. Ein radikales Ungenügen, das brisanter noch von Brecht in der Betrachtung der späten, ausgesprochen selbst- und sprachreflexiven Novellen herausgearbeitet wird; er extrahiert, unter ausdrücklicher Aussparung der „sogenannten" Märchen[959], aus diesen eine Poetik des „Sogenannten", deren Beginn er aber dann auch in früheren Arbeiten Tiecks, so im *Lovell*, nachzeichnet. Kleinteilig, programmatisch nicht als systematische Ableitung philosophischer Topoi, sondern in minutiöser Interpretation, zeichnet Brecht das poetische Sprechen dieser Novellen als, den besprochenen Gegenständen wie vor allem dem Sprechen und seinem Selbstverständnis, „gefährliches" Sprechen im spezifischen Modus des Sogenannten aus, des „sogenannten Lebens", der „sogenannten Wirklichkeit" und des „sogenannten Innren"; das Sogenannte markiert die Sprachlichkeit aller Dinge und Wirklichkeit. Dieses entschlägt sich der ideologischen Illusion, Poetik und Poe-

---

lich aufklärerisch entworfenen Sprachzustandes bezieht, sondern grundsätzlicher Natur ist. „Dies Phänomen – eines existenziellen Mangels – kann aus der historischen Perspektive normativistischer Aufklärung *allein* nicht begriffen werden. Die historischen Zusammenhänge reichen weiter, wurzeln im Problem neuzeitlicher Subjektivität (...)" (Heilmann, *Krise des Erzählens*, S. 11)

[957] Ebd., S. 233. Heilmann entwirft hiervon ausgehend für die Tiecksche Prosa – eben nicht mehr bloß für den *Lovell*, dem seine Studie sich widmet – eine Poetik, ein poetisches Sprechen der „Übergänglichkeit", über das das schwindlige Sprechen weit hinaus geht (gleich erörtert). „Eine Voraussetzung scheint klar: Tiecks Dichtung wagt sich, indem sie mit dem Prinzip eines priviligierten Wortes bricht, die Grenze zwischen diesem und dem abzubildenden Wort bricht, die Grenze zwischen diesem und dem abzubildenden Wort durchlässigt macht, ans Risiko eines gleichsam unabgeteilten Textes, einer – der Tendenz nach – ganz über sich selbst verfügenden Sprache –, und die Möglichkeiten, die dieser Schritt eröffnet, weiter zu erkunden, bleibt den Werken, die auf „Lovell" folgen, vorbehalten. Vom „Lovell" her läßt sich mithin ein neues Problem erschließen; läßt sich die Stelle benennen, an der Konsequenzen anzusetzen haben; 'Antworten' zeichnen sich nicht ab" (Heilmann, *Krise des Erzählens*, S. 258).

[958] Vielleicht im Sinne Brechts in Hinblick auf die späten Novellen als Sprechen im Modus des „Sogenannten", im Sinne Menninghaus' in Hinblick auf *Die sieben Weiber des Blaubarts* im Modus des „Unsinns" und im Sinne Heilmanns in Hinblick auf den *Lovell* als im Modus des „Übergänglichen".

[959] Brecht, *Die gefährliche Rede*, S. 5.

sie des Schwindels immer implizite, von den Dingen, der Welt, dem Leben unmittelbar zu erzählen und im Sprechen, in den „Figuren der poetischen Darstellung" selbstreflexiv, durchaus in antizipatorischer, dekonstruktiver Attitüde, vollends anti-mimetisch und anti-autonom „auf die Sprachlichkeit aller Gegenstände, von denen irgend die Rede sein kann", zu verweisen[960]. „Die Rede vom Sogenannten, niemals naiv und absichtslos, zieht die Wirklichkeit des Wirklichen prinzipiell in Zweifel. Wo so ohne weiteres vom 'sogenannten Leben' die Rede ist (*DSg* 355), heißt das 'auf deutsch' stets, daß das Individuum 'sich in der sogenannten Wirklichkeit begreifen' soll als dem 'Vernünftige[n], Mögliche[n]'"[961].

---

[960] Ebd., S. 3. Brecht zeigt in den Novellen zu Recht originär Derridasche Sätze Tiecks, z.B.: „Setzt nicht das erste Verslein im Mose schon einen andern Anfang voraus? Und wenn wir den fänden wäre er dann nicht wieder auf ein vorigen?", (*DR* 148) Seine Poetik des „Sogenannten" schreibt sich, einfacher als für die Poetik des Schwindels zu formulieren, in überwiegender Konvergenz mit den zeichen-, sprach- und literarturtheoretischen Dekonstruktionen Derridas und de Mans, „das Spiel mit den Funktionen des Redens, Schreibens und Bezeichnens [wäre] im Kontext der Philosophie Jacques Derridas *dekonstruktiv* [zu] akzentuieren" (S. 248 Brecht hebt ebenso die Konvergenz zu anderen poststrukturalistischen Paradigmen hervor: „Tiecks Problematisierung gesellschaftlicher Ordnungsmechanismen [ließe] sich im Sinne Foucaults als ein diskursanalytisches Unternehmen (...) verstehen. Und ebenso ließe sich seine Konzeption der elementaren Sprachlichkeit allen Selbstbewußtseins in Kategorien der Psychoanalyse Jacques Lacans erörtern" (ebd.). Brecht kommt aus kleinteiligen Textanalysen zu Derridaschen Ergebnissen – das sei besser, wie er selber ausführt, als umkehrt, schematisch, Derrida umstandslos auf Texte zu applizieren, die bestimmte Signalwörter aufweisen, z.B. das „Sogenannte" (die „Applikation texttheoretischer Modelle [als] bloße Identifikation einer Theorie mit jeder beliebigen Textpraxis", ebd., S. 249).–, aber auch zu keinen anderen, das heißt: zu schon formulierten, den, so Derrida selbst, „letztlich banalen Paradoxien der Selbstreferenz" (Bennington, *Derridabase*, S. 27). Dennoch, Brechts Maxime gilt: „Interessanter [als diese Applikationen der Epigonen] ist es allemal, die Frage umzukehren und zu erörtern, welche Eigenarten romantische Texte einer dekonstruktiven so gut wie hermeneutischen Applikation zugänglich machen. Dann wird die Frage brennend, ob das hermeneutische wie das dekonstruktive Paradigma dem Text nicht längst eingeschrieben waren, bevor literaturwissenschaftliche Analysen sie wieder aus ihm herauszulesen wußten" (Brecht, *Die gefährliche Rede*, S. 249). „Die konstitutiven Elemente des modernen Diskurses sind hier", in der romantischen Reflexion und Text-Praxis, „in Frage gestellt, bevor sie sich zum Diskurs verfestigen konnten. Im Streit der Text-Theorien zwischen Hermeneutik und Dekonstruktion profiliert sich einmal mehr das antizipatorische Potential oder schlichter: die 'Aktualität' der Romantik" (ebd., S. 244) Fraglich bleibt indes, ob die Einebnung der Differenzen dieses Streits die Lösung des Streits ist; Tieck und de Man [Brechts Rekurs auf ihn hat „strikt literaturwissenschaftlichen Status] beschäftigen diese Fragen „nach dem Begriff der Literatur". „Daß die Antworten hier wie da paradox ausfallen, zwingt noch keineswegs zu einer Entscheidung für Dekonstruktion oder gegen Hermeneutik. Möglich, daß gerade Paul de Man – zum Mißfallen seiner Apologeten wie Kritiker – mit der Dekonstruktion einer solchen Alternative beschäftigt war" (ebd., S. 248).

[961] Ebd., S. 209.

Poetik des Schwindels, der *Eckbert*, der dann zu einer ganz anderen Rekonstruktion einer ganz anderen Poetik führt, ist dagegen kein „poetischer Modus der Darstellung", der das Sprechen im Sprechen selber problematisiert und die ewige Immanenz des Textes wie ewige Transzendenz allen Nicht-Textes aufdeckt. Oder anders: Poetik des Schwindels ist ein solcher „poetischer Modus der Darstellung" – die Modi der bis zum Kollaps allen Zusammenhangs und Sinns multiplizierten „unaufhörlichen Verwirrungen" –, der fundamental gegen sich selbst und gegen jede Darstellung geht. Poesie des Schwindels steigert die „Durchbrechung in der differentiellen Sukzession der sprachlichen Ordnung"[962], die „Zersetzung der Erzählzusammenhänge"[963], wovon Brecht nur marginal spricht.

Poesie des Schwindels, schwindeliges Sprechen wäre die radikale Antwort auf das Wissen um die unendliche Selbstreferenz des Sprechens und Differenz der Dinge, nämlich die, das Sprechen, die Sprache selber zur Vernichtung zu führen, genauer: zur Selbstvernichtung (wie die der Phantasie) in der Potenzierung ihrer Konstituenten (vgl. die *Eckbert*-Analysen). Dieses allein ist dann der Gegenstand der paradoxen Selbstreflexion im Medium der Eigenarten ihres Sprechens selbst. „Die vernichtete Rede" wäre der Titel, den sich die Poetik des Schwindels geben müßte in Analogie und Abgrenzung zur „gefährlichen Rede" Brechts. Gegenstand der Novellen dagegen ist die „Reflexion auf die Paradoxien des literarischen Diskurses", „denn die Distanz zum Dargestellten läßt den Begriff der Darstellung selbst durchaus nicht unberührt", berührt sind in der Problematisierung notwendig korrelativ Wirklichkeit und Fiktion. Sie vergegenwärtigen erzählend ihre eigene Unmöglichkeit, die Unmöglichkeit der Darstellung der Wirklichkeit und ihrer selbst. Diese spezifische Weise des dennoch Sprechens, dieser „Modus literarischer Artikulation" als „Reflexion (...) auf seine Unmöglichkeit"[964], bezeichnet die Poetik des „Sogenannten", ein „Modus der Darstellung, in dem sich (...) ein Wissen von den Aporien des Literaturbegriffs artikuliert". Tiecks Poesie des Schwindels läßt sich zu keinem solchen Diskurs der paradoxen Reflexion und Darstellung der Undarstellbarkeit bringen, gleichgültig wovon, der „Wirklichkeit" wie der „Fiktion". Zu Recht merkt Heilmann an, daß sich das Sprechen indes hier nicht genügsam einrichten kann[965]. Dieser

---

[962] Ebd., S. 205f.
[963] Ebd., S. 249.
[964] Ebd., S. 249.
[965] „Damit ist aber zugleich auf ein ureigenes Defizit des 'Diskurses der Darstellung' verwiesen – in dem sich Tieck übrigens auch nicht hat einrichten können. (...) es ist also – auch aus der von Brecht eröffneten Sicht – nicht etwa so, daß von einer gleichsam 'positiven' Pointe Tieckschen Erzählens die Rede sein könnte. – Gleichwohl wird eben dies – die Bewohnbarkeit des 'Uneigentlichen', die Möglichkeit des Sich-Einrichtens im 'Diskurs der Darstellung' durch Brechts Deutung suggeriert, wo diese doch allzu geläufig und selbstverständlich das Bodenlos-Reflektierte Tieckschen Erzählens beschwört." „Denn Tiecks Dichtung vermag, das kann man auch und gerade aus Franks und Brechts Deutungen lernen, im 'eigentlichen' (der 'bedeutenden Ironie') so wenig einen existentiellen

Diskurs mag ihr implizite sein, Vorsatz dieser selbstreflexiven Poesie aber ist die Destruktion aller Darstellungen, aller Darstellbarkeit in der entgrenzenden Entfaltung der Modi der Darstellung bzw. der Phantasie. Sie reagiert rigoroser, experimenteller: mit dem Programm und der poetischen Praxis der absichtsvollen Selbstvernichtung des Sprechens als paradoxe Lösung der eigenen Unmöglichkeit. Wirklichkeit und Poesie fallen in dieser Vernichtung vollends auseinander und vollends zusammen, gänzlich jenseits läge der A-Topos der Utopie.

Entlarvt Tiecks Novellistik die Wirklichkeit, von der die aufklärerische Poetik unentwegt spricht, zentriert wie betrachtet um den wirklichen Lebenslauf, und die sie in ihrer Hybris abbilden und darstellen will, als einen „literarischen Effekt, eine Funktion von Texten, die der Referenz aufs Wirkliche keineswegs bedarf"[966], wird Wirklichkeit dadurch grundlegend problematisch, verfolgt Poetik des Schwindels, der dieser Lebenslauf erst Produkt des motivierenden Erzählens in kausal-sukzessiven, psychologischen Parametern ist, im erörterten Sinne die Vernichtung der Wirklichkeit und ebenso der Fiktionalität, die zugleich in Frage steht. Herbeigeführt als Zusammenbruch der Produzentin und Garantin der Realität, der Phantasie. Reflektiert „Tiecks Novellistik (...) die Ordnungsbegriffe, mit den Individuen sich selbst und ihre Welterfahrung auslegen, und (...) stellt [sie] immer wieder fest, daß vermeintlich fixe Polaritäten und Strukturen nur als *sogenannte* ihre Gültigkeit haben"[967], geht Poetik des Schwindels experimentell über die ihr immer implizite Reflexion, daß alle scheinbar ontologischen, logischen, metaphysischen, anthropologischen Ordnungen nur sprachliche Ordnungen sind, deutlich hinaus. Sie visiert die Schaffung der Bedeutungsstrukturen, die sprachlich-poetische Schaffung der Zusammenhänge und invertiert den signifikativen Prozeß, sucht gezielt deren Zersetzung bis zur ungeordneten Implosion der unentwegt fragmentierten Vorstellungsfetzen.

Schwindliges Sprechen des *Eckberts* gründet sich in der gänzlichen Verkehrung des Agens, den Heilmann der Tieckschen Prosa, nachdrücklich über den *Lovell* hinaus, andichtet, „gerade der Versuch [zu sein], den Abstand", den zwischen Sprache und Bewußtsein, Sprache und Wirklichkeit, der Tieckschem Sprechen für Heilmann zunächst eigentümlich ist, „zu überbrücken, ja zu tilgen", bestimmend sei deswegen eigentlich die „Suche nach einem Zu-Bezeichnenden und nach Identität"[968]. Die Poesie des Schwindels sucht umgekehrt die Tilgung solcher Tilgung. Kennzeichen des *Eckberts* ist nicht nur das Abweichen vom „Bemühen um eine Sprache, die der 'Thematisierbarkeit' von Welt Rechung trägt" im selbstreflexiven, bewußt provisorischem Modus der „Über-

---

Ruhepunkt zu finden wie im 'Uneigentlichen' (der Virtuosität und Reflektiertheit des Erzählens)" (Heilmann, *Krise des Erzählens*, S. 271).

[966] Brecht, *Die gefährliche Rede*, S. 68.
[967] Ebd., S. 209. „Alle diskursiven Ordnungen leiten sich von ihrer Bedeutungsstruktur ab" (ebd., S. 206), dann aber ist korrelativ jede Reflexion, und das macht Tieck deutlich, der „*Wirklichkeit* und des *Lebens* von vornherein Sprachreflexion" (ebd., S. 205).
[968] Heilmann, *Krise des Erzählens*, S. 233.

gänglichkeit der Rede"⁹⁶⁹, sondern die Inversion dieses Bemühens. Der Texttaumel visiert die Auflösung der Ordnungsbegriffe, vorab die des Innersten, der inneren Geschichte etc., Ordnungsfiguren eben des neuen psychologischen Musters des Menschen. „Innerlichkeit konstituiert sich erst im Vorgang der Darstellung, und sie läßt sich von dem Text, in dem sie sich entwirft, nicht abheben. Hierin, und nicht in einem neuen Menschenbild, liegt der Bruch mit aufgeklärter Poetologie: Die Inkonsistenz des Charakters ist eine Folge von dessen konsequenter Versprachlichung"⁹⁷⁰, auch „Innerlichkeit ist also ein Medium der Darstellung, Gegenstand des Erzählens und nicht dessen diskursiver Rahmen"⁹⁷¹. Sind die Ordnungsbegriffe ohnmächtig, ist kein Selbst, keine Welt, keine Wirklichkeit mehr, kein Text und auch nicht mehr als der Text, bloß „ungeheure Leere". Wiederum wird selbstwidersprüchlich der Text für diesen Nicht-Text zitiert, eine a-topische Chance, eine unmögliche tabula rasa. Diese Macht über Sein oder Nichts-Sein von Selbst, Welt und Wirklichkeit hat das schwindlige Sprechen, weil Selbst, Welt und Wirklichkeit nichts mehr sind, als Vorstellung, Sprache, weil sie sie erzeugt. So kann sie sich zergehen lassen. Diese Begriffe dissolvieren sich im verbindlichen Spiel durch ihre Komplemente, dem Nicht-Selbst, dem Märchen und Wunderbaren, gegenseitig (als *sogenannte*). Destruiert werden die Wirklichkeit des Textes und prinzipielle Textualität der Wirklichkeit. Die Entgegnung gilt der Prätention der Sprache und des Bewußtseins, mehr zu sein als nur Text, Identität mit der Materialität des Bezeichneten zu besitzen, wenn auch nur dialektisch negativ wie im Fall der Frühromantik. „Wenn Texte nur auf Texte referieren, was ist dann überhaupt jenes Wirkliche, von dessen Vorhandensein und referentieller Benennbarkeit die Poetik des 18. Jahrhunderts mehr oder weniger selbstverständlich ausging?"⁹⁷² – „die Rede [fällt] sichtbar in Ohnmacht", eine Ohnmacht, die die schwindlige Rede in zugespitzter Weise verfolgt. In der Selbstvernichtung der Sprache wäre beides, wenn auch niemals positiv, momenthaft ausgeglichen, im Sinne der Menninghausschen Spekulation, zeigte sich das „Reale", erlösche das „Symbolische": „Im Bewußtsein, daß alles, was wir für wirklich und sinnvoll halten, nur Effekt unserer eigenen Interpretationsentwürfe ist, kann dasjenigem, was diesen Entwürfen entgeht, gerade als das 'eigentlich' und absolut Reale in seiner transzendenten Gegebenheit und Unverfügbarkeit für uns gelten, ja sogar – in religiöser Perspektive – als Gottesbeweis (creo quia absurdum)."⁹⁷³

---

⁹⁶⁹ Ebd., S. 274. Auch wenn diese „keineswegs in einer Synthese", in einem „Umschlagen von Verfügbarwerden in Selbstverständlichenkeiten von 'Welt'" aufgeht.
⁹⁷⁰ Ebd., S. 205.
⁹⁷¹ Ebd., S. 255f. Offenbar wird dieses erzählend dadurch, daß das „Prinzip der Darstellung" nicht notwendig kongruent ist mit der „notwendig teleologisch angelegten" „Hermeneutik der Selbstaneignung".
⁹⁷² Brecht, *Die gefährliche Rede*, S. 68.
⁹⁷³ Menninghaus, *Unendliche Verdopplung*, S. 12.

Das „Ende aller Artikulation" oder „das Aufhören sprachlich gesetzter Unterschiede" ist dem Texttaumel keinesfalls „das bedrohlichste Schreckensbild", auch kein bloß „*geheimes* Telos". „Wahnsinnig in den letzten Zügen" zu sein (*Eckb* 146), ein „Wahnsinn, der (...) die selbst erfundenen Gesetze wieder vernichtet" (*Schr* 6, XX), oder anders, das „Verscheiden" Eckberts und *Eckberts* ist das offene Programm des Texttaumels. Das Nichts-Bedeutende, das es in der Tat nicht gibt, „wo von ihm die Rede ist", interessiert die Poesie des Schwindels nicht, bloß das paroxistische Verscheiden der Bedeutung, dort hört sie auf, spricht nicht mehr und schweigt auch nicht mehr, ist keine „redend nicht mehr beredte Art des Verstummens"[974]. Sprache, die sich vorstellt, daß sie immer nur Sprache ist und Wirklichkeit wie alles andere auch nicht mehr, will sich im *Eckbert* selbst vernichten. Dieses wäre niemals Form und Gegenstand irgendeines Textes, Brecht aber gelten die Formeln der prinzipiellen, irreduziblen „Vieldeutigkeit"[975] des Lebens, ganz wie die besprochenen Formeln Menninghaus' der Sinnlosigkeit und Kontingenz (die dann doch das „absolut Reale" treffen), plötzlich als Formeln der nun plötzlich gar nicht mehr „sogenannten Wahrheit" des Lebens. Ihm wird die „Vieldeutigkeit, die Fremdheit und Eigenheit der Wörter" des nicht mehr realistischen und deswegen erst „realem" Sprechen zur Adäquation, zur Wahrheit des Lebens als solchem Vieldeutigen: „Die unbedingte Wahrheit gibt es freilich nur in einem 'sogenannten System' [das die 'sogenannte Wahrheit' reklamiert] während der 'Eingeweihte' die Erfahrung der Vieldeutigkeit des Wirklichen als die authentische Offenbarung anerkennt und der Enthüllung einer 'sogenannten Wahrheit' vorzieht"[976]. Vieldeutigkeit ist dann nicht mehr metaphorisch-historisches Konstrukt, „Sogenanntes", sondern absolut, die kritische Bewegung ist sistiert. Wieder ist Wirklichkeit identifiziert, in einer einfacher Anti-These, die dem Schwindel, wie die These bloß, Instrument ist, das schwindlige Geschehen entfachen zu können. Formeln, die die Poetik und Poesie des Schwindels ebenso als metaphorisch-historische, als reaktiv-polemische inszenieren.

---

[974] Brecht, *Die gefährliche Rede,* S. 258.
[975] Ebd., S. 206.
[976] Ebd., S. 209. „Vieldeutigkeit" begriffen nicht im Sinne Franks als hermeneutisch „Unendliches", Sinnvolles, das negativ das Absolute synthetisiert bzw. von diesem synthetisiert wird, sondern in Derridascher Manier.

5. „Nichts, worauf wir unser Auge fixieren könnten" – *Der blonde Eckbert*

5.1 Selbstbenennungen des „wunderbaren Gemischs". Figurationen von Eckbert, *Eckbert* und dem Leser

„Der Kopf von allen den seltsamen Vorstellungen schwindelte" (128)[977], „schwindlichte Abgründe" (130), „wahnsinnig in den letzten Zügen" (146/1266) – so und in vielen ähnlichen Wendungen bespricht sich *Der blonde Eckbert* selbst, paradigmatischer Text der eigentümlichen Poesie und Poetik des Schwindels. Markierungen, die weit davon entfernt sind, den Text zu „fixieren", die ihn im Gegenteil, paradox, bloß als unablässigen „Krieg" gegen die Fixierung behaupten und seiner Lektüre gegen eine solche beistehen. *Der blonde Eckbert*, 1796 geschrieben, ein Jahr später veröffentlicht, ist es, der noch im *Phantasus* (1812) als erstes „erzählendes Märchen" dem erörterten Basissatz der Poetik des Schwindels folgt: „unsere Phantasie" bis zum „Wahnsinn" zu verwirren, „um diesen nur in unserem Innern zu lösen und frei zumachen" (*Ph-Rg* 113). Ein Wahnsinn, der als besonderer Schwindel bestimmt wurde. Er rangiert unter jenen Texten, die den Leser „in eine Stimmung versetz[en], die (...) ist, was Don Quixotte's Wahnsinn" ist (*ShW* 697), die den „muthwilligen Wahnsinn" herstellen oder „die leeren Wörter Wahnsinn und Raserei" erfüllen (*BüSh* 144). Ein Text, dessen programmatisches Kalkül die verfolgte Wirkung des Schwindels ist, der dem Text selber schon als poetische Praxis, als seine formalen, modalen Praktiken der Narration konstitutiv ist: systematisch unsystematischer Texttaumel. Ein Text, der schon in seiner Gattung nur „unaufhörliche Verwirrung" ist und gezielter künstlicher Stimulus der Entbindung der „Phantasie bis zum Wahnsinn" sein will – nicht nur als ihr Medium, sondern als ihr Organ –, in dem sich die behandelten unentwegten „Vernichtungen" vollbringen, ebenso die mehrfache Selbstvernichtung der Poesie des Schwindels. Von Tieck selbst wird der *Eckbert* wiederholt als Modell der „erzählenden Märchen" ausgezeichnet (ohne die mens auctoris zur Autorität zu machen): als „Anfang einer Reihe von Erfindungen und Nachahmungen (...), die alle mehr oder minder die Farbe und den Ton des Eckbert hatten" (*Schr* 1, VII). Im *Phantasus* wehrt sich eine wegen seiner „wahnsinnigen" Erzählung angegriffene Figur: „warum nicht deinen Zorn gegen unsern Anton wenden, der mit seinem Mär-

---

[977] Im folgenden wird *Der blonde Eckbert* durchgängig in der Erstfassung zitiert (nach der Ausgabe des *Phantasus*, in: Ludwig Tieck, *Schriften in zwölf Bänden*, Bd. 6, hg. v. Manfred Frank, Frankfurt a. M. 1985; dort ist die Erstfassung als Abweichung von den für die beiden *Phantasus*-Ausgaben überarbeiteten Fassungen – vgl. Frank, *Phantasus*, S. 1254ff. – im Apparat verzeichnet, S. 1260–1266). Nachgewiesen wird der Text mit der Seitenangabe der *Phantasus*-Ausgabe, bei Abweichungen zudem mit der Seitenangabe der im Apparat angegebenen Erstfassung.

chen [*Der blonde Eckbert*] zuerst diesen Ton angegeben hat?" (*Ph-Rg* 241) Ein tonangebendes Märchen, das, interpretativ, gattungstheoretisch und poetologisch in schwindelerregender Zahl behandelt und als Muster verschiedenster Theorien und Gattungen fixiert wurde, vor allem des frühromantischen Märchens, der Novelle bzw. ihrer Zwitterformen[978], und das ebenso als Geburt der „literarischen Frühromantik" und, A.W. Schlegels wie Heines frühem Urteil folgend, „erzählerisches Meisterwerk" Tiecks geehrt wird[979]. „*Der blonde Eckbert* hat die Tradition des romantischen Kunstmärchens recht eigentlich begründet; zu seiner Wirkungsgeschichte", so exemplarisch eine seiner weitgreifenden Ehrungen, „gehört nicht weniger als die romantische Märchenliteratur insgesamt, aber im Grunde mehr als sie, nämlich die neuere deutsche Erzählung bis hin zur Kurzgeschichte"[980]. Verschiedenste literaturwissenschaftliche, literaturtheoretisch-ästhetische, aber auch philosophische und psychologische bzw. psychoanalytische Konzepte, Theorien der unterschiedlichsten Provenienzen und Tendenzen wurden am *Eckbert* durchgespielt, „tausend und tausend" Phantasien auf das „völlig Unbegreifliche". Von allen *Phantasus*-Märchen hatte der *Eckbert* „den größten Rezeptionserfolg[981]. Wie keine andere deutsche Märchennovelle" – eine dieser Gattungsbezeichnungen, andere sind „Wahnsinnsmärchen"[982], „Konstruktionsmärchen"[983] und „Anti-Märchen"[984] – „ist *Der blonde Eckbert* zum Gegenstand gattungsgeschichtlicher und -theoretischer sowie psychologischer Interpretationsversuche geworden."[985] Dennoch, so schon Staigers Bescheid, verharrt er

---

[978] Vgl. insbesondere Heinz Schlaffer, *Roman und Märchen. Ein formtheoretischer Versuch über Tiecks blonden Eckbert*, in: Wulf Segebrecht (Hg.), Ludwig Tieck, Darmstadt 1976, S. 453ff.; Dieter Arendt, *Der 'poetische Nihilismus' in der Romantik*, Bd. 2, *Märchen und Novelle in der Frühromantik*, Tübingen 1972, S. 266–269; Thomas Fries, *Ein romantisches Märchen: 'Der blonde Eckbert' von Ludwig Tieck*, in: Modern Language Notes 88, 1973, S. 1204–1206; Christa Bürger, *Der blonde Eckbert. Tiecks romantischer Antikapitalismus*, in: Literatursoziologie, hg. v. Joachim Bark, Bd. 2, Stuttgart 1974, S. 141–154; Jens Tismar, *Kunstmärchen*, 2. durchges. und verb. Aufl., Stuttgart 1983, S. 40–42; Ingrid Kreuzer, *Märchenform und individuelle Geschichte. Zu Text und Handlungsstrukturen in Werken Tiecks zwischen 1790 und 1811*, Göttingen 1983, S. 157–187 (Kreuzer resümiert in ihren Untersuchungen kursorisch die „Forschungslage").

[979] Frank, *Phantasus*, S. 1255. August Wilhelm Schlegel, *Beiträge zur Kritik der neuesten Literatur*, in: Athenaeum. *Eine Zeitschrift von August Wilhelm Schlegel und Friedrich Schlegel*, Erster Band, Erstes Stück, Berlin 1798, Stuttgart 1960, S. 173. Heine lobt den blonden Eckbert und Runenberg als „vorzüglichste" aller Tieckschen „Novellen" (Heinrich Heine, *Sämtliche Schriften*, hg. v. Klaus Briegleb, München 1971, Bd. 3, hg. v. Klaus Pörnbacher, S. 426).

[980] Ebd., S. 1258.

[981] Kreuzer, *Märchenform*, S. 157.

[982] Korff, *Geist der Goethezeit*, S. 488. Vgl. dazu Kap. III.1 und Kap. III, Fußnote 51.

[983] Kreuzer, *Märchenform*, S. 157.

[984] Fries, *Romantisches Märchen*, S. 1204.

[985] Paulin, *Tieck*, S. 33.

erratisch als „eines der seltsamsten Vorkommnisse der Literatur"[986]. Ernst Bloch prägte die Formel der „großen Seltsamkeit"[987]. Ein Text, der selber in penetranter Redundanz und Tautologie direkt oder in vielfachen Synonymen unaufhörlich die Worte „seltsam" und „unbegreiflich" nennt. Die Seltsamkeit des Textes, die des Erzählten, einer Reihe von, wie es heißt „seltsamsten Zufällen" (139), sowie des Erzählers und Sprechens ist indes so evident, daß die ständige explizite Selbstbezeichnung nicht zur Beruhigung, sondern zur steten Steigerung des Ungeheuren führt; der Text beraubt den Leser der möglichen Erledigung als Seltsames, eben indem er ständig davon plappert. Staigers, repräsentativer, Ärger mit dem Text ist instruktiv: „Wir fangen an zu lesen, wir lesen zu Ende und sind noch völlig ratlos", „Irrsal". „Keine Erläuterung paßt zum Ganzen. Wir haben beim letzten Satz den Eindruck, daß alles sich gegenseitig aufhebt, und fühlen den Boden unter uns schwinden" – wirksame Poesie des Schwindels[988]. Der Text gehe nicht einmal annähernd in auch nur *einer* Interpretation auf. Exakt das, was Staiger hilflos und verärgert moniert, das fortgesetzte, sich potenzierende hermeneutische Fiasko, konstituiert den Text, dem er, ohne es zu wollen und zu wissen, näher ist als alle expliziten oder impliziten Versuche, Staiger zu widerlegen, anderes zu demonstrieren. Diese Nähe gewinnt er, indem er herausstellt, wie „fern, substanzlos, ungreifbar" alles an ihm sei. Unmöglich schon, die erzählte Geschichte „wiederzugeben", unhintergehbar Marianne Thalmanns früher Bescheid (gegen den sie allerdings selbst sich vergeht): Der Text „enthält (...) nichts an konkretem Tatbestand für eine Inhaltsangabe ohne Fragezeichen", bloß „ein Tumult von Zeichen"[989]. Resümee, Fabel oder Inhaltsangabe zerstören besonders gründlich, was den Text begründet: „nichts" zu sein, „worauf wir unser Auge fixieren könnten" (*ShW* 704). Das Grundgefüge der Textes bilde, so Heinz Hillmann, „mit dem Verstand nicht auflösbare Beziehungen"[990]. Ein Text, formuliert Kreuzer, der sich „aufgrund seiner Unstimmigkeiten motivischer, gattungstechnischer und literarmoralischer Art (...) allen sinngebenden Deutungsversuchen entzieht"[991]. Im Gegenteil, der eigene Befund wird umgehend unter das Vorzeichen des „scheinbar" gesetzt und fungiert dann bloß als Anreiz (und Legitimation der eigenen Arbeit), nun doch endlich und ganz anders als bisher den Text mit Deutung und Sinn zu versehen, gar den „Text als Ganzes in den

---

[986] Staiger, *Ludwig Tieck und der Ursprung der deutschen Romantik*, S. 334.
[987] Ernst Bloch, *Bilder des Déjà vu*, in: *Literarische Aufsätze*, Frankfurt a. M. 1985, S. 239.
[988] Ebd.
[989] Thalmann, *Zeichensprache der Romantik*, S. 92. Freilich vergeht sich Thalmann selbst an ihrer eigenen Erkenntnis und erzählt vom „Inhalt" (s. den Abschnitt „Namensverwirrungen").
[990] Heinz Hillmann, *Ludwig Tieck*, in: *Deutsche Dichter der Romantik. Ihr Leben und Werk*, hg. v. Benno von Wiese, Berlin 1971, S. 121.
[991] Kreuzer, *Märchenform*, S. 157. Dieser eigene Befund ist Kreuzer dann – und hierin ist ihre Studie exemplarisch – allerdings kein Grund, eine andere Attitüde als das „sinngebende Deuten" zu suchen.

Griff zu nehmen"[992], und auch gattungsfiktional eindeutig zu fixieren; Staigers Verdikt bleibt diesen Versuchen so überlegen. Versuche wie der Kreuzers, das „komplizierte Textgefüge aus Separation und Komplement, aus Individualitäts- und Totalitätsmärchen zur Einheit [zu] binden", aus dem „verworrenen und asymmetrischen Textgebilde" eine „formale Einheit", gar eine „'klassisch'-harmonische Grundlage von ausgesprochener Symmetrie"[993] festzulegen, durch die sich die „Widersprüche" „klären" lassen, fungieren dem *Eckbert* selber als Vehikel, den Texttaumel erst realisieren zu können. Nur in der Anstrengung, so die Situation der Poetik des Schwindels, ihn zu begreifen, entwirft er sich polemisch-operationell als Unbegreiflicher, als der er sich aber ebensowenig festschreibt, und eröffnet so der Leser-Phantasie das unablässige Oszillieren als Begreiflicher und Unbegreiflicher, das dann den Taumel löst, in dem er als begreiflicher wie unbegreiflicher schwindet: die Selbstvernichtung des Textes zur „ungeheuren Leere".

Schwindet der Boden unter uns, triumphiert die Poetik des Schwindels, beginnt der Text sich zu verwirklichen, negativ und den Text selber vernichtend, im erörterten Schwindel und Wahnsinn des Lesers – nichts Bedeutendes selber, keine „Wahrheit" –, der „unaufhörlich verwirrt" wurde durch einen unaufhörlich verwirrenden Text. Gilt der *Eckbert* der Poesie und Poetik des Schwindels als Paradigma, ist er als solcher punktuell zu entfalten bzw. in seiner Entfaltung als ein solcher Text des „muthwilligen Wahnsinns" zu verfolgen, ohne freilich den intendierten Schwindel der Seele, dessen Unmöglichkeit einer „Beschreibung" und Darstellung das Initial der seltsamen Poetik wird, nun doch darstellen zu wollen. Zu zeigen ist er als die poetische Faktur und Praxis, das besondere sprachlich-narrative Verfahren, die selber als „unaufhörliche Verwirrung" funktionieren und die unaufhörliche Verwirrung der Text-Vorstellungen, überhaupt aller Vorstellungen, entbindet. Zuletzt als Selbstvernichtung des Textes[994] und

---

[992] Ebd., S. 158.

[993] Ebd., S. 177.

[994] Punktueller Gegenstand der Erörterung kann nur sein, was, welche sprachlich-narrativen Verfahren ständig den „Schwindel" bedingen; Fingerzeige auf die „schwindligen Abgründe", die entschieden davon absehen, auch nur einen „Schwindel" selber „darzustellen" zu wollen. Gibt es „tausend und tausend" mögliche Ansätze, Perspektiven und Interessen, die „unaufhörliche Verwirrung" zu verfolgen, bleibt ihre Auswahl zur Erörterung sensu strictu gegenüber dem Text notwendig ebenso kontingent, willkürlich und in höchstem Maße historisch. Wird die unablässige Auswahl getroffen, bleibt zwangsläufig immer unendlich viel unbesprochen. Und selbst die willkürliche, interessierte Auswahl eines Aspektes bleibt gegenüber der inkommensurablen „Verwirrung" reduziert und heikel. Gleichgültig ist, mit welcher „Verwirrung" begonnen wird und wie viele „Verwirrungen", derer es in der Tat unbegrenzt viele gibt, weil sie sich endlos in ihren Lösungsversuchen vervielfältigen, geübt werden. Die „tausend und tausend" interpretatorischen, gattungstheoretischen und poetologischen Bestimmungen wären allesamt Material der Erörterungen der „unaufhörlichen Verwirrungen", mögliche der „tausend und tausend" Ansätze und Aspekte. Freilich immer gegen ihr Gelingen gelesen. Sie stellen einen anderen zwangsläufigen, durchaus einkalkulierten „Schwindel" dar, den der Text auslöst.

als gründliche Irritation der (gänzlich a-personalen) Phantasie des Lesers, dem Radikalvermögen und Inbegriff der Seele, grundlegend seiner Subjektivität sowie, allgemein, der historischen Selbst-Konstrukte und Selbst-Praktiken. Der schwindelige Widerstand trifft den neuen psychologischen Menschen, konkret, die vom *Eckbert* selber wortwörtlich aufgenommenen und auf sich angewandten (Selbst-)Verständnisfiguren der psychologisch-literarischen Hermeneutik, die ihrem Konstrukteur Moritz wie Tieck nur Muster sind der hermeneutischen „Sinnbemühungen" überhaupt. Zu erörtern ist bloß *eine*, paradoxe, Vorstellung vom Text: nämlich daß er alle Vorstellungen von sich in den Taumel und die „Vernichtungen" schickt. Eine Arbeit, die unzählbare Ansätze, Anfänge und Perspektiven besitzen kann, Verfolgungen unzähliger „Sinnbemühungen", die deutlich machten, wie einzelne „Vorstellungen" und „Vorstellungszusammenhänge" einzelner Stellen und des Text-Ganzen die betrachteten textkonstitutiven willkürlichen „Plötzlichkeiten", „unbegreiflich schnellen Beweglichkeiten", „plötzlichen Umwendungen", „ständigen Wechsel", „ewigen Bewegungen" sowie „Vermischungen" erleiden. Genau diese poetologisch, poetisch transkribierten Modi der freigemachten Phantasie, der in den Texttaumel transkribierte Seelenschwindel, der den Seelenschwindel wieder lösen soll, lassen den Text immerfort unbegreiflich werden, gegen allen Sinn, auch gegen den „unendlichen Sinn". Sie führen kalkuliert in die Vernichtung bis zum Terminus der „ungeheueren Leere" oder „leeren" Sinns; zu erinnern ist an die formulierte Differenz solcher Rekonstruktion des Textes als absichtsvolles narrativ-sprachliches Verfahren, bestimmten Sinn und bestimmte Methoden seiner Konstruktion unentwegt zu tilgen, zur „dissémination". Der *Eckbert* betreibt die „völlige Vernichtung und Aufhebung" aller Vorstellungen, die zergliederte Selbstvernichtung der „productiven Phantasie". Die transkribierten Modi konstituieren ganze narrative Schemata, so die wunderbare Schnelligkeit, die sich als narrative Dynamik,

---

Er gehört zu seiner „Wirkung" als Poesie des Schwindels – Poetik des Schwindels impliziert eine Theorie der Willkür ihrer Rezeptionen. Die „gelungene" Lektüre, die zum „Verstehen" gelangt, wäre exakt der Gegenstand dessen, was die skizzierte Poetik direkt als „Krieg" visiert: „Sinnbemühungen" als Konstruktion – vorgebliche Rekonstruktion – eines entgegen des äußeren „Widerspruchs" und „Mangels an Zusammenhang" doch noch „gefundenen" sinnvollen „inneren" „Zusammenhangs". Eine solche Relektüre der Sekundärliteraturen, die selber Momente des Schwindels darstellen, ist der Erörterung des schwindligen Textes selbst, der ja nur „Wirkung" sein will, ganz und gar nicht nebensächlich, auch wenn diese Versuche dem Text immergleich fern bleiben müssen.
Ins Auge gefaßt als exemplarische „Verwirrungen" ist im folgenden die offenkundige „unaufhörliche Verwirrung" der „(Eigen-)Namen" und Figuren, deren „Entwicklung", „Motivierung" und „Begreifen" in der psychologischen Poetik, zunächst auch Tiecks Ansatz, das poetologische Hauptaugenmerk zukommt. Desweiteren die unaufhörliche Verwirrung des Erzählens oder Erzählers, der plötzlich sich umwendet, ständig wechselt und oszilliert (in den propädeutischen Termini der Erzählanalyse: willkürliche Mutationen der Erzählweise, des point of view etc.). Zuletzt visiert ist die unaufhörliche Verwirrung, wiederum realisiert in der narrativen Praxis des unablässigen Changierens und Oszillierens, des penetrant vom Text zitierten psychologischen und literarischen Verstehens.

narratives Schema der Alteration der Erzählgeschwindigkeit im *Eckbert* wiederfindet: Plötzlich, sich selbst potenzierend, „rasen" die Erzählung und der Erzähler des *Eckberts*, am Ende. Entgegengespielt wird nicht nur allen bestimmten Sinnbemühungen, sondern grundlegend aller Begründung des Sinns, allen Bildungen der „Zusammenhänge" zur „Auflösung" des offensichtlichen „Mangels an Zusammenhang". Zu zeigen ist die textuelle Praxis des *Eckberts* nicht direkt als positive „Suspension von 'Sinn', 'Zusammenhang' und 'Verstehen'"[995], als sozusagen vorliegender Unzusammenhang oder Unsinn – das wäre die Menninghaussche „Poesie des Unsinns" –, sondern als Veranstaltung der Vernichtungen aller von der Lektüre versuchten Zusammenhänge als ihr unablässiges Montieren und Demontieren bis zum vollkommenen Kollaps des Begreifens. Der *Eckbert* zerstört bestimmten Sinn, ohne dieses zur allgemeinen, philosophischen Position, einer versteiften Anti-Hermeneutik, zu erheben[996].

Zu konkretisieren ist in der Betrachtung des *Eckberts* die Rede von der poetischen Sprache und „Composition", die sich so konstituieren, daß der Vorstellung nichts ist, „worauf wir unser Auge fixieren könnten; die Seele wird in eine Art von Schwindel versetzt" (*ShW* 704), „so wie der körperliche Schwindel durch eine schnelle Betrachtung von vielen Gegenständen entstehen kann" (*ShW* 712), „indem das Auge auf keinem verweilt und ausruht" (ebd.). Genau als solches Verfahren ist der *Eckbert* zu entfalten. Zu konkretisieren ist, wie der Text dem Leser das erörterte, eigentümliche Unbegreifliche, identisch dem „fürchterlich Wunderbaren", das sich nur als Eigentümlichkeiten seiner Modi konstituiert, „wirkt", nicht als ein Abstraktes, sondern in einem überall anwesenden Vollzug, wie der Text sich als die verlangte Willkür konfiguriert. Beobachtet wird im einzelnen das grundlegende textuelle, narrative Prinzip, nichts so zu erzählen, das etwas fixierbar wäre: Nie darf „auf irgend einen Gegenstand

---

[995] Menninghaus, *Unsinn*, S. 23.
[996] Menninghaus allerdings ist das „sogenannte romantische Kunstmärchen" des *Eckberts* – solcher „Typ der Märchenbearbeitung" (Menninghaus, *Unsinn*, S. 23f., der *Eckbert* ist allerdings keine Bearbeitung) –, nicht einmal ein Exempel des Märchens als originärem Medium der „A-Signifikanz und Nicht-Repräsentativität", der „Distanzierung von Sinn, Zusammenhang und Verständlichkeit". Im Gegenteil, der *Eckbert* wird, ganz im Sinne der Märchenform und der romantischen Ironie Fr. Schlegels und Novalis' ausgeführt (vgl. Kap. IV.4). In ihm „figuriert die Poetik von Unzusammenhang und Unsinn nur mehr als Mittel zur Evokation eines *höheren* Zusammenhangs und ist in die Erzeugung allegorischer Rätsel-Chiffren eingebunden" (Menninghaus, *Unsinn*, S. 23), in die Suggestion eines „höheren" Sinns (ebd., S. 24); eine Deutung in Analogie zu seiner bemühten Distinktion Wahnsinn – Unsinn, die er auf die Kantische Definition beschränkt und diese im Kantischen Sinne strikt bei Tieck appliziert, Tiecks poetologische Sentenzen des Wahnsinns schlicht übergehend. Befremdend ist für das – vorab erklärte – dekonstruktivistische und systemanalytische Vorgehen die plötzliche einfache Anerkennung der Möglichkeit eines höheren Sinns und der Funktion einer dem hermeneutischen Projekt am Ende doch zuschreibbaren „allegorischen Rätsel-Chiffre", die doch auch, Menninghaus sagt es später, mit den Operationen de Mans schon lange dekonstruiert worden. Dazu, wie genau im *Eckbert* die unaufhörliche Verwirrung im höheren Sinn aufgehe, verliert er kein Wort.

ein fester und bleibender Blick heften", keine Vorstellung erhält „zu viele körperliche Konsistenz" (*ShW* 702). Unentwegt, immer nervöser changieren die Vorstellungen vom Erzählten und vom Erzähler, wird der Leser-Phantasie alles Gegebene zugleich wieder entrissen, bis er buchstäblich den Verstand verliert. Die Aufmerksamkeit wird durch das perfide Erzählen „beständig zerstreut und die Phantasie in einer gewissen Verwirrung" gehalten, bis zum Paroxismus (*BTW* 35) der Phantasie (und des Textes), in der sich alles überhaupt erst bildet und in deren Zusammenbruch demgemäß zuletzt alles mit untergeht. Verfolgt wird, wie der „Faden (...), der uns durch das rätselhafte Labyrinth leitet", immer wieder gebildet, geführt und zerrissen wird, bis er ganz aufgelöst ist, „wir verlieren in einer unaufhörlichen Verwirrung den Maßstab" aller Beurteilung, „in der ununterbrochenen Beschäftigung unsrer Phantasie die Erinnerung an die Wirklichkeit". „Unsre Urteilskraft wird so verwirrt, daß wir die Kennzeichen vergessen, nach denen wir sonst das Wahre beurteilen (...) die Seele wird (...)" (*ShW* 704). Eine Wirkung des Textes, in der allein er sich konstituieren will, die noch gesteigert wird, ist der Text, wie die Poetik des Schwindels es für ihre Texte konzipiert, bloß ein Vorgetragener, gar in einer bestimmten ästhetischen Inszenierung[997]. Ist er also bloß ephemere, fließende, huschende Rede, die nicht nachschlagbar ist, eben dadurch schon grundsätzlich nicht zu fixieren und von Natur ohne „zu viele körperliche Konsistenz". Das tückische Spiel des Textes mit der Erinnerung – „hieß es eben nicht, daß...", „wie hieß es eben doch..." –, das die Inkonsistenzen nicht löst, sondern steigert, wird im Vortrag nochmals gesteigert. Freilich bringt auch das mögliche wiederholte Nachschlagen bei der Lektüre keine Lösung der Konfusion, sondern verschärft sie: Es gibt dann regelmäßig nur Auskunft darüber, daß das Fragliche „wirklich" inkonsistent ist. Inszeniert wird ein Erzählen, ein Sprechen, das sich als Geäußertes sofort wieder durchstreicht und weder in der Äußerung noch in der Durchstreichung sich wiederum festmachen läßt, sondern bloß ein nicht zu beruhigendes, sich unablässig fortsetzendes und ausweitendes Oszillieren, Schwanken ist. Erzähltes wird schon im Augenblick der Erzählung uneindeutig, mit möglichen Verweisen, Zurücknahmen, offenen oder potentiellen Widersprüchen – dabei ist immer nur die Möglichkeit eines Verweises, einer Zurücknahme oder Verkehrung angezeigt. Im Erzählverlauf wird das Erzählte permanent mit wechselnden Bedeutungen aufgeladen, in der Bedeutung verändert, diffundiert, spezifiziert, zerstört oder verkehrt, vornehmlich der Strategie folgend, das Allersicherste und „Vertrautes-

---

[997] Wichtig ist ebenso die Stimmung, in der vorgetragen wird. Vortrag und Rezeption müssen, wie im *Phantasus*-Rahmengespräch, inszeniert sein. Zu der *Straußfedern*-Erzählung *Der Fremde* schreibt Tieck: „machen Sie Feuer im Kamin, setzen Sie sich dicht umher, und löschen Sie das Licht aus. Lassen Sie die Feuerbrände ihr mattes auf und niederschießendes Licht im Zimmer verbreiten, und dann nehmen Sie das Buch und fangen Sie an zu lesen". Ein klassische Szene der Schauerliteratur – ganz wie im *Eckbert*: Kamin, züngelndes Feuer, Schattenspiele, Mitternacht etc. – als modellhafte Szene literarischer Rezeption (*DüD* I 81).

te" zu nehmen, den „innigsten Freund" oder die Liebe, um dieses ins „Grauen" umkippen zu lassen. Signifikationen bleiben nie „stehend und fest", „eine wälzt sich über die andere" (*BTW* 113).

Das Erzählte wird im Fortschreiten der Lektüre von hinten nach vorne immer fragwürdiger wie auch umgekehrt. Alles Erzählte wird, selbst ohne faktische Hinweise im Text, vorweg brüchig. Ist der Leser, die Leser-Phantasie, erst einmal infiziert vom andauernden Oszillieren und Changieren, spielt sie dieses selbsttätig weiter und steigert sie gar noch; ein Vorgang, den der Text selbstreflexiv ausdrücklich als sein Wirkungsprinzip, das zum unwillkürlichen Lektüre-Prinzip wird, formuliert: „Wenn die Seele einmal zum Argwohn gespannt ist, so trifft sie in allen Kleinigkeiten Bestätigungen an" (140f.). Die gespannte Phantasie, alleiniges Subjekt der Textrezeption, argwöhnt noch, unabhängig vom Text, gar gegen den Wortsinn, das textlich Sicherste der Ungeheuerlichkeit und produziert, möglicherweise, „tausend und tausend" „Einbildungen" (eines der arglistigen Schlüsselwörter des Textes). Schlagartig ergeben sich gänzlich neue Texte, beispielhaft im Moment der plötzlichen Inzestperspektive, inkongruent mit den anderen, bisherigen Texten, werden die inkompatiblen Texte beliebig diversifiziert und multipliziert. In „wunderbarer Schnelligkeit [werden] tausend und tausend Gegenstände" durchlaufen, gleich material vorgeführt, um das Neue in einer neuen Textkohärenz zu lesen, die es begreiflich machen könnte. Marginale, „geringfügige" oder nur potentielle Brüchigkeiten, feine Risse, leicht zu überlesen – mit dem Überlesen bzw. halben Überlesen operiert die Textwirkung –, entpuppen sich im nachhinein als, vielleicht, höchst signifikante Details. Rückwirkend könnten sie, eventuell, aufgeladen werden mit dem ganzen kommenden Unheil und der Phantasie im Laufe der Geschichte die „schwindligen Abgründen" bescheren, so schon im harmlos scheinenden, mehrere Gattungen vermischenden Anfang des Textes. (Inszeniert wird ein verheddernder, quasi dreifacher Beginn der Geschichte: eine Art Exposition, in der Eckbert und Walther vorgestellt werden; die eigentliche Erzählsituation und Erzählzeit: Eckbert, Bertha und Walther am Kamin; Berthas Erzählung, vom Erzähler unkommentiert in der Erzählsituation und Erzählzeit wiedergegeben, die leicht die beiden anderen Anfänge vergessen läßt, nach ihrer Beendigung fährt das Erzählen in der eigentlichen Erzählzeit und Erzählsituation fort.) Eckberts „blasses, eingefallenes Gesicht", seine explizite „Melancholie", die deutlich als merkwürdig gekennzeichnete Kinderlosigkeit des Paares wie das konjunktivische und dadurch vollends unauflösliche, immer wieder anders zu lesende „schienen sich von Herzen zu lieben" könnten schon Zeichen des gewaltigen wie diffusen Unheils des Inzests sein, von dem allerdings weder Eckbert noch der Leser zu diesem Zeitpunkt etwas wissen, ein Sinn, den diese Wörter indes erst im Nachhinein und auch nur möglicherweise erhalten können.

Praktiziert der *Eckbert* als narrativ-sprachliches Verfahren, noch in seiner Gattung, die ihm konstitutiven „willkürlichen" Plötzlichkeiten, schnellen Übergänge, jähen Umwendungen, ständigen Wechsel und Vermischungen, erleiden die Vorstellungen vom Text wie die Vorstellungen überhaupt dieselben „seltsamen" wie vernichtenden Bewegungen gegen allen Zusammenhang und Sinn, gegen alles Begreifen, zitiert, spiegelt und bebildert der Text diese Konstituenten selbst. Wenn auch rhapsodisch, wie es die Art der Poetik des Schwindels ist, reflektiert der Text die eigene, immanente Poetik, der *Eckbert* schreibt die Poetik des Schwindels. Selbst-Thematisierungen als Redundanz des Verfahrens. Sie arretieren den Text nicht, sondern exponieren ihn als nimmer zu Fixierendes, als Maschinerie, Fixierungen ständig abzuwehren – daß er in diesem einen Punkte sich dann doch paradox, als Infixibles, fixieren läßt, macht der Text wieder gut, indem er sich zuletzt im Schwindel selbst vernichtet. Zudem lassen ihn die manischen Selbstbenennungen, die den Text als ganz „Offenen" zeigen gegen allen Gestus des „Geheimnisses", den er zugleich selbst unentwegt beschwört, wiederum zum Unheimlichen und Bodenlosen werden, verunsichert wird alle beruhigende Kraft der Bezeichnung. Fortgesetzt übt der Text Exhibitionen seiner Konstituenten bloß als schiere Verwirrungstechnik, nicht als Eröffnung eines phantasmatischen, dann entblößten „verborgenen" Sinns, sondern als Praxis seiner in den Kollaps führenden fortdauernden Montage und Demontage. In ihren Darstellungen stellt der Texttaumel, analog (wie entscheidend modifiziert) zu Fr. Schlegels und Novalis' Forderungen der Reflexions- bzw. Transzendentalpoesie – diese in der Ausführung indes dementierend –, „sich selbst mit dar" und, so Fr. Schlegels Formel, „ist überall zugleich Poesie und Poesie der Poesie"[998]. „Ins 'Produkt' trägt sie mit ein 'auch das Produzierende', den 'Spiegel', der die Bewegungen des schöpferischen Akts im Produkt reflektiert"[999]. Indes im Falle der schwindligen Poesie nicht als funktionierend transzendentale, sondern, wie erläutert, eben als gewissermaßen anti-transzendentale Modi; reflektiert wird im *Eckbert* der *Eckbert* als Bedingungen bzw. narrativ-sprachliche Verfahren, unter denen Verstehen nicht zustande kommen kann, sondern kollabiert. Demoliert wird die Phantasie, die produktive, reproduktive und synthetisierende, in ihrer transzendentalen Funktion. Epistemologisch im Sinne der Reflexionspoesie oder Franks romantischer Ironie, die, in einer negativen idealistischen Dialektik aufgehoben, die antinomische epistemologische Struktur doch noch erfolgreich „löst", ist schwindelige Poesie programmatisch nicht.

Erwirkt und konzentriert wird die andauernde Selbstreflexion, die das fortlaufende Scheitern der Reflexionen des Textes figuriert, schon in der unentwegt bedrohten, vermischten Identität des merkwürdig monolithisch und „zufälligen"[1000] Namens der Geschichte, des Textes und seines Protagonisten. Wenn

---

[998] Friedrich Schlegel, *Kritische Friedrich-Schlegel-Ausgabe*, Bd. II, S. 204.
[999] Ebd., S. 364.
[1000] Köpke erzählt das Zustandekommen des Titels folgendermaßen: Die Geschichte „verdankt ihrer Entstehung einer augenblicklichen Inspiration. (...) Um den Dränger" – Tieck stand bei Nicolai unter Vertrag, Literatur zu produzieren – „zufriedenzustellen, hatte Tieck einmal auf gut Glück geantwortet: 'Der blonde Eckbert'. Es war ein Name, der ihm in den Mund gekommen war. Später fiel ihm die Leichtfertigkeit auf die Seele, mit wel-

Eckbert „sein Leben", das diffus gar nicht „sein Leben" ist, ein „unbegreifliches Leben" „seltsamster Zufälle", Widersprüche und Willkür ist – das Gegenteil also der Motivierung, der Kohärenz und der großen Komposition –, wenn es „mehr wie ein seltsames Märchen, als wie ein wirklicher Lebenslauf erschien" (143), so wird auch der *Eckbert*, der ganze Text, in die nicht zu beruhigende, dem Text konstitutive Indistinktion von seltsamen „Märchen" und „wirklichem Lebenslauf" hineingerissen; mit dem wirklichen Lebenslauf ist die Signal- und Fundamentalvokabel der Erfahrungsseelenkunde, die Essenz ihres ganzes Programmes, importiert. Märchen und wirklicher Lebenslauf, „Wunderbares" und „Wirklichkeit" etc. von Beginn an immanent vom Text in eine Opposition gebracht, die ihnen ihre spezifische Semantik gibt. Mit der auszuführenden radikalen Verwirrung und Kontamination des einen Namens und der Figur – Eck B ert ha – werden zwangsläufig auch der Titel und der Text selbst brüchig, Figur und Text erleiden dieselbe Namensverwirrung. *Eckbert* und Eckbert als die große Figuration des *Eckberts*, Figuration der poetischen Konstituenten des *Eckberts,* fallen in eins. Wenn Eckbert am Ende „wahnsinnig in den letzten Zügen liegt", nachdem minutiös der Paroxismus seiner Phantasie notiert wird, der sich auf der Erzählebene, im *Eckbert* also, ebenso simultan abspielt – als die seltsame, maniakalische Beschleunigung des Erzähler und, dem Bewußtseindefekt Eckberts entsprechend, als die gleich besprochenen Erzählerdefekte –, so liegt auch der *Eckbert* „wahnsinnig in den letzten Zügen". Der *Eckbert* verscheidet, nachdem sich sein Sprechen vollends selber unmöglich gemacht hat, buchstäblich in den letzten Zügen. Die letzten Zeilen vollstrecken den Paroxismus des Erzählerdefekts. Der dann gleich abrupt abbrechende Text hat sich selber, in sich, als Erzählung und Erzähler in den Wahnsinn verwickelt bis zum zwangsläufigen Debakel, das er an Eckbert erzählt. Wenn *Eckbert* im Moment der „äußersten Beunruhigung" und des erzählten Zusammenbruchs von Eckbert erzählt, erzählt *Eckbert* zuletzt bloß vom *Eckbert*: „Jetzt war es um das Bewußtsein, um die Sinne Eckberts geschehn (...), das Wunderbarste vermischte sich mit dem Gewöhnlichsten" (145). Formuliert ist mit dieser Vermischung eine poetisch transkribierte Eigenart der defekten Phantasie, zumal die von Gewöhnlichem und Wunderbaren – eine Opposition, die homolog ist der des Märchens und des wirklichen Lebenslaufes –, eines der ersten Prinzipien der poetischen Form und Praxis des *Eckberts*. Das Wunderbare wechselt in dem zunächst in dieser Opposition gegebenen Sinn zwischen dem Wunderbaren als erörtertem „frühromantisch" Unbegreiflichen und seinem alten aufklärerischen Sinn, die Begriffe des Wunderbaren und des Wirklichen samt ihrer vielfältigen Synonyme sind selber Gegenstand eines zerstreuenden Spiels der ständigen Inversionen,

---

cher er die Dichtung angekündigt hatte, für die er bis jetzt weder Fabel noch Idee habe. Er setzte sich zum Schreiben nieder. Da fand sich zu dem Namen ein Mann" (Köpke, *Erinnerungen I*, S. 210).

definiert ganz im Perspektivischen, in keiner Substanz[1001]. Anzuschließen an die Sentenz von der Vermengung von Wunderbarem und Gewöhnlichem wären

---

[1001] Der Text führt in Berthas Ich-Erzählung, die sich damit einleitet, nichts Wunderbares, kein Märchen, sondern wirklicher Lebenslauf zu sein, beide Begriffe in ein Spiel des ständigen Umschlagens. Ihr ist einmal, je nach Perspektive, in die sie gerät, Gewöhnliches wunderbar oder Wunderbares gewöhnlich. Beide Begriffe sind hier nur eine Frage der perspektivischen Prädikation gegen alle Substanzierung. Zu Beginn, in der „gewöhnlichen Welt" (bei ihren Eltern zu Hause), ist es die „wunderbare Welt", mit der sie sich in „wunderbaren Phantasien" (die Reichtumsphantasien z.B.) beschäftigt. Die wunderbare Welt der Alten dann ist ihr zunächst noch „wunderbar", „wunderlich", „seltsam" (wenn auch nicht erschreckend wunderbar, sie ist schon deutlich auf die Flucht vorbereitet). Diese wunderbare Welt wird ihr aber rasch zur gewöhnlichen (z.B.: „alle Gegenstände umher wurden mir bekannt; nun war mir, als müßte alles so sein, ich dachte gar nicht mehr daran, daß die Alte etwas Seltsames an sich habe, daß die Wohnung abenteuerlich und von allen Menschen entfernt liege, und daß an dem Vogel etwas Außerordentliches sei", 133f.). In derselben Bewegung wird ihr die „gewöhnliche Welt" zur ungewöhnlichen, wunderbaren, z.B. durch die Bücher als „Quelle von unendlichem Vergnügen, denn sie hatte einige alte geschriebene Bücher, die wunderbare Geschichten enthielten" (134): „Aus dem wenigen, was ich las, bildete ich mir ganz wunderliche Vorstellungen von der Welt und den Menschen" (135), der Prinz, das Leben in der Stadt etc. Von der gewöhnlichen, ihr nun wunderbaren Welt erfährt sie aus Büchern, die zur Zeit der Niederschrift des *Eckberts* eben immer noch, gar in neuer Anstrengung, verdächtigt worden, Medium und Beförderung des zu bekämpfenden Wunderbaren zu sein. Die ihr nun wunderbar vorkommende gewöhnliche Welt, ist ihr, sobald sie sich in der „wirklichen" Welt „wirklich" einfindet, gar nicht mehr wunderbar, sondern gewöhnlich: „So wunderbar, als ich es vermutet hatte, kam mir die Welt nicht vor" (139). Wunderbar ist immer die andere Welt. In ihrem wiedererzählten Empfinden ihres Lebens bei der Alten, das sie wiedergibt, aber eben auch aus ihrer aktuellen Sicht bewertet und korrigiert, oszilliert der Eindruck des Wunderbaren und des Gewöhnlichen. Allgemein sind ihr im Augenblick der Erzählgegenwart retrospektiv die Welt der Alten und auch sie selber sich damals „seltsam" und „wunderbar", implizite in der eigenen (psychologischen) Reflexion, die ihre Erzählung unterbricht, kommentiert und das besondere Phänomen erklärt: „Ich ward ihr [der Alten] endlich von Herzen gut, wie sich unser Sinn denn an alles, besonders in der Kindheit, gewöhnt" (134).
Gegenwärtig, in der „wirklichen Welt", die Eckbert dann wenig später ausdrücklich mehr als wunderbare Welt, als Märchen, erscheint, ist Bertha die Welt der Alten, ihr eigenes Leben, sich selber in dieser Zeit eindeutig wunderbar. Das teilt Bertha den Zuhörern/ Lesern genau in dem Augenblick am deutlichsten mit, in dem sie von der wunderbaren Welt als (für sie) gewöhnlichen und von der gewöhnlichen Welt – die, sie weiß es nur nicht, gar nicht gewöhnlich ist – als ungewöhnlicher spricht und dieses also wieder verrückt: „Die Erinnerung an meine damalige Lebensart ist mir noch bis jetzt immer seltsam: von keinem menschlichen Geschöpfe besucht, nur in einem so kleinen Familienzirkel einheimisch, denn der Hund und der Vogel machten denselben Eindruck auf mich, den sonst nur längst gekannte Freunde hervor bringen" (134). Nicht nur die damalige Lebensart ist, retrospektiv, seltsam, sondern selbst die *jetzige* Erinnerung ist „seltsam", nicht integriert, nicht integrierbar. Bertha selber wird für Eckbert dann Wunderbares: „Ihr hättet sie damals sehn sollen, fiel Eckbert hastig ein, – ihre Jugend, ihre Unschuld, ihre Schönheit, und welch einen unbegreiflichen Reiz ihr ihre einsame Erziehung gegeben hatte. Sie kam mir vor wie ein Wunder" (140/1264).

unmittelbar die Sätze aus dem Rahmengespräch des *Phantasus* vor dem *Eckbert*. Konträres „mischt sich" und „verwirrt unsre Phantasie bis zum poetischen Wahnsinn". Eckbert liegt also ganz „korrekt" sofort darauf „wirklich" wahnsinnig in den letzten Zügen, davor wird der Zusammensturz des Bewußtseins samt dem Aussetzen des Vermögens einer Distinktion von Gewöhnlichem und Wunderbarem präzise geschildert: „Jetzt war es um das Bewußtsein, um die Sinne Eckberts geschehn", zwangsläufige Wirkung der „seltsamsten Zufälle" des Lebens-Textes des Eckberts, „er konnte sich nicht aus dem Rätsel heraus finden, ob er jetzt träume (...), keines Gedankens, keiner Erinnerung mächtig" (145). So sehr laufen Poetik und Figur als figurierte Poetik parallel. Das zitierte poetologische Theorem lautete, immer so zu erzählen, daß „unsre Urteilskraft (...) so verwirrt [wird], daß wir die Kennzeichen vergessen, nach denen wir sonst das Wahre beurteilen, wir finden nichts..." – bis sämtliche Vorstellungen der besondere Schwindel ereilt. In der Tat fällt dieser Satz als Beschreibung des Eckbertschen Wahnsinns am Ende mit dem poetologischen Postulat präzise in eins. Wenn der „Kopf von allen den seltsamen Vorstellungen schwindelt" (128), dann auch der Text.

Beständig bebildert und zur Sprache gebracht ist das grundlegende textuelle Prinzip, radikal gegen jedwede Festsetzung des Textes, gar noch die Möglichkeit einer solchen, zu erzählen, bewirkt durch die erzählerischen Prinzipien der Plötzlichkeit, der Umkehrungen etc. Augenfällig im Problem des Gesichts von Berthas (und Eckberts) „Alten", in keinem Moment ist es zu fixieren und die Identität festzustellen. Kein Wunder, daß sie dann überall und jeder ist. Die Unmöglichkeit, das „Gesicht" zu identifizieren, antizipiert die, selber unsichere, multiple Identität der Alten: Walther, Hugo, der Bauer. Entweder ist das Gesicht bis zur Unkenntlichkeit verdeckt – „eine schwarze Kappe [ihre ganze Kleidung ist schwarz] bedeckte ihren Kopf und einen großen Teil des Gesichtes" (131) – oder in pausenloser Transition (drei Male beschrieben): „ihr Gesicht war in einer ewigen verzerrten Bewegung, indem sie dazu wie vor Alter mit dem Kopfe schüttelte, so daß ich durchaus nicht wissen konnte, wie ihr eigentliches Aussehn war" (133/1262), „bei jedem Schritte verzog sie ihr Gesicht" (131), „in dem sie immer ihre Gesichtsverzerrungen machte" (133/1262), entsprechend geraten die reaktiven Affekte in ein sich immer weiter zuspitzendes Hin und Her bis zum Schwindel[1002]. Die Sätze der Exposition des Schwindels aus *Shakespeare's Behandlung des Wunderbaren* von der erzeugten Ohnmacht der Urteilskraft ließen sich wiederum unmittelbar anschließen – „die Seele wird in eine Art von Schwindel versetzt", ganz so „wie der körperliche Schwindel durch eine

---

[1002] Einmal ist unwillkürliches Lachen, einmal Schauer die Reaktion auf die „ewige Bewegung", die Affekte oszillieren, wobei weder der eine noch der andere von Interesse ist, nicht das Komische, nicht das Schaurige, sondern nur dieses Oszillieren. Beide gehen im besonderen „Grausen", „Schauder" unter: „Auf diese Art entsteht der Schauder, und jenes heimliche Grausen (...) einen Schauder, den ich einen Schwindel der Seele nennen möchte" (*ShW* 712).

schnelle Betrachtung von vielen Gegenständen" oder die schnelle Abfolge eines sich dadurch entziehenden Gegenstandes „entstehen kann, indem das Auge auf keinem verweilt und ausruht" (*ShW* 712). Ewige Bewegung und Verzerrung, die plötzlichen Verkehrungen und Mischungen machen es unmöglich, zu definieren, wie das „eigentliche Aussehen" beschaffen ist, das der Alten, das aller Figuren wie das des ganzen unbegreiflichen Geschehens Eckberts Lebens und das des ganzen Textes. Streng analog, in der Figuration des Eckberts als *Eckbert*, machen sie es als narrative Prinzipien des ganzen Textes dem Leser unmöglich, das eigentliche Aussehen des Erzählten zu festzustellen und eine die Totalität der offenbar disparaten Momente einschließende, vielleicht subkutane Kohärenz festzustellen. Vorab in der wirksamsten aller Verwirrungen, der des eigentlichen Aussehens des Erzählenden. Das nicht zu identifizierende „Gesicht" der Alten ist das nicht zu identifizierende Gesicht des *Eckberts*, exponiert werden Text und Sprache als unablässig sich verzerrendes Gesicht, das keine Ansicht des eigentlichen Aussehens erlaubt. Vielfach, selber in wechselnden Gestalten wird das Motiv des unablässigen, nicht feststellbaren Variierens durchgespielt, z.B. am Gefieder des Vogels. „Seine Federn glänzten mit allen möglichen Farben, das schönste Hellblau und das brennendste Rot wechselten an ihm" (134/1263). Wiederholt auch als der „seltsame", „wunderbare Gesang" des „wunderlichen", „außerordentlichen" Vogels der Alten, das zum Sprechen des Textes selber wird. Ein Gesang, der nicht nur dreimal gesungen wird (wenn das Lied, jeweils verändert, vermerkt bzw. zitiert wird), sondern, so der Text, annähernd unentwegt, als ein wunderlicher unendlicher Hintergrundton und Automat, selbst im Schlaf. Noch „wahnsinnig in den letzten Zügen" hört Eck Bert ha „dumpf und verworren" „den Vogel sein Lied wiederholen" (146). Als Bertha vom Hügel hinunter in das Tal und zur Hütte der Alten kommt, hört sie „einen wunderbaren Gesang" „seltsamer Art". Sein Ursprung, seine Identifikation in einer Zurückführung auf seinen Ursprung und seinen Ort wird zum Problem, der „wunderbare Gesang" reine a-topia. Zunächst heißt es vom Gesang – Bertha gibt ihren ersten Eindruck von diesem Moment wieder –, daß er „aus der Hütte zu kommen schien, wie von einem Vogel" (132). Der Satz öffnet, vollends fraglich warum, gleichzeitig andere Möglichkeiten. Trotz dieses ersten Scheins ist die Identifikation nicht sicher, eine Unsicherheit, die sich sprachlich im folgenden als „es sang" (132) pointiert, denn so gibt Bertha den zitierten ersten Gesang wieder, den sie doch zuvor schon im Vogel verortete. Ein „es", das auch noch nach der folgenden, wiederum nur scheinbar sicheren Identifikation des Vogels als Träger des Gesangs virulent bleibt, „in einem kleinen glänzenden Käfig hing ein Vogel am Fenster, und er war es wirklich, der die Worte sang" (132). Denn noch danach, der Gesang ist scheinbar lokalisiert und nahegerückt, bleibt er gleichzeitig vollkommen ortlos und etwas ganz „Fernes": „Diese wenigen Worte [das Lied des Vogels, die Hütte ist ganz in der Nähe] wurden beständig wiederholt, wenn ich es beschreiben soll, so war es fast, als wenn Waldhorn und Schalmeie ganz in der Ferne durch einander spielen" (132/1262). Unaufhörlich bewegt sich die Identifikation des wunderbaren Gesangs, auch für die Leser-Phantasie; hier konkretisiert sich die Erzählpraxis des permanenten Wechsels. Ganz so wie der Gesang ein „es singt" ist, unidentifizierbar, zugleich ganz nahe und lokalisiert wie ganz fern, wunderlich und verschlungen, so ist es die Sprache, der Text selbst. Sprache und Text figurieren ein „es spricht", ganz so wie Moritz schon postulierte, man dürfe statt dem Ich als Satzsubjekt aufrichtig immer nur von einem unpersönlichen es sprechen: es denkt, es handelt etc. Sind Sprache und Text „präsent" und „wirklich", sind sie zugleich so präsent und wirklich, daß sie sich ohne Unterlaß verwischen und nichten und sich jedem Versuch, das eigentliche Aussehen festzustellen, entziehen. So wendet die besondere Sprachbehandlung, viele Male schon als Selbstvernichtung gezeigt, die Sprache ganz gegen die Präsenz und Wirklichkeit. Text und Sprechen sind bloß das bezeichnete „Rauschen", „Wirkung ohne eine Ursache", selber a-topia. Entwindet sich die Quelle des Sprechenden der Identifikation, wird dies vom Text ebenso als fortgesetzter Wechsel des Status' und Charakters der Erzählerfunktion, des Erzählers, praktiziert, z.B. im Wechsel der auktorialen und personalen Erzählweise (s.u.). Das Motiv der nicht identifizierbaren Töne bzw. Geräusche wird schon zuvor angestimmt. In der Nacht bevor Bertha die Alte trifft, im Gebirge auf der Flucht, kann sie nicht schlafen, sie hört die „seltsamsten Töne": „bald hielt ich es für wilde Tiere, bald für den Wind, der durch die Felsen klagte, bald für fremde Vögel" (130). Wieder ist der Ursprung unmöglich auszumachen, keine beruhigende Zurückführung konstruierbar. Wenig später geschieht es, in gesteigerter Qualität, noch einmal: In ihrer ersten Nacht bei der Alten erleidet Bertha, wie Geräusche, Töne, Worte und alles andere der „inneren" und „äußeren" Wahrnehmung jede Demarkation, Identität und Lokalität verlieren – ganz wie sich die Figuren, das Erzählen und der Erzähler und der ganze Text andauernd zum In-Distinkten, unmöglich „Unabgeteilten" (Heilmann, s.u.)[1003] machen. Bertha ist „halb betäubt", wacht in der Nacht „einigemale auf", ein Wechsel von Schlafen bzw. Träumen und Wachen. Was sie in diesem zuletzt indistinkten Zustand wahrnimmt ist ein nicht auflösbares „wunderbares Gemisch" aus, „scheint" es ihr, Worten der Alten, die mit dem Hunde spricht, Worten des Vogels, der selber „im Traum zu sein schien, und immer nur einzelne Worte von seinem Liede sang" (Bruchstücke des sowieso schon hermetischen Textes), „Birken, die dicht vor dem Fenster rauschten" und „dem Gesang einer entfernten Nachtigall" (133/1263). Ein „wunderbares Gemisch", Nahes und Fernes, das selber in einen „wunderbaren Zustand" versetzt: „daß es mir immer gar nicht war, als sei ich erwacht, als fiele ich nur in einen andern noch seltsamern Traum" (133/ 1263). Prompt diffundiert das Bewußtsein, es verortet sich immer bloß im Fall in einen immer „noch seltsameren Traum", regressio ad infinitum. Bertha, selbst wunderbare Sprache, „war es (...) immer gar nicht, als sei [sie] erwacht". Vielleicht war das Ganze, das ausdrücklich kein Traum ist und sein kann – seine eigene Distinktion ist dem Traum eben unmöglich –, nur Traum,

---

[1003] Heilmann, *Krise des Erzählens*, S. 258.

wie ebenso ausdrücklich erwogen wird, und sie wäre, vielleicht, nie aufgewacht. Dieses Paradox läßt sich freilich zu keiner Lösung umwenden, es ist „nur ein Traum". Und: fällt sie immer von einem Traum „nur in einen andern noch seltsamern Traum", dann war und ist sie, unmöglich, immer nur im Traum, und augenblicklich liegt, die Leser-Phantasie wird durch die Wortwahl zur Verbindung der Stellen verführt, Eckberts spätere Erwägung im Wahnsinn nahe: „er konnte sich nicht aus dem Rätsel heraus finden, ob er jetzt träume, oder ehemals von einem Weibe Bertha geträumt habe" (145). Bertha wäre, dem widerspricht dann aber wiederum fast der ganze Wortlaut des Textes, „immer nur" im sich fortwährend auswuchernden Traum gewesen, in Eckberts, Eck Bert has, Traum. An dieser Stelle wird, wie eben später ausdrükklich bei Eckbert, bereits das Spiel erzwungen, alles Weitere, weiterhin Erzählte dann nur solchermaßen als Traum zu lesen und diesen Punkt ebenso, wie es die Mitteilungen provozieren, immer weiter zurückzulegen und das Erzählte damit immer umgreifender bodenlos zu machen und das gerade mit dem Ziel, es doch noch zu verstehen. Beispielsweise bis zu dem Punkt, an dem Bertha, noch zu Hause, von den Phantasien, ihre Eltern durch Gold, Silber und Edelsteine reich zu machen, erzählt: „Phantasien beschäftigten mich dann (...), mir der Kopf von allen den seltsamen Vorstellungen schwindelte" (128/1261), das Delirium ist überdeutlich eröffnet, worauf das Kommende, die ganze erzählte Geschichte mit der Alten, wo sie die „Edelsteine" dann findet, bloß eine dieser erfüllten (und doch nicht erfüllten) „wunderbaren Phantasien" wäre. Erzählt Bertha immerfort und überdeutlich von übermächtigen Phantasien, Träumen, Tagträumen und den Zuständen der Vermischungen, gerät dem Leser alles von ihr Berichtete, die ganze Bertha-Geschichte, die der Erzähler ostentativ unkommentiert läßt, in den eigentümlichen Raum und Status des „wunderbaren Gemisches." Der ganze Text wird der Leser-Phantasie selber zum wunderbaren Gemisch (gleich zunächst musterhaft an den „Figuren" und „Namen" gezeigt), das Auslöser von Berthas Fall war, seine Wirkung ist die nämliche: Immer tiefer führt er die Phantasie ins Durcheinander, in die Beschädigungen der Distinktionen und Demarkationen, die Bewußtsein konstituieren. Text und Sprache dieser Art, der verfolgten und erlittenen Indistinktion, haben außer sich selbst nichts, sind totalisiert in einer eigentümlichen Immanenz, gänzlich monologisiert. Alles wäre nur eine einzelne Stimme im Delirium, wie es die Leser-Phantasie hin und wieder vom ganzen Text vermutet; Eckbert argwöhnt einmal, daß er immer nur in „entsetzlicher Einsamkeit" gewesen ist, und nur er es ist, der seltsam einsam fabuliert (146f./1266). Eine Stimme nur – der Eckbert-Erzählung, der Bertha-Erzählung etc. –, eine unmöglich indistinkte Wach-Traum-Stimme, die sich selber verästelt, verheddert und zuletzt konsequenterweise zerstörte, hervorgestrichen im Text als Bild der schrecklich einsamen, immer nur eigenen Stimme Berthas, die in den „Felstälern (..) auf eine schreckliche Art zurück[hallt]" (130). Felsen um ein „Innerstes", ein „Geheimnis", das sie graniten umschließen und die Sprache, die sich auf das Geheimnis richtet, immer nur auf sich selbst zurückwerfen, Figuration des Lesers gegenüber dem „eigentlichen Aussehen" des unerreichbaren, phantasmatischen Textes. Der Text gerät zu diesen sonderbaren Felsen, Klippen „seltsamer Gestalt", durch die Bertha, Eck B ert ha, und der Leser irren: „ich wußte nicht, ob ich weiter gehen sollte", „Klippen die auf einander gepackt waren, und das Ansehen hatten (...), als wenn sie der erste Windstoß durch einander werfen würde" (129f./1261).

Figuriert ist im Eckbert, der nicht allein Eckbert ist, sondern selber vielfach als Eck Bert ha vermengt, nicht bloß der *Eckbert*, realisiert darin nicht bloß die immanente Reflexion des *Eckberts* im *Eckbert*, figuriert ist ebenso der Leser; gemeint ist die besprochene a-personale Phantasie, keine reale Leser-Figur. Eckbert figuriert gegenüber seinem unbegreiflichen Leben – „seltsamste Zufälle", fürchterliche Verdrehungen und Kontaminationen, selbst das erzählte Leben ist nichts weiter als dieses – den Leser gegenüber dem unbegreiflichen Text. Eckberts Debakel des Verstehens ist das des Lesens. Liegen Eckbert und *Eckbert* am Ende „wahnsinnig in den letzten Zügen", vernichtender Paroxismus der Phantasie, so erleidet in dieser Figuration Eckberts die Leser-Phantasie denselben Paroxismus, Wahnsinn (leerer Sinn): „keiner Erinnerung, keines Gedankens mehr mächtig" soll auch der Leser sein, „um das Bewußtsein, um die Sinne (...) geschehen". Damit bebildert der Text präzise die eigene Fiktion seiner Wirkung. Schließt der *Eckbert* in seiner Reflexion seine konstitutiven Eigenschaften ein, so eben auch seine wichtigste: den Leser als Dichter, als Ort des Wahnsinns, der eben a-topia ist, und somit paradoxe Präsenz der selbsttätigen Entfachung der unentwegten, nimmer sich fixierenden Vernichtungen bis in den lichtlosen Kollaps. Der Leser erleidet dasselbe wie die schwindelige Figur. Wenn den Köpfen der Figuren „von allen den seltsamen Vorstellungen schwindelt", dann ebenso denen der Leser. Die schwindelnde Figur, die Schwindel des Textes ist, ist dann der Schwindel des Lesers; ihm und dem Text ganz selbsttätig mischen sich dann die Vorstellungen, zunächst die vom Text, dann allgemein die vom Gewöhnlichen und Wirklichen, Märchen und wirklichem Lebenslaufes, als die der Leser den Text und das Leben der fehlenden Zusammenhänge, unfaßbaren Zufälle und Widersprüche identifizieren und damit beruhigen möchte, und geraten in das besprochene unentwegte Oszillieren bis zur „Zersthörung".

5.2 Namensverwirrungen, Figurenverwirrungen – Metamorphosen, Metamorphopsien

„Unaufhörliche Verwirrung" bis zum Schwindel stiften im Fortschreiten der Erzählung eklatant die erzählten, sich sukzessive in der Leser-Phantasie entwickelnden Figuren, stereotyp in den Kommentaren des *Eckberts* hervorgehoben, genauer, das Erzählen der Figuren[1004], ihre erzählten und erzählend wieder konterkarierten Identitäten, Distinktionen, Realitäten und Konstellationen: „nichts, worauf wir unser Auge fixieren könnten". Plötzliche Umwendungen, ständige Wechsel, Vermengungen der Figuren gegeneinander und reziprok der einzelnen Figuren in sich selbst. Exemplarisch zu beobachten ist sowohl das narrativsprachliche Verfahren des permanenten Changierens und Oszillierens wie das durch sie bewirkte Changieren und Oszillieren der Vorstellungen von den Figuren, und mehr als ihre erzeugten Vorstellungen in der Phantasie sind sie nicht (gleichgültig zudem, ob es sich bloß um imaginäre oder wie der Text sagt: „eingebildete" oder „wirkliche" Figuren handelt). Inszeniert wird eine radikale Figurenverwirrung, die ihrerseits auf eine pausenlose Verwirrung der Funktion und des Defekts der vom Text betriebenen Psychologisierung verweist, auf die unaufhörliche, gleich erörterte Verwirrung durch die unausgesetzte Montage und Demontage der Psychologie – die die scheinbaren Metamorphosen, derer die Figuren im „Märchen" durchaus fähig sind, als Metamorphopsien klären könnte, es aber doch nicht kann – und diese wiederum auf eine noch grundlegendere unaufhörliche Verwirrung, die des Erzählens oder Erzählers. Ganz grundlegend des Sprechens, wodurch sich das besondere Erzählen erst konstituiert und „in den letzten Zügen" des Textes kulminiert, aber bereits, „so eine unbedeutende Kleinigkeit es auch scheinen mag" (141/ 1264), in den ersten Sätzen beginnt.

[1004] Der Er-Erzähler erzählt von Eckbert, Bertha, Walther – von diesen drei im wesentlichen – und von Hugo, am Ende unsicher auch von einer „Alten". Erzählt wird (von) den Figuren so, daß sie nicht bloß zwischen Distinktion und Indistinktion (in sich und gegeneinander) oszillieren, sondern gar zwischen – in der „Fiktion" immanent notwendig geschieden – Wirklichkeit und Einbildung. Fixiert, fixibel ist keine, nicht einmal in ihrer Existenz. Am Rande, ohne Namen, ist u.a. von Nachbarn, Knechten und einem „alten Ritter" die Rede (144). Erzählt in der, gänzlich unversichert, vom Erzähler wiedergegebenen direkten Rede der Ich-Erzählung Berthas wird von ihr selbst (Bertha) und der Alten, marginal von Menschen in den Dörfern ihrer Reise, ihren Eltern (der Vater, „Schäfer Martin", der es vielleicht gar nicht ist).
Der Erzähler erzählt allgemein von einem Geschehen, das in der Vergangenheit passiert ist und das er nun wiedererzählt (im Präteritum). Erzählt wird in einer diskontinuierlichen, fragmentierten, nicht genau zu rekonstruierenden erzählten Zeit; mit und ohne Anzeigung der Sprünge bzw. Raffungen, mit und ohne zeitliche Angaben bei den Sprüngen. Sukzessivität wird, kleinteilig noch erörtert, allgemein fortwährend zur Frage. Das Erzählen in der Erzählzeit beginnt mit der Situation von Eckbert, Bertha und Walther am Kamin in „heitrem und vertraulichem Gespräch", in der Bertha ihre Erzählung beginnt. Auf den ersten Blick, obgleich schon in den ersten Zeilen brüchig, geben sich Erzähler und Erzählen homogen und unproblematisch, berichtend, beschreibend – ein neutraler Erzähler (s.u.). Vom Er-Erzähler, der, gerade hat er erst die Erzählung begonnen, wird (anscheinend) eine direkte Rede einer erzählten Figur (Berthas) unkommentiert wiedergegeben, im Gestus einer in sich sicheren, in ihrem Wahrheitsgehalt allerdings vollends unkommentierten Wiedererzählung. Eine Wiedererzählung einer direkten Rede, die rund zwei Drittel des gesamten Textes ausmacht und den Beginn und die Erzählzeit fast vergessen läßt (so heißt es immer wieder in der Forschung, der Text beginne mit der Bertha-Erzählung).

Sind die Figuren des Märchens offen irreale, phantastische, durchaus mutable, „sie können wechselnde Gestalt annehmen, sind allwissend"[1005], so bedeuten die Verwirrungen der *Eckbert*-Figuren wesentlich eben keine sicheren Märchen-Figuren. Eine Ausnahme scheint die Alte zu sein, scheinbar ganz sicher eine „Bewohnerin der absoluten Märchenzone"[1006]. Mit ihr ist das märchenarchetypische „Waldweib" zitiert, „im geheimnisvollen Wald ein schreckliches Weib" mit „unvorstellbaren Zauberkräften", die das „Lebenskraut und andere Wundergegenstände hütet", Zitation wiederum der uralten, osteuropäischen Märchen bzw. Myhenfigur der „Baba-Jaga" oder „Jezi-Baba" sowie indischer Mythen[1007]. Elemente des typischen Settings sowie Handlungs- bzw. Ablaufstranges sind ebenso zitiert: „Die Begegnung mit der 'Hexe' (...) im Wald ist eine entscheidende Stufe in den Erlebnissen (...) [der] Märchenhelden", „durch Prüfungen, die sie in ihrer oft seltsam ihre Gestalt wechselnden 'Hütte' bestehen, erhalten Märchenheld oder -heldin die Zaubergegenstände, die ihnen in späteren Abenteuern ermöglichen, all ihre Ziele zu erreichen. Der Prinz gewinnt gelegentlich sogar die Tochter der 'Hexe' zur Frau [Bertha sieht sich gelegentlich als ihre Tochter], die magische Kräfte beherrscht"[1008]. Die „Begegnung" mit der Alten und ihrer „Hütte", ihren „Wundergegenständen" im „Wald", die „Prüfungen", der Erhalt der „Zaubergegenstände" (der Wundervogel), die spätere Abenteuer und Ziele erreichen helfen (die Edelsteine, der immer ersehnte Reichtum), die Hochzeit des Prinzen mit der Hexentochter – diffus scheinen große Teile des *Eckberts* schon erzählt, indes sind, in den folgenden Betrachtungen im einzelnen zu sehen, alle diese Elemente in der Zitation bereits beschädigt, ironisiert, verkehrt. Vor allem: es liegt keine ausgesprochene oder auch nur stumme Erhöhung in der „Begegnung", die Grundformel ist pervertiert: „Im Märchenwald begreifen die Helden (...) so nach ihren entscheidenden Begegnungen mit dessen weiblicher Herrin (...) odere deren Töchtern das geheime Wesen der Natur" und ihrer selbst[1009]. Im *Eckbert* wenden sich die aufgenommenen Elemente katastrophisch, in die Zerstörung, das Märchen funktioniert nicht, so das polemische Spiel mit dem Märchen. Mit der Vernichtung ist indes die ganz ursprüngliche Ambivalenz des „Waldweibes" bzw. seiner mythischen Vorlagen aufgegriffen: Sie „verkörpert in sich eben die zerstörenden und die guten Kräfte", „böse, dunkel, zerstörend", „Tod verbreitend"[1010]. Das immer kalkuliert gebrochene Zitat des „Waldweibes" führte es mithin gegen die Domestifizierung zu dieser frühen vollkommenen Willkür und Gewalt zurück. Die „Alte" allerdings ist im *Eckbert* nur Teil der Binnengeschichte und der letzten Szene, die beide, gleich demon-

---

[1005] Kreuzer, *Märchenform*, S. 180.
[1006] Ebd.
[1007] *Symbolgestalten im Märchen*, in: *Lexikon der Symbole*, hg. v. Wolfgang Bauer, Irmtraut Dümotz u. Sergius Golowin, Wiesbaden ¹⁵1994, S. 244f.
[1008] Ebd.
[1009] Ebd.
[1010] Ebd.

striert, Kreuzer übergeht das souverän, vom Text selber unter massive Vorzeichen der Einbildung gesetzt werden, der Einbildung, die, so wiederum der Text, die Märchen und Märchenfiguren erst hervorbringen. Die prinzipiell nur unsicher zu notierenden Mutationen der Figuren-Vorstellungen lassen sie weder als „märchenhafte" noch „wirkliche" – und schon beginnt das Spiel mit dem Wirklichen im Eingebildeten, einem „fiktionalen" Text –, weder als distinkte oder als indistinkte stehen, sondern halten sie bis zum Vorstellungskollaps im ununterbrochenen Schwanken: Plötzlich, nie ganz sicher, immer widersprüchlich und disjunktiv veranstaltet, erscheinen sie umgewendet und plötzlich wieder zurückgewendet oder verquickt, kleinteilig am Beginn der Geschichte zu betrachten. Genau so unsicher ist die ganze Geschichte ein Märchen. Bereits die (Eigen-)Namen sind nicht zu beruhigende Irritationen und realisieren schon die ihrer Figuren. Eckbert, eingedenk immer der Identität vom Protagonisten und Textnamen als poetologischer Selbstreflexion, und Bertha, beides „Glänzende", die verheerend sich verdunkeln und im sonderbarsten Dunkel enden[1011], lesen sich in beunruhigender Weise überdeutlich wechselseitig als Teile des anderen Namens, „vermischen sich", interferieren: *Eck Ber ha*. Freilich ohne restlos ineinander aufzugehen, ohne ganz einer rhetorischen Figur oder einem ausgeklügelten formulierbaren Spiel zu entsprechen. Angespielt ist die vom weiteren Erzählten dann wieder und wieder angedeutete unmögliche Indistinktion der beiden Figuren, die Möglichkeit ihrer unmöglichen Identität. Unmöglich, weil der sich in auktorialer Kompetenz zeigende Erzähler sich dann selber demontierte, erzählt er doch in vielen Passagen scheinbar sicher von ihrer sicheren Distinktion. Zu derselben Anspielung und Verquerung kommt es mit Walther und der Alten, W Alt(h)e r, deren Identität immer wieder erwogen, gar durch die Namensnennung „Strohmis" durch Walther als eine scheinbare Notwendigkeit, und ebenso häufig wieder verworfen wird. Walther, wie Eckbert ein Name, der Martialisches festhält[1012], und die Alte, W Alte r, spielen wiederum mit „alter",

---

[1011] „Bert(h)a" (germanisch-altdeutsch: „Bert"=glänzend, berühmt), ein sehr alter germanischer Kurzname, war im Mittelalter bereits selten geworden. Erst die Ritterdichtung und Romantik, Tieck eben, belebten den Namen wieder (er kam dann in Adels- und Patrizierfamilien vor, später auch als Volksname), als Artefakte somit. Ähnlich verhält es sich mit Eckbert, Walther und Hugo.
„Eckbert", „Egbert" (in verschliffener Form: „Ebbert" mit der friesischen Koseform „Ebbe") war der Lieblingsname der ingwäonischen Nordseegermanen und fand sich deswegen sehr häufig in Friesland und England, aber auch Grafen und Bischöfe in Niedersachsen hießen so (Eckbert lebt im Harz). Die Silbe „Eg" beruht auf „Agi" und bedeutet die Schärfe und Spitze der Waffe (wie in Egmont). „Bert" (germanisch: „Bercht") meint glänzend, berühmt wie in „Berthold" und eben in „Bertha" (s. Hans Bahlow, *Unsere Vornamen im Wandel der Jahrhunderte*, Limburg 1965, „Eckbert", S. 25f., „Bertha", S. 14).

[1012] „Walther" ist ein alter, zeitweilig höchst beliebter germanischer Name, beheimatet vor allem im allemanisch-schweizerischen Raum (vgl. die „Walthari"-Heldensagen von Walther und Hildegund des 10. Jahrhunderts), der auch erst durch dier Ritterdichtung und

dem *anderen* oder alter ego – dem alter ego Eck Bert ha s dann, eine ganze, bald scheiternde Interpretation wäre so zu entfalten –, die unmögliche Möglichkeit anspielend, die das Erzählte momenthaft eröffnet und wieder dementiert, daß überhaupt nur eine Figur wäre, eine dann vollends unmögliche Figur: Eckbert bzw. Eck Bert ha oder ein anderer, als Einholung des monolithischen Eigennamen-Titels der Geschichte. Eckbert und Bertha, Walther und die Alte gruppieren sich so in einer paradigmatischen, substitutiven Relation, Eck Bert ha und W Althe r in einer syntagmatischen. In einer Beziehung in ihrer jeweiligen Geschichte stehen dann hauptsächlich Eckbert und Walther – deutlich die Exposition, Bertha ist zunächst namenlos und marginal – sowie Bertha und die Alte. Die sich ereignenden (ungeklärten) chiastischen Kontakte Bertha / Walther, Eckbert / Alte sind verheerend, zumindest für Bertha, Walther und Eckbert, die im Strudel der sich ausweitenden Indistinktionen und Konfusionen den Tod finden. Letzterer Kontakt kann deutlich vielleicht „nur Einbildung" sein und auch ersteren, brennpunktartig die Namensnennung, erwägt Bertha im Nachhinein dann manchmal als Einbildung, wenn diese Annahme vom Erzählen auch scheinbar unmöglich gemacht wird. Wie sehr der Text aber einfache oder subtile strukturelle, konstellative Konstruktionen, so eben die der Inversion, des Chiasmus oder des Anagramms nahelegt und so verborgene Ordnungen aufblitzen läßt, eine Vielzahl wäre zu rekonstruieren – alle funktionieren und funktionieren nicht, nie ganz, nur ephemer. Der Titel, der eine „unsonore Name" (Bloch[1013]), hält die auseinanderdriftenden Teile keineswegs „zu einer Einheit zusammen"[1014], auch die „zwei Äste" (Thalmann) der Geschichte nicht, die vom Erzähler wiedergegebene Ich-Erzählung Berthas (formal schon „im alten Volksmärchen unmöglich"[1015]) und die Er-Erzählung von Eck Bert ha s Leben des Erzählers, die eben nicht distinkt zwei Äste sind. Auch der Schluß der Er-Erzählung scheint beispielsweise momenthaft wie eine Ich-Erzählung aus Eckberts wahnsinniger Perspektive. Ebensowenig hält er die fragliche Vielfalt der Figuren zusammen, im Gegenteil, er wirkt im Spiel der Figurenverwirrung mit. In der stammelnden Rede Eckberts ganz am Ende, in der Eckbert, vom Erzähler als direkte Rede wiedergegeben, erwägt, ob er Bertha nur geträumt habe, überhaupt sein Leben immer bloß in „schrecklicher Einsamkeit" zugebracht habe, leuchtet momenthaft die, wenn auch unmögliche, Möglichkeit auf, der gesamte Text könne nur von einer einzigen Person erzählen oder gar erzählt werden, ihr

---

Romantik wieder in Umlauf kommt (angeregt durch Schillers *Wilhelm Tell*; *Walther* ist Tells Sohn) und meint: „im Heer waltend, Heerführer" (Bahlow, *Vornamen*, S. 103).

[1013] Bloch, *Bilder des Déjà vu*, S. 240.

[1014] „Schon im *blonden Eckbert* geht es um eine Anlage in zwei Ästen, die eine menschliche Existenz mehrgleisig aufgespalten darstellen. Tieck setzt für das Geheimnis der Tiefe unter der Oberfläche der Erscheinungen eine neue Hieroglyphe ein: die Verfremdung des Gewöhnlichen ins Ungewöhnliche. Der Titel des Märchens hält beide Teile als ein Eckbert-Schicksal zu einer Einheit zusammen" (Thalmann, *Zeichensprache der Romantik*, S. 90).

[1015] Schlaffer, *Roman und Märchen*, S. 454f.

kompliziertes Delirium wiedergeben oder es sein. Ein Gestammel, dessen Status vom Erzähler zudem uneindeutig, schwankend markiert wird, als Einbildung oder Wirkliches, oder gar, noch bodenloser, von einem selber willkürlich und inkompatibel changierenden, sich zerstörenden Erzähler erzählt wird. Bei den Begriffen Einbildung und Wirklichkeit geht es dabei nur um die textimmanente Funktion und Disktinktion dieser Werte, die textuell gesetzt werden: „Jedes Erzählen muß die ihm eigene Wirklichkeit benennen. Literarische Rede installiert notwendig ein Gefüge von Unterschieden, Oppositionen, Verwandtschaftsbeziehungen und Identitäten – Gesetze und Konventionen der Darstellung, die nur im Text selbst ihre Gültigkeit haben. Auf diese Gefüge referiert der *Sinn der Kunst*, im doppelten Sinn des Wortes. An der Stelle des Gemeinten stehen die rhetorischen Figuren des Sogenannten, nicht Zeichen für die Wirklichkeit"[1016]. Plötzlich eröffnet das Erzählen Aussichten, die der Leser-Phantasie in wunderbarer Schnelligkeit Verkehrungen der bisherigen Figurenvorstellungen bedeuten, alles Gelesene bzw. Gehörte erliegt einer jähen Umbewertung, von den Figuren im Text an exponierten Stellen ebenso erlitten. Ausgelöst wird eine panische Revision des Gelesenen, werden augenblickliche Umwendungen und Veränderungen der Interpretationen, aller bisherigen Einschätzungen und Spekulationen zum Textanfang wie zum Textende hin. Noch das zuvor ohne alle Brechungen Erzählte wird brüchig. Die schwindelerregende Wirkung der „unaufhörlichen Verwirrung" der Figuren, in den Namen vorweggenommen, wird allerdings mit Gewalt gebrochen, sobald der definitive Bescheid formuliert wird, daß, z.B., Walther, Hugo, der „*alte* Bauer" und die Alte lediglich eine Figur sind. So exemplarisch in Franks Feststellung: „Die Grenze zwischen den Schauplätzen [Ebenen, Gebirge] durchquert stets auch die Identität der Personen: Die Alte im *Eckbert* vervielfacht sich in Walther, Hugo, dem alten Bauern"[1017]. Wegweisend schon von Bloch und Benjamin formuliert: „Gestalten gehen darin [im *blonden Eckbert*] leicht über, auch ineinander; nicht nur Walter, die Alte, auch Eckbert und Berta vertauschen sich zuweilen, die Alte hält Eckbert für Berta, den sie fragt, ob er den Vogel wiederbringe."[1018] Die Sache läge einfach, verhielte es sich so wie in diesen Formulierungen, die den Text aber um sich selbst bringen, das Entscheidende beschneiden und den Schwindel beruhigen. Nicht im geringsten ist am Ende des Textes sicher, daß Identitäten durcheinandergegangen sind und verschiedene Figuren nur eine sind (gleich im Detail gezeigt). Die eigentliche „Beunruhigung" des Lesers, die mächtig genug ist, den Schwindel zu lösen, liegt in dem Verfahren des Textes, dieses beständig in wechselnder Konstellation anzudeuten, vom Erzähler und den erzählten Figuren explizite äußern zu lassen und die Leser-Phantasie zugleich immer auf die Fraglichkeit und Unmög-

---

[1016] Brecht, *Die gefährliche Rede*, S. 256.
[1017] Frank, *Phantasus*, S. 1299.
[1018] Bloch und Benjamin in einem Gespräch (das dem Aufsatz *Bilder des Déjà vu* nachgeschickt wird). Bloch gibt das Besprochene als „gemeinsames Resumé" wieder (Bloch, *Bilder des Déjà vu*, S. 240).

lichkeit dieser Annahmen zu stoßen. Immer nämlich gibt der Text in dem Moment, in dem er die Identität zweier oder mehrerer Figuren nahelegt oder gar ausspricht, umgehend deutliche Anhaltspunkte für eine Widerlegung, wenn er sie nicht gar umgehend selber vornimmt. Der Text läßt den Leser immerfort das interpretatorische Standbein wechseln, bewirkt ein ununterbrochenes Hin und Her der Verstehenshypothesen, „es ist nur eine Figur", „es kann nicht nur eine Figur sein", „es muß aber nur eine Figur sein". Der Text führt jedoch nicht sukzessive sicher von der einen zur anderen Position, so daß am Ende eine Vorstellung sicher entdeckt wäre, wenn auch im Widerspruch zu einer früheren, sondern legt die nicht zu vereinbaren Positionen unentwegt für kurze Augenblicke jeweils von neuem nahe. In der Differenz zwischen der sicheren Behauptung der Identität z.B. von Walther und der Alten zum tatsächlichen Verfahren des Textes, das diese bloß unablässig wechselnd als, zuweilen einzige, Möglichkeit und dann wiederum Unmöglichkeit aufscheinen läßt – möglich und unmöglich immanent, immer nur gemessen an dem, was der Text erzählt – liegt die verheerende Qualität der Verwirrung. Nicht einfach die irritierte Identität oder das mögliche Oszillieren der Figuren begründen diese, der sie freilich zugehören, sondern eben das Oszillieren ihrer Annahme und ihrer Verwerfung; hierin liegt ein vielfaches Wirkungspotential.

Die offensichtlichste Verunsicherung der Figuren-Vorstellungen besteht um Walther, Hugo[1019], den, nur einmal kurz auftretenden, „alten Bauern" und die Alte, eine Figur, die immer wechselnd zwischen Christlich-Geistigem, Heidentum und Hexenidylle intoniert ist. Von der Alten ist nur in der in nichts gesicherten Bertha-Erzählung die Rede, die von expliziten „Träumereien" nur so wimmelt, sowie in der letzten Szene, die unter dem massiven Vorzeichen der Chimäre steht. Alle diese könnten, so die in der erörterten perfiden Weise vom Text angespielte Möglichkeit, Alternanten nur einer Figur sein. Die mögliche Identität Walthers und Hugos sowie Walthers und des alten Bauern, beide jeweils in einer Szene virulent, Figuren, die alle, stände hinter Walther wiederum die Alte, in einer einzigen Figur aufgehen würden, steht ebenso deutlich unter den Vorzeichen eines möglichen Wahns Eckberts, in dem Sinne, daß außer dem Wahn nichts wäre und die Figuren unbeschädigt in ihrer Distinktivität blieben. Dieses jedoch, daß alles nur Wahn sei, wird sprachlich, in der konkreten Erzählweise, abermals konterkariert. Eckbert hat soeben Walther getötet, in seltsamer, für alles Geschehen typischen Weise, „ohne zu wissen was er tat", Bertha ist in derselben Zeit „schon gestorben", überdeutlich wird die Alteration der „Beunruhigung" Eckberts markiert. In dieser Situation eröffnet Eckbert seinem neuen Freund Hugo seine „ganze Geschichte", sein „schreckliches Geheimniß"

[1019] „Hugo" ist die uralte Kurzform sämtlicher germanischer Namen mit 'Huk-' und bedeutet „Gedanke und Denkkraft"; die Wodan begleitenden Raben heißen „Hugin" und „Munin", „Gedanke" und „Gedächnis". Beliebt war der Name bei den Westfranken, in den Ritter- und Räuberromanen des 18. Jahrhunderts wurde er künstlich wiederbelebt (aus: Bahlow, *Vornamen*, S. 51).

und verwirklicht dadurch dunkel, sprachlich allerdings deutlich, wiederum dem „unwiderstehlichen Trieb" folgend, eine Wiederholung der (Ur-)Szene mit Walther am Anfang. „Er [Hugo] kannte ihn nicht, wußte seine Geschichte nicht [als möglicher Walther, dann auch mögliche Alte, wüßte dieser freilich alles], und er fühlte wieder denselben Drang, sich ihm ganz mitzuteilen" (143/1265), es kommt also ein zweites Mal zur „Mitteilung" des „Innersten" im Sinne der frühen Erzählerreflexion, die freilich nicht einer Figur zugeordnet war. Der Satz betont eine leicht zu überlesende Kulmination in der Konfusion Walthers und Hugos, in der sowohl die Psychologisierung wie der Erzählerdefekt akut werden. In der Wendung „wieder denselben Drang, sich ihm ganz mitzuteilen" kann das *ihm* nur Walther bedeuten. Hugo nämlich hat er sich zuvor nie mitgeteilt, was die Formulierung „wieder denselben Drang, sich ihm ganz mitzuteilen" in bezug auf Hugo schlicht falsch werden ließe. Die ungeheure, noch ausführlich behandelte Frage wäre dann: Unterläuft dem Erzähler ein Fehler, der gar Absicht und System sein könnte und, einmal entdeckt vom Leser, ihn selbst unterminierte, oder erzählt der Erzähler ganz marginal, aber bewußt von der einen Identität der beiden, von der er dann sicher wüßte, es aber zurückhielte? Eckbert weiß es nicht. Oder aber, eine weitere ungeheure Möglichkeit, der Erzähler berichtete, wie viele Male nahegelegt, eklatant am Schluß, in einer genauen Adaption an die wahnhaften Irrungen des zerrütteten Eckbertschen Hirns, der es einzig ist, dem Walther in Hugo erscheint, eine Perspektive, die die Formulierung „wieder denselben Drang, sich ihm ganz mitzuteilen" begreiflich und korrekt machen würde. Er berichtete vielleicht ganz in der personalen Perspektive, obgleich sie dies grammatisch deutlich nicht ist, dabei aber im Stile des Erzählerberichts, berichtete mit seiner Stimme, als ob Eckberts Stimme berichtete (vgl. den Abschnitt zum Erzähler im Schwindel). Nach dieser Mitteilung ist Eckbert zunächst „leichten Herzens". Weiter in der dunklen Wiederholung aufgehend, erleidet Eckberts „Stimmung" aber schlagartig eine Umwendung, aus intimem Vertrauen wird aggressiver „Verdacht" und „Argwohn". Der Erzähler benennt das Phänomen kurzerhand: „Es schien aber seine Verdammnis zu sein, gerade in der Stunde des Vertrauens Argwohn zu schöpfen" (144) und erzählt nun vom Aufscheinen Walthers in Hugo, zunächst in der offensichtlichen Befolgung des selbst formulierten Interpretationsmusters, daß nämlich die Wirklichkeit und die Person unverändert blieben, Eckberts umgeschlagene, „beunruhigte" Stimmung, die die chimärenbildende Exaltation der Phantasie anzeigt, nun aber seine Wahrnehmung usurpiere und das „unbegreifliche Ereignis" selber erst schaffe.

> „(...) denn kaum waren sie in den Saal getreten, als ihm beim Schein der vielen Lichter die Mienen seines Freundes nicht gefielen. Er glaubte ein hämisches Lächeln zu bemerken, es fiel ihm auf, daß er nur wenig mit ihm sprach, daß er mit den Anwesenden viel rede, und seiner gar nicht zu achten schien. Ein alter Ritter war in der Gesellschaft, der immer sich als den Gegner Eckberts gezeigt, und sich oft nach seinem Reichtum und seiner Frau auf eine eigne Art erkundigt hatte; zu diesem ging jetzt Hugo, und beide sprachen eine Zeitlang heimlich, indem sie beständig nach Eckbert hinsahn. Dieser sah jetzt seinen Argwohn bestätigt, er glaubte sich verraten, und eine schreckliche Wut be-

meisterte sich seiner. Indem er noch immer hinstarrte, sah er plötzlich Walthers Gesicht, alle seine Mienen, die ganze, ihm so wohl bekannte Gestalt, er sah noch immer hin und ward überzeugt, daß Niemand als *Walther* mit dem Alten spreche." (144/1266)

Wenig vor diesem Ereignis ist zu lesen, daß Eckbert die „Ermordung seines Freundes unaufhörlich vor Augen stand" und er „unter ewigen Vorwürfen" lebte, Hugo gegenüber nennt er sich „Mörder". Die psychologische Auflösung der Walther-Erscheinung ist im Detail vorbereitet, einzusetzen wären Tiecks eigene frühe Psychologisierungen von Einbildungen als Produkte des „Seelenzustand[s], in welchem das Gemüt beunruhigt, und die Phantasie auf einen hohen Grad erhitzt ist", vor allem eben, wenn Gewissensbisse die Seele zerrütten (ausführlich im Abschnitt über die Psychologisierung ausgeführt). Psychologisierungen, die der Text hier gewissermaßen zitiert, so im direkten Erzählerkommentar: „Wenn die Seele erst einmal zum Argwohn gespannt ist, so trifft sie auch in allen Kleinigkeiten Bestätigungen an" (140f.). Das Durchscheinen von Walther in Hugo wäre demnach „bloß Einbildung" in der Erregung, der Wut, die Eckbert „bemeisterte", eine Folge der im Text deutlich markierten „höchsten Beunruhigung" der Seele, der ausdrücklich gemachten Schuldgefühle und Verfolgungsängste. So lautet das implizit angespielte Psychologem, das Eckbert und dem Leser das Geschehen begreiflich macht. Ein wenig später, Eckbert begegnet einem alten Bauern, die Beunruhigung ist noch einmal deutlich gesteigert, erwägt er selber explizite wie schon zuvor – „oft dachte er, daß er wahnsinnig sei, und sich nur selber durch seine Einbildung alles erschaffe" (144) – die psychologische Aufklärung, die Walthers Erscheinungen in Hugo erhellte. „Was gilts, sagte Eckbert zu sich selber, ich könnte mir wieder einbilden, daß dies Niemand anders als Walther sei?- Und indem sah er sich noch einmal um, und es war Niemand anders als Walther.-" (145). Das *wieder* hält ganz offenbar fest, dem Leser allerdings vom Erzähler, der es wissen mußte und also erzählen konnte, bisher nicht mitgeteilt, daß Eckbert den in Frage stehenden Vorfall mit Hugo in dem Saale für sich als Einbildung verstanden hat. Ein typisches Verfahren des Erzählers: weit später marginal etwas zu erzählen, das die Leser-Phantasie rückwirkend plötzlich eine Stelle, an der es kapitale Bedeutung gehabt hätte, ganz anders bewerten läßt. Die erwogene wahnsinnige Einbildung rettete Eckbert, dem Leser, dem Erzähler und dem Text die Identitäten der Figuren, überhaupt alle Ordnung und „Wirklichkeit" im Text, seine eigene sowie Hugos, Walthers und des Bauern; eine Rettung in den sich selbst bewußten Wahn, der sich indes dann aufheben müßte. Bedrohlich nur, daß der eine Satz eingeleitet wird mit der Wendung: „sah er sich noch einmal um und (...)", es aber dann im folgenden Teilsatz nicht heißt: „es schien ihm, als", „es war ihm, als sähe er", „glaubte, zu sehen", Optionen den möglichen Wahn wiederzugeben, die der Erzähler zahlreich praktiziert, sondern: „es war Niemand anders als Walther". Dadurch adaptierte der Erzähler in diesem Moment – einem grammatisch, propositional an sich eindeutig mitgeteilten Satz, es ist Walther – entweder gänzlich Eckberts Wahn und erzählte aus diesem heraus oder aber er wollte erzählen, daß wirklich Walther da stehe. Im letzteren Falle geschähe dann, ganz legitim innerhalb der gesetzten Erzählfiktion des „Märchens", etwas „Übernatürliches". Grammatik und Erzählerhaltung demolieren solchermaßen die vorbereitete, wiederholt deutlich nahegelegt und selber vom Erzähler und der Figur erwogene sichere psychologische Auflösung des Unbegreiflichen. Beunruhigend auch, daß nicht, wie man es vermuten würde, sobald das psychologische Prinzip ausgesprochen ist, Bewußtsein von einem möglichen wahnhaften Erleben besteht, dieser dunkle, lichtscheue Mechanismus erlöscht. Der Spuk müßte jäh ein Ende haben, prompt aber steigert er sich noch. Schon in der Szene im Saal beunruhigen sprachliche Eigenheiten in derselben Weise die psychologische Lesart, die der Erzähler überdeutlich präpariert. Denn schon dort berichtet der Erzähler im Augenblick von Eckberts Wahrnehmung, in Hugo Walther zu sehn, Eckberts Überzeugung indikativisch und ohne brechende Zusätze: „*er sah* plötzlich Walther" und nicht etwa, wie eben an zahlreichen anderen Stellen der Geschichte: „es schien ihm, als". Wiederum ließe die Grammatik dem Leser eigentlich keinen Zweifel, Walther steht dort. Wahnsinnig werden könnte Eckbert ja auch im Angesicht von wirklich Übernatürlichem, streng genommen dann natürlich nicht mehr im psychologischen Sinne, der eben das Übernatürliche zurückführte und auflöste. Die folgende Formulierung allerdings, Praxis des Oszillierens, augenfällige Redundanz zunächst, holt nach, was die erste ausließ und zeigt damit noch einmal, daß der Erzähler über diese Möglichkeit verfügt und es im ersten Falle eine bewußte Auslassung war, nämlich sprachlich das Delirante und Chimärenhafte in Rechnung zu stellen: „er sah noch immer hin und ward überzeugt, daß Niemand als *Walther* mit dem Alten spreche." (144). Unklar in allem ist, ob der Erzähler von wundersamen Metamorphosen erzählt, von denen Märchen eben erzählen, oder aber von Metamorphopsien Eckberts. Im „ward überzeugt" ist die mögliche, erlösende Brechung festgehalten, die die Psychologisierung rettete, die damit aber auch nicht sicher hergestellt ist, sondern unaufhebbar beschädigt bleibt und weiter beschädigt wird. Der Leser erleidet das verlangte, den hermeneutischen Taumel erzeugende Hin und Her seines Leseverstehens.

Hugo und der alte Bauer, wären sie nur Walther, wären folglich, damit spielt der Text am Ende, auch wiederum nur die Alte. Genauer, alle diese wären die Alte, die nicht die Alte als eine Person, eine Figur und Identität mehr wäre und Bertha vielleicht lediglich als Alte erschien, sondern bloß eine zufällige übernatürliche Metamorphose – wovon dann eigentlich? –, wie es die betrachteten „tausend und tausend" möglichen „Gestaltungsversuche" über den nimmer zu identifizierenden phantasmatischem Urgrund sind. So wie das, was in der Alten erscheint, ein „Eigenname" fehlt ganz, sich dieses eine „Gesicht" wählt, dessen „eigentliches Aussehen" sich zudem unentwegt entzieht, könnte es sich beliebig andere wählen. Wäre Walter die eigentliche Gestalt, wäre es der alte Bauer oder doch die Alte? Explizite ist nur einmal von der einen Identität der Alten und Walthers die Rede; angedeutet, hat der Leser dieses einmal erfahren, scheint ihm diese mögliche eine Identität dann freilich rückblickend bereits in mehreren Momenten. Explizite wird sie in der letzten Passage des Textes erwogen, wenn sie dort auch vom Erzähler sofort unter die massiven Vorzeichen des Deliranten gestellt wird: „Jetzt war es um das Bewußtsein, um die Sinne Eckberts geschehn; er konnte sich nicht aus dem Rätsel heraus finden, ob er jetzt träume" (145). Alles folgende, die ganze letzte Szene bis auf den letzten Satz vielleicht, eben auch die Anrede der Alten „Bringst du meinen Vogel? Meine Perlen? Meinen Hund? (...) Niemand als ich war dein Freund Walther, dein Hugo" (145/1266) könnte nur im delirierenden Hirn Eckberts seine Wirklichkeit haben, die Alte und ebenso ihre Behauptung, eins zu sein mit Walther und Hugo. Der Erzähler setzte dann voraus, daß der Leser diesen Satz als Exposition für den Rest des darauf Erzählten betrachtete; eben diesen Satz unter diesen Vorzeichen nehmen die meisten *Eckbert*-Interpretationen als sichere Grundlage, um von der Identität von Walther und der Alten zu sprechen. Alles wäre, jenseits des Bewußtseins, bloß ein delirierender Dialog Eckberts mit sich selbst (mit wem also?). Eine einfache Auflösung ins Psychologische, die ausbuchstabiert werden müßte im Detail, zunächst ist nur die Einräumung der Möglichkeit von Chimären gemeint, schiene möglich zu sein, wenn nicht der Erzähler nichts von einem Wahn wüßte oder wissen wollte. Im Satz zuvor nämlich formuliert er in sicherer, grammatisch unhintergehbarer Weise: „Eine krummgebückte Alte schlich hustend mit einer Krücke den Hügel heran" (145). Übt sich der Erzähler, wie erörtert, auffällig im gesamten Text in Wendungen wie „als ob", „schien ihm" bzw. „ihr" etc., so verzichtet er hier wiederum darauf, die nahegelegte Annahme, alles sei chimärisch, sprachlich definitiv zu stützen. Im Gegenteil, dieser Satz wie die folgenden, in denen gar ein Dialog entfaltet wird, der eben nur ein delirierender Monolog sein könnte, sind so verfaßt, daß er als objektiver Erzählerbericht wie in der ganzen Geschichte zuvor gelten müßte. Implizites, nie ausgesprochenes, aber aufgedrängtes Argument, daß Walther doch die Alte sei und damit scheinbare Klippe aller psychologischen Auflösungen der möglich-unmöglichen einen Identität der Alten, Walthers und Hugos, welche die Figuren also distinkt halten, ist die Nennung des Hundenamens Strohmi durch Walther[1020]. Ein „unbegreifliches Geschehen", das, wie kein anderes des Textes, der immerzu aufgedrängten und dann wieder demolierten Hypothese, daß alles Unbegreifliche des Textes und Lebens „bloß Einbildung" und, psychologisch einholbarer, Wahnsinn wäre, allen Boden entzieht. Es könnte das einzig „wirklich" Unwirkliche, Übernatürliche sein, das die Geschichte zum Märchen werden ließe. Erzählt wird die Namensnennung scheinbar sicher und unhintergehbar; Bertha beendet ihre Geschichte, Walther erhebt sich zum Gehen und sagt: „Edle Frau, (...) ich kann mir Euch recht vorstellen, mit dem seltsamen Vogel, und wie Ihr den kleinen *Strohmi* füttert" (140/ 1264). Ein Name, von dem, hat ihn Bertha einmal vergessen – wiederholt weist der Text darauf hin, daß dies ein „seltsames" Vergessen ist –, nur eine einzige Figur wissen kann, die Alte. Dann muß Walther die Alte sein. Ausdrücklich hieß es zuvor: „Ich [Bertha] habe mich im-

---

[1020] In der *Phantasus*-Fassung des *Eckberts* heißt er „Strohmian".

mer nicht wieder auf den seltsamen Namen des Hundes besinnen können, so oft ich ihn auch damals nannte" (134), ein wenig später: „Du wirst dich erinnern [zu Eckbert], daß ich mich immer nicht, so oft ich von meiner Kindheit sprach, trotz aller angewandten Mühe auf den Namen des kleinen Hundes besinnen konnte, mit dem ich so lange umging; an jenem Abend sagte Walther beim Abschiede plötzlich zu mir: ich kann mir Euch recht vorstellen, wie ihr den kleinen *Strohmi* füttertet" (141/1264f.). Geht der Erzähler an der Stelle der Namensnennung auf diese Seltsamkeit nicht ein, ebensowenig seine erzählten Figuren, denen also, könnte der Leser an dieser Stelle meinen, gar nichts aufgefallen ist, wird der Leser hier zusammenschrecken – ist ihm doch ausdrücklich mitgeteilt, daß Bertha den Namen „immer nicht" erinnern konnte –, wenn er nicht, geführt an den Figuren, die bis auf den kursiven Druck marginal mitgeteilte Seltsamkeit selber überliest, bis Bertha über sie ausdrücklich spricht. Dazu kommt es aber erst unbestimmte Zeit, mindestens mehrere Wochen, später, an ihrem Krankenbett. „Krank" ist Bertha allerdings schon am nächsten Morgen, wobei sie zu diesem Zeitpunkt den Grund ihrer Krankheit noch anders bestimmt: „die Erzählung in der Nacht müsse sie [indirekte Rede Berthas] auf diese Art gespannt haben" (in einer ersten Mitteilung des Grundes ihrer Erkrankung an Eckbert am Morgen nach den Gesprächen am Kamin ist freilich von der Namensnennung keine Rede, erst in der letzten Steigerung der „Fieberhitze" wird dieses Problem präsent). Berthas verwirrte Fragen im Fieber sind die der wieder parallel geführten Leser-Phantasie: „Ist das Zufall? Hat er den Namen erraten" – alles natürliche Erklärungen, man könnte es schlicht mit einem wahnsinnigen Zufall zu tun haben –, „oder hat er ihn mit Vorsatz genannt? Und wie hängt dieser Mensch dann mit meinem Schicksale zusammen?" (141/1265) Unausgesprochen, ausgespart bleibt wiederum das ganz Nahegelegte. Erst kurz vor ihrem unspektakulären, beiläufig mitgeteilten Tod, in derselben Zeit, in der Eckbert Walther umbringt, „ohne zu wissen was er tat" und, vielleicht auch, wen er umbringt, fabuliert Bertha von Walther und der „Alten". „Sie hatte vor ihrem Tode noch viel von Walther und der Alten gesprochen." (142) Hier also werden Walther und die Alte das erste Mal ausdrücklich zusammengebracht, aber eben in einer vollkommen offenen Formulierung, grammatisch so, daß sich kein notwendiger Zusammenhang, gar identifikatorischer Zusammenhang ergibt: das texttypische heimtückische Spiel des ostentativen Andeutens und gleichzeitigen unschuldigen Offenlassens. Der Leser wurde freilich vom Text schon vorausgeschickt, vermutet dieses bereits und liest es als Bestätigung, die freilich dadurch beunruhigt, daß er seine Vermutung auch hier nicht sicher festmachen kann. Unbestimmt zusammengebracht werden Walther und die Alte zudem in Sätzen, die in den letzten Zügen einer Fieberhitze gestammelt werden – wiederum ist die hohe chimärische Potenz angezeigt –, nachdem Bertha vom „unbegreiflichen" Vorfall um den Verstand gebracht wurde, in demselben Zustand also, in dem sich Eckbert die Alte dann als Walther offenbart. Sowohl das Reden von Walther und der Alten könnte, hielte man sich an die auffällig präsentierte Fieberhitze, deliriert sein wie auch überhaupt die Vorstellung, Walther habe den Namen des Hundes gesagt, wenn da nicht der Erzählerbericht von dieser Namensnennung am Vorabend wäre. „Walther wünschte ihr mit einem Handkusse eine gute Nacht und sagte..." (140). Ob Eckbert die Nennung des Namens überhaupt gehört hat, bleibt gänzlich offen, wird auch in dem Gespräch mit Bertha über den Vorfall nicht klar. Dem Leser wahrscheinlicher ist allerdings, daß er die Nennung des Namens nicht gehört hat. Unwahrscheinlich mutet an, daß er ihn als unbedeutsam empfunden und übergangen hätte; der Text provoziert das Spiel mit den „tausend und tausend", so oder so, immer anders zu wendenden Indizien. Eckberts folgender jäher Stimmungsumschlag wird vom Erzähler deutlich in keine Verbindung mit der Nennung des Namens gebracht, präsentiert scheinbar bloß als wunderliche plötzliche Umwendung. Eckbert wäre möglicher einziger Zeuge Berthas, der dementieren könnte, daß der ganze Vorfall bloß eine Einbildung Berthas war, wie diese nämlich selber ausdrücklich erwägt und wieder verwirft: „Zuweilen ist es mir eingefallen, ich bilde mir diesen Zufall nur ein, aber es ist gewiß, nur zu gewiß" (141f./1265). Äußert sich der Erzähler zu der Frage, ob Eckbert den Namen nun gehört habe oder nicht, auffälligerweise keinmal und bleibt Eckbert auch auf Berthas direkte Frage „Was sagst Du, Eckbert?" unverständlich stumm (142), so bleibt nur die Erzählweise, daß der Erzähler sprachlich unhintergehbar von dem Vorfall erzählt, die bestreiten könnte, und es scheinbar auch tut, daß alles bloß Einbildung sei. Indirekt wird so, vielleicht, wieder Berthas unmögliche Annahme, die Namensnennung sei, vielleicht, nur eine Einbildung gewesen, gestützt. Möglich wäre diese Auflösung im Sinne der wahnhaften, fieberhitzigen Einbildung indes nur mittels der unterstellten Korruption bzw. dem angenommenen schweren Defekt der Erzählerfunktion, eine Auflösung des schwerwiegendsten Grundes, von einem Übernatürlichen, Märchenhaften überhaupt sprechen zum müssen. Ein Defekt, den andere Stellen, so das eben beobachtete Problem mit dem „unwiderstehlichen Drang", deutlich aufzuzeigen scheinen – und wie sollte man ihn dann begrenzen? Schon in den ersten Sätzen steht der Erzähler, wenn auch noch diffus, in Frage, gravierend dann in der Kulmination des Geschehens in der noch eingehend zu zergliedernden letzten Szene. Den Leser, ist er „einmal zum Argwohn gespannt", kann dann im Wissen um den an diesen Stellen offensichtlich in den Grundfesten demolierten Erzähler – hier kann das Erzählen, der Text nur noch abbrechen –, nichts mehr davon abhalten, von dieser arglistigen Unzuverlässigkeit des Erzählers auf schon frühere Unverläßlichkeiten zu schließen und „trifft (...) in allen Kleinigkeiten Bestätigungen an". Die ausdrücklich proklamierten Textprinzipien wenden sich, mit dem Ergebnis der Selbstvernichtung, auf sich selber an. Am Ende hielte den Leser nichts mehr von dem Argwohn ab, auch die Namensnennung bloß als Schilderung von Berthas fieberhitzigem Wahnsinn zu lesen, die der Erzähler in seinem absichtlichen Fehler mit seiner Stimme in scheinbar neutraler, aber eigentlich personaler Erzählweise, erzählte, obgleich es an der Stelle der Namensnennung keinen Hinweis, keine sprachliche Markierung dieses Erzählwechsels, gibt.

Wie in allen Figurenverwirrungen, die sich plötzlich auftun, erhält zuvor Gelesenes schlagartig neue, andere oder gegensätzliche Bedeutungen. Aus bisher sicher Bestimmtem wird (wieder) Unbestimmtes, bisher Marginales, scheinbar Beliebiges und „Geringfügiges" wird unversehens zur Stütze der neuen Lesart. Wird die Identität von Walther und der Alten plötzlich eine Frage, scheint es, als könnte vieles des früher Erzählten Vorbereitung sein, das nun zur Bestätigung der aktuell angedeuteten Identität wird. Blitzartig ergeben sich neue Vorstellungen, neue Verständnisse, neue Bezüge, eine hektische Revision, die sich immer mehr ausweitet. Walther z.B., das ist in den ersten Sätzen zu erfahren, sammelt „Kräuter und Steine" (126), ebenso „Moos von den Bäumen" (142), eine Betätigung eines „Wald-" bzw. „Kräuterweibes" – der „Alten", erwägt die Revision nun – und weniger Passion eines Ritters. Das „kleine Vermögen", von dem er lebt, bleibt zu Beginn unbestimmt. Die Edelsteine des „wunderbaren Vogels", so dann die augenblickliche Assoziation, ist die mögliche eine Identität der Figuren einmal nahegelegt, wären das Vermögen W Alte rs; ebenso kommt Eck Bert ha zu ihrem kleinen Vermögen. Die zunächst erzählte, vollends unbedeutsame Leerstelle, die als solche überhaupt erst im nachhinein auffällt, wird plötzlich rückwirkend signifikativ aufgeladen und fungiert nun aktuell, ebenso plötzlich, als Beleg für die, nirgends ganz sicher zu fixierende Annahme der einen Identität. Nur zeitweilig hält Walther sich „in der Nähe von Eckberts Burg auf", die andere Zeit, so nun die plötzliche Vermutung, könnte er in einem „kleinen Tal" leben und Kräuter sammeln. Von der Alten erfährt man, komplementär gewissermaßen, daß sie über längere Zeit, „Wochen und Monate" (134/1263) und am Ende nochmals „länger als gewöhnlich" (136), ihr „kleines Tal" verläßt und in anderen Gegenden lebt. Ganz offen, damit mit allem füllbar, bleibt immer, was sie auf ihren „längeren Wanderungen" tut.

Scheinbar erlauben die abrupten Wendungen, daß sich fast selbsttätig ein Puzzle der zuvor inkompatiblen Teile zusammensetzt. Alles von Walther Berichtete kehrt sich rasant, ohne daß der Text dieses je ausdrücklich revoziert, ins Gegenteil. So die Vorstellung von seinem Verhalten gegenüber Eckbert, der innige, einzige „Freund" wendet sich plötzlich, ist der „Schlag" der möglich-unmöglichen einen Identität geschehen, zum schlimmsten, diabolischen Feind, Freundschaftsdienste erscheinen als äußerste Tücke seiner Bosartigkeit. Systematisch, nach einem teuflischen Plane hätte Walther sich nach und nach in Eckberts Vertrauen geschlichen, auf den „einsamen Spaziergängen" die „genauere Freundschaft" (später: „innigere Freundschaft") provoziert, Eckbert durch geschicktes Verhalten eine tiefe Affinität fingiert („an welchen sich Eckbert geschlossen hatte, weil er an ihm ohngefähr dieselbe Art zu denken fand, die er selbst hatte", 126/1260). Ein selber unverständlicher und sonderbar umständlicher Plan für eine omnipotente Figur, kompliziert sich über Jahrzehnte erstreckend und „weitschweifig" wie Berthas Erzählung. Noch Details wie dieses, daß Walther, als er mit Bertha und Eckbert am Kamin sitzt, „über den weiten Rückweg den er habe" klagt, gehen plötzlich auf in der neuen Logik. Walther ist es, der damit – so der „Verdacht" nun, ganz gemäß des sich in der „Leser"-

"Phantasie" verselbständigenden Lese-Prinzips: „Wenn die Seele einmal zum Argwohn gespannt ist, trifft sie in allen Kleinigkeiten Bestätigungen an" –, Bertha provoziert, ihre „seltsame Geschichte" zu erzählen, die bestimmt-unbestimmt mit dem „Innersten" Eckberts verbunden ist. Prompt nämlich lädt ihn der gute Freund und Gastgeber zum Bleiben ein und schlägt vor, „die halbe Nacht unter traulichen Gesprächen zuzubringen" (127/1260). Walther fordert die Mitteilung heraus und damit das gesamte Verhängnis Eck B ert has in seiner merkwürdig komplizierten Inszenierung. Eben das „Gespräch der Freunde", das immer „heiterer und vertraulicher" wird, ist, geplant, das Initial der tödlichen Verstrikung. Dieselben blitzartig invertierten Lesarten ergeben sich wie gesehen, wenn ins Spiel kommt, daß Hugo vielleicht nur Walther ist, in diesem Fall deutlich als Wiederholung gekennzeichnet. Das bis dahin von Hugo Erzählte – der bis zu diesem Punkt außerhalb der ganzen Figurenzweifel steht, zunächst auch dem Leser unverdächtig ein „Freund" – wird dem Leser plötzlich fraglich, ohne daß der Erzähler sich nur im geringsten die Mühe machen müßte, daran an dieser Stelle mitzuwirken. Zwangsläufig wird aus der erzählten und nie revidierten Nettigkeit des Charakters und der von Hugo gesuchten Freundschaft, retrospektiv, eine gemeine Konspiration. „Beide waren nun häufig beisammen, der Fremde erzeigte Eckbert alle möglichen Gefälligkeiten." Gefälligkeiten, die die Spitze der dämonischen Tücke Hugos bzw. Walthers wären. Ermöglicht wird die plötzliche retrospektive Umbewertung auch durch die der umgewendeten Betrachtung auffallende sprachliche Eigenart der Erzählung: Hugo „schien eine wahrhafte Zuneigung gegen ihn [Eckbert] zu empfinden" (143), das „schien" scheint dabei von einem sich in manchen Passagen deutlich auktorial gebärdenden Erzähler zu stammen. Schlagartig, wird auf die Identität Hugos und Walthers angespielt, ist die Figurenvorstellung verkehrt. Durchgespielt, hier eben auch „thematisch", wird das den jungen Tieck intensiv beschäftigende Motiv der eigentümlichen Autodynamik der exaltierten Seele[1021]: Gänzlich unvermittelt wird aus Bekanntem Unbekanntes, aus Freundlichem Fürchterliches etc., Spielarten der zentralen Figur der plötzlichen Umwendungen, die zum Konstituens des poetischen, narrativen Verfahrens werden. In der „unbegreiflich schnellen Beweglichkeit der Imagination" werden in „zwei auf einander folgenden Momenten ganz verschiedene Ideen an einen und denselben Gegenstand [ge-]knüpf[t]" (*ShW* 703). „Durch eine plötzliche Umwendung" wird eine „andre" „Seite des Gegenstandes" erblickt und die „Imagination davon, wie von einem gewaltigen Schlage, getroffen" (*ShW* 703). Ein vollends willkürliches und idiopathisches Geschehen, das die „Welt" „unerwartet völlig umkehrt" (VzdLdS, *Schr* 2, LXXXIV ff.). Der innigste Freund und Vertraute wird zum dämonischen Feind, Widersacher, der Verhängnis und Tod bringt – regelmäßig als literarisches Motiv in den verschiedensten Werken zitiert –, plötzlich entpuppen sich die Figuren als das Gegenteil von dem, als was der Erzähler sie ein-

---

[1021] Streng notiert schon in dem „Anfall des Wahnsinns", vgl. Kap. III.2.

führt bzw. als Gegenteil von dem, wie sie die anderen Figuren wahrnehmen. Prinzip am Ende bloß der unablässigen Irritation.

Daß für Eckbert hinter Walther, Hugo und dem alten Bauern immer nur die Alte steht, scheint, ist der Argwohn dann plötzlich virulent, in vielem angedeutet und nebulös vorweggenommen, ohne je zur notwendigen Konklusion zu werden; wiederholt erlebt der „Leser" wie die Figur so ein helles oder dunkles déjà vu, von Bloch herausgearbeitet. Unter anderem durch den Verdacht, daß Eckberts Geschichte zugleich eine dunkle Wiederholung, Fortsetzung und Zuspitzung von Berthas Geschichte ist, die in sich schon deutliche, wenn auch nie genaue Iterationen aufweist. Insbesondere die von Bertha andauernd beredete Angst vor Verfolgung scheint sich in Eckbert diffus zu reproduzieren und in ihm, ist Bertha der Verfolgung einmal erlegen, ihren Höhepunkt zu finden. Zugespitzt also im verschlungenen, vom Text wiederholt aufgedrängten Verdacht, daß Eckbert deswegen hinter allen Figuren die eine Figur, deren (lediglich) eine, mögliche Figuration die Alte wäre, sähe, weil er und die Bertha-Figur selber indistinkt werden. Die Andeutungen der Wiederholungen Berthas in Eckbert werden allerdings abermals in einer solchen Weise inszeniert, daß sie zur sicheren Konstruktion einer vollkommenen Parallelität nicht taugen, immerhin aber so deutlich, daß sie diese Konstruktion dringlich nahelegen. Einzelne Szenen und Motive sind fast identisch, in der unaufhörlichen Verwirrung der Geschichte, durch ihr Verfahren, alles plötzlich deutlich-undeutlich mit allem konnotieren zu können (und auch nicht), geraten die opaken Wiederholungen schnell bloß noch zu paradoxen Wiederholungen von Wiederholungen[1022]. Es ist alles „immer

---

[1022] Die deutlichen, wenn auch nie genauen Iterationen einzelner Momente der Bertha-Geschichte in der Eckbert-Geschichte sind vielfältig, offensichtlich z.B. in den Verfolgungsängsten (bis in den Wortlaut, vgl. Fußnote 74). Identisch in vielem ist ebenso die erste, von Bertha erzählte Begegnung Berthas mit der Alten und Eckberts Begegnung mit der Alten (welchen Status diese Begegnung auch immer hat). Eckberts letzte, vielleicht nur chimärische Wahrnehmungen in der letzten Szene – „dumpf und verworren hörte er die Alte sprechen, den Hund bellen, und den Vogel sein Lied wiederholen", dazu „säuseln Birken" dazwischen – nehmen dabei eine weitere frühere Szene Berthas auf: „ich war halb betäubt (...) hörte ich die Alte (...) mit dem Hunde sprechen, und den Vogel dazwischen, der im Traum zu sein schien, und immer nur einzelne Worte von seinem Liede sang. Das machte mit den Birken, die (...) rauschten (...) ein so wunderbares Gemisch" (133). Ähnlich sind sich ebenso Szenen der von Bertha erzählten verschiedenen Fluchten und von Eckberts Fluchten, so z.B.: „die Felsen wurden immer furchtbarer, ich [Bertha] mußte oft dicht an schwindlichten Abgründen vorbeigehn, und endlich hörte sogar der Weg unter meinen Füßen auf" (130). Bei Eckbert auf der Flucht nach der Erscheinung Walthers in Hugo heißt es: „sah er sich plötzlich in einem Gewinde von Felsen verirrt, in denen sich nirgend ein Ausweg entdecken ließ" (145). Auch der Vogelmord Berthas und der Walther-Mord Eckberts weisen Gemeinsamkeiten auf, vor allen durch das herausgestellte Fehlen der Motivationen ihrer Handlungen („ohne zu wissen, was er tat", 142). Wiederholt klingen ganze frühe Sätze als dunkle Vorwegnahmen des Kommenden an, so Berthas „schwindlige" Phantasien im Hause ihrer Eltern (die vielleicht gar nicht ihre Eltern sind): „Oft saß ich dann im Winkel und füllte meine Vorstellungen damit an, wie ich

schon" gesagt durch das Folgende, so der Texttaumel. Als Bertha am Anfang ihrer durch nichts verbürgten „seltsamen Geschichte" zu der Alten kommt, heißt es: „Wir stiegen nun einen Hügel hinan, der mit Birken bepflanzt war, (...) voller Birken (...). Ein munteres Bellen (...) hörte ich einen wunderbaren Gesang" (132). Nun hört Bertha zum ersten Mal das merkwürdige Lied. Am Ende der Geschichte, in der letzten Szene, in der Eckbert, vielleicht nur Einbildung, der Alten begegnet, heißt es: „Er stiegt träumend einen Hügel hinan; es war, als wenn er ein nahes munteres Bellen hörte [Ph.: vernahm], Birken säuselten dazwischen, und er hörte mit wunderlichen Tönen ein Lied singen" (145/1266). Nun hört Eckbert zum ersten Mal das, modifizierte, Lied. Eckbert gelangte zurück zum Anfang von Berthas Geschichte mit der Alten. Die hier aufscheinende, schöne Anlage des invertierten Zirkels als überlagernde Komposition der ganzen Geschichte wird schon dadurch zunichte gemacht, daß Berthas Geschichte nicht der Beginn des *Eckberts* ist. Die Eckbert-Geschichte, die im Text keine eigene Vergangenheit hat, würde so komplementär zur Bertha-Geschichte, die keine Gegenwart hat. Sie wird als „sein Weib" vorgestellt, dann marginal mit ihrem Eigennamen benannt, erzählt *ihre* Geschichte als Mitteilung *seines* Innersten, erkrankt wundersam und stirbt. Ganz aber geht auch diese Anlage nicht auf, der Text gibt, wenn auch nicht ausgeführte, Hinweise auf die Bertha distinkte Vergangenheit Eckberts. Die augenblickhaft eröffnete und wieder verwischte Perspektive der einen Identität Walthers und der Alten wirft alles um und vervielfacht neue, mannigfaltige interpretative Versuche. In Eckbert scheint, immer eklatanter, je „beunruhigter" die Figur ist, nach und nach momenthaft Bertha (wieder)hervorzukommen, kulminiert in der letzten Szene, die vielleicht nur ein delirierender Monolog Eckberts ist, in der die Alte, vielleicht dann nur alter ego Eck Bert has, erscheint und ihr, anscheinend, Eckbert Bertha ist. Schon das Ende der Bertha-Geschichte erzählt von einer Verfolgungsangst – dem frühen Psychologen Tieck eines der liebsten (auch literarischen) Motive –, die in Eckbert sich nahtlos fortsetzte (s.u.). Bertha beginnt schon in der ersten Nacht nach ihrer Flucht das Träumen von der Alten, hier eigenartig lakonisch berichtet (138), schon kurz darauf wird die Angst explizite von ihr bestimmt: „aber je weiter ich ging, je mehr ängstigte mich die Vorstellung von der Alten und dem kleinen Hunde; (...) im Walde glaubt' ich oft die Alte würde mir plötzlich entgegentreten" (138). Später glaubt dann Eckbert, Walther, der vielleicht auch nur die Alte wäre, begegnete ihm in allem. Eckbert ist es nun, der dann plötzlich, eben im Wald, der Alten begegnet; ein Vorkommnis fraglichen, vielleicht nur chimäri-

---

ihnen helfen wollte, wenn ich plötzlich reich sein würde, wie ich sie mit Gold und Silber überschütten und mich an ihrem Erstaunen laben wollte, dann sah ich (...) kleine Kiesel (...), die sich nachher in Edelsteine verwandelten, kurz, Phantasien beschäftigten mich dann, und wenn ich nun aufstehn mußte, um irgend etwas zu helfen, oder zu tragen, so zeigte ich mich noch viel ungeschickter, weil mir der Kopf von allen den seltsamen Vorstellungen schwindelte" (128/1261). Bald schon gelangt Bertha „wirklich" in eine solche „wunderbarste Phantasie", zu den „Edelsteinen", mir denen sie ihre Eltern überschütten will. Diese sind dann jedoch gestorben.

schen Status allerdings, der bloß ein wenig sich gesteigert hätte gegenüber Berthas chimärenbildender Angst, der Alten im Wald zu begegnen. War es Bertha unmöglich, das Gesicht der Alten, die Alte zu identifizieren, „so daß ich durchaus nicht wissen konnte, wie ihr eigentliches Aussehn war" (133/1262), so könnte *jedes* Gesicht nun die Alte sein, wie es Eckbert dann vorkommt. Ein unfaßbares Geschehen, das ebenso in den Sätzen vorbereitet wird, in denen Bertha berichtet, daß ihre beschränkte „Welt" unbeschränkt alle ihre Vorstellungen von der Welt begründete. „Alles war von mir und meiner Gesellschaft hergenommen: wenn von launigen Leuten die Rede war, konnte ich sie mir nicht anders vorstellen, wie den kleinen Spitz, prächtige Frauenzimmer sahen immer wie der Vogel aus, alle alten Frauen wie meine wunderliche Alte" (135/1263). Eckbert entdeckt dann später ebenso in allen Figuren die Alte, hört immer den Hund und den Vogel, als regrediere er in Berthas alte (phantasmatische) Welt, überall und immer ist die Phantasie der Alten. Die Angst vor der Verfolgung durch die Alte (z.B. „nur daß ich von der Alten träumte, die mir drohte", 138) nach ihrer zweiten Flucht zeigt sich exemplarisch vorweggenommen in der Angst vor der Verfolgung durch den Vater nach ihrer ersten Flucht: „Ich lief immerfort, ohne mich umzusehen (...) denn ich glaubte immer mein Vater würde mich noch wieder einholen, und durch meine Flucht noch grausamer gegen mich werden" (129/1261). Eine Angst vor Verfolgung, die sich, diesen Eindruck drängt der Text als phantasmatische Kette auf, immer weiterträgt, ständig nebulös reproduziert, übertragen von Bertha auf die Alte, dann auf die Aufwärterin, aufgenommen dann von Eckbert und von ihm wiederum übertragen auf Walther, Hugo und den alten Bauern bis zur Klimax der Verfolgung, dem Erscheinen der Alten, die Eck Bert ha dann zuletzt doch „noch wieder einholte". Allgemein werden Eckbert und Bertha vom Text in drei verschiedene, mögliche und unmögliche Relationen zueinander gebracht: als Eheleute, als Geschwister und, freilich niemals ausdrücklich behauptet, als eine identische Person. Bertha wird zunächst, ohne daß der Erzähler ihr Aufmerksamkeit schenkt, als „sein Weib" nur eingeführt. Die Konfusion, fragliche Vermischung, beginnt schon mit dem Anfang, der sich ereignenden Mitteilung *seines* Innersten als *ihrer* Geschichte oder in *ihrer* Geschichte. Kurz stellt der Text Walther und Eckbert vor (126) – er beginnt, einer einfachen Konstruktion zuliebe meistens übergangen, mit diesem Paar, nicht mit Bertha und der Alten – und beendet diese Vorstellung mit der Mitteilung, daß „sich zwischen ihnen eine innigere Freundschaft" „mit jedem Jahre" ihrer Bekanntschaft entwickelt habe, Eckberts einziger Kontakt außer Bertha. Die nun folgende, heimtückisch nicht zugeordnete Reflexion des Erzählers auf die Freundschaft, die der Leser aber unwillkürlich einer Figur zuzuschreiben versucht, legt deutlich einen Bezug auf Eckbert und Walther nahe. Sofort fällt dann auch explizite das Wort Freund, unmittelbar folgend auf die Mitteilung von Eckberts und Walthers Freundschaft. Nun ist die Rede davon, daß die Seele einen „unwiderstehlichen Trieb" fühle, sich seinem Freund „ganz mitzuteilen", ihm „auch das Innerste aufzuschließen" und das „Geheimnis" zu lüften, „was er bis dahin oft mit vieler Sorgfalt verborgen hat" (126f.). Alles

Schlüsselworte des erfahrungsseelenkundlichen Diskurses, ebenso der freundschaftlichen Mitteilungskultur der Empfindsamen, sich gegenseitig „die Herzen zu öffnen". Unmittelbar assoziiert ist ein eventuelles Geheimnis Eckberts, daß von Eckbert und Walther erzählt wird. Man übergeht, daß dieses, typisches Verfahren des Erzählens, das die Verwirrung verfolgt[1023], sprachlich nirgends ausdrücklich indiziert ist. Nun ist es aber Bertha – die indessen vielleicht gar nicht Bertha sein könnte, nur ein Traum wie Eckbert und das Erzählen es später anspielen –, bis dahin bloß marginal Eckberts Weib, die sich mitteilt, ihr Geheimnis, ihre seltsame Geschichte erzählt. Eine Unklarheit, die Frank, repräsentativ für die meisten Lektüren, kurzerhand auflöst, indem er von der sprachlich nicht zugeordneten, assoziativ mehrfach, zumindest gleich logisch Eckbert und Bertha, zuzuordnenden Erzählerreflexion als „Berthas Wort" spricht[1024]. Wirklich ist es dann Eckberts ausdrücklicher Impuls, ein Geheimnis zu lüften, ein Geheimnis mitzuteilen, nur ist es *ihre* Geschichte, die er Walther erzählen läßt (später heißt es: „ich bin erst die Veranlassung, daß meine Frau ihre Geschichte erzählt", 140). Walther wäre in der angespielten Identität mit der Alten freilich der einzige Mensch, dem das Geheimnis keines ist. Assoziiert mit *seinem* Innersten ist nicht *seine* Geschichte, sondern Berthas Erzählung, Bertha erzählt *ihre* Geschichte, um *sein* Innerstes mitzuteilen: vermischt, unabgeteilt geraten *sein* Innerstes und *ihre* Geschichte. Die Person Bertha selber ist nie im Visier und kann nach vollendeter Erzählung sterben. Viel später, als er „seine Geschichte" seinem neuen Freund Hugo, erzählt, der ihm dann, vielleicht nur Einbildung, als Walther erscheint, ein zweites Mal also entsprechend der Erzählerreflexion sein Innerstes in dunkler, aber sprachlich eindeutig angezeigter Wiederholung öffnet, ist dann explizite von *seinem* Drang und zwar „wieder demselben Drang", „sich (...) ganz mitzuteilen" die Rede. „Er [Hugo, als möglicher

---

[1023] Der Textabschnitt „Es gibt Stunden..." formuliert eine allgemeine Reflexion, Erzählerreflexion, der der explizite Bezug zu einer Figur fehlt (als Reflexion über eine Person). Semantisch allerdings stellt sich sofort der Bezug zu Eckbert bzw. Eckbert und Walther her; der Abschnitt davor endet mit: „mit jedem Jahr entspann sich zwischen ihnen eine genauere Freundschaft" (126/ 1260), in der Erzählerreflexion heißt es: „Es gibt Stunden in denen es den Menschen ängstigt, wenn er vor seinem Freunde ein Geheimniß haben soll, was er bis dahin oft mit großer Sorgfalt verborgen hat; die Seele fühlt dann einen unwiderstehlichen Trieb, sich ganz mitzuteilen, dem Freunde auch das Innerste aufzuschließen, damit er um so mehr unser Freund werde. In diesen Augenblicken geben sich die zarten Seelen einander zu erkennnen, und zuweilen geschieht es wohl auch, daß einer vor der Bekanntschaft des anderen zurückschreckt" (126f.). Unwillkürlich entsteht der Leser-Phantasie die Verbindung der – ganzen – Reflexion zu Eckberts Freundschaft mit Walther. Gelesen wird die Stelle dann so, daß von Eckberts Geheimnis, Eckberts Innerstem die Rede ist, das „mitzuteilen" ihn ein „unwiderstehlicher Trieb" dränge. Es ist aber eben – undeutlich, quer zur Reflexion – Bertha, die vielleicht nicht Bertha ist, vielleicht überhaupt nicht ist, die *ihre* Geschichte dann als *seine*, als sein „Innerstes" Walther erzählt. Walther, der vielleicht ebenso gar nicht Walther ist.

[1024] Frank, *Phantasus*, S. 1259. Es ist ja Berthas Geschichte, die erzählt wird, würde das Argument wahrscheinlich heißen.

Walther, der dann wirklich alles von ihm wüßte] kannte ihn nicht, wußte seine Geschichte nicht, und er fühlte wieder denselben Drang, sich ihm ganz mitzuteilen" (143/1265). So als wäre es immer nur er, *sein* Drang, gewesen, jäh ordnet dieser Satz, indem nun von „demselben Drang" gesprochen wird, die zuerst vollkommen ungebundene Erzählerreflexion rückwirkend definitiv Eckbert zu. Eckbert, von Bertha keine Spur mehr, ist es, so der Sinn nun, der sich am Anfang alleine schon Walther mitgeteilt hat. In mindestens zwei Momenten geht die Vermischung, die indes dann immer noch nur eine Frage bleibt, über die betrachteten sonderbaren Diffusionen, die immer wieder gemachten Andeutungen einer möglichen einen Identität der beiden Figuren oder der Nichtexistenz Berthas hinaus. Beide, erzählt in den letzten Abschnitten des Textes, sind in ihrem erzählten, erzählerischen Status jedoch fraglich, entstammen dem Text, der entweder nur ein delirierender Monolog Eckberts oder ein märchenhafter, übernatürlicher Dialog mit der Alten wäre. Eingeleitet eben mit den Sätzen, die signalhafte Vorzeichen der gesamten Passage sind: „Jetzt war es um das Bewußtsein, um die Sinne Eckberts geschehn; er konnte sich nicht aus dem Rätsel heraus finden, ob er jetzt träume (...)" (145). Alles Folgende könnte, das legt der Erzähler nahe, Einbildung sein, so auch die schreiende Anrede der Alten, die Eckbert zu Bertha macht. „Bringst Du meinen Vogel? Meine Perlen? Meinen Hund?"; im nächsten Satz freilich spricht die Alte schon wieder ausdrücklich und distinkt von Bertha. Der Erzähler berichtet dann aber, der von ihm vermittelten Einbildungs-Hypothese vollends entgegengesetzt, scheinbar unhintergehbar von dem Erscheinen der Alten ohne sprachliche Markierung einer Einbildung, was den Status des Erzählten und Erzählers völlig in die Schwebe bringt. „Eine krummgebückte Alte schlich hustend mit einer Krücke den Hügel heran." Wiederum ist kein „es war ihm, als", „ihm schien, als" oder zumindest „er sah", Wendungen, die das wahnsinnige Delirieren, an anderen Stellen geschehen, anzeigen könnten. Das Delirium ist zunächst deutlich markiert, ohne indes auch nur einmal sicher mitzuteilen, daß Eckbert irgend etwas sich nur einbilde, aber nicht, was es umfaßt, nahegelegt wird aber, daß es alles umfaßt, wodurch der „objektive" Erzählerbericht von der Alten dazu in einen Widerspruch gerät, der nur über die Annahme der wahnhaften Adaption des Erzählers aufgehoben werden könnte. In demselben eventuellen Delirium erwägt Eckbert, ob es Bertha überhaupt je gegeben habe oder es nicht immer nur er war und er nicht bloß alle Zeit in „entsetzlicher Einsamkeit" gelebt habe (145): „ob er jetzt träume, oder ehemals von einem Weibe Bertha geträumt habe" (145). Wovon aber hätte der Erzähler die ganze Zeit erzählt, wenn er von Bertha erzählte? Von einer übermäßig komplizierten Chimäre, einem Traum Eckberts, und der Text wäre von Beginn an bloß die mitgeteilte Einbildung. Bertha könnte eine hermetische Enklave in Eckberts Geschichte, seinem Innersten sein, wie ihr Name Enklave von Eckberts Namen ist[1025]. Alle angedeuteten Figurenverwirrungen – weder sicher distinkte Figuren,

---

[1025] Dem hier provozierten wie genarrten Tiefenhermeneuten eröffnete sich ein Interpreta-

noch sichere Reduktion mehrerer Figuren auf eine – offenbaren sich vornehmlich als Epiphänomen oder Reflex der später erörterten beharrlichen Erzähler- und Sprachverwirrung.

Sind Eckbert und Bertha im Verhältnis zueinander nicht konsistent und distinkt, so auch als einzelne Subjekte nicht. Die Figuren zeigen sich selber als Figurationen der Verwirrung bis zu ihrem zwangsläufigen Verscheiden, des stetigen Oszillierens vornehmlich, eines Oszillierens paradigmatisch zwischen Märchen-Figuren und wirklichen bzw. „realistisch" gezeichneten Figuren (wirklich als immanenter Wert der poetischen Phantasie, zum Spiel mit dem Wirklichen siehe unten). Figuren, die ausdrücklich mehrfach motiviert werden[1026], sich überla-

---

tionsmuster der ganzen Geschichte, mit dem diese in der Tat wiederholt spielt: Bertha wäre nur als die Figuration des jetzt ichfremden, „fremden", „verdrängten" Teils des eigenen „Selbst" zu lesen, als halluzinatorische Materialisation der „eigenen" nicht mehr bewußten, „verdrängten" „Geschichte". Entsprechend wäre dann W Alth e r das alter ego (Walther und Hugo wie die „Alte"), das verfolgende, strafende „Über-Ich", Eckbert selbst fremd, ein anderer.

[1026] Eine beispielhafte, ausdrückliche Mehrfachbestimmung stellt die Motivierung von Berthas Verlassen ihrer Eltern dar – die vielleicht nicht ihre Eltern sind –, mehrere verschiedene, wechselnde Geschichten ergeben sich. Da sind die frühen „Phantasien", die Eltern, die in wirtschaftlicher Misere leben, reich zu machen: „Oft saß ich dann im Winkel und füllte meine Vorstellungen damit an, wie ich ihnen helfen wollte, wenn ich plötzlich reich sein würde, wie ich sie mit Gold und Silber überschütten und mich an ihrem Erstaunen laben wollte, dann sah ich Geister herauf schweben, die mir unterirdische Schätze entdeckten, oder mir kleine Kiesel gaben, die sich nachher in Edelsteine verwandelten, kurz, Phantasien (...) (128/126f). Ein Motiv, das Bertha später zum hauptsächlichen Motiv ihrer ganzen Geschichte erklärt, auch des Verlassens der Alten und des Diebstahls der Edelsteine, die schon Gegenstand der frühen Phantasien zu Hause sind: „Ich hatte es mir so schön gedacht, sie mit meinem Reichtum zu überraschen; durch den seltsamsten Zufall war das nun wirklich geworden, was ich in der Kindheit immer nur träumte" (139, wenn es dann freilich auch „umsonst" ist, die Eltern sind tot), „das, worauf ich am meisten immer im Leben gehofft hatte". Erfunden ist ein weiterer umfassender Motivationsstrang, der ganze Teile ihrer Geschichte begreiflich zu machen scheint. Vom Motiv, die Alte zu verlassen und die Edelsteine zu stehlen, um ihre Eltern zu überraschen, ist in der Szene, in der sie die Alte verläßt, freilich keine Rede mehr, ausdrücklich ist es durch anderes motiviert: Sie phantasiert sich einen schönen Prinzen, Reichtum und Vergnügen in der Welt. Nun aber behauptet Bertha, der Text, es hätte immer nur ein einziges Motiv für ihr Verhalten gegeben, bisher allerdings nur ein einziges Mal kurz präludiert. Ein weiteres Motiv zum Verlassen der Eltern, viel dringlicher in der Geschichte, so daß Berthas spätere Begründung – „was ich in der Kindheit nur träumte" – zumindest sekundär erscheint, ist aber der grausame Vater, die Angst vor ihm. Die Angst vor seinen Züchtigungen „auf die grausamste Art", die von Tag zu Tag, so seine Warnung, noch grausamer werden sollen (128). Unmittelbar nach der Erzählung von einer besonderen „Grausamkeit" des Vaters und seiner Drohung, daß „diese Strafe mit jedem Tage wiederkehren solle" (128), berichtet sie, wie verzweifelt sie war in der Nacht darauf: „Die ganze Nacht hindurch weint' ich herzlich (...), daß ich zu sterben wünschte. Ich (...) wußte durchaus nicht, was ich anfangen sollte" (128f.). Und eben am nächsten Morgen flieht sie von zu Hause. Der unmittelbare Zusammenhang wird nahegelegt, Bertha selber stellt diesen frei-

gernde, konkurrierende und sich widersprechende Motivationen, die unvermittelt, als jeweils sicher behauptete beliebig gegeneinander stehen und die psychologische Rekonstruktion der Figur, ganzer Handlungsstränge und der gesamten Geschichte irritieren. Die Figuren oszillieren als psychologisch zu verstehende, deren seelische Motivationen rekonstruiert werden können, und psychologisch unverständliche, die die psychologische Rekonstruktion immerzu scheitern läßt. Die konträren Vorstellungen von den Figuren changieren solange, bis sie, modellhaft Eckbert, „verscheiden". Alle Charakterpsychologie wird, indem das Erzählen sie immer wieder montiert und demontiert, geleugnet, sämtliche Postulate der psychologischen Poetik und Hermeneutik, wie sie der junge Tieck selber formulierte. Das frühe poetologische Programm der „psychologischen Richtigkeit" (*ShW* 702) und der „absichtlichen psychologischen Schilderung" (*Schr* 6, XXV) sowie das „Motivieren und die psychologische Auseinanderwicklung" der Charaktere und der ganzen Geschichte (*BüSh* 167) – ein Unterfangen, das dann prompt auf die Entdeckung des Zusammenhangs eines Lebens als wirklichem Lebenslauf und innerer Geschichte hinausläuft – wird vom *Eckbert* dauernd zitiert und der Leser-Phantasie als mögliche Interpretation der Geschichte und ihrer Charaktere nahelegt. Die psychologisch rekonstruierbaren Motive werden jedoch ohne Unterbrechung von psychologisch hermetischen gebrochen wie umgekehrt, und dienen bloß als Mittel, um die Figuren-Verständnisse bzw. verständigen und unverständigen Vorstellungen ununterbrochen hin und her zu werfen. Die Konfusion der Motivationen zeigt sich als Praxis des ständigen Wechsels des Erzählten, wesentlich eben solches von scheinbar psychologisch rekonstruierbaren und hermetischen Motivationen, die keine sind. Ständig gewechselt wird so überhaupt die Vorstellung der Motivation mit der Vorstellung der „seltsamsten Zufälle", die die Leser-Phantasie zur Rekonstruktion der Motivationen bzw. Determinationen in einem Subtext veranlassen, so im Falle des seltsamen Walther-Mords, der ganz deutlich „zufällig" geschieht, aber kein Zufall sein kann. Wahnsinnige Zufälle als Auslöschungen aller Zusammenhänge und Motivierungen schaffen allgemein das Skandalon des Textes. Movens der Figuren und der Geschichte, das permanent wechselnde Verständnisse impliziert, sind die unablässig wechselnden Motivationen bzw. die wechselnden Erwägungen von Motivationen oder absonderlichen Zufällen. Figuren werden Schauplätze von seltsamen Bewegungen und Kontingenzen im Innersten und, homolog, seltsamsten Zufällen außen: eines Innersten, das indistinkt wird im Erzählen gegenüber dem Äußeren, ein Äußeres, das wie betrachtet immer akuter nur noch Innerstes der Figuren sein könnte, Einbildung. Seltsame Bewegungen treiben sie, die, sind sie eben radikal a-personal, beide

---

lich nicht her. Sie erzählt statt dessen schlicht: „Als der Tag graute, stand ich auf und eröffnete, fast ohne daß ich es wußte, die Tür" (129). Übergangen werden sämtliche deutlich angespielten Motive. Auch in der Erzählgegenwart läßt sie das „fast ohne daß ich es wußte" unkommentiert, sie könnte ebenso eine aktuelle Reflexion auf ihre Motive herstellen.

Figuren wiederum gegeneinander ununterschieden werden lassen, eben nicht spezifisch die Berthas oder Eckberts sind, fern von allem persönlichen Willen. Sie sind indifferent Bertha und Eckbert, dem psychologischen Blick dunkel, obgleich eben die psychologischen Zusammenordnungen der Figuren immer mit diesen konkurrieren. Als solche Schauplätze sind sie der Psychologisierung zuletzt sperrig, die dennoch, überdeutlich, bemüht wird vom Text, dem Erzähler, den Figuren und dem Leser. Nur so entsteht, indem sie nicht vorab und ganz ins Märchen entlassen werden, die verfolgte besondere Zerrüttung. Eigentümlich anonyme Bewegungen, sonderbare Triebe, Phantasien und Empfindungen, einer dunklen Autarkie und Autonomie folgend, die plötzlich sich ereignen, schnell sich verkehren, wechseln und ineinanderfallen, sind es, die die Figuren als (psychologisch) Unbegreifliche unablässig durchkreuzen, als Subjekt erst gar nicht in Frage kommen lassen. Durchkreuzt werden sie sensu stricto von dem, was Fichte exemplarisch das „Nicht-Selbst" ist, „ein von mir unabhängiges, fremdes Wesen", „Kraft der willenlosen Natur"[1027], bei Moritz das „unpersönliche es"[1028]: die „Sinnlichkeit", die „Leidenschaften und Neigungen", der „Drang" und „blinde Trieb", allesamt subsumiert unter der Unvernunft und dem Körper. Notwendig ist, „dass er [der Mensch] diesen [den Körper] besitze, in keinem Sinne aber von ihm besessen werde", „Feind" sind die „körperlichen Stimmungen und Aufregungen"[1029]. Die Figuren schwanken und kontaminieren sich, schon in sich selbst, schnell schwankend zwischen Selbst, das Fichte freilich in keinem psychologischen Verständnis entwirft, und Nicht-Selbst sowie zwischen „bewußt" und „unbewußt". Mehr noch, sie figurieren dieses unentwegte Schwanken. Die Figuren parodieren im Sinne Fichtes präzise das Mißlingen der „strenge[n] und scharfe[n] Unterscheidung unseres reinen Selbst von allem, was nicht wir selbst sind"[1030], das Mißlingen der Forderung: „ein selbständiges, von allem, was nicht unser Selbst ist, unabhängiges Wesen [zu] bilden". Eine Sondierung, die eben paradox die Schaffung eines korrelativ selbsttätigen, fremden und „von mir unabhängigen" Wesens zur Folge hat, das die Autarkie und Autonomie des Selbst schon in der Konstruktion bedroht. Konstituiert sich das Subjekt in der Versagung, der Negation gegenüber allem Drang, der Nicht-Selbst ist, in der Formel „ich bin, was ich bin, weil ich es habe seyn wollen. Ich hätte mich können forttreiben lassen durch die Räder der Nothwendigkeit; ich hätte meine Ueberzeugung können bestimmen lassen durch die Eindrücke, die ich von der Natur überhaupt erhielt, durch den Hang meiner Leidenschaften und Neigungen (...): aber ich habe nicht gewollt"[1031], sind die gezeichneten Figuren keine Subjekte. Immer mißlingt es, der „blinden Kraft" die Richtung zu geben – „durch Freiheit, deren Regel ist, stets übereinstimmend mit sich selbst zu wir-

---

[1027] Fichte, *Reines Interesse für Wahrheit*, S. 352. [1028] Moritz, *Magazin, Werke*, S. 113.
[1029] Fichte, *Aphorismen über Erziehung*, S. 357.
[1030] Fichte, *Reines Interesse für Wahrheit*, S. 349.
[1031] Ebd., S. 348.

ken."[1032] Sie, Bertha in geradezu provokanter Weise (s.u.), werden – freilich ist das nur die eine Figuren-Vorstellung, die die ebenso immerfort angestrengte psychologische Vorstellung immer bricht – „fortgetrieben" „durch die Räder der Notwendigkeit", bestimmt durch die Eindrücke, die sie „von der Natur überhaupt erhielt[en], durch den Hang [ihrer] Leidenschaften und Neigungen". Fortgetrieben vom Nicht-Selbst, das dem Selbst Willkür und Zufall, ein Zufall der zugleich radikal „Rad der Notwendigkeit" ist. Ist der Mensch „nur unter dieser Bedingung (...) Mensch"[1033], daß er „immer einig mit [sich] selbst" sei[1034], im „Bewusstseyn der völligen Übereinstimmung mit [sich] selbst", zumindest indem er redlich „nach einer solchen Übereinstimmung" strebt, zeichnen die Willkür-Figurationen der Poesie des Schwindels keine Menschen: „aus mit unserer behaupteten Menschenwürde". Immer wieder erleiden die Figuren die heteronomen Bestimmungen und sind so nichts als die „fremde Kraft, Kraft der willenlosen und zwecklosen Natur"[1035], eine blinde Kraft, und die „blinde Kraft ist keine Kraft, vielmehr Ohnmacht." Ein ohnmächtiges Selbst aber, so das Sprachverständnis der Zeit, ist im strengen Sinne schwindend und schwindelig. Als psychologisch hermetische Figuren – die Figuren sind aber eben nicht nur das – figurieren sie, so Moritz' von Tieck übernommene Terminologie, das „von mir unabhängige Wesen": „Veränderungen und Erscheinungen *in uns* selber, entweder im Körper oder in der Seele, die nicht von unserm Willen abhängig sind"[1036]. Sie sind selber bloß die wundersamen Bewegungen, „wie bei den Erscheinungen, die man Geistern zuschreibt, wo man z.B. sagt: *es wandelt, es geht um, usw.*"[1037] oder in Tiecks Worten: „ein Schatten, von dem wir keinen Körper sehen, eine Hand, die aus der Mauer tritt, und unverständliche Charaktere an die Wand schreibt", das „unbekannte Wesen". Tiecks Theorie des Unbegreiflichen hat hier ihren Ort. Sie sind „flüchtige Gestalten", deren Bewegungen „keine erste Ursach, oder keinen ersten Anstoß" zeigen, Bewegungen, die „in keiner Weise auf die Entstehung derselben hinzeigen"[1038]. Solche Figuren sind, grundlegendste Konterkarierung der Motivation, „Wirkung ohne eine Ursache" (*ShW* 712) und als solche wesentlich geisterhaft. Eckbert und Bertha wären steter Hohn auf so etwas wie einen Willen, nicht sie handeln, „es handelt". Ihre eigenen Lebensläufe, wundersame Geschichten, „die mehr wie seltsame Märchen" klingen, sind ihnen fremde Handlungen. Provoziert wird von diesen Wendungen unentwegt die Präsumption einer dunklen, latenten Determination. Immer bestimmt der Leser diese offenen Determinanten mit wechselnden Entwürfen des Innersten, das den Figuren dann nur nicht gegenwärtig, bewußt ist bzw. sein

---

[1032] Ebd., S. 351.
[1033] Ebd., S. 348.
[1034] Ebd., S. 348.
[1035] Ebd., S. 352.
[1036] Moritz, *Magazin, Werke,* S. 109.
[1037] Ebd., S. 108.
[1038] Ebd.

kann. Als Nicht-Selbst, wären es bloß Figuren des Nicht-Selbst, wären die Figuren reine Märchen-Figuren, wodurch das Figuren- und Textverständnis beruhigt wäre.

Wieder und wieder bewegt sich Bertha, Exempel der Brechungen der vom Text, den Figuren und dem Leser versuchten Motivation durch den „blinden Trieb", immerfort ein unterschiedlicher zudem, ohne die Vorstellung eines bestimmten Weges oder Ziels. Plötzlich, eben bloß aus einem „Drang" heraus, wird sie „fortgetrieben". Penetrant wiederholt der Text die Erzählung von diesen nie intentionalen, willkürlichen, unsteten Antrieben, deren psychologische Rekonstruktion immer wieder versucht wird und ebenso immer wieder scheitert. Beim Verlassen des Elternhauses, das vielleicht nur ihr Pflegeelternhaus ist, heißt es: „stand ich auf und eröffnete, fast ohne daß ich es wußte, die Tür unsrer kleinen Hütte", auf der Flucht: „eben meine Angst trieb mich vorwärts", beim Verlassen der Alten: „es war fast, als wenn mein Vorhaben schon vor mir stände, ohne mich dessen deutlich mir bewußt zu sein" (136f./1264) und „ein seltsamer Kampf in meiner Seele, wie ein Streiten von zwei widerspenstigen Geistern in mir" (137). „Im Anfange war" der Gedanke, die Alte zu verlassen, „nichts weiter als jeder andere Gedanke, aber wenn ich so an meinem Rade saß, so kam er immer wider Willen zurück, und ich verlor mich so darin" (136/1263). Als sie dann geht, erzählt sie: „Ich hatte die Empfindung, als wenn ich etwas sehr Eiliges zu tun hätte" (137). Bertha und der Bertha-Leser wären an Sulzers *Zergliederung des Begriffs der Vernunft* zu erinnern: „In dem Innersten der Seele sind Angelegenheiten verborgen, die uns zuweilen auf einmal, *ohne alle Veranlassung* und auf eine unschickliche Art, handeln und reden (...) lassen"[1039]. Es handelte eben das Moritzsche „unpersönliche es". Auf ihren Wegen wird Bertha immer nur getrieben, in den Formulierungen streng festgehalten: „ich stand auf dem freien Feld, bald darauf war ich in einem Walde in den der Tag fast noch nicht hereinblickte" oder: „als ich auf einen kleinen Fußsteig geriet [nicht sie geht einen Weg], der mich von der großen Straße immer mehr entfernte". Nie ist es sie, die einen Weg geht, nie formuliert sie mit sich als dem Satzsubjekt („ich ging..."). Bewegt sie sich in diesen Momenten nicht intentional, sondern nicht-selbst, vom „Rad der Notwendigkeit" diktiert, bewegt sie sich ebenso im strengen Sinne als „Marionette des Zufalls", als ein Zufall dem Selbst, dem alle Antriebe außer den eigenen, willentlichen, Zufälle wie, anders formuliert, fremde Notwendigkeiten sein müssen. Wozu es in den zufälligen Bewegungen aber kommt, sind wiederum zu seltsame Zufälle. Bestimmt von allerlei „unwiderstehlichen Trieben" gelangt Bertha dann plötzlich wieder in das Dorf ihrer (möglichen) Eltern, obgleich sie beim Verlassen der Alten, die Erzählung hebt es deutlich hervor, genau die entgegengesetzte Richtung wählt, aus der sie gekommen ist („Ich vermied den Weg nach den wilden Felsen, sondern ging nach der entgegengesetzten Seite", 137/1264). Wiederholt spielt der Text mit

---

[1039] Sulzer, *Zergliederung des Begriffs der Vernunft*, S. 261.

den zu zufälligen Zufällen – „ist das Zufall?" (141) –, die der Leser-Phantasie abermals die Erwägung „tausend und tausender" subkutaner Determinationen aufgeben, die nie funktionieren. Auch im Zentrum der Eckbert-Geschichte, der ganzen Geschichte, steht der „unwiderstehlicher Trieb", der Eckbert zweimal zur verhängnisvolle Determination wird, das Innerste nach außen zu wenden. Eckbert handelt wiederholt ebenso indeterminiert oder überdeterminiert, mutmaßt die ungläubige Leser-Phantasie. Beispielhaft beim Walther-Mord, bei dem zudem dasselbe berechnete Spiel mit dem Zufall, der zu auffälliger Zufall ist, um nur Zufall sein zu können, inszeniert wird, so der aufgezwungene interpretatorische Reflex des Lesers. Eckbert bricht nach dem Tode seines Weibs auf, irrt ziellos durch den Wald zum Jagen, „streifte umher" (142/1265) und trifft „plötzlich" auf „etwas in der Ferne": „ohne zu wissen was er tat legte er [Eckbert] an (...) aber indem flog der Bolzen fort", nicht Eckbert schießt, „und Walther stürzte nieder". „Ist das Zufall?", so die bodenlose, ironische Frage des Textes an sich selbst. Auch zur letzten Szene bricht Eckbert, dessen „Beunruhigung" und Zerrüttung intensiv zuvor geschildert wird, ohne Bewußtsein auf, „er stieg träumend einen Hügel hinan (...)". Jetzt war es um das Bewußtsein, um die Sinne Eckberts geschehen". Durchgespielt werden das nur im Taumel endende Oszillieren ebenso an den Stimmungen sowie Leidenschaften und Neigungen, die die Figuren in sich wahrnehmen, ein Oszillieren, das unmittelbar die Leser-Phantasie infiziert. Auf der Flucht vor ihrem Vater, bevor die verzweifelnde Bertha zu der Alten gelangt, heißt es: „Alles war mit einem neblichten Dufte überzogen, der Tag war grau und trübe (...) ich setzte mich nieder und beschloß zu sterben". Augenblicklich aber obsiegt dann in ihr doch die „Lust zu leben": „ich raffte mich auf". Wie sie sich dann allerdings aufrafft, ist der „Lust zu leben" wieder ganz fern: Sie „ging unter Tränen, unter abgebrochenen Ausrufungen den ganzen Tag hindurch" (130/1262). Auf „die Lust zu leben" folgt dann unmittelbar wiederum der Wunsch, „kaum noch zu leben", wobei sie doch den Tod fürchtete (130). Im nächsten Satz dann leben „Gedanken" und „Wünsche" jäh wieder auf, „die Lust zum Leben erwachte in allen meinen Adern" (131).

5.3 „Psychologische Wahrheit" der Seele und des Textes. Erzähler im Schwindel

„Unaufhörliche Verwirrung", mannigfaltig, in verschiedensten Abstraktionen verwirklicht, bedeutet dem *Eckbert*, den bis zum Zusammensturz verhedderten Vorstellungen vom Text, die Psychologie, die neue, skizzierte „psychologische Wahrheit des Menschen", die selber unaufhörlich irre macht wird in der von ihr bzw. von ihrer Funktion im Text ausgelösten Verwirrung. Psychologie, genauer, die erfahrungsseelenkundliche Theorie und methodische Praxis des Seelen-, Selbst- oder Lebensverständnisses ist dem *Eckbert*, der „Mitteilung" des „seltsamen Lebens" Eck Bert has, mittelbar und unmittelbar in unterschiedlichster

Weise, auf unterschiedlichen Ebenen gegenwärtig, so auch „inhaltlich", „motivlich" und gar als wortwörtliche Zitate ihrer zentralen Topoi. Unentwegt und geradezu aufdringlich werden Ansätze, Bruchstücke und Andeutungen „psychologischer Motive", des „psychologisch richtigen Zeichnens", des „Motivierens und (...) der psychologischen Auseinandersetzung" vom Text gegeben, von den Figuren selbst, vom Erzähler oder seiner Erzählweise. „Psychologische Motive", die Tieck noch bei seinen „Geschichten im Ton der Vorzeit" „eigentlich bewogen [hatte], sie niederzuschreiben" (*Schr* 6, IXf.). Mit diesen psychologischen Motiven wird dem Leser die gesamte psychologische Poetik und Hermeneutik vergegenwärtigt, der Text reklamiert automatisch, er sei eine „psychologische Geschichte". Gelungen wäre der *Eckbert* in diesem Kontext, wäre er „ganz aus der menschlichen Seele geschöpft" (*BTW* 95), die „genaue Kenntnis der Seele" Fundus solcher Poesie. Gegenwärtig ist die Psychologie indes nicht als ihr Funktionieren, sondern als Zitation eines Verständnisses, das unablässig aufgebaut und wieder verworfen wird, als das bezeichnete Verfahren, „zusammenhängende" Vorstellungen einzelner Stellen und des Text-Ganzen nahezulegen und dann plötzlich wieder zu bestreiten und somit unaufhörlich zu irritieren, bis sämtliche Vorstellungen in den bezeichneten Taumel gehen. Das Oszillieren von Funktion und Defekt der psychologischen Konstruktion arbeitete gewissermaßen bloß als das von Verstehen und Nicht-Verstehen überhaupt, das sich erst zum betrachteten Unbegreiflichen potenziert, das erste Nicht-Verstehen wäre nur ein Mittel auf dem Weg dorthin. Ist die Psychologie solchermaßen nur einer der „tausend und tausend" Aspekte, den vom Text universell entbundenen Vorstellungstaumel zu entfalten, wird sie vom Text allerdings penetrant herausgestellt und wäre, historisch, vielleicht der Aspekt des mächtigsten Taumels. Poesie des Schwindels konstituiert sich, negativ, als antipsychologische; wobei die Psychologie wiederum nur eine Disziplin der historischen Postulate und Formen des vernünftigen Begreifens allgemein ist. Ständiges Hin und Her und Vermengung von wunderbarer Welt und gewöhnlicher Welt, Märchen und wirklichem Lebenslauf vollziehen sich als beharrlich von der Erzählung vorgenommenes, dem Leser aufgedrängtes Oszillieren des psychologischen Begreifens und des Fehlgehens des psychologischen Begreifens in den, minutiös zu betrachtenden, im erfahrungsseelenkundlichen Diskurs gebildeten Figuren des historischen Selbst- und Textverständnisses. Wunderbares, das Wunderbare erster Potenz, als Zitation der aufklärerischen Semantik des Begriffs, nicht das erörterte „fürchterlich Wunderbare", und Wirkliches sind zunächst als vom Text immanent gesetzte Distinktion bzw. vom Text erzählte Indistinktion, als immanent gesetzte Parameter der Vorstellungen von Wirklichkeit und Einbildung zu betrachten. Beide sind der Phantasie als dem Radikalvermögen der Seele grundsätzlich nicht mehr als Vorstellungen. Wirkliches und Gewöhnliches fungieren, so Tieck schon in *Shakespeare's Wunderbares*, nicht als Referenz, sondern als fiktionssteigerndes, „willkürliches mannigfaltiges Spiel" mit der Referenz. Ein Spiel, das freilich korrelativ auch die Fiktion beschädigt: Im Schwindel gehen beide unter. Der Anschein der Wirklichkeit, die „individualisierenden Striche", die die „gewöhnliche Welt", das „Vertraute" und „Bekannte" zitieren und „die nichts von jenem Außerordentlichen haben" (ShW 705), fingieren die „gewöhnliche Welt" bloß, und der Leser wird „um so leichter getäuscht", so beispielhaft schon der dem Märchen ganz a-typische, „realistische" Erzählbeginn mit seiner Lokalisierung in der wirklichen Geographie des Geschehens: „In einer Gegend des Harzes" (126). Das Erzählte wird „dadurch um so täuschender und wahrscheinlicher (ShW 704), „durch die (...) individuellen Züge, die oft aus der ganz gewöhnlichen Welt hergenommen sind", werden wir gezwungen, es zu glauben" (ShW 704). Oder: „Ein seltsamer Traum illudiert uns um so leichter, wenn wir Personen darin erscheinen sehn, die wir recht genau kennen. Auf eben diese Art hintergeht uns der Dichter, indem er Charaktere einführt, die seiner wunderbaren Welt zu widersprechen scheinen, da sie ganz aus der gewöhnlichen genommen sind, die nicht von jenem Außerordentlichen haben, das wir an (...) übrigen Personen wahrnehmen" (ShW 705). Wirklichkeit ist das Produkt realistisch-psychologischer Erzählweisen. So werden Eckbert und Walther in dem Text, der durch den Titel der Sammlung, in der er erscheint (*Volksmährchen herausgegeben von Peter Leberecht*), Märchen sein will, zum Kennenlernen zunächst als ganz gewöhnliche Figuren durch ein paar „individuelle Züge, die (...) aus der ganz gewöhnlichen Welt hergenommen sind" in ihrem Äußeren und Inneren bestimmt, wenn auch von Beginn an mit eigenartigen Unbestimmtheiten durchsetzt. Eckbert „war ohngefähr vierzig Jahre alt, kaum von mittlerer Größe, und hellblonde Haare lagen schlicht und dicht an seinem blassen eingefallenem Gesicht. Er lebte sehr ruhig für sich" (126). Walther, der dann, vielleicht, zum Inbegriff „jenes Außerordentlichen" wird, hat zunächst ebenso nichts von diesem Außerordentlichen. „Dieser wohnte in Franken, hielt sich aber oft über ein halbes Jahr in der Nähe von Eckberts Burg auf" (126). Wirkliches fungiert solchermaßen lediglich als Zitation der Distinktion gegenüber dem Wunderbaren – erster Potenz, nimmt man das Unbegreifliche im endlichen Kollaps dieser Distinktion selber als fürchterlich Wunderbares –, bloß um den Schwindel, das Wunderbare zweiter Potenz zu erzeugen. Psychologie und die Psycho-Logik sind Organ, Perspektive und Logik der gewöhnlichen Welt bzw. Wirklichkeit, selber eines ihrer Momente.

Eben die Psychologie ist es nämlich, die Unbegreifliches (erster Potenz), Übernatürliches, Wunderbares, Seltsames, alles Märchenhafte in ein Verständnis und ein Natürliches auflöst, so die bedrohliche Möglichkeit der Figurenmutationen. Märchen und wirklicher Lebenslauf, in deren Widerspruch der Text immanent die Semantik dieser Begriffe setzt, dissolvieren sich gegenseitig völlig. Das Märchenhafte wird als Chimäre psychologisiert, als Produkt der „erhitzten Phantasie", resultierend aus einer bestimmten, zu rekonstruierenden seelischen Bedrängnis, und so derealisiert (eine Psychologisierung, die Tieck indes schon früh nicht mehr vollends vollzieht). Die „seltsamsten Zufälle" der unglaublichen Geschichte des blonden Eckberts, parallel des *blonden Eckberts*, ließen sich in der psychologischen Operation, die der *Eckbert*-Text selber nahelegt und zitiert, als Begreifliches „auflösen". Auflösen im Sinne von Moritz' und Tiecks früher

Hermeneutik als Auflösung in den wirklichen Lebenslauf, wodurch der Text und seine Gattung endlich beruhigt wären. Nicht länger müßte dem irritierten Eckbert und *Eckbert* wie auch dem Leser die Geschichte „mehr wie ein seltsames Märchen" erscheinen. Das schnelle, anhaltende Schwanken von Märchen und Nicht-Märchen bzw. psychologischer, realistischer Erzählung in der Leservorstellung wäre angehalten und die „Geschichte, die seltsam genug ist", als Mitteilung eines, wenn auch immer noch sehr abenteuerlichen, realen Lebens fixiert. Selbst, Seelen- und Lebensverständnis würden, als wirkliche Lebensläufe (re-)konstruiert, dem Märchen und den Zufällen entrissen. Umgekehrt bedeutete, indiziert die Erzählung unabweisbar das Vorkommen eines (fiktionsimmanent) „wirklich" Übernatürlichen, das im programmatisch unwirklichen, märchenhaften Medium der Phantasie bzw. Fiktion durchaus stattfinden darf, die unabweisbare Brechung der Psychologisierung – der *Eckbert* wäre prompt als Märchen (im alten Sinne) ausgemacht. Einer psychologisch-literarischen Hermeneutik aber erschließt sich das Unbegreifliche im Aufweis und der Nachbildung des kohärenten, latent rationalen Textes und Lebens durch ein bestimmtes Lesen des manifest unverständlichen Textes und Lebens. Es geschähe kein Übernatürliches, es wäre kein Märchen. „Der Dichter läßt für das Wunderbare fast immer eine natürliche Erklärung übrig" (*ShW* 716), heißt es in *Shakespeare's Wunderbares*, im *Eckbert* konstruiert und dekonstruiert er sie ununterbrochen in derselben Bewegung. Natürliche Erklärungen, die mittels der Psychologisierung zu leisten wären, vorab in Form der Einbildungskraft samt ihren impliziten Schuldkonstruktionen. Die Einbildungskraft wäre paradigmatisch die natürliche Erklärung, „alle (...) Übernatürlichkeiten [können] sich von den Personen im Schauspiele (...) natürlich erklären lassen" (*ShW* 720), die Geschichte entspränge ganz der Poetik der „psychologischen Richtigkeit". Die „seltsamsten Zufälle" der ganzen „seltsamen Geschichte" nämlich sind immer zu „zufällig"- ein unentwegt den Einsatz der Psychologie provozierender Eindruck[1040]. Der übermäßig zufällige Zufall, „ist das Zufall? Hat er den Namen erraten?", die absolute Willkür, die die Autorfiktion figuriert, die unbeschränkt alles erfinden und erzählen kann, ruft dringlich den Argwohn hervor, daß verborgene Fügung und strengste

---

[1040] Zu „seltsamer Zufall" sind z.B. Berthas seltsamer Weg durch das „endlose Gebirge" oder die Umstände des Walther-Mords. Bertha bricht auf, „fast ohne daß ich es wußte", „ohne" und „wider" ihren Willen. Sie bewegt sich ganz unwillkürlich: „ich stand auf dem freien Feld, bald darauf war ich in einem Walde in den der Tag fast noch gar nicht hineinschien" (129/1261). Phantasiert sie zu Hause von den „Edelsteinen", gelangt sie, ohne Willen, zu der Alten, deren Vogel die Edelsteine liefert. Wie ihr ganzer Weg nicht intentional ist, scheint er doch dunkel determiniert. Sie kann zwar nach dem Verlassen der Alten – wiederum dunkel motiviert: „es war fast, als wenn mein Vorhaben schon vor mir stände, ohne mich dessen deutlich mir bewußt zu sein" (136f./1264), "ich hatte die Empfindung, als wenn ich etwas sehr Eiliges zu tun hätte" (137) – in die genau „entgegengesetzte" Richtung gehen, aus der sie kam, dem Dorf ihrer Eltern, kommt dann aber eben prompt genau wieder in dieses Dorf. Ganz zufällig. Von dort gelangt sie in die Stadt, trifft zufällig einen Ritter, Eckbert (der dann – vielleicht – ihr Bruder ist).

Überdeterminationen walten, „verborgener Sinn", das Gegenteil des Zufalls. Das mutwillige Unbegreifliche, als die erörterte Aktivität, die die Poetik und Poesie verfolgen, ist so inszeniert, daß es das Verstehen zu immer mächtigeren Anstrengungen und „Sinnbemühungen" herausfordert, um in seinem schwindligen Zusammenbruch das gänzlich inkommensurable, bewegliche Unbegreifliche, das nicht das Übernatürliche oder Märchenhafte wäre, erst zu erzeugen. Angespielt wird eben ein riesiger, subkutaner „Zusammenhang", ein absichtlich zur stetigen Zersetzung lancierter, phantasmatischer Subtext, ein „verborgenes" (Text-)„Ganzes", der eben als psychologischer sich vielleicht rekonstruieren ließe und auf dessen Spur der Text den Leser schickt, um ihn alleweil sich verwirren zu lassen. Schon in ihrer Konzeption bei Moritz wie in ihrer frühen Adaption bei Tieck sind die psychologischen Verständnis-Figuren nachdrücklich ebenso als solche des literarischen Begreifens konzipiert. Operationen, die zugleich den scheinbar unverständlichen Text und das scheinbar unverständliche Leben bzw. die Seele aufklären, insbesondere dann, wenn Poesie und Seele von Tieck identisch gesetzt werden und Poesie so „nichts weiter, als das menschliche Gemüth selbst in allen seinen Tiefen" ist. Seele und Selbst bzw. ihre Geschichten im Text figurieren dann immer auch den Text selbst. In beiden Fällen, Poesie und Seele, verfolgt das hermeneutische Verfahren teleologisch die Auflösung vom „Mangel an Zusammenhang, Verwirrung und Unordnung" sowie von Widersprüchen und „abgrißnen Fäden". Poesie des Schwindels konstituierte sich, wie gesehen, invers als die beabsichtigte Entbindung dieser Defekte und somit ganz gezielt gegen die Theorie und Praxis ihrer Auflösung, nicht um diese selber zu affirmieren, sondern als unentwegtes Entgegenspielen zu aktualisieren. Als solches Verfahren wird die psychologisch-literarische Hermeneutik im *Eckbert* aufgegriffen, gleich im Detail gezeigt, freilich bloß, um damit den „Mangel an Zusammenhang, Verwirrung und Unordnung" zum Schwindel zu steigern. Das Psychologische wird nicht zum gelingenden „Gesichtspunkt", der dem Text Zusammenhang, Sinn und Bedeutung verleiht, obgleich es der Text immer wieder montiert, sondern bloß zu einem der Momente, zwischen denen der Verständnis suchende Leser unentwegt hin und herwechselt. Die vom Text provozierten und selber formulierten Psychologisierungen gehen niemals auf, aber auch nie ganz verloren, werden aufgebaut, beständig irritiert, unmöglich gemacht – dementiert von Erzähltem, vor allem von der Erzählweise –, um dann wieder zur Geltung zu kommen und sofort wieder verworfen zu werden (scheinbar unüberwindliche Klippe der Psychologisierung auf der Ebene des Erzählten ist, wie erörtert, die Nennung des Hundenamens, Strohmi, durch Walther, auflösbar nur in der Erwägung des fehlerhaften Erzählers). Sie erzeugen kein Verstehen des Textes, sondern beharrlich sein Debakel. Die Rekonstruktion der vom Text aufgedrängten „psychologischen Motive", Motivierungen, in Abundanz und wiederum untereinander disjunktiv, ohne Unterlaß verstört und verdreht, variiert und verschmolzen, lösen die erzählte Konfusion im *Eckbert* nicht, sondern stiften sie, sind also in ihrer Funktion gänzlich „umgewendet". Als gewissermaßen reines Vehikel entbinden sie so lediglich das beabsichtigte „mannigfaltige Durcheinanderstürmen mannigfaltiger Vorstellungen", „eine wälzt sich über die andere, keine bleibt stehend und fest": „nichts, worauf wird unser Auge fixieren könnten". Gezeichnet und wieder verwischt, im Leser gebildet und wieder verworfen, wird die Vielzahl der verschiedensten psychologischen Zusammenhänge folglich bloß als eine Konkretion des schwindelerregenden Changierens der Vorstellungen vom Text im Leser.

Wiederzufinden sind im *Eckbert* zahlreiche, dem historischen Leser als Signalwörter für ein Verstehen sich aufdrängende erfahrungsseelenkundliche Begriffe und Phänomene der „erhitzten Seele", die imstande sein könnten, *wären* sie als psychologisches Begreifen noch intakt, das „scheinbar" Wundersame und Übernatürliche, Dementi des wirklichen Lebenslaufes, im erzählten Leben als Einbildung aufzulösen. So die redundant bezeichnete „Melancholie", die „äußerste Beunruhigung", der Wahnsinn und seine im psychologischen Verständnis der Zeit präzise gezeichnete Kulmination: „Jetzt war es um das Bewußtsein, um die Sinne Eckberts geschehen; er konnte sich nicht aus dem Rätsel heraus finden, ob er jetzt träume (...) das Wunderbarste vermischte sich mit dem Gewöhnlichsten, (...) keines Gedankens, keiner Erinnerung mächtig" (145), „Eckbert fiel zu Boden" (146) wie zum Schluß: „Eckbert lag wahnsinnig in den letzten Zügen" (146/1266). Eine Beunruhigung, die sich erzählerisch und sprachlich abbildet, die Sätze der „letzten Züge" hängen nicht mehr zusammen wie die vorigen, sind syntaktisch, stilistisch disparat. In Eckberts Wahnsinn kulminiert die unaufhörliche Verwirrung, die Eckbert durch das Geschehene und Geschehende erleidet, gleich, ob nun wirklich geschehen oder eingebildet, der Wahnsinn geschieht der eingebildeten Eckbert-Figur wirklich. Auf thematischer Ebene, als Endpunkt der Beunruhigung Eckberts, wird präzise der „sonderbare Seelenzustand" gezeichnet, in dem „das Gemüth beunruhigt und die Phantasie bis auf einen äußersten Grad erhitzt ist", bis zu einem Grad, in dem, so die Vorstellung der Zeit, sie automatisch Chimären bildet (vgl. Kap. III.2). Diese Wahrscheinlichkeit wird dem Leser wiederholt vergegenwärtigt. Die Peripetie markiert die Feststellung: „das Wunderbarste vermischte sich mit dem Gewöhnlichsten" (145), in *Shakespeare's Wunderbares* heißt es dazu: „Die Urteilskraft wird so verwirrt", daß mit ihr der „Maßstab" verloren geht, „nach dem wir sonst das Wahre beurteilen" (*ShW* 704), „alle Kennzeichen der Wahrheit oder des Irrtumes", der Wirklichkeit und Einbildung sind verloren (*ShW* 704). Phantasie bzw. Einbildung und Wirklichkeit geraten in die verheerende Interferenz und Indistinktion, in die Vermischung, die sich bis zum Schwindel der Seele potenziert. „*Aucune idée [...] distincte, mêlant le grotesque au terrible [...] enfin le mensonge à la vérité; le repos à la veille; de manière que votre esprit confus ne distingue rien*" [Hervorhebungen von Tieck], lautete die Beschreibung in Jacques Cazottes *Le diable amoureux*, den Tieck zur Verdeutlichung des gemeinten „sonderbaren Zustands" zitiert (*BTW* 113). Eckbert wird es unentscheidbar – zuletzt eben, weil es der Erzähler unentscheidbar erzählt –, ob das gegenwärtig Erlebte Traum oder Wirklichkeit ist, desgleichen ob sein „vergangenes Leben", das er für seine wirkliche

Geschichte gehalten hatte und das der Erzähler als solche erzählt, wirklich Wirklichkeit oder auch nur Traum gewesen ist. Eckbert erwägt wie gesehen gar ausdrücklich, ob nicht ebenso Bertha nur ein Traum gewesen sein könnte. Auch Erinnerungen könnten nur Einbildungen sein, grundsätzlich sind sie ja nichts weiter als Einbildungen, die allerdings reklamieren, in der gewesen Wirklichkeit verbürgt zu sein. Nichts von dem, was er als sein „vergangenes Leben" erinnerte, müßte wirklich gewesen sein. Der Leser-Phantasie ist eine mögliche Totalität des Wahnsinns und der Einbildung indiziert. Explizite erzählt werden weitere Symptome der „erhitzten Einbildungskraft". Vornehmlich „das plötzliche Fremdwerden" oder, anders formuliert, die plötzlichen Umwendungen als Umwendungen von Bekanntem zu Unbekanntem, Vertrautem zu Fremdem und Feindlichem etc. Geradezu mustergültig ereignet sich die diese als Veränderung Walthers vom innigsten, einzigen Freund zum ärgsten Feind, wiederholt in Hugo. In der unfaßlich „schnellen Beweglichkeit der Imagination" werden in „zwei aufeinanderfolgenden Momenten", dem vor der Bertha-Ich-Erzählung und dem danach, „ganz verschiedene Ideen an einen und denselben Gegenstand", an Walther, geknüpft (*ShW* 703), „durch eine plötzliche Umwendung" wird eine „andre Seite des Gegenstandes erblickt" und die „Imagination davon, wie von einem gewaltigen Schlage, getroffen" (*ShW* 703). Markiert scheint eine solche Umwendung in Eckberts „beunruhigter Seele", bereits im „hastig" des Erzählerberichts von Eckberts erstem Satz nach der wahrhaft beunruhigenden Erzählung. Daß „ihn die seltsame Geschichte seiner Gattin beunruhigte", heißt es ein wenig später (142). „Ihr hättet Sie damals sehn sollen, fiel Eckbert hastig ein – ihre Jugend, ihre Unschuld, ihre Schönheit" (140, 1264)[1041]. Ganz plötzlich nach der Beendigung von Berthas Erzählung, die mit Eckberts „Innerstem", seinem „Geheimnis" assoziiert ist und deren Mitteilung das größte Vertrauen demonstriert, ist Walther Eckbert nicht mehr der vertraute, wohlwollende Freund, sondern, so Eckberts Einbildung im exaltierten Seelenzustand vielleicht nur, eine Bedrohung. Dies reproduzierte sich identisch im Verhältnis zu Hugo, nachdem Eckbert ihm, wieder dem „unwiderstehlichen Trieb" folgend, seine bzw. Eck Bertha s eigenartige Geschichte erzählt hat (es „ängstigt den Menschen, „wenn er vor seinem Freunde ein Geheimnis haben soll (...) die Seele fühlt dann einen unwiderstehlichen Trieb, sich ganz mitzuteilen", heißt es in der ersten Formulierung, in der zweiten: „fühlte wieder denselben Drang, sich ihm ganz mitzuteilen", „konnte er sich nicht widerstehen"). Explizite ist die abrupte Veränderung erst nach der (wahrscheinlichen) Namensnennung Strohmis durch Walther, das lapidare „hastig" unmittelbar nach der Beendigung von Berthas Erzählung aber antizipiert sie, zumindest zeigt es die „Beunruhigung" Eckberts noch vor der rät-

---

[1041] Wenn der Begriff des *einen* „Wendepunkts" der Geschichte gegenüber den unaufhörlichen Verwirrungen nicht, wie erörtert, inadäquat wäre, läge der Wendepunkt eher hier als in der Nennung des Hundenamens durch Walther (behauptet z.B. von Frank: „Im *Eckbert* ist der Wendepunkt das [durch Walther vermittelte] Wiederbesinnen auf den vergessenen Namen des Hundes", Frank, *Phantasus*, S. 1298).

selhaften Namensnennung an. Eine Beunruhigung, die eben die schlagartigen Umwendungen hervorbringt, mit dem „hastig" zuallererst festgehalten und deren Steigerung nun im weiteren ausführlich geschildert wird. Unvermittelt ist „die Seele (...) zum Argwohn gespannt", „es schien aber seine [Eckberts] Verdammnis zu sein, gerade in der Stunde des Vertrauens Argwohn zu schöpfen" (144), formuliert der momenthaft auktoriale Erzähler die jähe Verkehrung, ohne auf die Namensnennung in ihrem Zusammenhang oder gar als ihren möglichen Grund im geringsten anzuspielen. Eckbert ist nun hin- und hergeworfen zwischen seinem Argwohn und seinen Vorwürfen, er „warf sich sein unedles Mißtrauen gegen seinen wackern Freund" vor, konnte aber „doch nicht davon zurück kehren" (141). Auch in einer weiteren Reflexion auf den möglichen Grund der Beunruhigung und des Umschlags von Vertrauen in Argwohn, nun eine der Figur selber, ist von der Namensnennung nicht im entferntesten die Rede. „Nur Eckbert ging noch unruhig im Saale auf und ab.- Ist der Mensch nicht ein Tor? (...) jetzt gereut mich diese Vertraulichkeit!- Wird er sie nicht mißbrauchen? Wird er nicht vielleicht, denn das ist die Natur des Menschen, eine unselige Habsucht nach unseren Edelsteinen empfinden, und deswegen Plane anlegen und sich verstellen?". Prompt heißt es: „Es fiel ihm ein, daß Walther nicht so herzlich von ihm Abschied genommen hatte, als es nach einer solchen Vertraulichkeit wohl natürlich gewesen wäre" (140). Der Erzähler schickt unmittelbar die betrachtete psychologische Auflösung für diese Beobachtung hinterher, eine Erklärung, die allgemein die Überinterpretation und das Psychologem der Einbildung nahelegt: „Wenn die Seele erst einmal zum Argwohn gespannt ist so trifft sie auch in allen Kleinigkeiten Bestätigungen an". Festgehalten ist der Hinweis auf die Einbildung, möglicherweise, schon in seiner, scheinbar wohlüberlegten, Formulierung des „Es fiel ihm ein", die ganz auf Eckberts, vielleicht vom Wahnsinn tingierte, Wahrnehmung verweist, ohne daß der Erzähler im geringsten, obgleich er es könnte, Position bezieht und klärte, was geschieht. Letzteres interessiert ihn deutlich nicht. In diesem totalisierten Argwohn – wenn auch in der Entstehung dunkel, nun ein akutes „psychologisches Motiv" – interpretiert er Walthers Verhalten: eine zirkuläre, sich selber verstärkende und, vor allem, willkürliche, hermeneutische Operation. Alles und jeder kann nun sonderbar werden, weil die „erhitzte Phantasie" plötzlich alles verdächtig werden läßt. Nahegelegt ist die Ergänzung, die dasselbe Prinzip behauptet: Wenn die Seele sich verfolgt fühlt, trifft sie in allem den Verfolger an, in Walther, in Hugo, im Bauern. Aufgezeigt werden, im erörterten Verfahren der permanenten Montage und Demontage, etliche mögliche psychologische Rekonstruktionen des Argwohns bzw. der ihm und den schnellen Umkehrungen grundeliegenden Pathogenese der Beunruhigung der Eckbertschen Seele. Diese Umkehrungen wären solchermaßen nur in einem ganzen, funktionierenden psychologischen Erklärungskontext eine psychologische Aufklärung. Der Text aber deutet wiederum eine Vielzahl von solchen Kontexten an, die die Einbildungshypothese nicht isoliert und abstrakt ließen, sondern das Konstrukt der die Einbildung produzierenden Erhitzung der Phantasie als konkrete Folge eines innerpsychischen

Konflikts oder einer innerpsychischen Disposition ausbuchstabierten. Präsentiert in der charakteristisch wechselnden Art, untereinander disparat, sich mischend und vernichtend. Angedeutet werden die Melancholie und ihr maniakalischer Paroxismus wie die unentwegt angespielte wirkliche oder eingebildete „Schuld" und die daraus resultierenden Verfolgungsängste (gleich ausführlich behandelt). Gleichgültig aber, wie die Psychologisierungen im einzelnen auch aussehen, ereignete sich nicht mehr als die „plötzliche Umwendung", die lediglich ein Phänomen der vom Erzähler deutlich geschilderten Erhitzung von Eckberts Phantasie und ganzer Seele darstellte – die eben zwangsläufig genau jene produziert –, ereignete sich im unheimlichen Geschehen der scheinbaren Inversion Walthers gar kein Märchenhaftes. Selbst dann nicht, wenn der Vorgang, der in fast identischer Weise zum Beispiel im *Sternbald* vorgeführt wird[1042], psychologisch nicht zu „zergliedern" ist, sondern ein willkürliches und hermetisches modales Charakteristikum der schwindligen Phantasie darstellt; psychologisch zu rekonstruieren blieben dann immer noch die seelischen Entwicklungen und Umstände, in denen es zum erhitzten Zustand der Phantasie kommt. In der Wirklichkeit, an Walther, veränderte sich nichts. Wie immer aber funktioniert auch diese Abgrenzung nur fehlerhaft. Prinzipiell nämlich unterläßt es der Erzähler zu bestäti-

---

[1042] In *Franz Sternbalds Wanderungen*, also noch 1798, findet sich wie in vielen anderen Werken Tiecks das Phänomen in nuce. Sternbald und sein Freund Bolz werden von einem Kohlenbrenner in dessen Hütte für die Nacht eingeladen. Der Köhler erzählt von seiner Arbeit, die ganze Atmosphäre ist Sternbald angenehm, er „fühlte in der Hütte wieder die ruhigen frommen Empfindungen, die ihn schon so oft beglückt hatten" (*Stb* 346f.). In der Nacht erhitzt sich die Phantasie: „Franz vergaß beinahe, wo er war, denn alles umher erhielt eine sonderbare Bedeutung. Seine Phantasie ward erhitzt [die psychologischen Erkenntnisse werden vom Erzähler selber expliziert], und es währte nicht lange, so glaubte er sich unter Räubern zu befinden, die es auf sein Leben abgesehen hätten, jedes Wort des Kohlenbrenners, dessen er sich nur erinnerte, war ihm verdächtig, er erwartete ihn ängstlich, wie er mit seinen Spielgesellen wieder aus der Tür herauskommen würde, um sie im Schlafe umzubringen und zu plündern. Über diese Betrachtungen schlief er ein, aber ein fürchterlicher Traum ängstigte ihn noch mehr, er sah die entsetzlichsten Gestalten, die seltsamsten Wunder, er erwachte unter drückenden Beklemmungen" (ebd., S. 347f.). Und kurz davor: „Der Mond sah durch das Fenster, in der Einsamkeit fiel des Bildhauers Gesicht dem Wachenden auf, es war eine Physiognomie, die Heftigkeit und Ungestüm ausdrückte. Franz begriff es nicht, wie er seinen anfänglichen Widerwillen gegen diesen Menschen so habe überwinden können, daß er jetzt mit ihm umgehe, daß er ihm sogar vertraue" (ebd., S. 347). Der Urgrund des „plötzlichen Umwendens", nämlich daß er „plötzlich", aus einem Umschwung in der Seele offenbar nur, bleibt in der dunklen inneren Dynamik verborgen. Tieck gibt schon in *Shakespeare's Wunderbares* ein Beispiel für die „plötzliche Umwendung" in der hitzigen Dynamik der Phantasie, die Segmente einer Geschichte sein könnten: „Es ist nicht unnatürlich, daß ein Wanderer, der am Abend über seinen mißgestalteten Begleiter spottet, sich aber plötzlich erinnert, daß er an einem verdächtigen Orte sei, plötzlich anfängt seinen Gefährten für ein Gespenst zu halten, und daß jeder Zug, der ihm so eben lächerlich war, ihm itzt fürchterlich erscheint" (*ShW* 703). Ursache ist nicht der „verdächtige Ort", dieser wird „plötzlich" erst als solcher erinnert, geschaffen von der „überhitzten Phantasie".

gen, daß das, was die „zum Argwohn gespannte Seele" Eckberts wahrnimmt, das, was sie „in allen Kleinigkeiten" als „Bestätigungen" interpretiert ganz wie die beunruhigte Leser-Phantasie, die Eckbert ebenso figuriert, aber in Wirklichkeit vielleicht bloß Einbildungen wären, eben wirklich nur Einbildungen sind. Offen läßt er, obgleich er das Prinzip der Einbildung vorschlägt, ob es nicht doch auch Wirklichkeit ist, was Eckbert wahrnimmt. Nur, wäre es auch wirklich, was sollte dann die Reflexion des Erzählers? Die Unklarheit wird von der Erzählung umgehend noch gesteigert. Überläßt der Erzähler, in dem er selber nicht davon berichtet, wie Walther Abschied nimmt, nur wie es Eckbert schien – obgleich noch dieses doppeldeutige „es fiel ihm ein, daß..." nicht sicher anzeigt, ob es heißen soll, daß es nur seine Wahrnehmung ist – dem Leser die, freilich nahegelegte, Interpretation, Walthers eigenartiges Benehmen sei nur Eckberts Einbildung, so hält der Erzähler wenig später, sprachlich, grammatisch unhintergehbar fest: „Seit diesem Abende besuchte Walther nur selten die Burg seines Freundes, und wenn er auch kam, ging er nach einigen unbedeutenden Worten wieder weg" (141/1264). In dieser Mitteilung, die sich erzählerisch von allem Verdacht distanziert, Eckberts bzw. die vielleicht alles verdächtigende Perspektive oder Einbildung anzuzeigen – es sei denn, der Satz wäre wiederum als plötzliche und restlose Adaption der neutralen Erzählweise an die personale zu lesen –, sorgt er abermals für eine augenblickliche schnelle Wendung der Vorstellungen und Verstehenshypothesen. Die Wirklichkeit, Walther, hat sich also, scheinbar doch, wirklich verändert. Jäh bricht die psychologische Auflösung hier wie an anderen Stellen zusammen, ohne daß sich der Erzähler darum bemühen muß und ohne daß er mit den Psychologisierungen wie mit deren umgehenden Störungen aufhörte. Jäh macht der Erzähler seine eigene Konstruktion zunichte, dem Leser zerstört er seine gerade eingestellte Lektüre. Was Eckbert sich vielleicht nur einbildete, ist wirklich und was wirklich ist, so die vollends unheimliche Umkehrung, bildete sich Eckbert vielleicht nur oder zudem noch ein. Wieder entfacht das Erzählen die sich vernichtenden Bewegungen der Begriffe und Bedeutungen: Eine Einbildung, die *bloß* Wirklichkeit wäre, ist nicht mehr „bloß Einbildung", ist überhaupt keine Einbildung mehr im Sinne eines Irrealen (unbeschadet bleibt die „frühromantische" Bestimmung, daß grundsätzlich alle Wirklichkeit nur Einbildung in der Phantasie ist). Allgemein wie beharrlich spricht der Text von Einbildungen, von der Möglichkeit, daß die „gespannte Seele" und „erhitzte Phantasie" alles Unfaßbare des ganzen Geschehens halluzinierten und so erst das Märchen produzierten. Die Figuren selber, der Erzähler und die Art und Weise des Erzählens, die eben differiert vom kommentierenden oder tendenziös berichtenden Erzähler, wodurch er sich zu sich selber in eine Differenz bringt, legen wiederholt im- und explizite nahe, ob nicht alle „seltsamsten Zufälle" der „seltsamen Geschichte", die sie mehr wie ein Märchen als wie einen wirklichen Lebenslauf erscheinen lassen, nur Einbildung, Traum und Wahnsinn sein könnten. „Oft dachte er [Eckbert], daß er wahnsinnig sei und sich nur selber durch seine Einbildung alles erschaffe" oder: „er konnte sich nicht aus dem Rätsel heraus finden, ob er jetzt träume, oder ehemals von einem Weibe

Bertha geträumt habe" (145). Oder Bertha, der „immer nicht war, als sei [sie] erwacht, sondern als fiel [sie] nur in einen andern noch seltsameren Traum"[1043]. Als solche Träumende konvergierte sie unverfolgbar mit Eckberts Träumen, die eben bloß eine Figur dieser Träume sein könnte, ganz wie es Eckbert eben ausdrücklich erwägt. „Nur in einen andern noch seltsameren Traum" impliziert, daß alles immer nur Traum war: Nichts von ihrer Erzählung wäre dann kein Traum gewesen, das Träumen wucherte voraus und zurück im Text, wäre nicht mehr einzugrenzen. Vor allem, wäre es alles bloß Traum, wäre dieser Traum, der nicht im Wechsel mit dem Wachen, sondern nur mit weiteren Träumen stände, kein Traum mehr, die Begriffe und Vorstellungen verheddern sich konsequent bis zum Taumel. Wahnsinn oder Traum im unmöglichen Bewußtsein des Wahnsinns oder Traums geraten zur unmöglichen Figur. Nicht nur einzelnes, sondern alles stellt das Erzählen in den Zweifel der Einbildung, des Traums oder des Wahnsinns Eck Bert has, die Wahnsinnshypothese wird totalisiert, was den Text unmittelbar zur Selbstvernichtung bringt; auch wenn nicht alles explizite als mögliche Einbildung markiert ist, sind die Fälle, in denen es geschieht, solcher Art, daß sich dieser „schwindlige Abgrund" nicht begrenzen läßt und die ganze Geschichte kontaminieren könnte. Wäre alles „bloß Einbildung" – und freilich ist die ganze „seltsame Geschichte" nichts als Einbildung –, wovon erzählte der Erzähler dann? Und vor allem: Er erzählte, und auf diese ebenso unausdenkbare Möglichkeit wiesen viele Stellen hin, von Träumen und Nicht-Träumen, Einbildung und Wirklichkeit sowie außen und innen in der Art und Weise seines Erzählens vollends ununterschieden und ununterscheidbar. Die Distinktion wäre so anhand der Sprache seiner Erzählung nicht zu treffen, im Erzählten von einer Figur, der sich Wunderbarstes und Gewöhnliches vermischt, aber noch weniger. Das erzählerische Bewußtsein folgte erzählend willkürlich und totalisiert dem im Wahnsinn zergangenen und nun komplizierte Chimären spinnenden Hirns Eckberts, wessen Hirns auch immer, ohne dabei allerdings, was dieser Annahme sofort widerspricht, nur eine völlig wirre, zerfetzte „erlebte Rede" wiederzugeben; was formal die Adäquation zu dieser Vorstellung wäre und das Erzählen leicht identifizierbar werden ließe. Einbildung, Traum und Wahnsinn schilderte der Erzähler in der von der Geschichte selber eröffneten *immanenten* und konstitutiven Distinktion von Wirklichkeit und Wahnsinn indifferent zu dem, was nicht bloß Einbildung, Traum und Wahnsinn wäre, sondern Wirklichkeit (dabei geht es nicht um die Frage der Referenz). Sowohl diese Wirklichkeit wie der Wahnsinn als psychologisch einholbarer stehen dann wiederum indistinkt

---

[1043] Der Wortlaut der ganzen bodenlosen Stelle lautet: „Ich wachte nicht lange, ich war halb betäubt, aber in der Nacht wacht' ich einigemal auf, und dann hörte ich die Alte husten und mit dem Hunde sprechen, und den Vogel dazwischen, der im Traum zu sein schien, und immer nur einzelne Worte von seinem Liede sang. Das machte mit den Birken, die dicht vor dem Fenster rauschten und mit dem Gesang einer entfernten Nachtigall ein so wunderbares Gemisch, daß es mir immer gar nicht war, als sei ich erwacht, sondern als fiele ich nur in einen andern noch seltsamern Traum" (133/1262f.).

gegenüber dem Wunderbaren. Dabei hantierte der Erzähler zugleich ständig genau mit den Begriffen, die die Distinktionen behaupten, welche die Figuren in Text selber immer wieder treffen wollen. Immanent der Erzählung würden die Bereiche ganz global nicht demarkiert. Es würde gezielt unterlassen, Bestimmtes sicher als wirklich Geschehenes und anderes nur als sichere Halluzination bzw. Projektion des Innersten auszuzeichnen. Harmlos wären dagegen lokalisierbare Verletzungen der Distinktion beider Bereiche. Gezielt betrieben werden diese bodenlosen Konfusionen, um die Leser-Phantasie in die Ohnmacht zu stürzen, „unsre Urteilskraft wird so verwirrt, daß wir die Kennzeichen vergessen, nach denen wir sonst das Wahre beurteilen", jedwedes Bewußtsein wird in die besondere „Art von Schwindel versetzt", da es „alle Kennzeichen der Wahrheit und des Irrtums verloren hat" (*ShW* 704). Der Erzähler vermischte sich erzählend selber, die schlimmste aller Vermischungen, behandelte erzählerisch Wahnsinn und Wirklichkeit in derselben Weise, ohne sprachliche Markierung einer Distinktion oder des Momentes einer Transition. Eine Vermischung, die herausfordernd lediglich eine einfache Wahrheit demonstrierte: Nichts von beidem ist wirklich – die Erinnerung an die Fiktion. Betrieben werden die Indistinktionen des Textes aber so, daß sie sich nicht einmal als poetische Fiktion beruhigen, in deren Status der Text dann beruhigt rezipiert werden könnte. Im Schwindel zerstört wird die poetische Illusion selbst. Der Leser ist unablässig konfrontiert mit der Demonstration, daß der Text allen Beteiligten nichts als eine Einbildung, eine Einbildung der Willkür eines einzelnen, zufälligen Gehirns ist, ob nun Eckberts, des Erzählers oder, radikaler noch, der Autorenfiktion, die die beiden anderen noch in sich aufnimmt. Sarkastisch führt solcher Text vor, daß es kein Wunder ist, was Bertha und den Leser in der poetischen Illusion, und wie anders sollte Lesen funktionieren, noch wundert, daß beispielsweise das, was Bertha „immer nur träumte", „nun wirklich geworden" war (139). Begriffe, die in der möglichen Erzählerwillkür beide in ihrem Sinn zergehen. Sarkastisch führt er die illusionszerstörende Omnipotenz und Willkür der erzeugenden Autorfiktion, eines Phantasierenden, und der Poesie, eines Phantasierten vor: Jeder „seltsamste Zufall", jede „seltsamste Geschichte" kann erzählt werden.

Bereits in den ersten Sätzen des *Eckberts* wird die Eckbert-Figur, wie viele frühe Figuren Tieckscher Geschichten, noch der *Lovell*, ausdrücklich als „melancholisch" markiert: „nur wenn er alleine war, bemerkte man an ihm eine gewisse Verschlossenheit, eine stille zurückhaltende Melancholie" (126). Später heißt noch einmal explizite: „er war schon sonst immer etwas schwermütig gewesen" (142/1265). Eckbert, so heißt es ebenso in den ersten Sätzen, hat ein „blasses eingefallenes Gesicht", dem historischen Leser, sensibilisiert gegenüber allen physiognomischen Eigenarten, höchst signifikant. Merkwürdig redundant, in fünf eng aufeinanderfolgenden, die Redundanz fast unmerklich umspielenden Formulierungen, ist von Eckberts Hang zur Zurückgezogenheit und Einsamkeit die Rede, eines der augenscheinlichsten Symptome der Melancholie. „Er lebte sehr ruhig für sich", „man sah ihn nur selten außerhalb der Ringmauern", „sein

Weib liebte die Einsamkeit eben so sehr", „nur selten wurde Eckbert von Gästen besucht". Die „Sucht zur Einsamkeit" wird in den exemplarischen medizinisch-psychologischen Bestimmung der Zeit zum augenfälligsten Charakteristikum der Melancholie und bringt sie selber schon in die Nähe der Chimäre: „daß die Melancholiker die Einsamkeit lieben und die Gesellschaft meiden; das läßt sie auch dem Gegenstand ihres Deliriums oder ihrer beherrschenden Leidenschaft, wie immer sie aussehen mag, mehr zugetan sein, während sie für den ganzen Rest gleichgültig erscheinen"[1044]. In vielen Details werden dem historischen Verständnis realistische Intonationen des melancholischen Charakters gegeben, z.B. die dem Melancholischen typischen Grundaffekte der Furcht und Erwartungsangst. Eckbert befürchtete immer „irgend einen unglücklichen Vorfall, der sich ereignen könnte" (142), ein melancholischer Zug, der in tausenden schwermütigen Berichten festgehalten ist, auch in Tiecks eigenen: „welche bange Ahndungen mich jezt manchmal umschweben", „alles zu verlieren, was mir in der Welt theuer ist" (*BTW* 50). Noch das heftige, unerwartete Umschlagen der Stimmungen gehört zum konventionellen melancholischen Bild. Zitiert wird mit der Melancholie ein durch die unzähligen Diskussionen universell und diffus gewordener, aber gewaltiger Komplex an Symptomen, Bedeutungen und Ätiologien (vgl. Kap. III.1), umfangreiche hermeneutisch-psychologische Implikationen. Dem Zeitgenossen ist mit dieser melancholischen Markierung der Figur als nachdrückliche Rezeptionsprämisse gegenwärtig, daß maniakalische Erhitzungen und somit wahnhafte Einbildungen diesen Charakter befallen können, ein wesentliches Moment des mit dem Maniakalischen verbundenen Melancholieverständnisses, schon der „kalte Melancholiker" ist delirant. Vergegenwärtigt ist der Leser-Phantasie, der historischen ungleich dringlicher als der heutigen, überdies eine umfassende, ganze Verlaufsfigur der melancholischen Disposition und Alteration bzw. ihres sich von Zeit zu Zeit ereignenden Paroxismus. Eine Figur, die Tieck selber zugespitzt benennt: „Melancholie, Verrücktheit, Wahnsinn" und die präzise mit den geläufigen psychologischen und medizinischen, aber auch populären Theorien übereinstimmt. Eckberts Geschichte, das Sonderbare in ihr, das die Frage des Übernatürlichen und damit die des Märchens stellt, stehen von Beginn an unter diesen Vorzeichen, das Geschehen könnte in der überdeutlich dargestellten Zunahme der melancholischen „Beunruhigung" der Figur, wie gesehen, zunehmend „nur Einbildung" sein. Eröffnet ist ein ganzer psychologischer Verstehenshorizont, noch der ganze Verlauf der Eckbert-Figur, des gesamten Textes, die absonderliche, sich beschleunigende Beunruhigung und Schnelligkeit am Ende, folgte, auf der Oberfläche, diesem der Zeit psychologisch zu identifizierenden Schema der melancholischen bzw. maniakalischen Erhitzung, das Tieck selber als Gradation und „aufsteigende Grade" formuliert. Folgte ganz dem psychologisch begreiflichen Schema:

[1044] Jean-Fr. Dufour, *Essai sur les opérations de l'entendement humain et sur les maladies qui les dérangent,* Amsterdam, Paris 1770, S. 357, zitiert nach: Foucault, Wahnsinn, S. 269.

„Melancholie, Verrücktheit, Wahnsinn"; in den ersten Sätzen ist explizite von Melancholie die Rede, später von der zunehmenden Beunruhigung, in den letzten Sätzen dann vom Wahnsinn. Augenfällig folgt das Erzählen noch in seinem Tempo und Rhythmus der typisch maniakalischen, nämlich exponentiellen Beschleunigung der Geschwindigkeit, hervorstechendes narratives Merkmal des Endes des *Eckberts*, und erfährt eine sich bis zum Ende des Textes immer weiter steigernde Beunruhigung, bis es dann auf dem Höhepunkt ganz wie die maniakalische Peripetie in sich zusammenbricht. Umfassend ist die Technik der „Aussparungen" angewandt, ohne sich lange aufzuhalten, „hastig" wie es Eckbert plötzlich ist, werden die Dinge erzählt (in wenigen Sätzen werden so die Jahre zwischen der Begegnung Eckberts und Berthas und der Erzählgegenwart übergangen, Eckbert war ein „junger Ritter, jetzt ist er „ohngefähr vierzig Jahre" alt. Von der Begegnung mit Bertha bis zum heutigen Zeitpunkt erfährt man nur: „wir zogen hieher, und unsre Verbindung hat uns bis jetzt noch keinen Augenblick gereut", 140). Am Ende rast die Erzählung, das Erzählen, die sich steigernde, maniakalische Schnelligkeit und Beschleunigung werden zum narrativen Prinzip, entscheidend ist dabei, daß die Beschleunigung nicht linear geschieht, immer im selben Rhythmus, sondern diskontinuierlich, wenn auch insgesamt immer weiter steigend. Vollzöge sie sich linear, bliebe die Möglichkeit der Anpassung, bis zu einem bestimmten Punkt zumindest. Geschieht sie jedoch diskontinuierlich, mit deutlichen Unterbrechungen, Retardierungen und abrupten Veränderungen, kann sich der Leser nicht darauf einstellen. Der Punkt, an dem die Anpassung mißlingt und die Überlastung und Krisis der Phantasie, das heißt, der Schwindel beginnt, wird früher erreicht. Der Text könnte, zurück zur melancholischen Exposition, also als Ganzes die Darstellung der Alteration einer melancholischen Figur bis zum wahnsinnigen Debakel sein, Eckbert figurierte nichts als diese Bewegung. Die Gradationen sind im Detail nachzuzeichnen, die Beunruhigung nimmt mit der Beendigung von Berthas Ich-Erzählung, die am Ende selber schon unruhig zur Erzählgegenwart hin hastet[1045], ihren Anfang; folglich schon ganz zu Beginn der Erzählzeit, die mit der Situation am Kamin einsetzt, in der Bertha zu erzählen beginnt. Eine Beschleunigung, die sich dann bloß (ganz wie z.B. die Ängste) fortsetzt und ausweitet in der Er-Erzählung. Plötzlich ist Eckbert „hastig" (140), noch vor der Nennung des Hundenamens durch Walther und die erzählerische Geschwindigkeit nimmt wie behauptet rasant zu, parallel zur sich beschleunigenden Beunruhigung der Figur – ganz entgegengesetzt zur „Weitschweifigkeit" (1261) und „Umständlichkeit" der Bertha-Erzählung. „Eckbert ging noch unruhig im Saale auf und ab" (140), in keinem Satz wird die zunehmende Beunruhigung mit der Namensnennung in einen Zusammenhang gebracht. Es folgt der plötzliche Umschlag in der Einschätzung

---

[1045] Bertha vollzieht die Verknüpfung ihrer Ich-Erzählung und der Er-Erzählung in ihrer Ich-(Wieder-)Erzählung selbst explizite, in dem Moment, in dem sie Eckbert kennenlernt: „Schon lange kannt' ich einen jungen Ritter, der mir überaus gefiel, ich gab ihm meine Hand, – und hiermit, Herr Walther, ist meine Geschichte geendigt" (140).

Walthers, der panische Argwohn (140) und der schnelle Wechsel von Verdächtigungen und Selbstvorwürfen wegen dieser Verdächtigungen: „Er schlug sich die ganze Nacht mit diesen Vorstellungen herum, und schlief nur wenig" (141); „jeder mußte doch seine innerliche Unruhe an ihm gewahr werden" (141); „in einem abgelegenen Gemache ging er in unbeschreiblicher Unruhe auf und ab" (142); „er streifte umher, der Schweiß stand ihm auf der Stirne" (142); „jetzt war er ganz mit sich selber zerfallen" (142/1265). Nach dem Erscheinen Walthers in Hugo heißt es gar: „Sein Entsetzen war unbeschreiblich; außer sich stürzte er hinaus" (144); „wie ein unruhiger Geist eilte er jetzt von Gemach zu Gemach, kein Gedanke hielt ihm stand, er eilte von entsetzlichen Vorstellungen auf noch entsetzlichere (...) Oft *dachte er, daß er wahnsinnig sei*" (144). Auf seiner versuchten Flucht vor sich selbst spitzt sich die Lage zu, er „sah (...) sich plötzlich in einem Gewinde von Felsen verirrt, in denen sich nirgend ein Ausweg entdekken ließ" (145). Innerstes und Äußerstes sind lange schon bloß eines, Demonstration der willkürlichen Omnipotenz der Autorfiktion, die sich und dem Leser alles einbilden kann. „Eckbert spornte sein Roß so schnell es nur laufen konnte (...), bis es erschöpft unter ihm zusammen stürzte" (145). Am Ende der Alteration steht, wie gesehen, der benannte Wahnsinn, damit korrekterweise eben der Terminus des Schemas „Melancholie, Verrücktheit, Wahnsinn": „Jetzt war es um das Bewußtsein, um die Sinne Eckberts geschehen; er konnte sich nicht aus dem Rätsel heraus finden, ob er jetzt träume (...) keines Gedankens, keiner Erinnerung mächtig" (145), „Eckbert fiel zu Boden" (146) und: „Eckbert lag wahnsinnig in den letzten Zügen" (146). Das Erzählen und der Erzähler selber beunruhigen sich fortwährend, von zwei kurzen, nur scheinbaren Beruhigungen (142) retardiert[1046], korrespondierend dem sich beschleunigenden Kollaps der Figur bis zu ihrem Verscheiden[1047]. In den „letzten Zügen" verscheiden simultan notwendig dann Figur und Text. Erzählt scheint ein genaues Abbild des maniakalischen Exzesses, der auf dem Höhepunkt einbricht: „es geschieht, daß diese Bewegung sich (...) durch ihren eigenen Exzeß auslöscht und mit einem Schlag eine Bewegungslosigkeit hervorruft, die zum Tode führen kann"[1048]. Der besondere „Wahnsinn, der oft die selbst erfundenen Gesetze wieder vernichtet" (*Schr* 6, XX). Fortgesetzt, bis zu dieser letzten Szene, wird dem Leser von der Erzählung folglich eine Steigerung des chimärischen Potentials angezeigt, anders formuliert, erhält er Belege für die Einbildungshypothese. Die blitzartigen, totalitären Bilder der „überspannten Phantasie" beherrschten das befallene Sub-

---

[1046] Unmittelbar nach dem Mord an Walther ist Eckbert kurz wieder ruhig, das Gegenläufige wird auf die Spitze getrieben: „Eckbert fühlte sich leicht und beruhigt, und doch trieb ihn ein Schauder nach seiner Burg zurück" (142). Schon im zweiten Teilsatz wird der erste – wird die Ruhe – gänzlich konterkariert. „Beruhigt" scheint die Seele Eckberts auch nach der begonnenen Freundschaft mit Hugo, aber: „Eckbert war immer nur auf kurze Augenblicke froh" (143).
[1047] Im *Phantasus* heißt es: „Eckbert lag wahnsinnig und verscheidend auf dem Boden" (146).
[1048] Foucault, *Wahnsinn*, S. 230.

jekt restlos und schafften ihm die Wirklichkeit. Minutiös bereiten solchermaßen Text, Erzähler und Figuren vor, daß das Durchscheinen Walthers in Hugo sowie das Erscheinen der Alten am Ende eben nur Wahnsinn sei, der nicht mehr bloß abstakt bliebe, sondern hier seine konkrete Nachzeichnung erhielte. Genau diese Möglichkeit wird vom Erzähler durch seine Erzählweise wieder hintertrieben (abgesehen davon gehen die psychologischen Annahmen, die hinter den Einbildungen stehen könnten, so beispielsweise die Schuld, nicht auf). Wenig vor dem Durchscheinen Walthers in Hugo, nach Eckberts Mord an Walther, berichtet der Erzähler, daß sich Eckbert wegen der „Ermordung seines Freundes" – deren explizite willkürliche Motivation, „ohne zu wissen, war er tat", ebenso im Spiel des Aufbaus und Scheiterns der Psychologisierung mitwirkt – unablässig zermartere. „Jetzt war er ganz mit sich selber zerfallen. Die Ermordung seines Freundes stand ihm unaufhörlich vor Augen, er lebt unter ewigen innern Vorwürfen" (142/1265). Er selbst nennt sich Hugo gegenüber „Mörder" (143). Angestimmt, nicht bloß hier, sondern unentwegt im Text (auch in der Bertha-Erzählung), ist eine „schreckliche", hier scheinbar konkretisierte „Schuld", die eben ein notwendiges Konstrukt der funktionierenden Psychologisierung in der Einbildungshypothese darstellt. Schuld, innere Konflikte, Ängste, Reue und Selbstvorwürfe erzeugten die Beunruhigung und Erhitzung der Seele bzw. Phantasie, diese dann die Einbildungen, die keine „Wirkung ohne eine Ursache" oder kein märchenhafter „Schatten, von dem wir keinen Körper sehen" blieben. Überdeutlich angezeigt sind Eckberts „Gewissensbisse", die „Stimmung, wenn das Herz von Gewissensbissen gefoltert, oder von der Reue gequält wird" (*ShW* 718), ein frühes Thema Tiecks, das er manisch in seinen frühen Werken durchspielt. Aufgedrängt wird der Leser-Phantasie ein ganzes Psychologem, in dessen Zentrum, sofort ließe sich Eckbert einsetzen, die chimärenbildende Macht des das Gemüt zerrüttenden Gewissens steht (z.B. im *Ryno* durchgespielt[1049]). „In einer (...) Stimmung, wenn das Herz von Gewissensbissen gefol-

---

[1049] Vor allem Natur offenbart sich als Projektion des jeweiligen „Seelenzustandes". Sämtliche Elemente des beobachteten „Anfall[s] des Wahnsinns", ebenso in den dort konträr strukturierten Gruppen, Landschaften, Farben und Tönen, den konträren „Wunderbaren" zugeordnet, kehren in einer konsequenten Kasuistik in Tiecks Geschichten wieder und intonieren diese. Sie dienen in den frühesten Geschichten als Manifestationen des „Seelenzustandes" der Figuren – ihnen selbst sind sie freilich nicht als Projektionen der „inneren" Szenerien erkennbar, sondern „fremd", unbegreiflich und „wirklich". Dennoch präsentieren sie sich als psychologisch einholbar, rekonstruierbar. Die Natur, in der die Figuren sich befinden, konstituieren sie selbst in ihrem „Innersten". Die „beunruhigte Seele" z.B. findet sich in „felsigen Gebirgen" und beruhigt sich in „fruchtbaren Ebenen". Weiß der psychologische Erzähler von der chimärenbildende Potenz der aufs äußersten beunruhigten Phantasie, so fehlt anders als dem psychologisch Aufgeklärten Eckbert den frühen Figuren dieses Wissen; die Psychologie liegt im erzählerischen Verfahren, das eine erkennende Differenz zum Figurenbewußtsein herstellt im psychologisch versierten Leser. Damit entsteht in den frühen Geschichten Tiecks ein Raum der Spannung für das Erzählen, den Tieck umfassend nutzt (so z.B. in *Ryno*, *Abdallah* oder *Adalbert und Emma*). Das eigene Verständnis der Figur, ihr Selbstbewußtsein, das nicht korrigiert wird, son-

tert, oder von der Reue gequält wird, glaubt der geängstigte Verbrecher die ganze Natur gegen sich empört, er sieht allenthalben Gestalten die ihn erschrecken [Eck Bert ha immer nur eine], in seinen Träumen sieht er Gespenster, die ihm seinen Untergang drohen" (*ShW* 718). Das Gewissen, keine direkte Strafe durch die Welt, er selber verfolgt sich, foltert, quält, drängt auf Strafe, den Untergang, erzeugt Angst und bringt die Phantasie zur Produktion von Gespenstern, die die Rache exekutieren. Der Gepeinigte kann dann fliehen, das tun die Figuren immer, zumeist ganz unbestimmt, wird aber, entsteigen die Gespenster allein ihm selbst, überall und jederzeit von diesen verfolgt: W Alt(h)e r. Zu der, möglichen, bereits zitierten Walther-Erscheinung in Hugo kommt es genau in einer solchen

---

dern so geschildert; das andeutende Erzählen, das Verständnis des Erzählers und das Verständnis des Lesers, der die Zusammenhänge zu rekonstruieren versucht, fallen absichtsvoll forciert auseinander. Eine narrative Technik der „Frühstwerke". Die Gepeinigten werden von den „empörten", „gräßlichen", unerbittlich rächenden Geistern, allesamt „Geburten der erhitzten Phantasie", gejagt, versuchen vor ihnen zu fliehen und agieren in immer unwirksamen, absurden Aktionen, als tragische Spiegelfechter. Sie sind gefangen in einem „Fatum" (psychologisch aber eben auflösbar), überall und immer, gleichgültig, wohin sie entfliehen, was sie unternehmen: die „furchtbaren Gestalten" sind schon da – egal ob im Traum oder am Tag, bei geschlossenen oder offenen Augen –, gebären sie sie doch selbst: Er „wagte es nicht, die Augen aufzuschlagen, und noch weniger sie zu schließen", „wie Gespenster stiegen ihm Qual und Seelenangst entgegen", „Eulengeschrei und Wolfsgeheul tönte in seiner Einbildungskraft" (*Ry* 9). Der Leser erhält hinreichende Momente für die Konstruktion eines gelingenden seelischen Zusammenhangs – den der Erzähler freilich nie vollkommen offenlegt –, der das „Unbegreifliche", „Übernatürliche" verständlich werden ließe. Chimären sind Chimären. Schon in den frühen Geschichten gerät indes der in den Schauerroman vernarrte Tieck so tendenziell in einen Widerspruch. Die geradlinige psychologische Aufklärung in den Geschichten ließe Spannung gar nicht erst aufkommen, Psychologie würde dann aber zum Geheimwissen des Autors/Erzählers – ein Widerspruch zum selbst angenommenen Auftrag, psychologisch aufzuklären.

Bricht das psychologische Verstehen wie es in den „Märchenerzählungen" der Fall ist, gerät diese frühe rekonstruierbare Korrespondenz von „Innen" und „Außen", Seele und Welt durcheinander. Zwar gehen auch in die „erzählenden Märchen" exakt die Elemente bzw. Elementgruppen wie ihre früh geprägten Signifikationen offensichtlich ein, allerdings als hinterlistige Komplikation der frühen Anlage, in denen Landschaftsformen, Farben und Töne eben stimmige Manifestationen des „Innersten", des besonderen „Seelenzustandes" waren. Wird die Seele hermetisch – und das ist die ironische Wendung, mit der kalkuliert gespielt wird –, werden ihre Produktionen hermetisch, eröffnen sich keinem mehr, bleiben dabei aber dennoch „Eigenes". Die Figuren, Eckbert zumal, besitzen zudem nun selber – zumindest punktuell – psychologische Deutungskompetenzen, ebenso der Erzähler, der psychologische Reflexionen einstreut. Die Figuren versuchen sich als ihre eigenen psychologischen Leser, ganz anders als in allen frühen Geschichten. Erzähler und Figur weisen z.B. darauf hin, daß in einem bestimmten „exaltierten Seelenzustand" plötzlich Realität wird, was sich als dessen imaginäre Projektion erklären lassen *könnte*; die frühen Texte fänden sich auf diese Weise in den späteren wieder: als Dekonstruktion des frühen funktionierenden Modells. Nur hilft im *Eckbert* Eckbert, dem Erzähler und Leser die psychologische Kompetenz nicht, im Gegenteil, sie ist es, die die Verwirrungen erst begründet (s.u.).

aufs höchste beunruhigten Stimmung auf dem Weg zum finalen Wahnsinn, zudem unmittelbar nachdem Eckbert Hugo seine „ganze Geschichte" „entdeckte", das Verbrechen also beunruhigend vergegenwärtigt ist, und sich die plötzliche Umwendung in Eckbert wieder ereignete, aus Vertrauen wird jäh Argwohn. Deutlicher kann das Vorzeichen der Einbildung nicht gesetzt sein. Plötzlich bemerkt Eckbert an Hugo „Mienen", die ihm „nicht gefielen", „glaubte ein hämisches Lächeln zu bemerken" und „es fiel ihm auf, daß er nur wenig mit ihm spreche, daß er (...) seiner gar nicht zu achten scheine". Der Erzähler, ergeht sich, als hinterlistige Intonation, in Konjunktiven. „Wenn die Seele erst einmal zum Argwohn gespannt ist", so der psychologisch versierte Bescheid des Erzählers schon bei dem Umschlag der Stimmung gegenüber Walter, „so trifft sie auch in allen Kleinigkeiten Bestätigungen an" (140f.): „bloß Einbildungen". Aber schon in der Szene mit Walther wie in dieser Szene untergraben andere erzählte Momente – beispielsweise, daß sich nämlich Walthers Verhalten wirklich verändert hat – und, noch irritierender, die Art und Weise des Erzählens diese Annahme vollkommen. Schon im nächsten Satz der Saalszene mit Hugo wird von einer „Kleinigkeit" erzählt, die, nach ihrer Formulierung im Gegensatz zu den ersten Formulierungen, die ja das Unsichere, vielleicht Chimärische deutlicher anzeigen („glaubte", „scheine"), Wirkliches erzählt: „Ein alter Ritter war in der Gesellschaft, der immer sich als ein Gegner Eckberts gezeigt, und sich oft nach seinem Reichtum und seiner Frau auf eine eigne Art erkundigt hatte; zu diesem ging jetzt Hugo, und beide sprachen eine Zeitlang heimlich, indem sie beständig nach Eckbert hinsahn" (144/1266). Der letzte Schub der Exaltation Eckberts beginnt, er wird von einer „schrecklichen Wut" ergriffen („bemeisterte sich seiner"), gerät außer sich, und es kommt zur, fraglichen, deliranten Wahrnehmung: „Indem er noch immer hinstarrte, sah er plötzlich Walthers Gesicht, alle seine Mienen, die ganze, ihm so wohl bekannte Gestalt, er sah noch immer hin und ward überzeugt, daß Niemand als *Walther* mit dem Alten spreche" (144). Hier scheint, möglich durch die Formulierungen „hinstarren" sowie „ward überzeugt" als eventuelle Indizien der wahnhaften Einbildung, die Psychologisierung vom Erzähler durchgehalten, zumindest als Wahrscheinlichkeit. Der Erzähler hätte sich dann allerdings perspektivisch vollends Eckbert adaptiert, in dem er es unterläßt, kommentierend, korrigierend Stellung zu nehmen. Er spräche mit der derselben Stimme, derselben ansonsten deutlich neutralen, das heißt, mit der Figur nicht identischen, Erzählweise ganz aus Eckberts Wahn heraus. Plötzliche Indistinktion des Erzählers gegenüber seinen erzählten Figuren – mit denen er sich dann hin und her schwankend vermengte im Text –, Indistinktion gegenüber seinem ansonsten deutlich praktizierten neutralen Erzählen. Ein Befund, der dann übertragen werden könnte, und in der Tat gibt es viele Stellen, die dieselbe Frage virulent werden lassen, so das gesamte Ende des Textes. Eröffnet ist damit eine bodenlose Revision und Revokation aller heiklen Stellen des Textes sowie, noch schwindelerregender, des Erzählers selbst; vielleicht hörte eben Bertha Walther den Namen des Hundes nur in ihrer Einbildung sagen, und der Erzähler berichtete davon, wie er hier von Eckberts Einbildung propositional eindeutig erzählt. Im „ward überzeugt" der Saalszene ist, wie schon ausgeführt, die mögliche, erlösende Brechung noch festgehalten, die die mögliche Psychologisierung rettete, damit aber auch nicht sicher hergestellt ist. Durchgehalten scheint sie, obgleich der Erzähler hier deutlicher werden könnte, noch stärkere Mittel zu Hand hätte, die er an anderen Stellen großzügig einsetzt, die erwähnten Formulierungen „schien ihm, als" etc. So besäße er durchaus, wäre es denn nur Einbildung gewesen, was der Erzähler wissen muß, die Kompetenz zu formulieren: „er bildet sich ein, daß...". Dennoch beunruhigen auch in diesen, sich der Auflösung noch fügenden Worten sprachliche Eigenheiten die psychologische Lesart. Der Erzähler berichtet im Augenblick von Eckberts Eindruck, in Hugo Walther zu sehen, genau zwischen den der Einbildungsthese kompatiblen Formulierungen des „hinstarren" und „ward überzeugt, daß", nun unvermittelt indikativisch und ohne brechende Zusätze von dieser Überzeugung: „*er sah* plötzlich Walther", typische Praxis des erzählerischen Oszillierens. Wiederum ließe die Grammatik dem Leser eigentlich keinen Zweifel, Walther steht dort. Unversehens bräche die psychologische Auflösung wieder zusammen. In der nächsten Wendung des „ward überzeugt, daß" erneuert der Erzähler sofort wieder die sprachlich hier ungenutzte Möglichkeit, das Delirante in Rechnung zu stellen. Paradigmatisch, in derselben Weise, werden die Psychologisierung und ihre sofortige grundlegende Irritation in der betrachteten Bauern-Szene durchgespielt. Besonders brisant werden die Frage nach der Einbildung wie das korrelierte Erzählerproblem, das Hin und Her von Funktion und Defekt der Psychologisierung, in der letzten Szene (ausführlich im Abschnitt zum schwindligen Erzähler behandelt). Unentwegt geschieht im *Eckbert* dasselbe, so deutlich die psychologischen Zitationen sind, die die psychologische Analyse und Interpretation aufdrängen, an der Einbildung durchgespielt, so deutlich sind die Dementis der zitierten Psychologeme, und so undeutlich erstere sind, so undeutlich sind letztere. Konkretionen der poetischen Faktur und Praxis, des narrativ sprachlichen Verfahrens von endlosem und unvermitteltem Oszillieren und Changieren, das die Vorstellungen einzelner Textstellen und Zusammenhänge zu einem Ganzen des Textes dasselbe Oszillieren und Changieren erleiden lassen. Es ist begreiflich, dann wieder unbegreiflich, dann wieder anders zu begreifen. Ein Textfiasko, das zudem bloß den allgemeinen Schwindel der Seele lösen will.

Vergehen, Unrecht, Schuld sowie, daraus folgend, Gewissensbisse, Selbstvorwürfe und befürchtete Rache, von der die Figuren andauernd reden, durchziehen wie ein roter Faden[1050] Eck Bert has gesamte „seltsame Geschichte", den ganzen

---

[1050] Von Anfang an erlebt Bertha Angst vor Strafe und Verfolgung, später dann ebenso Eckbert, indistinkte Ängste wie indistinkte Identitäten. In sonderbarer Weise vermischen sich diese Ängste, gehen ineinander über und von Bertha auf Eckbert über. Schon ganz zu Beginn von Berthas Erzählung, nach ihrem ersten „Vergehen", dem Verlassen des Elternhauses, beginnt die Angst vor Strafe und Verfolgung – das Schema ist augenblicklich festgelegt: „Ich lief immerfort, ohne mich umzusehn (...), denn ich glaubte immer

Eckbert und sind dutzendfach in den unterschiedlichsten Interpretationen zum Zentrum wie zur Lösung des Textes stilisiert worden. All diese „psychologischen Motive", deren psychologischer Charakter vom Text gezeigt und immer wieder auch durchbrochen wird, ihre Entwicklungen und Umstände, stellen

---

mein Vater würde mich noch wieder einholen, und (...) noch grausamer gegen mich werden" (129/1261). Aufdringlich, wenn auch dunkel Sentenz des ganzen Kommenden (wenn man den Vater als Variable liest). Das Phantasma und das Potential der befürchteten grausamen Verfolgung des Vaters gehen – will man diesem aufgedrängten psychologischen Strang folgen, jeder Tiefenhermeneut hätte mit der Konstruktion einer besonderen Über-Ich-Bildung scheinbar leichtes Spiel – zunächst an die Alte über, dann an die Aufwärterin, an Walther, an Hugo und zuletzt an den alten Bauern. Die Übertragung auf die Aufwärterin wäre das erstes Beispiel, das die Willkür der Übertragungen demonstrierte, von ihr befürchtet Bertha Leid wie dann sofort Eckbert nach der Beendigung der Bertha-Erzählung von Walther. Die erste Spur einer umfassenden paranoiden Position, hieße es dann. Akut wird die Angst nach dem „Unrecht", das Bertha an der Alten begeht (in aller Brutalität doch nur unschuldig-schuldig: vorsatzlos, verwirrt, getrieben). Schon in ihrer ersten Nacht im Gebirge nach dem Verlassen des wunderbaren Tales – identische Situation wie nach der Flucht von den Eltern, der Angst vor der Verfolgung durch den „grausamen Vater" – verfolgt sie die Alte: „nur daß ich von der Alten träumte, die mir drohte" (138). Die Angst steigert sich, sie hatte die Alte „etwas mehr" schon vergessen (139), als „plötzlich" der Vogel, der sein „ununterbrochenes Singen" nach dem Diebstahl unterbrochen hatte, wieder das („veränderte") Lied sang: „alles fiel mir von neuem in die Gedanken, und mehr als jemals fühlt' ich, daß ich Unrecht getan hatte" (139). „Jetzt wandelte mich oft eine Furcht vor meiner Aufwärterin an, ich dachte an mich selbst zurück, und glaubte, daß sie mich auch einst berauben oder wohl gar ermorden könne" (140); kein Leser, das hat der Text durch die Vogelmord-Szene zuvor ordentlich vorbeitet, wird an diese Erklärung der Angst glauben. Die Alte, die für Bertha keine distinkte Identität hat, kann ihr in allen Figuren, kann ihr überall sein, die Angst, die Idee der Verfolgung ist frei flottierend und gestaltet sich wechselnd und beliebig. Mit den Sätzen von den Ängsten vor der „Aufwärterin" – es folgt nur noch: „Schon lange kannt' ich einen jungen Ritter, der mir überaus gefiel, ich gab ihm meine Hand" – führt Bertha, deren Hand gerade erst den Vogel ermordet hat, die Geschichte und die Angst jäh in die Erzählgegenwart. Augenblick scheint sie auf Eckbert überzuspringen. Ihre Beunruhigung ist im nächsten Augenblick Eckberts Beunruhigung: mit dem sofort folgenden „hastig" setzt sich die Steigerung der Ängste und Beunruhigung bis in den Tod Eckberts fort. Eckbert reformuliert dann auch gleich in der ersten „unruhigen" Nacht Berthas Angst: „Wird er [sein einziger Freund und Konfident Walther] nicht vielleicht, denn das ist die Natur des Menschen, eine unselige Habsucht nach unsern Edelgesteinen empfinden, und deswegen Pläne anlegen und sich verstellen" (140). „Pläne anlegen und sich verstellen" – von der Alten, vielleicht, systematisch und umfassend praktiziert. Walther wäre dann selber nur Plan und Verstellung der Alten. Eckbert, heißt es ein wenig später, hat immer schon „irgend einen unglücklichen Vorfall, der sich ereignen könnte, befürchtet" (142), „weil ihn die seltsame Geschichte seiner Gattin beunruhigte" (ebd.), immer also schon, der aufgedrängten Psycho-Logik folgend, die Strafe befürchtet. Eckbert lebt nach dem Walther-Mord unter „ewigen innern Vorwürfen", „die Ermordung seines Freundes stand ihm unaufhörlich vor Augen" (142). Eckbert hat die Verfolgung nun überall und in jedem zu fürchten, bis zur Kulmination von Eck Bert has Angst: Die Alte erscheint und vollbringt die Strafe. Erfüllt ist Berthas allererste prophetische Angst: doch „noch wieder eingeholt" zu werden.

mögliche der konkreten psychologischen Hintergründe für die Erhitzung der Seele und Phantasie dar, die wiederum die Einbildungen produzierte. Mit der allgemeinen Erwägung der Einbildung kann sich die Psychologisierung ja nicht bescheiden. Eröffnet ist mit der Schuld bzw. den mehreren etwaigen Konstrukten einer Schuld die Möglichkeit eines psychologisch nachzuzeichnenden interpretatorischen „Gesichtspunkts", der die ganze komische Geschichte, alle „seltsamsten Zufälle" und Unbegreiflichkeiten begreiflich machen könnte. Damit, so die immerzu geweckte und wieder enttäuschte Hoffnung, gelänge endlich die Entwicklung eines, subkutan gestrickten und nun „entdeckten", alles Disparate, Kontingente und Kontradiktorische integrierenden Zusammenhangs und Sinns einer Vorstellung des Text-Ganzen. Ursache der gesamten dunklen Geschichte und komplizierten Katastrophe könnte eine Schuld sein (was der moralischen Poetik der Aufklärung Freude bereiten könnte: Erzählt würde vielleicht eine lehrreiche Fabel, damit spielt der Text deutlich, angespielt in Begriffen wie dem der „Probezeit"). Die Geschichte wäre fixiert. Aber: Mögliche Momente und Gestalten eines solchen, die dauernde Verwirrung und den Text allgemein beruhigenden Schuldzusammenhangs werden zwar in vielfacher, immer neuer Weise konstruiert, wodurch im Zusammenspiel mit der Einbildungshypothese „tausend und tausend" Psychologisierungsbemühungen aufscheinen, aber bloß, um in ebenso vielfacher Weise unablässig wieder bestritten zu werden. Der Leser bildete sich immer aufs neue begreifliche Schuldzusammenhänge, die immer aufs neue verunsichert werden. In den verschiedenen systematisch genarrten intepretatorischen Lektüren des Textes werden sie zur Lösung der „ganzen Geschichte" (vgl. Kreuzers Überblick[1051]), Ribbat befindet sie als einer der wenigen als „unergiebig": „Weder vom Inzest her noch vom Eigentumsdelikt her läßt sich das Geschehen dem Schuld-Sühne-Schema zuordnen"[1052]. Hintereinander und ganz offen mokiert sich der Text offensichtlich über die Sinnsuche, werden immer andere, teils disparate, teils widersprüchliche, teils vollends unverbundene und zueinander willkürliche Schuldzusammenhänge sowie Schuldbegriffe immer neuer, anderer ideologischer Provenienz aufgetan[1053] – in dieser kohärenten

---

[1051] Kreuzer, *Märchenform*, S. 158ff. und 178f.
[1052] Ribbat, *Ludwig Tieck*, S. 143.
[1053] In Bertha beginnt die vermeintliche Schuld, beginnen die Gewissensbisse und die Verfolgungsangst, die sich in Eckbert indistinkt fortsetzen. Die verschiedensten Vorstellungen eines möglichen Vergehens, eines möglichen Unrechts und einer möglichen Schuld wechseln unablässig. Berthas mehrfach motiviertes Verlassen des vermeintlichen Elternhauses ist das erste explizite „Vergehen". Umgehend folgt schon hier eine Angst vor Strafe und Verfolgung. Ein dominanter Schuldzusammenhang – nach vielen anderen eingeführten –, der einen ganzen, umfassenden Interpretationszusammenhang herzustellen scheint, ist Berthas Schuld gegenüber der Alten, indem sie sie „tückisch verläßt", den Vogel stiehlt (und dann tötet), den Hund so anbindet, daß er wohl sterben muß – wovon der Text nichts berichtet – und die vom Vogel gelegten Edelsteine stiehlt, die sie verkauft und deren Ertrag dann Eck Bert has „kleines Vermögen" darstellt. Sie selber fühlt das „Unrecht", wenn auch erst ein wenig später ausdrücklich: „und mehr als jemals [also

„Nichts, worauf wir unser Auge fixieren könnten" – *Der blonde Eckbert* 347

Sukzession immer auf der Kippe zum Komischen. Welche Schuld wäre denn nun die eine, die den „Gesichtspunkt" bildete? Die disparaten Schuldbegriffe und Konstruktionen, Konstruktionen des ganzen Textes dann jeweils in der Folge, konkurrieren, wechseln ständig, vermengen sich, werden blitzartig umgedreht und widersprechen sich; das ist ihre alleinige Funktion, an sich sind sie wie jedes Motiv des Textes beliebig, nur Substrat der Bewegungen unaufhörlicher Verwirrung. In all diesen wechselnden Schuldzusammenhängen und Schuldbegriffen werden die Figuren zudem immer bloß unschuldig schuldig[1054],

---

auch schon früher] fühlte ich, daß ich Unrecht getan hatte" (139). In der Szene, in der die Alte Eckbert erscheint – offen im Status, vielleicht nur delirierender Monolog –, spricht diese genau von diesem „Unrecht": „Bringst Du meinen Vogel? Meine Perlen? Meinen Hund?". (...) Siehe, das Unrecht bestraft sich selbst" (145/1266). Der Kreis scheint geschlossen, freilich müßte man hier schon den fraglichen Status der Rede der Alten übergehen. Die ganze Geschichte demonstrierte den frühen, im völligen Fehlen eines ihn begründenden Kontextes unheimlichen Satz der Alten: „Aber nie gedeiht es, wenn man von der rechten Bahn abweicht,die Strafe folgt nach, wenn auch noch so spät" (135). Ein Satz, der Bertha, ausdrücklich festgehalten, zudem überhaupt erst auf die frevelhaften Gedanken bringt, erst von der rechten Bahn abbringt. Die Strafe, hält man den Strang fest, folgt wie vorhergesagt, wenn auch „noch so spät"; aber auch das ist eben – vielleicht – vorhergesagt. Reine Willkür scheint der Zeitpunkt zu sein. Freilich gerät der Kreis, der von anderen Kreisen der Schuld überlagert wird, so schlicht, daß der allergrößte Teil des Textes Worte zuviel wären oder gegen ihn ständen, was dem, der die Interpretation sucht, nicht gleichgültig sein kann. Schon vorher aber begeht Bertha Vorbereitungen des letzten, kleine „Vergehen": Ungehorsamkeiten, frevelhafte Phantasien, die unbestimmt-bestimmt das Unrecht vorwegnehmen, „Frechheiten" (schon im ersten Moment, in dem sie in die Hütte der Alten kommt: „Meine Neugier war außerordentlich groß, ohne daß ich auf den Befehl der Alten wartete, trat ich mit in die Hütte", 132), deutlich dann im hybriden Zug zugespitzt: „Es war mir jetzt lieber", die Alte ist häufig länger weg, „wenn ich allein war, denn dann war ich selbst die Gebieterin im Hause" (135/1263).

[1054] Vgl. u.a. Hellge, der ausführt wie Bertha und Eckbert „unwissend 'schuldig'" werden (*Motive und Motivstrukturen*, S. 122). Immer ist Bertha, nachdrücklich so angelegt, unschuldig-schuldig: Mal agiert sie aus kindlicher Unbedachtheit, mal durch den „seltsamen Drang" getrieben, mal einem verhängnisvollen, modisch formulierten anthropologischen Manko folgend („es ist ein Unglück für den Menschen, daß er seinen Verstand nur darum bekömmt, um die Unschuld seiner Seele zu verlieren", 136), mal es ist die Alte und nicht etwa böser Impuls einer bösen Bertha-Natur, die sie auf die Idee des Unrechts erst bringt. Sie gibt Bertha die Bücher, in denen sie von wunderbaren Welten (selber in einer solchen) und Prinzen liest (134, ein ins Spiel gebrachtes Motiv für das Verlassen der Alten), eben nicht nur geistliche Bücher. Warum gab ihr die sehr religiöse Alte überhaupt „weltliche Bücher"? („Weltlich Bücher", die in der ätiologischen Diskussion der Psychopathologien zu der Zeit eben eine große Rolle spielten, sie sind es, die die Phantasie vergiften und erhitzen!) Die Alte ist es dann auch explizite, die sie auf die Idee bringt, Edelsteine könnten etwas Wertvolles sein, womit sie den Diebstahl, der Bertha keiner ist, provoziert: „Ich überlegte alle Worte genau [die Warnung der Alten], ich hatte wohl von Reichtümern gelesen, und am Ende fiel mir ein, daß ihre Perlen und Edelsteine wohl etwas Kostbares sein könnten" (136). Und darauf folgt: „Ich begriff nämlich wohl, daß es nur auf mich ankomme, in der Abwesenheit der Alten den Vogel und die Kleinodien zu nehmen, und damit die Welt, von der ich gelesen hatte, aufzusuchen. Zugleich war es mir dann

was der Vorstellung wiederum ein nicht zu beendendes Changieren bedeutet, wodurch die Schuldbegriffe in unterschiedlichem Maße beschädigt werden; manchen der angespielten Schuldbegriffe ist genau dieses wesentlich, der bürgerliche kennt hier, in bestimmten Fällen, die Annullierung oder Quasi-Annullierung der Schuld. Einige der angespielten Schuldbegriffe suspendieren die Psychologisierung zudem bereits vorab, die Forschung spricht dann u.a. von „ontologischer", „metaphysischer" Schuld[1055], wodurch sich die stetige Montage und Demontage der Psychologie im stetigen Wechsel der Schuldzusammenhänge und Schuldbegriffe wiederholt. Intoniert wird die Schuld Eck Bert has als alttestamentarische, fundamentale theologische und selber nie rationalisierbare, nie begreifliche Schuld. Überdeutlich ist Berthas Geschichte mit Momenten der Paradies- bzw. Sündenfallgeschichte durchsetzt[1056], auch in der Ende des 18. Jahrhunderts populären geschichtlichen oder geschichtsphilosophischen Transformation, eine Lesart, die indessen nicht konsistent, offensichtlich nicht zum Schema der ganzen Geschichte zu machen ist. Konnotiert ist die Schuld ebenso bürgerlich-moralisch – als solche potentiell psychologisch, psychologisierbar –, als Pflichtverletzung, Vertrauensbruch, Hintergehen, Entwendung von Eigentum, Ermordung und Inzest. Dabei spielt der Inzest eben grundlegend schon aus dem bloß bürgerlich-moralischen Kodex heraus, ruft selber den Mythos an. Konnotiert ist sie des weiteren als dunkles, mythisch-archaisches Prinzip, dem alttestamentarischen ähnlich, das sich als Geschehensfigur des unabwendbaren, fatalen Schuldigwerdens und der unerbittlichen Verfolgung bis zur erfüllten Rache als mythischer Verheerung und Ausgleichung des Unrechts

---

vielleicht möglich, den überaus schönen Ritter anzutreffen, der mir immer noch im Gedächtnisse lag" (ebd.). Das Vorhaben fixiert sich nun wider Willen in ihrer Phantasie: „Im Anfange war dieser Gedanke nichts weiter als jeder andere Gedanke, aber wenn ich so an meinem Rade saß, so kam er immer wider Willen zurück, und ich verlor mich so darin" (ebd./1263). Sie verliert sich darin, bis sie, „ohne mich dessen deutlich mir bewußt zu sein" (137/1265), das Vergehen dann begeht. Spricht die Alte später – in der Rede, die nur Delirium Eckberts sein könnte – von einer „Probezeit", in der sie Bertha vielleicht nur versuchen wollte, ist Berthas Verwirklichung des Vergehens, ihres ganzen „seltsamen Schicksals" demgegenüber eine vom Text überdeutlich inszenierte dunkle Determination in Form „seltsamer Zufälle", ein Hohn auf die Freiheit, der im Gedanken der „Probezeit" angedeutet sein könnte. Die Alte selber weiß längst von dem Vergehen vor diesem Vergehen: „Aber nie gedeiht es, wenn man von der rechten Bahn abweicht, die Strafe folgt nach, wenn auch noch so spät." Genau das wird geschehen, wie alles geschieht, was unausdrücklich aber deutlich angekündigt wird, deutlich erkennbar aber eben erst im zirkulären Nachhinein.

[1055] Arendt befindet, daß die „moralische Schuld als ontologische Schuld zu verstehen ist" (*Der 'poetische Nihilismus'*, S. 286). Kreuzer spricht von „metaphysischer" Schuld (*Märchenform*, S. 158).

[1056] Vgl. z.B. Hillmann: „Jeder einzelne wiederholt die Ursünde des Menschengeschlechts, womit die Unvermeidbarkeit der Sünde statuiert wird" (*Ludwig Tieck*, S. 122). Vgl. exemplarisch ebenso Janis Little Gellineks Studie *Der blonde Eckbert: A Tieckian Fall from Paradise* (in: *Lebendige Form. Interpretationen zur deutschen Literatur*, hg. v. Jeffrey L. Sammons u. Ernst Schürer, München 1970).

nachzeichnen ließe. Am beunruhigendsten aber wird der Schuldbegriff, wenn das Schuldgeschehen bloß das Ergebnis „seltsamster Zufälle" wäre, orginäre Charakteristik des Märchens gegenüber dem Schicksalbegriff[1057], als das es sich, reine Willkür, wiederum allem Verstehen und aller Bezeichnung entzieht. Ein solcher Schuldbegriff zerstörte die starre mythische Geschehensfigur und wendete sich gegen den Begriff der Schuld selber.

In der letzten Passage, die zwischen dem Status eines Dialogs Eckberts mit der Alten und eines deliranten Monologs Eckberts hin- und herschwankt, im Verdacht steht, „bloß Einbildung" zu sein, bricht die völlig unvermittelte, parodistisch-ironische Inzest-Wendung als „plötzlicher Schlag" in die bisherigen Textvorstellungen ein. Eine mustergültige Demonstration der Plötzlichkeit als narrativem Konstituens. Eine Plötzlichkeit, die ebenso sprachlich durchgeführt wird und sich am Rande des Komischen bewegt:

> „Eine krummgebückte Alte schlich hustend mit einer Krücke den Hügel heran.
> Bringst du meinen Vogel? Meine Perlen? Meinen Hund? schrie sie ihm entgegen. Siehe, das Unrecht bestraft sich selbst: Niemand als ich war dein Freund Walther, dein Hugo.-
> Gott im Himmel! sagte Eckbert stille vor sich hin, – in welcher entsetzlichen Einsamkeit hab' ich dann mein Leben hingebracht!-
> Und Bertha war deine Schwester.
> Eckbert fiel zu Boden." (145f./1266)

Die vollends unvermutete Wendung der Inzestvorstellung bewirkt sofort hektische, alles erfassende Umwendungen der gesamten zuvorigen Vorstellungen und Verständniskonstrukte, die sich schon zuvor niemals fixieren konnten. Ein letzter, tödlicher Stoß. Ein neuer gewaltiger Schuldzusammenhang ist abrupt und unverständlich eröffnet, einer der mächtigsten, spektakulärsten, am besten kodiertesten überhaupt, der wiederum verschieden formulierbar ist: psychologisch, anthropologisch, moralisch, religiös. Wiederum wäre, das „Tragische" bis zum Äußersten gesteigert, die Schuldverstrickung unschuldig-schuldig, allein Eckberts „warum habe ich das immer schon geahndet" kompliziert, ohne diese Komplikation je ausdenken zu können, das unschuldige Schuldigwerden. Dieser neue übermächtige Schuldzusammenhang, der Forschung einer der liebsten[1058], ließe alle anderen, zuvor angestimmten und immer nur fraglichen hinfällig werden. Er wäre der gesuchte letzte, klärende „Gesichtspunkt". Auch als psychologischer Zusammenhang gefaßt, stände der Inzest im Zentrum des Schuldgeschehens, der Ängste, Verfolgungen und Einbildungen. Der Inzest installierte sich,

---

[1057] Schicksal und Märchen „stehen in einem Verhältnis der wechselseitigen Ausschließung: der Raum des Märchens ist schicksallos, seine Helden sind dem Schicksal Entronnene" (Menninghaus, *Unsinn*, S. 138). Das „Schicksalmodell" „statt einer Motivation" muß, tritt es ins Märchen ein, „wenn nicht mit ihrer bestimmten Negation, so doch mit ihrer ironischen Distanzierung bezahlen" (ebd.).

[1058] Vgl. Kreuzers Zusammenfassungen der Forschungsthesen zum Inzest-Motiv, Kreuzer, *Märchenform*, S. 158f.

darauf zielt das Spiel, als letzter, endlich universalisierbarer Aspekt, eine zusammenhängende, verständliche Geschichte aus dem *Eckbert* zu modellieren, der dann vielleicht doch wieder bloß wirklicher Lebenslauf sein könnte und nicht Märchen, die Geschichte eines Übernatürlichen sein müßte: Durch das „Inzestmotiv wird der Schluß ins rational Verständliche zurück[ge]schraubt", so Thalmanns Lösung[1059]. Überflüssig und nichtig gerät das in derselben Situation gerade erst aufwendig bekräftigte Schuldgefüge um den Diebstahl der Edelsteine sowie den Mord an dem Vogel und dem Hund (von dem nie explizite die Rede ist). „Bringst Du meinen Vogel? Meine Perlen? Meinen Hund? (...) Siehe, das Unrecht bestraft sich selbst", formuliert die in ihrem Status unbestimmbare Rede, in der Berthas Angst vor der Verfolgung durch die Alte, ausdrücklich wegen diesem Unrecht, in Eckbert zur Erfüllung zu kommen scheint. Womit der, freilich in nichts weiterem zu stützende und von hunderten Dingen beschädigte, hunderte Dinge ausschließende simple Kreis eines begreiflichen Schuldzusammenhanges sich schlösse (in denselben Sätzen erwägt Eckbert gar, ob Bertha je war)[1060]. Von allen Schuldannahmen, wenn auch in sich dunkel, war diese die dominanteste bis dahin. Die Konjunktion „und" im Satz „Und Bertha war deine Schwester" bewirkt eine merkwürdige Unheimlichkeit. Entweder ist das „und" in einem aufzählenden, additiven Sinne gemeint oder im Sinne einer Verbindung dem letzten Satz bzw. der zuletzt angespielten Schuld; wie aber sollte diese zwischen den zueinander vollends kontingenten Schuldzusammenhängen aussehen? Oder aber es wäre ein wahnsinniges, das heißt, sinnleeres „und". In den nächsten Sätzen stehen diese beiden Schuldkonstrukte dann wiederum ganz unvermittelt hintereinander, was die zuvor angespielte Priorität der Inzestschuld irritiert: „Warum verließ sie mich tückisch? Sonst hätte sich alles gut und schön geendet, ihre Probezeit war ja schon vorüber. [Für diese Schuld würden die Worte der Alten Eck Bert ha allerdings gar nicht hinrichten] Sie war Tochter eines Ritters, die er bei einem Hirten erziehn ließ, die Tochter deines Vaters" (146).

Die plötzliche Wendung des Inzests bewirkt die Vernichtung der Person und des Begreifens. Die ganze Geschichte gerät blitzartig und mit Gewalt in diese Perspektive, offenbare sich plötzlich, von Anfang an, als Inzest-Geschichte. Ganz so, als würden alles bisherige Unrecht, alle bisherigen Schuldvorstellungen nicht reichen, um die so sonderbare wie grausame Geschichte begreiflich werden zu lassen, so der karikaturistische Gestus (indem die verschiedenen

---

[1059] Marianne Thalmann, *Kommentar zum blonden Eckbert*, Werke II, in: Ludwig Tieck, *Werke in vier Bänden*, hg. v. Marianne Thalmann, München 1963–66, S. 892.

[1060] Auch die gleich folgenden Sätze der Alten (vielleicht nur Eckberts Wahn): „Warum verließ sie mich tückisch? Sonst hätte sich alles gut und schön geendet, ihre Probezeit war ja schon vorüber" (146), scheinen diesen Zusammenhang noch einmal zu bestätigen. Freilich ist hier schon der nächste gewaltige Schuldzusammenhang eröffnet, der Inzest. Der Satz „Warum verließ sie mich tückisch" nimmt sofort wieder unvermittelt die erste Schuld auf: daß Bertha tückisch die Alte verließ.

Schuldvorstellungen ohne Unterlaß angespielt und wieder verworfen werden, ist eben keine von „Dauer und Festigkeit", und der Text scheint dem Leser vermitteln zu wollen, daß er dieses Mißstands durchaus gewahr ist). Als müßte ein neuer Gesichtspunkt, der Geschichte eigentlich beliebig, gefunden werden, der dann endlich Adäquation, Proportion herstellt zwischen dem bisher nicht hinreichend erzählten Unrecht und dem ausführlich erzählten martialischen Folgegeschehen, das ganz wie eine „Wirkung ohne eine Ursache" scheint. Der endlich überall Aufklärung gäbe. Der Inzest bricht, ein Kunstmittel, als das erörterte Unbegreifliche ein. „Alles Unbegreifliche, alles, wo wir eine Wirkung ohne eine Ursache wahrnehmen", Tiecks frühe poetologische Reflexion ließe sich wie überall unmittelbar einsetzen, „ist es vorzüglich, was uns mit Schrecken und Grauen erfüllt (...) eine Hand, die aus der Mauer tritt, und unverständliche Charaktere an die Wand schreibt (...) Die Seele erstarrt bei diesen fremdartigen Erscheinungen, die allen ihren bisherigen Erfahrungen widersprechen [zu beziehen jetzt immer auf den Text]; die Phantasie durchläuft *in einer wunderbaren Schnelligkeit* tausend und tausend Gegenstände, um endlich die Ursache der unbegreiflichen Wirkung herauszufinden". Genau das sind sind Eckberts, *Eckberts* und des Lesers Vorstellungen, um die Unbegreiflichkeiten aufzuklären, Bemühungen, die immer inadäquat bleiben müssen: „sie findet keine befriedigenden". Genau auf „diese Art entsteht der Schauder (...) den ich einen Schwindel der Seele nennen möchte". „Wie ein Blitzstrahl bricht es dann plötzlich hervor" (*ShW* 710), die unbegreifliche Inzest-Vorstellung, die „Imagination [ist] davon, wie von einem gewaltigen Schlage, getroffen" (*ShW* 703). In der „unbegreiflich schnellen Beweglichkeit der Imagination", die sich „mit jedem Augenblicke (...) verdoppelt" (ShW 703), das betrachtete pathogene Merkmal der „erhitzten Einbildungskraft", die „zu schnellen Folgen ihrer Vorstellungen" (Herz), zu "schnellen und ungeordneten Übergänge" (Moritz), um in neuen Vorstellungen und Vorstellungszusammenhängen den Text nun als Inzest-Geschichte zu revidieren, kommt es zur erörterten quantitativ-ökonomischen wie dynamischen Krisis der Leser-Phantasie. „Die Fülle der Bilder überströmt uns", Vorstellungen, die „entstehn und vergehn (...) kein rechter Zusammenhang, sie kommen und verschwinden" (*DüD* I 89). Das restlos „unregelmäßige", immer raschere Changieren steigert sich bis zum Schwindel, „so wie der körperliche Schwindel durch die schnelle Betrachtung von vielen Gegenständen entstehen kann, indem das Auge auf keinem verweilt und ausruht" (*ShW* 712).

Spielte bisher nichts in dem Erzählten und Erzählen auf die Möglichkeit des Inzests an, lassen sich, ist die Inzest-Perspektive plötzlich eröffnet, in der hektische Bemühung zu begreifen, verschiedenste, „tausend und tausend" bisher „scheinbar bedeutungslose" oder mit anderen Bedeutungen besetzte Details mit dieser neuen Perspektive verbinden und mit der inzestuösen Bedeutung aufladen, was dann den Eindruck des schon lange Vorbereiteten hervorruft. Reflektiert, in diesem Moment freilich erst erzeugt, in Eckberts Äußerung: „Warum hab' ich diesen schrecklichen Gedanken immer geahndet?" Der unerwartete Schlag geht mit Verwirrungen und Vernichtungen bisheriger Verständniskonstrukte, die ebenso transitorisch waren, einher. „Durch eine plötzliche Umwendung", den unvermittelt behaupteten Inzest, wird eine „andre" „Seite des Gegenstandes" erblickt (*ShW* 703). Ein Schlag, der „tausend und tausend" neue Bezüge herstellt bzw. in der Leser-Phantasie deren Herstellung provoziert, Bezüge, die sich sofort widersprechen und sich verlieren, vor allem: beziehungslos in Hinblick auf den Rest des Erzählten stehen bleiben. Entbunden wird das schwindlige Oszillieren der interpretativen Hypothesen. Plötzlich umgewendet, revidiert und ins signifikative Oszillieren gebracht wird so Berthas frühe Mitteilung ihrer Erzählung, ihr Vater sei Hirte gewesen (127), was nun unversehens genau mit der Mitteilung der Alten übereinstimmte, die wiederum deutlich nur Eckberts Wahn sein könnte. Die Beweisfunktion dieser neuen Signifikation der zuvor marginalen Mitteilung des Berufs ihres Vaters, die nun den Inzest stützte, verlöre sich indes sofort wieder, wenn erinnert wird, daß Eckbert Berthas Geschichte bereits viele Male gehört hat, wodurch er schon immer davon wußte und es nun wahnhaft akkumuliert, freilich nur, wenn es ein Wahn ist. Plötzlich beunruhigt, zum möglichen Indiz des Inzests umgewendet wird, wie zahlreiche andere Stellen, die Vorstellung von der am Textbeginn erzählten Kinderlosigkeit der beiden Eheleute, des fehlenden Segens des Himmels: „daß der Himmel ihre Ehe mit keinen Kindern segnen wollte" (126). Möglicherweise zur Unterstützung der Inzest-These zu revidieren wäre ebenso der wiederholte Hinweis auf Berthas „Ungeschicklichkeit" und „Unbeholfenheit" in praktischen Dingen, vielleicht ein Hinweis auf ihre feudale Herkunft[1061], wie auch die redundante Erzählung von der Grausamkeit ihres Vaters, die ihr Motiv vielleicht nur darin fände, daß sie gar nicht sein Kind wäre („züchtigte er mich auf die grausamste Art, und fügte hinzu, daß diese Strafe mit jedem Tag wiederkehren sollte, weil ich doch ein unnützes Geschöpf sei", 128). Besonders perfide werden harmlose, zuvor vollends unbestimmte Äußerungen – darin freilich selber beunruhigende, wahnhafte Sprache – wie die Berthas, als sie von der Wahl Eckberts zu ihrem Ehemann erzählt: „Schon lange kannt' ich einen jungen Ritter" (140). Das „schon lange" klingt eigenartig, will sie sich damit auf ihre doch sehr kurze Zeit in der Stadt beziehen, in der sie sich nach ihrer Flucht von der Alten niederläßt und in der sie Eckbert erst kennenlernt, obgleich es der einzige Bezug ist, den der Leser vernünftig herstellen kann. Vielleicht aber „ahnt" sie, daß sie ihn „lange schon", nämlich immer schon, als ihren Bruder kannte. An der Inzest-Plötzlichkeit läßt sich, wie an „tausend und tausend" anderen vom Text vorgeschlagenen Gesichtspunkten, die ihn zu einem zusammenhaltenden „Ganzen" werden ließen, modellhaft das hinterlistige Spiel mit der skizzierten, von Moritz formulierten und sich fortan im Zentrum der Hermeneutik befindlichen Figur

---

[1061] Die Familie, die sie für ihre Familie hält, lebte in einer bedrückenden materiellen „Not", Vater und Mutter waren in einem ewigen Streit. Die Eltern warfen ihr vor, „ein einfältiges dummes Kind" (128) zu sein, und auch sie selber empfand sich so: „und wirklich war ich äußerst ungeschickt und unbeholfen, ich ließ alles aus den Händen fallen, ich lernte weder nähen noch spinnen, ich konnte nichts in der Wirtschaft helfen" (ebd.).

der idealen, autonomen Dialektik von einzelnem und Ganzem demonstrieren, des, anders refomuliert, hermeneutischen Zirkels. Funktionierte der Text in dieser Hermeneutik, konstruierte sich aus dem Inzest das einzelne, das Ganze und das Ganze, das alle einzelnen Textmomente bestimmte („das Ganze [ist] mit Rücksicht auf das Einzelne und das Einzelne mit Rücksicht auf das Ganze [zu] bestimmen"[1062], so Moritz Formel dieser Hermeneutik). Im hermeneutischen Zirkel des idealen Konstrukts der idealistischen Teil-Ganzes-Dialektik löste sich scheinbarer „Mangel an Zusammenhang, Unordnung, Verwirrung" und Widerspruch" einzelner Stellen durch ihren Bezug zum Ganzen wie umgekehrt. Wird die Inzest-Wendung provokant als ein solcher möglicher, wahrscheinlicher Gesichtspunkt angespielt, läßt er die Geschichte allerdings, genau gegen die Richtung und Absicht des Konstrukts, eben nicht kohärent und begreiflich werden, sondern, im Gegenteil, erzeugt er „tausend und tausend" neue Widersprüche, Unklarheiten, Fragen. Vor allem: Die erzählte Geschichte und wie sie erzählt wurde, geriete seltsam überflüssig. Nur ein Bruchteil ließe sich in mehr oder weniger phantastischen Interpretationen diesem Sinn integrieren; es wäre gleichsam mit dem *Eckbert* die falsche Geschichte erzählt worden. Das schlagartige Inbezugsetzen aller einzelnen Stellen zuvor bzw. aller bisherigen Textvorstellungen mit der neuen Vorstellung macht den Text, bis auf wenige Vorstellungen, immer unfaßlicher, zur noch beliebigeren, noch wunderlicheren Geschichte. Statt den „Mangel an Zusammenhang" aufzulösen, wird er, mit Kalkül, weiter und weiter gesteigert. Die Inzest-Wendung bleibt dem Text vollends kontingent und unmotiviert, unmöglich, sie durch irgendeine interpretatorische Konstruktion als *ganze* Geschichte einzuholen. Genau dazu wird der Leser indes herausgefordert, der Text gibt ihm deutliche Signale, was den hermeneutischen Kollaps erst herbeiführt. Sie bleibt unaufgelöst stehen, weder der Text noch die Figur noch der Leser werden mit ihr fertig. Eine letzte, offen mitgeteilte Selbstdemonstration der zersetzenden Tücke des Erzählens, ein Paradigma, wie in ihm die verschiedensten einzelnen Momente zusammengehen, nämlich gar nicht: „wir finden nichts, worauf wir unser Auge fixieren könnten". Es ist, als wollte der Text sich über das hermeneutische Lesen mokieren, ein bissiger Spott auf die bis hierhin gefolgten ausgeklügeltsten Interpretationskonstrukte, die das akkumulierte Unbegreifliche mit Gewalt immer noch zusammenbrachten. Exponiert ist das grundlegende textuelle Prinzip der Willkür.

Im Zweifel ist die ganze Inzest-Wendung von Beginn an eine nur wahnsinnige Phantasie Eckberts, der in seinen offen chimärischen Vorstellungen, so stellt es der Text selber heraus, auf alle möglichen, immer noch schlimmeren Vorstellungen kommen könnte, ganz wie Bertha von einem entsetzlichen Traum immer nur in „noch entsetzlichere" fällt. Eine „in den letzten Zügen" des Wahnsinns liegende, zerrüttete Seele, die in einem „fürchterlich wunderbaren" Deli-

---

[1062] Moritz, *Der Trost des Zweiflers*, *Schriften*, S. 39. Begründet ist sein hermeneutischer Zirkel in der Transformation seiner Hermeneutik der „Auflösung der Disharmonien" in die Konzeption seiner Autonomieästhetik des „in sich selbst Vollendeten".

rium eine phantastische Geschichte stammelte: eine Phantasie auf den eigenen Wahnsinn. Eckbert selber gerät ganz exakt in den „sonderbaren Seelenzustand", der im Schwindel der Seele sich zuspitzt, in dem er, wie der Leser und zuvor Bertha schon, fieberhaft nach Erklärungen, nach „Ursachen der unbegreiflichen Wirkungen" sucht. Im Prinzip stellte Eckbert dabei immer noch dieselben Fragen wie Bertha: „Ist das Zufall? (...) Und wie hängt dieser Mensch dann mit meinem Schicksale zusammen. Zuweilen ist es mir eingefallen, ich bilde mir diesen Zufall nur ein" (142/1265) – die Phantasie auf den eigenen Wahnsinn fabulierte möglich-unmögliche der „tausend und tausend" Antworten aus. Eckberts deliranter Monolog, wenn es einer ist, generierte Phantasien, die genau in dieser Funktion ständen, eine Ursache, damit eine Kohärenz der eigenen Geschichte und Person Eck Bert has zu finden: „Die Seele erstarrt bei diesen fremdartigen Erscheinungen, die allen ihren bisherigen Erfahrungen widersprechen; die Phantasie", die Eckberts wie parallel die des Lesers, „durchläuft in einer wunderbaren Schnelligkeit tausend und tausend Gegenstände, um endlich die Ursache der unbegreiflichen Wirkung herauszufinden" – „sie findet keine befriedigende". Kommen im Text nur begrenzt viele der ephemeren, sofort wieder aufgehobenen Vorstellungen der bald schon vollends zusammenbrechenden Phantasie zur „Darstellung", initiiert sich das besondere Erzählen eben darin, so zu erzählen, daß es den verheerenden Schwindel der „tausend und tausend" wirklich in der Leser-Phantasie freimacht. Die ganze letzte Passage präsentierte bloß Versuche, um das Unbegreifliche, das Eckbert und *Eckbert* zwischen wunderbarer und wirklicher Welt schwanken läßt, aufzulösen; figuriert wäre der hermeneutische Wahn der Leser-Phantasie selbst, ganz gemäß der textimmanenten Figuration Eckberts als dem Leser.

Plötzlich, schnell und willkürlich, als chokhafte „Schläge der Imagination" brechen durch das plötzliche Erzählen neue Vorstellungen in die bereits erzeugten (Sinn-)Vorstellungen vom Text ein, „blitzen auf", schlagen ins Gegenteil um und wieder zurück, relativieren sich, demontieren sich, restaurieren sich vielleicht, um dann wieder beschädigt zu werden, werden durch immer neue ersetzt, verändert, verworfen oder vielleicht verstärkt, ohne in einer solch diskursiven Reihenfolge zu sein. Beispielhaft zu zeigen ist dies am Inzest-Schlag, aber ebenso an den betrachteten Schicksalen der anderen psychologischen Vorstellungen sowie an den steten Zerschlagungen der Namens- und Figurenvorstellungen und den gleich betrachteten Zitationen der grundlegenden Figuren einer psychologisch-literarischen Hermeneutik. Geschieht diese pausenlose Montage und Demontage sprachlich, im Text und Lesen, zunächst sukzessive, geht genau diese, als elementare Ordnung noch beruhigende, Sukzession, der sich die Leser-Phantasie noch adaptieren könnte, im Schwindel zugrunde. Der Leser-Phantasie „schießen" die inkompatiblen Momente gleichzeitig durch den Kopf. Sämtliche „Sinnbemühungen", konkrete Sinnkonstrukte, erliegen dem unentwegten, im „Schwindel" endenden, vollends kontingenten, unmotivierten Oszillieren, Changieren und Invertieren: dem Nicht-Motivieren, genauer noch, der Willkür und dem „muthwilligen Wahnsinn" gegen das Motivieren. Ein selber wiederum sehr motivierter Akt. Die Vorstellungen vom *Eckbert* (und Eckbert) erleiden vorsätzlich das erörterte „Auseinander-", „Durcheinander-" oder „Ineinanderfließen", das Sich-„Durchkreuzen", „leicht Überspringende" und „Unregelmäßige", das „untereinander" „Verdrängen" und „sich Verwirren" sowie die „wilde Unordnung". Beständig ist die Phantasie „herumgetrieben", „von der einen zur andern". Oder anders: Die Vorstellungen erleiden den absichtlichen Verlust an Distinktion, Demarkation, Ordnung, Regelmäßigkeit, „faßlicher Abstechung", „Klarheit und Deutlichkeit" sowie an „faßlichem Zusammenhang der Vorstellungen". Damit erliegen sie präzise dem, was als Defekt der Phantasie notiert wurde und doch nur die „nathürliche" „gesetzlose Freiheit" der Phantasie darstellt, die Entbindung ihrer „Natur" gegen sich selbst. Keine der Vorstellungen in der sich gegenseitig verstärkenden Beunruhigungen ist festzuhalten, nichts Stehendes und Festes: „die Seele wird in eine Art von Schwindel versetzt" (*ShW* 703). „Keine Merkmale, woran wir unsre eignen Vorstellungen von einander unterscheiden konnten, diese flossen daher entweder in eins zusammen, verdrängten sich einander, oder verwirrten sich untereinander"[1063], hieß Moritz' Formulierung des Schwindels, die von Marcus Herz: „Jede einzelne Vorstellung verliert ihre Klarheit und Lebhaftigkeit (...) die Seele unterscheidet sie nicht mehr deutlich, sondern stellt sie sich als ein verworrenes Ganze vor, in dem weder Ordnung noch faßliche Abstechung der Theile findet; und endlich geräth sie selbst in den Zustand der Verwirrung: einen Zustand, der eigentlich den Schwindel ausmacht"[1064]. Programmatisch inszeniert sich der *Eckbert* als poetische Faktur und Praxis des Schwindels als „etwas", das „keinem Gesetz des Zusammenhangs folgt", radikaler noch, als etwas, das gegen die „Gesetze des Zusammenhangs" geht und damit, so Schleiermachers Definition, „das rein Unverständliche"[1065] wird. Eine Inversion, in der er sich keinesfalls verfestigt. Entfaltet wird ein Erzählen, das ostentativ bis zum offenen Spott auf die Lektüre, die solche Gegenstände und das Begreifen verfolgte, sich selber immer nur als Strategie und Verfahren demonstriert: gänzlich zu verwirren. Ohne Unterbrechung zerlegt der *Eckbert* die Vorstellungen und Vorstellungszusammenhänge von sich, betreibt mit voller Absicht das „Verscheiden" aller Vorstellungen vom Text im Leser – der eben selber bloß als rückhaltlos zu erregende Phantasie gesehen wird –, die Selbstzersetzung der Phantasie und damit, ist der Text nur ihr Produkt, die Selbstzersetzung des Textes. Ein schwindliges Geschehen, in dem der Texttaumel eben nur als Vehikel fungiert, den „Schwindel der Seele" überhaupt zu lösen, der mit dem einzelnen Text, mit einem Text überhaupt, nichts mehr zu tun hat. Ein Schwindel, der, in der Poetik des Schwindels reflektiert, gleich mehrere „Kriege" führt; gegen die neue Sinnpraxis des Lesens, die neuen Verstehens- und Sinnkonstrukte, auch gegen den „unendlichen Sinn", vor allem

---

[1063] Moritz, *Schöpfungsgeschichte*, S. 787.
[1064] Herz, *Versuch über den Schwindel*, S. 174.
[1065] Schleiermacher, *Hermeneutik und Kritik*, S. 203.

aber gegen die psychologisch-literarische Hermeneutik als historisch mächtigem Muster sowie gegen die „kleinlichste Ökonomie".

Die unaufhörlichen Verwirrungen der möglichen „psychologischen Motive" wie zuvor die Verwirrungen der Figuren und Verwirrungen allgemein werden auf die abgründigste Weise durch die Seltsamkeiten und Unfaßbarkeiten des Erzählens oder des „Erzählers" selbst bewirkt. Beängstigender noch als die Plötzlichkeiten, Wechsel, Vermischungen des Erzählten, in den narrativen Abfolgen, ist der Einsatz derselben Prinzipien in der narrativen Funktion und Struktur. In den (heuristisch verwandten) erzählanalytischen Termini: die Konfusion der Erzählweise im Erzählverhalten, in der Erzählperspektive etc. Unentwegt, vollkommen unvermittelt und kontingent, nur als unaufhörliches Konfus-machen motiviert, mutiert der Erzähler – exemplarisch vom neutralen zum personalen Erzählverhalten –, der sich erzählend, wenn auch niemals erzählt, als Figur darin negativ konstituiert und zum eigentlichen Protagonisten des seltsamen Textes, der seltsamen Geschichte wird. Unentwegt wird die narrative Konsistenz beschädigt, der Erzähler unternimmt verbotene, unmögliche, sich selber demontierende erzählerische Operationen. Nahegelegt wird zuweilen die Erwägung der beabsichtigten Mangelhaftigkeit und Fehlerhaftigkeit der kompliziert gestrickten narrativen Funktion und Konstruktion[1066]. Im Erzähler ereignen sich willkürliche Instabilitäten und sich gegenseitig ausschließende, aufhebende Wechsel, die zudem immer nur mit dem Vorbehalt *möglicherweise* oder *vielleicht* notiert werden können, bis hin zu seinem eigenen Debakel, bis er, das Erzählen, der Text wie die Figuren und zuletzt die Phantasie des Lesers „wahnsinnig in den letzten Zügen" verscheiden. Eine Verunsicherung und Beschädigung des poetischen Sprechens, deren Ausmaß und „schwindlichter Abgrund", historisch, im Vergleich mit den Erzählkonventionen und Erzählpraktiken der Zeit eingehend auszuloten wäre. Eine Konfusion im Erzählen, die unmittelbar zusammenfällt mit der Indistinktion der verschiedenen Gattungen des Textes, die sich in den verschiedenen narrativen Paradigmen konstituieren. Der Erzähler wird, vehement „in den letzten Zügen", im Erzählen des Wahnsinns selber strukturell wahnsinnig, er wird infiziert, verliert die Souveränität und Distinktivität gegenüber dem erzählten Chaos, das somit nicht mehr eingrenzbar wäre, obgleich er als Erzähler die Möglichkeit hätte, nicht selber Chaos und Wahnsinn zu sein und beide auf bestimmte Figuren und Geschehen zu beschränken. Er war vielleicht immer schon wahnsinnig, möglicherweise ist nur er der Wahnsinnige, die Retrospektion des Erzählten vom Wahnsinn schafft dann den wahnsinnigen Erzähler. Er erzählt derart, daß er sich unablässig der sicheren Identifikation, wie das Gesicht der Alten der Feststellung des „eigentlichen Aussehens", entwindet und wird grundlegend zum dem „nichts, worauf wir unser Auge fixieren könnten". Die unaufhörliche Irritation des Erzählten, so der Figurenverwirrung oder Psychologisierung, ist Epiphänomen gegenüber der des poetischen Sprechens selbst.

[1066] Vgl. dazu Heilmann, *Krise des Erzählens*, S. 271.

Im Schwindel ist, wer erzählt und wie erzählt wird und damit erst, was erzählt wird. Indistinkt und damit zum Verscheiden gebracht werden im Erzählen des schwindligen Erzählers momenthaft die Distinktionen der Figuren untereinander, zwischen den Figuren und dem Erzähler sowie zwischen dem Erzähler und der „eingebildeten" Funktion des Autors als figurierte Willkür der Einbildung. Provokant wie komisch demonstriert sich dies als die Autorität, die sich schlicht alles Mögliche und Unmögliche, Verständliche und Unverständliche einbilden kann. Alles Erzählte und Erzählen, jeder Erzähler und jeder Erzählweise ist nur er, die phantasmatische Instanz, ganz so wie das intrikate „man" zu Beginn. Diese Demonstration aber zerrüttet den Text, es kommt zur Selbstvernichtung eines Sprechens, das, wie Heilmann es nennt, das „freie Spiel der ganz über sich selbst verfügenden Rede", „das Abgründige des 'unabgeteilten' Textes, des 'totalisierten' Wortes" auf die Spitze treiben. Das „totalisierte Wort" sei „wohl am konsequentesten in seinen [Tiecks] Märchen beschworen": „Als im 'Blonden Eckbert' der Held zuguterletzt 'wahnsinnig und verscheidend auf dem Boden [liegt]', ist *das perspektivische Textgebäude* geborsten, ist die perspektivische Konstruktion Erzähler-Eckbert-Berta transparent geworden auf *ein* – 'totales' und disparates sprachliches Bewußtsein (das endlich nicht mehr verleugnet werden kann: die Ränder der Figuren verfließen; Eckbert hat, was er am Ende erfährt, 'immer geahndet'). Und damit ist allerdings Eckberts Existenz – als diejenige einer *Figur* (die eine bedingt-perspektivische Position zu bewahren und aus ihr heraus mit Anderen – Figuren – zu kommunizieren, Freundschafts- oder Liebesverhältnisse zu pflegen suchte) – vernichtet."[1067] Vernichtet ist damit indes nicht bloß die erzählte Figur, sondern das Erzählen und sein unmöglicher Text selbst. Ganz wie die Phantasie im Schwindel, in der Potenzierung ihrer eigenen gesetzlosen Gesetze und Dynamiken, sich selbst auslöscht, von Tieck mehrfach notiert: ein Wahnsinn, „der oft die selbst erfundenen Gesetze wieder vernichtet" (*Schr* 6, XX). Eklatant nicht zu fixieren ist die Erzählweise im „Erzählverhalten": ein plötzliches, inkompatibles Hin und Her zwischen neutralem, personalem und auktorialem Erzählverhalten, das niemals sicher zu bestimmen ist. Ebensowenig festzumachen ist die Erzählperspektive, vollzogen werden willkürliche, abrupte Beschränkungen des Erzählers auf die Außensicht bei ansonsten punktuell demonstrierter präziser Innensicht, die „Erzählerhaltung" und „Darbietungsweise"[1068]. Noch in der Erzählerposition ereignen sich willkürlich wechselnde Demonstrationen eines „allgegenwärtigen", „allwissenden" Erzäh-

---

[1067] Ebd.
[1068] Mit den heuristischen, deskriptiven Termini der Erzählanalyse sind keinesfalls ihre impliziten theoretisch-ästhetischen Grundlagen importiert. Im Text herrschen Erzähler-Bericht und -Beschreibung vor, in ihrem Status freilich je nach (eben oszillierendem) Erzählverhalten verändert. Zu finden sind ebenso Reflexionen bzw. Kommentare des Erzählers und, freilich nur möglicherweise, „innere Monologe" sowie „erlebte Rede" (die ganze letzte Passage *könnte* als solche gelten).

lers („olympische Position") mit deutlichen Brüchen dieser Position durch die plötzliche Praxis einer eng begrenzten Sicht und Kenntnis.

Markiert das Ende des Textes am deutlichsten die endlose Selbstverwirrung des Erzählers, enthält schon der scheinbar harmlose Beginn eine Reihe von Problemen; so das erwähnte absonderliche Erzählen in Redundanzen, das mit den Gattungen spielende, wechselnde, unklare Maß an Bestimmung und Unbestimmtheit. Intrikater als diese noch ist aber das Problem des erzählerischen Konstrukts „man". „So eine unbedeutende Kleinigkeit es auch an sich scheinen möchte" (141), es stellt sich schon hier eine diffuse Frage, die, entwickelt man sie und folgt dem Text, die Konstruktion des Erzählers „ganz um den Verstand" bringt und zerrüttet. In der Exposition der Erzählung, der Exposition der Eckbert-Figur führen sich der Erzähler und das Erzählen selbst ein; zunächst scheinbar als ein schlichtes neutrales Erzählverhalten (in der erörterten Erzählerreflexion dann bald auch als ein auktoriales).

> „In einer Gegend des Harzes wohnte ein Ritter, den man gewöhnlich nur den blonden Eckbert nannte. Er war ohngefähr vierzig Jahre alt, kaum von mittler Größe (...). Er lebte sehr ruhig für sich und war niemals in den Fehden seiner Nachbarn verwickelt, man sah ihn nur selten außerhalb den Ringmauern seines kleinen Schlosses. Sein Weib liebte die Einsamkeit eben so sehr wie er, und beide schienen sich von Herzen zu lieben, nur klagten sie gewöhnlich darüber, daß der Himmel ihre Ehe mit keinen Kindern segnen wollte. Nur selten wurde Eckbert von Gästen besucht, und wenn es auch geschahe, so wurde ihretwegen fast nichts an dem gewöhnlichem Gange des Lebens verändert, die Mäßigkeit wohnte dort, und die Sparsamkeit selbst schien alles anzuordnen. Eckbert war alsdann heiter und aufgeräumt, nur wenn er alleine war bemerkte man an ihm eine gewisse Verschlossenheit, eine stille zurückhaltende Melancholie." (126)

Nicht wie Eckbert heißt, sondern wie man ihn nannte, erzählt der Erzähler. Das Erzählen beginnt über ein „man", auf das der Erzähler referiert und rekurriert als eine Instanz, die unbestimmt etwas über Eckbert weiß, das er nun wiedererzählt. Nur der erste Abschnitt kennt dieses Erzählkonstrukt[1069], das gleichwohl vor und über dem ganzen Text steht. Nicht festzustellen ist in der Erzählkonstruktion der gesamten Stelle die Erzählperspektive und der Standort des Erzählers, die Er-

---

[1069] Warum diese Distanz? Fehlte, was andere Stellen verneinen, dem Erzähler Wissen über die Figur? Dagegen spräche – vielleicht – das „gewöhnlich", das indizierte, daß der Erzähler den Namen wohl nennen könnte. Warum ist das „man"-Wissen über die Figur wichtig? Ist es, das wird nahegelegt, *im Unterschied* zum Erzählerwissen wichtig? Betont erzählt der Erzähler von Äußerem, der „Außenseite" der Eckbert-Figur, flicht aber Momente ein, die deutlich vollkommene Innensicht und Allwissen demonstrieren. Hebt sich der Erzähler in dieser ersten Passage manchmal (scheintbar) vom unbestimmten „man" ab – und würde nur mit ihm, warum auch immer, operieren –, scheint es zum anderen, das „man" wird gleich wiederholt („man sah ihn nur selten", die erste Satzhälfte war noch unproblematisch gefaßt), als gehörte alles Erzählte der ersten Abschnitte zum „man". Das Wissen um die Liebe zur Einsamkeit und die intime Klage blieben dann allerdings unbegreiflich.

zählerkompetenz überhaupt, alle zeigen sich ständig wendend[1070] (hier sekundär gegenüber dem intrikaten „man"). Das „ohngefähr" oder auch das konjunktivische „schienen" könnte auf dieselbe erzählerische Lage und Kompetenz des „man" verweisen, das dann anhaltend noch die Grundlage des Erzählens des Erzählers bliebe, eine ungenaue Information: „ohngefähr", wie eben das „man" es wissen könnte. Sämtliche Züge, die der Erzähler an der Person festhält, augenfällige äußere Züge, könnte das „man" erzählen. Das „man" wäre, das legt der Erzähler mehrfach deutlich nahe, die Perspektive bzw. die übernommene Stimme der Nachbarn, der Leute der Umgebung, die ihn eben nur „den blonden Eckbert" nennen, ihn nur selten außerhalb der Ringmauern sehen etc. (auch die folgenden Sätze könnte dieses „man" wissen). Die Störung des so verstandenen „man" erfolgt aber prompt im Satz „Eckbert war alsdann heiter". Läßt sich dieser Sinn des „man" in der ersten Hälfte noch halten, „Eckbert war alsdann", sind Gäste anwesend, „heiter und aufgeräumt" – davon könnten diese Gäste als Teil des „man" berichten –, scheitert er in der zweiten Hälfte schroff: „nur wenn er [Eckbert] alleine war bemerkte man an ihm eine gewisse Verschlossenheit, eine stille zurückhaltende Melancholie." Dieses „man" kann nicht mehr der kunstvolle Rekurs sein, den der Erzähler zuvor übte, es ist nicht anwesend, dieses

---

[1070] „Nichts, worauf wir unser Auge fixieren könnten", sind der Erzählerstandort und die Erzählerperspektive, das Problem der Kapazität des „Blicks" und der „Sicht" des Erzählers, mit der er in seiner bodenlosen Erzählweise das Erzählte konstituiert. Deutlich demonstriert der Erzähler zuweilen eine „olympische Postion" und „Allwissenheit" bei totaler Innensicht der Figuren, deutlich zuweilen eine äußerst begrenzte, nur äußere Sicht und Kenntnis der Figuren (in durchaus nicht kompatibler Weise). Manchmal scheint es, als stände ihm nicht mehr Bewußtsein und Wissen als das der erzählten Figuren zur Verfügung; Berthas Geschichte übermittelt er sogar in der Ich-Form, ohne Distanzierung also, als müßte er alles aufs Wort glauben. Im „man" bzw. dem Rekurs auf dieses „man" der ersten beiden Abschnitte scheint der Erzähler beschränkt auf das, was unbestimmte Mitmenschen von ihm wissen („man nannte ihn" im Unterschied zu einem möglichen „Sein Name war", „man sah ihn nur selten außerhalb der Ringmauern" im Unterschied zu „er verließ seine Ringmauern nur selten", 126). Das „ohngefähr" könnte auf dieselbe begrenzte Sicht und Kenntnis des Erzählers verweisen wie der Rekurs auf das „man", eine ungenaue Information. Alles, was er an der Person festhält, augenfällige äußere Züge, könnte das „man" wissen. Das „niemals" des nächsten Satzes (seines ersten Teils, „Er lebte sehr ruhig für sich") erzählt in einer sicheren Propositionalität, die keine Formulierung eines „man" sein kann, allerdings schon wieder im scheinbar sicheren Wissen von der Person. Auch der Satz: „Sein Weib liebte die Einsamkeit eben so sehr" (ebd.) indiziert ein fragloses intimes Wissen vom „Inneren" beider Figuren. Der Konjunktiv „schienen" („und beide schienen sich von Herzen zu lieben", ebd.) bricht diese Souveränität aber zugleich wieder; entweder weiß, so die Leser-Spekulation, der Erzähler nicht mehr und gibt mit dem „schienen" also präzise wieder, daß er das Innerste nicht kennt und es nur der Eindruck von der Ferne ist, der Eindruck des „man" –, allerdings weiß er dann doch von ihrer innigen Klage gegen den Himmel –, oder der Erzähler weiß es, bricht indes aber absichtlich den Sinn, um vielleicht das genaue Gegenteil auszudrücken (im Sinne eines „eigentlich aber"). Ebenso könnte der Erzähler sein Wissen um die gesamte Geschichte, die er nun erzählt, in dem „schienen" schon verraten.

„man" ist nicht anwesend, um etwas zu bemerken. „So eine unbedeutende Kleinigkeit es auch an sich scheinen möchte" (141), so leicht die Stelle zu überlesen ist und so unwillkürlich sich der Leser-Phantasie der diffuse wie unmögliche Sinn einstellt, daß es die unbestimmten Nachbarn seien, der Sinn verfängt und vernichtet sich. Eine Paradoxie, die sich als plötzlicher Lapsus, mögliche plötzliche Indistinktion des Erzählers erklären ließe, ganz wie im erörterten schwerwiegenden Erzählerdefekt der Formulierung „spürte wieder denselben Drang, sich ihm ganz mitzuteilen". Unwahrscheinlich wird der Lapsus aber schon durch die Häufungen und erkennbare Systematik der vielfachen Erzählerstörungen. Der Erzähler wechselte plötzlich, wiederum eine Demonstration reiner Willkür, den Sinn des „man". Dieses „man" könnte dann nur noch eines bedeuten: den Erzähler selber, der Erzähler selber müßte das „man" sein, ausgestattet mit universeller Innensicht und in olympischer Relation zur Figur, omnipräsent wie die erzählte Alte vielleicht. Das „man" des ersten Satzes kann allerdings nicht der Erzähler sein, was die Möglichkeit verhindert, das man nun, ebenso plötzlich, rückwirkend von Beginn an in diesem Sinne auszulegen. Hier, wenn der auktoriale Erzähler „man" sagte und damit nur sich meinte, würde diese Wendung zum Widersinn. Wäre nun unvermittelt der Erzähler das „man", erzählte er von sich als „man", diversifizierte er sich selber aus unerfindlichen Gründen und mit verheerenden Konsequenzen im eigenen Erzählen. „Man" und Erzähler nämlich müssen distinkt sein, sonst birst der Text. Der Erzähler könnte ansonsten einmal hier und der, dann dort und ein anderer sein: eine unkalkulierbare Kontingenz – vorbehalten der Vorstellung des Autors, zu dem er hinüberspielt –, die er als ihm jederzeit mögliche, ausübbare demonstrierte; der Erzähler präsentierte sich als Erfinder, was ihn als Erzähler, als Wiedergebenden, auslöscht. Was aber soll dann das Erzählen? In der wunderlichen Wendung des „man" verunsichert sich der Erzähler solchermaßen als Beliebigkeit für den Leser in der Konsequenz bereits bis zur Selbstzersetzung. Am Ende, in der Kulmination der Eckbertschen Beunruhigung, in der auch das Erzählen „aufs äußerste beunruhigt" ist, kommt es parallel zum Paroxismus der Erzählerstörung. Nicht nur die Person wird brüchig und liegt „in den letzten Zügen", die gesamte narrative Konstruktion liegt „in den letzten Zügen", damit der ganze *Eckbert*. Der „schwindlige Abgrund" am Ende verschlingt den ganzen Text von Beginn an. Ohne Markierungen scheint es zu einem zerstörenden jähen Wechsel des Erzählverhaltens zu kommen, zu einem fortlaufenden Hin und Her von personalem und neutralem Erzählverhalten unter Aufgabe aller propositionalen Reklamation, das ein Hin und Her sämtlicher Textverständnisse bewirkt.

> „Er stiegt träumend einen Hügel hinan; es war, als wenn er ein nahes munteres Bellen hörte [Ph.: vernahm], Birken säuselten dazwischen, und er hörte mit wunderlichen Tönen ein Lied singen:
> Waldeinsamkeit
> Mich wieder freut,
> Mir geschieht kein Leid,
> Hier wohnt kein Neid,

Von neuem mich freut
Waldeinsamkeit
Jetzt war es um das Bewußtsein, um die Sinne Eckberts geschehen; er konnte sich nicht aus dem Rätsel heraus finden, ob er jetzt träume, oder ehemals von einem Weibe Bertha geträumt habe; das Wunderbarste vermischt sich mit dem Gewöhnlichsten, die Welt um ihn her war verzaubert, und er keines Gedankens, keiner Erinnerung mächtig.
Eine krummgebückte Alte schlich hustend mit einer Krücke den Hügel heran.
Bringst du meinen Vogel? Meine Perlen? Meinen Hund? schrie sie ihm entgegen. Siehe, das Unrecht bestraft sich selbst: Niemand als ich war dein Freund Walther, dein Hugo.-
Gott im Himmel! sagte Eckbert stille vor sich hin, – in welcher entsetzlichen Einsamkeit hab' ich dann mein Leben hingebracht!-
Und Bertha war deine Schwester.
Eckbert fiel zu Boden.
Warum verließ sie mich tückisch? Sonst hätte sich alles gut und schön geendet, ihre Probezeit war ja schon vorüber. Sie war Tochter eines Ritters, die er bei einem Hirten erziehn ließ, die Tochter deines Vaters.
Warum hab' ich diesen schrecklichen Gedanken immer geahndet? rief Eckbert aus.
Weil du in früher Jugend deinen Vater einst davon erzählen hörtest; er durfte seiner Frau wegen diese Tochter nicht bei sich erziehn lassen, denn sie war von einem anderen Weibe.-
Eckbert lag wahnsinnig in den letzten Zügen [Ph.: lag wahnsinnig und verscheidend auf dem Boden]; dumpf und verworren hörte er die Alte sprechen, den Hund bellen, und den Vogel sein Lied singen." (146f./1266)

Der Erzähler beginnt noch einmal ein scheinbar vorbehaltloses, sicheres Erzählen – „Er stieg träumend einen Hügel hinan" –, das eine sichere Vorstellung vom Erzählten ermöglicht (neutrales Erzählverhalten, deutlich eine „olympische Position" mit vollkommener Innensicht, der Erzähler weiß um das Träumen und kann feststellen: „es war ihm, als wenn"). Im nächsten, nur mit einem Semikolon abgesetzten Satz berichtet der Erzähler, in diesem Bericht selber noch sicher, von einer unsicheren Wahrnehmung Eckberts, „es war, als wenn er". Ausgesagt ist nichts über ein vorhandenes „munteres nahes Bellen", sondern nur etwas darüber, wie es Eckbert erscheint. Der Erzähler läßt offen, indem er in seiner Schilderung keine Stellung zum „es war ihm, als" bezieht, ob Eckbert das Bellen (des wahrscheinlich toten Hundes), dann den Gesang des toten Vogels nur träumt oder ob „wirklich" das Bellen und der Gesang zu hören sind, weil sie eben wirklich da sind; ein dann „übernatürliches" Ereignis, das dennoch auch als solches, innerhalb einer übernatürlichen Szene, durch die Frage der Alten nach dem Hunde und dem Vogel dementiert würde. Sprachlich eindeutig gibt der Erzähler zunächst streng nur Eckberts Wahrnehmung wieder, dem eben nun Wunderbares und Wirkliches indistinkt werden, ein Erzähler, der die Kompetenz hätte, wie er dem Leser zuvor deutlich demonstriert, die Distinktion zu treffen. Er könnte klarstellen, was wahnhafte Einbildung und was Wirklichkeit ist. Eine solche Distinktion würde indizieren, ob hier ein Märchen erzählt wird oder das Wahnsinnigwerden einer Figur als ein wirklicher Lebenslauf, dem bloß alles märchenhaft wird. Unterläßt er die ausdrückliche Distinktion, spielt er dem Leser jedoch in seinem Bericht auf die schon vielfach explizite erwogene, nahegelegte Einbildung an, ohne dieses wiederum je sicher mitzuteilen. Schon das *träumend* scheint diese anzuzeigen, sich verbindend mit dem „es war, als wenn er"; eine Formulierung, die wiederholt, wie Bertha vom ersten Erscheinen der Alten erzählt: „als mir plötzlich war, als höre ich...". Auch Eckbert wird genau jetzt die Alte zum ersten Mal erscheinen[1071]. Am Ende desselben Satzes nun berichtet der Erzähler allerdings ebenso sicher wie im Satz, in dem er mitteilt, daß Eckbert den Hügel träumend heraufsteige: „und er hörte mit wunderlichen Tönen ein Lied singen". Nun folgt das wiedererzählte, modifizierte Lied des Vogels, das auch Bertha in ihrer ersten Begegnung hört. Die Hypothese, es handele sich nur um Wahn, wird scheinbar ebenso von der bereits behandelten eigenartigen Parallelität oder dunklen Iteration der Begegnung Eckberts mit der Alten und der Begegnung Berthas mit der Alten gestützt. „Wir stiegen nun einen Hügel hinan, der mit Birken bepflanzt war (...) voller Birken (...). Ein munteres Bellen (...) hörte ich einen wunderbaren Gesang" (132), so Bertha, „Er stiegt träumend einen Hügel hinan; es war, als wenn er ein nahes munteres Bellen hörte [Ph.: vernahm], Birken säuselten dazwischen, und er hörte mit wunderlichen

---

[1071] „Er stiegt träumend einen Hügel hinan; es war, als wenn er ein nahes munteres Bellen hörte, Birken säuselten dazwischen, und er hörte mit wunderlichen Tönen ein Lied singen" (145/ 1266). Die Assoziationen des Lesers sind zwangsläufig: Das Bellen des Hundes assoziiert das Bellen Strohmis, der Gesang den bekannten „außerordentlichen Vogel" der Alten. Wie schon zuvor in vielen Momenten (z.B. 144) wiederholt Eckbert in der zunehmenden Beunruhigung Szenen Berthas, dupliziert sie, von vager bis zu fast vollständiger Übereinstimmung, wobei der Rezipient unterschiedlich deutlich sich an diese Übereinstimmungen erinnert und die Iterationen Berthas in der Figur Eckberts bemerkt. Übereinstimmungen gibt es entweder als ganze einzelne Szenen oder, verdichtet und anders kombiniert, als Vermischungen aus Elementen verschiedener Szenen. Als Bertha in ihrer Geschichte zu der Alten kommt, heißt es: „Wir [das „wir" muß nun mächtig schrecken] stiegen nun einen Hügel hinan, der mit Birken bepflanzt war (...) voller Birken (...). Ein munteres Bellen (...) hörte ich einen wunderbaren Gesang" (132). Nun folgt für Bertha zum ersten Mal das Lied wie für Eckbert in seiner Situation das erste Mal das Lied folgt, in beiden Fällen ohne Erwähnung des Vogels, einer genauen Quelle. Eckbert gelangt zurück zum Anfang von Berthas Geschichte mit der Alten, der er hier zum ersten Mal begegnet, alles im unsicheren Status der möglichen Chimäre. Bei Berthas erstem Kontakt mit der Alten ist es das „Husten", daß sie als erstes wahrnimmt. Sie hat einen „Krückenstock". Eckberts letzte Szene ist Berthas erste Szene mit der Alten – gespickt mit Elementen daraus –, aber nicht der Beginn der Erzählung, was eine schöne Konstruktion, die des invertierten Zirkels als überlagerndem Konstruktionsprinzip, zunichte macht. Gleichwohl die Übereinstimmung eklatant ist, spricht der Erzähler in keinem Wort davon, gleichwohl er es könnte, wie es seine an anderen Stellen demonstrierte Erzählerposition anzeigt. Auch für Eckbert ist das Erlebte aus der Erzählung Berthas schon bekannt; daß er sich erinnert, ist aber nicht erwähnt vom Erzähler. Allerdings: Ist das ganze Chimäre, könnte die Chimäre eine unbewußte Erinnerung sein, an Berthas Erzählung oder, wird die Existenz Berthas am Ende in Frage gestellt, war Berthas Geschichte dann seine Geschichte – sie ist es gewissermaßen auch, wenn es Bertha gibt –, an die eigene Geschichte bei der Alten.

Tönen ein Lied singen" (145/1266), so Eckbert. Letzteres erschiene dann als wahnhaftes Fabulieren, das die Erzählung Berthas, „Erinnerungen an Erinnerung" (Moritz' Formel der Erinnerung), vergegenwärtigte und zusammenreimte, ebenso als Zuspitzung von Berthas, erörterter, sich unaufhaltsam ausweitender Angst, von der Alten eingeholt zu werden (beispielsweise: „nur daß ich von der Alten träumte, die mir drohte"). In der Erzählung, daß Eckbert „träumend" den Hügel heraufsteige und „mit wunderlichen Tönen ein Lied singen" „hörte", fehlen plötzlich alle Formulierungen wie „es war, als wenn", alle Markierungen oder Andeutungen, die die Einbildung als Möglichkeit zumindest anzeigten. Entweder berichtete der Erzähler nun von einem Lied, das Eckbert wirklich hört, weil es wirklich erklingt, so wirklich, wie Eckbert ist und da steht, dann erzählte er, durchaus möglich, von Übernatürlichem, wodurch sich die Geschichte als Märchen fixierte oder aber er wechselte, blitzartig und ebenso ohne alle sprachliche Markierung, vollends in die chimärische Optik der Figur. Dann geschähe eine abrupte Wende hin zum enggeführten personalen Erzählverfahren, „erlebte Rede" oder „Erzählerbericht" wäre die Frage, eine Unentschiedenheit, Unentscheidbarkeit, die präzise die Bodenlosigkeit der Indistinktion des Wahnsinns selber verwirklicht (Inneres und Äußeres, Wirkliches und Chimärisches sind unentscheidbar, ein transitorisches Moment des Schwindels). Bellen und Lied wären wieder nur eingebildet, im Falle des modifizierten Liedes eine für ein Delirium stupende Einbildung[1072]. Punktuell praktizierte der Erzähler eine eventuelle restlose perspektivische Adaption an die wahnsinnige, indistinkte Figur, eine nirgends indizierte Adaption. Er berichtete von dem, was Eckbert wirklich hört und sieht, denn im Moment der Indistinktion ist diese ihm die volle Wirklichkeit, die aber nur Einbildung wäre für den Erzähler, *genau in der Weise*, wie er zuvor von Wirklichem als Nicht-Einbildung berichtete. Dieses steht damit allgemein vollends in Frage. Der Erzähler könnte, einzige Möglichkeit, doch eine von ihm gegebene Indikation zu ermitteln, immer noch, auch im folgenden, nur unausgesprochen, unter den Vorzeichen des „es war ihm, als wenn" erzählen, trotzdem plötzlich als personaler Erzähler; das einmalige „es war, als wenn" klingt dem Leser deutlich nach. Eine Hypothese, die das weitere Erzählverhalten wiederum dementiert. Offen wäre zudem, angenommen, das Vorzeichen – ist es überhaupt eines? – gälte noch für diesen einen Satz, wie lange es dann gilt. Eine Offenheit, die den gesamten letzten Abschnitt in der Schwebe hält. Unklar ist

---

[1072] Wenn alles nur Chimäre wäre, der Erzähler plötzlich und ohne Anzeichen personal erzählen würde, bildete sich Eckbert auch das Lied nur ein, der Erzähler berichtete, aus dem „Innersten" des taumelnden, fabulierenden Hirns, das die eigene Dichtung als „fremdes" und „außen" wirklich erklingendes Lied wahrnimmt. Dieses wahnsinnige Hirn brächte dann, selber schon unbegreiflich, auch die dunklen Modifikationen des Liedes hervor. Auch die Formulierung: er höre „*ein* Lied singen"- bei dem Lied handelt es sich eben, modifiziert, um das schon bekannte Lied –, als wäre es irgendeines, ein unbekanntes, adaptiert mutmaßlich ganz Eckberts Perspektive des Wahns: Er selber, ist er nicht Bertha, hört es in der Tat zum ersten Mal.

auch, wo die Birken säuselten, damit wiederum, was der Erzähler erzählt oder zumindest erzählen will, in Eckberts Chimären oder in der Wirklichkeit; ein Säuseln, das auch Bertha häufig hörte und nicht identifizieren konnte. Wäre der Erzähler schlagartig ins personale Erzählverhalten gewechselt, kann es aber nicht das wahnsinnige Hirn Eckberts sein, das sie wirklich seiend wahrnimmt, sie gehörten zur chimärischen Situation. Oder aber es berichtete ganz einfach noch bzw. wieder der neutrale Erzähler: nichts, das sich bestimmen ließe. Ein „seltsamer Zufall", der dem Leser keiner sein kann, ist, daß es hier wiederum Birken sind. Die Hütte von Berthas Alten liegt in einem Birkenwäldchen, und eben diese Birken säuseln, wie hier bei Eckbert, in Berthas indistinkten Zuständen (mehrfach geschildert[1073], in einem Zustand, der exakt, noch in der Formulierung, dem Eckberts entspricht: „daß es mir immer gar nicht war, als sei ich erwacht, als fiele ich nur in einen andern noch seltsamern Traum", 133/1262f.). Daß es Birken sind, fügte sich scheinbar abermals der Auffassung der Einbildung als Moment des schleichenden, nun kulminierenden Wahnsinns, der ihm Berthas Geschichte mit seiner eigenen indistinkt werden läßt; er selber wäre eine diffuse Wiederholung Berthas, eine Wiederholung von etwas, das vielleicht auch nie war, das er sich bloß erträumt hätte, das in der diffusen Wiederholung also erst geschähe. Die Verwirrung steigert sich noch. Im folgenden („Jetzt war es um das Bewußtsein, um die Sinne Eckberts geschehen (...) keiner Erinnerung mächtig") ist augenfällig die Lösung von der figuralen Perspektive, dem, vermuteten, plötzlichen personalen Erzählen demonstriert und unversehens das neutrale Erzählen wieder hergestellt. Ein Erzählen im Berichtstil mit vollkommener Kenntnis des innersten Seelenzustandes, unmöglich ist die Erwägung einer erlebten Rede. Eingefügt scheint sogar, den auktorialen Erzähler rehabilitierend, eine weitere Erzählerreflexion: „das Wunderbarste vermischt sich mit dem Gewöhnlichsten", verglichen mit den anderen Beschreibungen des beunruhigten Seelenzustandes Eckberts eine Metareflexion. Markiert ist, daß Eckbert dem Wahnsinn, dem Zustand der Indistinktion von Wirklichkeit und Phantasie, vollends anheimgefallen ist, deutlicher nun als in dem „träumend" zuvor, gleich heißt es zudem explizite, er sei wahnsinnig. Ist der Leser-Phantasie überdeutlich angezeigt, daß alles weitere nur Einbildung, „hitzige Geburten der geängstigten Phantasie" sein könnten (alles zwischen dem Satz „Jetzt war es um die Sinne Eckberts geschehen" und „Eckbert lag wahnsinnig in den letzten Zügen")[1074], ist

---

[1073] „Ich wachte nicht lange, ich war halb betäubt, aber in der Nacht wacht' ich einigemal auf, und dann hörte ich die Alte husten und mit dem Hunde sprechen, und den Vogel dazwischen (...). Das machte mit den Birken, die dicht vor dem Fenster rauschten und mit dem Gesang einer entfernten Nachtigall ein so wunderbares Gemisch, daß es mir immer gar nicht war, als sei ich erwacht, als fiele ich nur in einen andern noch seltsamern Traum" (133/1262f.).

[1074] Eine „Einbildung", deren Inhalt sich keinesfalls notgedrungen aus dem bisherigen Text heraus ergibt, nicht einmal plausibel in der abenteuerlichsten (psychologischen) Interpretation. Die Erwägungen Eckberts im, möglichen, Wahn sind keine Klärungen, sondern ironischer Hohn auf solche; gleichgültig ob Wahn oder nicht.

die Leser-Phantasie deutlich auf den Wahn eingestellt, so will der Erzähler im weiteren dann schlagartig nichts von einem Wahn mehr wissen. „Eine krummgebückte Alte", heißt es grammatisch, rhetorisch unhintergehbar im nächsten Satz, „schlich hustend mit einer Krücke den Hügel heran", erzählt in derselben Weise wie z.B. der Anfangssatz „In einer Gegend des Harzes lebte ein Ritter". Die Alte steht dort also wirklich, so der Erzähler nun. Er fährt im Erzählen des Folgenden bis zum Ende ohne alle sprachlichen Markierungen der Möglichkeit oder gar Wahrscheinlichkeit der Einbildung fort; fährt fort mit voller propositionaler Souveränität, in scheinbar demselben „objektiv" berichtenden neutralen Erzählverhalten, in dem der gesamte Text verfaßt zu sein scheint. Übt sich der Erzähler, wie gesehen, im gesamten Text in Wendungen wie „als ob" oder „schien (...) als", so verzichtet er hier erneut darauf, die zuvor von ihm selber provozierte Annahme, alles sei chimärisch, mit einer entsprechenden Wendung zu stützen, ein unmittelbar signifikanter Verzicht. Sprachlich wäre keine Distinktion zu treffen, der Erzähler berichtete von Wahn und Wirklichkeit so gänzlich indistinkt. Der Erzähler macht unklar, was er berichtet. „Krücke" und „husten" fallen ebenso Bertha zuerst an der Alten auf, ist es auch hier noch lediglich „eine Alte" – nicht die „Alte", wie es dann „plötzlich" gleich heißt –, ein unbestimmter Artikel, der deutlich gegen den Wahn und für das neutrale Erzählen spricht. Delirierte sich Eckbert die „Alte" und erzählte der Erzähler in diesem Moment personal aus seinem chimärischen Hirn heraus, ist es nicht *eine* Alte. Ist der Leser auf die Chimäre eingestellt, ist die Chimäre erzählerisch wahrscheinlich gemacht, kann er diese Lesart gegen die Grammatik des letzten Satzes nur retten, indem er, wie zuvor, den plötzlichen und vollständigen Wechsel zum personalen Erzählen[1075], dennoch unterstellt, wie zuvor vielleicht in voller Adaption der Erzählerfunktion an den figuralen Wahnsinn. Erzählt würde wiederum aus der Wirklichkeit des delirierenden Hirns, restlos, was ihm ist, möglicherweise ein narrativer Kunstgriff, der die Totalität des Wahns reflektierte. Allerdings eben ohne jede sprachliche Indikation, die der Erzähler sich bis zum Schluß zu geben verweigert, als könnte er es nicht, was wiederum durch die zuvor zu solchen Zwecken gebrauchten Wendungen wie: „es war ihm, als wenn", „ihm schien" oder zumindest „Eckbert sah", welches das personale Erzählverhalten festhalten könnte, widerlegt wird. Genutzt wird dabei eine „natürliche" hinterhältige sprachliche Indistinktion, in ihrer äußeren grammatisch-temporalen Struktur sind erlebte Rede und Erzählerbericht wie auch der „innere Monolog" und Erzählerkommentar sprachlich indistinkt[1076]. Eine Irritation dieser Lesart

---

[1075] Analog der „erlebten Rede", dann dem „inneren Monolog" im Wahnsinn – beides sind exemplarische Momente des personalen Erzählens.
[1076] Genutzt wird eine „natürliche" sprachliche Indistinktion: in ihrer „äußeren" grammatisch-temporalen Struktur sind „erlebte Rede" und Erzählerbericht identisch, beide in der Er-Form und im Präteritum gehalten (auch der „innere Monolog" und Erzählerkommentar sind sprachlich indistinkt). Die Distinktion könnte über stilistische Eigentümlichkeiten oder über die Semantik, über den Kontext, getroffen werden. In der stilistischen Eigenart

bedeutet allerdings, daß der Erzähler nicht von einem Punkt aus – vielleicht vom „träumend stieg er" oder „jetzt war es um Eckberts Sinne geschehen" oder einem noch früheren Punkt – sein Erzählverhalten einmal deutlich wechselte und nun stetig personal erzählte, sondern immer wieder wechselt sowie sprachlich-grammatisch und im erzählerischen Gestus auch nach dem Wechsel zum personalen Erzählen immer wieder auch als bekannter neutraler Erzähler in Aktion tritt. Dies tut er, scheinbar, noch in der Kulmination des Wahns, in der sich der Erzähler implizite als souverän gegenüber dem Berichteten behauptet (in Sätzen wie: „Eckbert fiel zu Boden", „Eckbert lag wahnsinnig in den letzten Zügen"). Auch wenn er sich in der gesamten Passage weitgehend zurückzieht, was die Interpretation als erlebte Rede fördert, das Weglassen einer sprachlichen Zuordnung der in wunderbarer Schnelligkeit erscheinenden Sätze zu Eckbert oder der Alten stützt den Eindruck, Eckbert erleide im chimärenreichen Wahn ein Gespräch mit sich selbst, sprachlich-erzählerisch als erlebte Rede oder Figurenstil zu qualifizieren. Nur daß auch dieses nicht konsequent durchgehalten wird, dreimal wird dann doch gekennzeichnet, wer spricht: „schrie sie ihm entgegen", „sagte Eckbert stille vor sich hin", „rief Eckbert aus". Kennzeichnungen, die die Annahme, der Erzähler berichte ohne Markierung personal aus dem wahnsinnigen Innersten der Figur, wiederum unverständlich komplizieren. Der letzte Satz, „dumpf und verworren hörte er die Alte sprechen, den Hund bellen, und den Vogel sein Lied singen" – jetzt ist unversehens alles identifiziert: *die* Alte, *der* Hund, *der* Vogel und *sein* Lied: Berthas Geschichte also –, provoziert dem Leser demonstrativ noch einmal die Unentscheidbarkeit. Das „hörte er" könnte anzeigen, er hörte es als Einbildung (personales Erzählen) oder er hörte es, weil wirklich die „Alte" spricht, der Hund bellt etc. (neutrales Erzählen). Selbst der Bericht des Erzählers, „Eckbert lag wahnsinnig in den letzten Zügen", der die ständig zugleich mit dem Erzähler schwankenden Annahmen von Einbildung und Wirklichkeit nun endlich zu entscheiden scheint und implizite damit sagte, daß wirklich *alles* „nur (...) durch seine Einbildung erschaffe[n]" sei, beruhigt den Text nicht. In keinem Moment nämlich ist das Erzählen unsicherer als in diesem.

Die Konsequenzen der schlagartigen wie beliebigen Wechsel und Indistinktionen des Erzählers, die die Vorstellungen von dem, was erzählt wird, ununterbrochen in Bewegung halten, eben auch die Figurenverwirrungen sowie psychologischen Unklarheiten, sind schwindelerregend. Provokant demonstriert der Erzähler sein radikales Desinteresse am Erzählen von etwas. Er inszeniert sich, sich selber erzählend, als Infixibles, als „muthwilliger Wahnsinn". Wenn der Satz „Eine krummgebückte Alte schlich" als, in keinem Moment sprachlich indiziertes, personales Erzählen begriffen werden kann oder gar muß – daß also

---

aber unterscheidet sich der Satz „Eine krummgebückte Alte..." nicht, anders als einige folgende Sätze, die möglicherweise „nur" „erlebte Rede" wären. Der eine „Auflösung" ermöglichende Kontext klärt aber nichts, sondern provoziert in der betrachteten Weise eben auch bloß das unentwegte Hin und Her der Auslegung.

der Erzähler in derselben Weise wie im sonstigen Erzählerbericht vollends die deliranten Vorstellungen erzählte, ununterscheidbar zu allem anderen Erzählten und also im präzisen Sinne wahnsinnig –, so infiziert dieses mögliche Wissen (retrospektiv) das ganze Erzählen und sämtliches Erzähltes. Der gesamte Text, so der selber erzeugte Argwohn, gerät in den Strudel dieser unausdenkbaren Möglichkeit, eine provozierte Folge, die dem Text gewahr ist: „Wenn die Seele einmal bis zum Argwohn gespannt ist, trifft sie in allen Kleinigkeiten Bestätigungen an". Wieder exponierte der Text die eigene Theorie, die Theorie der Selbstvernichtung. Nichtet sich das Erzählen so selber, ist es, als verwirklichte sich erzählend die erörterte sonderbare „ungeheure Leere". Erzählte der restlos aus den Figuren heraus erzählende Erzähler in derselben Weise wie der auf die Person blickende Erzähler, der doch derselbe sein soll, so daß sprachlich beide indistinkt sind und dem Leser, damit er ein Verstehen herstelle, überlassen bleibt, das eine oder andere anzunehmen, stellt sich grundsätzlich die Frage, wann er wie erzählte. Dadurch wird radikal fraglich, was je erzählt wurde. Vielleicht berichtete der Erzähler, als er erzählt, wie Walther den Namen des Hundes nennt, doch nur eine Einbildung Berthas, wie sie es selber erwägt und verwirft. Der Satz dieses Berichtes hat dieselbe grammatisch-temporale Gestalt wie der von der Alten, die den Hügel heraufschleicht. Was aber, ganz allgemein, wäre dann je von wem erzählt worden?

Dieselben Probleme ergeben sich in den bereits behandelten Seltsamkeiten des Erzählers, am brisantesten vielleicht in dem Satz „und er fühlte wieder denselben Drang, sich ihm ganz mitzuteilen", formuliert in der Szene, in der er Hugo seine ganze Geschichte erzählen will, deutlich eben eine Wiederholung der Anfangsszene mit Walther. Eckbert kann den einen „Drang" nur in dem Sinne fühlen – setzt man voraus, der Erzähler berichtete im neutralen Erzählverhalten mit restloser Innensicht der Figur –, sich, genau wie er es damals bei Walther tat, nun auch Hugo mitzuteilen, dem er sich bis dahin aber nicht mitgeteilt hat. Folglich kann es zwar in seinem Bewußtsein und in der Wiedergabe des dieses Bewußtsein transzendierenden Erzählers „derselbe Drang" sein, aber nicht „derselbe Drang, sich *ihm* ganz mitzuteilen", da dieses *ihm* nur Walther sein könnte. Provoziert wird so der Eindruck, daß Hugo doch nur Walther sei, was den Satz korrekt werden ließe oder aber, daß es zumindest in Eckberts wahnhafter Vorstellung so sei. Nur in Eckberts wahnsinniger Identifikation Walthers und Hugos kann er „denselben Drang, sich ihm wieder ganz mitzuteilen" spüren. Dem Erzähler unterliefe der Defekt, plötzlich und bloß ganz punktuell ein Moment des (vielleicht) wahnhaften Bewußtseins Eckberts als Erzählerbericht zu erzählen, sich selber plötzlich durchkreuzen und durchlöchern zu lassen. Ein jähes Einbrechen eines einzelnen personal erzählten Wortes des Erzählers in einer genauen Adaption an die wahnhaften Irrungen des zerrütteten Eckbertschen Hirns inmitten eines intakten neutralen Erzählens, das sich wiederholen könnte, sich ausweiten könnte und vielleicht schon zuvor vorgefallen ist. Sprachlich-grammatisch ist wiederum keine Distinktion zu treffen, und wiederum changieren wie die Lesarten ebenso die kontextuellen Annahmen, die dann allein Aufschluß geben könnten. Diese Annahme eines Fehlers, die intendiert, den Erzähler zu retten, präsentiert sich als Lösung, die ihn um so gründlicher verdirbt. Oder er erzählte, will man die Annahme eines Fehlers nicht gelten lassen, die auch nur eine andere Variante der Selbstdemontage des Erzählers bedeutete, ganz marginal, aber bewußt von der einen Identität Walthers und Hugos, von der er dann anders als Eckbert wüßte, es aber zurückhielte; auch dann wäre der Satz: „spürte wieder denselben Drang, sich ihm ganz mitzuteilen" korrekt. Nur: dann erzählte er von Beginn an ganz restlos in der Perspektive, im Bewußtsein Eckberts, dem dieses Wissen fehlte, ansonsten nämlich könnte er ebenso von Beginn an ganz offen ein Märchen und von Übernatürlichem erzählen. Der Erzähler bzw. die Erzählweise selber sind es indes aber, die am dringlichsten die Psychologisierung betreiben und das Übernatürliche, wenn auch nie sicher, als Einbildung dekuvrieren. Auch in dieser Erklärung aber beginge der Erzähler, der den Text deutlich so erzählen will, als wisse er nichts, um erzählerische Spannung aufbauen zu können, einen Fehler: Er verriete, daß er von Beginn der Erzählung an alles wußte. Auch so bräche, mit Absicht, seine eigene Erzählkonstruktion zusammen.

5.4 „Unaufhörliche Verwirrung". Gattungsschwindel: „Märchen" und „wirklicher Lebenslauf". *Eckbert* und Eckbert, Leben und Text

Begründen sich, wie skizziert, Poetik und Poesie des Schwindels wesentlich – durch Rupturen und ironische Inversionen – in der minutiösen Auseinandersetzung Tiecks mit dem psychologisch-erfahrungsseelenkundlichen Diskurs der („exaltierten") Seele, folgt Tieck somit zunächst Moritz' Postulat, „der Dichter und Romanenschreiber wird sich genötigt sehn, erst vorher Experimentalseelenlehre zu studieren, ehe er sich an eigne Ausarbeitungen wagt"[1077], konstituieren sie sich indes nicht als psychologische Literatur, Moritz' und auch ausdrücklich Tiecks frühe Forderung, sondern programmatisch als anti-psychologische. Sie bildet sich als Antidoton aller psychologisch aufklärerischen Literatur überhaupt, die die, ausführlich besprochene, Idee der „vermehrten Selbstkenntnisse" verfolgte, um „die Seele gleichsam vor uns auf[zu]schließen" (*ÜdE* 639). Freilich ist dieses der Poetik und Poesie des Schwindels dann nur noch ein Aspekt. Konkrete psychologische Motive sind dem *Eckbert* nur ein Mittel der allgemeinen unaufhörlichen Verwirrung. Der *Eckbert* entwirft sich unmittelbar als „Krieg" gegen die psychologisch-erfahrungsseelenkundlichen Theorien und operationellen Figuren des Lebens-, Seelen- oder Selbst-Verstehens, der psychologischen („Tiefen")-Hermeneutik. Eine Hermeneutik, die Moritz wie der junge Tieck unmittelbar als ebenso literarische Hermeneutik ausführen und an-

---

[1077] Moritz, *Aussichten*, S. 91.

wenden, exemplarisch in der Theorie des „psychologischen Romans" Moritz', und die vollends mit der postulierten psychologischen Poetik korreliert, die selber schon zur psychologischen Hermeneutik wird, indem sie vorab in begreiflichen, nämlich psychologischen Kohärenzen erzählt und alles somit Märchenhafte eskamotiert. Es sind dieselben Figuren, umgeschrieben in ideale Paradigmata der Narrativik, nach denen psychologische Literatur modelliert wird: poetologische Grundkategorien der psychologischen Geschichte. Begründet wird die Darstellungsform der „umständlichen Mitteilung" der „Fall"- bzw. „Krankengeschichte", Gattungen im *Magazin*, oder die explizite literarische Gattung des psychologischen Romans. Agens der schwindligen Aggression *Eckberts* wird nun, was einst Ideal war, die „psychologische Richtigkeit", das Motivieren und „psychologische Auseinandersetzen". Poetik des Schwindels gründet sich als anti-psychologische Poetik.

Die psychologisch-literarische Hermeneutik wie die psychologische Poetik präsentieren sich, bereits rekonstruiert, als Theorie und Methodik, in Leben und Text – die identisch werden, bei Tieck heißt es: Poesie „ist nichts weiter, als das menschliche Gemüth selbst in allen seinen Tiefen" (AM 188) –, scheinbar Unbegreifliches, nämlich „Mangel an Zusammenhang, Unordnung, Verwirrung", Widersprüche und Zufälliges in einen faßbaren Zusammenhang, ein „faßliches Ganzes" aufzulösen. Hintersinnig simuliert der *Eckbert* in ihrem Sinne, die Geschichte, die „Mitteilung" eines Lebens „seltsamster Zufälle" zu sein, eine psychologische Geschichte. Er täuscht zunächst die Funktion und das Funktionieren dieser hermeneutischen Figuren vor, die er selber wiederholt wortwörtlich aufgreift, aber erneut nicht, um die schlimme Konfusion des Erzählten und Erzählens zu klären, sondern um sie unablässig zu betreiben, nicht zuletzt die der Verstehensfiguren selbst. Zu den direkt, wortwörtlich zitierten und angewendeten Figuren oder Kategorien, Postulate des neuen „Selbst"-Verständnisses, gehören wesentlich das „Innerste", die „innere Geschichte", eben der „wirkliche Lebenslauf", die „umständliche Mitteilung" (des Innersten, absonderlicher Vorkommnisse etc.), die „Erinnerung an die Kindheit" und „Mitteilung" der „Geschichte der Kindheit" sowie die Methoden ihrer Rekonstruktionen und Darstellungen, so die Arbeit an den scheinbar „unbedeutenden Kleinigkeiten". Ginge der *Eckbert* in diesen Figuren auf, gerierte er sich ganz gemäß dem erfahrungsseelenkundlichen Programm als eine Mitteilung eines komischen Vorkommnisses, eines „sonderbaren Kapitels der Seele" oder einer Krankengeschichte, die eine ganze, von Moritz ebenso ausdrücklich literarisch begriffene Gattung ausbildet und dann mit dem Märchen konkurriert. All diese Figuren, umgeschrieben in ideale narrative Paradigmata der psychologischen Geschichte, die positive Vorlagen der frühen Texte Tiecks waren, erfüllt der *Eckbert* zunächst scheinbar. Dies jedoch nur, um seine Selbstverwirrung zu stiften. Unaufhörlich brüchig werden die psychologisch-literarischen Verstehensfiguren als neue Modelle des Selbst- und Textverstehens des historischen Subjekts abermals, indem sie in der erörterten Weise unentwegt montiert und demontiert werden, indem der *Eckbert* (und Eckbert) in sie gebracht und wieder herausgenommen wird. Genau mit diesem immer unruhigeren Schwanken der Funktion und des Defekts solcher Figuren schwankt der *Eckbert* zwischen dem Märchen und dem Wirklichen, zwischen Übernatürlichem und Natürlichem. Die vom Eckbert dauernd angespielte Idee, für das Wunderbare in der Geschichte bleibe eine „natürliche Erklärung übrig" (*ShW* 716), ist es, die den hermeneutisch so konditionierten Leser in der fortlaufend möglich und wieder unmöglich gemachten Einlösung der Idee schwindelig werden läßt, reziprok die konträr, genauso phantasmatisch angespielte Idee, es sei bloß Märchen. Die skizzierten neuen Verstehensfiguren, die erfahrungsseelenkundlichen Topoi des Selbst-Verständnisses und die ganze psychologische Literatur erscheinen als eine mögliche Folie, vor die gehalten *Der blonde Eckbert* die gewaltige Verstörung bedeutet; eine historische, freilich immer noch virulente Folie, sedimentiert in schwerlich auszulotender Tiefe ins „moderne" Selbstverständnis, wenn es auch höchst disparat ist[1078].

Bereits der „unwiderstehliche Trieb, sich ganz mitzuteilen" (127), der „Drang" (143), „das Innerste aufzuschließen" (127) und dieses Innerste mitzuteilen, bedeutet eine ironische Adaption des zum Zwang geratenen Postulats der Erfahrungsseelenkunde (vgl. Kap. II.1); ebenso, durchaus zusammengehörend, eine Parodie auf das empfindsame Ritual der Mitteilung des Innersten an den einzigen, innigen Freund: es „geben sich die zarten Seelen einander zu erkennen" (127). Das Innerste, begriffen als Mitteilung der ganzen inneren Geschichte und Initial wie Zentrum der Verheerung der befremdlichen Geschichte, bildet das grundlegende Konstrukt der Erfahrungsseelenkunde. Genau solche Mitteilungen des Innersten, „wahrhafte Lebensbeschreibungen" aus der „wirklichen Welt" wie auch die „Geschichte der Wahnwitzigen"[1079], die der *Eckbert* vielleicht lieferte, fordert Moritz. So wird der Mensch „durch sich selber mit sich selber bekannter"[1080]. Die Attitüde, *sich selber* permanent zu reflektieren und mitzuteilen, die das „ganze Leben hindurch, und in allen Verhältnissen seines eignen Lebens seine Hauptbeschäftigung sein" muß, ist es, die vollends internalisiert werden sollte[1081]. Sie soll zur Natur des neuen „Selbst" gehören und damit sich zu genau dem Drang bilden, dem „unwiderstehliche[n] Trieb [bis in die

---

[1078] Versucht Heilmann den *William Lovell,* das Spezifische seines Erzählens, aus seinem „besonderen Verhältnis" zu einer bestimmten geistes- und literatur- bzw. gattungsgeschichtlichen Konvention heraus zu beleuchten, der Tieck „experimentell verfügbar gewordenen" Konvention des empfindsamen Erzählens der „letters written to the moment" – der „'Lovell' führt eine (epochale) geistesgeschichtlich-erzählerische Struktur ad absurdum" (Heilmann, *Krise des Erzählens,* S. 262) –, wäre der *Eckbert* mit der Konvention des psychologischen Erzählens zu konfrontieren (selbstredend ebenso mit anderen Narrationsformen). Diese, inbesondere ihre zwangsläufigen immanenten Probleme, die Tieck zuspitzt, wären dem *Eckbert* „experimentell verfügbar geworden". Ebenso natürlich, wie behandelt, die Gattung des „Märchens".

[1079] Moritz, *Aussichten,* S. 89.

[1080] Ebd., S. 90.

[1081] Ebd., S. 94. Von Moritz beispielhaft in seinem Programm der *Philosophie des Lebens* oder in seinen *Ankündigung* zum Magazin ausgeführt (vgl. Kap. II.3).

Physiologie gedacht], sich ganz mitzuteilen", von dem der Erzähler spricht und wie er in Eckbert dann wirklich vorkommt. Wird diese Mitteilung in Moritz' Konstruktion zum Initial der Geschichte der „vermehrten Selbstkenntnis", der nach und nach hergestellten Identität und Heilung – ganz so wie bei Freud schon –, so gerät sie hier zum Initial der ironischen Katastrophe, endet nicht im Heil, sondern im Fiasko. Die Mitteilung realisiert die Möglichkeit der Herstellung von Ordnung, Zusammenhang und Sinn hinter dem „Dissonanten". Der *Eckbert*-Erzähler wie auch die Figur demonstrieren ihre psychologische, erfahrungsseelenkundliche Kompetenz und Hermeneutik. Von Beginn an ist, in Signalwörtern, die Erfahrungsseelenkunde in ihren zentralen Theoremen im allgemeinen Setting präsent, damit die gesamte psychologische Poetik und Hermeneutik der psychologischen Geschichten, ganz so, als würde ein Leben in erfahrungsseelenkundlicher Manier erzählt oder, selbstreflexiv, als würde erzählt, wie ein Leben in erfahrungsseelenkundlicher Manier erzählt wird. Eckbert, der melancholisch ist, „krank", sich selber dunkel in der Gegenwart, „drängt" es, eine geradezu prototypische Anlage, zur Mitteilung seines unbegreiflichen Lebens als Geschichte wunderlicher Vorkommnisse, zur Mitteilung des Innersten. Das bedeutete Moritz wesentlich die „Zurückerinnerung an die Kindheit", was auf des Erzählers bzw. Eckberts „unwiderstehlichen Trieb, sich mitzuteilen" zugleich auch wirklich erfolgt: Bertha teilt auf Eckberts unwiderstehlichen Drang hin „umständlich" und „weitläufig", präzise wiederum Forderungen der Erfahrungsseelenkunde, die „Geschichte ihrer Jugend" (127) und Kindheit mit, „die seltsam genug ist" (im Text werden die Begriffe „Jugend" und „Kindheit" für dieselben Zeitabschnitte gebraucht, allgemein spricht Bertha von der Erzählung ihrer Geschichte, die Eckbert als „Geschichte der Jugend" einführt, als Geschichte ihrer Kindheit: „so oft ich von meiner Kindheit sprach", 141). Ganz so, als wolle Tieck wie in *Die beiden merkwürdigsten Tage aus Siegmunds Leben* mit dem *Eckbert* einen Beitrag für Moritz' *Magazin* liefern; im Vorwort der *Straußfedern* 1796, dem Jahr in dem auch der *Eckbert* entsteht, bittet Tieck noch „den Leser wegen der Weitläufigkeit um Verzeihung; diese Geschichte war für das *Magazin zur Erfahrungsseelenkunde* bestimmt; und daher waren alle Erscheinungen der Seele wichtig und bemerkenswert" (DüD I 82). Eingeleitet wird die Mitteilung des Innersten im *Eckbert* gar noch mit dem erfahrungsseelenkundlich geradezu modellhaften Satz: „Nur haltet meine Erzählung für kein Märchen, so sonderbar sie auch klingen mag" (127). Angezeigt ist damit, ein Leben erfahrungsseelenkundlich zu erzählen bzw. das erfahrungsseelenkundliche Erzählen eines Lebens zu erzählen. Ist die Genauigkeit und Strenge der Zitation und Simulation einer psychologischen Geschichte oder Mitteilung stupend, wird sie von Beginn an ebenso heftig irritiert. Der *Eckbert* nämlich geht in einem solchen nachgezeichneten, überdeutlich angestimmten Setting abermals nicht auf, im Gegenteil, das Setting wird unablässig zersetzt und, ausgeklügelte Heimtücke, dient selber bloß der unablässigen Zersetzung.

Kardinale Forderung der Erfahrungsseelenkunde, der ganzen „Mitteilungen", ist der „wirkliche Lebenslauf", seine „so wahre und getreue Darstellung (...), bis auf seine kleinsten Nuancen" in der erschöpfenden Mitteilung einer „unendlichen Menge von Kleinigkeiten"[1082]. Von Anfang an eröffnet der *Eckbert* mit Nachdruck das Spiel mit diesem Begriff, das Spiel seiner Distinktion vom Märchen, über die, genauer, über deren anhaltende Fehlerhaftigkeit er funktioniert. Arglistig gibt der Text vor, er erzähle einen wirklichen Lebenslauf, nicht nur inhaltlich, sondern vor allem durch, daß er der Art und Weise folgt, in der dieser nach Moritz geschrieben werden müsse. Nämlich in der Art „psychologischer Geschichten", „psychologischer Romane" und „Krankengeschichten", konkreter noch: in Konvergenz mit der verlangten Poetik der „Umständlichkeit" und „Aufmerksamkeit auf das Kleinscheinende". „Fakta, keinen Roman" lautet die prominente programmbildende Sentenz Moritz', nur „wahrhafte Lebensbeschreibungen"[1083]. „Fakta", die dann wiederum Modell und Material von „Romanen" werden sollen, die, die Anlage ist nachdrücklich kompliziert, gerade um der Fakta willen entstehen. Tieck verdreht es: Seine Fakta dienen bloß doch der Steigerung der Fiktion, sind, wie gesehen, bar jeder Referenz, schon nicht mehr die Fakta, ironisiert aber auch dieses wiederum. Die Rekonstruktion des begreiflichen und verfügbaren wirklichen Gangs der Lebensgeschichte ist der Erfahrungsseelenkunde das entmystifizierende Paradigma der Bekämpfung des Lebens als Fatum, Zufall, Willkür oder eben Märchen. Er ist Moritz das ideale Telos aller aufklärerisch-erfahrungsseelenkundlichen Bemühungen, seine Fluchtpunkte und Materialien bilden das Innerste und die innere Geschichte. In seiner Rekonstruktion wäre das Leben und ein einzelner begriffen. In der rigorosen empirischen und betont anti-ideologischen Erfahrungsseelenkunde Moritz' wird er jedoch, entgegen der Semantik, ganz zu einem destillierten, idealen hermeneutischen Produkt und bleibt keinesfalls bloß die Niederschrift der eigenartigen Zufälle und Geschichten des Lebens, die bloß den Ausgangspunkt, das ungeordnete Material zu seiner Herstellung darstellen. An ihm ist auch Eckbert zu seiner eigenen Rettung gelegen – dem *Eckbert* zu seiner eigenen Verwirrung –, als Sicherung gegenüber dem gewaltigen „schwindeligen Abgrund", „daß ihm sein Leben in manchen Augenblicken mehr wie ein seltsames Märchen, als wie ein wirklicher Lebenslauf erschien" (143). Im vom *Eckbert* erzählten Leben dann aber, in der Art des Erzählens, torpedieren die seltsamsten Zufälle die Rekonstruktion des Lebens als ein wirkliches Leben allerdings unaufhörlich und reklamieren implizite, *wirklich* der wirkliche Lebenslauf zu sein, ein „Realismus", der den Moritzschen Realismus der „wahrhaften Lebensbeschreibung" noch einmal als mythisch kritisiert. Die charakteristische Eingangsformel der „umständlichen Mitteilungen" solcher Lebensbeschreibungen, auch bestimmter „wunderbarer" Phasen in ihnen, besteht dann in der Versicherung, daß es sich

---

[1082] Moritz, *Reiser*, S. 120.
[1083] Moritz, *Aussichten*, S. 89.

bei dem Mitgeteilten ausschließlich und bis ins letzte Detail um Wirkliches handele, um „wahrhafte Geschichten". Moritz beginnt seine Mitteilung eines Falles so: „Der Herausgeber dieser Fragmente darf wohl nicht erst versichern, daß sie eine buchstäbliche getreue Darstellung wirklich erlebter Schicksale enthalte."[1084] Moritz ist bewußt, daß die mitunter äußerst verschlungenen, wundersamen Geschichten in ihrer Darstellung doch mehr Roman oder Märchen als Fakta zu sein scheinen; zu diesen, weiß er zudem, werden sie wesentlich durch ihre Darstellungs- und Erzählweise, nicht durch ihren Inhalt. „Nur haltet meine Erzählung für kein Märchen, so sonderbar sie auch klingen mag" (127), so beginnt Berthas Erzählung ganz im Moritzschen Gestus und erfahrungsseelenkundlicher Konvention mit der Versicherung der „getreuen Darstellung wirklich erlebten Schicksals". Eckbert, streng invers zu Bertha, ist es wiederum, dem „sein Leben in manchen Augenblicken mehr wie ein seltsames Märchen (...) erschien". Daß es kein Märchen sei, versichert Bertha just von dem Teil des ganzen Textes, der, dem historischen Leser, am meisten Märchen ist, der dem Leser augenfällig mit den motivlichen Elementen gespickt ist, die im damaligen Verständnis dem Märchen, etwa Musäus Märchensammlung[1085], auf die Tiecks Sammlung im Titel direkt anspielt, assoziiert waren. Das läßt die Versicherung zur paradoxkomischen Wendung geraten.

Der Text, der das „frühromantische Märchen" inauguriert – von Tieck unterschiedlich benannt: „erzählendes Mährchen" (*Schr* 1, VII), „Mährchen" (*Schr* 1, Vff) oder „Naturmärchen" (*Ph-Rg* 113) –, spielt zunächst mit der der Aufklärung zeittypischen, konventionellen Bedeutung des Begriffs des Fabulierten, Übernatürlichen und Wunderbaren im alten Sinne, eine Semantik des Märchens, die textimmanent zunächst im behandelten Gegensatz von Wirklichem und Wunderbarem oder Wachsein und Traum sich spiegelt. Musäus Vorbemerkung beinhaltet die Bedeutung der vollkommenen Irrealität und Phantastik des Märchens, es ist der „Zauberlaterne der Phantasie" und dem „Schattenspiel an der Wand" assoziiert[1086]. Adelung resümiert (1798), in Rekurs auf Opitz und Gottsched, die Wortbedeutung, ausdrücklich als literarische Gattung schon, als „eine erdichtete Erzählung, eine unwahre Geschichte, im mittleren Latein Dicabulum" („Märchen erzählen, Märchen erdichten", „welche bloß in der Absicht zu belu-

---

[1084] Moritz, *Magazin*, Bd. 9, S. 24 (*Fragmente aus Ben Josua's Lebensgeschichte.* Herausgegeben von K.P. Moritz, aus der Sparte: „Zur Seelennaturkunde").

[1085] Johann Karl August Musäus gab 1782 bis 1786 seine *Volksmärchen der Deutschen* (Berlin) heraus. Ihr „Ammenmärchen-Ton", so Frank, ist allerdings „ironisch-aufgeklärt gebrochen" (vgl. Frank, *Phantasus*, S. 1245). „Wozu dienet dieser Unrat? Märchen sind Possen, erfunden Kinder zu schweigen und einzuschläfern, nicht aber das verständige Publikum damit zu unterhalten", beginnt Musäus, um dann aber festzustellen, daß es an der Zeit sei, „durch die Zauberlaterne der Phantasie das ennüyierte Publikum eine Zeitlang mit dem schönen Schattenspiel an der Wand zu unterhalten" (Johann Karl August Musäus, *Volksmärchen der Deutschen*. München 1961, S. 6f.). Musäus arbeitete als Tiecks Vorgänger in der Redaktion der bei Friedrich Nicolai verlegten *Straußfedern*.

[1086] Musäus, *Volksmärchen*, S. 7.

stigen erdichtet werden, gebraucht, um es von der Fabel und andern Arten der Dichtung zu unterscheiden"). Im semantischen Zentrum steht das Kriterium der Wirklichkeit, Märchen sind „unwahrscheinliche Erdichtungen"[1087], ganz wie die modischen Ritterbücher „eine Art des falschen Wunderbaren, dem (...) die poetische Wahrscheinlichkeit fehlt"[1088], sind „unbegreiflich, unglaubwürdig"[1089], das genaue Gegenteil des wirklichen Lebenslaufes. Diesen Sinn, Mitteilung eines wirklichen Ereignisses zu sein, hatte der Begriff aber ursprünglich, und auch noch Adelung zitiert ihn, wenn auch als veralteten: „eine Nachricht von einer geschehenen Sache, eine im hochdeutschen veraltete Bedeutung (...), eine wahrhafte Geschichte". Der *Eckbert* – „Nur haltet meine Erzählung für kein Märchen, so sonderbar sie auch klingen mag", „sein Leben [erschien] in manchen Augenblicken mehr wie ein seltsames Märchen, als wie ein wirklicher Lebenslauf" – reaktualisiert und radikalisiert diese ursprüngliche semantische Ambiguität im Sinne eines stets unsicheren Wechsels der vermeintlichen Erzählung von einem Wirklichen oder einem Erfundenen, jeweils in verschiedenen narrativen Formen dargestellt, gegen die spätaufklärerische Denunziation der zweiten Bedeutung, nur Einbildung zu sein. In dieser unentwegt vergegenwärtigten Ambiguität gründet er sich.

Der Leser-Phantasie wird die merkwürdige Geschichte zunächst mit einigen deutlichen Signalen auf die Wirklichkeit, auf Fakta und Lebensbeschreibung, auf eine „wahrhafte Geschichte", eingestellt, realistisch und psychologisch. Bertha aber leitet mit ihrem, allen Roman und alles Märchen distanzierenden Satz den Beginn einer Erzählung in einer Erzählung innerhalb einer ganzen Sammlung von Erzählungen ein, die den Titel *Volksmärchen* trägt, welcher dem vom Text eingestellten Leser folglich das Gegenteil der realistischen, psychologischen Geschichten indiziert. Prädiziert der Titel der Sammlung der Leser-Phantasie, die Texte seien Märchen, als welche sie sie folglich vorab auffaßt, spielt also schon Berthas Einleitung in strengster Weise dem entgegen, indem der Diskurs herbeigeholt wird, der das Märchen geradezu exterminiert. Lanciert wird das beabsichtigte textimmanente und -konstitutive Spiel mit wirklichem Lebenslauf und Märchen, ein Spiel vor allem mit den Textgattungen und ihren bezeichnenden narrativ-sprachlichen Parametern. Es beginnt das unentwegte Hin und Her der Selbstbestimmung und -identifikation des Textes bzw. der Textgattung, ein Durcheinander bis jede Prädikation zunichte ist, jede Festlegung. Die gründliche Irritation der „Gattung" durch die Zitation und Vermischung wesentlicher und auffälliger Merkmale beider Gattungen, Märchen und realistischer, psychologischer Prosa, zielt dabei bloß auf die beabsichtigte zugespitzte Verhedderung der Vorstellungen vom Text allgemein, der den Gattungen korrelierten, ebenso konträren Lese- und Verstehenshaltungen. Hierin allein

---

[1087] Adelung, *Wörterbuch*, Artikel „Mährchen".
[1088] Sulzer, *Allgemeine Theorie der schönen Künste,* Bd. I, S. 4.
[1089] Hölter, *Tiecks Frühwerk*, S. 1153.

gründet sich die Gattung des „Kunstmärchens", die mit der ersten Bedeutung des Märchens, die sie bloß poetisch instrumentalisiert, nichts gemein hat.

Literarische Gattungen strukturieren das Erzählen und „erzwingen (...) zugleich eine Ordnung des Textes, die nicht ohne weiteres durchbrochen werden kann"[1090], dieses aber unausgesetzt zu tun, charakterisiert präzise das „sogenannte" Märchen des *Eckberts*. Von einer psychologischen Geschichte erwartet man anderes als von einem Märchen; neben diesen beiden Gattungen verstört sich der Text ebenso durch signalhafte Elemente anderer Gattungen, so der Schauerliteratur, der Idylle, der Satire. Der Text führt die beiden Gattungen zur Zersetzung, wiederum aber zu keinem sicheren Terminus, der dann als Position auszusprechen wäre. Die Indistinktion erzählt der Text im Augenblick des letzten Paroxismus von Eckberts „Beunruhigung", der das Lesen und den Leser figuriert, der „äußersten Beunruhigung" des *Eckberts*, „in den letzten Zügen" des Textes: „Jetzt war es um das Bewußtsein, um die Sinne Eckberts geschehen (...) das Wunderbarste vermischt sich mit dem Gewöhnlichsten", das Märchen mit dem wirklichen Lebenslauf. Nicht daß es ernsthaft die Frage gegenüber dem Text sein könnte, was von beiden er nun „wirklich" sei, die hier nun zu stellen wäre als Fraglichkeit der Referenz, aber: Der Text gründet sich immanent in dieser Frage (wie in „tausend und tausend" anderen), in dem unaufhörlichen Fragen danach und den ständig wechselnden Antworten. Intrikat wird ihre Distinktion schon in den erfahrungsseelenkundlichen Forderungen nach der strengen Rekonstruktion des wirklichen Lebenslaufes unter gezieltem Ausschluß eben des Märchen- oder Romanhaften. Moritz selber stellt bereits klar, daß eben die Bemühungen, das reale Leben streng zu rekonstruieren und darzustellen, das Schwierigere noch, aufgrund unumgehbarer immanenter Probleme dieser Bemühungen zwangsläufig zum Märchenhaften geraten. Tieck braucht es nur zu verschärfen, ganz auszuschreiten. Bereits der unmittelbare Textbeginn bringt die beiden Gattungen durcheinander, wichtiges Merkmal der Differenzierung beider narrativer Eigenarten ist dabei das Maß der Bestimmung bzw. Unbestimmtheit. Das Märchen, auf das die Leser-Phantasie durch den Titel der Textsammlung wie vielleicht auch durch den märchenhaften Titel der Erzählung vorab fixiert ist, wird mit realistischen, signalhaft psychologischen und gänzlich märchenfremden und gar anti-märchenhaften Momenten markiert. Zunächst werden signalhaft Akzente gegen das Märchen gesetzt, die Orte geographisch bestimmt, Eckbert wohnt im Harz, Walther hat ein zweites Domizil in Franken (126). Eckberts äußere und innere Züge werden in den ersten Sätzen mit so vielen individualisierenden, realistischen Strichen skizziert, Größe, Physiognomie, Alter und Charakter, daß keineswegs eine märchenhafte Schemenfigur entsteht. Vorgenommen wird die Einstellung auf die wirkliche, gewöhnliche Welt; freilich wie ausgeführt nicht im Sinne der Referenz, sondern ausdrücklich im Spiel mit dieser, zur Steigerung der Fiktion: „Ein seltsamer Traum illudiert uns um so leich-

---

[1090] Brecht, *Die gefährliche Rede,* S. 4.

ter, wenn wir Personen darin erscheinen sehn, die wir recht genau kennen. Auf eben diese Art hintergeht uns der Dichter, indem er Charaktere einführt, die seiner wunderbaren Welt zu widersprechen scheinen, da sie ganz aus der gewöhnlichen genommen sind, die nichts von jenem Außerordentlichen haben, das wir an allen übrigen Personen wahrnehmen" (*ShW* 705). Aber schon die Bestimmungen zu Beginn sind, schaut man genauer hin, eigenartig unbestimmt. Merkwürdig werden diese Unbestimmtheiten dadurch, daß der Erzähler an anderen Stellen ein allumfassendes, präzises Wissen und die allergrößte Nähe zu den Figuren demonstriert (vgl. das Problem des „man" und „ohngefähr", 126). Erkennbar ist ein Zug zur genauen Bezeichnung und ein gegenläufiger („ungefähr vierzig Jahre", „in einer Gegend des Harzes"), der seinem Unbestimmt-Bleiben wiederum märchenhafter erscheint. Auch die Zeit bleibt unbestimmt: irgendwann, als es Ritter gab. Dem Märchen nicht nur untypisch, sondern eine Vernichtung, ist Eckberts sofortige psychologische Charakterisierung, das explizite Psychologisieren: er sei melancholisch. Der ganze Beginn folgt wie gesehen in deutlichen Momenten den Vorgaben der „psychologischen Literatur". Märchen erzählen keine inneren Geschichten von Melancholikern, die die Melancholie erklärten, sie erzählen überhaupt nicht von Melancholikern, vielleicht dagegen von Traurigen, Furchtsamen. Die Psychologie der Melancholie ist es umgekehrt, die reklamiert, aufzuklären, wie Märchen überhaupt erst entstehen: im chimärischen Potential der Seelenstörung eines einzelnen, dem der wirkliche Lebenslauf in ihrer Depravierung nach und nach zum Märchen wird. Mit der Melancholie und ihrem impliziten Schema „Melancholie, Verrücktheit, Wahnsinn" ist der Seelenzustand zitiert, der jederzeit in die Chimäre ausbrechen kann und so erst eben das Märchenhafte erzeugen könnte. Zitiert ist damit das Prinzip der „Auflösung" des Märchenhaften, Übernatürlichen und Wunderbaren (im alten Sinne), das von ihm auf bloß Natürliches, auf das „Wirkliche" des Lebens zurückgeführt würde.

Immerfort im Zwist gehalten, nicht einmal motivlich, sondern in der narrativen Konvention und Modalität, werden vornehmlich wie angedeutet die gänzlich inkompatiblen oder gar konträren Gattungen des Märchens – im Sinne der Aufklärung Medium des Wunderbaren, Zitation also schon des Märchens – und der „realistischen" Prosaerzählung, des Romans[1091], psychologischen Geschichte sowie der umständlichen Mitteilung eines „wirklich erlebten Schicksals" bzw. einer Kranken- oder Fallgeschichte. Zitiert und vermengt werden aber ebenso Elemente des Schauerromans oder des verwandten Ritterromans sowie der Idylle[1092]. Zu finden sind zudem Momente des Bildungsromans, wiederum in der

---

[1091] Schlaffer arbeitet dies überzeugend heraus, faßt aber zu Recht zusammen, daß der *Eckbert* trotz „Romanperspektive, Psychologisierung und modernem Bewußtsein", „keiner der beiden Gattungen" zugehört, weder dem Roman noch dem Märchen (*Roman und Märchen*, S. 454, 457).

[1092] Gleich zu Beginn, unmittelbar vor der erzählten Bertha-Ich-Erzählung, zitiert der *Eckbert* ein typisches setting des Schauerromans: „an einem neblichten Abend (...) um das Feuer

Bertha-Geschichte, darüber hinaus offen satirische Momente, so auf den empfindsamen Freundschaftskult. Der empfindsame Impetus, „dem Freunde auch das Innerste aufzuschließen" (127), ist Initial des martialen Verhängnisses. Fixiert aber ist der Text mit keiner der von ihm (oder der Forschung) gegebenen Gattungen. Schlaffer zergliedert wegweisend, ob der *Eckbert* denn ein Märchen oder ein Roman sei[1093], er stellt detailliert die formal-narrativen Brüche heraus, die der Text begänge, wollte man ihn als Märchen oder Roman identifizieren, so das Vergehen der Ich-Erzählung, nähme man ihn als Märchen[1094]. Alle diese Zitationen führen im Text aber bloß zur Konterkarierung dessen, was Charakteristik der zitierten Gattung ist. Auf die mit dem Schauerroman assoziierte Figur der „rätselhaften" Komplexion z.B., die sich am Ende nach krisenhafter Steigerung klärt, wäre der *Eckbert* bloß abgründige Ironie oder bissige Satire. Nicht einmal läßt sich fixieren, was für ein Text es ist: Bewirkt wird nur die „ewige Bewegung" der Vorstellungen von ihm, seiner Gattung, die eben keine Gattung, sondern die, im Text selber dargestellte, reflektierte Gattungsverwirrung ist. Sämtliche kalkulierten Gattungszitationen, -kontradiktionen und -indistinktionen, vorderhand die des Märchens und der psychologischen Geschichte, dienen bloß zur Entbindung des Texttaumels, zum Irremachen des Verstehens, das wiederum Stimulanz des allgemeinen Schwindels ist. Das frühromantische Tiecksche Märchen wäre, Brecht wie Menninghaus formulieren es ähnlich, bloß diese aktivische Vermischung und unaufhörliche Verwirrung der Gattung selber, wie gesehen in enger Korrespondenz mit der Verwirrung des Erzählers, der den Text unentwegt zwischen „Märchen" und „psychologischer Geschichte" wechseln läßt. Allein in dieser Wirkungsabsicht bringt es sich hervor. Das reguläre Märchen wäre bloß ein ironisiertes Moment dieser Art Märchen gleichsam zweiter Potenz, wollte man unbedingt am Begriff des Märchens festhalten. Disqualifiziert sind alle Versuche, die Irritation der, so Kreuzer, bloß „scheinbaren In-

---

eines Kamines (...). Die Flamme warf einen hellen Schein durch das Gemach und spielte oben an der Decke, die Nacht sah finster zu den Fenstern herein", und „es war jetzt gerade Mitternacht, der Mond sah abwechselnd durch die vorüber flatternden Wolken" (127). Auch die ganze, immer angespielte, thematische Figur der komplizierten „Verwicklung", die „Enträtselungsaufgabe", die sich am Ende nach krisenhafter Steigerung klärt, ist dem Schauerroman abgeschaut (vgl. Menninghaus, *Unsinn*, S. 131. Allgemein dazu s. S. 131ff.). Zitiert, dem „Schauerroman" konträr, sind ebenso, wenn auch schon gebrochen, Elemente der Idylle. Eingestreut sind sie in die Bertha-Ich-Erzählung von der „heiteren Stille" ihres Daseins im „wunderbaren Tal" bei der „Alten": „Die wilden Felsen traten immer weiter hinter uns zurück (...). In das sanfteste Rot und Gold war alles verschmolzen (...) und über den Feldern lag der entzückende Schein, die Wälder und die Blätter der Bäume standen still, der reine Himmel sah aus wie ein aufgeschlossenes Paradies [an diesem Ort hier entfaltet sich indes das höllenhafte Geschehen], und das Rieseln der Quellen und von Zeit zu Zeit das Flüstern der Bäume tönte durch die heitere Stille wie in wehmütiger Freude" (131f.).
[1093] Schlaffer, *Roman und Märchen*, S. 457.
[1094] Ebd., S. 454ff.

kompatibilität der beteiligten Gattungselemente"[1095] auszuräumen: „*Der blonde Eckbert* [ist] als Gesamttext gattungsfiktional eindeutig (Kunst-)Märchen" [zu fragen wäre zudem, ob das ein eindeutiger Begriff ist] und dieses bilde die „unerläßliche Ausgangsbasis für jede Deutung"[1096]. Mit dieser Fixierung ist der *Eckbert* verfehlt, verfehlt als gewaltige mobile Verfehlungsmaschinerie, als Inszenierung unablässiger (Selbst-)Verfehlungen, die die Leser-Phantasie zur Implosion bringen. Die Theorie dessen, was dann *Der blonde Eckbert* als solches Märchen zweiter Potenz („Kunstmärchen") wäre, fällt ganz mit der Poetik des Schwindels bzw. Wahnsinns in eins. Das verlangte „Aufheben" der Gattungen Fr. Schlegels und Novalis ähnelt den Verfahren Tiecks zuweilen im Vokabular, deren theoretischer Überbau ist ihm indessen nicht nur different, sondern entgegengesetzt (siehe die Sondierungen: „'Unendliches' versus 'Nichts'" in Kap. IV.2).

Die Identität des Selbst, den wirklichen Lebenslauf konstruiert Moritz, wie allgemein schon formuliert, als „Geschichte seines Innersten", als innere Geschichte; Programm des *Anton Reisers*, eben auch bei Blanckenburg zentral, wiederum Antizipation vielfältiger moderner Formulierungen, u.a. später bei Freud aufgehoben. Telos ist eine, im Ideal alles verbindende genetische Rekonstruktion des Subjektes, die im Innersten einen begreiflichen Zusammenhang gegen den dissonanten Eindruck der „Oberfläche" herstellt. „Von dem Leben der Menschen, deren Geschichte beschrieben ist, kennen wir nur die Oberfläche. Wir (...) kennen nicht das inre Triebwerk, das ihn bewegt. Wir sehen nicht, wie die ersten Keime von den Handlungen des Menschen sich im Innersten seiner Seele entwikkeln", eklatant ist die Bertha-Ich-Erzählung bemüht, genau das zu erzählen. „Tausend Beobachtungen, die man hier schon gemacht hat, sind bloß von der Oberfläche genommen", und bleiben so „Mangel an Zusammenhang, Unordnung, Verwirrung", nichts ist „aus dem Innersten der Seele herausgehoben"[1097]. Ein Postulat, das der junge Tieck, Moritz' psychologischer Poetik und literarischer Hermeneutik anhängend, selber reformulierte: „die Seele gleichsam vor uns auf[zu]schließen und uns das ganze verborgene Triebwerk sehen [zu]lassen" (*ÜdE* 639). Das Konstrukt der inneren Geschichte[1098], theoretisches Zentrum des psychologischen Romans[1099] und der ganzen Poetik wie Hermeneutik, zu dem unabdingbar das gleich erörterte methodische Konstrukt der „Aufmerksamkeit aufs scheinbar Unbedeutende" gehört, erlaubt eine entscheidende hermeneutische Operation. „Oberflächlich", „äußerlich" kann alles Zufall, Willkür und Dis-

---

[1095] Kreuzer, *Märchenform*, S. 159.
[1096] Ebd., S. 186.
[1097] Moritz, *Aussichten*, S. 92.
[1098] Moritz, *Reiser*, S. 36.
[1099] Im *Anton Reiser* wird diese Theorie rhapsodisch in den Vorspannen zu den vier Teilen formuliert (vgl. Kap. II.3; *Reiser*, S. 36, S. 120, S. 204 und S. 312ff.), nirgends ist sie bei Moritz umfassend systematisiert. Die Theorie schreibt sich auch bei ihm schon im Roman selbst.

sonanz sein, eine Evidenz, die dann nur Schein ist, im Inneren, Innersten aber kann ein integrativer Zusammenhang aufgezeigt werden, der hernach auch dem Äußeren seinen Zusammenhang und Sinn (zurück-)gibt. „Die Zwecklosigkeit verliert sich allmählich, die abgerißnen Fäden knüpfen sich wieder an, das Untereinandergeworfene und Verwirrte ordnet sich – und das Mißtönende löset sich unvermerkt in Harmonie und Wohlklang auf."[1100] Innere Geschichte ist das Gebilde der idealen hermeneutischen Totalität. Sie bzw. ihre Mitteilung sind im *Eckbert* unentwegt fingiert. In der inneren Geschichte Eck Bert has, die das Erzählen deutlich erzählen will, begonnen mit Eckberts Melancholie, die sein Innerstes markiert, das es ihn drängt mitzuteilen, wäre das oberflächlich Dissonante aufgelöst. Sämtliche wunderlichen Zufälle wären zu motivieren und begreiflich zu machen, die wunderliche Geschichte, die die Figuren selber fast zwingt, ein Märchen anzunehmen, zeigte sich endlich ganz als „wahrhafte Geschichte". Eine Freud antizipierende Tiefenhermeneutik, die die „merkwürdigen" Symptome, also den „Ausdruck der Oberschicht", auf „Tieferes", den Ursprung und die eigentliche Bedeutung zurückführt. Das Sprechen des *Eckberts*, das zum schwindligen Kollaps führt, begründet sich geradezu in der oszillierenden Montage und Demontage der hermeneutischen Supposition, daß „– zugegeben, recht willkürlich – die Vorausssetzung emacht, das Postulat aufgestellt [wird], daß auch der unverständliche" Ausdruck „ein vollgültiger, sinn- und wertvoller" Ausdruck ist[1101]. Pausenlos wird die Leser-Phantasie zum Aufbau und sofortigen anschließenden Abbruch verschiedenster Deutungen „verborgenen Sinns", überhaupt des Phantasmas eines verborgenen Sinns[1102] gebracht, um das offensichtlich Unverständliche verständlich zu machen. Pausenlos wird die Maxime „Deuten heißt einen verborgenen Sinn finden" ironisiert[1103].

Mit den Moritzschen Topoi des wirklichen Lebenslaufes und der inneren Geschichte, Topoi der psychologischen Poetik wie Hermeneutik, zitiert der *Eckbert* nur exemplarische Topoi aufklärerischer Poesie und Poetik. In Blanckenburgs, bereits behandelter, Poetik aufklärerischer Prosa, auf die Moritz ganz eklatant rekurriert, ist unablässig von dem „Leben" und dem „Lebenslauf" der „wirklichen Welt" – Blanckenburg sprach auch von „gewöhnlichen Begebenheiten"[1104] – sowie der „inneren Geschichte", der Geschichte des „innren Seins" die Rede. Seine im *Eckbert* in der beobachteten Weise aufgenommene poetologische Maxime des kausalen, motivierenden Erzählens, die durchbrochen wird im plötzlichen Erzählen der „Wirkung ohne eine Ursache", wird nunmehr zum Vehikel, den Texttaumel zu bewirken. Ironisiert, unablässig angedeutet und wieder verwischt bis in den Vorstellungskollaps, ist die vollkommene Motivierung durch

---

[1100] Moritz, *Reiser*, S. 120.
[1101] Freud, *Revision der Traumlehre*, S. 453.
[1102] Freud, *Der Witz und seine Beziehung zum Unbewußten*, S. 36.
[1103] Freud, *Vorlesungen zur Einführung in die Psychoanalyse, Der Traum, 6. Vorlesung: Schwierigkeiten und erste Annäherungen*, S. 104.
[1104] Blanckenburg, *Versuch über den Roman*, S. 80.

die Einhaltung der Kausalität des Erzählens und Erzählten, die die Figuren, das Erzählen und das Erzählte, verständlich machen würde. „Der Dichter *muß* bei jeder Person seines Werks gewisse *Verbindungen* voraussetzen, unter welchen sie in der wirklichen Welt das geworden ist, was sie ist. Und hat er sie in seiner kleinen Welt geboren und erzogen werden lassen"[1105]. An Bertha wird dies Gebot der Motivierung erfüllt und nicht erfüllt, ihre „kleine Welt" und ihr Werden, das ununterscheidbar wird zu dem Eckberts, ist „umständlich" beschrieben, die Geschichte dadurch psychologisch erklärt und, in der bezeichneten Weise, wiederum nicht erklärt. Lanciert werden die Begriffe „wirkliche Welt" und „kleine Welt" als Wirklichkeit und Poesie, als Fiktion, die ganz wirkliche Welt sein soll. Die wirkliche Welt, der wirklich einzelne eben sind es, die Gegenstand der komplizierten poetischen Mimesis, der kleinen Welt, sein sollen; sie sollen „so nachgeahmt" werden, „wie sie wirklich sind". Eine Figur ist so „unter den Verbindungen, die sich in seinem Werke befinden und deren Grundlage immer aus der wirklichen Welt genommen ist, das geworden, was sie ist"[1106]. Wirklichkeit aber ist dem betont empirisch-psychologischen Vorgehen zum einen ganz die Welt, wie sie sich vorurteilsfrei streng der Erfahrung darbietet, und das ist im Moritzschen Fall wie bei Blanckenburg zunächst bloß Unordnung und mangelnde Kohärenz, zum anderen deswegen nicht nur bzw. überhaupt nicht diese wirkliche Welt der Dissonanzen. Das Erzählen der Dinge wie sie, in der Perspektive des beschränkten Verstandes, passieren, reicht deswegen nicht: „Im wirklichen Leben ist die bloße Erzählung der sich zugetragenen Sachen so sehr selten genug [genug wäre es, wenn sich die Dinge dadurch von selbst erklärten, in ihrer Ursache-Wirkungs-Relation zeigen würde], daß wir all Augenblick einmal die Frage: '*Wie* ist das möglich? *Wie* hat sich das zutragen können?' hören und selber tun."[1107] „Die bloß *äußern* Umstände eines Menschen sind es nie, die ihn vermögen, eine Sache zu tun"[1108], sie reichen ebenso der Erzählung nie. Sie erreichen nur die empirisch unmittelbar zugängliche „Oberfläche", das „Äußere", Blanckenburg formuliert wie Moritz eine denkbare Indistinktion „Inneres"-„Äußeres". „Aber das bloße Erzählen: 'es trug sich zu! es geschah' gibt uns nichts als die Oberfläche, das Äußere der geschehenen Dinge zu sehen. Und heißt dies den Menschen, der Wahrheit nach, sehen? sehen, *was* und *wie* er ist ?"[1109] Wirklichkeit, die es als Wahrheit zu erkennen gilt, ist zuletzt bloß ein Prinzip, das der Kausalität. Was kausal rekonstruierbar geschieht[1110], ist wirklich und verständlich, was dem nicht entspricht phantastisch, wunderbar, märchenhaft. Wirkliches Erzählen, Erzählen von der Wirklichkeit, bedeutet dann nur eines: Erzählen im narrativen Schema, in der narrativen Sukzession von erkennba-

---

[1105] Ebd., S. 76.
[1106] Ebd.
[1107] Ebd., S. 78.
[1108] Ebd.
[1109] Ebd.
[1110] Ebd., S. 76.

rer Ursache-Wirkung-Relation, das allein die Theorie der inneren Geschichte als Substrat hätte. Alles andere bliebe märchenhaftes Erzählen. Das ideale realistische Erzählen bedarf dabei, ganz wie bei Moritz, der Aufmerksamkeit auf „all die tausend Kleinigkeiten", die „individualisieren" und allem Erzählten erst „Leben und Wahrheit"[1111] geben, freilich erst, wenn sie in das geschlossene narrative Gefüge von Ursache und Wirkung eingefügt sind. Die „Kleinigkeiten", die zuerst übersehen werden, sind es selber vornehmlich, die zuvor Unverständliches jäh verständlich werden lassen, sich dem penetrierenden Blick als Ursachen für zuvor Dunkles zeigen. Die Wirklichkeit, vorab die des Selbst, ist dem endlichen Verstand zuweilen zu komplex, um sie begreifen, das heißt, als wirkliche begreifen zu können, als Geschehen, das nicht gespenstisch-geisterhaft, sondern rational, in Ursache-Wirkung-Relationen sich ereignet. So kommt es dann scheinbar zu den Dissonanzen in der Welt, zum Unverständnis, Wunderbaren und Märchen, ganz wie bei Moritz, der dieselben Spiele mit dem Begreifen der Wirklichkeit und Fiktion unternimmt, die Tieck dann bloß zu potenzieren braucht. „So verhält es sich im wirklichen Leben. Das Innere und das Äußere des Menschen hängen genau so zusammen, daß wir schlechterdings jenes kenne müssen, wenn wir uns die Erscheinungen in diesem und die ganzen Äußerungen des Menschen erklärten und begreiflich machen wollen.- Wenn wir in der wirklichen Welt nicht jedesmal alle die Ursachen, die eine Begebenheit vielmehr so als anders hervorbringen, begreifen und beobachten können: so geschieht dies, weil die Summe der wirkenden Ursachen zu sehr groß und mannichfaltig; das Ganze zu sehr ineinandergeflochten ist, als daß wir sie darin zu entdecken vermögen."[1112] Potentiell aber, das ist entscheidend, ist die Nachbildung der Ursache-Wirkung-Relation immer möglich, wenn auch vielleicht historisch die nötigen Parameter, Technik und Technologien nicht hinreichen. Sie bedeutete die „Aufklärung der Begebenheit"[1113]. Ungewöhnlich, unverständlich und ein Märchen ist die Welt nur, „weil oft Erzähler und Zuhörer die geistigen Bewegungen nicht zu beobachten, anzugeben und zu begreifen wissen"[1114]. Ist die Ursache-Wirkung-Relation, die Möglichkeit ihrer Nachzeichnung im Empirischen, der wirklichen Welt, die noch nicht die wirkliche ist, solange diese Relation nicht hergestellt ist, verbaut, so wird es eben die Aufgabe der kleinen Welt, der Poesie, sie zu erzählen, herzustellen. Sie erzählt die innere Geschichte, das innere Sein, das gegenüber dem äußeren als das einer funktionierenden Kausalität konstruiert wird und damit allein die wirkliche Welt ist. Der kleinen Welt ist alles Mögliche zu erzählen möglich, „der *Dichter* (...) kann den Vorwand nicht haben, daß er das *Innre* seiner Personen nicht kenne. Er ist ihr Schöpfer: sie haben ihre ganzen Eigenschaften, ihr ganzes Sein von ihm erhalten; sie leben in einer Welt,

---

[1111] Ebd., S. 77.
[1112] Ebd., S. 80.
[1113] Ebd.
[1114] Ebd.

die er geordnet hat."¹¹¹⁵ Geordnet, der Terminus „wirkliche Welt" fällt auseinander, nicht wie in der wirklichen Welt der Dissonanzen und Unbegreiflichkeiten, sondern wie in der „eigentlich wirklichen Welt" der idealen, erkannten Kausalitäten. Inneres, inneres Sein und innere Geschichte sind nichts als die konstruktiven Fiktionen, diese Operation zu ermöglichen: das Schreiben der idealen realen Welt als einer potentiell immer verstehbaren unendlichen Kette von Wirkung und Ursache. „Jede wirklich werdende Begebenheit hat ein doppeltes Verhältnis; einmal ist sie *Wirkung* vorhergegangener – und dann ist sie *Ursache* folgender Begebenheiten"¹¹¹⁶, genau dieser ununterbrochene, geschlossene Ursache-Wirkung-Zusammenhang ist das narrative Paradigma. Nur so gibt es das Innere als Verständliches, gibt es das Innere überhaupt, nicht etwa als ein Wirkliches, in der wirklichen Welt, sondern nur in der kleinen Welt, der poetischen Fiktion, d.h., einer besonderen sprachlichen Bildung. Poesie bewirkt das „Wirklichwerden" der Welt erst. Aufklärerische Wirklichkeit, die wirkliche Welt, ist noch nicht, sie wird erst erzählt, wird erst in der Erzählung. Die Mimesis ist keine, sondern selber Konstruktion von dem, was Gegenstand der Mimesis sein sollte. „Mit dieser Voraussetzung werden wir nun bei dem Wirklichwerden irgendeiner Begebenheit das ganze *innre* Sein der handelnden Personen mit all den sie in Bewegung setzenden *Ursachen* in dem Werk des *Dichters* sehen müssen [genau diesen Grundsatz, poetologisch wie hermeneutisch gefaßt, montiert und demontiert der *Eckbert* ununterbrochen], wenn der *Dichter* sich nicht in den bloßen *Erzähler* verwandeln soll"¹¹¹⁷. Der *Eckbert*-Erzähler schwankte in diesem Sinne hastig und unsicher zwischen „Dichter" und „Erzähler" hin und her.

Das wirkliche Leben wird erst in seiner angeblichen poetischen Mimesis konstituiert, konstituiert und nicht abgebildet; eine Inversion, die Tieck aufgreifen wird, die er potenziert, bei deren einfacher Form er aber nicht stehen bleibt. Im Tieckschen Vokabular: Das Leben als Kohärentes, Sinnvolles, wirklicher Lebenslauf ist ein Produkt der „poetischen Composition" dieser Kohärenz und des Sinn und nicht umkehrt, die kohärente, sinnvolle poetische Komposition ein Abbild der wirklichen Welt. In der Poesie, der kleinen Welt, ist die Herstellung der Wirklichkeit möglich, das Wirklichwerden der Welt und der Personen im Sinne ihrer kausalen Verständlichkeit. Ist die poetische Welt die wirklichere Welt als die wirkliche und, ist diese bloß ein realitätsfernes Gebilde, dann die noch unwirklichere als die wirkliche. Die kleine Welt, aufklärerische Poesie, modelliert nach der skizzierten psychologischen Poetik, ist geschaffen, um die Welt, das Leben, als wirkliche erst zu schaffen, ihre fingierte Legitimation ist es zu behaupten, daß sie nur das Leben wie es ist, nämlich vernünftig, kausal, abbilde. Realismus wäre dann nicht der intendierte Realismus Blanckenburgs, der sich als Idealismus der Ordnung dekuvrierte, sondern das Erzählen der „Wirkung ohne eine Ursache", das Erzählen, das von Widerspruch, Unordnung, Un-

---

¹¹¹⁵ Ebd., S. 81.
¹¹¹⁶ Ebd., S. 79.
¹¹¹⁷ Ebd., S. 81.

zusammenhang erzählt, von einer Welt und einem Leben, die in keiner Ursache-Wirkung-Relation aufgehen, das Erzählen, das, entscheidender noch, selber als Widerspruch, Unordnung und Unzusammenhang erzählt. Aber auch diese Erzählung fixiert sich im *Eckbert* nicht, augenblicklich wäre er als Märchen, Phantastisches, Wunderbares beruhigt, auch diese „Wahrheit" des Lebens als Unzusammenhang und Sinn fixiert sich nicht. Sie, selber bloß eine andere Metapher, eine neue Sprachweise, ist bloß eine ironische wie instrumentelle Inversion des zuvorigen Postulates. Beide sind bloß ein Vehikel, den Leser, im ausgeführten Sinne, unablässig schwankend zu machen.

Die Rekonstruktion der inneren Geschichte, der konstitutiven Geschichte des Selbst, das im Falle Eckberts im Präsens „beschädigt" ist, wie Moritz es nennt, besteht im wesentlichen darin, „erstlich die Geschichte seines eignen Herzens von seiner frühesten Kindheit an sich so getreu wie möglich zu entwerfen; auf die Erinnrungen aus den frühesten Jahren der Kindheit aufmerksam sein, und nichts für unwichtig halten"[1118]. Eine Rekonstruktion des Selbst, zugleich erst der Akt der Selbstbegründung. Berthas bzw. Eck Bert has Mitteilung der Geschichte ihrer Kindheit und Jugend kommt der Vorgabe präzise nach, noch in der „Weitschweifigkeit" ihrer Erinnerung, die auch das „Kleinscheinende" „nicht für unwichtig" hält. Mitgeteilt wird genau, „was jemals einen vorzüglich starken Eindruck (...) gemacht hat, so daß die Erinnrung daran sich noch immer zwischen seine übrigen Gedanken drängt"[1119]. Wieder und wieder erzählt Bertha ihre erinnerte Geschichte[1120]. Ein „Drang", „unwiderstehlicher Trieb", ist es dann auch, das Perfekt wieder zu vergegenwärtigen, wodurch es freilich mehr noch mit dem Präsens vermischt wird und alles vernichtet. Geschaffen wird eine neue, folgenreiche Figur des Selbst- und Seelenverständnisses : Die innere Geschichte eines einzelnen zu begreifen, überhaupt einen einzelnen zu begreifen, bedeutet, die „Geschichte der Kindheit und Jugend" (Moritz) gemäß der Forderung der Konzentration auf jedes kleinste, potentiell signifikante Detail zu vergegenwärtigen, die Archäologie des Subjekts. In der Erinnerung an die „unbekannte", „fremde" Geschichte und ihrer (Wieder-)Aneignung konstituiert sich die Identität des Selbst, Selbstverstehen heißt nun „Erinnerung der Kindheit", eine Wendung, deren Fluchtpunkt Freud ist. Erinnerung, indes schon im Moment der Formulierung dieses Konzeptes selber radikal problematisiert, wird zur Prämisse und zum Modus dieser Konzeption von Identität. Erinnerung wird dabei als die ideale, nie faktisch zureichende aber zumindest potentielle Vergegenwärtigung der Totalität aller Momente der inneren Geschichte imaginiert. Die gelingende Anamnese bedeutet die Offenbarung des Selbst: „als ob ich nahe dabei wäre, einen Vorhang aufzuziehn, der vor meinen Augen hängt."[1121] Sie

---

[1118] Moritz, *Aussichten*, S. 92.
[1119] Ebd.
[1120] „So oft ich von dieser Geschichte spreche (...) und Eckbert, der einzige Mensch dem ich sie erzählt habe, hat mich durch seine Aufmerksamkeit verwöhnt" (1261).
[1121] Moritz, *Magazin*, *Werke*, S. 104.

illuminiert das Selbst, noch seine dunkelsten Momenten, aus „Zwecklosigkeit", „abgerißnen Fäden", „Untereinandergeworfenen" wird „Ordnung", „Harmonie und Wohlklang"[1122]. Es bedarf einer „glücklichen Zurückerinnerung" (Tieck), einer gelingenden Regression. Noch der Wahnsinn der „Geschichten der Wahnwitzigen" wird gänzlich an deren, ihnen zunächst fremde, wieder zu vergegenwärtigende Geschichte gekoppelt – und eine solche Geschichte bzw. die Mitteilung einer solchen Geschichte imitiert der Eckbert: „Melancholie, Verrücktheit, Wahnsinn" – und so dem Kranksein, Besessensein und Fatum sowie dem diffusen Wissen bzw. Nicht-Wissen entrissen. Eröffnet wird mit dem Begreifen immer auch, zumeist theoretisch, die Diätetik. Kindheit wird, in der Erfahrungsseelenkunde kristallisiert, zum Zauberwort, zur Formel des verlorenen Reichs, in dem die Schätze, die Ursprünge und letzten Wahrheiten des Selbst liegen. Eindrücke der „frühesten Kindheit", heißt es bei Moritz, machen „gewissermaßen die Grundlage aller folgenden aus"[1123], „die Kindheit ist die Heimath aller unsrer Gefühle", aller Empfindungen dann bei Tieck (*BTW* 105). Wird dieses Kindheitskonstrukt im Zentrum der neuen Vorstellung des Selbst und seiner Begründung von Tieck zunächst positiv übernommen, obgleich alles „Zauberreich" auch hier schon ambivalent ist, ein „verzehrendes Gifte", das zwar „als köstliches Elixier scheinen kann", aber „unsre Seele, vor der Auflösung des Körpers, verwesen läßt" (*BTW* 136), wird es im *Eckbert* und in allen „erzählenden Märchen" rabiat ironisiert wird (das zu der „in die Märchen der Kindheit verliebte Romantik")[1124].

In der projektierten glücklichen „Zurückerinnerung" und umständlichen wie getreuen Mitteilung der inneren Geschichte als „Geschichte der Kindheit" (re-)konstituieren sich die Subjekte nicht, sondern werden ausgelöscht bzw. löschen sich selbst aus, die glückliche „Zurückerinnerung" gerät zur katastrophalen Wendung. Eklatant eine perfide Ironie auf das Modell der skizzierten Subjektkonstitution, der Wiederaneignung des Selbst, das Vergessenes, damit Fremdes, Verborgenes und doch nur Eigenes war und dann wieder ganz Eigenes werden soll, von Tieck zunächst wie gesehen wortwörtlich so übernommen. Im *Eckbert* hat die Erinnerung einen kleinen, aber entscheidenden Defekts, das „Vergessen" des Hundenamens, der zur Synekdoche der ganzen unbekannten, fremden Vergangenheit wird, „so eine unbedeutende Kleinigkeit es auch scheinen mag". Das psychologische Programm des Selbst wird im *Eckbert* unmittelbar zum Programm seiner Vernichtung, der Vernichtung der Figuren als Figurationen der paradoxen Bemühungen um die Identität in Form der zergliederten erfahrungsseelenkundlichen Verstehensfiguren zur Konstitution des Subjekts. Bloß als solche Figurationen sind die Figuren interessant. Im Versuch der eigenen Re-Identifikationen des Selbst, in der Arbeit an der Identität in den bezeichneten Formen, wird genau der Schwindel entfacht, der das Selbst zerstört, eine

---

[1122] Moritz, *Reiser*, S. 120.
[1123] Moritz, *Magazin, Werke*, S. 104.
[1124] Frank, *Phantasus*, S. 1340.

Wendung, die nicht als neue antipsychologische Wahrheit prätendiert wird, ebensowenig wie das Märchen, sondern Moment des ironischen Spiels der Poesie des Schwindels ist, in dem es selber ebenso schwindelig wird, bloß das Vehikel ist, die psychologische Wahrheit zu dissolvieren in ihrer konsequenten Entfaltung. Immer sind es bloß, gleichermaßen zwangsläufige wie willkürliche, Selbstverfehlungen und Selbstentfremdungen, zu denen es kommt, schon gekommen ist, und diese finden auf keiner Ebene und in keinem Moment eine Aufhebung. Immer sind es Anti-Figuren des von Foucault sarkastisch nachgezeichneten „homo dialecticus" im Augenblick ihrer Entstehung, allgemein aller identitätstheoretischen Entwürfe von Subjektivität[1125]. Indes figurieren diese Figuren selber nichts als die vom Text praktizierten unablässigen Selbstverfehlungen wie die Verfehlungen des Textes durch den Leser, die (Anti-)Poetik des Textes; zu zögern wäre damit, die katastrophischen Figurationen in Hinblick auf das Tiecksche Werk allgemein zu formulieren. Bloß als Figurationen der paradoxen Bemühungen um solche Identität, die zur Vernichtung führen, sind sie interessant. Ergebnis der forcierten diätetisch-therapeutisch gedachten „Zurückerinnerungen" sind nicht Heilungen – und analog der subjekttheoretisch gedachten Identitätsbemühungen nicht gelingende Selbstvergegenwärtigungen –, wie es Moritz und krönend später das psychoanalytische Theorem konzipiert, sondern absonderliche, zumeist martiale Desaster. Gräßlicher Wahnsinn, Raserei, Tod und Selbstmord wie schreckliche Morde und andere blutige Akte blinder Gewalt, Vorfälle, wie sie in Moritz' *Magazin* dutzendweise ausgeführt werden, stehen schon, kasuistisch kombiniert, in weitgehend identischen Oberflächenschemen monoman am Ende früher Geschichten, aber auch noch der „erzählenden Märchen". Dabei erfüllen sie hier eine ganz andere Funktion. Hölter vermerkt diese Struktur so: „Obsessiv werden in den Frühwerken aus Träumen am Schluß blutige Alpträume"[1126]. Das Verhängnis, so die ironische Inversion der

---

[1125] Foucault, *Der Wahnsinn, das abwesende Werk*, in: ders., *Schriften zur Literatur*, Frankfurt a. M. 1991, S. 121.
[1126] Die Oberflächenstruktur und Fabel der Mehrzahl der frühen Erzählungen begründen sich in dieser seltsamen Determination. Sie ist, wenig modifiziert, auch die der „erzählenden Märchen", des *Eckberts*. In die „gewöhnliche Wirklichkeit" oder die „Welten des heiteren Wunderbaren" bricht das „völlig Unbegreifliche" ein, in vielfältigen Formen immer als „Fremdes", „Seltsames", „Fürchterliches". Dies geschieht „plötzlich" und manchmal zunächst in kleinen, „wunderlichen Vorkommnissen", die die Figur infizieren. In der Folge, ein Verhängis in Retardierungen bisweilen, führen diese sie mehr und mehr in „Labyrinthe", in die „unaufhörliche Verwirrung". Bis hin zum Exzeß, der eine martiale Gewalt im Bann der Selbstzerstörung gebiert, wie sie im *Magazin* hundertfach aufgezeichnet wurde. Abdallah stürmt in der letzten Szene des Buches, Klimax des „Wahnsinns", in dem er sich ausdrücklich befindet (*Abd* 447), auf den „wiedergekehrten Toten", „schlug ihn wütend mit der Faust auf den Schädel, daß er laut und fürchterlich erklang." Am nächsten Morgen findet man Abdallah mit „wild verzerrtem Gesicht tot auf der Erde liegen" (ebd.). Karl von Bernecks Wahnsinn im gleichnamigen „Trauerspiel" eskaliert in den letzten Zeilen: „Mein Wahnsinn wird nun in mir immer älter, er schießt immer giftiger empor" (*KvB* 539). Er erleidet den „Abgrund der Finsterniß", läßt sich von seinem

erfahrungsseelenkundlichen Mitteilung, beginnt, wenn die eigene vergangene, brennpunktartig vergessene (verdrängte) Geschichte erzählt wird, das Innerste und Geheimnis, damit das Unbegriffene und immer Unbegreifliche reaktualisiert wird, die einen erratischen Fremdkörper darstellen, an dem das Subjekt in der Anstrengung zur Selbstvergegenwärtigung zugrunde geht. Mithin wird diese Inversion keineswegs zur neuen „irrationalistischen" These über das Subjekt, sondern gründet sich als polemisch-ironische, immanent angelegte Konsequenz der verfolgten Selbstkonstitution. Die vergangene Geschichte ist dem Selbst inkommensurabel, bedrängendes „Rätsel", sowohl damals, in der Zeit, in der sie erlebt wurde, wie im Augenblick der erzählenden Reaktualisierung, so sprechen die Figuren durchgehend von einem übermächtigen und ebenso „unverständlichen Drang", der sie antreibt, retrospektiv immer von ihren Seltsamkeiten zu

---

Bruder hinrichten, nachdem er einen grausam ausgeführten „Vater- und Muttermord" verübt hat. Adalbert (in *Adalbert und Emma*), „bleich und entstellt, mit verworrenen Haaren, dem Auge eines Wahnsinnigen", mordet „rasend" seine Emma (*AuE* 180). „Wahnsinn", „Raserei", „scheußlicher Mord", „Selbstmord", „gräßlicher Tod", „Verscheiden" in der quasi maniakalischen Kulmination der „Beunruhigung" oder aber die „Vernichtung" in einem „Verschwinden" und einem absolut stummen, dunklen Wahnsinn der Protagonisten gehören zum vielfach kombinierten Motivreservoir. In mannigfaltigen Variationen dieselbe starre Konfiguration, derselbe, streng determinierte, sich selbst aufreizende Taumel des Geschehens bis zum Fiasko. Einzige, wenn auch nicht sichere Alternative zur zerstörerischen Klimax ist die vollkommene Selbst- und Weltnegation in der Askese, einer Attitüde, die der Zerstörung den Stoff nimmt (so im *Almansur*).
Noch die Erzählbögen und Schlüsse der meisten Märchen bzw. Phantasien in der *Leberecht*-Sammlung und den „Natur-Märchen" des *Phantasus* – die einige daraus aufnehmen – folgen denselben subkutanen Gesetzen auf thematischer Ebene. *Eckbert* liegt am Schluß des Textes „wahnsinnig in den letzten Zügen" (146/1266), Friedrich – *Der Getreue Eckart* (1799) –, eine Figur des „seltsamen Wahnsinn[s]" (*DgE* 182), „verschwindet" auf dem Höhepunkt der „Beunruhigung": „So rannte er in unbegreiflicher Eile fort, den wunderlichen Berg und den Tannenhäuser zu suchen, und man sah ihn seitdem nicht mehr. Die Leute sagten, wer einen Kuß von einem aus dem Berge bekommen, der könne der Lockung nicht widerstehn, die ihn auch mit Zauber-Gewalt in die unterirdischen Klüfte reiße" (*DgE* 182f.).Ähnlich Christian im *Runenberg*, der in den Wald, in die „tiefsten Schächte" verschwindet, zu der „Schönen, der Gewaltigen" (*Rub* 208), den vermeintlichen „unermeßlichen Schätzen" (*Rub* 205), den Edelsteinen – in den *Farben* ist das „unzugängliche, unergründliche Reich" damit „ausgeschmückt": „Der Unglückliche ward aber seitdem nicht mehr gesehen" (*Rub* 208). Im *Liebeszauber* (1797) endet der Höhepunkt der „Beunruhigung" Friedrichs im frühen Stile im Exzess: „Aber schon hatte er wütend ihre Brust durchbohrt, und den weißen Hals durchschnitten, ihr Blut strömte im Glanz des Abends. Die Alte hatte sich mit ihm umfaßt, ihn zurück zu reißen; kämpfend schleuderte er sich mit ihr über das Geländer, und beide fielen zerschmettert zu den Füßen der Verwandten nieder, die mit stummen Entsetzen der blutigen Szene zugeschaut hatten. Oben und im Hofe, oder von den Galerien und Treppen herunter eilend, standen und rannten die scheußlichen Larven in mannigfaltigen Gruppen, höllischen Dämonen ähnlich" (*Liebeszauber* 240). Andere Geschichten und Märchen, so die Bearbeitung *Die Schöne Magelone* (1796) verlaufen demgegenüber erkennbar als „heiterer Traum" – zugehörig der Kategorie des „heiteren Wunderbaren" –, der allerdings auch vielfach gefährdet ist (vgl. die permanente Labilität des „heiteren Wunderbaren" in Kap. III.4).

reden. Die Geschichte muß aber erzählt werden, weil sie als seltsame, obwohl vergangen, immer noch virulent ist, da sie nicht verstanden, nicht beendigt ist und in die Gegenwart hineinragt, in der sie die Figuren von Innen aushöhlt. Hat Eckbert doch ein „blasses, eingefallenes Gesicht" (126), war er doch „immer schwermütig gewesen, weil ihn die seltsame Geschichte seiner Gattin beunruhigte" (142). Die Geschichte muß erzählt werden, Bertha hat sie wieder und wieder erzählt, um irgendwann begriffen zu werden, um sich selber erst begreifen zu können. Wären Tiecks Figuren dialektische, so wären sie wie ein „Wesen, das seine Wahrheit verliert und sie geklärt wieder findet, der sich selbst Fremde, der sich wieder vertraut wird"[1127] (ganz wie in den betrachteten Schellingschen Ausführungen zur besonderen Anamnese, zur „Arbeit des zu-sich-selbst-Kommens", des „sich-bewußt-Werdens", „denn nur das kann zu sich kommen, was zuvor außer sich war"). Tiecks Figuren haben, das Spiel ist deutlich angezeigt, die Wahrheit schon verloren, wenn die Geschichten beginnen. Deswegen brechen sie auf, machen sich auf den Weg und die Suche, sind „sich selbst Fremde", „außer sich", noch in diesem Impulse, der sie treibt, denn sie haben kein Bewußtsein von sich als Nicht-Identischen. Sie finden sich aber nicht wieder, werden sich aber nicht wieder vertraut, im Gegenteil. Die durchgeführten Anstrengungen, sich „wieder vertraut zu werden", führen geradewegs in die Fatalität, zu einer letztendlich letalen Konsequenz. Sie gehen in den notwendigen, immer angestrengteren Versuchen der Überwindung dieser Selbsttranszendenz unter. Dabei liegt diese Fatalität nicht in der „Natur" des Menschen, auch nicht in der Natur der Reflexion begründet, sondern in der historischen Form dieser Anstrengung der Selbsterkenntnis.

Das Konstrukt der „Zurückerinnerung an die Kindheit" samt dem der solchermaßen geleisteten Selbst-Begründung werden aber schon in ihrer Entstehung von Moritz, der keine Komplikation der eigenen Konzeption ausläßt, selbst restlos hintertrieben. Sie zerstören sich in der Entfaltung seiner eigenen, immanenten Probleme, die, „seltsam genug", aus dem Produkt der streng befolgten Methodik der poetologischen Konstruktion des wirklichen Lebenslaufs in der psychologischen Geschichte ein Märchen entstehen lassen. Tieck braucht hier nur noch anzuknüpfen, die Komplikationen weiterzuspielen, die schon in Moritz' eigenen Konzeptionen die Idee des „getreuen Gemäldes" der inneren Geschichte als „wahrhafte Lebensbeschreibung" beschädigen, in der Folge das gesamte Unterfangen der neuen Figuren des Selbstverstehens. Die Kindheit und die in ihr gemachten primären Erfahrungen, die die Eindrücke der Gegenwart und Zukunft in ihrer Signifikation dunkel überdeterminieren, unterliegen einer Amnesie. Die entscheidenden, die der „frühesten Kindheit", sind verdeckt, entstellt, vergessen. Es sind notwendig „ganz erloschene Eindrücke", von denen das Subjekt nichts weiß, vielleicht nicht einmal, daß sie ihm fehlen. Es weiß also nichts von seiner Wahrheit und nichts von ihrem Fehlen. Sie können nicht erin-

---

[1127] Foucault, *Der Wahnsinn, das abwesende Werk*, S. 121.

nert werden, da alle Sprache fehlte, die in demselben Kontext von Moritz als Prämisse der Erinnerung ausgeführt wird. Die Zeit, in der „das was jetzt unser *Ich* ausmacht" entstand, ist „wie *abgerissen*", so das Ich sich selbst hermetisch ist, sich selbst im Grunde „unbekanntes etwas" – keine Entdeckung, sondern seine Schaffung. Sind die initialen „allerersten Eindrücke" unmittelbar gänzlich unerinnerbar, werden selbst diejenigen der weiteren Kindheit, in der sich die Sprache „schwanckend" bildet, nicht durch eine einfache „Zurückerinnerung" verfügbar. Notwendig wird eine besondere Anamnesis, die in einer ganz verschlungenen, nie positivierbaren Assoziation dann doch die „allerersten Eindrücke" berührt, und eben die ihr inhärenten Komplikationen sind es, die die Vergegenwärtigung der inneren Geschichte und diese selbst zu einem Märchen werden lassen. Zu den frühen Eindrücken ist im besten Fall bloß mittelbar zu gelangen, über „Erinnerungen von Erinnerungen". „Erinnerungen aus demselben [dem „vorigen Teil meines Lebens", der Kindheit] scheinen mir alle nur Erinnerungen von Erinnerungen."[1128] Möglich werden diese Erinnerungen an Erinnerungen, von denen das Ich nichts weiß und sie also intentional gar nicht verfolgen kann, zudem bloß über eine „unwillkürliche Erinnerung", beispielhaft den Traum. „Eine ganz erloschne Idee war einst im Traume wieder erwacht, und ich erinnere mich nun des Traumes, und mittelbar durch denselben erst jener wirklichen Vorstellungen wieder."[1129] Eingebaut wird so eine verhängnisvolle Schwierigkeit der Selbst-Rekonstruktion. Nicht dem bewußten Subjekt, sondern dem bewußtlosen im Traum reaktualisieren sich als unwillkürliche Eindrücke seine Ursprünge und Wahrheiten, in dunklen, inkohärenten und schwankenden Vorstellungen, wie es alle des Traumes sind. Lediglich unwillkürliche, auf die Erinnerung gar nicht zielende Erinnerungen an die Erinnerungen im Traum stellen erst die geforderte „Zurückerinnerung", Erinnerung aus der Kindheit, her. Mehrfach gebrochene und unsichere Relationen, die den Wirklichkeitsgehalt und -status der so erhaltenen Vorstellungen zur Herstellung der wirklichen Geschichte als innerer Geschichte gänzlich unterhöhlen. Die Prämisse des Selbst-Verständnisses taumelt. Solche Erinnerungen bewirken dann anstatt der gewünschten Selbstvergegenwärtigung nur neue Rätsel. „Unzähligemale weiß ich schon, daß ich mich bei irgend einer Kleinigkeit an etwas erinnert habe, und ich wußte selbst nicht recht an was"[1130]; eine Notiz, die den Figuren der erzählenden Märchen schon ganz nahe kommt. Produziert werden unwillkürlich aktualisierte Bedeutungen aus dem Innersten, die dem Bewußtsein hermetisch bleiben: „was irgend eine dunkle entfernte Ähnlichkeit mit meinem gegenwärtigen Zustande gehabt haben muß, ohne daß ich mir dieselbe deutlich entwickeln konnte"[1131]. Die Bedeutungen des deutlich Erinnerten bleiben zwangsläufig rätselhaft, die Selektion der Erinnerung auf bestimmte Details unverständlich. Es entstehen

---

[1128] Moritz, *Magazin*, *Werke*, S. 106.
[1129] Ebd., S. 104.
[1130] Ebd., S. 105.
[1131] Ebd.

unverständliche „Kleinigkeiten", die potentiell aber mit der Bedeutung der ganzen inneren Geschichte aufgeladen sein könnten, so der nachdrückliche Hinweis Moritz', den Tieck im *Eckbert* wortwörtlich zitiert. All die skizzierten Schwierigkeiten lassen das Erinnerte und das Erinnern zu einem Märchenhaften werden, ganz Berthas von ihr erzählten, vom Erzähler nie verifizierten Erinnerung entsprechend, der sie eben vorausschicken muß, sie sei entgegen dem Anschein kein „Märchen, so sonderbar sie auch klingen mag", sondern „wahrhafte Lebensbeschreibung". Moritz gibt ein Beispiel einer solchen notwendig zum Märchen sich bewegenden Erinnerung, deren Bedeutung und Wert, Wirklichkeit oder Phantasie, er eben in keiner Weise extrapolieren kann. „Auch erinnere ich mich (...) eines dunklen Gewölbes, wo man, glaub' ich, durch ein Gitter, die Särge stehn sahe; eines *schwarzen* Schranks, welcher in einem der benachbarten Häuser auf dem Flur stand, und mir so ungeheuer groß vorkam, daß ich glaubte, es müßten notwendig Menschen darin wohnen; unsrer Wirtin, einer bösen harten Frau, in einem *grauen* Kamisole, und ihres Mannes im *grünen* Rocke; der *gelben* Türe in unsrer Stube"[1132]. Solche Erinnerungen werden zudem dadurch verzerrt, daß die „kindische Einbildungskraft"[1133], die identisch ist mit der entbundenen, und die kindliche Perzeption sich von der erwachsenen erheblich unterscheiden, z.B. in den Proportionen. Als Kind „stellen sich die kleinen Gegenstände viel größer dar, als sie sind, und die großen faßt sie [die Einbildungskraft] nicht."[1134] Eigenartige Transformationen, die die Rekonstruktion des wirklichen Lebens als glückliche Erinnerung zum unmöglichen Glück werden lassen. Moritz führt immer weitere Probleme der Zurückerinnerung aus, so den ganz „modern" gefaßten Narzißmus oder die interessierte „Selbsttäuschung", das Ich ist nichts als eine sichere wie „notwendige Selbsttäuschung"[1135]. Am dringlichsten

---

[1132] Ebd.
[1133] Ebd., S. 106.
[1134] Ebd.
[1135] Vgl. die Moritz' rücksichtslose Attitüde beispielhaft demonstrierenden Ausführungen zur „Selbsttäuschung" in der *Philosophie des Lebens* (*Philosophie*, S. 80–83). Die „Selbsttäuschung" bedeutet dem Unterfangen der Selbsterkenntnis eine weitere Schwierigkeit struktureller Art, die im Subjekt selbst begründet liegt. Möglich, daß alles, was dem Seelenkundler eine authentische Rekonstruktion der „inneren Geschichte" scheint, nur „Blendwerk" ist. „Leicht kann hier ein falscher Tritt, den Suchenden irreführen" und ihn nie den „milden Strahl der Wahrheit" finden lassen (*Magazin, Werke*, S. 103). Intensiv erörtert Moritz, Adler oder auch Lacan hätten ihre Freude, die Komplikation des „in der menschlichen Natur" „unerklärbaren Phänomens" des Narzißmus als einer strukturellen, zwangsläufigen Selbst-Täuschung: „sich selber zu täuschen, gleichsam als ob man ein von sich selbst verschiedenes Wesen wäre, das zweierlei Interesse hätte" (*Philosophie*, S. 80). Die „Selbstbeobachtung" will immer auf einen „Vorteil" hinaus, den zuvorderst, das „Ich" als den „Zusammenhang aller Dinge" zu fingieren (vgl. die Hybris des Ich in Ausführungen zum „unpersönlichen es" in Kap. IV.4). Dieses geschieht zudem unwillkürlich, es kann nicht die Absicht sein, „sich selbst im Ernst zu betrügen" (ebd.). „Wenn das Denkende sich selbst unmittelbar erforschen will, so ist es immer in Gefahr sich zu täuschen, weil es sich in keinem einzelnen Augenblick von sich selber absondern, *son-*

demonstriert er sie in den schon behandelten Überlegungen zu den schwankenden „Eindrücken der Kindheit" und ihrer Verbindung mit der Sprache. „Aus den frühesten Jahren unserer Kindheit, so lange die Sprache den schwankenden Vorstellungen in unsrer Seele noch nicht Dauer und Festigkeit gab, können wir uns von dem, was wir gesehen und gehört haben, wenig oder nichts mehr erinnern."[1136] Erinnerung wird wie gesehen an die Sprache, an ihre Leistung der „festen" und „dauerhaften" Distinktionen gebunden, mit dem „benennen" ist das „unterscheiden", „unzertrennlich mit einander verknüpft", die originäre Funktion der Sprache[1137]; genau jenes „unterscheiden", das die sprachliche Veranstaltung des Schwindels als Vermischung bekriegt. In der Kindheit herrscht der Schwindel, der Zustand der fehlenden „Merkmale, woran wir unsere eigenen Vorstellungen von einander unterscheiden konnten, diese flossen daher entweder in eins zusammen, verdrängten sich einander, oder verwirrten sich untereinander" (das eben sind die Vermischungen). Die Anstrengung der „Zurückerinnerung", die „Zurückerinnerung" selbst, führt dann geradewegs weg vom wirklichen Lebenslauf und zurück ins „Schwankende", Ununterschiedene und Ununterscheidbare der Vorstellungen. Sie führt direkt ins Märchenhafte. Immer ist sie eine Bewegung in den Schwindel, die dem Subjekt nicht Identität, sondern Dissolvierung bedeutet. Sie folgt dem skizzierten Oberflächenschema: Konfrontation mit einem zugleich „fremden" und doch „eigenen" Moment des Selbst, und das ist paradigmatisch die Prähistorie des Selbst, das zur Selbstidentität vergegenwärtigt werden muß und dabei in der schwindligen, katastrophischen Komplikation mündet. Dies allerdings versteift sich eben nicht als neue „Wahrheit" des Menschen.

Der zu entbindende Schwindel der Seele bedeutet grundsätzlich eine absichtsvolle Sprachverwirrung bis hin zur Sprachzerstörung. „Dauer und Festigkeit" der Vorstellungen, so lautet präzise das Postulat der Poetik des Schwindels, sind wieder unaufhörlich schwankend zu machen, bis die Merkmale verloren gehen,

---

dern nur ein Hirngespinst statt seiner vor sich hinstellen kann, um es zu zergliedern. – Die wirkliche Sache muß doch immer in dem jedesmaligen Aktus des Denkens eingehüllt bleiben, welcher sich selbst in dem Augenblick aufheben würde, wo er sein eigner Gegenstand werden wollte" (*Magazin, Werke*, S. 167f.). Selbsttäuschung, konstitutionelle Selbstdifferenz ist die – moderne – paradoxe Prämisse der Selbstreflexion, die die „wirkliche Sache" dann nie unmittelbar treffen wird. Ein Komplikation mit gravierenden, epistemologischen Konsequenzen, verdichtet in den Spekulationen zum „unpersönlichen es", in denen das Ich nichts ist als eine gewaltige und notwendige Selbsttäuschung. Das ist die fragwürdige Wendung der anfänglichen Forderung: „der Beobachtende muß sich gleichsam in Gedanken von sich absondern, und sein Schicksal wie das Schicksal eines Fremden betrachten." Er muß zwei Figuren schaffen, sich anonymisieren, nicht die Ich-Form (der Erzählung) wählen. Genau das praktiziert der *Reiser* konsequent; in diesem Sinn erweist sich die Er-Erzählung des *Reisers*, anders als es die Forschung ständig wiederholt, zumindest im Programm nicht als Ansatz einer Fiktionsbildung, sondern als deren Gegenteil: als Methode einer größeren autobiographischen Authentizität.

[1136] Moritz, *Schöpfungsgeschichte*, S. 787.
[1137] Ebd., S. 788.

„woran wir unsere eigenen Vorstellungen von einander unterscheiden", bis sie erneut in eins zusammenfließen, sich einander verdrängen...: „nichts, worauf wir unser Auge fixieren könnten". Die Sprachzerstörung wiederum ist wie ausgeführt wesentlich zugleich eine Erinnerungszerstörung – dann „können wir uns von dem, was wir gesehen und gehört haben, wenig oder nicht mehr erinnern" – und hiermit die Zerstörung der entfalteten entscheidenden Funktion der neuen Vorstellung des Selbst-Verstehens, der Konstitution des Selbst als „Zurückerinnerung an die Kindheit".

Ironische Aufnahme auf den verschiedensten Ebenen findet im *Eckbert* ebenso Moritz' wichtigstes methodisches Gebot der „Selbstbeobachtung", insbesondere der (Re-)Konstruktion der inneren Geschichte eines Selbst als wirklichem Lebenslauf, ihrer erfahrungsseelenkundlich „buchstäblich getreuen Mitteilung" sowie vor allem ihrer literarischen Darstellung: die „Aufmerksamkeit aufs Kleinscheinende"[1138], aufs „anfänglich unbedeutende und unwichtig scheinende"[1139]. Gefordert ist, ganz wie bei Blanckenburg, eine minutiöse, methodologisch neue Zuwendung zum kleinsten, scheinbar marginalen und ephemeren Detail[1140], der „Kleinigkeit", dem „Kleinscheinenden", zunächst Kontingenten, eine Mikroskopie des scheinbar „Unbedeutenden". Ausdrücklich eine Bewegung gegen das System vorab: „man muß dies System auch so schwankend wie möglich nehmen; bloß einige Punkte festsetzen, aber noch nicht von einem Punkte zum andern Linien ziehen, sondern nun warten, bis diese Linien gleichsam sich selber ziehen"[1141]. Diese Forderung ist es, die im Zentrum des narrativen Programms des psychologischen Romans steht, eingebettet in das große poetologisch-hermeneutische Telos der „Auflösung der Dissonanzen", dessen einzelne Figuren skizziert wurden. „Wem (...) an einer (...) getreuen Darstellung [der „inneren Geschichte"] etwas gelegen ist", mitzulesen wäre immer die im-

---

[1138] Moritz, *Aussichten*, S. 93.
[1139] Moritz, *Reiser*, S. 120.
[1140] Vgl. Müller, *Kranke Seele*, die Unterkapitel *Populäre Mikroskopie* und *Mikroskopie und Psychologie* in Kap. IV, *Literarische Ätiologie*. Gebildet wird ein ganzes intellektuelles Verfahren, grundlegender: eine neue, betont materiale, (im Sinne Adornos) materialistische Attitüde. Dem zunächst scheinbar „Unbedeutsamen", „Kleinscheinenden" und „einzelnen" – dem „Besonderen" – muß die Aufmerksamkeit gelten. Ihnen hat sich der betrachtende Geist anzubilden, ihren Impulsen und Eigenheiten muß er folgen. Die Eigenarten des Gegenstandes, in den sich die Betrachtung vertieft, werden selbst zur Bildung der Methode seiner Betrachtung erhoben. Eine Sensibilität und Irritierbarkeit, welche die Vielstimmigkeit der Dinge einfängt. Dieses korrespondiert mit dem Postulat des „in sich selbst Vollendeten", das nur „aus sich selbst heraus" verstanden werden soll – so soll es auch entstehen. In seinem Bestreben, die Art und Weise der Auseinandersetzung mit den Dingen in den Besonderheiten der Dinge selber zu finden, dispensiert sich Moritz von den konventionellen Form- und Gattungsvorgaben (siehe z.B. das vermischt tagebuchartige, pietistische, fragmentarische Verfahren der *Philosophie des Lebens* oder die neue Form des psychologischen Romans im *Anton Reiser*).
[1141] Moritz, *Aussichten*, S. 91.

plizite literarisch-hermeneutische Wendung, „der wird sich an das anfänglich unbedeutende und unwichtig scheinende nicht stoßen, sondern in Erwägung zeigen, daß dies künstlich verflochtne Gewebe eines Menschenlebens aus einer unendlichen Menge von Kleinigkeiten besteht, die alle in dieser Verflechtung äußerst wichtig werden, so unbedeutend sie an sich scheinen"[1142], expliziert der Erzähler des *Anton Reisers*, der den verschiedenen Teilen den, dann freilich vom eignen Erzählten selbst hintertriebenen, Plan des Romans voranstellt. Die Methodik der „Aufmerksamkeit auf das Kleinscheinende" ist zugleich das Verfahren des Verständnisses und der idealen „Darstellung eines Menschenlebens, bis auf die feinsten Nuancen", zugleich psychologisch wie poetologisch-literarisch, ästhetisch und hermeneutisch konzipiert. Sie ist die Methode des Schreibens und Verstehens des *Reiser*-Textes wie des Reiser-Lebens, radikaler noch: das bestimmte Schreiben und Verstehen des *Reiser*-Textes konstituieren das Reiser-Leben erst als Zusammenhängendes und Begreifliches, das so nicht mehr bloß Unordnung, Verwirrung etc. ist – konstituieren es als reales Leben, und genau diesem spielt die Poesie des Schwindels entgegen. Die zitierten Verfasser-Bemerkungen im *Reiser* formulieren eine direkt an die Lektüre gerichtete Instruktion, sich an diesem neuen Verfahren nicht zu stören, es in seiner Funktion zu begreifen und nicht als „unnötige Umständlichkeit" mißzuverstehen. Geboten werden mit dem neuen Verfahren nämlich die totale Obacht, unentwegte akribische Notationen des „Kleinscheinenden", im Wissen, daß deren Bedeutung manchmal retrospektiv erst aufleuchtet. Geboten ist eine Hypertrophie der Beobachtungen und Mitteilungen (in der Bertha-Erzählung augenfällig): Jedes scheinbar zufällige Detail ist potentiell sinnfällig, aufgeladen mit der gesamten Lebensgeschichte. Die hartnäckige Befolgung der, poetologisch ausgeführten, „Aufmerksamkeit auf das Kleinscheinende" führt automatisch zum sich an das Kleinste verlierenden, extensiven, hypertrophen Erzählen, zur „Umständlichkeit" und „Weitschweifigkeit" des Erzählens, die am Ende, ganz wie „das anfänglich unbedeutende und unwichtig Scheinende" selbst, nur *scheinbar* zum Einwand des Überflüssigen berechtigen. Präzise wird die Idee vom jungen Tieck adaptiert, im Hinblick auf die Erzählung *Die beiden merkwürdigsten Tage aus Siegmunds Leben* bittet der „Verfasser" den Leser „wegen der Weitläufigkeit um Verzeihung; diese Geschichte war für das *Magazin zur Erfahrungsseelenkunde* bestimmt; und daher waren alle Erscheinungen der Seele wichtig und bemerkenswert" (*DüD* I 82).

Das narrative und methodische Paradigma der „Aufmerksamkeit auf das Kleinscheinende" steht mit den anderen skizzierten Figuren im Kontext des gesamten hermeneutischen Unterfangens zur Auflösung der Disharmonien, verwirrt wird mit seiner Verwirrung im *Eckbert* seine ganze theoretisch-hermeneutische Implikation. Begründet wird es, Moritz' beharrliches methodisches Anliegen, ebenso in der Spezifik des Gegenstands, des überaus „künstlich ver-

---

[1142] Moritz, *Reiser*, S. 120.

flochtenen Gewebe[s] eines Menschenlebens", das eben „aus einer unendlichen Menge von Kleinigkeiten" besteht, zunächst evident allesamt inkohärent, unordentlich etc., „die alle in dieser Verflechtung *äußerst wichtig* werden, so unbedeutend sie an sich scheinen". Ein „Gegenstand" allerdings, der als verbundender Lauf des Lebens dann zum idealen Entwurf wird, was die Methodik zum zirkulären Phänomen werden läßt. Notwendig wird schon durch diese Spezifik ein erzählerisches (psychologisches) Motivieren und Entwickeln, das, vom *Reiser* eingelöst, alles andere als linear und offensichtlich geschehen kann. Das ist der nachdrücklich realistische Impetus gegen die Seele als ein Ideales, ideal Deduziertes, aber noch diese erhebliche narrative Komplikation und Komplexion des Motivierens wird wiederum zur Ideologie, wenn die, grundsätzlich schon nie einzuholende „unendliche Menge von Kleinigkeiten", wirklich bloß „Mangel an Zusammenhang, Unordnung und Verwirrung" ist und es nicht nur zu sein *scheint*, bis der Hermeneut auftritt. Das „anfänglich unbedeutende und unwichtig Scheinende" erweist sich, analog dem marginalisierten einzelnen, so Moritz' Annahme, in der mikroskopischen Anstrengung, zumeist retrospektiv, in der „Zurückerinnerung", als das eigentlich Bedeutsame und war immer schon alles andere als zufällig und geringfügig. Es wird als das Detail entdeckt, zu dem Detail konstruiert, das den „Gesichtspunkt" liefert, welcher das offensichtlich, wenn auch scheinbar, Unverständliche doch noch in Verstehen auflöst, eine bisher unbeachtete „unbedeutende Kleinigkeit" illuminiert unvermutet mithin riesige, zuvor dunkle Verbindungen, gefunden wird der kleine, sonst übergangene Anfang. Erst einer solchen hermeneutischen Erwägung des „Geringfügigen" werden die innere Geschichte und der wirkliche Lebenslauf rekonstruierbar und begreiflich: „Die Zwecklosigkeit", so wiederum das Versprechen, „verliert sich allmählich, die abgerißnen Fäden knüpfen sich wieder an...", wo „Mißtönendes" schienen, ertönt einzig noch „Wohlklang". Lanciert wird die hermeneutische, dialektisch-zirkuläre Progression, in der sich sowohl das zunächst dunkle, verdunkelte „Ganze" wie das zunächst zufällige, unbedeutsame einzelne Detail, das den Zugang eröffnete, erklären. Das Erzählen der „Aufmerksamkeit auf das Kleinscheinende" konzipiert sich selber schon als unmittelbar hermeneutisches Erzählen, das „nicht ganz unnütze Winke"[1143] gibt.

„So eine unbedeutende Kleinigkeit es auch an sich scheinen möchte", kommentiert Bertha die Nennung des vergessenen Hundenamens durch Walther und ihre lange Ich-Erzählung („Ihr vergebt mir meine Weitschweifigkeit; so oft ich von dieser Geschichte spreche", 1261). Das erfahrungsseelenkundliche wie narrative Postulat der Aufmerksamkeit auf das „unbedeutende und unwichtig scheinende"[1144] wie das der narrativen Umständlichkeit werden direkt importiert, arglistig ihre Befolgung fingiert. Die Bertha-Erzählung der „Geschichte ihrer Jugend, die seltsam genug" ist, erfüllt in ihrer irren Detailfülle und wahr-

---

[1143] Ebd., S. 204.
[1144] Ebd., S. 120.

haften „Weitschweifigkeit", zwei Drittel des ganzen *Eckberts*, die Forderungen *scheinbar* perfekt. Deutlich bemüht sich das Erzählen, umständlich darzutun, „wie die ersten Keime von den Handlungen des Menschen sich im Innersten seiner Seele entwickeln", „tausend Beobachtungen" mitzuteilen, die nicht „bloß von der Oberfläche genommen", sondern „aus dem Innern der Seele herausgehoben"[1145] wurden. Ganz so als erzählte ein Erzählen, dem „alle Erscheinungen der Seele wichtig und bemerkenswert" (s.o.) sind, als würde eine psychologische Geschichte geschrieben, korrelativ der Hermeneutik, in der sie dann ganz aufginge. Mit der verlangten Aufmerksamkeit auf das Kleinscheinende werden „tausend und tausend" Details geliefert – schon in der von Bertha gegebenen Abundanz liegt freilich eine Brechung –, nach deren aufgehender Bedeutung gefahndet wird. Im „aussparen" und der sich überschlagenden Beschleunigung der Erzähler-Erzählung nach Beendigung der Bertha-Geschichte findet das Erzählverfahren dann freilich seine plötzliche Umwendung. Verständlich, so die Simulation, würde mit der zitierten und angewandten narrativen wie hermeneutischen Methodik gleichermaßen das seltsame Eckbert-Leben wie der seltsame *Eckbert*-Text. Nur: Wie mit allen aufgegriffenen hermeneutischen Figuren zuvor, wird auch mit dieser wieder bloß das bekannte Spiel veranstaltet. Ironisch belegt, freilich erst einmal bloß thematisch, ist sie schon, indem Bertha gerade von *dem* Detail als einer „unbedeutenden Kleinigkeit" spricht, das ganz offenkundig keine marginale Geringfügigkeit darstellt, sondern offen das gewichtigste Vorkommnis der Erzählung, zudem ein nachdrücklich psychologisch hermetisches Detail, das sie, und hier holt sie die Gewichtigkeit schon ein, „ganz um den Verstand" bringt und ihr bis in den baldigen Tod die „Gesundheit zerrüttet". Ein Detail, das gar nicht mehr zu dekuvrieren wäre in seiner Gewichtigkeit, lediglich in seiner Bedeutung; genau seine Auflösung in die gewöhnliche Welt mit gewöhnlichen Lebenbeschreibungen aber ist versperrt und führt beim Versuch prompt zum Fiasko. Die (wieder-)erzählte Bertha-Ich-Erzählung der Aufmerksamkeit auf das Kleinscheinende legt unablässig nahe, die erzählten, scheinbar unbedeutsamen Kleinigkeiten potentiell mit dem Geheimnis der ganzen eigenartigen Geschichte aufzuladen und so plötzlich ein bisher übersehenes oder falsch gesehenes Detail zu entdecken, das den Gesichtspunkt lieferte, der das Auseinanderdriften und heillose Durcheinander auflöste und doch ein faßliches Text-Ganzes festzustellen. Jeder Versuch aber geht fehl, ausgeführt bereits vielfach im Schwanken von Funktion und Defekt der Psychologisierung. Keine der unablässig und plötzlich umgeschlagenen, variierten und vermischten unbedeutenden Kleinigkeiten lassen sich als der gesuchte Gesichtspunkt festsetzen, wozu der Text indes ständig den Leser reizt, keine liefert den umfassenden interpretatorischen Gesichtspunkt, sondern bewirkt bloß seine fortgesetzte Diversifikation, sein dauerndes Hin und Her bis zum gänzlichen Verstehenskollaps. Keine der unbedeutenden Kleinigkeiten löst den Mangel, die Unordnung etc., im

---

[1145] Moritz, *Aussichten*, S. 92.

Gegenteil, sie stiften und potenzieren sie. Ununterbrochen wird der Leser zu neuen möglichen Gestaltungen der Aufmerksamkeit auf das Kleinscheinende gezwungen, die die großen Fragen klären könnten, um damit bloß unentwegt zu scheitern. Die unbedeutende Kleinigkeit wird der Leser-Phantasie als verheerendes Phantasma auferlegt, das den Leser zu seinen schwindligen „Sinnbemühungen" antreibt.

Die offensichtliche Aufnahme der erfahrungsseelenkundlichen Figuren des Selbst-, Lebens- und Seelenverstehens, der psychologisch-literarischen Poetik der Hermeneutik, eben vor allem in Hinsicht auf die konkrete Art des psychologischen Erzählens, fingieren, der *blonde Eckbert* könne eine solche psychologische Geschichte sein, wie sie der junge Tieck forderte und versuchte (freilich wäre sie, wären das Erzählen, die Gattung, die Figuren, indes immer schon kontaminiert mit dem Märchen). Angezeigt wird, der *Eckbert* könnte ein Werk sein, wie es im Programm des *Reisers* heißt, „welches vorzüglich die innere Geschichte des Menschen schildern soll", im *Eckbert* dann wie gefordert die „Geschichte [eines] Wahnwitzigen", ein Werk, das den „Blick der Seele in sich selber schärfen" soll, das helfen soll, „die Aufmerksamkeit des Menschen mehr auf den Menschen selbst zu heften, und ihm sein individuelles Dasein wichtiger zu machen."[1146] Die *Geschichte* wäre dann „'Biographie', und zwar eine so wahre und getreue Darstellung eines Menschenlebens, bis auf feinsten Nuancen (...), als es vielleicht nur irgend eine geben kann", die Entwicklung der inneren Geschichte. Schon im Titel *Der blonde Eckbert* ist ein korrelatives Postulat psychologischer Poetik erfüllt: „keine große Mannigfaltigkeit der Charaktere (...): denn es soll die vorstellende Kraft nicht verteilen, sondern sie zusammendrängen". Freilich wird durch die Indistinktion der Personen dieser eine Charakter beunruhigend diversifiziert, in ihm die Mannigfaltigkeit entfacht, das Postulat ironisiert. Paradigma der psychologischen Geschichten, negative Folie für den *Eckbert*, wären Tiecks eigene, explizite als psychologische Geschichte unternommenen frühen literarischen Versuche (*Die beiden merkwürdigsten Tage aus Siegmunds Leben* war wie erwähnt gar direkt für Moritz' *Magazin* bestimmt). Geschichten, in denen „alle Erscheinungen der Seele wichtig und bemerkenswert" (*DüD* I 82) waren, Geschichten, „ganz aus der menschlichen Seele geschöpft" (*B5TW* 95). Geschichten der „absichtlichen psychologischen Schilderung" (*Schr* 6, XXV), der „psychologischen Motive welche (...) den Verfasser eigentlich bewogen, sie niederzuschreiben" (*Schr* 6, X), des „Motivierens und der psychologische[n] Auseinanderwicklung der Charaktere", der „große[n] Wahrscheinlichkeit und Genauigkeit" (*BüSh* 167). Aufforderungen, die in den erörterten poetischen, narrativen Figuren ausgeführt werden, allesamt begründet in der nun gestörten Absicht, Poesie zum Organ der „vermehrten Selbstkenntnis" zu gestalten, mit dem uns „gleichsam ein Sehrohr in die Hand [gegeben ist], durch dessen Hülfe er [der Mensch] tausende verborgene Kräfte in der Seele

---

[1146] Moritz, *Reiser*, S. 36.

entdeckt", das „die Seele gleichsam vor uns aufschließt". Zitiert und simuliert der *Eckbert* das psychologische Erzählen, die Psychologie bzw. die im Diskurs der Moritzschen Erfahrungsseelenkunde verdichteten Figuren des neuen (psychologischen) Selbst-Verständnisses sowie, anders gefaßt, die gerade erörterten Figuren einer Poetik der „psychologischen Geschichten" und, streng korrelierten, psychologisch-literarischen Hermeneutik, fungieren sämtliche dieser Zitationen und Simulationen wie gesehen aber bloß als Mittel, bestimmte Vorstellungen und Verständnisse zu erzeugen, unmittelbar wieder zu verwerfen, plötzlich umzudrehen etc. Ein Oszillieren und Changieren pausenlos wechselnder Verständnisse sowie des Verstehens und Nichtverstehens überhaupt, das bis zum Debakel jeglicher Vorstellungen und Verständnisse des Textes gesteigert wird, bis zum Texttaumel, der wiederum nur Moment des allgemeinen Schwindels der Seele ist. „An sich" ist auch die Rekonstruktion der dauernden Konfusionen durch das Psychologische dem Text gleichgültig und könnte an beliebigen Aspekten durchgespielt werden.

Zitiert und simuliert der *Eckbert* die Figuren der psychologisch-literarischen Hermeneutik, zitiert und simuliert er diese als Kategorien einer Hermeneutik der Auflösung der Disharmonien in Leben und Text, Telos der ganzen Anstrengung, inszeniert sich das besondere narrativ-sprachliche Verhalten des *Eckberts* nicht als Auflösung der Disharmonien, sondern als absichtliche Auflösung dieser Kategorien und Hermeneutik selbst. Die Auflösung der Disharmonien bedeutete, den Gesichtspunkt zu finden, der alles integrierte, was im *Eckbert* auseinanderdriftet, das unbegreifliche Leben der sonderbaren Zufälle, die nicht zu beruhigende Vermengung Eck Bert has, das fürchterlich wunderbarer „Gemisch" *Eckberts*, kurz: der erlaubte, *Eckbert* und Eckbert begreifen zu können. Das „künstlich verflochtene Gewebe eines Menschenlebens", das „aus einer unendlichen Menge von Kleinigkeiten besteht, die alle in dieser Verflechtung äußerst wichtig werden, so unbedeutend sie an sich scheinen", ist zunächst nichts als offensichtlich oder versteckt „Dissonantes", „Widersprüchliches", „Zufälliges", „Bruchstückhaftes", nichts als „Zwecklosigkeit, abgerißne Fäden, Verwirrung, Nacht und Dunkelheit", „Untereinandergeworfenes und Verwirrtes"[1147]. „So viel Unvollkommnes, so viel Angefangnes und nur halb Vollendetes, so viel Unzweckmäßiges, Fehlendes, und Überflüssiges"[1148], etliche Paraphrasen wären hinzuzufügen, ihre Masse zeigt die Übermacht des Eindruckes. All diese Wendungen lesen sich wie Formulierungen der poetologischen Forderungen des Texttaumels. Diese zunächst aufzuzeichnen in der psychologischen Geschichte, das eben gebietet Moritz' poetologisch-methodische Aufrichtigkeit, die das Denken an die Dissonanzen überall heftet. In den besonderen erzählenden, poetischen wie zugleich hermeneutischen Figuren der psychologischen Geschichte aber werden sie so formiert, daß dahinter der alles aufklärende Zusammenhang

---
[1147] Ebd., S. 120.
[1148] Moritz, *Philosophie*, S. 18.

sichtbar wird. Im Schreiben über die Dissonanzen wird die Harmonie durch die betrachteten Techniken hineingebracht (*Bb* 193)[1149]. Das soll der *Reiser* sein, der den Reiser erst leben läßt[1150]. Analog ließen sich im *Eckbert* und Eckbert Widersprüchliches, Zufälliges, Bruchstückhaftes etc. in dem dargestellten „künstlich verflochtenen Gewebe", das Text und Figur bzw. ihre mitgeteilte Geschichte offensichtlich zunächst *scheinbar* darstellen, beheben. Nur dann indes, wenn der *Eckbert* eine solche Geschichte wäre und das behauptet er fortwährend, wie er es fortwährend widerlegt. „Widerspruch von außen und von innen war bis dahin sein ganzes Leben [das wird dargestellt, dabei darf aber nicht stehen geblieben werden]. – Es kömmt darauf an, wie diese Widersprüche sich lösen werden!"[1151] Je mehr sich nämlich der besondere psychologisch-literarische „Blick darauf heftet", hier formuliert sich der Agens des ganzen Unterfangens, „desto mehr verschwindet die Dunkelheit, (...) das Untereinandergeworfene und Verwirrte ordnet sich...", zumindest, ist es verstanden, löst es sich in die reflexive Identität des Sich-Reflektierenden auf. Freilich gelingt dies bloß mit einem Text, der eben schon so angefertigt wurde, daß es gelingen kann. Schon Moritz' Text ist zwischen zwei Polen zerrissen, die Inkohärenz des wirklichen Lebens vorbehaltlos einzufangen, sie aber so darzustellen, daß aus ihr zuletzt ganz natürlich Kohärenz wird. Der *Reiser* selber quittiert dann den Bruch: Die Kohärenz kann ob der Menge und Art der Inkohärenz nicht mehr gehalten werden, der Ansatz scheitert notgedrungen im Ausführungsversuch. „Daß mehrere Bruchstücke (...) so zusammengesetzt sind, daß sie gewissermaßen ein Ganzes ausmachen"[1152] und: „nun wird aber dasjenige in der Nebeneinanderstellung oft zur Harmonie, was einzeln genommen mißtönen würde"[1153] sind andere Formulierung dieser Hermeneutik, die ideale, utopische Teil-Ganzes-Dialektik im Modell der Autonomieästhetik eine weitere Variante. Der Sinn des Unsinnigen, Wahnsinnigen („leerer Sinn"), des wilden „unentwegten Werden und Zergehen" ließe sich finden, so die Supposition: „Kindheit, Jugend, Alter, Tod, Verwesung (...) das

---

[1149] „Wenn ihr es überlegt, daß im ganzen Menschenleben keine Zweck und Zusammenhang zu finden, so werdet Ihr es auch gern aufgeben, diese Dinge in meinen Lebenslauf hineinzubringen", überlegt Peter Berner in *Die sieben Weiber des Blaubart*, worauf ihm Bernhard konzediert: „Es wäre also (...) das ganze große Menschendaseyn nichts in sich Festes und Begründetes? Es führte vielleicht zu nichts, und hätte nichts zu bedeuten, Thorheit wäre es, hier historischen Zusammenhang und eine große poetische Composition zu suchen" (*Bb* 193).
[1150] Dies ist dem Zentrum des poetologischen wie hermeneutischen Programms des „psychologischen Romans" eingeschrieben; ein Programm, das im Erzählen hernach so deutlich scheitert, daß zu fragen ist, ob das, bisher immer diskursiv ausgelegte, Programm selber nicht schon Moment eines, dann freilich ganz hinterlistigen, Verfahrens wäre, ein solches Programm zu konterkarieren.
[1151] Moritz, *Reiser*, S. 313.
[1152] Moritz, *Philosophie*, S. 9.
[1153] Moritz, *Magazin*, Bd. IV, S. 67.

alles, wie Licht und Schatten neben einander gestellt, mit einem Blick zu umfassen, welch ein wunderbar tröstender Gedanke!"

Bewußt provoziertes Ergebnis der Anstrengung, solcherart Zusammenhang in der *Eckbert*-Geschichte herzustellen – wozu der Text immerzu aufruft –, ist aber bloß der immer akutere, immer gravierendere Mangel an Zusammenhang, sind immer mehr „abgerißne Fäden" und Widersprüche der Vorstellungen vom Text, die eben zunehmend in die plötzlichen Wendungen, Vermengungen etc. geraten. Das Telos der psychologischen Poetik und Verstehenslehre, ihre zentralen Theoreme und Praktiken, erfahren die äußerste Verwirrung, sind, als Wille zur Auflösung des Unbegreiflichen, selber grundlegendes Moment im Spiel der unaufhörlichen Verwirrung. Was Moritz als anti-idealistisch auszeichnet, das vorbehaltlose Aufzeichnen des Lebens als Mangel an faßbarer Einheit, gegen die „erwünschten und angenehmen" Theorien, erkennt die implizite Kritik des *Eckberts* zunächst als solches an, um ihm dann vorzuhalten, die anti-idealistische Kritik hier willkürlich zu beenden, so daß dann doch dieser Mangel nicht stehen bleiben darf, sondern aufgelöst werden muß, wodurch Moritz' anti-idealistischer Realismus selbst zum noch sublimeren Idealismus gerät. Genau hier konturiert sich Tiecks Forderung bzw. Selbstverständnis des „unbedingten freien Denkens" gegen die halbe Forderung des freien Denkens, das von der „Aufklärung" eingeklagt wird, aber willkürlich innehält mit seiner Kritik und die Konstrukte des Sinns und Zusammenhangs als absolute stehen läßt. Poesie des *Eckberts*, des Schwindels, radikalisierte die Kampfparole des „unbedingten freien Denkens", den „erwünschte[n] und angenehme[n]" Gedanken, daß das Leben Zusammenhang sei, bloß als interessierte Fiktion aufzugeben. Sie kritisierte damit den Realismus der Aufklärung als noch mythisch befangenen und beanspruchte, noch Aufklärung der Aufklärung zu sein. Sie ist, wenn sie sich auch selbst immer noch kritisieren muß, Kritik der Hybris einer Poesie und einer Poetik, die die „große historische Composition" des Lebens in sich realisieren und als Darstellung des Wirklichen, als Wirkliches fingieren: als teleologische „große historische Composition" des Lebens, wirklicher Lebenslauf, Selbst etc. Als Komposition des souveränen Subjekts, Subjekt und Objekt seiner eigenen Herstellung. Ein Subjekt, das indessen nur ein „schales" Subjekt, nur die „schale" Wirklichkeit der „kleinlichsten Ökonomie", ist, das Subjekt einer Ökonomie, die gegen ihr Selbstverständnis als die des Todes überführt wurde. Solche Poesie ist Lüge, das Gegenteil des „unbedingten freien Denkens", wenn, so im *Phantasus* von Theodor festgestellt, „der Mensch nichts als Inkonsequenz und Widerspruch" ist (*Ph-Rg* I.c., Z.21f). Indes wäre Theodors Ausspruch nicht selber wiederum zur Wahrheit zu hypostasieren. Diese Falle wird im *Eckbert*, im Konzept des Schwindels, entgangen, der nichts als die Verwischung der Konstrukte betreibt. Der „Verfasser" im *Blaubart* fordert den Leser auf, bei seinen Forderungen nach „Einheit" und „Zusammenhang in den Büchern" nicht von diesen zu verlangen, was es ohnehin im Leben gar nicht gibt, höchstens in den Büchern, in solchen, die die aufklärerische Poetik der Motivierungen modulieren wollte. „Frage Dich selber; am Ende lebst Du ganz so, oder noch schlimmer, als ich schreibe", nämlich in „lauter abgerissenen Fragmenten" ohne „Ruhepunkte", in „vieler Bewegung", im unablässigen „hin und wieder Laufens" (*Bb* 221). Genau dieses müsse dann auch der Poesie zugestanden werden. Die Poesie erst, die der *Eckbert* zum Irrewerden ihrer selbst imitiert, ist es, die in der erörterten Art und Weise „Einheit", „Zweck und Zusammenhang", „Festes und Begründetes" in den „Lebenslauf", in „das ganze große Menschendaseyn", „*hineinbringt*" (im Wortlaut entspricht Tiecks Vokabular dem Moritz`), vorgebend, daß nicht sie, sondern das Leben eben dieses tue. So ist die Einheit des Lebens die Einheit des Textes.

Der *Eckbert*, die Poesie des Schwindels zielen genau auf dieses „Hineinbringen" von Zusammenhang in Leben und Text, e ine ganze Poetik und Poesie sowie die korrelative psychologisch-literarische Hermeneutik geraten hernach in die Auflösung. Inszeniert Moritz das Leben im Text, um gegen die „abgrißnen Fäden" durchgehende Fäden zu knüpfen, so betreibt Tieck eine sprachliche Veranstaltung des Abreißens der Fäden: „der Faden ist gerissen, der uns durch das Labyrinth leitet" (*ShW* 692). Poesie, wollte sie „wahr" sein, müßte sich zunächst gerieren wie die nicht idealistisch modellierten Lebensläufe: „lauter abgerissene Fragmente (...), keine Ruhepunkte, aber doch einen ewigen Stillstand, keine lebendige Fortschreitung der Handlung, obgleich viele Bewegung und hin und wieder Laufens (...) die wenige Harmonie." Das allerdings, als Position, wäre noch nicht der *Eckbert*, der es waghalsig unternimmt, noch dem Selbstvernichtungsgebot dieser Formel Rechnung zu tragen, vielleicht wäre dies der *Blaubart*. Die Darstellung solchen Lebens ist nicht Anliegen der Poesie des Schwindels, im Gegenteil, sie gründet in der Auffassung der Unmöglichkeit dieses Versuches. Ihr Text will nur eines: den Schwindel der Vorstellungen von ihm veranstalten, den Schwindel sämtlicher Textverständniskonstrukte im unablässigen Oszillieren gegen jede Fixierung und Identifizierung. Er kann allein als sich zuspitzende unentwegte Verwirrung agieren; konkretisieren läßt sich die Kritik so bloß als poetisches Verfahren. Der Texttaumel läßt die Zusammenhänge im Text schwinden, die solche des Lebens vorspielen wie umgekehrt. Die fürchterliche Wirkung des *Eckberts* bildet sich in dem Reflex, in bestimmter Weise verstehen, *sich* verstehen zu wollen, ganz allgemein, ein Leben, die Wahrheit eines einzelnen und auch die eines Textes. Gebunden ist die besondere Wirkung nicht als anthropologisches, sondern historisches Faktum, an einen bestimmten Leser also, ein bestimmtes historisches Subjekt. Wo psychologische Poetik – „psychologische Motivation und möglichst lückenlose Kausalgenese der äußeren wie inneren Handlung", „Kernstücke der Romanpoetik der Aufklärung"[1154] – und psychologische Hermeneutik „gerade etabliert und in den Erwartungshorizont des bürgerlichen Lesers eingebaut worden waren", Lesen wie Begreifen als eine historische Attitüde gefaßt, „gewinnt die Ent-Setzung durchaus einen distinktiven Wert."[1155]

[1154] Menninghaus, *Unsinn*, S. 23, vgl. Vosskamp, *Romantheorie*, S. 186.
[1155] Menninghaus, *Unsinn*, S. 23.

Der *Eckbert* ist als kalkulierte Simulation der psychologischen Geschichten Dementi der psychologischen Literatur und Poetik, des Anspruchs der psychologisch richtigen Zeichnung der Charaktere und Ereignisse sowie der psychologisch aktiv aufklärerischen Literatur im Dienste der „vermehrten Selbstkenntnisse", des Schreibens, das „die Seele gleichsam vor uns aufschließ[t]" (*ÜdE* 639). Sie vollzieht eine sarkastische Wendung der von Tieck zunächst begeistert adaptierten, für die Zeit repräsentative Forderung Moritz', als Poet erst vorher „Experimentalseelenlehre zu studieren, ehe er sich an eigne Ausarbeitungen wagt"[1156]. Aus dem Studium der Psychologie und psychologischen Literatur generiert sich, und das nicht beliebig, sondern ganz konsequent, das ist entscheidend, eine rabiat anti-psychologische Literatur, womit das Thema Psychologie und Literatur, das noch viele Male, in vielen Modifikationen, aufkommt, schon Ende des 18. Jahrhunderts eine erste Erledigung findet. Aus psychologischer Aufklärung psychologischer Poesie wird Poesie des Schwindels die psychologische Verwirrung, die Verwirrung durch die Psychologie sowie die Verwirrung der Psychologie selbst. Zuletzt eine Verwirrung des Selbst, des Leser-Selbst, das sich im psychologischen Verstehen gründet. Nun ist die Poesie jene, die „die Seele gleichsam vor uns" verschwinden läßt statt „aufschließt". All dies ist nicht beliebige Renitenz, sondern Konsequenz der Mutation der Seele zum „unbekannten etwas", die freilich nicht als absolut zu begreifen ist, sondern bloß im ironischen, metaphorischen Spiel mit der Anstrengung der Selbstaneignung ihren Platz hat. Der Text agiert streitsüchtig als Quasi-Unbegreifliches, weil, streng homolog zum Innersten der Seele und ihren Äußerungen, die erzeugten Vorstellungen von ihm in der Art und Weise, wie sie erzeugt werden und sich begegnen, d.h. sich verheeren, keine Bildungen hin zum (phantasmatischen) Innersten und „eigentlichen Aussehen" des Textes gestatten, sondern verhindern. Konterkariert wird, allgemein und ganz bewußt, die Psychologie als historisch neue, folgenreiche Konstruktion eines neuen Selbst-Verstehens und einer neuen Selbst-Praxis, als Konkretion einer sich rasant in allen gesellschaftlichen und intellektuellen Bereichen installierenden Praxis, „das große Würfelspiel der Ereignisse und Reden auf zusammenhängende Lebens- und Seelengeschichten zu reduzieren"[1157]. Vernichtet ist mit dem psychologischen Selbst-Verstehen nicht *die* Subjektivität, sondern nachdrücklich und präzise die, als die sich das historische Subjekt der reduktiven Ökonomie verstand und praktizierte.

Verstört ist ein ganzes historisches Selbstverständnis, das auch die Mythen, metaphorisch-historische Konstrukte des „sogenannten" Schicksals, Zufalls, Wunderbaren, Übernatürlichen, Geisterhaften, der Willkür oder Krankheit im Sinne der Obsession oder des Unabwendbaren auflöst und die neuen psychologischen Mythen des wirklichen Lebenslaufs, der Schreibbarkeit der Totalität der inneren Geschichte etabliert, gleichermaßen emanzipativ wie restriktiv, ver-

---

[1156] Moritz, *Aussichten*, S. 91.
[1157] Kittler, *Autorschaft und Liebe,* S. 154.

strickt in eine intrikate „Dialektik der Aufklärung". Eine Entsetzung/Verstörung, in der jedoch die alten Mythen keinesfalls schlicht restituiert werden, simple, „irrationalistische" Regression des Bewußtseins – wie es der *Abdallah* noch mutmaßte: „nun, dann will ich alles Unbegreifliche glauben und auf die wunderbarste Erzählung, wie auf Wahrheit schwören" (*Abd* 380), „die schaffende Kraft" und das „unbegreifliche Geheimnis" (*Abd* 400) affirmieren –, sondern mit den neuen zur „Vernichtung" gebracht werden. Ganz so wie Tiecks, von der Vernunft annähernd exekutierter Phantasus im *Sternbald* nicht einfach utopisches Postulat ist und, in den *Briefen über Shakespeare* ausgeführt, Kritik sich immer noch selbst kritisieren muß. Freilich ist dennoch zunächst polemisch behauptet, daß die Märchen die Vorschrift der psychologisch richtigen Zeichnung adäquater erfüllen, daß sie realistischer als die realistische „Mitteilung" des Lebens in der Fallgeschichte oder im psychologischen Roman sind, so Tiecks ironische Inversion, die aber eben nicht als neue „Wahrheit" gelten kann. Die Vorschrift erfüllen sie, indem sie Willkür, Unzusammenhang und Widerspruch ausführen, das Nicht-Motivieren bzw. genauer das Vernichten aller Motivationen und Kohärenzen in den Modi der kontingenten Umkehrungen, Wechsel, Vermischungen etc. Das ist das Ergebnis der Moritzschen Forderung, „unbeirrt", „vorurteilsfrei" Seelenbetrachtung zu treiben. Tieck begreift sich so explizite als endlich konsequenter Aufklärer. Die „seltsamsten Zufälle" wären genau die „Wahrheit der Forderung", die Menschen, die „man vor sich hat nach allen Umständen und Verhältnissen so lang zu studieren, bis man so genau als möglich weiß, wie sie sind" (Wieland)[1158]. Das Märchen, Inbegriff all dessen, was der „Wirklichkeit" entgegengesetzt ist, ihrem jeweiligen Konstrukt, gerät im erfahrungsseelenkundlichen Sinne ganz konsequent zum eigentlich Wirklichen – eine der betrachteten ironisch-polemischen Inversionen –, der wirkliche Lebenslauf dagegen zum eigentlichen Märchenhaften, nämlich bloß „Erdichteten" und „Hineingebrachten", zum bloß „Erwünschten und Angenehmen". Dahin gelangt eben, wer eigentlich „unbedingtes freies Denken" praktiziert, wer sich, so die Forderung, konsequent „vor jedem Hang, sich in eine idealische Welt hinüber zu träumen (...) hüte[t]"[1159]. Die historischen, bürgerlich-aufklärerischen Positivitäten bzw. „Wahrheiten", Bildungen wie die der inneren Geschichte oder des Selbst, aber auch das der „Schönheit", „Tugend", „Liebe", „Ordnung", „Heiterkeit" und des „Zusammenhangs" oder „Sinns" erweisen sich Tieck als solch „idealische Welt". Sie sind nichts als „nichtige, trügerische Gespenster", „Scheingestalten", nichts als „Heuchlerei" (*Schr* 6, Vff.). Das Märchen erfüllte die Forderung der psychologisch richtigen Zeichnung, wenn das Leben eben disparat und kontingent ist, nicht kommensurabel dem Verstand als „Ursache und Wirkung". Solch ein Märchen ist indes kein Märchen mehr, sondern „wirklich" wirklicher Lebenslauf – wie dieser dann „wirklich" jenes ist – ohne „Hi-

---

[1158] Wieland, *Agathon*, S. 711.
[1159] Moritz, *Aussichten*, S. 94.

neinbringen" des angenehmen, gewünschten Korsetts, das ermöglicht, das „Selbst" zu sein, das die skizzierte „kleinlichste Ökonomie" fordert. Aber: Auch das Märchen, die bestimmte Negation des wirklichen Lebenslaufes – wie umgekehrt –, wird nicht als neue „Wahrheit" hypostasiert, ebensowenig die „ungeheuere Leere" bzw. der „leere Sinn" oder die Zusammenhanglosigkeit des Lebens als Nihilismus oder, euphorisch pseudo-nietzscheanisch, als Erlösung des Lebens. Beide, als Vorstellungen vom Text, vom Eckbert und *Eckbert*, werden, wie alle Vorstellungen, in den Schwindel gebracht, sind bloß Vehikel, diesen zu bewirken.

6. Literatur

Abkürzungen häufig zitierter Schriften Tiecks

Abd	*Abdallah*, in: *Schriften in zwölf Bänden*, Bd. 1, *Jugendwerke/ Die Sommernacht/ Schriften 1789-1793*, hg. v. Achim Hölter, Frankfurt a. M. 1991.
Alm	*Almansur*, in: *Schriften in zwölf Bänden*, Bd. 1, *Jugendwerke/ Die Sommernacht/ Schriften 1789-1793*, hg. v. Achim Hölter, Frankfurt a. M. 1991.
AM	*Altdeutsche Minnelieder*, in: *Kritische Schriften*, Bd. 1, (4 Bde.), Leipzig 1848.
AuE	*Adalbert und Emma*, in: *Schriften in zwölf Bänden*, Bd. 1, *Jugendwerke/ Die Sommernacht/ Schriften 1789-1793*, hg. v. Achim Hölter, Frankfurt a. M. 1991.
Bb	*Die sieben Weiber des Blaubart*, in: *Ludwig Tiecks Schriften*, Bd. 9, (28 Bde.), Berlin 1828-1854.
BTW	*Briefwechsel mit Wackenroder*, in: Wilhelm Heinrich Wackenroder, *Sämtliche Werke und Briefe*, Bd. 2, (2 Bde.), hg. v. Silvio Vietta u. Richard Littlejohns, Heidelberg 1991.
BüSh	*Briefe über Shakespeare*, in: *Kritische Schriften*, Bd. 1, (4 Bde.), Leipzig 1848.
DF	*Die Freunde*, in: *Ludwig Tieck. Werke in vier Bänden*, nach dem Text der Schriften von 1828-1854 unter Berücksichtigung der Erstdrucke hg. v. Marianne Thalmann, Bd. 1, München 1963-1966.
DjT	*Der junge Tischlermeister*, in: *Schriften in zwölf Bänden*, Bd. 11, *Der junge Tischlermeister/ Die Vogelscheuche/ Das Alte Buch/ Eigensinn und Laune. Schriften 1834-1836*, hg. v. Uwe Schweikert unter Mitarbeit v. Gabriele Schweikert, Frankfurt a. M. 1988.
DR	*Die Reisenden*, in: *Schriften in zwölf Bänden*, Bd. 11, *Der junge Tischlermeister/ Die Vogelscheuche/ Das Alte Buch/ Eigensinn und Laune. Schriften 1834-1836*, hg. v. Uwe Schweikert unter Mitarbeit v. Gabriele Schweikert, Frankfurt a. M. 1988.
DSg	*Der Schutzgeist*, in: *Schriften in zwölf Bänden*, Bd. 1, *Jugendwerke / Die Sommernacht/ Schriften 1789-1793*, hg. v. Achim Hölter, Frankfurt a. M. 1991.
DüD	*Ludwig Tieck. Dichter über ihre Dichtungen*, 2 Bde., hg. v. Uwe Schweikert, München 1971.
Eckb	*Der blonde Eckbert*, in: *Schriften in zwölf Bänden*, Bd. 6, *Phantasus*, hg. v. Manfred Frank, Frankfurt a. M. 1985.
HekK	Ludwig Tieck u. Wilhelm Heinrich Wackenroder, *Herzensergießungen eines kunstliebenden Klosterbruders*, in: Wilhelm Heinrich Wackenroder, *Sämtliche Werke und Briefe*, Bd. 1, (2 Bde.), hg. v. Silvio Vietta u. Richard Littlejohns, Heidelberg 1991.

KS	*Kritische Schriften*, 4 Bde., Leipzig 1848.
KvB	*Karl von Berneck*, in: *Schriften in zwölf Bänden*, Bd. 1, *Jugendwerke / Die Sommernacht/ Schriften 1789-1793*, hg. v. Achim Hölter, Frankfurt a. M. 1991.
MuAl	*Die neuesten Musenalmanache und Taschenbücher 1796-1798*, in: *Kritische Schriften*, Bd. 1, (4 Bde.), Leipzig 1848.
PhG	*Phantasus Gedicht im Sternbald*, in: *Franz Sternbalds Wanderungen*, hg. v. Alfred Anger, Stuttgart 1988.
Ph-Rg	*Phantasus-Rahmengespräch*, in: *Schriften in zwölf Bänden*, Bd. 6, *Phantasus*, hg. v. Manfred Frank, Frankfurt a. M. 1985.
Ph	Ludwig Tieck u. Wilhelm Heinrich Wackenroder, *Phantasien über die Kunst, für Freunde der Kunst*, in: Wilhelm Heinrich Wackenroder, *Sämtliche Werke und Briefe*, Bd. 1, (2 Bde.), hg. v. Silvio Vietta u. Richard Littlejohns, Heidelberg 1991.
RB	*Reiseberichte*, in: Wilhelm Heinrich Wackenroder, *Sämtliche Werke und Briefe*, Bd. 2, (2 Bde.), hg. v. Silvio Vietta u. Richard Littlejohns, Heidelberg 1991.
Ry	*Ryno*, in: *Ludwig Tieck. Werke in vier Bänden*, nach dem Text der Schriften von 1828–1854 unter Berücksichtigung der Erstdrucke hg. v. Marianne Thalmann, Bd. 1, München 1963–1966.
Rub	*Der Runenberg*, in: *Schriften in zwölf Bänden*, Bd. 6, *Phantasus*, hg. v. Manfred Frank, Frankfurt a. M. 1985.
Schr	*Ludwig Tiecks Schriften*, 28 Bde., Berlin 1828–1854.
ShW	*Über Shakespeare's Behandlung des Wunderbaren*, in: *Schriften in zwölf Bänden*, Bd. 1, *Jugendwerke/ Die Sommernacht/ Schriften 1789–1793*, hg. v. Achim Hölter, Frankfurt a. M. 1991.
Stb	*Franz Sternbalds Wanderungen*, hg. v. Alfred Anger, Stuttgart 1988.
Stf	*Straußfedern*, in: *Ludwig Tieck. Dichter über ihre Dichtungen*, Bd. 1, (2 Bde.), hg. v. Uwe Schweikert, München 1971.
ÜdE	*Über das Erhabene*, in: *Schriften in zwölf Bänden*, Bd. 1, *Jugendwerke/ Die Sommernacht/ Schriften 1789–1793*, hg. v. Achim Hölter, Frankfurt a. M. 1991.
ÜdKSh	*Über die Kupferstiche nach der Shakespeareschen Galerie in London*, in: *Schriften in zwölf Bänden*, Bd. 1, *Jugendwerke/ Die Sommernacht/ Schriften 1789–1793*, hg. v. Achim Hölter, Frankfurt a. M. 1991.

Adelung, Johann Christoph, *Grammatisch-historisches Wörterbuch der hochdeutschen Mundart*, Leipzig 1798 (zweyte vermehrte und verbesserte Ausgabe).
Adler, Hans, *Aisthesis, steinernes Herz und geschmeidige Sinne. Zur Bedeutung der Ästhetik-Diskussion in der zweiten Hälfte des 18. Jhs.*, in: *Der ganze Mensch. Anthropologie und Literatur im 18. Jahrhundert*, DFG-Symposion 1992, hg. v. Hans-Jürgen Schings. Stuttgart 1994, S. 96–111.
Adler, Hans, *Fundus Animae – der Grund der Seele. Zur Gnoseologie des „Dunklen" in der Aufklärung*, in: *Deutsche Vierteljahresschrift für Literaturwissenschaft und Geistesgeschichte* 62, 1988, S.197–220.
Adorno, Theodor Wolfgang, *Gesammelte Schriften*, hg. v. Rolf Tiedemann Frankfurt a. M. 1973–1986.
ders., *Soziologische Schriften*, Frankfurt a. M. 1979.
ders., *Negative Dialektik*, 4. Auflage, Frankfurt a. M. 1990.
Apel, Friedmar (Hg.), *Romantische Kunstlehre. Poesie und Poetik des Blicks in der deutschen Romantik*, Frankfurt a. M. 1992.
Arendt, Dieter, *Der 'poetische Nihilismus' in der Romantik. Studien zum Verhältnis von Dichtung und Wirklichkeit in der Frühromantik*, 2 Bde., Tübingen 1972.
Aristoteles, *Ars Rhetorica* ed. Rudolfus Kassel, Berlin, New York 1976.
ders., *De insomniis, de divinatione per somnum*, übers. u. erläutert v. Ph. J. van der Eijk, Berlin 1994.
ders., *Ethica Nicomachea* rec. I. Bywater, Oxford ^{21}1991.
ders., *Problemata Physica*, übers. v. H. v. Flashar, Darmstadt 1962.
Ast, Friedrich, *Grundlinien der Grammatik, Hermeneutik und Kritik*, Landshut 1808.
Athenaeum. Eine Zeitschrift von August Wilhelm Schlegel und Friedrich Schlegel, 3 Bde., Berlin 1798–1900 (Reprograph. Nachdruck Darmstadt 1992).
Bahlow, Hans, *Unsere Vornamen im Wandel der Jahrhunderte*, Limburg 1965.
Bänsch, Dieter, *Zur Modernität der Romantik*, Stuttgart 1977.
Barck, Karlheinz, *Poesie und Imagination. Studien zu ihrer Reflexionsgeschichte zwischen Aufklärung und Moderne*, Stuttgart 1993.
Barth, Bernhard, *Schellings Philosophie der Kunst. Göttliche Imagination und ästhetische Einbildungskraft*, Freiburg 1991.
Barthes, Roland, *Die Lust am Text*, Frankfurt a. M. 1974.
Bärtsch, Hedwig, *Ludwig Tieck: Der blonde Eckbert*, in: *Kunstmärchen. Erzählmöglichkeiten von Wieland bis Döblin*, hg. v. Rolf Tarot, Bern 1993, S. 93–115.
Bauer, Markus, *Melancholie und Memoria. Zur Theorie von Gedächtnisschwund und fixer Idee im 17. Jh.*, in: *Ars memorativa. Zur kulturgeschichtlichen Bedeutung der Gedächtniskunst 1400–1750*, hg. v. Jörg Jochen Berns, Tübingen 1993, S. 313–330.
Bauer, Wolfgang; Dümotz, Irmtraud u. Golowin, Sergius, *Lexikon der Symbole*, 15. Aufl. Wiesbaden 1994.

Baumgarten, Alexander Gottlieb, *Texte zur Grundlegung der Ästhetik*, Hamburg 1983.
Beetz, Manfred, *Nachgeholte Hermeneutik. Zum Verhältnis von Interpretations- und Logiklehren in Barock und Aufklärung*, in: Deutsche Vierteljahresschrift für Literaturwissenschaft und Geistesgeschichte 55, 1981, S. 591–628.
Begemann, Christian, *Eros und Gewissen. Literarische Psychologie in Ludwig Tiecks Erzählung „Der getreue Eckart" und der „Tannenhäuser"*, in: Internationales Archiv für Sozialgeschichte der deutschen Literatur 15, 1990, 2, S. 89–145.
Béguin, Albert, *Traumwelt und Romantik. Versuch über die romantische Seele in Deutschland und in der Dichtung Frankreichs*, hg. v. Peter Grotzer, Bern, München 1972.
Behler, Ernst u. Hörisch, Jochen (Hg.), *Die Aktualität der Frühromantik*, Paderborn 1987.
Behler, Ernst, *Die Poesie in der frühromantischen Theorie der Brüder Schegel*, in: Athenäum 1 (*Jahrbuch für Romantik*, hg. v. Ernst Behler, Jochen Hörisch u. Günter Oesterle), Paderborn 1991, S. 13–40.
ders., *Frühromantik*, Berlin, New York 1992.
ders., *Natur und Kunst in der frühromantischen Theorie des Schönen*, in: Athenäum 2, (*Jahrbuch für Romantik*, hg. v. Ernst Behler, Jochen Hörisch u. Günter Oesterle), Paderborn 1992, S. 7–32.
ders., *Studien zur Romantik und zur idealistischen Philosophie.* Paderborn 1988.
ders., *Unendliche Perfektibilität. Europäische Romantik und französische Revolution*, Paderborn 1989.
ders., *Studien zur Romantik und zur idealistischen Philosophie*, 2 Bde., Paderborn 1988–1993.
Beil, Ulrich J., *Rhetorische 'Phantasia'. Ein Beitrag zur Archäologie des Erhabenen*, in: Arcadia 28, 1993, S. 225–255.
Benjamin, Walter, *Gesammelte Schriften*, hg. v. Rolf Tiedemann u. Hermann Schweppenhäuser, Frankfurt a. M. 1972–1985.
Bennett, Benjamin, *Beyond theory. Eighteenth-century German literature and the poetics of irony*, Ithaca, Cornell Univ. Press 1993.
Bennington, Geoffrey, *Derridabase*, in: *Jacques Derrida. Ein Portrait von Geoffrey Bennington und Jacques Derrida*, Frankfurt a. M. 1994.
Bergk, Johann Adam, *Die Kunst, Bücher zu lesen*, Jena 1799.
Best, Otto F. u. Schmitt, Hans Jürgen (Hg.), *Die deutsche Literatur in Text und Darstellung*, Stuttgart 1980.
Bezold, Raimund, *Popularphilosophie und Erfahrungsseelenkunde im Werk von K. Ph. Moritz*, Würzburg 1984.
Blanckenburg, Christian Friedrich von, *Versuch über den Roman*, Leipzig, Liegnitz 1774.
Bloch, Ernst, *Literarische Aufsätze*, Frankfurt a. M. 1985.

Bodmer, Johann Jakob u. Breitinger, Johann Jakob, *Von dem Einfluß und Gebrauche Der Einbildungs-Krafft*, Frankfurt a. M., Leipzig 1727, in: dies., *Schriften zur Literatur*, hg. v. Volker Meid, Stuttgart 1980 .
Bohn, Volker (Hg.), *Romantik. Literatur und Philosophie*, Frankfurt a. M. 1987.
Bohrer, Karl Heinz (Hg.), *Ästhetik und Rhetorik. Lektüren zu Paul de Man*, Frankfurt a. M. 1993.
ders., *Ästhetik des Schreckens. Die pessimistische Romantik und Ernst Jüngers Frühwerk*, München, Wien 1978.
ders., *Der romantische Brief: die Entstehung ästhetischer Subjektivität*, Frankfurt a. M. 1989.
ders., *Die Kritik der Romantik. Der Verdacht der Philosophie gegen die literarische Moderne*, Frankfurt a. M. 1989.
ders., *Plötzlichkeit. Zum Augenblick des ästhetischen Scheins*, Frankfurt a. M. 1981
ders., *Das Romantisch-Phantastische als dezentriertes Bewußtsein*, in: *Germanistik und Komparatistik*, DFG-Symposion 1993, hg. v. Hendrik Birus, Stuttgart 1995, S. 188–208.
Bong, Jörg, *„Das Unpersönliche es". Zu Karl Philipp Moritz*, in: *Psyche 6*, Stuttgart 1994.
ders., *„Die Auflösung der Disharmonien". Zur Vermittlung von Gesellschaft, Natur und Ästhetik in den Schriften Karl Philipp Moritz`*, Frankfurt a. M. 1993.
Boorhaave, Hermannus, *Aphorismes*, Paris 1745.
Bosse, Heinrich, *The Marvellous and Romantic Semiotics*, in: *Studies in Romaticism* 14, 1975, S. 208–214.
Braun-Biehl, Judith, *Ausschweifendere Geburten der Phantasie: eine Studie zur Idee des „Kindermärchens" bei Tieck, Brentano, Jacob und Willhelm Grimm und E.T.A. Hoffmann*, Diss., Mainz 1990.
Brecht, Christoph, *Die gefährliche Rede. Sprachreflexion und Erzählstruktur in der Prosa Ludwig Tiecks*, Tübingen 1993.
Brednich, Rolf Wilhelm (Hg.), *Enzyklopädie des Märchens. Handwörterbuch zur historischen und vergleichenden Erzählforschung*, Berlin 1987ff .
Breitinger, Johann Jakob, *Critische Dichtkunst* (Zürich 1740), Nachdruck, hg. v. Wolfgang Bender, Stuttgart 1966.
Brittnacher, Hans Richard, *Erregte Lektüre – der Skandal der phantastischen Literatur*, in: *Germanisch-Romanische Monatsschriften* 44, 1994, S. 1–17.
Buchholz, Helmut, *Perspektiven der neuen Mythologie. Mythos, Religion und Poesie im Schnittpunkt von Idealismus und Romantik um 1800*, Frankfurt a. M. 1990.
Bürger, Christa, *Der blonde Eckbert. Tiecks romantischer Antikapitalismus*, in: Joachim Bark (Hg.), *Literatursoziologie*, Bd. 2 (*Beiträge zur Praxis*) Stuttgart 1974.
Cassirer, Ernst, *Die Philosophie der Aufklärung*, Tübingen 1932.

Cazotte, Jacques, *Biondetta, der verliebte Teufel*, Neuübersetzung v. Franz Blei, Berlin 1924.
Chang, Young Eun, '*...zwischen heiteren und gewittrigen Tagen': Tiecks romantische Lustspielkonzeption*, Frankfurt a. M. 1993.
Corkhill, Alan, *The Motif of „Fate" in the Works of Ludwig Tieck*, hg. v. Ulrich Müller, Franz Hundsnurscher, Cornelius Sommer, Stuttgart 1978.
Cunningham, Andrew (Hg.), *Romanticism and the sciences*, Cambridge 1990.
Curtius, Ernst Robert, *Europäische Literatur und lateinisches Mittelalter*, Bern, München 1978.
d'Alembert, Jean Le Rond u. Diderot, Denis (u.a.), *Enzyklopädie. Eine Auswahl*, hg. v. Günter Berger, Frankfurt a. M. 1989.
Davies, J.M.Q., *Eckbert the fair as paradigm*, in: *Journal of the Australian Universities Modern Language Association* 73, 1990, S. 181–189.
Davies, Martin L., *Zwischen Eros und Thanatos: zur Wissenschaftsauffassung der Romantik*, in: Nicholas Saul (Hg.), *Die deutsche literarische Romantik und die Wissenschaften*, München 1991, S. 19–43.
de Man, Paul, *Allegorien des Lesens*, Frankfurt a. M. 1988.
ders., *Die Ideologie des Ästhetischen*, hg. v. Christoph Menke, Frankfurt a. M. 1988.
Delumeau, Jean, *Angst im Abendland*, Hamburg 1985.
Derrida, Jacques, *Die Schrift und die Differenz*, Frankfurt a. M. 1989.
ders., *Die Stimme und das Phänomen. Ein Essay über das Problem des Zeichens in der Philosophie Husserls*, Frankfurt a. M. 1979.
ders., *Grammatologie*, Frankfurt a. M. 1974.
ders., *Mémoires I*; Für P. de Man, Wien 1988.
Descartes, René, *Über die Leidenschaften der Seele*, in: ders., *Philosophische Werke*, Vierte Abteilung, hg. v. Artur Buchenau, Leipzig 3 1911–1922.
Deutsches Wörterbuch, v. Jacob u. Wilhelm Grimm, 33 Bde., Nachdr. München 1984, Bd. 15.
Diekkämper, Birgit, *Formtraditionen und Motive der Idylle in der deutschen Literatur des neunzehnten Jahrhunderts. Bemerkungen zu Erzähltexten von Joseph Freiherr von Eichendorff, Heinrich Heine, Friedrich de la Motte Fouqué, Ludwig Tieck und Adalbert Stifter*, Frankfurt a. M. 1990.
Dilthey, Wilhelm, *Gesammelte Schriften*, hg. v. Martin Redeker u.a., Göttingen 1957–1974.
Dufour, Jean-Fr., *Essai sur les opérations de l'entendement humain et sur les maladies qui les dérangent*, Amsterdam Paris 1770.
Eagleton, Terry, *Ästhetik. Die Geschichte ihrer Ideologie*, Stuttgart 1994.
Eisler, Rudolf, *Kant Lexikon*, 4. unv. Nachdr. der Ausg., Berlin 1930, Hildesheim 1994.
Eliade, Mircea, *Geschichte der religiösen Ideen*, Freiburg i.Br. 1991–1994.
Ellenberger, H.L., *The Discovery of the Unconscious*, 2 Bde., New York, 1970.
Ellis, John Martin, *„Der blonde Eckbert"*, in: ders., *Narration in the German Novelle. Theory and Interpretation*, Cambridge 1974.

Engel, Manfred, *Der Roman der Goethezeit*. Bd. 1: *Anfänge in Klassik und Frühromantik. Transzendentale Geschichten*, Stuttgart 1993.

Esselborn, Hans, *Der 'Nihilismus' in Ludwig Tiecks 'William Lovell'. Ein Beitrag zur Gattungsfrage*, in: *Wirkendes Wort* 40, 1990, S. 4–22.

Ewton, Ralph W. Jr., *Childhood without End: Tieck's „Der Blonde Eckbert"*, in: *The German Quarterly* 46, 1973, S. 410–427.

ders., *Life and Death of the Body in Tieck's „Der Runenberg"*, in: *The Germanic Review* 50, 1975, S. 19–33.

Falkenberg, Hans Geert, *Strukturen des Nihilismus im Frühwerk Ludwig Tiecks*, Diss., Göttingen 1957.

Fetzer, John Francis, *Romantic irony*, in: *European romanticism. Literary crosscurrents, modes and models*, ed. by Gerhart Hoffmeister, Detroit 1990, S.19–36.

Fichte, Johann Gottlieb, *Sämtliche Werke*, hg. v. Immanuel Hermann Fichte, Berlin 1845/1846 (Nachdruck Berlin 1971).

Fink, Gonthier-Louis, *Tiecks dualistische Märchenwelt*, Thèse complémentaire, Paris 1967.

ders., *Le conte fantastique de Tieck*, in: *Recherches Germaniques* 4, 1974, S. 71–94.

ders., *Naissance et apogée du conte merveilleux en Allemagne 1740–1800*. Paris 1966.

Foucault, Michel, *Schriften zur Literatur*, Frankfurt a. M. 1991.

ders., *Sexualität und Wahrheit I, Der Wille zum Wissen*, Frankfurt a. M. 1983.

ders., *Wahnsinn und Gesellschaft*, Frankfurt a. M. 101993.

Frank, Manfred, *Das Problem Zeit in der deutschen Romantik. Zeitbewußtsein und Bewußtsein von Zeitlichkeit in der frühromantischen Philosophie und in Tiecks Dichtung*, Paderborn 1990.

ders., *Das Sagbare und das Unsagbare*, erw. Neuausg., Frankfurt a. M. 1990.

ders., *Die Philosophie des sogenannten 'magischen Idealismus'*, in: *Euphorion* 63, 1969, S. 88–116.

ders., *Einführung in die frühromantische Ästhetik*, Vorlesungen, Frankfurt a. M. 1989.

ders., *Einleitung zu Schleiermacher*, in: Friedrich Daniel Ernst Schleiermacher, *Hermeneutik*, hg. v. Manfred Frank, Frankfurt a. M. 1977.

ders., *Kommentar*, in: Tieck, *Phantasus*, hg. v. M. Frank, Frankfurt a. M. 1986, S. 1254–1260.

ders., *Philosophische Grundlagen der Frühromantik*, in: *Athenäum* 4 (*Jahrbuch für Romantik*, hg. v. Ernst Behler, Jochen Hörisch u. Günter Oesterle), Paderborn 1994, S. 37–130.

Freud, Sigmund, *Gesammelte Werke*, hg. v. Anna Freud, Frankfurt a. M. 1969–1993.

ders., *Studienausgabe*, hg. v. Alexander Mitscherlich u.a., Frankfurt a. M., 9. korrig. Auflage 1994.

Freund, Winfried, *Literarische Phantastik: die phantastische Novelle von Tieck bis Storm*, Stuttgart, Berlin, Köln 1990.

Frick, Werner, *Providenz und Kontingenz. Untersuchungen zur Schicksalssemantik im deutschen und europäischen Romans des 17. u. 18. Jahrhunderts*, Tübingen 1986–1996.

Frickmann, Sybille, *Erfahrungsseelenkunde, K. Ph. Moritz' Beitrag zur Entwicklung der empirischen Psychologie im Kontext zeitgenössischer psychologischer und literarischer Texte*, Diss., Abstracts International 1989.

Fries, Thomas, *Ein romantisches Märchen: „Der blonde Eckbert" von Ludwig Tieck*, in *Modern Language Notes* 88, 1973, S. 1204–1206.

Fuchs, Peter, *Die Form romantischer Kommunikation*, in: *Athenäum 3 (Jahrbuch für Romantik*, hg. v. Ernst Behler, Jochen Hörisch u. Günter Oesterle), Paderborn 1993, S. 199–222.

Gadamer, Hans Joachim u. Boehm, Gerhard, *Seminar: Philosophische Hermeneutik*, Frankfurt a. M. 1977.

Gadamer, Hans Joachim, *Dekonstruktion und Hermeneutik*, in: *Philosophie und Poesie*, Bd. 1, Stuttgart 1988.

ders., *Gesammelte Werke*, Tübingen 1986–1995.

Garber, Frederick (Hg.), *Romantic irony*, Budapest 1988.

Garmann, Gerburg, *Die Traumlandschaften Ludwig Tiecks. Traumreise und Individuationsprozeß aus romantischer Perspektive*, Opladen 1989.

Gehlen, Arnold, *Über die Geburt der Freiheit aus der Entfremdung*, in: *Archiv für Rechts- und Sozialphilosophie* Bd. 40, 1952/53.

Geisler, Siegmund, *Entgrenzte Wirklichkeit: E.T.A. Hoffmann „Der goldene Topf" und Ludwig Tieck „Der blonde Eckbert"*, Stuttgart 1987.

Gellinek, Janis L., *„Der blonde Eckbert": A Tieckean Fall from paradise*, in: *Lebendige Form. Interpretationen zur deutschen Literatur. Festschrift für Herinrich E.K. Henel*, hg. v. Jeffrey L. Sammons und Ernst Schürer, München 1970.

Gemünden, Gerd, *Die hermeneutische Wende. Disziplin und Sprachlosigkeit nach 1800*, New York 1990.

Gerabek, Werner E., *Die Metamorphose des Mesmerismus: von der aufklärerischen Heilmethode zum Motiv in der romantischen Literatur*, in: *Licht der Natur. Medizin in Fachliteratur und Dichtung. Festschrift für Gundolf Keil zum 60. Geburtstag*, hg. v. Josef Domes, Göppingen 1994, S. 101–127.

Gillespie, Gerald, *The devil's art*, in: *European romanticism. Literary crosscurrents, modes and models*, ed. by Gerhart Hoffmeister, Detroit 1990, S. 77–95.

Goethe, Johann Wolfgang u. Schiller, Friedrich, *Der Briefwechsel zwischen Goethe und Schiller*, hg. v. Siegfried Seidel, Bd. 2, München 1984.

Goethe, Johann Wolfgang, *Sämtliche Werke*, hg. v. Karl Richter, München 1985ff.

Gold, Helmut, *Erkenntnisse unter Tage. Bergbaumotive in der Literatur der Romantik*, Opladen 1990.
Görner, Rüdiger, *Schattenrisse und andere Ansichten vom Ich. Zur Identitätsproblematik als ästhetischem Gegenstand romantischen Bewußtseins*, in: Nicholas Saul (Hg.), *Die deutsche literarische Romantik und die Wissenschaften*. München 1991. S. 1–18.
Gould, Robert, *Tieck's „Des Lebens Überfluß" as a self-concious text*, in: Seminar 26, 1990, S. 237–255.
Grams, Wolfgang, *Karl Philipp Moritz. Eine Untersuchung zum Naturbegriff zwischen Aufklärung und Romantik*, Opladen 1992.
Greiner, Bernhard, *Pathologie des Erzählens. Tiecks Entwurf der Dichtung im „Blonden Eckbert"*, in: *Der Deutschunterricht* 39, 1987, S. 111–123.
Grimminger, Rolf, *Aufklärung, Absolutismus und bürgerliche Individuen*, in: *Hansers Sozialgeschichte der deutschen Literatur*, Bd. 3, *Deutsche Aufklärung bis zur französischen Revolution 1680–1789*, hg. v. Rolf Grimminger, München 1980.
ders., *Die Ordnung, das Chaos und die Kunst. Für eine neue Dialektik der Aufklärung*, Frankfurt a. M. 1986.
Grondin, Jean, *Einführung in die philosophische Hermeneutik*, Darmstadt 1991.
Groppe, Sabine, *Das Ich am Ende des Schreibens. Autobiographisches Erzählen im 18. und frühen 19. Jahrhundert*, Würzburg 1990.
Grüning, Uwe; Schultz, Hartwig; Härtl, Heinz (Hg.), *Befreundet mit diesem romantischen Tal. Beiträge zum Romantikerkreis in Jena*, Jena 1993.
Haenicke, Diether, *Ludwig Tieck und „Der blonde Eckbert"*, in: *Vergleichern und Verändern. Festschrift für Helmut Motekat*, hg. v. Albrecht Goetze u. Günther Pflaum, München 1970.
Hamacher, Werner, *Der Satz der Gattung: Friedrich Schlegels poetologische Umsetzung von Fichtes unbedingtem Grundsatz*, in: *Modern Language Notes* 95, 1980, S. 1155–1180.
ders., *Unlesbarkeit*, in: Paul de Man, *Allegorien des Lesens*, Frankfurt a. M. 1988, S. 7–26.
Härtl, Heinz, *'Athenäum'-Polemiken*, in: *Debatten und Kontroverse. Literarische Auseinandersetzungen in Deutschland am Ende des 18. Jahrhunderts*, Bd. 2, hg. v. Hans-Dietrich Dahnke, Berlin 1989, S. 246–357.
Hegel, Georg Wilhelm Friedrich, *Werke*, hg. v. Eva Moldenhauer u. Karl Markus Michel, Frankfurt a. M. 1969–79.
Heilmann, Markus, *Die Krise der Aufklärung als Krise der Erzählens. Tiecks 'William Lovell' und der europäische Briefroman*, Stuttgart 1992.
Heindrichs, Ursula u. Heindrichs, Heinz-Albert, *Die Zeit im Märchen*, Kassel 1989.
Heine, Heinrich, *Sämtliche Schriften*, hg. v. Klaus Briegleb, München 1971.
Heinisch, Klaus Joachim, *Ludwig Tieck: Der blonde Eckbert*, in: ders., *Deutsche Romantik. Interpretationen*, Paderborn 1966.

Hellge, Rosemarie, *Motive und Motivstrukturen bei Ludwig Tieck*, Göppingen 1974.
Hemmer, Heinrich, *Die Anfänge Tiecks und seiner dämonisch-schauerlichen Dichtung*, Berlin 1910.
Henckmann, Wolfhart u. Lotter, Konrad (Hg.), *Lexikon der Ästhetik*, München 1992.
Herder, Johann Gottfried, *Werke in zehn Bänden*, hg. v. Martin Bollacher, Frankfurt a. M. 1985f.
Herrmann, Hans Peter, *Naturnachahmung und Einbildungskraft. Zur Entwicklung der deutschen Poetik von 1670 bis 1740*, Bad Homburg v.d.H., Berlin, Zürich 1970.
Herz, Marcus, *Versuch über den Schwindel*, zweyte umgeänderte und vermehrte Auflage, Berlin 1791 (Erstausgabe Berlin 1786).
Hillmann, Heinz, *Ludwig Tieck*, in: *Deutsche Dichter der Romantik. Ihr Leben und Werk*, hg. v. Benno von Wiese, Berlin 1971.
Hirbawi, Angelika, *Rollenspiel in der psychologischen Erzählliteratur im Umkreis von Spätempfindsamkeit und Frühromantik. Untersuchungen zu „Anton Reiser" von Karl Philipp Moritz, zum Frühwerk. Tiecks und zu den „Nachtwachen von Bonaventura"*, Trier 1989.
Hirsch, Immanuel, *Beisetzung der Romantiker in Hegels Phänomenologie*, in: *Materialen zu Hegels „Phänomenologie des Geistes"*, hg. v. H.F. Fulda u. Dieter Henrich, Frankfurt a. M. 1973.
Hoffmann, Friedrich, *Medicina rationales systematica*, 4 Bde., Halle 1718–1739.
Hogarth, William, *The analysis of beauty*, London 1753.
Hölter, Achim, *Tiecks Klopstock-Bild und seine „Kritik der Messiade. Edition und Kommentar*, 2 Theile, in: *Jahrbuch des Freien Deutschen Hochstifts* 1987, S. 197–227.
ders., *Der junge Tieck*, in: *Ludwig Tieck, Schriften 1789–1794, (Tiecks Frühwerk)*, hg. v. Achim Hölter, Frankfurt a. M. 1991.
ders., *Ludwig Tieck – Literaturgeschichte als Poesie*, Heidelberg 1989 (Beihefte zum Euphorion 24).
ders., *Ludwig Tieck als Literaturhistoriker. Strukturen einer poetischen Literaturgeschichte*, Wuppertal 1988.
Hoock-Demarle, Marie-Claire, *Von der Chronik zur Fiktion. Lehrjahre des deutschen Romans am Ende des 18. Jahrhunderts*, in: *Die Fürstliche Bibliothek Corvey*, S. 112–123.
Horch, Hans Otto u. Schulz, Georg-Michael, *Das Wunderbare und die Poetik der Frühaufklärung*, Darmstadt 1988.
Hörisch, Jochen, *Die andere Goethezeit. Poetische Mobilmachung des Subjekts um 1800*, München 1992.
Horkheimer, Max, *Gesammelte Schriften*, hg. v. Alfred Schmidt u. Gunzelin Schmidt-Noerr, Frankfurt a. M. 1985–1996.

Horn, Gisela, *'Ein solches ewiges Concert von Witz und Poesie und Kunst und Wissenschaft...' Ansichten der Jenaer Frühromantik,* in: *Cahiers d'Études Germaniques* 22, 1992, S. 145–159.
Hubert, Ulrich, *Karl Philipp Moritz und die Anfänge der Romantik, Tieck – Wackenroder – Jean Paul – Friedrich und August Wilhelm Schlegel,* Frankfurt a. M. 1971.
Hübner, Chr. Frieder, *Coenaesthesis, dissertatio (...) quam praeside J.C. Reil, progradu doctoris defendit,* Halle 1794.
Huff, Steven R., *'Und man in Märchen und Gedichten erkennt die wahren Weltgeschichten': recent voices on romanticism,* Review article, in: *Monatshefte* 84, 1992, S. 91–96.
Hunger, Herbert, *Lexikon der griechischen und römischen Mythologie,* Wien 1959.
Immerwahr, Raymond, *„Der blonde Eckbert" as a Poetic Confession,* in: *The German Quarterly* 34, 1961, S. 103–117.
Ingen, Ferdinand van, *Jacob Böhmes Begriff der Imagination,* in: *Daphnis* 22, 1993, S. 515–530.
Ito, Shuichi, *Eine eigene Sprache? Ludwig Tiecks Konzeption des poetischen Ausdrucks,* in: *Zeitschrift für deutsche Philologie* 110, 1991, S. 531–550.
Jablonski, Johann Theodor, *Allgemeines Lexicon der Künste und Wissenschaften...zusammengetragen von einem Mitglied der Kön. Preuß. Socitaet der Wissenschaft,* Leipzig 1721.
Jacobs, Carol, *Uncontainable romanticism. Shelley, Brontë, Kleist,* Baltimore 1989.
Jaeschke, Walter u. Holzhey, Helmut (Hg.): *Früher Idealismus und Frühromantik. Der Streit um die Grundlagen der Ästhetik (1795–1805),* Hamburg 1990–1995.
James, Robert, *Dictionnaire universel de médecine* (frz. Übersetzung v. Denis Diderot), 6 Bde., Paris 1746–1748.
Jamme, Christoph u. Kurz, Gerhard (Hg.), *Idealismus und Aufklärung. Kontinuität und Kritik der Aufklärung in Philosophie und Poesie um 1800,* Stuttgart 1988.
Jean Paul, *Werke,* hg. v. Norbert Müller, München Wien [5]1987.
Jünger, Ernst, *Das Abenteuerliche Herz. Aufzeichnungen bei Tag und bei Nacht,* Hamburg 1928.
Kamper, Dietmar (Hg.), *Macht und Ohnmacht der Phantasie,* Darmstadt, Neuwied 1986.
ders., *Zur Geschichte der Einbildungskraft,* Reinbek 1990.
Kant, Immanuel, *Werke in zehn Bänden,* hg. v. Wilhelm Weischedel, Darmstadt 1983.
Käuser, Andreas, *Physiognomik und Roman im 18. Jahrhundert,* Frankfurt a. M. 1989.
Kershner, Sybille, *Karl Philipp Moritz und die „Erfahrungsseelenkunde". Literatur und Psychologie im 18. Jahrhundert,* Herne 1991.

Kestenholz, Claudia, *Die Sicht der Dinge. Metaphorische Visualität und Subjektivitätsideal im Werk von K. Ph. Moritz*, München 1987.

Kilb, Andreas, *Die allegorische Phantasie. Zur Ästhetik der Postmoderne*, in: *Postmoderne: Alltag, Allegorie und Avantgarde*, hg. v. Christa u. Peter Bürger, Frankfurt a. M. 1987, S. 84–113.

Kittler, Friedrich A. (Hg.), *Austreibung des Geistes aus den Geisteswissenschaften*, Paderborn, München, Wien, Zürich 1980.

ders., *Aufschreibesysteme 1800/1900*, München 1985.

Kleinschmidt, Erich, *Sprache und Gefühle. Geschlechterdifferenz und Affekt in der Sprachpoetik des 18. Jhs.*, in: *Arcadia* 29, 1994, S. 1–19.

Klett, Dwight A., *Tieck-Rezeption. Das Bild Ludwig Tiecks in den deutschen Literaturgeschichten des 19. Jahrhunderts*, Heidelberg 1989.

ders., *Ludwig Tieck. An annotated guide to research*, New York 1993.

Klibansky, Raymond; Panofsky, Erwin; Saxl, Fritz (Hg.), *Saturn und Melancholie. Studien zur Geschichte der Naturphilosophie und Medizin, der Religion und der Kunst*, Frankfurt a. M. 1990.

Klinger, Cornelia, *Romantik und neue soziale Bewegungen*, in: *Athenäum* 3 (*Jahrbuch für Romantik*, hg. v. Ernst Behler, Jochen Hörisch u. Günter Oesterle), Paderborn 1993, S. 223–244.

Klotz, Volker, *Das europäische Kunstmärchen, 25 Kapitel seiner Geschichte von der Renaissance bis zur Moderne*, Stuttgart 1985.

Kluge, Friedrich, *Etymologisches Wörterbuch der deutschen Sprache*, 22. Aufl., völlig neu bearbeitet v. Elmar Seebold, Berlin, New York 1989.

Klussmann, Paul Gerhard, *Andachtsbilder. Wackenroders ästhetische Glaubenserfahrung und die romantische Bestimmung des Künstlertums*, in: *Festschrift für Friedrich Kienecker*, hg. v. G. Michels, Heidelberg 1980, S. 69–95.

ders., *Die Zweideutigkeit des Wirklichen in Ludwigs Tiecks Märchennovellen*, in: *Zeitschrift für deutsche Philologie* 83, 1964, S. 426–452.

Koch, Manfred, *Mnemotechnik des Schönen. Studien zur poetischen Erinnerung in Romantik und Symbolismus*, Tübingen 1988.

Kohlschmidt, Werner, *Nihilismus der Romantik*, in: ders., *Form und Innerlichkeit. Beiträge zur Geschichte und Wirkung der deutschen Klassik und Romantik*, München 1955, S. 157–176.

Köpke, Rudolf, *Ludwig Tieck. Erinnerungen aus dem Leben des Dichters nach dessen mündlichen und schriftlichen Mittheilungen*, 2 Teile, Leipzig 1855, Reprint Darmstadt 1970.

Korff, Herrmann August, *Geist der Goethezeit*, Bd. 3, *Frühromantik*, Leipzig 1940.

Kremer, Detlef, *Die Schrift des „Runenbergs". Literarische Selbstreflexion in Tiecks Märchen*, in: *Jean Paul-Jahrbuch* 24, 1989, S. 117–144.

Kreuzer, Ingrid, *Märchenform und individuelle Geschichte. Zu Text- und Handlungsstrukturen in Werken Ludwig Tiecks zwischen 1790 und 1811*, Göttingen 1983.

Krogoll, Johannes, *Reflexion – Utopie – Ideologie. Wandel romantischen Denkens zwischen 1795 und 1815*, in: Zeitschrift für Germanistik, Beih. 1, 1993, S. 21–38.

Krug, Hans-Jürgen, *Der Schwindel und das Trübe. Dynamische Prinzipien der Ästhetik und Kreativität*, in: Selbstorganisation 4, Berlin 1993, S. 155–183.

Kunz, Josef, *Die deutsche Novelle zwischen Klassik und Romantik*, Berlin 1992.

Kurzke, Hermann, *Die Wende von der Frühromantik zur Spätromantik. Fragen und Thesen*, in: Athenäum 2 (Jahrbuch für Romantik, hg. v. Ernst Behler, Jochen Hörisch u. Günter Oesterle), Paderborn 1992, S. 165–177.

Lambrecht, Horst, *Proteus und das Kontinuum. Anmerkungen zum Umgang mit dem Geschichtlichen bei Ludwig Tieck*, in: Germanistik-Jahrbuch der DDR 9, 1990, S. 171–184.

Lange, Victor, *Zur Gestalt des Schwärmers im deutschen Roman des 18. Jahrhunderts*, in: Herbert Singer u. Benno von Wiese (Hg.), *Festschrift für Richard Alewyn*, Köln 1967.

Lange, Wolfgang, *Der kalkulierte Wahnsinn. Innenansichten ästhetischer Moderne*, Frankfurt a. M. 1992.

Laplanche, Jean u. Pontalis, J.-B., *Das Vokabular der Psychoanalyse*, Frankfurt a. M. 121994.

Lenz, Jakob Michael Reinhold, *Werke und Briefe in drei Bänden*, hg. v. Sigrid Damm, München Wien 1987.

Lepenies, Wolf, *Melancholie und Gesellschaft*, Frankfurt a. M. 1969.

Lessing, Gotthold Ephraim, *Briefwechsel mit Moses Mendelssohn und Friedrich Nicolai über die Tragödie, aus den Jahren 1756 und 1757*, in: *Briefwechsel über das Trauerspiel*, hg. u. kommentiert v. Jochen Schulte-Sasse, München 1972.

ders., *Werke*, hg. v. Herbert G. Göpfert, München 1970–1979.

Liedke, Otto K., *Tiecks „Der blonde Eckbert": Das Märchen von Verarmung und Untergang*, in: The German Quarterley 44, 1971, S. 311–316.

Lieutaud, Joseph, *Précis de médecine pratique*, 2 Bde., Paris 1759.

Lillyman, William John: *Reality's Dark Dream. The Narrative Fiction of Ludwig Tieck*, Berlin 1979.

ders., *The Enigma of „Der blonde Eckbert": The Significance of the End*, in: Seminar 7, 1971.

Littlejohns, Richard, *Der Rutsch in die Fiktion: Renaissancekunst und Renaissancekünstler in Tiecks 'Franz Sternbalds Wanderungen'*, in: Romantik und Renaissance. Die Rezeption der italienischen Renaissance in der deutschen Romantik, hg. v. Silvio Vietta, Stuttgart 1994.

Locke, John, *Versuch über den menschlichen Verstand*, hg. v. C. Winckler, 2 Bde. 1911–13, Neudr. Hamburg 41981.

Loquai, Franz, *Künstler und Melancholie in der Romantik*, Frankfurt 1984.

Lütkehaus, Ludger, *„Dieses wahre innere Afrika" – Texte zur Entdeckung des Unbewußten vor Freud*, Frankfurt a. M. 1989.

Maillard, Christine, *Gespaltene Welt, integrierte Welt: Ludwig Tieck. Zur Problematik der Individuation in den Märchen und in der Novelle „Waldeinsamkeit"*, in: Recherches Germaniques 23, 1993, S. 63–91.

Marquard, Odo, *Zur Bedeutung der Theorie des Unbewußten für eine Theorie der nicht mehr schönen Künste*, in: *Die nicht mehr schönen Künste, Grenzphänomene des Ästhetischen*, hg. v. H. R. Jauß, München 1986 (*Poetik und Hermeneutik*).

Mathy, Dietrich, *Zur frühromantischen Selbstaufhebung des Erhabenen im Schönen*, In: *Das Erhabene. Zwischen Grenzerfahrung und Größenwahn*, hg. v. Christiane Pries, Weinheim 1989, S. 143–160.

Mattenklott, Gert, *Melancholie in der Dramatik des Sturm und Drang*, Stuttgart 1968.

Maurer, Karl u. Wehle, Winfried (Hg.), *Romantik. Aufbruch zur Moderne*, München 1991.

Meier, Georg Friedrich, *Anfangsgründe aller schönen Wissenschaften*, Nachdruck der Ausgabe Halle 1754–1759, 3 Bde., Hildesheim, New York 1976.

ders., *Versuch einer allgemeinen Auslegekunst*, Neudruck der Ausgabe Halle 1957, mit einer Einleitung v. L. Geldsetzer, Düsseldorf 1965.

Menninghaus, Winfried, *Lob des Unsinns. Über Kant, Tieck und Blaubart*, Frankfurt a. M. 1995.

ders., *Unendliche Verdopplung. Die frühromantische Grundlegung der Kunsttheorie im Begriff absoluter Selbstreflexion*, Frankfurt a. M. 1987.

Minder, Robert, *Glaube, Skepsis, Rationalismus*, Frankfurt a. M. 1973.

ders., *Un poète romantique allemand. Ludwig Tieck (1773–1853)*, Paris 1936.

Moritz, Karl Philipp, *Unterhaltungen mit meinen Schülern*, Berlin 1782.

ders., *Werke*, 3 Bde., hg. v. Horst Günther, Frankfurt a. M. 1981.

ders., *Schriften zur Ästhetik und Poetik*, ausgew. u. hg. v. Hans Joachim Schrimpf, Tübingen 1962.

ders., *ΓΝΩΘΙ ΣΑΥΤΟΝ oder MAGAZIN ZUR ERFAHRUNGSSEELENKUNDE als ein Lesebuch für Gelehrte und Ungelehrte. Mit Unterstützung mehrerer Wahrheitsfreunde herausgegeben von Karl Philipp Moritz* (10 Bde., Berlin 1783 bis 1793, 1790 erschien kein Band), Nachdr., hg. v. Petra u. Uwe Nettelbeck, 10 Bde., Nördlingen 1986.

Muderlak, Astrid, *Das Magazin zur Erfahrungsseelenkunde und die Technik der Psychoanalyse*, München 1990.

Mücke, Dorothea von, *Unheimliche Verdopplungen. Zur Ökonomie der Kunst in der romantisch-fantastischen Literatur*, in: Germanistik und Komparatistik, DFG-Symposion 1993, hg. v. Hendrik Birus, Stuttgart 1995, S. 160–187.

Müller, Lothar, *Die kranke Seele und das Licht der Erkenntnis. Karl Philipp Moritz' Anton Reiser*, Frankfurt a. M. 1987.

Müller, Robert, *K. Ph. Moritz und die dichterische Phantasie*, in: *Deutsche Dichter der Klassik und Romantik*, Wien 1976.
Müller-Dyes, Klaus, *Der Schauerroman und Ludwig Tieck . Über die dichterische Fiktion im „Blonden Eckbert" und „Runenberg". Ein Beitrag zur Wechselbeziehung von Trivialliteratur und Dichtung*, Göttingen 1966.
Münz, Walter, *Individuum und Symbol in Tiecks 'William Lovell'. Materialien zum frühromantischen Subjektivismus*, Bern, Frankfurt a. M. 1975.
Nassen, Ulrich, *Trübsinn und Indigestion – Zum medizinischen und literarischen Diskurs über Hypochondrie im 18. Jahrhundert*, in: *FUGEN*, 1, 1980, S. 171–186.
Neumann, Michael, *Unterwegs zu den Inseln des Scheins. Kunstbegriff und literarische Form in der Romantik von Novalis bis Nietzsche*, Frankfurt a. M. 1991.
Nietzsche, Friedrich, *Sämtliche Werke. Kritische Studienausgabe in 15 Bänden*, hg. v. Giorgio Colli u. Mazzino Montinari, München, Berlin, New York 1980.
ders., *Werke in drei Bänden*, hg v. Karl Schlechta, München 1963–1965.
Nottelmann-Feil, Mara: *Ludwig Tiecks Rezeption der Antike. Literarische Kritik und Reflexion griechischer und römischer Dichtung im theoretischen und poetischen Werk Tiecks*, Bern, New York, Frankfurt a. M. 1996.
Novalis, *Schriften*, hg. v. Richard Samuel in Zusammenarbeit mit Hans-Joachim Mähl u. Gerhard Schulz, Stuttgart 1960–1988.
ders., *Werke*, hg. v. Ewald Wasmuth, Heidelberg 1953–1957.
O'Brien, William Arctander, *Herstellung eines Mythos: Novalis' 'Schriften' in der redaktionellen Bearbeitung von Tieck und Schlegel*, in: *Zeitschrift für deutsche Philologie* 111, 1992, S. 161–180.
Oesterle, Günther, *Juden, Philister und romantische Intellektuelle. Überlegungen zum Antisemitismus in der Romantik*, in: *Athenäum 2 (Jahrbuch für Romantik*, hg. v. Ernst Behler, Jochen Hörisch u. Günter Oesterle), Paderborn 1992, S. 55–89.
Oesterle, Ingrid, *Romantische Poesie der Poesie der Apokalypse. Neue Kunst, neue Mythologie und Apokalyptik in der Heidelberger Romantik und im Spätwerk Friedrich Schlegels*, in: *Poesie der Apokalypse*, hg. v. Gerhard R. Kaiser, Würzburg 1991, S. 103–128.
dies., *Verbale Präsenz und poetische Zurücknahmen des literarischen Schauers. Nachweise zur ästhetischen Vermitteltheit des Fatalismusproblems in Georg Büchners „Woyzeck"*, in: *Georg Büchner Jahrbuch* 3, 1983, S. 168–199.
Oswald, Ellen, *Figuren der Melancholie. Ludwig Tiecks „William Lovell" im Kontext von Erfahrungsseelenkunde und Pädagogik*, Bern, Frankfurt a. M., New York, Paris 1992.
Ottmann, Dagmar, *Angrenzende Rede. Ambivalenzbildung und Metonymisierung in Ludwig Tiecks späten Novellen*, Tübingen 1990.

Pankau, Johannes G., *Unendliche Rede. Zur Formulierung des Rhetorischen in der deutschen Romantik*, Oldenburg 1990.

Paulin, Roger, *Fairy stories for very sophisticated children: Ludwig Tieck's Phantasus*, in: Bulletin of the John Rylands University Library of Manchester, 76,3, Manchester 1994, S. 59–68.

ders., *Ludwig Tieck. Eine literarische Biographie*, München 1988.

ders., *Ludwig Tieck*, Stuttgart 1987.

Petersen, Jürgen H., *Erzählsysteme. Eine Poetik epischer Texte*, Stuttgart 1993.

Pfotenhauer, Helmut, *Karl Philipp Moritz. „Erfahrungsseelenkunde" als Literatur*, in: ders., *Literarische Anthropologie. Selbstbiographien und ihre Geschichte – am Leitfaden des Leibes*, Stuttgart 1987.

ders., *Um 1800. Konfiguration der Literatur, Kunstliteratur und Ästhetik*, Tübingen 1991.

Picard, Hans Rudolf, *Der Geist der Erzählung. Dargestelltes Erzählen in literarischer Tradition*, Bern 1987.

Pikulik, Lothar, *Frühromantik. Epoche – Werke – Wirkung*, München 1992.

ders., *Romantik als Ungenügen an der Normalität. Am Beispiel Tiecks, Hoffmanns, Eichendorffs*, Frankfurt a. M. 1979.

Pinel, Philippe, *Traité médico-philosophique sur l'aliénation mentale ou la manie*, Paris An. IX.

Platon, *Sämtliche Werke in zwei Bänden*, übers. v. Friedrich Schleiermacher, Wien 1925.

Pope, Alexander, *An essay on man, Epistle II*, in: ders., *The poems of Alexander Pope*, ed. by John Butt, vol. III.1, ed. by Maynard Mack, London 1950.

Pöschel, Burkhard, *„Im Mittelpunkt der wunderbarsten Ereignisse". Versuche über die literarische Auseinandersetzung mit der gesellschaftlichen Moderne im erzählerischen Spätwerk Ludwig Tiecks*, Bielefeld 1994.

Prang, Helmut, *Die romantische Ironie*, Darmstadt 1972.

Preisendanz, Wolfgang, *Die geschichtlicher Ambivalenz narrativer Phantastik der Romantik*, in: Athenäum 2 (Jahrbuch für Romantik, hg. v. Ernst Behler, Jochen Hörisch u. Günter Oesterle), Paderborn 1992, S. 117–129.

ders., *Zur Poetik der deutschen Romantik. Die Abkehr vom Grundsatz der Naturnachahmung*, in: *Die deutsche Romantik: Poetik, Formen und Motive*, hg. v. Hans Steffen, Göttingen 1967.

Preisler, Horst L., *Gesellige Kritik. Ludwig Tiecks kritische, essayistische und literaturhistorische Schriften*, Stuttgart 1992.

Rambach, Friedrich Eberhard, *Die eiserne Maske. Eine schottische Geschichte*, Frankfurt a. M., Leipzig 1792.

Rambach, Johann Jacob, *Erläuterung über seine eigenen Institutiones, Hermeneuticae Sacrae*, hg. v. Ernst Friedrich Neubauer, Gießen 1738.

Rath, Wolfgang, *Ludwig Tieck: Das vergessene Genie*, Paderborn 1996.

Rattner, Norbert (Hg.), *Vorläufer der Tiefenpsychologie*, Wien, München, Zürich 1983.

Rau, Peter, *Identitätserinnerung und ästhetische Rekonstruktion. Studien zum Werk Karl Philipp Moritz*, Frankfurt a. M. 1983.
Reijen, Willem van (Hg.), *Allegorie und Melancholie*, Frankfurt a. M. 1992.
Reil, Johann Christian, *Über die Erkenntniß und Cur der Fieber*, Bd. 4, *Nervenkrankheiten (1805)*, 2. Auflage, Halle 1799–1805.
Reimarus, Hermann Samuel, *Die Vernunftlehre, als eine Anweisung zum richtigen Gebrauch der Vernunft in der Erkenntniß der Wahrheit*, Hamburg 1756.
Reiss, Hans, *Die Einbürgerung der Ästhetik in der deutschen Sprache des achtzehnten Jahrhunderts oder Baumgarten und seine Wirkung*, in: *Schiller-Jahrbuch* 37, 1993, S. 109–138.
Rek, Klaus, *Das Dichterleben des Ludwig Tieck*, Berlin 1991.
Rhetorik. Ein internationales Handbuch, hg. v. Joachim Dyck, Walter Jens, Gert Ueding, Tübingen 1986.
Ribbat, Ernst, *Die Französische Revolution im Werk Ludwig Tiecks*, in: *Germanica Wratislaviensia* 80, 1990, S. 109–118.
ders., *Ludwig Tieck. Studien zur Konzeption und Praxis romantischer Poesie*, Kronberg/Ts. 1978.
ders., *Ludwig Tieck: Franz Sternbalds Wanderungen*, in: *Romane des 19. Jh.* Stuttgart 1992, S. 7–35.
Ricoeur, Paul, *Die Interpretation. Ein Versuch über Freud*, Frankfurt a. M. 1969.
Rieder, Joachim, *Offenbarung und Einbildungskraft. Studien zum Bildungsgang der Jenaer Romantiker*, Pfaffenweiler 1990.
Rosenkranz, Karl, *Ludwig Tieck und die romantische Schule*, in: *Ludwig Tieck*, hg. v. Wulf Segebrecht, Darmstadt 1976.
Saul, Nicholas (Hg.), *Die deutsche literarische Romantik und die Wissenschaften*, München 1991.
Schelling, Friedrich Wilhelm Joseph, *Initia philosophiae universae. Erlanger Vorlesungen WS 1820/21*, hg. v. Horst Fuhrmans, Bonn 1969.
ders., *Ausgewählte Schriften*, Frankfurt a. M. ²1995.
ders., *Sämmtliche Werke*, hg. v. F.W.J. Schelling, Stuttgart, Augsburg 1856–61.
Schiller, Friedrich, *Sämtliche Werke*, hg. v. Gerhard Fricke u. Herbert Georg Göpfert, München 1960–1969.
ders., *Werke (Nationalausgabe)*, hg. v. Julius Petersen, Gerhard Fricke, Hermann Schneider, Norbert Oellers, Weimar 1943–1986.
Schings, Hans-Jürgen, *Melancholie und Aufklärung. Melancholiker und ihrer Kritiker in Erfahrungsseelenkunde und Literatur des 18. Jahrhunderts*, Stuttgart 1977
Schlaffer, Heinz, *Poesie und Wissen. Die Entstehung des ästhetischen Bewußtseins und der philologischen Erkenntnis*, Frankfurt a. M. 1990.
ders., *Roman und Märchen. Ein formtheoretischer Versuch über Tiecks Blonden Eckbert*, in: Wulf Segebrecht (Hg.), *Ludwig Tieck*, Darmstadt 1976.

Schlegel, August Wilhelm, *Vorlesungen über schöne Literatur und Kunst*, Heilbronn 1884.
ders., *Beiträge zur Kritik der neuesten Literatur*, in: *Athenaeum. Eine Zeitschrift von August Wilhelm Schlegel und Friedrich Schlegel*, Erster Band, Erstes Stück, Berlin 1798, Stuttgart 1960.
ders., *Kritische Ausgabe der Vorlesungen*, hg. v. Ernst Behler in Zusammenarbeit mit Frank Jolles, 6 Bde., Paderborn 1989ff.
Schlegel, Friedrich, *Kritische Friedrich-Schlegel-Ausgabe in 35 Bänden*, hg. v. Ernst Behler unter Mitwirkung v. Jean Jacques Anstett u. Hans Eichner; Paderborn, München, Wien, Zürich 1958ff.
Schleiermacher, Friedrich D.E., *Hermeneutik und Kritik*, hg. v. Manfred Frank, Frankfurt a. M. 1977.
Schmidt, Arno, *>Funfzehn<. Vom Wunderkind der Sinnlosigkeit*, in: ders., *Nachrichten von Büchern und Menschen*, Bd. 2, *Zur Literatur des 19. Jahrhunderts*, Frankfurt a. M. 1971.
Schmidt, Jochen, *Die Geschichte des Geniegedankens in der deutschen Literatur, Philosophie und Politik 1750–1945*, 2 Bde., Darmstadt ²1988.
Schmidt, Thomas E., *Die Geschichtlichkeit des frühromantischen Romans. Literarische Reaktionen auf Erfahrungen eines kulturellen Wandels*, Tübingen 1989.
Schmitz, Rainer (Hg.), *„Die ästhetische Prügeley". Streitschriften der antiromantischen Bewegung*, Göttingen 1992.
Schrimpf, Hans Joachim, *Das Magazin zur Erfahrungsseelenkunde und sein Herausgeber*, in: Zeitschrift für deutsche Philologie 99, 1980, S. 161–180.
Schuller, Marianne, *Körper. Fieber. Räuber. Medizinischer Diskurs und literarische Figur beim jungen Schiller*, in: *Physiognomie und Pathognomie. Zur literarischen Darstellung von Individualität. Festschrift für Karl Pestalozzi zum 65. Geburtstag*, hg. v. Wolfram Groddeck, Berlin 1994, S. 153–168.
Schumacher, Hans, *Narziß an der Quelle. Das Kunstmärchen: Geschichte und Interpretationen*, Wiesbaden 1977.
ders. (Hg.), *Phantasie und Phantastik. Neuere Studien zum Kunstmärchen und zur phantastischen Erzählung*, Frankfurt a. M. 1993.
Schwarz, Christopher, *Langeweile und Identität. Eine Studie zur Entstehung und Krise des romantischen Selbstgefühls*, Heidelberg 1993.
Solms, Friedhelm, *Disciplina aesthetica: zur Frühgeschichte der ästhetischen Theorie bei Baumgarten und Herder*, Stuttgart 1990.
Sottong, Hermann J., *Transformation und Reaktion. Historisches Erzählen von der Goethezeit zum Realismus*, München 1992.
Spengler, Lorenz, *Briefe, welche einige Erfahrungen der elektrischen Wirkungen in Krankheiten enthalten*, Kopenhagen 1754.
Spies, Bernhard, *Politische Kritik, psychologische Hermeneutik, ästhetischer Blick. Die Entwicklung bürgerlicher Subjektivität im Roman des 18. Jahrhunderts*, Stuttgart 1992.

Spieß, Christians Heinrich, *Biographien der Wahnsinnigen*, hg. v. Wolfgang Promies, Darmstadt, Neuwied 1976.
Stahl, Karl Heinz, *Das Wunderbare als Problem und Gegenstand der deutschen Poetik des 17. und 18. Jahrhunderts*, Frankfurt a. M. 1975.
Staiger, Emil, *Ludwig Tieck und der Ursprung der deutschen Romantik*, in: Neue Rundschau 71, 1960. Wiederabgedruckt u.a. in: Wulf Segebrecht (Hg.), *Ludwig Tieck*, Darmstadt 1976.
Stamm, Ludwig, *Ludwig Tiecks späte Novellen. Grundlage und Technik des Wunderbaren*, Stuttgart 1973.
Starobinski, Jean, *Kleine Geschichte des Körpergefühls*, Frankfurt a. M. 1991.
Steiner, Uwe C.,*Die Verzeitlichung romantischer Schrift(t)räume – Tiecks Einspruch gegen Novalis*, in: Athenäum 4 (Jahrbuch für Romantik, hg. v. Ernst Behler, Jochen Hörisch u. Günter Oesterle), Paderborn 1994, S. 311–347.
Straußfedern, verlegt v. Fr. Nicolai, Berlin, Stettin 1795–1798.
Strohschneider-Kohrs, Ingrid, *Die romantische Ironie in Theorie und Gestaltung*, Tübingen 1960.
Sulzer, Johann Georg, *Allgemeine Theorie der schönen Künste*, Reprint der 2., vermehrten Auflage, Leipzig 1792–1799, 5 Bde., Nachdruck der zweiten Auflage, Hildesheim 1967.
ders., *Erklärung eines psychologisch paradoxen Satzes: Daß der Mensch zuweilen nicht nur ohne Antrieb und ohne sichtbare Gründe, sondern selbst gegen dringende Antriebe und überzeugende Gründe handelt und urtheilet (...)*, in: *J.G. Sulzers vermischte philosophische Schriften*, Leipzig 1773.
ders., *Zergliederung des Begriffs der Vernunft*, in: *J.G. Sulzers vermischte philosophische Schriften*, Leipzig 1773.
Swales, Martin, *Readings one's Life: An Analysis of Tieck's „Der blonde Eckbert"*, in: German Life an Letters 29, 1975, S. 165–175.
Szondi, Peter, *Poetik und Geschichtsphilosophie I*, hg. v. Senta Metz u. Hans Hagen Hildebrandt, Frankfurt a. M. 1974.
Thalmann, Marianne, *Das Märchen und die Moderne. Zum Begriff der Surrealität im Märchen der Romantik*, Stuttgart 1961.
dies., *Zeichensprache der Romantik*, Heidelberg 1967.
dies., *Probleme der Dämonie in Ludwig Tiecks Schriften*, Weimar 1919.
Thomas Fries, *Ein romantisches Märchen: „Der blonde Eckbert" von L. Tieck*, in: Modern Language Notes 88, 1973, S. 1180–1211.
Tieck, Ludwig, *Abdallah*, Berlin 1793.
ders., *Ausgewählte Kritische Schriften*, hg. v. Ernst Ribbat, Tübingen 1975.
ders., *Dichter über ihre Dichtungen*, 3 Bde., hg. v. Uwe Schweikert, München 1971.
ders., *Nachgelassene Schriften. Auswahl und Nachlese*, 2 Bde., hg. v. Rudolf Köpke, Nachdruck der Ausgabe von 1855, Berlin 1973.
ders., *Kritische Schriften*, 4 Bde., Leipzig 1848.
ders., *Ludwig Tiecks Schriften*, 28 Bde., Berlin 1828–1854.

ders., *Schriften in zwölf Bänden*, Bd. 1, *Jugendwerke/ Die Sommernacht/ Schriften 1789–1793*, hg. v. Achim Hölter, Frankfurt a. M. 1991.
ders., *Schriften in zwölf Bänden*, Bd. 6, *Phantasus*, hg. v. Manfred Frank, Frankfurt a. M. 1985.
ders., *Schriften in zwölf Bänden*, Bd. 7, *Gedichte*, hg. v. Ruprecht Wimmer, Frankfurt a. M. 1995.
ders., *Schriften in zwölf Bänden*, Bd. 11, *Der junge Tischlermeister/ Die Vogelscheuche/ Das Alte Buch/ Eigensinn und Laune. Schriften 1834–1836*, hg. v. Uwe Schweikert unter Mitarbeit v. Gabriele Schweikert, Frankfurt a. M. 1988.
ders., *Schriften in zwölf Bänden*, Bd. 12, *Vittoria Accorombona/ Des Lebens Überfluss/ Waldeinsamkeit/ Schriften 1836–1852*, hg. v. Uwe Schweikert, Frankfurt a. M. 1986.
ders., *Franz Sternbalds Wanderungen*, hg. v. Alfred Anger, Stuttgart 1988.
ders., *Volksmährchen herausgegeben von Peter Leberecht*, 3 Bde., Berlin 1797.
ders., *Werke in vier Bänden*, Nach dem Text der Schriften von 1828–1854 unter Berücksichtigung der Erstdrucke, hg. v. Marianne Thalmann, München 1963–1966.
Timm, Eitel (Hg.), *Geist und Gesellschaft. Zur deutschen Rezeption der Französischen Revolution*, München 1990.
Tismar, Jens, *Kunstmärchen*, 2. durchges. u. verb. Aufl., Stuttgart 1983.
Trainer, James, *The Incest Theme in the Works of Tieck*, in: *Modern Language Notes* 76, 1961, S. 819–824.
Tunner, Erika (Hg.), *Romantik – eine lebenskräftige Krankheit: ihre literarischen Nachwirkungen in der Moderne*, Amsterdam 1991.
Unger, Rudolf, *K. Ph. Moritz als Vorläufer von Jean Paul und Novalis*, in: *Zur seelengeschichtlichen Genesis der Romantik*, Berlin 1930, S. 311–344.
Vietta, Silvio, *Literarische Phantasie: Theorie und Geschichte. Barock und Aufklärung*, Stuttgart 1986.
Völker, Ludwig (Hg.), *„Komm, heilige Melancholie". Eine Anthologie deutscher Melancholie-Gedichte. Mit Ausblicken auf die europäische Melancholie-Tradition in Literatur- und Kunstgeschichte*, Stuttgart 1983, S. 17–43.
ders., *Muse Melancholie – Therapeutikum Poesie. Studien zum Melancholie-Problem in der deutschen Lyrik von Hölty bis Benn*, München 1978.
Voss, Dietmar, *Metamorphosen des Imaginären – nachmoderne Blicke auf Ästhetik, Poesie und Gesellschaft*, in: *Postmoderne. Zeichen eines kulturellen Wandels*, hg. v. Andreas Huyssen u. Klaus R. Scherpe, Reinbek 1986, S. 219–250.
Vosskamp, Wilhelm, *Romantheorie in Deutschland. Von Martin Opitz bis Friedrich Blanckenburg*, Stuttgart 1973.
Wackenroder, Wilhelm Heinrich, *Sämtliche Werke und Briefe*, 2 Bde., hg. v. Silvio Vietta u. Richard Littlejohns, Heidelberg 1991.

Wegener, Christian, *Melancholie in Ludwig Tiecks „William Lovell"*, in: *Medizinhistorisches Journal* 9, 1974, S. 201–227.

Weigand, Karlheinz, *Tiecks 'William Lovell': Studie zur frühromantischen Antithese*, Heidelberg 1975.

Weisrock, Katharina, *Götterblick und Zaubermacht. Auge, Blick und Wahrnehmung in Aufklärung und Romantik*, Opladen 1990.

Werner, Hans-Georg, *Über die Modernität der literarischen Romantik in Deutschland*, Berlin 1989.

Wernicke, Karl, *Grundriß der Psychiatrie in klinischen Vorlesungen*, zweite rvidierte Auflage, Leipzig 1906.

Wesollek, Peter, *Ludwig Tieck oder Der Weltenumsegler seines Innern. Anmerkungen zur Thematik des Wunderbaren in Tiecks Erzählwelt*, Wiesbaden 1984.

White, L.L., *The Unconscious before Freud*, London, New York 1960

Wieland, Christoph Martin, *Werke*, hg. v. Fritz Martini u. Hans Werner Seifert, München 1964–1968.

Wöbkemeier, Rita, *Erzählte Krankheit. Medizinische und literarische Phantasien um 1800*, Stuttgart 1990.

Wührl, Paul Wolfgang, *Das deutsche Kunstmärchen: Geschichte, Botschaft und Erzählstrukturen*, Heidelberg 1984.

Wuthenow, Ralph-Rainer, *Autobiographien und Memoiren, Tagebücher, Reiseberichte*, in: *Deutsche Literatur. Eine Sozialgeschichte*, hg. v. Horst Abert Glaser, Bd. 4, hg. v. Ralph R. Wuthenow, *Zwischen Absolutismus und Aufklärung: Rationalismus, Empfindsamkeit, Sturm und Drang 1740–1786*, Hamburg 1980.

ders., *Romantik als Zeitgeist?* In: *Athenäum* 3 *(Jahrbuch für Romantik*, hg. v. Ernst Behler, Jochen Hörisch u. Günter Oesterle), Paderborn 1993, S. 173–197.

Zeydel, E.H., *„Die ersten Beziehungen Ludwig Tiecks zu den Brüdern Schlegel"*, in: *Journal of English and Germanic Philology* 27, 1928, S. 16–41.

Ziegner, Thomas Günther, *Ludwig Tieck: Proteus; Pumpgenie und Erzpoet; Leben und Werk*, Frankfurt 1990.

ders., *Ludwig Tieck – Studien zur Geselligkeitsproblematik. Die soziologisch-pädagogische Kategorie der Geselligkeit als einheitsstiftender Faktor in Leben und Werk des Dichters*, Frankfurt a. M. 1987.

Zimmermann, Norbert, *Der ästhetische Augenblick. Theodor W. Adornos Theorie der Zeitstruktur von Kunst und ästhetischer Erfahrung*, Frankfurt a. M. 1989.

Zollna, Isabel, *Einbildungskraft (imagination) und Bild (image) in den Sprachtheorien um 1800. Ein Vergleich zwischen Frankreich und Deutschland*, Tübingen 1990.

Zöllner, Johann Friedrich, *Lesebuch für alle Stände. Zur Beförderung edler Grundsätze, ächten Geschmacks und nützlicher Kenntnisse*, 4 Tle., Berlin 1781–1783.

Zybura, Marek, *Ludwig Tieck als Übersetzer und Herausgeber. Zur frühromantischen Idee einer 'deutschen Weltliteratur'*, Heidelberg 1994.